Denkmäler in Bayern
Landkreis Starnberg

Denkmäler in Bayern

herausgegeben von
Generalkonservator Prof. Dr. Michael Petzet
Bayerisches Landesamt für Denkmalpflege

Die kreisfreien Städte und Landkreise in Bayern (Publikationsplan)
(Die bereits erschienenen oder unmittelbar vor Drucklegung stehenden Bände sind mit einem Sternchen gekennzeichnet)

I OBERBAYERN

Kreisfreie Städte

1 Ingolstadt
2 München
3 Rosenheim

Landkreise

4 Altötting
5 Bad Tölz-Wolfratshausen
6 Berchtesgadener Land
7 Dachau
8 Ebersberg
9 Eichstätt*
10 Erding
11 Freising
12 Fürstenfeldbruck*
13 Garmisch-Partenkirchen
14 Landsberg am Lech
15 Miesbach*
16 Mühldorf am Inn
17 München
18 Neuburg-Schrobenhausen
19 Pfaffenhofen a. d. Ilm
20 Rosenheim
21 Starnberg*
22 Traunstein
23 Weilheim-Schongau

II NIEDERBAYERN

Kreisfreie Städte

24 Landshut*
25 Passau
26 Straubing

Landkreise

27 Deggendorf
28 Dingolfing-Landau
29 Freyung-Grafenau
30 Kelheim
31 Landshut
32 Passau
33 Regen
34 Rottal-Inn
35 Straubing-Bogen

III OBERPFALZ

Kreisfreie Städte

36 Amberg
37 Regensburg
38 Weiden i. d. OPf.

Landkreise

39 Amberg-Sulzbach
40 Cham
41 Neumarkt i. d. OPf.
42 Neustadt a. d. Waldnaab
43 Regensburg
44 Schwandorf
45 Tirschenreuth

IV OBERFRANKEN

Kreisfreie Städte

46 Bamberg
47 Bayreuth
48 Coburg
49 Hof

Landkreise

50 Bamberg
51 Bayreuth
52 Coburg
53 Forchheim*
54 Hof
55 Kronach
56 Kulmbach
57 Lichtenfels
58 Wunsiedel i. Fichtelgebirge

V MITTELFRANKEN

Kreisfreie Städte

59 Ansbach
60 Erlangen
61 Fürth
62 Nürnberg
63 Schwabach*

Landkreise

64 Ansbach
65 Erlangen-Höchstadt
66 Fürth
67 Neustadt a. d. Aisch-Bad Windsheim
68 Nürnberger Land
69 Roth
70 Weißenburg-Gunzenhausen

VI UNTERFRANKEN

Kreisfreie Städte

71 Aschaffenburg
72 Schweinfurt
73 Würzburg

Landkreise

74 Aschaffenburg
75 Bad Kissingen
76 Haßberge
77 Kitzingen
78 Main-Spessart
79 Miltenberg
80 Rhön-Grabfeld
81 Schweinfurt
82 Würzburg

VII SCHWABEN

Kreisfreie Städte

83 Augsburg
84 Kaufbeuren
85 Kempten/Allgäu*
86 Memmingen

Landkreise

87 Aichach-Friedberg
88 Augsburg
89 Dillingen a. d. Donau
90 Donau-Ries
91 Günzburg
92 Lindau/Bodensee
93 Neu-Ulm
94 Oberallgäu
95 Ostallgäu
96 Unterallgäu

Denkmäler in Bayern
Band I.21

Gerhard Schober

Landkreis Starnberg

Ensembles · Baudenkmäler
Archäologische Geländedenkmäler

Aufnahmen von Gerhard Schober

Verlag Schnell & Steiner München · Zürich

Die Drucklegung dieses Bandes
wurde durch die großzügige Unterstützung
des Landkreises Starnberg und seiner Gemeinden
maßgeblich gefördert

Titelabbildung: Villa v. Miller, Niederpöcking (Aufnahme: Gerhard Schober)

Einbandrückseite: Fresko in der Toerring-Kapelle der Klosterkirche Andechs, Johann Baptist Zimmermann, 1755 (Aufnahme: Wolf-Christian v. d. Mülbe)

Mitarbeit am Entwurf der Denkmalliste des Landkreises Starnberg: Wilhelm Neu (1972/73), Klaus Kratzsch

Texte zu den Bodendenkmälern: Erwin Keller

Pläne zu Grundrissen von Einzeldenkmälern: Regine Biebl und Albrecht Schober

Luftaufnahmen: Otto Braasch

Redaktion: Michael Petzet, York Langenstein und Gerhard Schober

Reproduktionen: PHG-Lithos, Martinsried bei München
Druck: Erhardi Druck GmbH, Regensburg
Printed in Germany

ISBN 3-7954-1005-3

Inhalt

Geleitworte ... VII

Vorwort ... X

Der Landkreis Starnberg (Siedlungs- und Kunstgeschichte) ... XII

Die Gemeinden des Landkreises Starnberg ... 1

Gemeinde Andechs ... 2
Gemeinde Berg ... 32
Gemeinde Feldafing ... 94
Gemeinde Gauting ... 130
Gemeinde Gilching ... 166
Gemeinde Herrsching ... 172
Gemeinde Inning ... 196
Gemeinde Krailling ... 206
Gemeinde Pöcking ... 212
Gemeinde Seefeld ... 240
Stadt Starnberg ... 260
Gemeinde Tutzing ... 364
Gemeinde Weßling ... 404
Gemeinde Wörthsee ... 414
Gemeindefreies Gebiet Königswieser Forst ... 420

Kartenteil ... 423

Register ... 433

Ortsregister ... 433
Personen- und Sachregister ... 433

Anhang ... 439

Literaturverzeichnis ... 439
Abbildungsnachweis ... 440

Ansicht von Starnberg mit der von Herzog Wilhelm IV. zur Sommerresidenz ausgebauten Burg. Fresko im Antiquarium der Münchner Residenz, Hans Thonauer, um 1570

Geleitwort

Denkmalschutz und Denkmalpflege sollen zur Standortbestimmung eines jeden von uns in einer immer komplexeren Welt, angesichts einer vielfach ungewissen Zukunft, beitragen. Sie erschöpfen sich also nicht in Nostalgie. Sie lassen sich auch nicht auf einen liebenswert-humanen Beitrag zu einer lebenswerten Umwelt beschränken, und man wird sie wohl kaum mit dem Hinweis auf ein wie auch immer verstandenes «Grundrecht auf Erinnerung» inhaltlich ausreichend erfassen und rechtfertigen können. Denkmalschutz und Denkmalpflege gewinnen ihr gesellschaftspolitisches Gewicht vielmehr aus der von ihnen ausgehenden, ständigen Aufforderung, durch Nachdenken nach der eigenen Identität zu suchen. Dieser Imperativ – in dem Wort «Denkmal» unüberhörbar enthalten – scheint mit der wichtigste Grund für jene Faszination zu sein, die von Denkmalschutz und Denkmalpflege ausgeht, Grund für die seit dem Europäischen Denkmalschutzjahr 1975 unverminderte Aktualität eines Themas, das im Rahmen der modernen Kulturpolitik heute seinen besonderen Stellenwert hat.

Selbstverständliches Anliegen von Denkmalschutz und Denkmalpflege war schon immer die Bewahrung unseres «historischen Erbes», zu dem in gleicher Weise die unter der Erde verborgenen Spuren menschlicher Geschichte wie die sichtbaren authentischen Zeugnisse menschlicher Kultur, also die Fülle der Bodendenkmäler wie der Baudenkmäler, gehören. Denkmäler sind mit all den Veränderungen, die sie im Lauf der Geschichte erfahren haben, Geschichtsdokumente, ja sie können die einzige Quelle für Jahrtausende menschlicher Geschichte sein, aus denen es keinerlei schriftliche Zeugnisse gibt. Ein Gegenstand ist auch nur dann Denkmal, wenn er für den Imperativ, nachzudenken, nachdenklich zu werden, etwas hergibt. Folgerichtig versteht sich die moderne Denkmalpflege auch als eine Art angewandter Geschichtswissenschaft.

Die hier nur angedeutete Spannweite von Denkmalschutz und Denkmalpflege wird an den Objekten deutlich, die nach dem Bayerischen Denkmalschutzgesetz von 1973 in den Denkmallisten zu erfassen waren, ca. 110000 Baudenkmäler und ca. 10000 archäologische Geländedenkmäler, außerdem ca. 900 Ensembles, mit denen historische Baugruppen, ja ganze Altstadtbereiche, erfaßt werden, insgesamt nicht nur die «klassischen» Denkmäler wie Kirchen und Klöster, Burgen und Schlösser, Rathäuser und Stadtmauern, sondern das weite Feld historischer Wohnbauten, Denkmäler der Technikgeschichte, volkskundliche Zeugnisse usw.

Die Erstellung der Denkmallisten in dem Jahrzehnt nach dem Erlaß des Denkmalschutzgesetzes erfolgte in enger Kooperation mit den Gemeinden und den als Untere Denkmalschutzbehörden tätigen Landkreisen und kreisfreien Städten. Die Denkmallisten waren und sind Thema von Bürgermeisterbesprechungen, Stadtratssitzungen und Bürgerversammlungen, Thema unzähliger Einzelgespräche mit Denkmaleigentümern und Gemeindevertretern, damit im weitesten Sinn auch Öffentlichkeitsarbeit im Interesse des in den vergangenen Jahren zweifellos gewachsenen Verständnisses für Denkmalschutz und Denkmalpflege. Darüber hinaus ist die Erstellung der bayerischen Denkmallisten eine enorme wissenschaftliche Leistung, wie sie nur von dem seit Jahrzehnten auch mit der Inventarisation unserer Kunst- und Geschichtsdenkmäler und der archäologischen Denkmäler beauftragten Bayerischen Landesamt für Denkmalpflege zu erbringen war, dem ehemaligen Kgl. Bayer. Generalkonservatorium, das seit seiner Neuorganisation 1908 die zentrale Fachbehörde für alle Fragen des Denkmalschutzes und der Denkmalpflege ist.

So konnte Bayern mit den 1985/86 in rascher Folge erschienenen Bänden I bis VII der Reihe «Denkmäler in Bayern» als erstes Land der Bundesrepublik ein Gesamtverzeichnis seiner Kulturdenkmäler vorlegen, das alle als Denkmäler erkannten Geschichtszeugnisse wenigstens in knapper Form benennt, mit Ausnahme der unter der Erde verborgenen archäologischen Geschichtszeugnisse, zu deren Inventarisierung noch weitere Anstrengungen notwendig sind. Daß es sich dabei um «offene» Verzeichnisse handelt, die jederzeit ergänzt und korrigiert, zu gegebener Zeit auch einem sich in Zukunft vielleicht wandelnden Denkmalverständnis angepaßt werden können – also um nachrichtliche, nicht konstitutive Denkmallisten –, hat sich ebenso bewährt wie die auf der Grundlage der Denkmallisten längst zu einer Selbstverständlichkeit gewordene gute Zusammenarbeit zwischen den Denkmalschutzbehörden und dem Bayerischen Landesamt für Denkmalpflege.

Mit den in den kommenden Jahren geplanten zusätzlichen Bänden der Reihe «Denkmäler in Bayern» ergibt sich nun nicht nur die Möglichkeit, die Denkmallisten im einzelnen zu überprüfen und zu ergänzen: Ganz im Sinn einer bürgernahen Verwaltungspraxis wie im Sinn einer umfassenden Öffentlichkeitsarbeit für die Rettung unseres historischen Erbes können hier die Denkmäler einzelner Städte und Landkreise erstmals mit umfangreichen Bilddokumentationen und zusätzlichen Kommentaren vorgestellt werden. Bayern leistet auf diese Weise seinen Beitrag im Rahmen der «Denkmaltopographie Bundesrepublik Deutschland». Ich bin sicher, daß die neuen Bände vor allem bei allen Freunden unserer bayerischen Heimat und insbesondere bei den Denkmaleigentümern großes Interesse finden werden. Die Reihe «Denkmäler in Bayern» soll damit auch weiterhin eine umfassende Grundlage für alle Bemühungen um die Bewahrung der bayerischen Kulturdenkmäler sein.

W. Wild

(Professor Dr. Wolfgang Wild)
Bayerischer Staatsminister
für Wissenschaft und Kunst

Geleitwort

Fast jeder Landkreisbürger kennt sicher die eine oder andere alte Villa bei uns, manche hat wohl sein Interesse erweckt. Aber die Geschichte einer solchen Villa, ihre Erbauer und ihre Eigentümer im Laufe der Jahrzehnte blieben ihm meist unbekannt. Gar einen Überblick über die denkmalgeschützten Villen im Landkreis zu gewinnen, war bisher praktisch nicht möglich.

Um so mehr freue ich mich für die Bürger unseres Landkreises und für alle, die sich für Baukunstdenkmäler interessieren, daß dieser Bildband «Landkreis Starnberg» in der Reihe «Denkmäler in Bayern» nunmehr erschienen ist. Mit diesem Werk eröffnet sich dem Betrachter eine neue, bisher mehr beiläufig gewürdigte Sicht auf die zahlreichen Villen, die die Kultur- und die Baugeschichte des Landkreises wesentlich mitgeprägt haben. Nicht nur der Reiz der Landschaft, sondern auch die Villen, die lange vor der Bauwelle der Jahre nach dem Zweiten Weltkrieg entstanden sind, zeichnen unseren Landkreis aus.

Der Autor hat es mit diesem Werk verstanden, uns den Begriff Denkmalpflege aus der Sicht des Betrachters und nicht aus der des Archivars nahezubringen. Die Harmonie der Fünf-Seen-Landschaft bildet den Hintergrund für die bisher einzigartige Darstellung von Baudenkmälern im Landkreis Starnberg. Erstmals sind von denkmalgeschützten Bauwerken nicht nur die Fassaden selbst abgebildet, sondern es werden auch interessante Impressionen vom Leben hinter diesen Fassaden vermittelt. Der Leser erhält sowohl zur Baugeschichte als auch zu einschlägigen Herrschafts- und Besitzverhältnissen aufschlußreiche Informationen.

Die Erhaltung der unsere Heimat prägenden historischen Bauten ist nicht nur eine öffentliche Aufgabe. Nur die Aufgeschlossenheit und die Mitwirkung vieler kann hier nachhaltige Erfolge erzielen. Sicher legen oft wirtschaftliche und technische Überlegungen einen Gebäudeabbruch nahe. Aber im Interesse unserer Lebensqualität und der der folgenden Generationen – und die Erhaltung historischer Gebäude gehört ohne Zweifel zur Lebensqualität – muß solchen materiellen Überlegungen, so verständlich sie auch sein mögen, der kulturelle Aspekt des Denkmalschutzes gegenübergestellt werden. Beim Erhalt z. B. mittelalterlicher Stadtkerne ist dies heute schon selbstverständlich, in bezug auf zahlreiche Kleinode historischer Architektur, zu denen auch viele baulich wertvolle Villen aus den vergangenen Jahrzehnten und Jahrhunderten gehören, müssen hier erst noch die Aufmerksamkeit und das Interesse breiter Bevölkerungskreise geweckt werden.

Mit dem Dank an diejenigen Bürger, die schon bisher uneigennützig und oft unter erheblichen persönlichen Opfern in dieser Richtung gewirkt haben, insbesondere selbst als Bauherrn denkmalpflegerisch tätig geworden sind, verbindet sich die Verpflichtung der öffentlichen Hand, auch des Landkreises, diese Bestrebungen ideell und materiell zu unterstützen.

Ohne den Autor, Kreisheimatpfleger Gerhard Schober, der schon mit einigen Werken zur Geschichte unseres Landkreises wertvollste Arbeit geleistet hat, wäre auch der vorliegende Bildband nicht möglich gewesen. Ihm sei an dieser Stelle herzlichst gedankt. Er hat sich um unseren Landkreis, um unsere Heimat verdient gemacht. Möge ihm das sicher große Interesse zahlreicher Bürger an seinem Werk die verdiente Anerkennung bringen.

Dr. Widmann
Landrat

Kloster Andechs, Luftaufnahme 1986

Vorwort

Der Freistaat Bayern hat mit der Publikation der Denkmallisten 1985/86 in den Bänden I–VII der Reihe «Denkmäler in Bayern», als erstes deutsches Bundesland ein umfassendes Verzeichnis seiner Kulturdenkmäler vorgelegt. Auf dieser Grundlage können in den kommenden Jahren die Denkmallisten der Landkreise und Städte in zusätzlichen Einzelbänden mit Kommentaren, Karten und einer umfassenden Bilddokumentation dargestellt werden. Die Einteilung dieser nach Bedarf jeweils in enger Zusammenarbeit mit den kommunalen Gebietskörperschaften geplanten Bände hält sich an das bereits für die Sammelbände I–VII entwickelte System mit der Numerierung 1–96 für die bayerischen kreisfreien Städte und Landkreise. Diese zusätzlichen Bände der Reihe «Denkmäler in Bayern», von denen nach den Bänden «Landkreis Miesbach» und «Stadt Landshut» nun der Band «Landkreis Starnberg» vorgestellt wird, sind zugleich ein bayerischer Beitrag zur Reihe «Denkmaltopographie Bundesrepublik Deutschland», deren Grundsätze von einer Arbeitsgruppe der Vereinigung der Landesdenkmalpfleger entwickelt wurden. Bereits die 1978 erschienenen Veröffentlichungen über den Landkreis Fürstenfeldbruck und die Stadt Schwabach (Baudenkmäler in Bayern, Band 12 und Band 63) haben hier als erste Versuche in dieser Richtung eine gewisse Vorarbeit geleistet.

Mit dem Inkrafttreten des bayerischen Denkmalschutzgesetzes 1973 wurden Denkmalschutz und Denkmalpflege im Freistaat Bayern auf eine neue rechtliche Grundlage gestellt. Um einen für den Bürger und die Behörden überschaubaren praktischen Vollzug zu gewährleisten, gibt das Denkmalschutzgesetz nicht nur eine Definition der Denkmäler, die in seinen Geltungsbereich fallen, sondern es enthält darüberhinaus den Auftrag, eine Denkmalliste zu erstellen. In dieses Verzeichnis sind nach Begutachtung durch das Bayerische Landesamt für Denkmalpflege «von Menschen geschaffene Sachen aus vergangener Zeit, deren Erhaltung wegen ihrer geschichtlichen, künstlerischen, städtebaulichen, wissenschaftlichen oder volkskundlichen Bedeutung im Interesse der Allgemeinheit liegt», als Denkmäler einzutragen. Das Denkmalschutzgesetz wird damit einem modernen Denkmalbegriff gerecht, der sich im weitesten Sinn auf Zeugnisse der Geschichte bezieht und – im Gegensatz zu anderen Denkmalschutzgesetzen – keine Denkmäler erster, zweiter oder dritter Klasse kennt, eine «Klassierung», die sich nicht selten als geradezu lebensgefährlich für den Denkmälerbestand erwiesen hat, weil dann letztlich nur Denkmäler «erster Klasse» erhalten werden. Auch mit der Einbeziehung des Ensembleschutzes entspricht das bayerische Denkmalschutzgesetz den gewandelten Leitvorstellungen moderner Denkmalpflege.

Die bayerischen Denkmallisten, die dank der umfangreichen Photodokumentationen der geplanten zusätzlichen Bände der Reihe «Denkmäler in Bayern» nun erstmals auch im Bild vorgestellt werden können, haben den Charakter eines nachrichtlichen Verzeichnisses: Die Eintragung wirkt nicht konstitutiv, hat also keine rechtsgestaltende Wirkung. So kann ein Objekt durchaus die Eigenschaften eines Denkmals haben und den Schutz des Gesetzes genießen, auch wenn es nicht in die Liste eingetragen ist. In diesem Sinn sind die Denkmallisten offen für fortlaufende Ergänzungen und Berichtigungen, wobei auch neue Erkenntnisse und Wandlungen des Denkmalverständnisses Anlaß zur Neuaufnahme oder Streichung von Objekten geben können. Durch dieses hohe Maß an Aktualisierbarkeit und Anpassungsfähigkeit ist eine sinnvolle Fortschreibung gewährleistet. Damit verfügen die beteiligten Behörden immer über eine zuverlässige Grundlage für den Vollzug des Denkmalschutzgesetzes. Man kann davon ausgehen, daß Veränderungen oder die Beseitigung von in der Liste verzeichneten Objekten der Erlaubnis der Unteren Denkmalschutzbehörde oder einer Baugenehmigung bedürfen. Im Rahmen dieser Verfahren erfolgt dann eine angemessene Abwägung der verschiedenen privaten und öffentlichen Interessen mit den Belangen des Denkmalschutzes.

Als Verwaltungsinstrumente sind Denkmallisten in Bayern schon aufgrund von Verordnungen in den Jahren 1882, 1904 und 1908 angelegt worden. Auch die Erfassung der ca. 110000 Baudenkmäler in den vergangenen Jahren mußte nicht vom Nullpunkt anfangen, sondern fußt auf der seit den neunziger Jahren des vorigen Jahrhunderts vom «Kgl. Generalkonservatorium der Kunstdenkmale und Altertümer Bayerns» (seit 1917 «Landesamt für Denkmalpflege») geleisteten Inventarisationsarbeit, vor allem der mehr als hundert Bände umfassenden Großinventarreihe «Die Kunstdenkmäler von Bayern», die inzwischen wieder als Nachdruck vorliegt und auch mit neuen Bänden – in Bearbeitung ist u. a. die Stadt Bamberg – weitergeführt werden soll. Dazu kommt die in der Nachkriegszeit erschienene und inzwischen abgeschlossene Reihe der Kurzinventare von Mittelfranken, Oberfranken und Schwaben, die in der Reihe «Bayerische Kunstdenkmale» erschienen sind. 1978 waren sämtliche Denkmallisten der 96 kreisfreien Städte und Landkreise Bayerns im Entwurf abgeschlossen. Soweit die nötigen Stellungnahmen der Städte und Gemeinden vorlagen, mußte dann das Landesamt für Denkmalpflege entsprechend den Landtagsbeschlüssen vom 11. Juli und 20. September 1978 unter Beteiligung der Kreisverwaltungsbehörden versuchen, sich mit den Gemeinden zu einigen und die dann noch strittigen Fälle dem Landesdenkmalrat vorlegen; ein vielleicht etwas kompliziertes Verfahren, das aber dank des überall im Land geführten intensiven Gesprächs anfängliche Vorbehalte gegen die Denkmallisten abbauen konnte. Vor allem wurden die Listen in enger Zusammenarbeit mit den Gemeinden, die neben Streichungen auch viele wichtige Ergänzungen in Vorschlag brachten, ständig weiter verbessert. In der Diskussion mit den beteiligten Gemeinden hat sich aber auch erwiesen, daß trotz gelegentlicher Meinungsverschiedenheiten in der überwältigenden Mehrzahl der Fälle die fachliche Beurteilung des Landesamtes für Denkmalpflege als sachgerecht anerkannt worden ist.

Denkmäler und Ensembles, bei denen das Eintragungsverfahren noch nicht förmlich abgeschlossen ist, sind in den Bänden mit den Listen der Regierungsbezirke (Denkmäler in Bayern I–VII) durch das Symbol □ gekennzeichnet. Dort sind auch die in den bebilderten Einzelbänden weggelassenen Flurnummern der Objekte angegeben. In den durch Kommentare zu einzelnen Denkmälern erweiterten Bänden der verschiedenen Landkreise und Städte stehen sich jeweils Text und Bilddokumentation gegenüber. Davon abgesehen bleibt die Reihenfolge der Denkmallisten die gleiche. Die Darstellung ist jeweils nach den in alphabetischer Folge aufgeführten kreisangehörigen Gemeinden geordnet. Bei den einzelnen Gemeinden erfolgt eine weitere Untergliederung nach Gemeindeteilen, denn viele Ortschaften, die als selbständige, historisch gewachsene Einheiten anzusehen sind, wurden im Lauf der Zeit in größere Gemeinden eingegliedert, insbesondere durch die Gebietsreform des Jahres 1972. Am Ende jedes Bandes der Reihe «Denkmäler in Bayern» folgt ein Ortsverzeichnis mit eingearbeiteter Konkordanz zu den Inventarreihen «Die Kunstdenkmäler von Bayern» und «Bayerische Kunstdenkmale». Damit soll die gleichzeitige Arbeit mit Denkmalliste und Inventaren erleichtert werden. Ein Personenregister bietet zusätzliche Nachschlagemöglichkeiten.

Mit dem nun vorliegenden Band «Landkreis Starnberg» wird der reiche Denkmälerbestand der vielfältigen Landschaft um Starnberger See und Ammersee erschlossen. Der Dank für das Zustandekommen dieses großen Werkes gilt in erster Linie dem Autor, Kreisheimatpfleger Gerhard Schober, der sich ebenso engagiert wie kenntnisreich der Geschichte und Kunstgeschichte des Landkreises angenommen hat. Es ist als ein Glücksfall anzusprechen, daß sowohl der die amtlichen Denkmallisten ergänzende Text als auch die hierauf abgestimmten Aufnahmen von Gerhard Schober stammen; zahllose Photokampagnen an Wochenenden dienten der ständigen Verbesserung des Bildmaterials. Damit alles in einer Hand bleibt, hat sich der Autor auch um die Beschaffung der historischen Ansichten und Pläne gekümmert; letztere wurden von Albrecht Schober umgezeichnet.

Die Urfassung der Denkmalliste erstellte Wilhelm Neu 1972/73. Sie wurde in den folgenden Jahren von Klaus Kratzsch und anderen Mitarbeitern des Bayerischen Landesamtes für Denkmalpflege erweitert und ergänzt. Auch hier war Gerhard Schober bereits mit wichtigen Hinweisen und mit seinen Forschungsergebnissen beteiligt.

Für einen wesentlichen Beitrag des Landkreises Starnberg zur Finanzierung des reich ausgestatteten Bandes hat sich in dankenswerter Weise Landrat Dr. Rudolf Widmann eingesetzt. Nur durch diese zusätzlichen Mittel war es möglich, die Denkmäler im wünschenswerten Umfang abzubilden. Zu danken ist vor allem auch den Haus- und Grundstückseigentümern, welche die Arbeit der Inventarisation und der Photodokumentation immer wieder bereitwillig und mit großem Verständnis unterstützt haben.

Leider sind seit Erscheinen der Denkmalliste im Laufe der Jahre manche Verluste durch Abbruch oder starke Veränderung einzelner Objekte entstanden. Die Lage des landschaftlich bevorzugten Landkreises Starnberg im Einzugsbereich Münchens bringt einen nachhaltigen Druck auf die bauliche Gestalt der historischen Ortskerne und Villenquartiere mit sich, durch den sich deren Erscheinungsbild in den Jahren seit dem Zweiten Weltkrieg vielfach zu ihrem Nachteil verändert hat. Zu wenig ist bisher die Bedeutung des Villen- und Landhausbaus des 19. und des frühen 20. Jahrhunderts als eine Besonderheit des Fünfseenlandes erkannt worden, zumal in Bayern Villenarchitektur gleicher Dichte und Qualität nur noch im Bodenseebereich anzutreffen ist.

Wenn der Band über die Denkmäler des Landkreises Starnberg bei den Eigentümern und bei den an Planungsentscheidungen beteiligten Stellen das Bewußtsein für den Wert dieser Architekturgattung auch unter städtebaulichen und landschaftlichen Aspekten verstärken würde – und damit auch die Bereitschaft, die erforderliche Verantwortung für eine denkmalgerechte Erhaltung zu übernehmen –, wäre aus der Sicht der Denkmalpflege eine wesentliche Zielsetzung der vorliegenden Publikation erreicht.

Prof. Dr. Michael Petzet
Generalkonservator

Starnberg von Norden, kolorierte Lithographie von Gustav Kraus, um 1836

Der Landkreis Starnberg

Die Landschaft des Fünfseenlandes ist räumlich klar definiert wie nur wenige in der Region um München. Zwei große langgezogene Seen begrenzen sie im Osten und Westen gegen das Isartal und das Land am Lechrain. Im Nordosten schirmen sie der Forstenrieder Park und der Kreuzlinger Forst ab gegen die Unruhe der Großstadt und den unharmonischen, wuchernd in das Umland hinausdrängenden Siedlungsbrei der Vororte. Nur im Süden liegt sie ein wenig offen gegen das Alpenvorland.

Es ist eine reiche, farbige Landschaft. Ihr beherrschendes Element sind die Grund- und Wallmoränen, die, mit Ausnahme des Gilchinger Schotterfeldes und der Münchner Schotterebene nördlich von Gauting, mit dem ausgeprägten Relief ihrer Höhenzüge und Täler, ihrer Buckel und Senken den gesamten Landkreis überdecken. Sie ergeben eine vielfältige, abwechslungsreiche Formenwelt, die durch raschen Wechsel der verschiedensten Landschaftseinheiten gekennzeichnet ist. Das Besondere sind natürlich die vielen Gewässer, voran die Seen, die mit ihren unterschiedlichen Charakteren, mit ihren weiten Perspektiven und ihrem ungehinderten Blick auf die Alpenkette Landschaften von höchstem Reiz darstellen. Dazu kommen noch Dutzende von Weihern sowie mehrere Moore und Verlandungsgebiete. Zahllose kleine Bäche durchziehen dieses Hügelland und gliedern mit ihren tief eingegrabenen Schluchten die langgezogenen Höhenrücken der Seeufer.

Die Moränenlandschaft bildet stets relativ kleinräumige, überschaubare Einheiten. Nur das Aubachtal, das Leutstettener Moos, die Schotterfläche, die sich von Unering nach Gilching hinzieht, oder der Bereich nördlich des Wörthsees stellen größere Räume dar. Für das Erscheinungsbild der Landschaft ist dies von hoher Bedeutung. So liegen die meisten Dörfer mit ihrer Flur mehr oder weniger abgeschlossen in den Senken oder an den flachen Hängen der Hügelketten. Damit sind sie fast immer von einem erhöhten Standpunkt aus zu überblicken, wirken sie mit ihrer Struktur, mit ihren Dächern und ihrem Baumbestand stark landschaftsprägend. Aber auch jede Störung wird da sofort sichtbar. Obwohl die Siedlungen im Landkreis recht nahe beisammenliegen, erscheinen sie meist abgeschieden in ihrer Flur; nur an wenigen Stellen kann man zwei oder gar drei Ortschaften zusammen überblicken.

Diese Qualitäten haben das Fünfseenland zu einer der beliebtesten Landschaften im Umkreis von München gemacht. Sie sind Ursache für die enorme Belastung durch den Naherholungsverkehr wie für den hohen Stellenwert, den das Fünfseenland in der Tourismusbranche einnimmt. Und sie sind schließlich der Grund für die permanent steigende Bau-

Blick auf die Herrschinger Bucht, Ölgemälde von Carl Conjola, 1820

tätigkeit der vergangenen hundert Jahre und den ungeheueren Siedlungsdruck von heute. Sie sind Kapital und Hypothek zugleich.

Dabei war der Landkreis bis in die Mitte des 19. Jahrhunderts noch fast ausschließlich agrarwirtschaftlich geprägt. Die Dörfer gehörten allein den Bauern und den wenigen Handwerkern. In den Uferorten kamen die Fischer hinzu, in Starnberg vielleicht noch ein paar ausgefallene Handwerksberufe wie Zinngießer, Seifensieder, Faßmaler oder Glaser, sowie einige Verwaltungsbeamte. Handel und Gewerbe waren auffallend schwach entwickelt. Noch um 1810 zählte man im Landkreis ganze 16 Kaufleute und Krämer. Ein Markt wie in Weilheim oder Wolfratshausen war nicht vorhanden, und die wenigen Jahrmärkte, in Oberalting, Starnberg, Aufkirchen, Andechs oder Grünsink zum Beispiel, waren mehr Volksfeste als wirtschaftlich bedeutsame Einrichtungen. Zu erwähnen wären allenfalls noch einige kleine Braustätten, ein paar Mühlen- und Sägebetriebe oder die noch 1840 bestehende Inninger Salzfaktorei.

Der Landkreis war mit etwa 11000 Einwohnern um 1850 vergleichsweise dünn besiedelt. Als Wilhelm Heinrich Riehl Mitte des 19. Jahrhunderts das Land zwischen Starnberger See und Ammersee durchwanderte, konnte er noch notieren, «daß in diesen Gegenden noch sehr viel Platz sey, Platz für eine doppelte Volkszahl. Die Wahrnehmung, daß hier die Welt noch nicht ganz vertheilt sey, hat für Jemand, der aus einem übervölkerten Landstrich kommt, etwas Behagliches, Beruhigendes».

Um die Mitte des 19. Jahrhunderts begann dann jene Entwicklung, die bis heute noch nicht abgeschlossen ist. Der auslösende Faktor war in entscheidendem Maße der Bau der beiden Eisenbahnlinien nach Starnberg (1854) – Tutzing (1865) und nach Herrsching (1903), die sich rasch zu Leitlinien zunehmender Siedlungstätigkeit entwickelten. Einen weiteren Anstoß brachte der sprunghaft ansteigende Autoverkehr, der schließlich auch den Raum zwischen beiden Bahnlinien erreichbar machte.

Der Landkreis Starnberg ist altes Siedelgebiet. Zwar lassen sich bisher, mit Ausnahme der Roseninsel und einiger weniger Stellen im Kreisgebiet, keine nennenswerten Spuren der Steinzeit nachweisen, doch schon in der Bronze-, Hallstatt- und Latènezeit haben wir das vergleichsweise deutliche Bild einer recht dichten und vielleicht auch kontinuierlichen Besiedlung vor uns. Die Schwerpunkte liegen dabei an der Würm, bei Gilching und in einem breiten Streifen zwischen Starnberger See und Ammersee.

Es ist für die Kontinuität dieser alten Siedelflächen bezeichnend, daß sich Spuren römischer Niederlassungen fast genau dort finden, wo schon diese älteren bronze- und hallstattzeitlichen Schwerpunkte lagen, im römischen Bratananium (Gauting) etwa, in den bereits durch die Forschung lokalisierten Gutshöfen beim Schmalzhof, bei Deixlfurt, Machtlfing, Erling, Widdersberg, Argelsried und Gilching wie in der Gutssiedlung auf der Frauenwiese bei Weßling. So mancher ehemalige römische Gutshof und seine zugehörige Flur mögen auch von den ersten Siedlern des 6. Jahrhunderts als alte Kulturflächen erkannt und von einer der frühen Dorfgründungen übernommen worden sein.

Die Lage der Siedlungen der Landnahmezeit bietet dazu ein auffallend kongruentes Bild. Die ing-Orte liegen fast ausnahmslos wieder im Bereich dieser alten Kulturflächen. In einigen Fällen (z.B. bei Gilching, Gauting, Erling) ist die Kontinuität fast mit Händen zu greifen.

Träger der Landnahme und der Rodungen für die nachfolgenden Siedlungsperioden waren bis herauf ins hohe Mittelalter der Adel und die Kirche, besonders die alten Klöster wie Benediktbeuern, Wessobrunn und Schäftlarn, später auch Dießen, Fürstenfeld, Beuerberg oder Polling. Ihre Beziehungen zu den jeweiligen Dörfern bestanden manchmal umfassend, manchmal nur auf einzelne Höfe beschränkt, bis herauf zur Säkularisation. In einer Reihe von Orten sind ihre Spuren noch heute erkennbar, in den ehemals inkorporierten Kirchen und ihrer Ausstattung zum Beispiel, in den alten Pfarrhöfen und Zehentstadeln, in ihren Gutshöfen und Schwaigen oder in den klösterlichen Sommersitzen wie Ried, Mühlfeld oder Mischenried.

Aber auch die frühe Adelsherrschaft ist in vielen Orten ablesbar geblieben, in den Fronhöfen und Ministerialensitzen, die sich in einigen Orten schon nachweisen ließen, oder in den Höfen, mit denen sie die Ortskirche ausgestattet haben. Aus Dorfgrundrissen und Flurbildern der Uraufnahme von 1809/12 lassen sich erstaunliche Zusammenhänge und historische Erinnerungen herauslesen und interpretieren. Es sind Spuren von hohem Zeugniswert, die aber mehr und mehr durch den Straßenbau und die starke Bautätigkeit ausgelöscht werden.

Dem Adel, vor allem dem Hochadel, gelang es in den Jahrhunderten nach der Landnahme auf der Grundlage eines meist umfangreichen Grundbesitzes, seine Macht zu festigen und immer deutlicher umrissene Herrschaftsbereiche auszubilden, die ihren Höhepunkt schließlich im 11./12. Jahrhundert in den annähernd geschlossenen Territorien der Grafschaften fanden. In unserem Raum lassen sich zu Beginn die Huosi nachweisen, die die Lex Baiuvariorum zu den fünf Uradelsgeschlechtern zählt. Seit dem 11. Jahrhundert sehen wir dann die zu immer größerer Macht und Bedeutung aufsteigenden Grafen von Andechs im Besitz des Landes zwischen den beiden Seen. Hier in ihrer Stammgrafschaft hatten sie gewaltigen Grundbesitz, noch vermehrt durch Lehensbesitz, hier verfügten sie über eine umfassende Macht, die sich aus den verschiedenen Amtsbefugnissen (Führung des Heerbanns, Gerichtsbarkeit, Vogtei über die Klöster) ergab. So läßt sich in fast allen Dörfern ein großer Teil, oft sogar mehr als die Hälfte der Höfe auf ihren Besitz zurückführen. Im Andechser Berg und in dem nachfolgenden Benediktinerkloster, das noch heute den einmaligen Heiltumsschatz der Grafen hütet und verehrt, besitzen wir den Ort, wo sich nicht nur die Macht und der Glanz eines der großen europäischen Geschlechter zu höchster Blüte entfaltete, sondern sich auch erstmals sichtbar der Raum, in dem unser Landkreis liegt, als eine, von einer Herrschaft erfaßte Einheit abgezeichnet hat.

Ein bedeutender Faktor in der Organisation dieser Herrschaft waren die Ministerialen, denen besondere Aufgaben innerhalb der Verwaltung der Grafschaft übertragen waren. Daneben gab es noch verschiedene Hochfreie mit höherer Adelsqualität, so in Aschering, Machtlfing, Delling, Seefeld oder Leutstetten. Ihre Sitze, meist waren es wohl nur herausragende Bauerngüter oder die alten Fronhöfe, sind heute, wenn man Glück hat, in den jeweiligen Ortschaften noch lokalisierbar.

In einigen Fällen sind aus ihnen die späteren Herrensitze herausgewachsen, wie in Tutzing, Rößlsberg, Leutstetten, Königswiesen, Fußberg, Delling oder Seefeld. Im Schloß Starnberg und in den Überresten der ehemaligen Karlsburg bei Leutstetten schließlich haben wir noch die Zeugen der unerbittlichen Konfrontation zwischen Andechsern und Wittelsbachern vor uns.

Nach dem Zusammenbruch der Andechser Herrschaft in der 1. Hälfte des 13. Jahrhunderts traten die Landgerichte die Nachfolge der Grafschaften an. Zunächst war das Landgericht Pähl, später Weilheim, für unseren Raum zuständig, und erst im 14. Jahrhundert bildete sich als Folge einer stufenweisen Umorganisation das Landgericht Starnberg heraus, das sich dann, etwa auf der Linie Pöcking-Inning, gegen das Landgericht Weilheim abgrenzte.

Diese insgesamt recht einheitliche und straffe Gerichts- und Verwaltungsorganisation wurde allerdings im Laufe der folgenden Jahrhunderte wieder durchbrochen, vor allem durch die Bildung kleinerer Niedergerichtsbezirke, der sog. Hofmarken, von denen es eine ganze Reihe in unserem Raum gab. Darunter waren allerdings nur wenige, deren Wurzeln noch ins Hochmittelalter zurückreichten, wie die der Hofmark Fußberg zum Beispiel oder der Herrschaft Seefeld. Der Schwerpunkt der Hofmarken lag im Osten des Landgerichts, an der Würm und am Starnberger See: Krailling, Frohnloh, Fußberg, Königswiesen, Leutstetten, Berg, Allmannshausen, Kempfenhausen, Possenhofen, Garatshausen und Tutzing. Im Bereich des Ammersees entwickelten sich die Klosterhofmarken Erling und Mühlfeld sowie die Herrschaft Seefeld, deren Hofmarken sich im Umkreis von Pilsensee und Wörthsee über den ganzen Nordwesten des Landkreises erstreckten.

Die meisten dieser Hofmarkschlösser sind noch erhalten. Obwohl sich ihre Funktion wie ihr gesellschaftliches, wirtschaftliches und landschaftliches Umfeld längst grundlegend verändert haben, prägen sie gerade im Landkreis Starnberg noch die Landschaft, sind sie noch als anschauliche und hochbedeutende Zeugen einer Herrschaftsform erfaßbar, die über Jahrhunderte bestimmend in das Leben der Hofmarkorte eingreifen konnte, und zwar viel umfassender und unmittelbarer, als dies die Obrigkeit in den landgerichtlichen Orten hätte tun können. In einigen Fällen, wie zum Beispiel in Leutstetten oder Tutzing, ist in der Anlage und im Grundriß des Ortes, in der Führung der alten Straßenzüge wie in der Situierung der wichtigsten Gebäude die starke Ausrichtung auf das Schloß hin noch heute zu erkennen. In Seefeld wird die Verbindung der zugehörigen Güter und Dörfer zum herrschaftlichen Zentrum durch die von den Grafen angelegten Alleen sogar noch ganz unmittelbar und zeichenhaft sichtbar. Dazu kommen fast überall Relikte der einstigen herrschaftlichen Verwaltungs- und Wirtschaftsorganisation, wie ehemalige Brauereigebäude, Wirtschaftsgebäude und Stallungen, bis hin zu Stiftungen und sozialen Einrichtungen, wie z.B. in Seefeld. Auch die kleinen, einfachen Häuser der unmittelbar vom Schloß abhängigen Taglöhner und Handwerker sind in einigen Fällen noch erhalten und überliefern in ihrem räumlichen Kontext zum Schloß anschaulich ein Stück Wirtschafts- und Sozialgeschichte. Vor allem halten die zahlreichen Grabstätten, Epitaphe und

Michael Wening, Der Heilige Berg Andechs, Kupferstich, 1701

Gruftanlagen in unseren Kirchen eine reiche Erinnerung wach. Und nicht zuletzt sind da noch die ausgedehnten Parkanlagen, die heute Landschaftselemente von unschätzbarem Wert darstellen. Sie haben nicht nur entscheidenden Anteil an der hohen landschaftlichen Qualität des Fünfseenlandes, sondern haben sich auch als wirksame Sperrgebiete gegen die allgemeine Zersiedlung der Seeufer erwiesen.

Mittlerweile sind diese Schlösser wie die ganz großen Villen zu ernsten Problemfällen geworden. Die Funktion herrschaftlicher Manifestation und Repräsentation haben sie längst verloren, das gesellschaftliche Leben unserer Zeit ist anders geartet, vom privaten Leben einer heutigen Familie ganz zu schweigen. Unterhalt und Renovierungen verschlingen große Summen. Die meisten Objekte sind deshalb bereits als Tagungs- und Fortbildungsstätten im Besitz der öffentlichen Hand oder der Kirchen. Der Umbau in ein Hotel kommt immer wieder einmal ins Gespräch oder die Aufteilung in Wohnungen. Ideal ist das alles nicht. Allein die meist unumgängliche Umstrukturierung im Inneren, der Umbau der Räume und Säle beseitigt einen wesentlichen Teil der überlieferten Bausubstanz, hebt die Logik und die auf hochherrschaftliches Leben abgestimmte Ordnung der Raumfolge auf und vernichtet damit wertvolle gesellschaftshistorische Spuren. Noch schlimmer kann es werden, wenn es nicht gelingt, das Maß der Nutzungsänderung in einigermaßen erträglichen Grenzen zu halten und damit unwiederbringlichen Bau- und Geschichtsdenkmälern das Schicksal eines Spekulationsobjektes zu ersparen, das meist auf eine fragwürdige Verwertung als schicke Zweitwohnsitz-Anlage hinausläuft.

Die Mehrzahl der Schlösser ist im 15./16. Jahrhundert entstanden. Es waren vor allem die wohlhabenden Münchner Patrizier, die hier ihr Geld anlegten und die hier einen angenehmen Sommeraufenthalt mit Jagd und Bootsfahrten suchten, die Weiler, Püttrich, Ligsalz, Katzmair oder Dichtl. Seit dem 16. Jahrhundert traten dann immer mehr die höheren Staatsbeamten (wie die Urmiller oder die Rosenbusch) auf, dann erst folgte auf breiter Basis der Adel, der nach dem Dreißigjährigen Krieg das Bild in den Hofmarken beherrschte, die Hörwarth vor allem, die Armannsperg, Wämpl, Pembler, Berchem, Ruffin, Vieregg oder die Grafen La Rosée. Sie waren es auch, welche die vermutlich noch recht hausbackenen Herrenhäuser zu stattlichen Hofmarkschlössern mit schönen Gartenanlagen ausbauten.

Auch der Münchner Hof kam seit Albrecht III. immer häufiger an den Starnberger See. 1541 ließ Wilhelm IV. die noch ganz vom Mittelalter erfüllte Burg Starnberg in einen Sommersitz umwandeln. Albrecht V. war vielleicht der Erbauer des kleinen, intimen Schlößchens Mühlfeld, das nach verschiedenem Zwischenbesitz Wilhelm V. noch einmal zurückkaufte, bevor es 1597 endgültig an das Kloster Andechs überging. 1668 erwarb Kurfürst Ferdinand Maria Possenhofen und richtete einen eigenen Tiergarten für die Jagd ein. Ein wenig später kaufte er auch noch Berg und Kempfenhausen, die er dringend als Ausgangspunkte für die Fahrten mit seiner prunkvollen Flotte und als Schauplatz für die in ganz Europa gerühmten Seefeste und Seejagden benötigte. Zu seiner Zeit, aber auch noch unter Max Emanuel und Carl Albrecht erlebten die Schlösser ihren gesellschaftlichen Höhepunkt, die barocken Gartenanlagen ihre höchste Blüte.

Starnberg selbst wurde dabei immer mehr aus dem Mittelpunkt gedrängt. Das Schloß lag am Ende zu weit oben auf der Anhöhe und eignete sich nicht mehr für große barocke Auftritte. Bei größeren Festen wurde es zwar noch als Unterkunft für Gäste benutzt, doch den Rest des Jahres waren die Räume verschlossen und dienten als Lager für die Möbel, Betten und Dekorationen, die man bei den Seefesten benötigte.

Der zu Füßen der Burg liegende Ort Starnberg hat sich eigenartigerweise nie ganz aus diesem, vom Schicksal des Schlosses verursachten Nebenrollendasein befreien können. Das war aber im Grunde schon so gewesen, als die Burg noch andechsisch war. Nach der Übernahme durch die Wittelsbacher und die Ausschaltung der Rivalen war erneut kein Anlaß mehr gegeben, hier eine Position durch eine bedeutendere Siedlung auszubauen und zu stärken. Es kreuzten sich an dieser Stelle auch keine wichtigen Fernstraßen, der Handel lief längst über die alte Landsberger Salzstraße und über das Isartal am Fünfseenland vorbei.

Vermutlich deshalb haben sich hier nie Ansätze zur Entwicklung eines Marktes ergeben. So konnten die Märkte Bruck, Wolfratshausen und Weilheim ihren Einzugsbereich immer mehr auch in den Raum zwischen Starnberger See und Ammersee hinein ausdehnen, was auf die kulturelle

Hochzeitsgesellschaft vor Schloß Seefeld, Ölgemälde, 1780

Eigenständigkeit dieses Gebietes, auf Tracht, Brauchtum und Bauernhaus nicht ohne Einfluß geblieben ist. Parallel dazu übten hochentwickelte Zentren des Kunsthandwerks wie Wolfratshausen oder Weilheim, ganz zu schweigen von Augsburg oder München über Jahrhunderte eine solche Anziehungskraft aus, daß es für einen Handwerker zwischen Starnberg und Herrsching sehr schwer wurde, sich zu behaupten. Man braucht nur ein paar Jahrgänge Kirchenrechnungen durchzusehen, um die Bestätigung zu erhalten. Nur wenigen, wie den Malern Ignaz und Ferdinand Bidermann und Andrä Schnabl, den Bildhauern Hans Nursch und Hans Hörmann oder dem Kistler Johann Georg Leuthner in Drößling gelang es, sich hier überhaupt einen Namen zu machen.

Starnberg ist dabei bis über die Mitte des 19. Jahrhunderts hinaus ein stilles, wenig bedeutendes Fischerdorf geblieben und hat, obwohl es seit dem 14. Jahrhundert Sitz eines Landgerichts war, niemals die Funktion eines echten Zentrums für das Umland entwickeln können.

Deshalb ist der Landkreis Starnberg der einzige Landkreis im Umkreis von München, der keinen Mittelpunkt mit historischer Altstadt nach dem Muster der alten Märkte Wolfratshausen, Bruck und Dachau oder der mit mittelalterlichem Stadtrecht versehenen Kreisstädte Landsberg und Erding oder der ehemaligen fürstbischöflichen Residenz Freising besitzt. Starnberg ist zuerst als Villenort und als Bade- und Fremdenverkehrsort groß geworden, bevor es in die Rolle der Kreisstadt und eines Einkaufs- und Behördenzentrums hineinwuchs. Es fehlte deshalb die in den Märkten längst herangewachsene Infrastruktur. Das neue Zentrum des Ortes, die Au, das dafür vor allem in Frage kam, hatte sich zum Wohnquartier mit kleinen Stadtvillen und nur wenigen Geschäften entwickelt. Die hier und auch an der Hauptstraße nachfolgende Umstrukturierung hat Starnberg schließlich mit der weitgehenden Zerstörung eines eben erst zusammengewachsenen und stilistisch einheitlichen Ortsbildes bezahlen müssen.

Das Fünfseenland war, wie schon gesagt, ursprünglich fast ausschließlich bäuerlich geprägt. Es gab praktisch keinen Mittelpunkt, nicht einmal einen besonders herausragenden Ort. Schon die Unterschiede in der Größe waren nicht gravierend. Die Kirchdörfer mit etwa 80 bis 200 Einwohnern beherrschten das Bild, gefolgt von einer kleineren Zahl von Pfarrdörfern mit etwa 300 bis 350 Einwohnern. Nur wenige Orte wie Gauting, Inning oder Gilching ragten über diese Grenze noch hinaus, Erling nahm schon mit ca. 430 Einwohnern die Spitzenposition ein. Kleinere Weiler mit drei bis fünf Anwesen waren weit in der Minderheit, die Einöden, die anderswo so sehr die Landschaft bestimmen, die Ausnahme.

Dabei boten diese Dörfer ein recht einheitliches Bild. Mit wenigen Ausnahmen, wie Pöcking oder Güntering, waren hier das kleine Haufendorf und das Haufenwegedorf der absolut vorherrschende Siedlungstyp. An den kurzen, sich durch das Dorf windenden Straßen reihten sich in unregelmäßiger Stellung und ohne erkennbare Ausrichtung auf eine Himmelsrichtung die Höfe. Sie lagen relativ dicht beisammen, entlang größerer Straßenabschnitte meist in enger Reihung. Die mit Obstbäumen besetzten rückwärtig gelegenen Gärten und Hauswiesen bildeten den Übergang zur offenen Feldflur.

Das Bauernhaus im Landkreis Starnberg liegt im Verbreitungsgebiet des sogenannten oberdeutschen Einhauses. Trotz mancher Unterschiede im Detail hatte man hier eines gemeinsam: Wohnhaus, Stall und Stadel lagen unter einem Dach. Ausnahmen bildeten in der Regel nur sehr große Höfe, deren Gebäude sich um den Hofraum gruppierten. In allen anderen Fällen standen nur noch kleine, untergeordnete Nebengebäude, wie Schuppen, Holzlege oder Backhaus außerhalb des Bauernhauses. Auch Hakenhöfe oder gar Dreiseithöfe kamen vor dem 19. Jahrhundert selten vor,

Die kurfürstliche Flotte mit dem Bucentaur vor Schloß Berg, Ölgemälde von Ignaz oder Ferdinand Bidermann, 1738

wenn nicht ein begrenzter Hofraum oder ein ungünstiges Gelände dies notwendig machten. Die heutige zwei- bis dreiseitige Anordnung um den Hofraum ist meist erst eine Folge der Umstrukturierung der Landwirtschaft im 19. Jahrhundert, die sich aus der umfassenden Umschichtung der Wirtschaftsflächen nach der Säkularisation sowie aus der starken Steigerung der Erträge durch die Verbesserung der Produktionsmethoden und die Einführung der ersten Maschinen ergab.

Das Gebiet zwischen Starnberger See und Ammersee war ein Bereich, in dem sich mehrere Hausformen berührten bzw. überschnitten. Da war als erstes das Zusammentreffen zweier verschiedener Dachneigungen. Einschlägige Erhebungen durch das Ministerium Montgelas von 1810 lassen deutlich eine Linie erkennen, die sich von Wangen über Leutstetten zur Nordspitze des Ammersees hinüberzog und fast genau mit dem Nordrand der würmeiszeitlichen Moränen identisch ist. Südlich dieser Linie, im Gebiet mit überwiegender Weidewirtschaft, herrschte das flache Legschindeldach, nördlich, in den Gemeinden mit stärkerem Ackerbau, das steile Strohdach. Die Grenzen waren jedoch nicht starr. Mit der Verschärfung feuerpolizeilicher Vorschriften verschwanden beide Dacharten restlos und wurden meist zu mittelsteilen Dächern mit Pfannendeckung umgebaut. In vielen Fällen ist jedoch die ursprüngliche Dachneigung aus den Veränderungen im Dachstuhl noch zu rekonstruieren.

Im nördlichen Teil des Landkreises ragten vereinzelte Ausläufer des Dachauer Bauernhauses mit seinem steileren, am Ortgang bündig abschließenden Dach herein (besonders in Gilching, Argelsried, Etterschlag). Aus dem Wolfratshausener Raum zog sich der Typ des Isartaler Hauses bis an das Ufer des Starnberger Sees (Allmannshausen, Percha) herüber. Er war geprägt von einem flach geneigten, relativ weit überstehenden Dach und einer meist über zwei Seiten reichenden Laube. Das überstehende Dach wurde stets von einer knapp am Ortgang sitzenden Giebelverschalung ausgefüllt, die zusammen mit der Laubenbrüstung eine schmale, fast schlitzartige Öffnung ließ. Im Süden ist, etwa südlich von Tutzing, ein Ausläufer des Werdenfelser Bauernhauses nachzuweisen, der durch weiten Dachüberstand und die charakteristischen Jexenbänder im Giebel gekennzeichnet ist.

Im Lauf des 19. Jahrhunderts setzte sich dann im Landkreisgebiet ein Mischtyp durch, der in vielem auch an das ostschwäbische Bauernhaus erinnert. Er ist gekennzeichnet durch ein mittelsteiles Dach mit mäßigem Überstand. Es ist jenes Haus, das wir heute noch von Buchendorf bis Inning und von Herrsching bis Traubing antreffen können. Es ist ein schlichtes, sehr harmonisches Haus. Vier oder fünf Fensterachsen, symmetrisch angeordnet und mit glatten grünen Fensterläden versehen, gliedern die Fassade. Der Eingang ist traufseitig, die Laube fehlt durchwegs. Es gibt keine Verzierungen, lediglich die Fenster sind öfters mit Glattputzfaschen eingefaßt. Als Erbe des ostschwäbischen Bauernhauses war hier noch bis weit in das 19. Jahrhundert hinein das Mittertennhaus vertreten, vor allem bei kleineren Anwesen. Hier befand sich die Tenne zwischen Wohnteil und Stall. Ein noch lange nach dem Umbau dieser Häuser überlebendes Relikt war die steile, meist mit einer Türe abgeschlossene Kammerstiege, die noch vor Jahren allenthalben anzutreffen war.

Zu dieser regionalen Entwicklung kam noch eine zeitliche. So waren die meisten Anwesen bis in das späte 17. Jahrhundert hinein noch ganz in Blockbauweise ausgeführt, die kleineren oft nur eingädig, die größeren meist mit Obergeschoß. Im 18. Jahrhundert findet man das Blockbauobergeschoß bereits durchwegs auf einem gemauerten Untergeschoß. Ab 1780/90 wurden die meisten Bauernhäuser schon ganz gemauert, wobei der Giebel noch mit der charakteristischen Bretterverschalung abgeschlossen war. Im östlichen Landkreis hat diese Ablösung, wohl infolge der vom Isartal her

Bauernhaus in Starnberg, lavierte Bleistiftzeichnung von Franz von Pocci, 1843

Bauernhaus in Possenhofen, Bleistiftzeichnung von Lorenz Quaglio, 1854

wirkenden starken Holzbautradition etwas später, vielleicht sogar erst nach 1800 stattgefunden. Bald nach 1800/1820 wurde dann auch der Giebel gemauert, und es bildete sich das biedermeierliche Haus mit seinen etwas vergrößerten, meist leicht hochrechteckigen Fenstern aus.

Das Bauernhaus war stets einem langsamen Prozeß der Fortentwicklung unterworfen, der im Grunde immer organisch verlief. Erst mit der Technisierung des Bauernhofes und der damit meist verbundenen Veränderung der Arbeitsabläufe ergaben sich jene schwerwiegenden Eingriffe in unsere Bauernhauslandschaft, die wir heute so sehr zu beklagen haben. Anbauten mit völlig neuen Maßstäben zerstören nicht selten die Harmonie, zusätzliche Nebenbauten in unterschiedlichsten Formen und Größen zerstückeln die alten Freiräume, verdichten die Dorflandschaft auf Kosten der Natur im Dorf und bringen eine enorme optische Unruhe ins Ortsbild. Verstärkt wurde dies bis heute durch die Verwendung neuer, nicht bodenständiger Baustoffe mit ihren oft aggressiven Farb- und Materialeigenschaften. Es hat sich zwar schon vieles gebessert, doch fehlt es noch immer an Achtung vor dem, was am Bauernhaus durch die Zeit gewachsen, was seine Geschichte ist. Noch immer wird Altes zu schnell aufgegeben, Neues als gleichwertiger oder besserer Ersatz akzeptiert, ist der Wunsch lebendig, dem Bauernhaus zu zweifelhafter Modernität im Stil der Vorstadthäuser zu verhelfen. Unter diesen Umständen hatte die Bauernhauslandschaft im Landkreis Starnberg in den vergangenen Jahrzehnten rapide Verluste zu verzeichnen. Die Zahl der denkmalwürdigen Bauernhäuser ist im Vergleich zum Gesamtbestand bereits sehr gering und nimmt auch in der Denkmalliste des Landkreises nur noch einen untergeordneten Rang ein. Die wenigen Objekte stehen oft schon fremd in einer veränderten Umgebung und haben damit einen großen Teil ihrer Vitalität und ihrer Einbindung in die Landschaft verloren.

Obwohl man bereits gegen Ende des 18. Jahrhunderts die Natur vor den Toren der Stadt wieder zu entdecken begann, bedeutete dieses veränderte Verhältnis zur Landschaft noch nicht gleich den Beginn der Landhaus- und Villensiedlungen im Würmtal oder an den Ufern unserer Seen. Zwar gehörte der Starnberger See mit zu den ersten Landschaften, auf die sich der Blick richtete, doch waren es zunächst einmal die Botaniker und Geologen sowie vor allem die Maler, die den Weg in diese Gegend fanden, nicht die Siedler. Es dauerte noch eine Weile, bis es in den entsprechenden Kreisen Mode wurde und, wie wir heute sagen würden, zum Image gehörte, auch ein Landhaus am See zu haben. Es fehlte in der Stadt zu Beginn des 19. Jahrhunderts wohl auch noch jenes Bürgertum, aus dessen «besseren Kreisen» später die Villenbesitzer kamen, es gab wohl noch nicht jenen erfolgreichen Unternehmer und alle jene, für die der Beginn der Industrialisierung zunehmenden Wohlstand und gesteigertes Ansehen brachte. Und auch die ersten Maler, die an den See kamen, waren noch nicht jene gefeierten Stars, die für ein Portrait oder ein Genrebild die entsprechenden Summen verlangen konnten. Der Adel und die höheren Staatsbeamten waren noch für einige Zeit die einzigen, die traditionell wie finanziell auf einen solchen Landsitz eingestellt waren.

Staatskassier von Ertl ist hier zu nennen, dann Staatsrat von Krenner mit seiner klassizistischen Portikusvilla von 1810 in Assenbuch und schließlich Prinz Karl, der 1832 ein

Steinlach (Gde. Gilching), Bauernhaus mit Greddach

Machtlfing, Bauernhaus in Ständerbohlenbauweise; histor. Aufnahme, 1942

Traubing, Bauernhaus, Anf. 19. Jh.; histor. Aufnahme, 1942

Erling, Mittertennbau; histor. Aufnahme, 1942

Assenbuch mit dem Fischer Gastl und der Villa des Staatsrates v. Krenner, Ölgemälde von Max Josef Wagenbauer, 1813

prächtiges Palais auf dem Georgsbichl über Niederstarnberg errichten ließ. Ihnen folgte Baurat Ulrich Himbsel 1827 mit seinem biedermeierlich schlichten Sommerhaus, neben das er sich 1842 noch ein größeres Landhaus stellte. Damit war es für einige Zeit auch schon wieder zu Ende, wenn man von ein paar neuen bürgerlichen Wohnhäusern in Starnberg wie dem Landrichterhaus oder der kleinen Villa des Leibschiffsmeisters Zimmermann von 1805 absieht.

Aber die alten Hofmarkschlösser, um die es in den letzten Jahrzehnten so still geworden war, wurden wieder belebt. 1834 erwarb Herzog Max in Bayern Possenhofen und Garatshausen und erfüllte sie für ein paar Jahrzehnte wieder mit regem familiären und gesellschaftlichen Leben. 1841 zog Graf Pocci in Ammerland ein und erhob es zu einem Treffpunkt für die Münchener Gesellschaft und die Künstler. Leutstetten ging 1818 an Staatskassier von Ertl über, und in Tutzing gab Friedrich Graf von Vieregg dem alten Wasserschloß bis 1816 eine neue klassizistische Form. Schließlich kehrte mit Max II. auch der Hof wieder nach Berg und an den Starnberger See zurück (1850).

Erst um die Jahrhundertmitte setzte dann jene rasch sich steigernde Bautätigkeit ein, die nun auf breiter Basis vom Bürgertum getragen wurde. Ausgelöst wurde diese Entwicklung vom Bau der Eisenbahn Pasing-Starnberg 1854 und Starnberg-Tutzing 1865. Wohl erreichte das Bauen zunächst in gleicher Weise auch das Ostufer, ja die stillen, etwas abgeschiedenen Orte Ambach und Ammerland sind um diese Zeit ganz besonders beliebt. Als aber um 1860/80 auch der Mittelstand nachfolgte, blieben die Ostuferorte im Wachstum hinter Starnberg, Pöcking, Feldafing oder Tutzing zurück.

Das stadtnähere Würmtal bekam den entscheidenden Anstoß ebenfalls erst vom Bau der neuen Bahnlinie. Gauting steigerte sich daraufhin, zwischen 1850 und 1875, etwa um ein Drittel. Freilich ging da, wie auch in den anderen Orten, zunächst ein Teil des Wachstums noch auf das Konto der ansässigen Bevölkerung, und erst nach 1875/80 waren dann die Zuzüge aus München weit in der Überzahl. Auch am Ammersee und in den übrigen Orten des Landkreises setzte dieser Wachstumsprozeß viel später ein und verlief wesentlich langsamer. So wuchs Herrsching zwischen 1850 und 1875 nur etwa um ein Viertel und vergrößerte sich erst nach dem Bau der Bahnlinie 1903 deutlich. Weßling hatte zwischen 1900 und dem Ersten Weltkrieg sogar nur 15 Neubauten zu verzeichnen. Wie im Würmtal kamen im gesamten westlichen Landkreis die Zuzüge vor allem aus dem Mittelstand, und man konnte, mit Ausnahme der Villenkolonie Gauting, die größeren, repräsentativen Villen in jedem Ort an einer Hand abzählen.

Etwa um 1850 entstanden unmittelbar am Starnberger Seeufer die ersten Landhäuser, und bereits um 1865/70 waren hier die attraktivsten Abschnitte besetzt. Spätere Villen-

Possenhofen, Ölgemälde von Josef Schertel, um 1855

bauten waren dann nur noch nach Grundverkäufen aus den großen Parkanlagen möglich. Auch an den anderen Seen begann die Bebauung meist am Ufer. Während es dort jedoch oft lange bei dieser ersten Zeile blieb, ja ganze Uferstreifen nie erschlossen wurden, bewegte sich in Starnberg und Tutzing, ähnlich auch noch in Herrsching, die Bebauung gleichmäßig vom Ufer weg, die begleitenden Hänge hinauf. In Starnberg erfaßte sie sogar noch den dahinter liegenden zweiten Moränenwall. Gleichzeitig wurde die Au großflächig erschlossen.

In Pöcking, Feldafing und Berg dagegen setzte die Bebauung oben in den Ortschaften an, verhinderten die ausgedehnten Parkanlagen der Schlösser eine Besetzung der unteren Hanglagen und der Ufer. Im Würmtal bildeten sich die ersten Schwerpunkte in Nähe der Bahnhöfe und an den Hangkanten mit ihrer weiten Sicht über die Würmlandschaft.

Die ersten Neubauten entstanden noch ohne die Grundlage irgendeiner Bauleitplanung. Man folgte den vorhandenen Straßen, etwa dem Fahrweg von Starnberg nach Possenhofen oder den alten Feldwegen, die zu Straßen ausgebaut wurden. Oft bestimmten natürliche Begrenzungen wie Wege, Bachläufe oder Geländeeinschnitte Form und Abmessungen der Grundstücke. Später, als die Bebauung abgelegenere und unerschlossene Flurstücke erreichte, wurde bereits durch eine Trassenfestlegung der zukünftigen Straße versucht, Neubaugebiete räumlich zu ordnen. Dabei richtete sich diese Planung weitgehend nach den Bedürfnissen der angesprochenen Käuferschicht. Bei einfacheren Wohngebieten (z. B. Starnberg, Mathilden- und Von-der-Tann-Straße, Stockdorf, Krailling) suchte man regelmäßige Straßengevierte mit möglichst geringen Verschnitten zu erreichen. In den gehobeneren Villenvierteln ging man viel großzügiger vor, folgte man sensibler den Geländeverhältnissen und erreichte damit Grundstücke individuellen Zuschnitts. Großräumige Beziehungen und Achsenbildungen wurden mit Ausnahme der Au, wo man die Straßenzüge auf den Bahnhof und den Bahnhofplatz bezog, aber nicht gesucht. Einen Sonderfall der Bauleitplanung stellen die frühen, kurz nach der Jahrhundertwende entstandenen Villenkolonien dar, die Höhenbergkolonie in Feldafing zum Beispiel oder die Gautinger Villenkolonie, die mit ihrer phantasievollen Straßenführung eine großartige Leistung und ein Vorbild bis in unsere Tage geblieben ist.

Waren die betroffenen Ortschaften bis zur Mitte des 19. Jahrhunderts noch fast ausschließlich und weitgehend homogen bäuerlich-dörflich geprägt gewesen, so differenzierte sich mit dem Auftreten der ersten Landhäuser und Villen das Bild zusehens. Den Neubauten wuchs bald das Übergewicht zu, und spätestens um die Jahrhundertwende war zwischen Starnberg und Tutzing das ursprüngliche Ortsbild weitgehend überlagert, hatten sich die alten Fischerdörfer zu malerischen Villenorten entwickelt. Am Ostufer, im Würmtal und in den Gemeinden des westlichen Landkreises blieb das ursprüngliche Bild noch viel länger erhalten, siedelten sich die Neubaugebiete auch um den alten Dorfkern an. Während heute in Starnberg, Feldafing oder Tutzing der ehemalige Ortskern nur noch geringe, meist völlig isolierte Reste des einstigen Dorfes aufweist, kann man in Gauting, Weßling oder Berg die ursprünglichen Verhältnisse noch einigermaßen gut ablesen.

Stilistisch waren die ersten Villen am Starnberger See noch ganz dem Klassizismus Karl von Fischers oder Klenzes verpflichtet. Eine regelmäßige, ja symmetrische Anlage der Fassade wie der inneren Raumdisposition war die Regel. Die Bauten wurden meist durch einen in der Mittelachse liegenden Eingang und ein zentrales Treppenhaus erschlossen. Die Schauseite wurde stets besonders betont, etwa durch eine stark herausgehobene Veranda oder gar einen Säulenportikus. Die wichtigsten Beispiele waren die Villa des Staatsrates von Krenner in Assenbuch, das Prinz-Karl-Palais, die Klenze-Villa in Tutzing (Buchensee) und der Umbau des Schlosses Tutzing. Nachklänge finden sich bis weit in die siebziger Jahre hinein, etwa bei den frühen Villenbauten Biersacks in Feldafing, bei der Villa Keil in Starnberg oder der Villa Prange in Feldafing, wo der Säulenportikus noch einmal in aufdringlicher Form als Statussymbol verstanden wurde.

Um 1850 kam ein Villentyp hinzu, welcher der Form des Landhauses der Toskana folgte. Charakteristisch dafür ist der beigestellte Belvedereturm mit seinem flachen, etwas überstehenden Pyramidendach. Zu den bekanntesten Vertretern dieses frühen Villentyps zählen das Kasino von Max II. auf der Roseninsel, die Ebersvilla (Midgardhaus) in Tutzing oder die Villa Reber in Pöcking. Auch die Knorr-Villa in Niederpöcking gehört in diese Reihe, zeigt aber bereits Elemente des Maximilianstils, der mit den Bauten Arnold Zenettis um 1854/56 in Niederpöcking einsetzte.

Etwa gleichzeitig entwickelte sich ein Landhaustyp, der sich vom bodenständigen Bauernhaus der Mitte des 19. Jahrhunderts ableitete und dieses weiterentwickelte. Es ist ein einfaches, schlichtes Landhaus, meist zwei-, seltener dreigeschossig, mitunter mit holzverschaltem Kniestock. Die Grundgestalt ist ein ruhiger, geschlossener Baukörper auf rechteckigem Grundriß und mit flachgeneigtem bis mittelsteilem Satteldach. Das wichtigste Motiv aber ist eine übereinandergestellte Einheit aus zweigeschossiger Veranda und Hochlaube, die hier die Funktion des Belvedere übernimmt. Dabei sind diese drei Elemente fast immer in gleicher Breite übereinandergestellt und miteinander konstruktiv verbunden. Sie bilden einen schmalen Risalit, entweder in der Fassade oder mit Zwerchgiebel in der Mitte der Traufseite. Im zweiten Fall liegt der Treppenaufgang meist als Risalit auf der Gegenseite, so daß sich eine Kreuzgiebelkonstruktion ergibt. Diese Dreiereinheit kann in verschiedenen Formen erscheinen; einmal ganz leicht und offen, dann wieder durch reicheren Einsatz von Zierelementen geschlossener, mitunter auch teilweise oder ganz verglast. Das Treppenhaus entwickelt sich fast immer raumsparend auf geringer Fläche, die verschiedenen Räume weisen bescheidene Abmessungen auf und sind meist in regelmäßiger, den kleinbürgerlichen Ansprüchen entsprechender Anordnung auf den Grundriß verteilt. Dieser Haustyp war einmal rund um den See so zahlreich vertreten, daß man ihn fast als das bo-

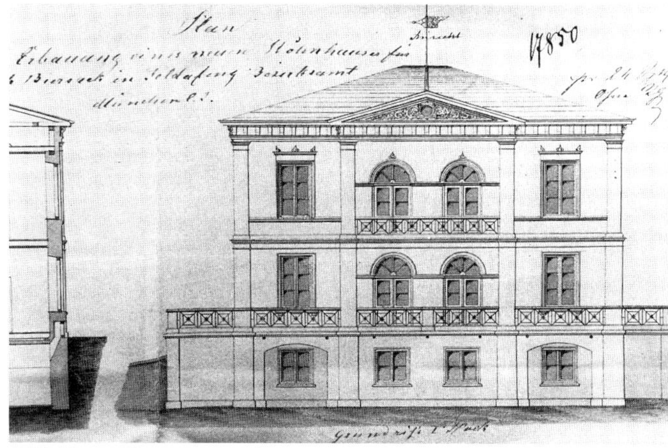
Feldafing, Villa Rosa; J. Biersack, 1870

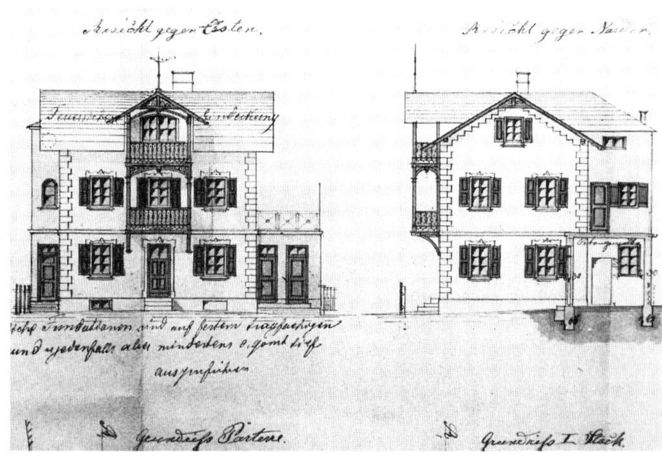
Starnberg, Landhaus Brecheisen; M. Wannerstorfer, 1896

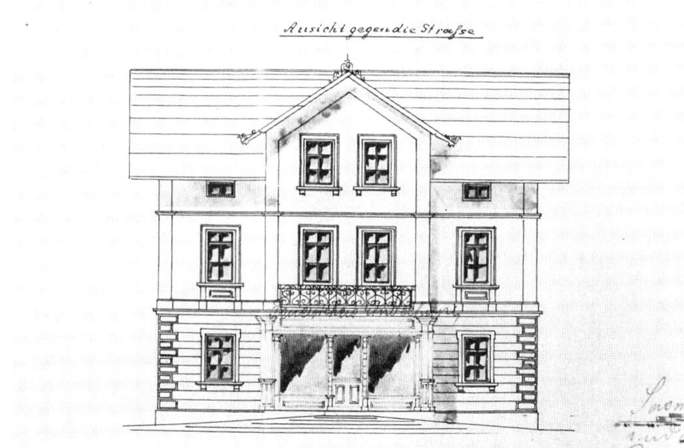
Starnberg, Uhrmacher Weiß, Ladenanbau, 1893

Starnberg, Villa Holz (Göß), Anbau der Veranda, 1899

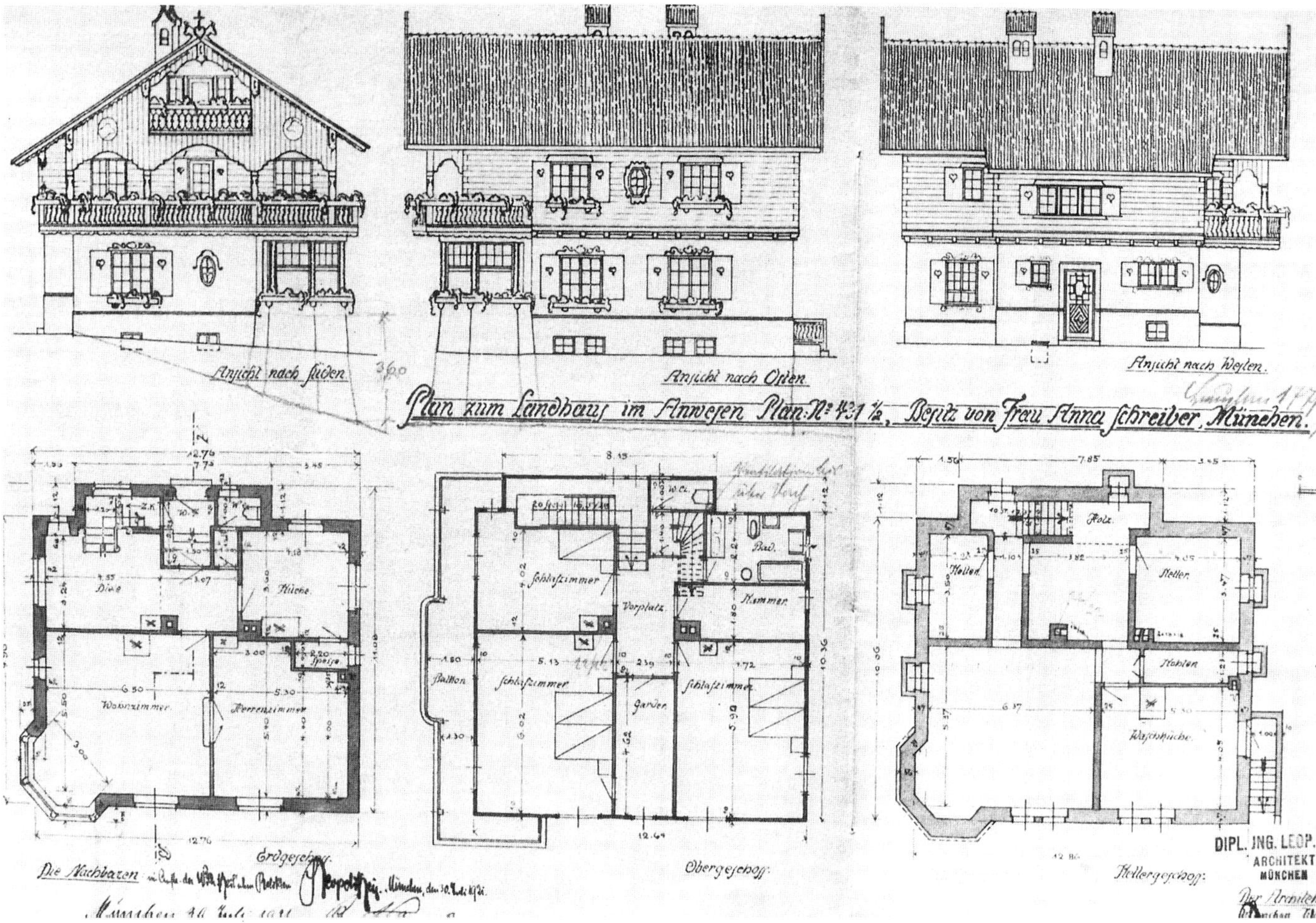

Starnberg, Landhaus Schreiber; Leopold Keil, 1921

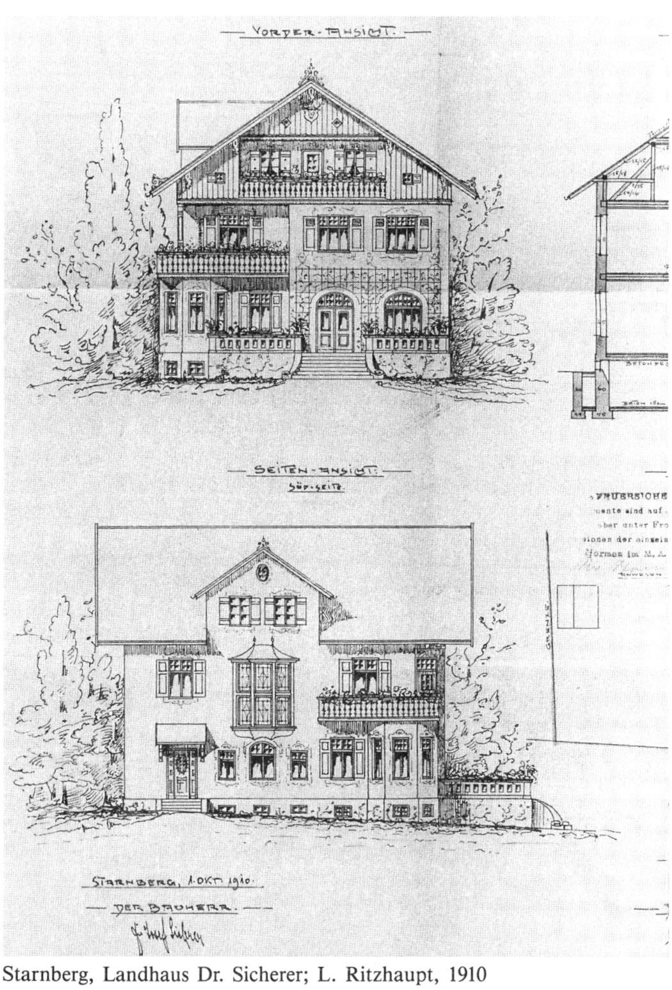

Starnberg, Landhaus Dr. Sicherer; L. Ritzhaupt, 1910

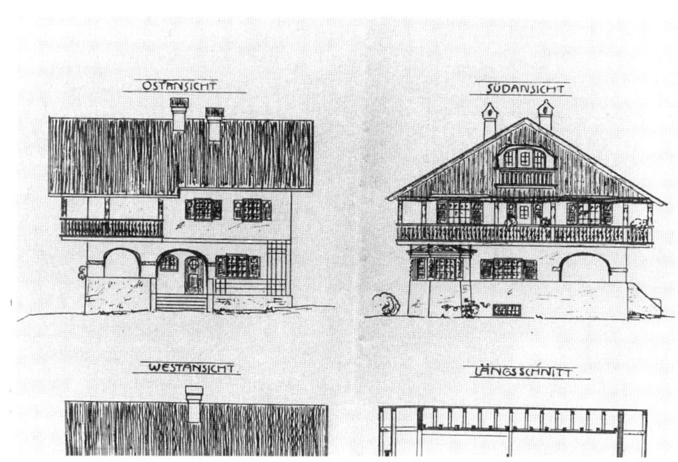

Tutzing, Landhaus Knittl; X. Knittl, 1901

Starnberg, Landhaus Werlé; Carl Lemmes, 1899

Überfahrt der Pilger nach Leoni (Aufkirchen), Ölgemälde von Carl August Lebschée, 1850

Leoni, Himbsel-Haus, Wandmalereien im Treppenhaus, 1842/45

denständige Landhaus des 19. Jahrhunderts bezeichnen könnte.

Seit den siebziger Jahren entwickelte sich ein weiterer vom Bauernhaus abgeleiteter Landhaustyp, der jedoch aufwendiger, repräsentativer gedacht war. Zwar blieb auch er im wesentlichen bei einem geschlossenen Baukörper auf rechteckigem Grundriß, mit flachem bis mittelsteilem Satteldach. Die Baumasse war hier jedoch meist bedeutend größer. Vor allem fehlt fast durchwegs die oben geschilderte Dreiereinheit der Veranden und Hochlauben. Der Katalog an architektonischen und gestalterischen Elementen ist sehr viel größer, auch die Freiheit ihrer Anordnung. Es gibt umlaufende Balkone, die aus den wichtigsten Räumen einen Überblick über die Landschaft gestatten, Erker, Altanen, Loggien, große Terrassen, die über große, doppelflügelige Türen erschlossen werden, sowie breitformatige, mehrteilige Fenster, die eine ungehinderte Verbindung zum Garten herstellen. Die formale wie farbliche Gestaltung der Details wie Läden, Windbretter, Balkonbrüstungen lehnt sich an das Bauernhaus des Alpenvorlandes an, manchmal werden auch besondere Motive wie Jexenbänder, in historischen Formen geschnittene Pfetten- und Sparrenköpfe, Giebelverzierungen, Lüftlmalereien oder kleine Glockentürmchen auf dem Dach aufgegriffen. Offener, variabler als beim kleineren Landhaus des Mittelstandes ist auch die Grundrißgestaltung, differenzierter die Bestimmung der Räume (Wohnzimmer, Speisezimmer, Kneipstübchen, Gästezimmer u.a.). Das Obergeschoß wird meist durch ein besonders gestaltetes Treppenhaus erschlossen. Auch ein eigenes Bad gibt es in einigen Fällen schon. Den Landhauscharakter unterstreichen schöne Holzböden, bemalte Balkendecken und Wandverkleidungen sowie Kachelöfen, möglichst alles nach historischen Mustern. Es ist bezeichnend für dieses Haus, daß es bewußt, quasi mit kunsthistorischem Bildungsanspruch, die Entdeckung des Alpenländischen Bauernhauses und seiner Formen umsetzt. Nicht umsonst sammelten berühmte Landhausbauer wie die Seidl ihre Motive mit Block und Bleistift zwischen Oberammergau und Berchtesgaden.

Die Grundtendenz bleibt stets das zurückhaltende, vornehme Landhaus, und die um die Jahrhundertwende immer deutlicher vorgetragene Forderung nach bodenständigen Formen und Materialien ist bei den Landhausbauten am Starnberger See sehr viel früher in bemerkenswertem Maß erfüllt. Man denke nur an Ulrich Himbsels Landhaus von 1842, an Schwinds Landhaus in Niederpöcking, das Haus des Portraitmalers Holz in Starnberg, die schon nicht mehr existierenden Häuser Ströll und Maffei in Feldafing bis hin zum Jägerhaus Rambaldi in Assenhausen. Zahlreich sind dann die Nachfolger zwischen Jahrhundertwende und Erstem Weltkrieg. Die Denkmalliste des Landkreises Starnberg enthält eine Reihe vorzüglicher Landhäuser, eine stattliche Reihe weiterer Beispiele (vor allem in Starnberg und Tutzing) hätte man noch aufnehmen können.

Gleichzeitig entwickelten sich die Villen und Landhäuser, die nicht oder nur noch ganz bedingt vom Bauernhaus abgeleitet waren. Um 1850/60 traten neben zahlreichen Neubauten, die als Nachzügler noch einen, oft schon stark reduzierten Klassizismus nachklingen ließen, die Villen im Maximilianstil kurz in den Vordergrund. Die bekanntesten Beispiele dafür sind die Villen in Niederpöcking, wo der Gärtnerschüler Arnold Zenetti viel für die neue Kolonie gebaut hat. Aber auch die Villa Simmerl in Starnberg, die ehemalige Villa Billing in Allmannshausen, die Villa Dr. Hussel in Leoni, sowie das Schulhaus in Machtlfing oder die Bahnhöfe zwischen Starnberg und Tutzing wären zu nennen.

Dann schlossen sich in rascher Folge weitere Stilrichtungen an, nach der Neugotik vor allem die Neorenaissance und der Neubarock. Auch Rokoko und Empire wurden für einige Villen, vor allem aber für Dekorationen aufgegriffen. Schließlich folgten Neubauten in gemäßigtem Jugendstil und in immer mehr sich versachlichenden Formen, die als Gegenreaktion zum Historismus verstanden wurden, die aber auch als Weiterentwicklung auf dem Weg zur Moderne gesehen werden müssen.

Die Neugotik trat im Landkreis nur in einigen wenigen Fällen in reiner Form in Erscheinung. Ihr spektakulärster Auftritt war der Umbau von Schloß Berg, welches 1849/51 für Max II. in Formen der englischen Gotik erneuert wurde und sich damit auf dem aktuellen Stand der Stilentwicklung innerhalb der Münchner Architektur befand. Die Umgestaltung des Schlosses Possenhofen folgte in ähnlichen Formen nur wenig später. Eigenartigerweise haben diese bedeutenden Beispiele hier nur wenig Nachfolge gefunden. Mit Ausnahme der Villa Thudichum in Tutzing waren fast alle weiteren Beispiele im sakralen Bereich angesiedelt. Sehr viel häufiger wurden neugotische Formen für Innendekorationen und bestimmte Baudetails wie Eingangstüren, Eisenzäune oder Einfahrtstore verwendet.

Noch seltener wurde die Neuromanik aufgegriffen, bezeichnenderweise wieder fast ausschließlich im sakralen Bereich, wie bei den Kirchenbauten in Machtlfing und Feldafing, bei der Votivkirche für Ludwig II. oder bei neuen Altarausstattungen, wie in Oberbrunn oder Erling. Hier erschien sie der Zeit neben der Gotik als die einzig mögliche Form, die für diese Aufgabe würdig und bedeutend genug war.

Um 1865/70 entstanden dann neben einigen Villen im Stil des toskanischen Landhauses die ersten Bauten im Stil der Neurenaissance. Sie bot nun für das bürgerliche Bauen den gesuchten reichen Formenschatz und die entsprechenden Stimmungswerte, um in den neuen Villen und Wohnhausbauten den mit dem erfolgreichen Aufstieg in den Gründerjahren errungenen neuen Status des Bürgertums, seinen Wohlstand und den damit erworbenen gesellschaftlichen Rang sichtbar werden zu lassen. Gleichzeitig wurde das Land nach dem gewonnenen Krieg von 1870/71 und der Wiederherstellung des Deutschen Kaisertums von einer starken nationalen Begeisterung erfaßt, die den Blick von selbst auf eine Epoche lenkte, die getragen war von einem selbstbewußten Bürgertum und einem hochentwickelten Handwerk. Die neuen Villen mit ihren schweren, soliden Einrichtungen in dunklem Holz, in Plüsch und Gold trugen dann auch wirkungsvoll Wohlstand, Gediegenheit, vaterländische Gesinnung und neu erworbene Bildung zur Schau.

Die Neurenaissance kam dabei nicht etwa nur für anspruchsvolle, repräsentative Bauvorhaben wie die Villen der Herren Kustermann und Neustätter in Tutzing in Frage, sondern war auch für die Landhäuser des Mittelstandes und einiger, im Bauboom zu Geld und Ansehen gekommener Handwerker das Richtige. In reduzierten Formen oder in einzelnen Baudetails läßt sich die Formenwelt der Neurenaissance bis herauf zur Jahrhundertwende und darüber hinaus verfolgen. Im Zuge der neuen nationalen Begeisterung nach 1870 wurde neben der italienischen Renaissance natürlich die deutschen Variante immer mehr bevorzugt, vor

Niederpöcking mit den Villen v. Miller, v. Perfall und Dr. Zitzmann

Herrsching, Villa Scheuermann

Roseninsel mit «Pompejanischer Villa» (Casino), Luftaufnahme 1986

allem «altfränkische» Motive wie das auf seine dekorative Funktion reduzierte Fachwerk, aber auch die Erker und Butzenscheiben, die Türmchen und Gauben, die großen dunklen Kachelöfen und schweren Kassettendecken.

Eine Sonderform dieser Zeit war die Villa, die in Form einer kleinen Burg gebaut war, gleichsam als gesteigerter Ausdruck romantischen Gefühls für das deutsche Mittelalter, dessen Rittertum Inbegriff für Kraft und Stolz, Ehrbarkeit und Würde war. So ein Bau war sichtbares Zeichen für deutsche Tugenden, aber auch dafür, daß man den Stürmen der Zeit zu trotzen gewillt war. Und er mochte vielleicht auch eine Herkunft vortäuschen, um die der Bürger den Adel so sehr beneiden mußte. Der Landkreis Starnberg besitzt in der Scheuermann-Villa und in der Villa Riccius in Pöcking zwei der besten Vertreter dieses Typs im Bereich der Münchner Villenlandschaft.

Das letzte Jahrzehnt vor der Jahrhundertwende brachte endlich auch die Wiederaufnahme des Barockstils, der hier im Münchner Raum natürlich rasch fruchtbaren Boden fand. Orientierte man sich zuerst noch kurze Zeit an italienischen (z. B. Rottmannshöhe), mitunter auch an französischen Beispielen (Kustermann, Tutzing), so rückten bald immer mehr die eigenen Vorbilder, ganz besonders die des süddeutschen Barock in den Vordergrund. Damit waren neue Möglichkeiten für repräsentative Fassaden- und Raumlösungen eröffnet, unter dem Einfluß der vitalen Bautradition des zurückhaltenden altbayerischen Barock aber auch für sehr feine, noble Bauten. Die Villen der beiden Seidl liefern gerade im Landkreis Starnberg ein paar sehr gute Beispiele dafür. Schließlich schlossen sich hier noch mehrere Bauten im Stil des Neoklassizismus an, bevor eine von betont sachlicher Gestaltung und weiterentwickelten Raumlösungen getragene Bauweise den Späthistorismus mehr und mehr abzulösen begann.

Dem äußeren Bild folgte natürlich die Gestaltung der Innenräume. Das Raumkonzept wurde immer großzügiger und differenzierter. Viele Villen haben jetzt ein eigenes Speisezimmer, ein Herrenzimmer oder einen Salon, es gibt ein Musikzimmer, eine kleine Bibliothek, einen Wintergarten oder eine Loggia zum Sonnen. Auch Räume für mehrere Dienstboten sind vorhanden, und das Bad wird nun die Regel. Die Raumfolge entspricht dem gesellschaftlichen Anspruch. So ist in einigen Villen noch ihre ursprüngliche strenge Ordnung erhalten: Die Mitte des Erdgeschosses hält meist das Speisezimmer als der Raum für die am höchsten stilisierte gesellschaftliche Form. Hier «speiste» man noch, gab es noch die Tafel mit strenger Sitzordnung, hier stand man noch nicht mit belegten Brötchen und einem Bierglas in der Hand herum. Neben dem Speisezimmer lagen die nachgeordneten Gesellschaftsräume, die Bibliothek oder das Rauchzimmer für die ernste Gesprächsrunde der Herren, das Wohn- und Musikzimmer für die Damen. Im Obergeschoß nahm oft das Schlafzimmer als die zentrale private Sphäre die Mitte ein. Die Gestaltung der Räume folgte diesem Anspruch. Doppelschiebetüren, große Fenster, Parkettböden, offene Kamine oder Kachelöfen, Stuck- oder Kassettendecken, Wandverkleidungen in besten Hölzern.

Interessant ist dabei zu beobachten, wie Ausstattung und Grundrißbildung dem äußeren Bild der Villen und Landhäuser folgen: Zunächst sind da die schlichten, unkomplizierten und meist regelmäßig angelegten Raumbildungen der ersten Sommervillen. Mit ihrer Entwicklung zu malerisch

Pöcking, Villa Knorr; Entwurf von Arnold Zenetti, 1853

Starnberg, Villa Böhler; Ulrich Merk, 1897

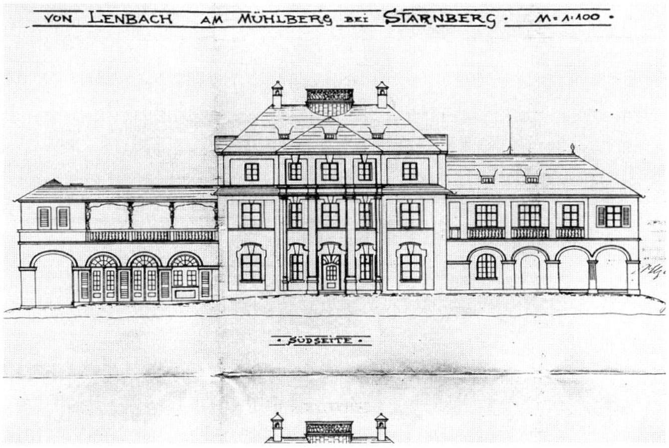

Starnberg-Söcking, Villa Lenbach; Gabriel v. Seidl, 1906

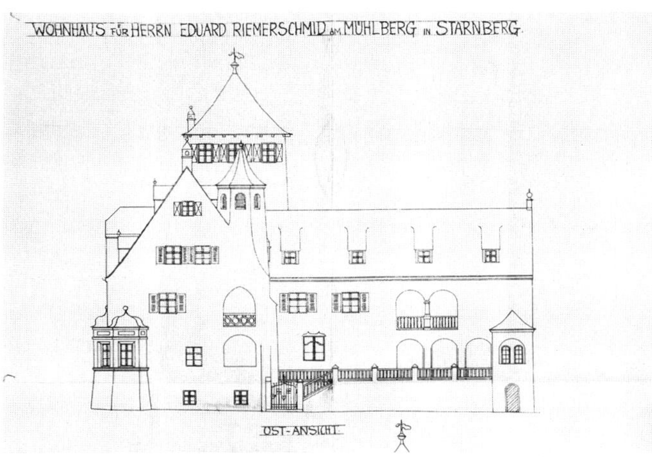

Starnberg, Villa Riemerschmid; Theodor Fischer, 1900

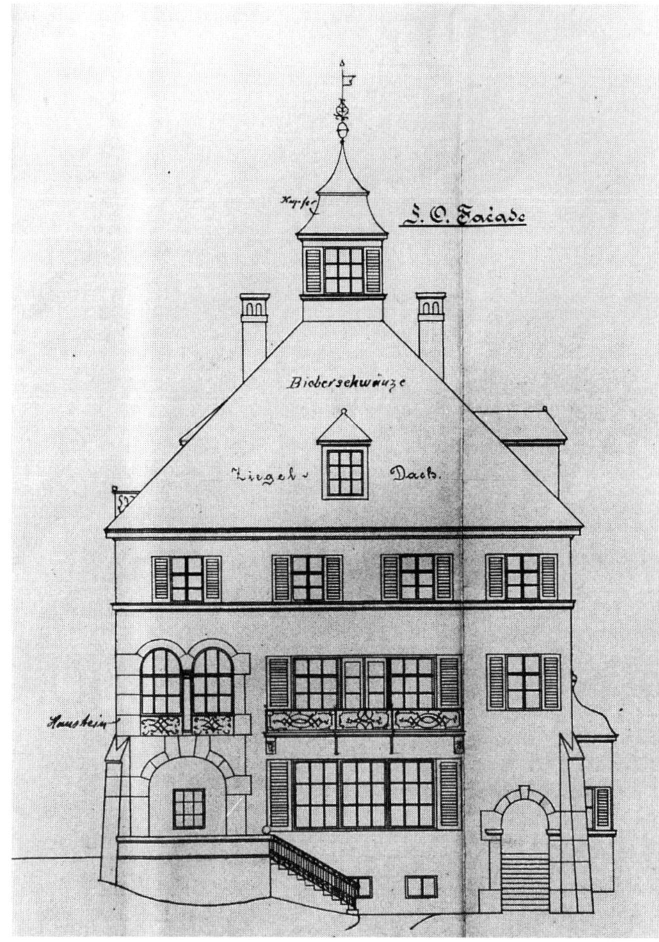

Starnberg, Villa Mayer; Emanuel v. Seidl, 1896

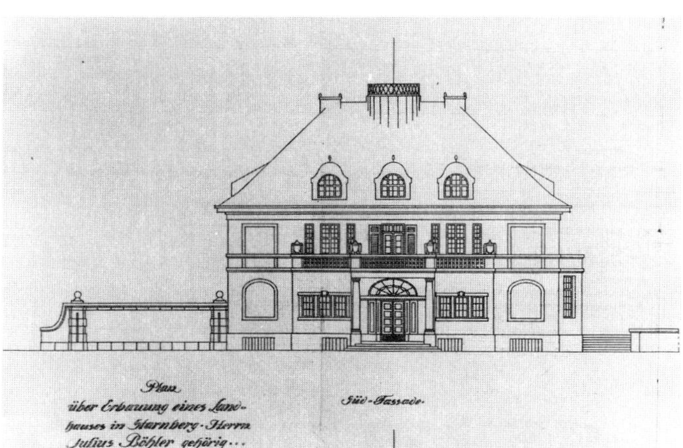

Starnberg, Villa Böhler (Sonnenhof); H. Noris, 1912

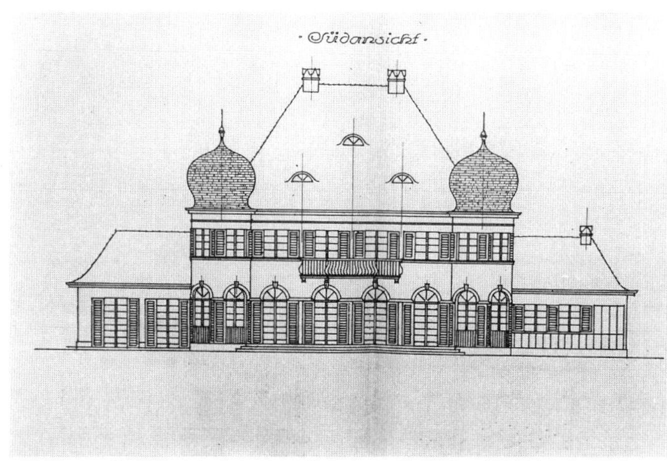

Pöcking, Villa Bäumler (Dr. Heidinger); Anton Hatzl, 1921

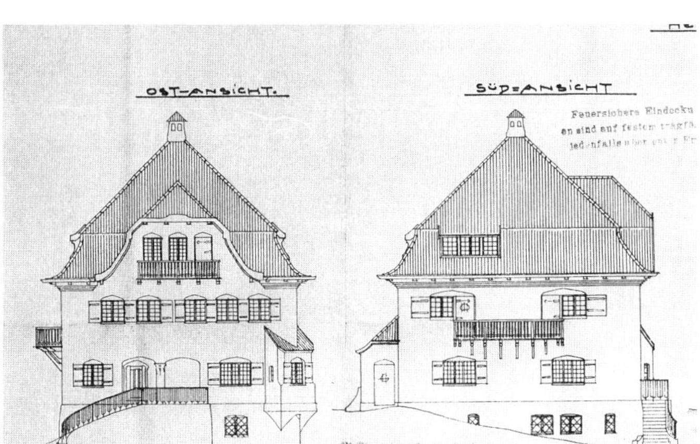

Pöcking, Villa Haus; Richard Riemerschmid, 1902

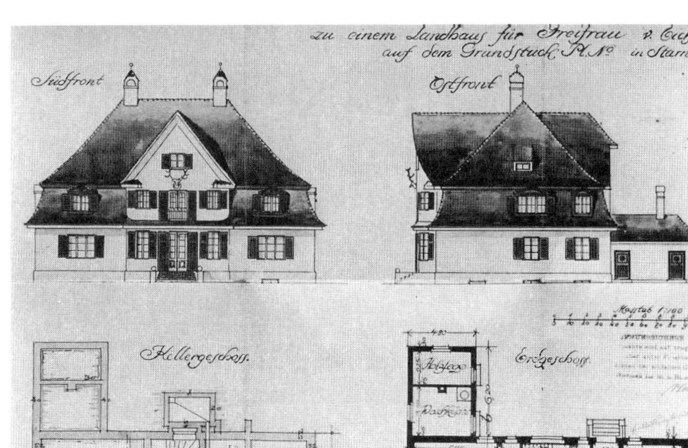

Starnberg, Villa Eichthal; Franz Zell, 1909

Starnberg, Bahnhofplatz, um 1920

Starnberg, Villen am Mühlberg, um 1916

Tutzing, Uferpartie, um 1930

Tutzing, Villa Kustermann, um 1900/1910

gruppierten, oft sogar verschachtelten Baukörpern werden auch die Grundrisse individueller und aufwendiger, oft freilich auch nur verwinkelter und unökonomischer. Man sucht immer wieder nach effektvollen Raumlösungen, nach einer von Raum zu Raum wechselnden und überraschenden Gestaltung der Fenster in Größe und Format, der Decken und der Böden, schafft Möglichkeiten der Erweiterung möglichst vieler Räume durch einen Balkon, eine Altane oder eine Terrasse. Auch die Raumgrößen und Raumformen werden variabler. Mit der Abkehr vom Historismus und dem spätromantischen Lebensgefühl des ausgehenden 19. Jahrhunderts, vor allem mit dem nachfolgenden Neoklassizismus und seinen veränderten Möglichkeiten für herrschaftlich-repräsentative Formen werden die Grundrisse wieder einfacher, zunehmend aber auch wieder strenger und an Symmetrie und Achsenbildung gebunden, bewegen sich die Ausstattungen wieder weg von der reichen und malerisch empfundenen Raumdekoration und hin zu zurückhaltend noblen Formen und zu handwerklich hochwertiger Verarbeitung. Mit der Entwicklung des Landaufenthalts vom ungezwungenen Zusammensein mit Familie und Freunden draußen in der Sommerfrische zu zunehmender Verpflichtung zu Repräsentation und gesellschaftlichem Leben wandeln sich nicht nur Größe und Hierarchie der verschiedenen Wohn- und Gesellschaftsräume, es verändern sich ganz augenfällig auch Aufgabe und Raumbedarf der Verkehrsflächen im Haus, der Eingänge und Vestibüle, der Dielen und Treppenhäuser. Natürlich ist das alles auch sozialgeschichtlich interessant, etwa in Fragen nach dem Stellenwert der den Kindern zugedachten Räume, nach dem Umfang und der Ausstattung der sanitären Räume oder nach Lage, Größe und Ausstattung der Dienstbotenzimmer.

Die Abfolge der verschiedenen Stilrichtungen vollzog sich in immer kürzeren Abständen, entsprechend der sich rapide beschleunigenden Industrialisierung, des enorm wachsenden Wohlstands und der damit verbundenen, sich quantitativ wie qualitativ steigernden Bauaufgaben. Dabei löste ein Stil den anderen nicht ab. Es gab längere Überlagerungen, ja mehrere Stile bestanden gleichberechtigt nebeneinander. Entsprechend wurden die jeweiligen Stile nicht immer in reiner Form für eine Aufgabe herangezogen. In sehr vielen Fällen kamen Mischformen zur Anwendung, wurden Bauformen und Details aus verschiedenen Stilrichtungen nebeneinander verwendet und miteinander verknüpft. So konnten z. B. in Pöcking fast zu gleicher Zeit die Villa Defregger im alpenländischen Heimatstil (1900), die Villa Soxhlet in modern barockisierenden Formen (1897), die Villa Riccius im Burgenstil (1898) und unten in Possenhofen eine Villa in deutscher Renaissance mit reichem Zierfachwerk (1890) entstehen.

Daß darin eine Gefahr verborgen war, liegt auf der Hand. Der Schritt zu einem bloßen Eklektizismus, der die Stilelemente je nach Wunsch aus den Musterbüchern nehmen und als Versatzstücke an die Fassaden hängen konnte, der nicht genug bekommen konnte von Türmchen und Erkern, Balkonen und Loggien, Säulen und Gesimsen, Schmiedeisen und Schnitzereien, war nicht weit. Es spricht aber, und das zeigt der Blick über die bestehenden Villen des Landkreises eigentlich sehr deutlich, für die Bauherren und besonders für die hier tätigen Architekten, die fast alle aus der vorzüglichen Münchner Schule kamen, daß verhältnismäßig wenige derartige Bauten entstanden sind, wenige, die man in diesem Sinne als verfehlt bezeichnen müßte. Im Grunde hat

Starnberg, Stadtsilhouette mit Josephskirche und Schloß

man die gestellten Aufgaben fast immer künstlerisch zu lösen versucht, wurden die verschiedenen Stilelemente meist schöpferisch und nicht einfach nur reproduzierend eingesetzt, ist der Schritt zu modern reduzierten Formen und zu schöpferischer Stilsynthese immer wieder sichtbar geworden. Dies gilt nicht nur für die beiden Seidl, sondern auch für andere, im Landkreis wiederholt geforderte Architekten wie Eugen Drollinger, Friedrich und August Thiersch, Theodor Fischer, Franz Zell, Carl Lemmes, Hönig und Söldner, Hans Noris, Ulrich Merk, Max Ostenrieder, Walter Sartorius oder Emil Ludwig, um nur einige der bekannteren Namen herauszugreifen. Das gilt in gewissem Maße auch für die einheimischen Kräfte wie Fischhaber, Biersack, Wannerstorfer, Knittl oder Schnell. Es ist mit ihren Arbeiten hier im Landkreis Starnberg eine abwechslungsreiche farbige Villenlandschaft entstanden, die sich in hohem Maße durch zurückhaltende, unaufdringliche und gut in die Natur eingefügte Bauten auszeichnete.

Freilich werden auch Schwächen sichtbar. So sind manche unorganische Grundrisse und wenig schlüssige Fassadenlösungen entstanden, auch bauphysikalische Probleme, die uns heute bei Renovierungen zu schaffen machen, wurden oft nicht gesehen oder leichtfertig übergangen. Dabei ist freilich zu berücksichtigen, daß die Villen und Landhäuser fast ausschließlich für ein, zwei Sommermonate gedacht waren und erst seit dem Einsatz der Autos und dem Verlust der meisten Stadtwohnungen im Zweiten Weltkrieg dauerhaft bewohnt werden.Bei den meisten Landhäusern waren bis dahin oft nur ein oder zwei Räume beheizbar. Die wirkliche Leistung dieser Zeit aber wird schnell deutlich, wenn man die alten Villen mit dem größten Teil dessen vergleicht, was in den letzten beiden Jahrzehnten im Landkreis gebaut worden ist.

Bald nach der Jahrhundertwende setzten dann jene Bestrebungen ein, welche das Bauen in historisierenden Formen überwinden und auf neue, der Zeit angemessene Grundlagen stellen wollten. Da war einmal die Heimatschutzbewegung, welche die Forderung nach Weiterentwicklung bodenständiger Vorbilder erhob. August Thiersch, Gabriel und Emanuel von Seidl oder Franz Zell gehören hier zu den bedeutendsten Anregern. Dann kam der Jugendstil und schließlich jene Bauauffassung, die eine durchgehende Versachlichung zum Ziel hatte. Auch auf diesem Weg zur Moderne entstanden viele Häuser im Landkreis durch Architekten wie Josef Heldmann, Richard Riemerschmid, Erdmann Hartig, Richard Berndl, Johann Mund, Heinrich Pössenbacher, Alexander Hohrath, Oswald Bieber, Carl Sattler, Roderich Fick und anderen. Leider sind viele Bauten gerade dieser Generation schon stark verändert und entwertet worden.

Ganz untrennbar mit dem Landhaus und der Villenkultur verbunden waren ein größerer Garten oder eine weitläufige Parkanlage. Finanziell war das offenbar lange Zeit noch möglich, ortsplanerisch wurde einer individuellen Ausdehnung und Gestaltung kaum etwas in den Weg gelegt. Die ersten Villen verfügten selbst am begehrten Seeufer über ausgedehnte Flächen, einige wie Pellet, Himbsel, du Pré, Knorr oder Kustermann hatten dafür sogar Flächen in der Größe von Bauernanwesen (bis 5–10 ha) aufgekauft. Vom Ufer ab-

Starnberg, Blick in die Zweigstraße, um 1935

Starnberg, Schiffe am Dampfersteg, um 1930/35

Starnberg, Undosa-Wellenbad, um 1910/15

Tutzing, Hauptstraße, um 1925/30

gerückt waren auch noch bis herauf zum Ersten Weltkrieg solche Flächen zu erwerben, wie die Villen Böhler oder Linprun in Starnberg, Maffei oder Pemsel in Feldafing, Littmann (Heidinger) in Pöcking oder Kühlmann in Tutzing beweisen. Das gilt in gleicher Weise für die anderen Seen, für die die Parkanlagen der Scheuermann-Villa in Herrsching oder der Villa Kühnrich in Buch als Beispiel genügen mögen. Und selbst in den Villenkolonien wie in Gauting wurden die einzelnen Grundstücke noch so großzügig bemessen, daß eine geschlossene Parklandschaft entstehen konnte.

Hinsichtlich ihrer Gestaltung folgten diese Parkanlagen einer Grundidee, die schon zu Beginn des 19. Jahrhunderts mit der Umgestaltung der ehemaligen barocken Gartenanlagen der Schlösser sichtbar geworden war. Die dort verwirklichte Kombination von strengem, noch ganz barock empfundenem Gartenparterre und lockerer englischer Parklandschaft wurde zum Vorbild. Auch hier überall die Terrassenanlage vor dem Haus, ein der Fassade zugeordnetes Gartenparterre und sauber abgeteilte Blumenbeete, Goldfischteiche, Springbrunnen und Gartenfiguren. Die in Hausnähe noch regelmäßige Wegeordnung lockert sich mit zunehmender Entfernung vom Haus, dann verlaufen sich die Wege unter schattigen Bäumen im Gelände. In größeren Parkanlagen kamen noch schattenspendende Laubengänge hinzu, natürlich auch Ruhebänke und abseits ein kleiner Teepavillon oder ein Parapluie mit Sicht über den See. Selbstverständlich gehörten am See das Bootshaus und die Badehütte dazu, manchmal auch schon ein eigener Tennisplatz. Die Bäume wurden sorgfältig gepflanzt, damit sich harmonische Gruppen mit überraschenden Durchblicken ergaben. Um die malerische Wirkung zu steigern, wurden auch fremdländische Bäume mit interessanter Kronenbildung und reizvoller Laubfärbung herangezogen.

Ein wesentlicher Bestandteil waren die Nebengebäude wie Kutschenremise, Stall sowie Gärtner- und Hausmeisterwohnung. Sie waren räumlich etwas von der Villa abgerückt und meist auch einfacher in ihrer Gestaltung, um das Bedeutungsgefälle zum Ausdruck zu bringen. Sie wahrten aber stets ein der Villa entsprechendes architektonisches Niveau. Im Gegensatz zu heute, so derartige Nebengebäude meist von erschreckender Banalität sind.

Die Villenlandschaft am Starnberger See, im Würmtal und an den übrigen Seen hatte in den Jahren vor dem Ersten Weltkrieg ihren Höhepunkt erreicht. Die meisten Häuser waren inzwischen «eingewohnt», eine leichte Patina hatte ihnen ein wenig die Härte und Direktheit des Neuen genommen. Die eigene Geschichte, die ihnen dabei zugewachsen war, verlieh ihnen Individualität und Würde. Auch die Bäume waren längst über die Dachtraufe hinausgewachsen und hatten eine geschlossene Parklandschaft gebildet, welche die Villenviertel zu einer Ganzheit zusammenschloß. Die Gärten mit ihren Obstbäumen und blühenden Ziersträuchern, ihren Spalieren und Blumenbeeten hatten jene reizvolle Balance zwischen gärtnerischer Absicht und natürlichem Gewährenlassen erreicht.

Starnberg, Leoni, Feldafing, Tutzing oder Herrsching, – sie alle müssen in der Zeit vor dem Ersten Weltkrieg von zauberhafter Stimmung gewesen sein, wenn man den alten Photographien glauben darf. Da war nicht nur eine der bedeutendsten Villenlandschaften Deutschlands entstanden. Da war in einem Zeitraum von nicht einmal einhundert Jahren

Starnberg, Veranstaltung vor dem Undosa, um 1935

etwas herangewachsen, was als Spiegelbild der kulturellen Strömungen wie der wirtschaftlichen und gesellschaftlichen Verhältnisse im München der Gründerzeit gesehen werden konnte. Etwas, das einen anschaulichen Querschnitt durch die Münchner Architektur des 19. Jahrhunderts bot und ein Beleg war für ihre Vielfalt und ihren besonderen Rang. Es war ein kulturhistorisches Dokument, vergleichbar mit dem über Jahrhunderte gewachsenen Ortsbild alter Städte.

Während man jedoch den Wert der bekannten Stadtensembles viel früher erkannt hat, war diese Kulturlandschaft schutzlos den Veränderungen durch wechselnde Eigentümer und dem starken Wandel der Bautechnik wie der verschiedenen Baumoden ausgeliefert. Es liegt eine große Tragik darin, daß sie, kaum auf dem Höhepunkt, nicht einmal ein paar Jahrzehnte hat überdauern können, wie über Jahrhunderte etwa die Altstadt von Landshut, daß schon in den späten dreißiger und vierziger Jahren das Umbauen und Anbauen begann, das Teilen und Parzellieren der Parkanlagen, das unheilvolle Vereinfachen und Modernisieren, und daß sich dies nach dem Zweiten Weltkrieg noch ungehindert hat steigern können, verbunden mit dem blinden Glauben an einen ungeprüften Fortschritt.

Man muß einmal die alten, z. T. noch aquarellierten Baupläne im Archiv der Reihe nach durchgesehen haben und dann durch die Straßen von Starnberg, Feldafing, Gauting, Krailling oder Herrsching gegangen sein, um ermessen zu können, war hier verloren gegangen ist! Was heute in der Denkmalliste enthalten ist, stellt nur mehr einen kleinen Teil dessen dar, was einmal in vergleichbarer Qualität vorhanden war. Und wie wenig ist das noch, wenn in einer so bedeutenden Villenkolonie wie der Gautinger, die man vielleicht noch nach dem Krieg unter Ensembleschutz hätte stellen können, heute nicht einmal mehr zwei Dutzend Objekte einigermaßen unversehrt in die Denkmalliste aufgenommen werden konnten. Wie wenig, wenn in Starnberg in Straßen, in denen sich einmal ein schöner Entwurf an den anderen reihte, kein einziges, in der repräsentativen Kaiser-Wilhelm-Straße noch ganze zwei Häuser die Voraussetzungen für ein Baudenkmal erfüllen!

Ein, zwei Gebäude in einer Straße oder gar einer Ortschaft unverändert zu bewahren genügt aber nicht, wenn es darum geht, das unverwechselbare Bild und die Eigenart eines Ortes für die Zukunft zu sichern. Wir dürfen uns nicht damit begnügen, ein paar Denkmäler von Rang in einer Feigenblattfunktion zu schützen, um alles andere mehr oder weniger den verschiedensten Einflüssen zu überlassen. Ohne die Einbettung in die Struktur einer organisch gewachsenen Umgebung, ohne die Korrespondenz mit einer qualitätvollen Nachbarbebauung und ohne den lebenswichtigen Freiraum wird schließlich jedes Baudenkmal isoliert und in seiner Bedeutung für das Ortsbild und seine Geschichte entwertet. Wir müssen akzeptieren, daß nicht jede ältere Bebauung und jede freie Fläche ungehindert zur Disposition stehen können. Und wir müssen endlich dazu kommen, daß der Bewahrung unserer überlieferten Kulturlandschaft und damit unserer eigenen Identität Priorität einzuräumen ist vor allen Einzelinteressen. Nicht zuletzt wären hier auch nicht mehr zeitgemäße Entwicklungsperspektiven und Vorgaben zu

Starnberg, Undosa-Bad (auf der Anhöhe das Almeida-Palais), um 1900

überprüfen wie einige in ihren städtebaulichen Zielsetzungen überholte Ortsplanungen.

Immer dringlicher wird heute auch die Forderung nach behutsamerem Umgang mit der schützenswerten Bausubstanz bei Renovierungen und Umbauten. Noch immer zeigt sich da, daß zu rasch und zu viel Originalsubstanz ausgetauscht und erneuert wird, und das oft ohne zwingenden Grund. Die Spuren des Alters, die dabei beseitigt werden, sind aber auch bei einem Bauwerk ein Teil der authentischen Überlieferung und ein Teil seiner eigenen Geschichte. Sie über das notwendige Maß hinaus zu glätten oder gar zu tilgen und damit unlesbar zu machen, verletzt die Originalität und den Erlebniswert eines Baudenkmals ganz entscheidend. Es ist immer wieder mit Bedauern festzustellen, daß gut gemeinte Ansätze und der Einsatz großer Mittel bald in falsch verstandenen Perfektionismus übergehen. Die kostenlose Beratung durch das Landesamt für Denkmalpflege und die Untere Denkmalschutzbehörde beim Landratsamt sollte besonders in diesem Bereich akzeptiert und in Anspruch genommen werden. Ganz besonders sind hier auch der geschulte Techniker und der qualifizierte, verantwortungsbewußte Handwerker gefordert. Die Erhaltung unserer weiterhin stark gefährdeten Kulturlandschaft ist auch nicht allein Aufgabe der Denkmaleigentümer. Es ist die Pflicht der Öffentlichkeit, vor allem des Staates und der Kommunen, hier durch finanzielle Hilfen und entsprechende ortsplanerische Aussagen und Maßnahmen Voraussetzungen zu schaffen, damit in partnerschaftlicher Zusammenarbeit mit Bauherren, Architekten und Handwerkern unser geschichtliches und kulturelles Erbe für uns und unsere Kinder soweit wie möglich bewahrt werden kann.

Die Gemeinden des Landkreises Starnberg

Gemeinde Andechs

Baudenkmäler

Erling (Gemarkung Erling-Andechs)

Erling, das zu den Ursiedlungen des frühen 6. Jh. zählt, gehörte nicht nur zu den größten, sondern auch zu den bedeutendsten Dörfern des Landkreises. Es wurde im unmittelbaren Nahbereich des Andechser Berges gegründet, der zwar selbst erst im 11. Jh. historisch greifbar wird, vermutlich jedoch schon lange vor diesem Zeitpunkt als befestigte Anhöhe eine wichtige Rolle gespielt hat. Anlaß für die Gründung der Siedlung an dieser Stelle waren wohl, ähnlich wie im Falle Gautings, die Überreste des alten römischen Straßennetzes. Die beiden Hauptachsen des Ortes überliefern bis heute in etwa die einstige Trassenführung: Die Starnberger und die Herrschinger Straße folgen der bedeutenden römischen Fernstraße Gauting (Bratananium) – Kempten – Bregenz, die westlich des Ortes nach Süden abbog und nach Fischen (und weiter nach Urusa-Raisting) hinunterlief. Vom Zentrum des Ortes, das durch die Kirche und den Gasthof zur Post markiert wird, wandte sich möglicherweise eine untergeordnete Verbindungsstraße nach Norden, am Andechser Berg vorbei, in Richtung Walchstadt – Mauern – Schöngeising. Dieses historische Straßenkreuz, an dem von Anfang an die Masse der Erlinger Höfe lag, bestimmt bis heute die Struktur des Ortsbildes. Ein kleinerer Teil der Anwesen lag am Kienbach. Es fällt dabei auf, daß die Höfe sowohl an der Starnberger und Herrschinger Straße wie auch in der nördlichen Hälfte der Andechser Straße durchwegs firstparallel zur Straße standen. Im Bereich nördlich der Kirche waren sie dagegen giebelseitig zur Straße orientiert. Diese bemerkenswerte Ordnung hat sich bis heute ablesbar erhalten. Im hohen Mittelalter war der Ort ein geschlossener Besitz der Grafen von Andechs bzw. ihrer Ministerialen. Sein Leben und seine Entwicklung waren stets von der engen Bindung zum Andechser Berg bestimmt. So war das für hiesige Verhältnisse sehr große Dorf (um 1750: 85 Anwesen) ganz bezeichnend nur von kleinen Höfen (90% $^1/_{16}$ bis $^1/_{64}$-Höfe) geprägt, deren Bewohner wirtschaftlich weitgehend von der Herrschaft abhängig waren bzw. in unmittelbarem Dienstverhältnis standen. Die Errichtung der Klosterhofmark Erling 1548 hat diese enge Verbindung bis zur Aufhebung des Klosters 1803 wirksam erhalten.

Der Ort ist in seiner historisch gewachsenen Struktur noch recht gut überliefert, hat aber an einigen Stellen schon deutliche Einbußen hinnehmen müssen. Die Bautätigkeit der letzten Jahrzehnte ist natürlich auch hier nicht spurlos vorübergegangen, doch hat sich die Mehrheit der Neubauten bisher außerhalb des alten Ortskerns angesiedelt. Das Kloster Andechs mit seinem berühmten Bierausschank ist als bevorzugtes Ziel des Naherholungsverkehrs heute zwar der stärkste wirtschaftliche Faktor, aber auch die größte Belastung für den Ort.

Erling – Andechs, Flurkarte 1815

Kath. Kirche St. Veit, stattlicher, im Kern spätmittelalterlicher Bau, 1681 barockisiert, Turmoberteil um 1635; mit Ausstattung.

Die Kirche steht inmitten eines kleinen ummauerten Friedhofs im Mittelpunkt des Ortes. Ihr charaktervolles äußeres

Erling – Andechs, Luftaufnahme 1986

Erling, Kath. Pfarrkirche St. Veit und ehemalige Dorfschmiede

Erling, Kath. Pfarrkirche St. Veit

Erscheinungsbild verleiht diesem Zentrum einen kräftigen Akzent. Das Kirchenschiff ist im Äußeren durch die Fenster und Strebepfeiler gegliedert, der nördlich beigestellte Turm, der auf halber Höhe ins Achteck übergeht, wirkt durch seine sparsame frühbarocke Dekoration und seine gedrungene Masse. Im Inneren ist die spätmittelalterliche Substanz nur noch schwach ausgeprägt. Der stark modernisierte Raum, ein Opfer wechselnder Umgestaltungen, wirkt ein wenig leer. Der dreiseitig geschlossene Chor ist von einer Flachtonne mit Stichkappen überspannt (ehem. gotisches Netzgewölbe) und durch Pilaster gegliedert. Das Schiff (Erweiterung nach Westen 1681) ist von einer Tonne überwölbt, die auf flachen Pilastern mit kräftigen Kämpfern ruht. Sie wird den drei Fensterachsen entsprechend durch breite, mit flachem Rahmenstuck versehene Gurte gegliedert. Modernes Deckengemälde von Michael Weingartner. Die alte Altarausstattung ging bei der Erneuerung des Innenraumes 1861 verloren, der ehemalige Barockaltar (1747/48 von Franz Xaver Schmädl) befindet sich heute in Pähl. Aber auch die nachfolgende, historisierende Ausstattung wurde anläßlich der letzten Renovierung 1964 wieder beseitigt. An ihrer Stelle wurden ein Kruzifix sowie an der Chorrückwand eine Figur des hl. Vitus mit den Assistenzfiguren der hll. Kreszentia und Modestus (Mitte 18. Jh. von Franz Xaver Schmädl) zu einem modernen Altar arrangiert. Anstelle der Seitenaltäre wurden eine sitzende Muttergottes (um 1420) aus der ehemaligen Erlinger Marienkirche sowie ein Auferstandener (Anfang 18. Jh.) in Wandnischen gestellt. Auf der Doppelempore steht noch die 1848 vom Erlinger Orgelbauer Georg Beer aufgestellte Orgel mit ihrem für diese Firma charakteristischen Prospekt.

Am Bach 21. *Wandgemälde,* 18. Jh.

Das in der Art eines Votivbildes gehaltene, gerahmte Fresko erinnert an die Armen Seelen im Fegfeuer und ist 1717 datiert.

Andechser Straße 5. *Ehem. Bauernhaus,* kleiner Mittertennbau mit Flachsatteldach, im Kern 18. Jh.

Neben dem Anwesen Herrschinger Straße 7 das letzte unverfälschte Beispiel für die kleinen Söldenhäusl, die einmal das Erlinger Ortsbild beherrscht haben. Der Giebel dürfte ursprünglich verbrettert gewesen sein. Der Wirtschaftsteil, welcher, der Größe des Anwesens entsprechend, nur etwa die Tiefe des Wohnteils besaß, wurde wohl im 19. Jh. verlängert. Das Haus überliefert trotz verschiedener kleiner Umbauten im Inneren noch recht deutlich die ursprüngliche Raumdisposition und die geringen Raumhöhen in beiden Geschossen. Gut ablesbar sind hier auch noch die Spuren des einstigen Rauchhauses und der Mittertennanlage.

Andechser Straße 11. *Bauernhaus,* stattliche Einfirstanlage mit mittelsteilem Dach, Segmentbogenfenster mit Putzgliederungen, geschnitzte Haustür, bez. 1845.

Der Hof stand ursprünglich traufseitig zur Straße. Die ausgewogene Fassadengestaltung, durch die Segmentbögen über den Fenstern noch gesteigert, verleiht dem Bau repräsentatives Gewicht und entspricht dem neuen Selbstbewußtsein der nach der Säkularisation zu Eigentümern ihrer Höfe gewordenen Bauern. Der Hof bildet zusammen mit dem Schulhaus eine städtebaulich wichtige Gruppe, die den gesamten Straßenabschnitt beherrscht.

Andechser Straße 16. *Ehem. Forsthaus,* jetzt Rathaus, im Kern 17./18., Ausbau und Steherker Ende 19. Jh., Umbau und Erneuerung 1978/79.

Der Bau besitzt eine lange Tradition, die an die Bindung des Ortes an die Hofmark Erling erinnert. Er war der Wohnsitz des Kloster- und Hofmarksrichters. Zur Klosterhofmark Andechs, dem nach der Herrschaft Seefeld größten Hofmarksbesitz im westlichen Landkreis, gehörten Widdersberg, Vorderfischen, Mühlfeld, Ramsee, Stegen und die Hofmark Fußberg bei Gauting. Im Dreißigjährigen Krieg 1632 abgebrannt, wurde das Gebäude erst 1667 wieder aufgebaut. Nach der Säkularisation wurden hier die staatliche Forstdienststelle und die Wohnung des Försters eingerichtet. Die Erneuerung 1979 hat den ehrwürdigen Bau, der an dieser Stelle von hoher Bedeutung für das Ortsbild ist, für Erling gerettet.

Andechser Straße. *Mariensäule,* Figur in Zinkguß, 1876.

Die Säule steht in städtebaulich bedeutender Position im Schnittpunkt der Sichtlinien der hier stark abwinkelnden Andechser Straße. Sie stammt aus der Maffei'schen Gießerei in München und wurde zum Dank für die glückliche Heimkehr von 12 Männern aus dem Krieg 1870/71 sowie zum Gedenken an einen Gefallenen gesetzt.

Erling, Am Bach 21

Erling, Andechser Straße 16, ehem. Forsthaus

Erling, Andechser Straße, Mariensäule

Erling, Andechser Straße 5

Erling, Andechser Straße 11

Herrschinger Straße. *Ehem. Dorfschmiede,* erdgeschossiger Satteldachbau in der Ortsmitte, 1. Hälfte 19. Jh., mit Inventar.

Herrschinger Straße 7. *Ehem. Bauernhaus,* Mittertennbau, traufseitig, mit Flachsatteldach und Putzbandgliederungen, Wirtschaftsteil verbrettert, Anfang 19. Jh.

Vergleiche Andechser Straße 5. Das kleine Anwesen wurde durch eine bemerkenswerte Privatinitiative vor dem Untergang bewahrt. Die noch gut erhaltene Fassadengliederung durch glatte Putzbänder und die Giebelverschalung sind charakteristisch für das Bauernhaus mit gemauertem Obergeschoß.

Herrschinger Straße 21. *Bauernhaus,* Einfirstanlage, Steildach mit Aufschiebling, Wohnteil mit Putzrustika, 3. Viertel 19. Jh.

Der langgezogene Bau, an dem der leichte Dachknick des Schweizerhauses auffällt, überzeugt durch seine harmonische Fassadengestaltung (Gliederung durch Gesimse). Er bildet am Ende der Herrschinger Straße einen wirkungsvollen Abschluß des Bauerndorfes. Bemerkenswert die neugotische Haustüre.

Kientalstraße 2. *Ehem. Kleinbauernhaus,* Wohnteil verbretterter Holzbau, 17./18. Jh.

Hinter der vom Dachfirst bis zum Erdboden reichenden Bretterverschalung, die hier völlig untypisch ist, verbirgt sich ein Blockbau. Das kleine Söldenanwesen gehört zur Gruppe der am Kienbach angesiedelten Höfe.

Starnberger Straße 2. *Gasthof Post,* mächtiger Bau mit Halbwalmdach, 18. Jh.

Der Gasthof ist mit seinem hohen Krüppelwalmdach, das einmal seine Sonderstellung im Ort signalisierte und ihn bedeutungsvoll aus dem Umfeld der übrigen Bauernhäuser heraushob, ein eindrucksvolles Zeugnis altbayerischer Dorfkultur. Er prägt in Wechselwirkung mit der Kirche gegenüber das Ortsbild und bildet zusammen mit der kleinen ehemaligen Dorfschmiede, dem Maibaum und den fast kreisförmig um den weiten Platz gestellten, noch verhältnismäßig gut erhaltenen Bauernhäusern eines der schönsten Dorfzentren des Landkreises. Allerdings hat der Straßenbau, der die Verkehrsflächen übermäßig und auf Kosten der Vorgärten und des natürlichen Umfeldes der Häuser erweiterte, die besondere Qualität dieser Situation schon stark entwertet. Der Gasthof beherrscht nicht nur den Platz sondern die gesamte Straßenflucht, wo er durch seine Situierung unmittelbar an der Straße als deren Angelpunkt wirkt. Er ist auch das Ziel der vom Kloster Andechs kommenden Straße. Die enorme städtebauliche Funktion eines Gebäudes kann im Landkreis selten so gut beobachtet werden wie hier. Der Bau hat infolge zurückliegender Erneuerungsmaßnahmen allerdings ein wenig an qualitätvollem Detail eingebüßt.

Erling, ehemalige Dorfschmiede

Starnberger Straße 2, Gasthof zur Post

Kientalstraße 2

Herrschinger Straße 21, Haustür

Herrschinger Straße 21

Erling, Starnberger Straße 2, Gasthof zur Post

Erling, Herrschinger Straße 7

Sühnekreuz, wohl nachmittelalterlich; südlich von Starnberger Straße 2.

Friedenskapelle, in romanischen Formen, bez. 1870; mit Ausstattung; *Friedhof des Andechser Benediktinerpriorats* (oberer Teil), 1887; an der Straße nach Starnberg.

Der Kapellenbau wurde 1870 mit der Bitte um einen baldigen Frieden begonnen und 1871 eingeweiht. Erweiterung und Einbau einer kleinen Empore 1874, Anlage des Friedhofs 1887. Der kleine Dachreiter trägt die beiden Glocken der 1864 abgebrochenen *Nikolauskirche in Ramsee.* Die ursprüngliche neuromanische Ausstattung wurde anläßlich der letzten Renovierung entfernt.

Kreuzweg, vierzehn Stationshäuschen, 1875; zwischen der Friedenskapelle und dem Aufgang zum Kloster Andechs (Bergstraße/Herrschinger Straße)

Die Kreuzwegstationen wurden von Anna Stoffel, der Witwe eines kgl. Hofdrechslermeisters, gestiftet. Die Entwürfe stammen von Architekt Johann Marggraff, die Reliefs lieferte der Bildhauer Fidelis Schönlaub.

Sühnekreuz, 17. Jh.; in der Flur zwischen Erling und Machtlfing.

Andechs

Bergstraße. *Kloster Andechs,* 1438 als Chorherrenstift begründet, 1455/58 Umwandlung in eine Benediktinerabtei, Aufhebung 1803, Neugründung als Benediktinerpriorat 1850.

Der Andechser Berg ist gesättigt von bedeutender geschichtlicher Vergangenheit. Schon zur Römerzeit zogen hier wichtige Straßen vorüber (vgl. Erling); mehrere in nächster Umgebung aufgedeckte römische Landvillen bezeugen auch eine Besiedlung der umliegenden Landschaft in dieser Zeit. Noch bevor die Grafen von Dießen ihr junges Hauskloster dem Hl. Stuhl unterstellten, verließen sie ihre Stammburg, zogen herüber auf ihre bereits 1080 erwähnte Burg am östlichen Ammerseeufer und nannten sich fortan Grafen von Andechs. Das mächtige Geschlecht, mit ausgedehntem Besitz bis hinunter zur Adria und bis hinauf nach Franken (Plassenburg), mit politischen wie verwandtschaftlichen Beziehungen über ganz Mitteleuropa, herrschte von dieser Burg aus bis zu der 1208 über sie verhängten Reichsacht. Ein starker Glanz von Macht und Reichtum, aber auch von tiefer Frömmigkeit muß von dieser Burg, einem der Kulturzentren Süddeutschlands, ausgegangen sein, bevor sie, wohl noch vor dem Ende der Andechser (1248), geschleift wurde. Nur die alte, dem hl. Nikolaus geweihte Burgkapelle überstand die Zerstörung und hielt das Andenken an das große Geschlecht und seinen wertvollen Schatz an Heiltümern über die kommenden Jahrhunderte wach. Der genaue Standort der Burg konnte bis heute noch nicht gesichert werden, doch dürften sich Klosterkirche und Klostergeviert im wesentlichen mit dem Umriß der engeren Burganlage decken.

Nach der Wiederauffindung des Schatzes der Andechser (1388) begann mit der Gründung des Benediktinerklosters (1455) der zweite große Geschichtsabschnitt des Berges. Dieser war die Einrichtung eines Kollegiatstiftes zur Betreuung der Wallfahrer (1438) vorausgegangen, das sich aber nicht bewährt hatte. Deshalb wurden Mönche aus Tegernsee an das von den Herzögen reich dotierte Kloster gerufen. Her-

Erling, Friedenskapelle

Erling, Kreuzwegstation

Andechs, Luftaufnahme um 1930

Andechs, Luftaufnahme um 1935

Kloster Andechs

Erling, Sühnekreuz südl. Starnberger Straße 2

Sühnekreuz zwischen Erling und Machtlfing

zog Albrecht III. wählte Andechs für sich und seine Gemahlin sogar zur Grablege. Auch seine beiden Söhne Johann IV. und Wolfgang sind hier begraben. Nach mehrfachem Wechsel zwischen Zeiten hoher Blüte wie des Verfalls, doch insgesamt nach segensreichem Wirken, wurde die Abtei in der Säkularisation von 1803 aufgehoben. Bereits 1850 wurde Andechs von Ludwig I. als Priorat der Abtei St. Bonifaz in München dem Orden zurückgegeben, der damit eine der ehrwürdigsten Stätten Bayerns hütet.

Der Baukomplex des Klosters prägt mit seiner Architektur in einzigartiger Weise die umgebende Landschaft. Am besten überblickt man aus Nordosten bis Südosten die Staffelung der verschiedenen Gebäude, die teils als geschlossener Block freistehen (Klostergeviert), teils einzeln aus der dichten Baumkulisse heraustreten. Das ganze wird überragt vom Baukörper der Klosterkirche mit ihrem charakteristischen Turm. Dieser steht nicht nur mit der Stiftskirche Dießen in unmittelbarem, die Ammerseelandschaft verklammerndem Spannungsverhältnis. Er ist, von fast allen Seiten auf mindestens 5–10 km (wegen der geringeren Waldflächen einst noch weiter) sichtbar, der Angelpunkt der gesamten Landschaft. Die freie Sichtbarkeit des Turmes, als Zeichen des Wallfahrtsortes und als Orientierung für die Pilger, ist hier ähnlich wirkungsvoll ausgebildet wie in Aufkirchen am Starnberger See.

Andechs, Klosterkirche

Andechs, Grundriß von Kloster (EG) und Klosterkirche

Bergstraße. *Kath. Wallfahrts- und Benediktiner-Prioratskirche St. Maria,* dreischiffige Halle, um 1420/25, Ausbau des Kapellenkranzes im 15./16. Jh., nach Brand 1669 barocke Erneuerung der Kirche, Turmoberteil 1676, Rokoko-Umgestaltung 1755 u.a. durch Johann Baptist Zimmermann; mit Ausstattung.

Vom sogenannten Fronhof, dem vermutlichen Kernstück der Andechser Burg, läßt sich der Kirchenbau gut überblicken. Die äußere Form der spätgotischen Hallenkirche mit ihrem

Andechs, Klosterkirche, Vorhalle

Andechs, Klosterkirche

von Strebepfeilern gestützten polygonalen Chor ist von hier aus noch am besten greifbar. Besonders eindrucksvoll ist der Blick auf den machtvollen Turm, dessen spätmittelalterliches Untergeschoß bereits in Traufhöhe des Kirchenschiffes in ein reich gegliedertes und durchgestaltetes Oktogon (von Marx Schinnagl, 1675) übergeht. Die Kirche ist in ihrer unteren Hälfte von der Eingangshalle und von Kapellenanbauten umstellt. In der Mitte werden diese von einem Bauteil beherrscht, der im Obergeschoß die ehemalige Vöhlinkapelle (heute Hedwigskapelle) enthält. Mit seiner von einem Schweifgiebel abgeschlossenen Fassade verleiht er dem Kirchenbau einen mit dem Turm korrespondierenden Akzent. Vom kleinen Erker in der Mitte wurden einst den im Fronhof versammelten Pilgern die Heiltümer gezeigt, vermutlich auch Predigten gehalten. Auf der Gegenseite des Platzes befindet sich der langgestreckte Bau der ehemaligen Klosterapotheke, abwärts ein Teil des Klostertraktes, modern zum Klosterladen umgestaltet.

Der Kern der bestehenden Wallfahrtskirche geht auf den Neubau von 1420/27 zurück, einer dreischiffigen Hallenkirche mit polygonalem Chor. Von der Ausstattung des Raumes und der Ausmalung durch Elias Greither (Anfang 17. Jh.) ist kaum noch etwas erhalten. 1609 wurde der Hochaltar bereits als zweigeschossiger Doppelaltar ausgebildet, eine Lösung, die später bei einer Reihe von anderen Wallfahrtskirchen Nachahmung fand. Er wurde oben mit einer stehenden Immaculata im Strahlenkranz (von Hans Degler, 1608) ausgestattet. Der untere Altar nahm das seit 1500 hochverehrte Andechser Gnadenbild einer sitzenden Muttergottes (um 1460) auf. Gleichzeitig mit dem Altar, wenn nicht schon 1420, erhielt die Kirche den charakteristischen, 1750 in bewegter Linienführung erneuerten Umgang, um vom oberen Altar das Herzstück des Andechser Schatzes, die Dreihostienmonstranz, zeigen zu können. Nach dem Brand von 1669 wurde die gesamte Kirche restauriert. Aus dieser Zeit ist noch die Dekoration der Vorhalle mit dem schönen Portal (um 1670) und der Schmerzhaften Kapelle erhalten.

Aus Anlaß des 300jährigen Jubiläums wurde 1751/55 schließlich durch Lorenz Sappel, Ignaz Merani und Johann Baptist Zimmermann die gesamte Ausstattung erneuert. Der Chor wurde mit einem, Raum und Weite schaffenden Kuppelgewölbe ausgestattet, für das die zwei vorderen Pfeiler entfernt wurden. Die anschließende Dekoration mit Stuck und Fresken von Zimmermann schuf einen farbig lichten, bewegten Rokokoraum, der die spätgotische Hallenkirche nicht verleugnet und ihr nichts von ihrer Kraft und Würde nimmt. Die 1755 vollendete Neugestaltung der Andechser Klosterkirche gehört zu den besten Leistungen der Zeit und schuf einen Raum von hohem künstlerischen Rang.

Der Höhepunkt des Raumes ist der von Johann Baptist Zimmermann konzipierte Hochaltar, der die alte Doppelaltaranlage übernimmt und im Sinn des Rokoko löst. Als raumschaffende Elemente wirken die auf die Balusterbrüstung des Umganges gesetzten Nebenfiguren des oberen Altars, die hll. Nepomuk und Florian von Franz Xaver Schmädl. Die Seitenfiguren des unteren Altars, die hll. Elisabeth und Nikolaus, die Patrone der Wallfahrtskirche, stammen von Johann Baptist Straub. Von ihm sind auch die eleganten Seitenaltäre mit Gemälden von Johann Andreas Wolff (östliches Paar, 1703) und Elias Greither d. J. (westliches Paar, 1615). Die rückwärtige, weit in den Raum schwingende Empore, Mönchschor und Musikempore zugleich,

Andechs, Klosterkirche, Empore

Klosterkirche, Wallfahrtskerzen

Klosterkirche, Deckenfresko von J. B. Zimmermann, 1751/55

Klosterkirche, Chor mit seitlicher Empore

Klosterkirche, spätgotisches Gnadenbild

Klosterkirche, Votivfigur Herzog Albrechts III.

wird vom Orgelprospekt aus dem Jahr 1675 beherrscht. Unter der Empore finden sich eine Auswahl von Andechser Votivbildern des 18. und 19. Jh. und, in einem langen, schmalen Raum dahinter, dem sogenannten Wachsgewölbe, ca. 230 meist mehr als 1 Meter hohe Votivkerzen der Ortschaften, welche traditionell nach Andechs pilgerten, aber auch solche einzelner Bürger sowie des bayerischen und österreichischen Adels. Die meisten Kerzen stammen aus dem 16.–19. Jh.; die einzigartige Sammlung gewährt einen interessanten Einblick in das religiöse Leben dieser Zeit und ist ein Zeuge für die hohe und dauerhafte Verehrung des Heiligen Berges.

Die Kirche wird von einer Reihe von Kapellen erweitert. Auf der Nordseite des Kirchenschiffs liegt die Schmerzhafte Kapelle, ursprünglich Katharinenkapelle, eine Stiftung der Hesseloher von Pähl (um 1470). Das Gewölbe ist mit einem Rahmenstuck (um 1670/80) ähnlich dem der Vorhalle dekoriert. Auf dem in freier asymmetrischer Form angelegten Rokokoaltar befindet sich ein Vesperbild, das früher Roman Anton Boos zugeschrieben wurde, das aber stilistisch am Ende des 17. Jh. anzusetzen ist. In einer seitlichen Nische stehen vier Büstenreliquiare vom Anfang des 18. Jh. In der Kapelle sind Prinz Heinrich von Bayern und Carl Orff beigesetzt. In einem anschließenden, durch den Einzug einer Mauer von der Schmerzhaften Kapelle abgetrennten, tonnengewölbten Raum haben sich Reste einer Dekoration von 1610 erhalten. Der Autor der Fresken mit figürlichen (Engel) und ornamentalen Motiven ist nicht bekannt (bisher Elias Greither d. Ä. zugeschrieben).

Anschließend folgt die Toerring-Kapelle (auch Sebastians- oder Eustachius-Kapelle), bereits 1459 erwähnt und 1754 im Auftrag von Clemens von Toerring erneuert, mit einem Altarblatt von Johann Georg Winter (um 1755). An der Wand befindet sich ein Rotmarmorepitaph des Seitz von Toerring und seiner Gemahlin Dorothea in der Art des Erasmus Grasser (um 1508). Der Stuck und das vorzügliche Fresko stammen von J. B. Zimmermann.

Der Sebastianskapelle gegenüber, auf der Südseite der Kirche, liegt die Josephskapelle (1484), heute Sakramentskapelle, mit Stuck von J. B. Zimmermann (1754). Das große Votivbild mit der Dreihostienmonstranz und den Schutzheiligen und Wohltätern des Klosters ist eine Stiftung von Abt Maurus Friesenegger (1655).

Den Abschluß bildet die Antoniuskapelle, überwölbt von einer gedrückten Stichkappentonne mit einer Stuck- und Freskendekoration von J. B. Zimmermann (1753/55). Sie dient heute als Sakristei.

Vom Emporenumgang aus gelangt man in die oberen Kapellen. So auf der Nordseite des Chores in die sogenannte Prälatenkapelle (Kreuzkapelle) mit einer qualitätvollen Stuck- und Freskenausstattung (die Huldigung der vier Erdteile) von J. B. Zimmermann (1755) und einem Kreuzaltar von Franz Xaver Schmädl. Sie ist mit ihrem Kuppeldach und dem kleinen Dachreiter auch außen sichtbar und bildet das Bindeglied vom Chor der Kirche zum Osttrakt des Klosterbaus.

Anschließend, über der Sebastianskapelle, liegt die Heilige Kapelle (1472 geweiht, 1518 mit einem Rippengewölbe versehen), die über eine eigene Treppe von der Kirche aus zu erreichen ist. Sie verwahrt den kostbarsten Teil des Heiltumsschatzes, darunter die Dreihostienmonstranz. Die Kapelle wurde 1756/57 durch Johann Baptist Gunetzrhainer renoviert und mit einem neuen Rokokoaltar ausgestattet, der je-

Klosterkirche, Hl. Kapelle

Eisentüre zur Heiligen Kapelle

Andechs, Klosterkirche, Reliquienschrein in der Heiligen Kapelle

Klosterkirche, Schmerzhafte Kapelle

Klosterkirche, Prälatenkapelle mit Kreuzaltar

doch 1864 durch einen neugotischen ersetzt wurde. Der heutige Altar geht auf einen Entwurf von Lothar Schwink zurück (1939). Westlich schließt sich dann die sogenannte Reliquienkapelle mit dem Rest des Schatzes an. Beide Kapellen verwahren Reliquien, die in ihren Behältnissen und Fassungen des 14. bis 18. Jh. eine bedeutende Sammlung Münchner und Augsburger Goldschmiedekunst darstellen.

Auf der Südseite der Kirche liegt noch die ehemalige Vöhlin-Kapelle, gestiftet 1590. Sie wurde 1965 als Hedwigskapelle modern eingerichtet.

Bergstraße 2. *Kloster (Kreuzgang),* nördlich der Kirche, vier dreigeschossige Walmdachbauten, einen quadratischen Hof umschließend, mit Eckerkertürmen, im Kern 1455/58, nach Brand 1669 erneuert. Im Inneren Refektorium (ca. 1750), Prälatur (ca. 1780), barocke Bibliothek (ca. 1730), barocker Fürstensaal (1690), barockes Billardzimmer (ca. 1720); alle Räume mit alter Ausstattung; kleiner Zwischenhof zwischen Kirche und Kloster (Klosterpforte); sog. Zwischenbau (ehem. Schule, dann Schwesternbau), nach 1669, östlich der Kirche, Südteil als Klosterladen modern ausgebaut; Bräustüberl und Klosterverwaltung (ehem. Mälzerei), nach Süden vorspringender Langtrakt mit Tordurchfahrt im Norden, nach 1669, ausgebaut 2. Hälfte 19. und 20. Jh.

Im Norden der Kirche schließt, nur von einem in unregelmäßigem Viereck geschnittenen kleinen Hof getrennt, das etwa quadratische Klostergeviert an. Der dreigeschossige Bau geht in seiner wesentlichen Bausubstanz, besonders in den erdgeschossigen Anteilen, noch auf den ersten Klosterbau von 1455 zurück. Das Äußere, das nur von zweigeschossigen Erkern in der Nordwest- und der Nordostecke akzentuiert wird, wirkt mit seinen regelmäßigen Fensterachsen sehr zurückhaltend, fast ein wenig nüchtern. Die Raumfluchten, die den Außenseiten zugeordnet sind, werden durch lange, zum Innenhof hin liegende und mit Kreuzgratgewölben versehene Gänge erschlossen.

Auch der Klosterbau erfuhr im Lauf der Jahrhunderte verschiedene Umbauten und Neugestaltungen im jeweiligen Geschmack der Zeit. So wissen wir von einem Neubau der Bibliothek 1601/02. Etwas später, um 1621/25, wurde der Klostergarten neugestaltet, der bereits 1607 mit den zum Großteil noch bestehenden Mauern umgeben worden war. Vor allem der Brand von 1669 zog zahlreiche Erneuerungsarbeiten nach sich. 1674 wurde der neue Bibliothekssaal vollendet. Zwischen 1686 und 1704 wurden die im 2. Geschoß des Osttraktes gelegenen sogenannten Fürstenzimmer, Gästezimmer für hochfürstliche Besucher (bereits 1530 erstmals erwähnt), neu dekoriert. Die gefelderte Stuckdecke des größeren Raumes an der Nordostecke enthält ein großes rechteckiges Deckenbild, das vermutlich von Antonio Triva für den Großen Saal des Nymphenburger Schlosses geschaffen worden war und das von geflügelten Genien getragene kurbayerische Wappen zeigt. Die um dieses Bild angeordnete farbig gefaßte Wessobrunner Stuckdekoration (Stuckleisten, ergänzt durch florale Elemente) enthält in ovalen Medaillons Reliefs der vier Kardinaltugenden. Die mit Säulen und gesprengten Giebeln kraftvoll gestalteten Portale werden von Büsten antiker Herrscher bekrönt. In ähnlicher Weise wurde das kleinere Fürstenzimmer gestaltet. Hier ist das zentrale, ovale Deckenbild von Antonio Triva, mit einer Darstellung des Phöbus Apoll auf dem Sonnenwagen, von vier Gemälden mit Putten umgeben, deren Attri-

Klosterkirche, Toerring-Epitaph (Toerring-Kapelle)

Klosterkirche, Antoniuskapelle (Sakristei)

Kloster, Fürstensaal

Kloster, Festsaal (ehemalige Bibliothek)

Kloster, Portal im Fürstensaal

Kloster Andechs, Deckenstuck im Festsaal (ehemalige Bibliothek), um 1730/40

bute die vier Elemente und die vier Jahreszeiten versinnbildlichen.
Eine Reihe von Räumen wurde nach 1730 von Johann Baptist Zimmermann umgestaltet. So das Refektorium im Erdgeschoß des Ostflügels, dessen Decke mit dichtem, zartem Gitter- und Bandelwerk überzogen ist. Zur qualitätvollen Einrichtung gehören ein Lesepult aus der Spätrenaissance und ein blauer Kachelofen mit dem Wappen des Abtes Bernhard Schütz. Vor dem Eingang vom Kreuzgang in das Refektorium befindet sich ein schönes barockes Lavabo in Rotmarmor (1705), das eine spätgotische Figur der hl. Anna Selbdritt enthält (angeblich aus Tegernsee). Aus der selben Zeit stammt die Dekoration des sogenannten Billardsaals im 2. Geschoß des Nordtrakts. Das besondere Ausstattungsstück ist hier ein schöner, honigfarbener Kachelofen (1754), der von einem roten Kurhut bekrönt wird. Er stand ursprünglich im Refektorium. Der Saal wird heute als Schulungsraum genutzt.
Zwischen 1982 und 1986 wurde die ehemalige Bibliothek im Südflügel in einen großen Festsaal umgewandelt. Sein Spiegelgewölbe ist 1730/40 von Johann Baptist Zimmermann mit einem sehr qualitätvollen, farbig gefaßten Frührokokostuck dekoriert worden. Die beiden von Säulen flankierten Portale sind mit Wappen des Andechser Abtes und der bayerischen Herzöge versehen und von einer Vorhangdraperie gerahmt. Bemerkenswert ist hier der in verschiedenfarbigen Hölzern eingelegte Fußboden.

Bergstraße 9. *Klostergasthof,* stattlicher Traufseitbau mit schmalem Giebelrisalit, 17. Jh.
Der Klostergasthof wirkt als Bindeglied zwischen den verschiedenen Gebäuden am Fuß des Berges und den der Kirche vorgelagerten Klosterbauten. Er beherrscht optisch den gesamten Weg von der Straße bis hinauf zum Bräustüberl. Der rückwärtige Festsaal wurde von Roderich Fick hinzugefügt. Die Gasträume sind weitgehend erneuert.

Bergstraße 11. *Ehem. Klosterapotheke,* barocker Walmdachbau, 1763/67.
Der langgestreckte, zweigeschossige Bau mit seinem ruhigen Walmdach schließt den sogenannten Fronhof nach Südosten ab. Er wird durch drei Portale gegliedert, deren mittleres als Hauptportal herausgehoben ist. Über dem Sturz befindet sich das Wappen des Abtes Moosmüller, des Bauherrn, mit der Jahreszahl 1763. Über den beiden anderen Portalen die Reliefbüsten der hll. Benedikt und Scholastika.
Im Inneren sind zwei Räume mit originaler Deckengestaltung erhalten. Der Hauptraum wird durch zwei starke Schwibbögen in drei ungleiche Joche gegliedert. In den Ecken befinden sich runde, breitgerahmte Medaillons, deren Fresken (1767, schlecht erhalten, Josef Mathias Ott zugeschrieben) programmatisch die Heilung der Kranken (Christus heilt Kranke, der barmherzige Samaritaner usw.) durch den Glauben an die göttliche Fürsorge darstellen. Im zweiten Raum wird die Decke durch zwei kreuzförmig sich schneidende Schwibbögen geviertelt. Die Fresken in den dazugehörigen Medaillons sind nicht mehr erhalten.
Die *Klosterapotheke* erfüllte einst einen wichtigen Teil der sozialen Aufgaben eines Klosters, das den Wallfahrern wie der Bevölkerung der umliegenden Dörfer nicht nur geistlichen Beistand bot, sondern vielfach auch die Möglichkeit einer medizinischen Beratung wie die Gelegenheit zum Kauf von Heilmitteln und Sämereien. Auch wertvolles Wissen

Kloster Andechs, Flur

Kloster, Rotmarmor-Lavabo (1705) im Kreuzgang

Kloster Andechs, Refektorium, Stuck von J. B. Zimmermann

Andechs, Klostergasthof

Kloster, Refektorium (nach 1720)

Kloster, sog. Billard-Zimmer mit Kachelofen von 1754

über Ackerbaumethoden, Obstbau und Bienenzucht wurde hier weitergegeben. Die Bedeutung des Klosters als geistiger Mittelpunkt des Umlandes wird hier anschaulich sichtbar. Die *Andechser Klosterapotheke* gehörte im 18. Jh. zu den bedeutendsten des Landes. Nach der Aufhebung der Abtei bestand sie noch eine kurze Zeit als Landgerichtsapotheke weiter. 1811 wurde ihr gesamtes Inventar samt den Arzneimittelvorräten auf 26 Wägen nach München transportiert und dem Allgemeinen Krankenhaus übereignet.

Klostergarten; lange Einfriedungsmauern mit Eck-Zinnentürmen, Schalentürmen und Toreinfahrt, wohl 1607; westlich und nördlich unterhalb des Klosters; kleiner offener Pavillon in Form eines Rundtempels, 18. Jh.

Elisabethbrunnen; neugotisch, gestiftet von Albert von Felsburg am Platz eines Vorgängerbaus, 1862; westlich unterhalb der Kirche im Kiental.

Die spätgotische Brunnenkapelle war ein zweigeschossiger Zentralbau (1446 geweiht, 1506 erneuert). 1725 erfolgte ein Neubau in Formen des frühen Rokoko mit einem kleinen Dachreiter. Er war mit Fresken und einem kleinen Altarbild von Matthäus Günther ausgestattet (1805 abgebrochen). Der dritte Bau an dieser Stelle, 1862 als offene, baldachinartige Kapelle im Stil der Neugotik ausgebildet, enthält eine Figur der hl. Elisabeth (einer Andechserin) von dem in München tätigen Bildhauer F. Graven.

Abtwappen über dem Hauptportal der ehemaligen Klosterapotheke

Andechs, ehemalige Klosterapotheke

Andechs, Elisabeth-Brunnen

Andechs, Gewölbe in der ehemaligen Klosterapotheke

Andechs, ehemalige Klosterapotheke

Andechs, Mauer des Klostergartens

Frieding

Frieding liegt auf einem langgezogenen, sich in Nord-Süd-Richtung erstreckenden, nach Osten und Westen deutlich abfallenden Endmoränenwall. Dies bedeutet eine starke optische Präsenz des Dorfes und ganz besonders der Kirche in der Landschaft. Was einst mit dem ungestörten Ortsbild, vor allem der einheitlichen Dachlandschaft eine eindrucksvolle Erscheinung bäuerlicher Kulturlandschaft mit sich brachte, läßt heute jede Störung deutlich sichtbar werden.

Frieding, das seiner Namensform nach in die Reihe der Ursiedlungen des Fünfseenlandes (6. Jh.) gehört, zählte zu den größeren Dörfern des Landkreises. Der Ort ist als Haufenwegedorf angelegt. Die Höfe lagen (Urkataster 1810) in ganz unregelmäßiger Stellung und ergaben ein abwechslungsreiches Ortsbild. Einen beherrschenden Straßenzug, der eine Achse gebildet hätte, gab es dabei nicht. Das Ortsbild war bis lange nach dem Zweiten Weltkrieg noch gut erhalten. Die seit einigen Jahren sich verstärkende Umstrukturierung des Dorfes hat jedoch mit den zunehmenden Aussiedlungen nicht nur die umgebende Landschaft schwer belastet, sondern auch das Ortsbild in seiner Substanz angegriffen.

Kath. Kirche St. Pankratius, im Kern spätmittelalterlich, ausgebaut im 17./18. Jh.; mit Ausstattung.

Die Kirche liegt in orts- und landschaftsbeherrschender Lage auf der Anhöhe. Das wegen des rückwärts steil abfallenden Hanges etwas kurze Schiff wurde vor einigen Jahren seitlich (nicht gerade einfühlsam) erweitert und mit einer neuen, nüchtern wirkenden Empore versehen. Der dreiseitig geschlossene Chor wird von einem einfachen neubarocken Altar beherrscht, der ein Gemälde des Titelheiligen und die Assistenzfiguren der hll. Benedikt und Scholastika enthält. Die Seitenaltäre wurden anläßlich der Neugestaltung nicht mehr aufgestellt. Das Kirchenschiff wird von einem Tonnengewölbe überspannt, das durch schmale, zartgrüne Leisten gegliedert wird; dazu Akanthuswedel in der Art der Wessobrunner.

Kapelle mit Maria Immaculata und Brunnen, Ende 19. Jh.; in der Ortsmitte, Widdersberger Straße.

Georg-Queri-Ring 9. *Inschrifttafel* zur Erinnerung an den Dichter Georg Queri, geb. 20. April 1879.

Georg Queri lebte in Starnberg, wo er auf dem Friedhof an der Hanfelder Straße (s. dort) auch begraben liegt. Er arbeitete als Journalist an der Zeitschrift «Jugend» und am «Simplizissimus» mit und war seit 1908 Redakteur des «Land- und Seeboten». Er gab mit Ludwig Thoma das «Bayernbuch» heraus. Weit über seine Heimat hinaus bekannt wurde er als Schriftsteller und Dichter gut beobachteter und volkskundlich interessanter, kraftvoller und mitunter auch derber Theaterstücke, Schwänke und Erzählungen in altbayerischer Mundart, wie «Kraftbayrisch», «Bauernerotik und Bauernfeme in Oberbayern», «Die weltlichen Gesänge des Egidius Pfanzelter von Polykarpszell», das Theaterstück «Matheis bricht's Eis» u.a.

Martinweg 2. *Bauernhaus,* quer erschlossener Wohnteil mit Flachsatteldach, um 1800; Wirtschaftsteil Ende 19. Jh.

Das Bauernhaus gehört zu den letzten unveränderten Häusern im Ort. Es hält noch die an diesem Straßenabschnitt vorherrschende giebelseitige Stellung hart am Straßenrand

Frieding, Marienkapelle

Frieding, Pfarrkirche St. Pankratius

Frieding, Blick von Norden

Frieding, Kath. Pfarrkirche St. Pankratius

Frieding, Martinweg 2

Frieding, Georg-Queri-Ring 9

fest und überliefert die an der Wende zum 19. Jh. bereits entwickelte Hausform mit flachem Legschindeldach und gemauertem Obergeschoß. Der Giebel war ursprünglich nicht gemauert, sondern mit einem Brettermantel geschlossen. Der für diese Dachform bezeichnende hölzerne Schwellrahmen ist von außen noch sichtbar.

Machtlfing

Machtlfing liegt mit seiner Flur in einer bewegten, vielgestaltigen Landschaft aus Grundmoränen und Drumlins. Dazwischen breiten sich ausgedehnte Moorkomplexe aus. Der Ort gehört in die Reihe der Ursiedlungen des 6. Jh. Er befindet sich auf altem Kulturboden, in dem bereits Spuren der Bronze- und Hallstattzeit aufgedeckt werden konnten. Im 12. Jh. wird der Ort mit Edelfreien im Gefolge der Grafen von Andechs genannt. Vielleicht gehen auf diese hochmittelalterlichen Herrschaftsverhältnisse einige bemerkenswerte Besonderheiten im Dorf zurück, wie die ungewöhnlich starke grundherrschaftliche Stellung von Ortskirche und Gemeinde oder der Umstand, daß es hier zwei Kirchen mit Begräbnisrecht gegeben hat, - die obere im Besitz des Klosters Beuerberg, und die untere Marienkirche, die dem Kloster Dießen inkorporiert war. Der Ort, der mit 39 Anwesen (1752) zu den größeren Dörfern im Landkreis zählte, gruppiert sich als Haufendorf malerisch an den Abhängen eines Drumlins. Auf seiner höchsten Stelle gelegen, setzt die Pfarrkirche mit ihrem kräftigen Satteltum ein weithin sichtbares Zeichen. Das Ortsbild wird in besonderem Maße von den starken Höhenunterschieden der Hang- und Tallagen und den daraus resultierenden Staffelungen und Gruppierungen der Höfe gekennzeichnet. Das Dorf ist in seiner Struktur noch recht gut erhalten. Vor allem ist die Dorflandschaft mit ihren Vorgärten, Obstgärten und Hauswiesen noch weitgehend unverbaut. Nur in der Ortsmitte, wo die Dorfstraßen zusammenkommen, haben Straßenbau und Modernisierungen das Ortsbild bereits beeinträchtigt.

Kath. Kirche St. Johann Baptist (obere Kirche), neuromanisch, 1845/46; mit Ausstattung.

Die Pfarrkirche liegt ortsbild- und landschaftsbeherrschend auf der Höhe des Drumlins. Turm und Kirchenschiff sind einheitlich mit kräftigen Ecklisenen und neuromanischen Blendbögen gestaltet. Der dreiseitig geschlossene Chor ist stark eingezogen, der Turm im Kern vielleicht noch mittelalterlich. Die gleichzeitig geschaffene Inneneinrichtung, die mit dem Bau ein stilistisch einheitliches Bild ergab, ist leider verloren; moderne Neugestaltung.

Kath. Kirche Unsere Liebe Frau (untere Kirche), kleiner Barockbau, um 1680, Kernbau älter; mit Ausstattung.

Eingebettet zwischen Bauernhöfe und umgeben von einer niederen Kirchhofmauer (erneuert), liegt die Kirche in der Senke unterhalb des Drumlinhügels. Sie war seit 1368 dem Kloster Dießen inkorporiert. Der schlanke, in seiner oberen Hälfte schön gegliederte und durchgebildete Turm (Kaspar Feichtmayr zugeschrieben) ragt nur wenig über die Dächer der Bauernhäuser hinaus. Das Innere überrascht durch die Qualität seiner Ausstattung. Drei Altäre in kräftigem, farbigem Hochbarock um 1680/90. Auf dem kleinen Hochaltar im stark eingezogenen, gedrückten Chor eine vorzügliche Muttergottesfigur mit den Nebenfiguren der hll. Petrus und

Machtlfing, St. Johann Baptist

Machtlfing, St. Johann Baptist

Machtlfing, Marienkirche

Machtlfing, Blick von Norden

Machtlfing, Marienkirche

Machtlfing, Marienkirche

Paulus (um 1490). Die Seitenaltäre enthalten Figuren des hl. Silvester und des hl. Joseph, Lorenz Luidl zugeschrieben, um 1700/10. Vor dem Chorbogen hängt eine kleine Rosenkranzmadonna, dat. 1688. An der Nordseite befindet sich ein Altar mit einer Darstellung des Martyriums des hl. Stephanus. Er stammt aus der Stephanskapelle westlich des Dorfes. Daneben ein paar Votivbilder, darunter ein größeres Votivbild der Dorfgemeinde von 1855, welches den Ort mit der neugebauten Kirche zeigt.

Haus Nr. 16. *Schulhaus und ehem. Gemeindehaus,* zweigeschossiger Bau mit Halbgeschoß, im Stil der Maximilianszeit, um 1860 von Karl Klumpp erbaut.

Klumpp war Schüler Friedrich von Gärtners und bis zu dessen Tod einer seiner engsten Mitarbeiter. Er stand seit 1843 in Diensten der Regierung von Oberbayern und entwarf mehrere neu zu errichtende Landkirchen, u. a. die protestantische Kirche in Starnberg. Er errichtete auch zahlreiche Schulhäuser, im Landkreis die Schulen in Argelsried, Gilching, Hechendorf, Herrsching, Leutstetten, Tutzing und Machtlfing, die jedoch fast alle schon stark verändert oder abgebrochen worden sind.

Haus Nr. 39. *Ehem. Pfarrhof,* stattlicher Bau mit Halbwalmdach, 18. Jh.

Der Pfarrhof, der sich schon durch die besondere Dachform von den umliegenden Bauernhäusern absetzt, vermittelt das Bild eines kleinen Herrenhauses. Man erreicht auch hier, wie in Rößlsberg oder Schloß Ried, das Obergeschoß über eine Treppe, die parallel zum erdgeschossigen, in der Mittelachse des Hauses liegenden Flur geführt wird. Das Haus besitzt noch einige ursprüngliche Details (Türen, Balkendecken). Es wurde vor einigen Jahren von privater Seite innen und außen vorbildlich instandgesetzt und damit vor dem endgültigen Verfall bewahrt. Inmitten eines schönen Obstgartens gelegen, bildet es zusammen mit dem benachbarten Bauernhaus eine eindrucksvolle Baugruppe.

Rothenfelder Straße 8. *Bauernhaus,* verputzt, mit «Preis»-Dach, Mitte 19. Jh.

Traubinger Straße 19.
Elektrisches Umspannwerk, zweigeschossiger Bau in Formen der Neuen Sachlichkeit, 1927 für die Isarwerke erbaut von Wolfgang Vogl.

Wallfahrtskapelle St. Stephan, 17./18. Jh.; mit Ausstattung; 2 km westlich des Ortes.

Die Kapelle, die vermutlich an der Stelle eines sehr viel älteren Vorgängerbaus steht, war früher mit einem Stephaniumritt verbunden. Die ehemalige Altarausstattung befindet sich heute in der Marienkirche in Machtlfing.

Machtlfing, Marienkirche, ehem. Altar der Stephanskapelle

Machtlfing, Kapelle St. Stephan

Machtlfing, Rothenfelder Straße 8

Machtlfing, Haus Nr. 16 (Schulhaus)

Machtlfing, Haus Nr. 39 (ehem. Pfarrhof)

Machtlfing, Traubinger Straße 19, ehem. Umspannwerk

Rothenfeld

Haus Nr. 1 u. 2. *Justiz-Vollzugsanstalt Rothenfeld,* erbaut vom Kloster Andechs als Erziehungsanstalt; neubarocke symmetrische Anlage, Hauptgebäude mit Walmdächern und zentraler Kapelle mit Zwiebel-Dachreiter, ummauerter Hof mit vier winkelförmigen Gebäuden an den Ecken, 1910.

Rothenfeld wird bereits im 12. Jh. als Sitz eines Andechser Ministerialen erwähnt. Später wurde es als Schwaige des Klosters Dießen, seit 1474 des Klosters Andechs geführt. Nach dem Verlust in der Säkularisation 1803 wurde es vom Kloster 1905 zurückerworben, um die Abteilung für Schwererziehbare der im Kloster Andechs bestehenden „St. Nikolausanstalt für Knaben" hierher auszulagern. Der Neubau bekam den Namen „Gregorius-Anstalt". Die ersten Teilabschnitte, die südlichen Pavillons, entstanden 1907 und 1909. Der Hauptbau und die nördlichen Pavillons wurden 1910 fertig. 1933 wurde die Anstalt aufgelöst und in den Gebäuden eine theologische Hochschule des Ordens der Redemptoristen eingerichtet. Aber schon 1935 mußten die Gebäude an den Staat abgegeben werden, der sie in ein Gefängnis umwandelte.
Der weitläufige Gebäudekomplex präsentiert sich als regelmäßige, barockisierende Anlage auf fast quadratischem Grundriß. Der freistehende Hauptbau bildet die Mitte. Er besteht aus einem großen, mit einheitlichem Walmdach überspannten Gebäude mit stärkeren Eckrisaliten, die zusätzlich durch Eckerker betont werden. In der Mitte der Nordseite schließt der Kirchenbau an, dessen kleiner Turm als Dachreiter im Schnittpunkt der Achsen sitzt und die beiden Baukörper verknüpft. Die Art der Gestaltung in neobarocken Formen, aber auch das Bild des Kircheninneren zeigen deutlich Parallelen zu Hans Grässels Städtischem Waisenhaus von 1896/99 in München. Er könnte auch hier der planende Architekt gewesen sein.

Archäologische Geländedenkmäler

Vorgeschichtlicher *Grabhügel,* «Riederäcker» ca. 1050 m sö Kirche Frieding. [Frieding, Fl.-Nr. 826–827, SW 7–12)

Auf der Sohle eines weiten Trockentaleinschnittes. Durch Überackerung stark verflachter, aber noch intakter Hügel.

Vorgeschichtlicher *Grabhügel,* ca. 2300 m nö Klosterkirche Andechs im Jungholz. (Frieding, Fl.-Nr. 1800, SW 8–12)

In flachhügeligem Gelände. Durch Überackerung stark verschleifte Erhebung. Näheres unbekannt.

Mindestens ein vorgeschichtlicher *Grabhügel,* «Egelseerin» ca. 1125 m osö Kirche Herrsching a. A. (Frieding, Fl.-Nr. 1667, SW 7–13)

Im Talgrund eines Rinnsals. Mittelgroßer, intakter Hügel.

Zwei vorgeschichtliche *Grabhügel,* «Kläbesäcker» ca. 1350 m sö Kirche Herrsching a. A. (Frieding, Fl.-Nr. 1674, SW 8–13)

In hügeligem Gelände bei einem Wasserlauf. Kleine bis mittelgroße, intakte Hügel.

Drei vorgeschichtliche *Grabhügel,* «Anger» ca. 400–500 m nw Kirche Frieding. (Frieding, Fl.-Nr. 165, 174, SW 6–12)

In flachhügeligem Gelände. Mittelgroße, durch früheres Überpflügen verschleifte Hügel.

Mindestens neun vorgeschichtliche *Grabhügel,* ca. 1600 m sö Kirche Frieding. (Frieding, Fl.-Nr. 883, 908, SW 7–11)

Auf einer Stufe im W-Hang des Großen Bühls. Meist mittelgroße Hügel ohne Spuren alter Ausgrabungen.

Zehn vorgeschichtliche *Grabhügel,* «Biederlehen» ca. 1300 m sö Kirche Frieding. (Frieding, Fl.-Nr. 822, 844, 846, 847–848, 935, SW 7–11/12)

Am ö Rand eines weiten Trockentaleinschnitts. Locker gestreute, mittelgroße Hügel ohne Spuren alter Ausgrabungen.

Mindestens 14 vorgeschichtliche *Grabhügel,* ca. 1250 m wnw Kirche Landstetten. (Frieding, Fl.-Nr. 1909, 1927, 1929, SW 7/8–11)

In einer von SSO nach NNW streichenden Senke sowie im ö ansteigenden Hang. Dicht gedrängte Hügel meist mittlerer Größe, von denen vier deutliche Spuren alter Ausgrabungen aufweisen. Näheres unbekannt.

Mindestens 16 vorgeschichtliche *Grabhügel,* «Kläbesäcker» ca. 1525 m sö Kirche Herrsching a. A. (Frieding, Fl.-Nr. 1678, SW 8–13)

Bei einem Wasserlauf in hügeligem Gelände. Kleine, meist jedoch mittelgroße Hügel, die intakt wirken.

Ehemals 22, jetzt noch fünf vorgeschichtliche *Grabhügel,* «Hannawiesen» ca. 1000 m ö Kirche Herrsching a. A. (Frieding, Fl.-Nr. 1619, SW 7–13)

In einem flach nach W einfallenden Hang, ö über dem Ammerseebecken. In swnö-Richtung etwa 300 m lange Nekropole, die der Grundbesitzer Ende 1976 fast vollständig planierte, um die Fläche landwirtschaftlich besser nutzen zu können. Fünf Hügel blieben erhalten, die Basispartien von acht weiteren wurden 1977–1979 vom Landesamt für Denkmalpflege mit hallstattzeitlichem Ergebnis (Funde in der Prähistorischen Staatssammlung München) untersucht. Römerzeitliche Nachbestattungen sind gesichert, ferner lieferten Funde Hinweise darauf, daß im Bereich des Bestattungsplatzes bronze-, römer- und merowingerzeitliche Siedlungen bestanden. Außerdem brachten die Untersuchungen Raubgrabungen der Zeit um 1900 an den Tag, deren Spuren durch spätere Überackerung der betroffenen Hügel getilgt wurden.

Drei vorgeschichtliche *Grabhügel,* ca. 1950 m sö Kirche Machtlfing, Waldabt. XIII, 6 Saulache, s Langgeräumt. (Machtlfing, Fl.-Nr. 1590, SW 10–11)

In kräftig bewegtem Gelände. Mittelgroße Hügel, von denen einer beim Bau eines Forstweges zur Hälfte zerstört wurde. Gruppe 1896 von J. Naue mit hallstattzeitlichem Ergebnis (Funde in der Prähistorischen Staatssammlung München) geöffnet.

Vier vorgeschichtliche *Grabhügel,* ca. 1375 m w Deixlfurt w an Straße Traubing-Pähl, Waldabt. XIII, 5 Kleinherzogbuchet. (Machtlfing, Fl.-Nr. 1599) SW 11–11)

Auf einem nach NO weisenden Rücken. Ein mittelgroßer Hügel mit deutlichen Spuren alter Ausgrabungen, drei weitere Erhebungen stark verflacht. Drei Hügel 1896 von J. Naue mit bronze- und hallstattzeitlichem sowie provinzialrömischem Ergebnis (Funde in der Prähistorischen Staatssammlung München) untersucht.

Rothenfeld, Haus Nr. 1 und 2

Rothenfeld, Anstaltskapelle

Rothenfeld

Vier vorgeschichtliche *Grabhügel,* «Hexenmoos» ca. 800 m sö Kirche Machtlfing, s Straße Machtlfing–Traubing. (Machtlfing, Fl.-Nr. 154, SW 10–11)

In flachhügeligem Gelände. Stark verflachte Erhebungen von kaum mehr als 0,5 m Höhe, von denen eine angeblich 1886 mit hallstattzeitlichem Ergebnis (Funde in der Schulsammlung Machtlfing nicht mehr auszusondern) geöffnet wurde.

Fünf vorgeschichtliche *Grabhügel,* «Auf der Natterwies» ca. 1250 m onö Kirche Machtlfing. (Machtlfing, Fl.-Nr. 327–328, SW 10–11)

In flachhügeligem Gelände am W-Rand einer feuchten Wiese. Mittelgroße und große Hügel, von denen J. Naue 1897 vier mit hallstattzeitlichem Ergebnis (Funde in der Prähistorischen Staatssammlung München) öffnete.

Ehemals 13, jetzt noch 11 vorgeschichtliche *Grabhügel,* ca. 850 m ö-osö Kirche Rothenfeld, W-Ufer Eßsee. (Machtlfing, Fl.-Nr. 780, 811–812, SW 9–11)

In kräftig bewegtem Hügelland. Meist mittelgroße, dicht gehäufte Hügel, die 1898/99 von J. Naue mit bronze- und hallstattzeitlichem Ergebnis (Funde in der Prähistorischen Staatssammlung München) untersucht wurden.

Von Materialgruben begleitetes Dammstück der *Römerstraße* Gauting–Kempten, «Rothenfelder Theile» ca. 200 m nnö–ca. 950 m onö Kirche Rothenfeld. (Machtlfing, Fl.-Nr. 783, 785, SW 8–12)

Die Verkehrslinie zieht in mäßig bewegtem Gelände von ONO nach WSW durch den nördlichsten Gemarkungsbereich von Machtlfing, wobei sie sich als 12–13 m breiter und 0,5 m hoher Damm zeigt, der von Materialgruben begleitet wird.

Vierseitige *Wallgrabenanlage* des frühen Mittelalters, ca. 1250 m wnw Deixlfurt, w an Straße Traubing–Pähl, Waldabt. XIII, 5 Kleinherzogbuchet. (Machtlfing, Fl.-Nr. 1599, SW 11–11)

Auf einer nach NO weisenden Moränenzunge, die nach SO kräftig, nach NO und NW mit mäßiger Neigung einfällt. Die durch die Gemarkungsgrenze Machtlfing/Traubing durchschnittene Anlage ist auf Traubinger Seite vollständig eingeebnet worden. Der gut erhaltene w Teil läßt erkennen, daß die Schanze einen rautenförmigen Wallgrabenzug besaß, der einen Innenraum mit Durchmessern von 70 bzw. 100 m umschloß. Höhe der äußeren Wallböschung 2,5–3,6 m; Abfall nach innen 0,3–0,9 m. Grabenrinne deutlich ausgeprägt.

Dammreste der *Römerstraße* Gauting–Kempten, ca. 200 m nnö – ca. 800 m wnw Kirche Rothfeld, Teils in Waldabt. VIII, 3 Dachsbogen. (Erling-Andechs, Fl.-Nr. 2024–2025, 2025/3, 2027–2028, 2051–2052, 2058, 2059/2, 2092, 2094, SW 8–12)

Die Verkehrslinie verläuft in teils mäßig, teils kräftig bewegtem Gelände von NO nach SW durch die Gemarkung Erling–Andechs. Über Tage sichtbare Reste in Form zerfahrener Dammspuren sind nur im Bereich der S-Grenze des Rothenberger Forstes zu erkennen. Der überwiegende Streckenabschnitt liegt unter der Verbindung Perchting–Erling–Andechs–Fischen a. Ammersee.

Mittelalterliche *Abschnittsbefestigung,* ca. 600 m nw Klosterkirche Andechs, Waldabt. VII, 3 Klosterleite. (Erling-Andechs, Fl.-Nr. 834, SW 8–13)

Auf einem nach N weisenden Bergausläufer, der nach W steil zum Ammersee und nach O nicht weniger steil zum Kienbachtal abfällt. Etwa 400 m hinter der N-Spitze des Rückens wird eine stark gegliederte Plateaufläche durch einen streckenweise verebneten und mehrfach durchbrochenen Wallzug vom Hinterland abgetrennt, dessen wö Linienführung die Terraingegebenheiten geschickt nutzt. Innere Wallhöhe bis 2 m, äußere maximal 3–4 m. Der vorgelegte Graben scheint im Zuge land- oder forstwirtschaftlicher Maßnahmen vollständig zugeschüttet worden zu sein.

Burgstall, ca. 1000 m n Klosterkirche Andechs, Waldabt. VII, 3 Klosterleite. (Erling-Andechs, Fl.-Nr. 835, SW 8–13)

Auf einem schmalen, nach N gerichteten Vorsprung, der mit steilen Seiten zum Kienbachtal im W und zum Ochsengraben im O abfällt. Gegenüber den s Vorburgarealen überhöhtes Kernwerk, dessen Oberfläche ein unregelmäßiges Oval mit Durchmessern von 15 bzw. 30 m bildet. An zwei Erdrücken, die beim Ausheben von drei unterschiedlich tiefen Spitzgräben stehenblieben, schließt sich der 60 m lange, aber nur maximal 20 m breite Nutzraum der inneren Vorburg, die starke Verwühlungen aufweist und im sw Bereich einen aufgesetzten Hügel trägt. Von der im Grundriß vierseitigen, etwa 30 : 40 m großen äußeren Vorburg wird sie durch vier kräftig eingeschnittene Spitzgräben getrennt. In der N-Seite der äußeren Vorburg eine ausgedehnte Schürfgrube, im O und S ein stark gekrümmter Graben mit wannenförmiger Sohle, der die Anlage gegen den sich nach S schnell erweiternden Bergrücken abgrenzt.
Der den Andechser Grafen zugeschriebene Burgplatz dürfte nach einem 1972 aufgelesenen Scherbenrandstück bis ins 10. Jh. zurückgehen. Mit dem Aussterben des Geschlechts gelangte er in der Mitte des 13. Jh. in wittelsbachischen Besitz. Für 1823 sind Raubgrabungen überliefert, die offensichtlich aber nur Grundmauerwerk zutage förderten.

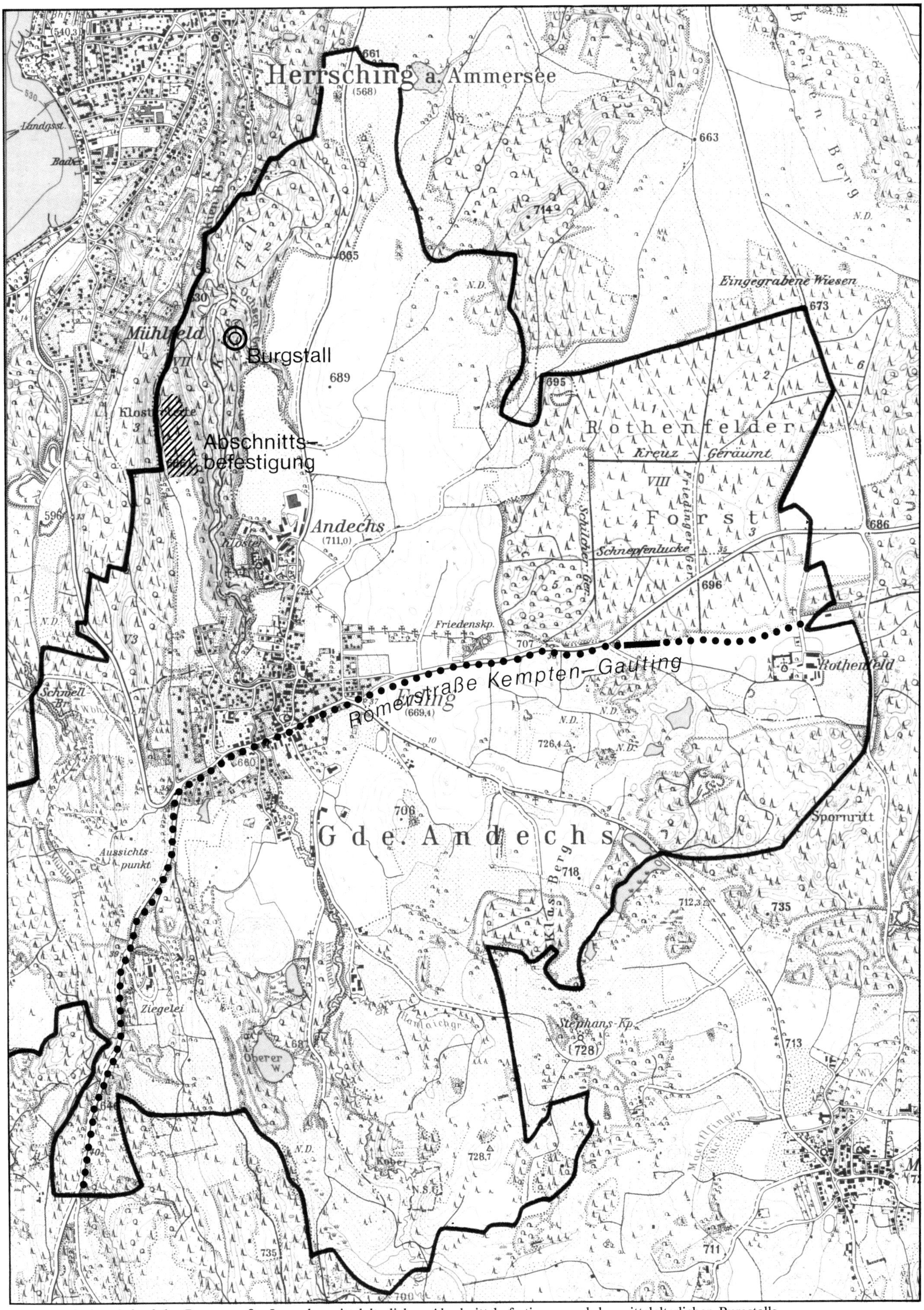

Erling-Andechs, Verlauf der Römerstraße, Lage der mittelalterlichen Abschnittsbefestigung und des mittelalterlichen Burgstalls

Gemeinde Berg

Baudenkmäler

Berg

Der Ort wird bereits 822 mit einer eigenen Kirche als «perge locus cum basilica» in den Freisinger Traditionen genannt. Seit 1571 gehörten die 24 Anwesen des Ortes zur Hofmark Berg, die sich zunächst in Händen der Münchner Patrizierfamilie Ligsalz befand. Ab 1596 folgten mehrere Besitzer, bis die Hofmark 1610 an die Hörwarth kam. Diese veräußerten sie schließlich 1676 an den Kurfürsten Ferdinand Maria, der Berg zum Ausgangspunkt für die Seefeste des Münchner Hofes und für die Fahrten mit den barocken Prunkschiffen machte.

Der Ort war, gemessen an den anderen großen Bauerndörfern, nie sehr bedeutend und als Hofmarksort auch relativ unselbständig. Er bestand Mitte des 18. Jh. aus zwei Halb- und drei Drittelhöfen sowie einem Viertellehen. Der Rest waren kleine Sölden. Dieser sozialen Struktur entsprach das Erscheinungsbild des Ortes, dessen Topographie zudem von der besonderen Situation am steil abfallenden Moränenzug gekennzeichnet war. Da dieser Steilhang fast nicht bebaubar war, blieb der Kern des Dorfes oben auf der Höhe (Oberberg) stets getrennt von den Anwesen und dem Schloßareal unten am Ufer (Unterberg). Die Bebauung konzentrierte sich oben um eine Straßenkreuzung (Wittelsbacher Straße–Grafstraße–König-Ludwig-Weg), unten folgte sie vom Hangfuß weg in lockerer Stellung der zum Ufer führenden und dort nach Norden abschwenkenden Seestraße. Das bedeutendste landschaftsprägende Element blieb dabei stets die Polarität zwischen dem Schloß unten am See und der kleinen Kirche oben an der Hangkante. Diese Polarität war immer wieder ein Motiv, das die Maler gereizt hat.

Auf der Berger Seite begann wegen der größeren Stadtnähe (für die Kutschen und den Stellwagen) nach 1800 die Entdeckung und die Besiedlung des Sees durch die Münchner. Es waren allerdings nur einige wenige Häuser, die hier bis zur Jahrhundertwende entstanden. Der Bau der Eisenbahnlinie Pasing–Starnberg 1854 und Starnberg–Tutzing 1865 nahm dann den Siedlungsdruck fürs erste vom Ostufer und zog die Bautätigkeit auf den westlichen Uferstreifen hinüber. Hinzu kam, daß das Ostufer infolge seiner größeren Steilheit weit weniger Möglichkeiten bot als das flachere Westufer, das langgezogene Staffelungen bis hinauf auf den Scheitel des Höhenrückens ermöglichte. Die ersten Landhäuser zwischen Kempfenhausen und Unterallmannshausen entstanden deshalb fast ausnahmslos unten, hart am Ufer, oder oben, unmittelbar an der Hangkante. Erst später wurden an einigen Stellen auch die Steilhänge selbst besetzt, zum Teil unter erheblichem Aufwand.

Wie in Possenhofen blockierten auch hier die Schlösser, vor allem Berg und Allmannshausen, mit ihren Parkanlagen größere Teile des Ufers und verhinderten eine durchgehende Bebauung, so daß das Ostufer insgesamt noch einen relativ natürlichen und unverbauten Eindruck macht. Allerdings ist der Siedlungsdruck in den vergangenen Jahren, vor allem seit dem Bau der Autobahn, auch in den Ostufergemeinden gefährlich angewachsen.

F. Doppelmayr, Schloß Berg, Lithographie 1819

Berg, Flurkarte 1815

F. Bidermann, Seefest (mit dem Prunkschiff Bucentaur) vor Berg, Ölgemälde um 1720

Lorenz Quaglio, Schloß Berg, aquarellierte Zeichnung 1854

Grafstraße (Oberberg). *Kath. Filialkirche St. Johann Baptist,* romanisch, wohl 12. Jh., Inneres im 17. Jh. umgestaltet, Dachreiter 1814; mit Ausstattung.

Die kleine Kirche befindet sich in landschaftsprägender Position unmittelbar an der Hangkante. Sie ist in ihrer überlieferten Form der am ursprünglichsten gebliebene Kirchenbau des Landkreises. Der blockhafte Bau macht mit seinen gestreckten Proportionen und seiner romanischen Apsis einen urtümlichen Eindruck und vermittelt ein gutes Bild einer kleinen romanischen Landkirche, wie sie hier wohl allgemein vertreten war. Der Innenraum erscheint infolge der im Zuge der Barockisierung 1658/1659 etwas vergrößerten Fenster und der reizvollen barocken Ausstattung relativ hell und warm. Der Raum besitzt nur eine sehr sparsame Dekoration aus einfachen Modelstuckleisten (Matthäus Schmuzer), welche den niederen Bogen, hinter dem die Apsis anschließt, sowie die Fenster rahmen. Die im 18. Jh. abgesenkte Decke ist mit einer Stuckleiste (Eierstab) eingefaßt und in der Mitte mit einem runden Stuckrahmenfeld verziert. In der kleinen Apsis steht der Altar (um 1700) mit der Figur des Titelheiligen (Mitte 18. Jh.). Seitlich des Altars auf Konsolen die hll. Monika und Magdalena (Anf. 18. Jh.). Die Kirche besitzt keine Seitenaltäre. Die übrigen Ausstattungsstücke, ein mächtiges Kruzifix mit der Schmerzensmutter (1. Viertel 18. Jh.) und zwei schönen Putten (etwa 1. Viertel 17. Jh.), Leuchterengel (16. Jh.) und ein bemerkenswertes Relief mit dem Tod Mariens (Ende 15. Jh.) gehören weder stilistisch noch thematisch zusammen. Es handelt sich wohl um anderswo (Aufkirchen?) bei Umbauten und Neuausstattungen überflüssig gewordene und hierher übertragene Ausstattungsstücke.

Der kleine Dachreiter erhielt bei der Renovierung 1987 wieder seinen 1814 beseitigten Zwiebelabschluß.

Berg, Kath. Filialkirche St. Johann Baptist

Grafstraße 5. *Bauernhaus «zum Moar»,* Einfirstanlage, Wohnteil verputzt, mit mittelsteilem Dach, Wirtschaftsteil von geringerer Firsthöhe, mit Flachsatteldach, 1. Hälfte 19. Jh., im Kern älter.

Einer der beiden großen Höfe des Ortes und einer der wenigen, die noch einigermaßen ursprünglich überliefert sind. Das Dach war einmal als Flachdach mit Legschindeldeckung ausgebildet. Es wurde im 19. Jh. geringfügig aufgesteilt, am Wohnteil stärker als über dem Wirtschaftsteil. Im Westgiebel ist im Obergeschoß noch die originale Blockwand erhalten.

Berg, Kapellenweg 1

Kapellenweg 1 (Oberberg). *Landhaus,* mit vorkragendem Flachsatteldach, Zwerchgiebel, Segmentbogenfenstern, im Stil der Maximilianszeit, um 1860.

Das Haus ist ein schlichter Vertreter des vom biedermeierlichen Bauernhaus abgeleiteten Landhauses. Charakteristisch sind die unter einem Zwerchgiebel angeordneten und übereinandergestellten Veranden.

Berg, Grafstraße 5

Berg, Kath. Filialkirche St. Johann Baptist

Berg, St. Johann Baptist, Marientod (Relief E. 15. Jh.)

Kapellenweg (Oberberg). *Kapelle St. Anna,* Wegkapelle, mit geschweiftem Kuppeldach und hölzernem Vorbau, 18. Jh.; mit Ausstattung; am Waldrand.

Die Kapelle steht auf dem Moränenzug, der auf seiner Ostseite steil in das Lüßbachtal abfällt. Sie ist durch eine kleine Allee mit der Wallfahrtskirche Aufkirchen verbunden. Der bestehende Bau wurde 1826 errichtet, nachdem der Vorgängerbau 1803 niedergelegt worden war. Die Figuren dieses Vorgängers wurden wieder übernommen.

König-Ludwig-Weg 4 (Oberberg). *Wohnhaus,* Putzbau mit Flachsatteldach und in die Fassade eingelassenen Medaillons, Äußeres 2. Hälfte 19. Jh., im Kern älteres Bauernhaus.

Maxhöhe 17. Sog. «*Gurahaus*», Villa, Gruppenbau mit Walmdächern, Loggien, Lauben und großem Eckturm mit Zeltdach, historisierend, um 1900.

Das Landhaus wurde für den berühmten Wagnersänger Eugen Gura gebaut. Er war ein bedeutender Darsteller des Hans Sachs und wirkte bereits 1876 bei den ersten Bayreuther Festspielen in den Rollen des Donner und des Gunther mit. Das Haus ist durch verschiedene An- und Umbauten stark reduziert.

Maxhöhe. *Himbsel'scher Kreuzweg,* 1856, 2. bis 12. Stationskapelle; siehe auch Leoni und Aufkirchen.

Der Kreuzweg wurde von dem Architekten Ulrich Himbsel, dessen Villa sich in Leoni befindet, gestiftet und gebaut. Er folgt einem uralten Pilgersteig, der die über den See gekommenen Wallfahrer nach Aufkirchen heraufführte. Er ist ein Beispiel für die ausgeprägte religiöse Haltung der Romantik, die besonders im Leben in «Gottes freier Natur», also im Landleben, zu gesteigertem Ausdruck fand (vgl. Niederpöcking). Himbsel hatte zusätzlich einen Betrag von 1000 fl als immerwährende Stiftung für den Unterhalt des Kreuzwegs ausgesetzt.

Mühlengasse 7 (Unterberg). Ehem. *Marstallgebäude,* zu Schloß Berg gehörig, zweieinhalbgeschossiger langer Trakt mit Lisenengliederungen und Treppengiebelfriesen an den Giebeln und Zwerchhäusern, 1866.

Seestraße 3 (Unterberg). Ehem. *Villa Poschinger,* zweieinhalbgeschossiger Putzbau, traufseitig, mit vorkragendem Flachsatteldach und kleinem Dreiecksgiebel sowie Balkon auf hölzernen Stützen an der Seeseite, im Stil der Maximilianszeit.

Das Landhaus wurde 1862 für den Privatier und Kaufmann Ludwig Poschinger an der Stelle des alten Kastenjakl-Anwesens erbaut. Es war einer der ersten Villenbauten auf diesem Uferabschnitt und ging, als sich Poschinger weiter südlich eine neue Villa baute, bereits 1874 in Besitz des Königshauses (Civilliste) über. Unmittelbar daneben stand das Haus Johann Schwaigers, des Direktors des Auer Vorstadttheaters. Leider existiert dieses Landhaus, das mit der *Poschinger-Villa* ein schönes, auf den See wirkendes Ensemble gebildet hatte, nicht mehr.
Die *Villa Poschinger* ist in ihrer baulichen Substanz wie in ihrer Raumordnung völlig ursprünglich überliefert. Sie steht unmittelbar am Ufer, die Schauseite mit den Wohnräumen ist dem See zugeordnet. Im Inneren zeigt sich wieder klar die klassizisierende, regelmäßige Raumdisposition der frühen Landhäuser am See. Die Zimmer sind im Erdgeschoß wie im Obergeschoß symmetrisch angeordnet, wobei der mittlere

Berg, Kapellenweg, Kapelle St. Anna

Berg, Mühlengasse 7, ehemaliges Marstallgebäude

Berg, König-Ludwig-Weg 4

Maxhöhe, Kreuzwegstation

Maxhöhe 17, sogenanntes Gura-Haus

Berg, Seestraße 3, ehemalige Villa Poschinger

Raum jeweils durch seine besondere Größe als Hauptwohnraum hervorgehoben ist. Die Erschließung erfolgt über ein rückwärts in der Mitte gelegenes Stiegenhaus. Dort befinden sich auch die Nebenräume. Die in ihrer Bedeutung deutlich untergeordnete Treppenanlage läßt erkennen, daß der Hauptzugang des Hauses, gemäß seiner Bestimmung als Sommervilla, vermutlich von der Gartenseite her gedacht war. Dort empfing man wohl vor allem die Gäste, die per Boot über den See gekommen waren.

Seestraße 15 (Unterberg). *Villa,* in Formen der italienischen Hochrenaissance, mit großem Stuck-Girlanden-Fries unter dem Traufgesims, 1895.

Die Villa, die noch sehr ursprünglich erhalten ist, wurde von Andreas Fischhaber für die Hotelbesitzerin Eleonore Knecht erbaut. Die Rustizierung der Ecken, die Geschoßgliederung durch Gesimse und das Mezzaningeschoß mit einer Dekoration aus stuckierten Festons sowie einem Kranzgesims sind für das Landhaus der Toskana charakteristische Motive. Sehr italienisch wirken auch die ausstellbaren Läden, die Ufermauer mit filigranem Eisengitter und die verschiedenen Ziervasen. Durch die Stellung des hellen Gebäudes vor dem dunklen Hintergrund der umgebenden Baumkulisse und durch die Spiegelung im Wasser wird dieses Bild noch malerisch erhöht, die Lage der Villa in unmittelbarer Nähe des Dampfersteges weist ihm eine zusätzliche Bedeutung für das Ortsbild zu.

Berg, Seestraße 15

Seestraße 44 (Unterberg). *Villa Rosenthal,* nobler Bau mit Walmdächern und vorgelegter Terrasse, 1897 für Theodor Rikoff erbaut, Umbau 1921. Zugehöriger Park, Anlage im malerisch-romantischen Stil des späten Historismus, angelegt seit ca. 1895 unter Einbezug älteren Baumbestandes, Eisenzaun in Jugendstilformen; weitere Ausgestaltungen um 1925/30; Neurokoko-Parktor, bronzenes Reiterstandbild des hl. Georg von Kompatscher-Bozen (1927), barocke Sandstein-Gartenfigur, Gartenarchitektur am Ostende des Parks (Einfriedungsmauer mit Figurennische), Pavillon am Seeufer mit Seeterrasse und Balusterbrüstungen in Beton.

Die Villa steht etwas erhöht auf einer Hangstufe inmitten der prachtvollen, weitläufigen Parkanlage. Ein hohes Untergeschoß, dem vorgelagerte Terrassen und Altanen sowie starker Efeubewuchs etwas die Steilheit nehmen, hebt den Bau noch eindrucksvoller heraus. Der Baukörper wird durch den Wechsel zwischen Landhausfenstern mit Läden und großen, eleganten Rundbogenfenstern sowie durch den Einsatz charakteristischer Landhauselemente wie Zwerchhaus, Hochbalkon, Loggia und beigestelltem Treppenturm stark durchgeformt und in seiner Masse gemildert.

Die Villa war auf Grund ihres schlechten Erhaltungszustandes bereits zum Abbruch freigegeben. Der gegenwärtige Besitzer restaurierte das Haus jedoch in vorbildlicher Weise. Die wertvollen Details im Inneren wurden soweit wie möglich bewahrt.

Im Umgriff haben sich noch verschiedene qualitätvolle Elemente der ehemaligen Parkgestaltung erhalten. Das bedeutendste ist das jenseits der uferparallelen Seestraße liegende *Bootshaus,* über das ein außergewöhnlich reizvoller Pavillon gestellt ist. Dieser wurde, nachdem er bereits stark verfallen war, mit akribischem Aufwand erneuert.

Seestraße 52. Zugehörige westliche und südliche *Eisenbalkone,* 1892.

Berg, Seestraße 44, Vestibül

Berg, Seestraße 44, ehemalige Villa Rosenthal

Berg, Seestraße 44

Seestraße 44

Seestraße 52

Berg, Seestraße 44, Bootshaus

Wittelsbacher Straße 27/29 (Unterberg). *Schloß Berg,* kubischer Walmdachbau. 1640 durch Hans Friedrich v. Hörwarth erbaut, 1676 von den Wittelsbachern erworben, die 1849/51 von König Max II. veranlaßten Umgestaltungen (Zinnen-Ecktürme, Fassadengliederungen) 1950 wieder entfernt; *Schloßkapelle,* 1876 durch König Ludwig II. erbaut, ausgemalt von Hauschild; mit Ausstattung; *Schloßpark Berg,* seit 1807 von dem Architekten von Sckell im englischen Gartenstil angelegt und um 1850 durch Karl Effner umgestaltet; *Votivkapelle* zum Gedächtnis an König Ludwig II. († 13. Juni 1886), erbaut 1896–1900 von Julius Hofmann.

Das Schloß wurde unter Hans Georg von Hörwarth 1640 an der Stelle eines älteren Herrenhauses errichtet. Es erscheint auf den frühesten Darstellungen (Wening, 1700; M. von Geer, Ferdinand Bidermann, 1. H. 18. Jh.) als schlichter kubischer, dreigeschossiger und auf quadratischem oder leicht rechteckigem Grundriß entwickelter Bau mit Zeltdach und Laterne. Er war auf allen vier Seiten mit einer Mauer umgeben, die an den Ecken mit kleinen Kegeldachtürmchen besetzt war. Ob der damit umschriebene Innenhof als Wassergraben ausgebildet war, wie bei Wening zu sehen, ist nicht zu sagen. Jedenfalls läßt sich an den historischen Abbildungen der geschlossene, wohnturmartige Baukörper einwandfrei erkennen und in die Typologie der Hofmarkschlösser am Starnberger See, die in Possenhofen und Tutzing bestätigt wird, einordnen. Dieses Erscheinungsbild dürfte im wesentlichen bis nach 1800 erhalten geblieben sein. Die nach Süden hin angeschlossene Gartenanlage ist auf den historischen Abbildungen ebenfalls zu erkennen, wenn auch in einer von einem Bild zum anderen etwas modifizierten Form. Es dürfte sich gemäß den am Münchner Hof herrschenden Einflüssen der Zeit um eine am italienischen Gartentypus orientierte Anlage gehandelt haben. Als das Schloß 1669 von Kurfürst Ferdinand Maria erworben wurde, wuchs der Anlage als Sommersitz des Münchner Hofes und als Ausgangspunkt für die in ganz Europa gerühmten Seefeste und Fahrten mit dem Bucentaur gesteigerte Bedeutung zu. Gleichzeitig wurde die Gartenanlage weiter ausgebaut. Aus dieser Zeit stammt wohl das langgestreckte Hofgärtnerhaus (unter Max Emanuel aufgestockt), welches die Tordurchfahrt in den Ehrenhof bildet. Unter Kurfürst Max Emanuel, dessen Feste am Starnberger See nicht minderen Ranges waren, wurde die Schloßmauer errichtet.

Berg, Flurkarte 1863

Michael Wening, Schloß Berg, Kupferstich 1701

Lorenz Quaglio, Schloß Berg, Aquarell 1863

Joseph Watter, Festlichkeiten bei Schloß Berg, (König Ludwig II. empfängt Zarin Maria Alexandrowna), Aquarell 1868

Nach der Zeit Max Emanuels und Carl Albrechts verfielen Schloß und Anlagen allmählich wieder. Nachdem das Schloß über Jahrzehnte vom Hof kaum noch genutzt und nur noch in unregelmäßigen Abständen von Sommergästen des Hofes aufgesucht worden war, ließ es König Max I. nach 1800 wieder etwas in Ordnung bringen und den ehemaligen barocken Lustgarten durch Friedrich von Sckell in eine Parkanlage nach englischem Vorbild umwandeln. Diese, unter Max II. von Hofgartendirektor Karl von Effner erneut überarbeitete und erweiterte Anlage liegt dem heutigen Schloßpark zugrunde.

Später ließ das Interesse des Hofes erneut nach, nachdem der König in seiner Vorliebe für den Tegernsee das dortige Kloster zu einem Schloß hatte umbauen lassen. Erst mit König Max II. wurde Berg wieder zum Sommeraufenthalt für die königliche Familie. Er ließ deshalb 1849–1851 den Bau durch Eduard von Riedel, einen Gärtnerschüler, im Stil der englischen Tudorgotik umgestalten. Der Baukörper wurde durch polygonale Ecktürme und einen Zinnenkranz am Dachansatz ergänzt, die Fassaden durch umlaufende Gesimse gegliedert und mit gotisierenden Fensterumrahmungen versehen. Ludwig II., der ebenfalls eine starke Vorliebe für Berg zeigte, fügte schließlich 1865 als Bergfried und Aussichtsturm noch den «Isoldenturm» auf der Nordseite hinzu. In dieser Form zählte Berg zu den wichtigsten neugotischen Bauwerken in Bayern. Nach dem Zweiten Weltkrieg wurden leider alle diese Ergänzungen des 19. Jh. wieder entfernt und der Bau auf seine schlichte Erscheinungsform im 17. Jh. zurückgeführt, was zu einem wenig befriedigenden Ergebnis führte. Bei der Renovierung 1985 wurde deshalb versucht, den spürbaren Verlust durch eine historisierende Fassadenmalerei, die auf der in den frühen Ansichten (Bidermann u. a.) überlieferten barocken Dekoration des Schlosses basiert, auszugleichen und dem Bau seine einstige Bedeutung und sein optisches Gewicht in der Landschaft wiederzugeben.

Im Inneren war beim Umbau 1849 der alte Grundriß offenbar nicht oder nur geringfügig verändert worden. Vor allem war die für andere Herrenhäuser zwischen Starnberger See und Ammersee charakteristische Erschließung der Geschosse mit axial durch das Gebäude führenden, gewölbten Gängen (Tutzing, Rößlsberg, Leutstetten, Ried, Mischenried) nicht beseitigt worden. Sie ist trotz stärkerer Umbauten auch nach dem Zweiten Weltkrieg noch erhalten geblieben. Das Treppenhaus, das wie bei den meisten anderen Bauten der Zeit in der Mitte des Flurs seitlich abzweigte, wurde im Erdgeschoß an das Ende des Ganges gelegt, eine Maßnahme, die beim Umbau 1950 wieder rückgängig gemacht wurde. Die aus kleineren Einheiten bestehende Raumfolge im Erdgeschoß blieb erhalten, im Obergeschoß lagen die vom König genutzten Räume wie Speisesaal, Arbeitszimmer, Erkerzimmer und Schlafzimmer.

Im Park ist nur noch einiges von der ursprünglichen Ausstattung erhalten geblieben, so Reste der alten barocken Schloßmauer, der von Ludwig II. für seine Fahrten mit dem Dampfboot «Tristan» benutzte Hafen, das Brunnenrondell im Ehrenhof und die unter Ludwig II. 1876 errichtete Königskapelle. Diese erhielt einen Altar in Form eines gotischen Schreins, Wandbilder von Wilhelm Hauschild und eine Dekoration des Gewölbes in kräftigen Farben.

Südlich im Park, heute in dessen öffentlichem Teil, befindet sich oberhalb der Stelle, an der König Ludwig II. am 13. Juni

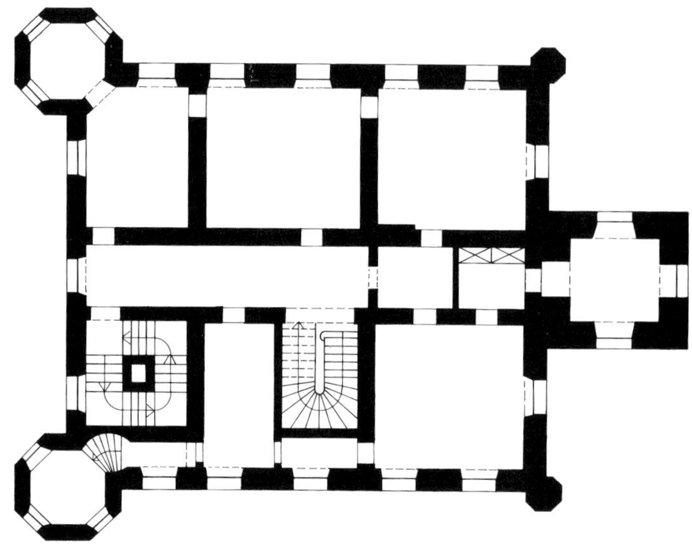
Schloß Berg, Obergeschoß, 1925

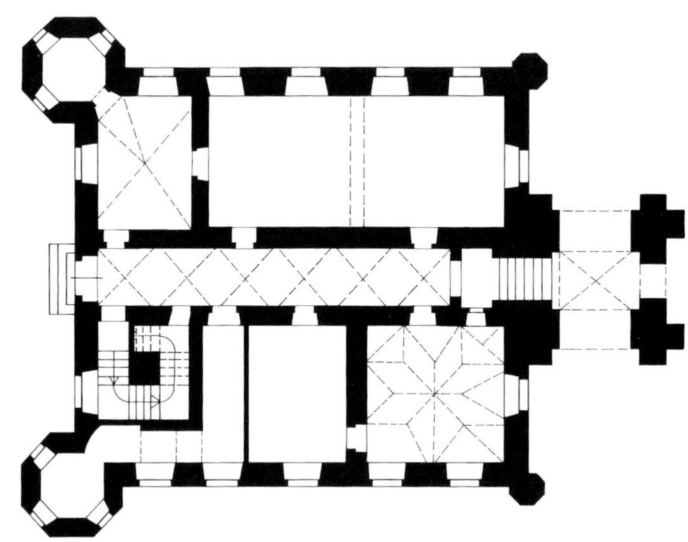
Schloß Berg, Erdgeschoß, 1925

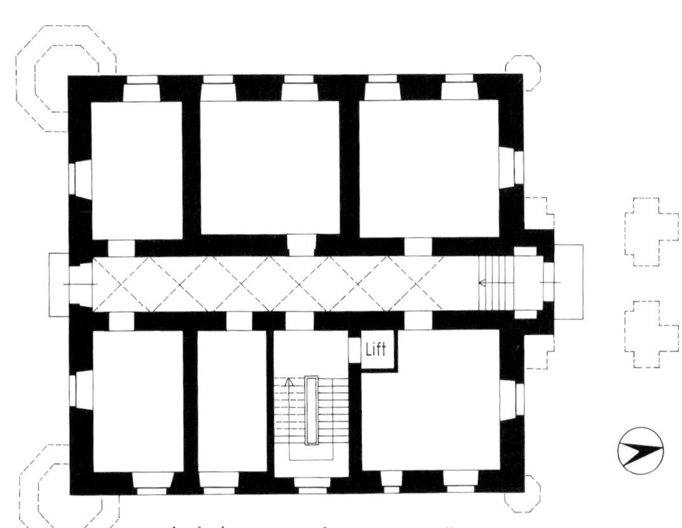

Schloß Berg, Erdgeschoß, 1948

Schloß Berg, historische Aufnahme von 1896

Schloß Berg nach der Renovierung 1985

1886 den Tod fand, die *Votivkapelle.* Sie steht, inzwischen von den Bäumen des Parks auf drei Seiten eingeschlossen, auf einem hohen Unterbau, von dem eine doppelte Freitreppe zum See herunterführt. Die Kapelle ist ein neuromanischer Zentralbau nach rheinischem Vorbild, mit drei Konchen und einem seeseitig angesetzten kurzen Portalbau. Sie geht auf halber Höhe ins Achteck über und gipfelt in einem steilen Zeltdach. Die Mauerflächen werden durch Blendarkaden und Bogenfriese gegliedert. Im Tympanon über dem Portal zeigt ein Relief Christus als Weltenrichter mit den Symbolen der vier Evangelisten. Unterhalb der Kapelle befinden sich, auf einer Achse liegend, die von der Königinmutter Marie in Auftrag gegebene gotisierende Totenleuchte und das einfache Holzkreuz im See.

Das Innere der Kapelle wirkt durch seinen klaren, gut ablesbaren Grundriß und die enorme Steilheit des Raumes. Die Wandflächen sind polychrom gefaßt, wobei dunklere, warme Töne vorherrschen. Der hohe Sockel besteht aus einer Verkleidung aus gelblich-weißem, schwarz geädertem Marmor, die Flächen darüber sind in warmen Grüntönen gehalten. Über den Raum spannt sich ein dunkelblauer, mit Sternen übersäter Himmel. Die Fresken sind von August Spiess: in der Kuppel ein Medaillon mit der Patrona Bavariae, umgeben von den Wappen der acht bayerischen Bistümer. Im Rahmen des Kuppelgewölbes zwischen Palmen die Patrone der Bistümer, und unter der Fenstergalerie die hll. Ludwig, Hubertus, Michael und Georg. Über dem Altar thront Christus in der Mandorla. Die Gurtbögen sind mit geometrischen und pflanzlichen Motiven geschmückt. In der Apsis steht ein einfacher Altartisch aus gelbem Marmor mit Einlagen aus Lapislazuli.

Schloß Berg, Torhaus

Schloß Berg, Eingangsseite

Schloßpark, Königskapelle (1876)

Votivkapelle, Kuppel

Schloßpark, Votivkapelle für Ludwig II.

Votivkapelle, Apsis

Holzkreuz im See (für Ludwig II.), historische Aufnahme, um 1930

Allmannshausen

Ähnlich wie bei Berg liegt der eigentliche Ort als Oberallmannshausen auf der Höhe des Moränenwalls, der den See säumt. Das ehemalige Schloß und die im 19. Jh. am Seeufer entstandenen Landhäuser (als Unterallmannshausen bezeichnet) gehören auch hier, durch den bewaldeten Hang von der Siedlung getrennt, nicht mehr unmittelbar zum Ortsbild des Dorfes. Allmannshausen, das im Schäftlarner Urbar 1313 als «Almshausen» genannt wird, umfaßte nur ein paar kleine Höfe. Heute haben die Bautätigkeit und die Erneuerung der bäuerlichen Anwesen dem Ortsbild bereits viel von der einstigen Geschlossenheit und vom ursprünglichen Reiz genommen.

Ober- und Unterallmannshausen, Flurkarte 1815

Oberallmannshausen, Filialkirche St. Valentin

Kirche (Oberallmannshausen). *Kath. Filialkirche St. Valentin,* kleiner barocker Neubau, 1651; mit Ausstattung.

Der unverwechselbare Mittelpunkt des Ortes ist noch immer die Kirche mit ihrem hohen, schlanken Zwiebelturm. Der Bau, 1651 unter Verwendung älterer Teile (vielleicht durch den gleichzeitig am Schloß Allmannshausen tätigen Kaspar Feichtmayr) errichtet, geht über die Ausmaße und die schlichten Formen einer kleinen Landkirche nicht hinaus. Der Innenraum zu drei Achsen ist ein einfacher Saalbau mit Korbbogengewölbe und einem eingezogenen, dreiseitig geschlossenen Chor. Er wird geprägt vom Kontrast zwischen dem hellen Weiß der Wände und Decken, die nur mit Modelstuckleisten (Perlstab, Herzlaub, Akanthusrosetten, leicht grau abgesetzt) dekoriert sind, und der dicht gestellten Ausstattung. Auf dem in kraftvoller Architektur und im Farbklang Grau-Blau-Rotbraun und Gold gehaltenen Hochaltar (Mitte 17. Jh., später im Auszug überarbeitet und 1708 neu geweiht) stehen die Figuren des hl. Valentin und der hl. Ottilie (beide um 1500), ein kleiner Auferstehungschristus (2. Hälfte 15. Jh.) und die Assistenzfiguren der hll. Petrus und Paulus (1. Hälfte 17. Jh). Die beiden Seitenaltäre (Ende 17. Jh.), farblich auf Grau-Blau-Gold abgestimmt, sind mit Gemälden der Immaculata und des hl. Joseph ausgestattet. Kanzel aus dem letzten Viertel des 17. Jh., Kirchenbänke Mitte 17. Jh. An der Empore befindet sich auf einer kleinen Konsole ein Büstenreliquiar des hl. Valentin (Ende 15. Jh.), die übrige Figurenausstattung stammt meist aus dem 17./18. Jh. Ein besonderes Moment menschlicher Nähe

Oberallmannshausen, St. Valentin

Oberallmannshausen, St. Valentin

Oberallmannshausen, St. Valentin, Hochaltarfiguren

bringen die Votivbilder (17.–19. Jh.) ein. Die zahlreichen Votivgaben aus Wachs, die einst im Chor aufgestellt waren, sind heute bis auf einen kleinen Rest verloren.

Assenbucher Straße 77 (Unterallmannshausen). Ehem. *Villa Hirschfeld,* Giebelbau mit rückwärtigem Quertrakt, im Landhausstil, mit vorkragenden Flachsatteldächern, Lauben, polygonalem Eckerker, Glockenstuhl, neuromanischem Portal, um 1880, mit Parkanlage.

Die Villa, die für Marie Kramsta, die Gattin des preußischen Botschafters erbaut wurde, steht hart am Ufer und ist dicht in die umgebende Natur eingebettet. Der zum Teil sehr viel ältere Baumbestand beweist, daß dies als ursprüngliche Gestaltungsidee anzusehen ist. Der mächtige Baukörper weist verschiedene Stilelemente des alpenländischen Bauernhauses auf und macht deutlich, auf welchen Grundlagen die ersten Landhäuser am Starnberger See entwickelt wurden. Einige Details, wie der verschalte Kniestock oder die Giebelzier in Laubsägearbeit, gehören hier zum Repertoire (vgl. Tutzing, Villa Trutz).

Assenbucher Straße 79/81 (Unterallmannshausen). Ehem. *Villa Hornig.* Giebelbau im Landhausstil des Berner Oberlands, teilweise Holzblockbau, verbrettert und verschindelt, mit geschnitzten Zierfriesen, profilierten Balkenköpfen, Lauben mit Aussägearbeiten, um 1875; im Park neubarocke Gartenfiguren.

Das Landhaus wurde für den Stallmeister Ludwigs II., Richard Hornig, erbaut. Der Stil des Hauses, den man weitläufig als „Schweizerhausstil" bezeichnet und dessen Merkmale wie das nach außen geknickte Dach, die bogenförmige Giebellaube und die stark vortretenden, abgetreppten Auflager für die umlaufende Laube und das Dach hier besonders deutlich ausgeprägt sind, zeigt, daß das Landhaus hier zunächst nicht allein aus dem bodenständigen Bauernhaus entwickelt wurde, sondern auch im Bauernhaus der Schweiz ein erstes Vorbild sah. Der im späten 18. Jh. beginnende Tourismus hatte ganz besonders die Alpen, und da wieder bevorzugt das Gebiet der Schweiz zum Ziel gehabt. Schrittmacher waren dabei vor allem die Engländer, von denen dann auch bedeutende Anregungen zum Landhausbau ausgingen.

Assenbucher Straße 101 (Unterallmannshausen). *Schloß Allmannshausen,* 1696 von Kaspar Feichtmayr für Ferdinand Joseph von Hörwarth erbaut, Umbau zu schloßartiger Portikusvilla mit Mansarddach und Belvedere 1881, seitlicher Flügel, Park und Brüstungsmauern zum See 18./19. Jh.

Das Schloß Allmannshausen, in ähnlicher Kontrapunktlage wie Schloß Berg unterhalb des Ortes am Ufer gelegen, wird bereits 1517 als hölzerner, dreigädiger Edelmannssitz (Hofmark Allmannshausen) genannt. 1567 kam er in Besitz der Freiherrn von Paumgarten, um 1600 in die Hände der Hofer von Urfahrn. 1611 erwarb der bayerische Landschaftskanzler Hans Georg von Hörwarth Schloß und Hofmark. Sein Enkel Ferdinand Joseph von Hörwarth ließ 1696 vom Bernrieder Maurermeister Kaspar Feichtmayr das alte hölzerne Herrenhaus durch einen gemauerten Schloßbau ersetzen. Dieser ist bei Wening als dreigeschossiger, leicht rechteckiger Bau mit Satteldach dargestellt. Die dort gezeigte barocke Gartenanlage ist jedoch nach Aussehen und Umfang nicht gesichert. Um 1800 wird das Schloß aus frühen Landschafts-

Unterallmannshausen, Assenbucher Straße 77

Assenbucher Straße 77, Eingang

Unterallmannshausen, Assenbucher Straße 79/81, ehemalige Villa Hornig

Unterallmannshausen, ehemaliges Schloß

zeichnungen und Lithographien mit einer interessanten Dachkonstruktion, einem steilen Mansardwalmdach zwischen zwei schmalen, quergestellten und auf die äußeren Fensterachsen bezogenen Walmdächern gezeigt. Auch die alte Fassadengliederung durch Lisenen und waagrechte Putzbänder war hier noch erhalten. Nach Zwischenbesitz der Grafen von Rambaldi erwarb 1880 der Mannheimer Fabrikbesitzer Böhringer das Schloß und ließ es im Sinn des Historismus repräsentativ umgestalten: Der einfache kubische Baukörper wurde in Formen der italienischen Renaissance überarbeitet und durch einen starken dreiachsigen Portikus und seitliche Flügelanbauten bereichert. Die beiden unteren Geschosse sind durch Nutungen belebt, das dritte Geschoß wird durch die besondere Gestaltung der Fenster und durch die Altane (Brüstungen verändert) als Beletage gekennzeichnet. Eine zum See hin vorgelagerte mächtige Stützmauer mit axial dem Portikus zugeordneter Exedra, klassizisierender Steinbrüstung, Freitreppe zum See und Eckpavillon (abgebrochen) betonte den feudalen Charakter des neuen Villenbaus. Im Inneren wurde bei dieser Umgestaltung kaum etwas vom Vorgängerbau belassen. Heute ist mit Ausnahme eines Speisesaals im südlichen Flügel von der Ausstattung dieses Umbaus nichts mehr erhalten. 1894 ging der Besitz durch Erbschaft wieder in Besitz der Grafen von Rambaldi über. Heute wird er als Treffpunkt und Freizeitzentrum einer religiösen Gemeinschaft genutzt.

Die barocke Gartenanlage wurde schon zu Beginn des 19. Jh. in eine englische Parkanlage übergeführt.

Assenbucher Straße 109 (Unterallmannshausen). *Ehem. Villa Rambaldi,* sog. *Jägerhaus,* Giebelbau auf hohem Sockelgeschoß, mit vorkragendem Flachsatteldach, untere Teile 18. Jh., Ausbau 1856, eiserne Balkone um 1880/90.

Auch das «*Jägerhaus*» zeigt wieder die Merkmale der frühen Landhäuser am Starnberger See (vgl. Assenbucher Straße 77) wie den verschalten Kniestock. Die leichte Hanglage und die relativ geringe Breite ergaben die für diese frühen Bauten typische, etwas hochgestreckte Silhouette der seeseitigen Fassade. Die bogenförmig ausgeschnittene Giebelverschalung zeigt auch hier wieder ein Element des Schweizerhauses. Die eisernen Balkone und Treppengeländer sind gute Beispiele für ihren ersten Einsatz am Landhaus (anstelle von traditionellem Holz), möglicherweise schon als frühe industrielle Produkte.

Assenbucher Straße (Unterallmannshausen). *Kapelle,* schlichter kleiner Bau mit hölzernem Vorbau, wohl 1. Hälfte 19. Jh.; am Höllgraben.

Ebrachweg 2. *Kleinbauernhaus,* bez. 1863, im Kern wohl älter, Wohnteil verputzt, Wirtschaftsteil verbrettert, Querstadel später.

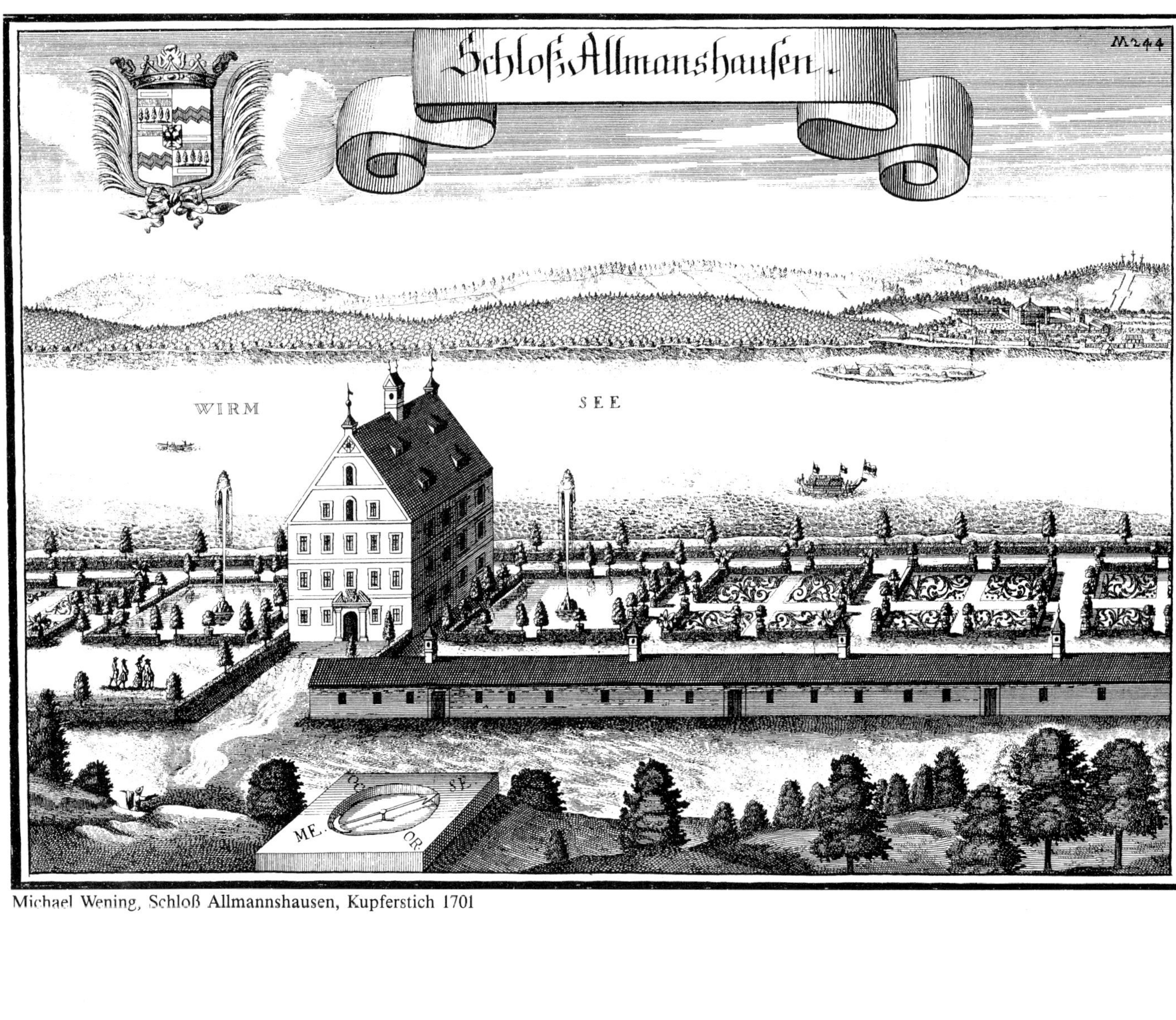

Michael Wening, Schloß Allmannshausen, Kupferstich 1701

Schloß Allmannshausen, historische Aufnahme 1874

Unterallmannshausen, ehemaliges Schloß

Unterallmannshausen, Assenbucher Straße 109, ehemaliges Jägerhaus der Grafen Rambaldi

Allmannshausen, Ebrachweg 2

Assenbucher Straße, Kapelle

Assenhausen

Dürrbergstraße 5. Ehem. *Bauernhaus.* Einfirstanlage, mit Blockbau-Obergeschoß und umlaufender Laube, 2. Hälfte 18. Jh.; im Garten ehem. Getreidekasten, zweigeschossiger Blockbau, 1. Hälfte 17. Jh. (moderne Aufstellung).

Das für hiesige Verhältnisse recht stattliche Bauernhaus ist eines der letzten Beispiele im Landkreis für einen Bauernhaustyp, der von Wolfratshausen-Bad Tölz her kommend bis an das Ostufer des Starnberger Sees heranreichte. Jenseits des Sees war dieser Haustyp dann nicht mehr vertreten. Sein charakteristisches Merkmal ist (hier nur auf zwei Seiten) die umlaufende Laube.

Der Getreidekasten, der ursprünglich jenseits der Straße stand und hierher transferiert wurde, ist das letzte Exemplar dieser Art im Landkreis Starnberg. Er ist sehr gut erhalten und hat im Inneren noch die einstige Ausstattung bewahrt, vor allem die Abteilungen für die verschiedenen Getreidesorten sowie die alten Türschlösser und die originellen Türverriegelungen.

Bei Dürrbergstraße 5. *Wegkapelle,* barock, mit Dachreiter, 1. Hälfte 17. Jh.; mit Ausstattung.

Die Kapelle bildet mit den benachbarten Bauernhäusern Dürrbergstraße 5, 9 und 13 ein reizvolles Ensemble.

Dürrbergstraße 9. Ehem. *Bauernhaus,* kleine Einfirstanlage, zweigeschossiger Blockbau, Ende 17. Jh.

Das Haus war wegen seines desolaten Zustandes bereits aufgegeben worden. Beim Umbau wurde versucht, den Wohnteil in seiner Außenerscheinung so original wie möglich zu erhalten. Auch die Giebelverschalung und die seitliche Laube wurden wieder in ursprünglicher Form übernommen. Dennoch ging dabei ein Teil der originalen Substanz und des damit verbundenen geschichtlichen Zeugniswertes verloren. Ein interessantes Baudetail ist die gemauerte Küche, deren äußere Erscheinung bei der Instandsetzung etwas vergröbert wurde. Der rückwärtige, etwas zu lang geratene Anbau hat die alten Maßverhältnisse des Hauses verändert. Die Sterntüre ist nicht ursprünglich.

Dürrbergstraße 13. *Bauernhaus,* kleiner Einfirsthof, Wohnteil verputzt, 1. Hälfte 19. Jh.

Das Haus hat sehr gut seine biedermeierlich geprägte Form bewahrt. Es lebt von ausgewogenen, feinen Proportionen, die sich aus den etwas größeren Raumhöhen im Inneren und den schönen, regelmäßig gesetzten Fenstern ergeben.

Assenhausen, Dürrbergstraße 5

Dürrbergstraße 5, Getreidekasten

Assenhausen, Dürrbergstraße 13

Assenhausen, Dürrbergstraße 9

Assenhausen, Kapelle bei Dürrbergstraße 5

Assenhausen, Dürrbergstraße 9

Bismarckweg. *Bismarckturm,* monumentale Denkmalanlage, Tuff- und Kalkstein, 1896–99 von Theodor Fischer, Ausführung Joseph Zwiesler, Bildhauerarbeiten von Georg Wrba und Josef Floßmann; weitläufige zugehörige Parkanlage.
Die Errichtung des *Bismarckturmes* wurde aus vaterländischer Begeisterung heraus von zahlreichen Münchner Bürgern (unter der Führung Franz v. Lenbachs) betrieben. Bereits 1892 wurde der heutige Standort festgelegt, an dem sich das Volk zu nationaler Feier um das Denkmal versammeln konnte. Nach verschiedenen Vorprojekten wurde schließlich der Entwurf Theodor Fischers (nach dem Vorbild der «Igeler Säule», eines römischen Grabmals aus dem 3. Jh., bei Trier) verwirklicht. Der aus einem loggienartigen Unterbau mit Freitreppen sich erhebende Turmbau wird von einem Adler auf einer Kugel bekrönt. Die vier Seitenflächen schmücken Reliefs (nach Entwürfen Fischers): Auf der Hauptseite die Germania, welche unter ihrem schützenden Mantel die vier Bruderstämme vereint; die anderen Seiten Sinnbilder von Krieg und Frieden; dazu weitere nationale Motive sowie das Wappen der Bismarck. Im Vergleich zu anderen, etwa gleichzeitigen Denkmälern (z. B. am Deutschen Eck oder auf dem Kyffhäuser) erweist sich der hohe Rang des Entwurfes Fischers, dem damit ein bemerkenswert unpathetisches Denkmal gelang.

Assenhausen, Bismarckturm, Holzstich, 1901

Rottmannshöhe. Ehem. *Hotel Rottmannshöhe,* dreigeschossiger Neubarockbau, 1875 für A. Kisser im Stil eines römischen Barockpalastes erbaut. Dachaufbau 1920, angebautes ehem. Stationshaus der Seilbahn, später Hauskapelle.
Das ehemalige Hotelgebäude, einst für seine großartige Fernsicht gerühmt, hat im Lauf seiner Geschichte einige Nutzungsänderungen und Umbauten erfahren. Vor allem die Dachzone wurde mehrfach verändert. Ursprünglich verbarg sich ein Flachdach hinter einer Attika, die an den Ecken mit kleinen Obelisken verziert war. Später wurde auf dem Dach sogar noch ein Aussichtsturm errichtet. Diese Form wurde schließlich von einem Walmdach abgelöst. Dem Hotel war auf der Hauptfassade nach Süden eine große, mehrfach gewinkelte Freitreppenanlage vorgelagert, die zum reich gestalteten Gartenparterre führte.
Die Funktion des Hauses wechselte vom Hotel über ein Sanatorium und ein Exerzitienhaus der Jesuiten zu einer Klinik für psychisch belastete Jugendliche. Anläßlich des Umbaus in den vergangenen Jahren mußte das Haus im Inneren leider stark verändert werden. Der Außenbau wurde jedoch, mit Ausnahme einiger Details (Dachgauben, Veranda), in seiner historischen Form erhalten.

Bismarckturm, Inschrifttafel

Rottmannshöhe. *Denkmal für den Maler Karl Rottmann* (1798–1850), Ruhebank und Pfeiler mit Inschrifttafeln, 1851 von Rottmanns Freunden errichtet.
Das Denkmal war beim Bau des Hotels an zentraler Stelle in die Freitreppenanlage integriert worden. Diese Anordnung war Teil einer symmetrisch auf die Fassade bezogenen Gartenanlage, einer barockisierenden Gestaltungsidee, die jedoch nicht wieder aufgegriffen wurde. Die heutige Treppe und der unterhalb des Gebäudes angelegte Tennisplatz sind ohne Gefühl für die historisch vorgegebene Ordnung angelegt. Das Denkmal wurde seitwärts am Weg zum Hotel neu aufgestellt und nimmt keinen Bezug mehr zur ursprünglichen Idee, welche das Denkmal als Ruhebank mit Fernsicht zum See und zur Alpenkette wollte. Die alte Inschrifttafel ist verloren.

Assenhausen, Denkmal für Fürst Otto von Bismarck (sogenannter Bismarckturm), 1899

Rottmannshöhe, Denkmal für den Maler Karl Rottmann

Brunnen im Park zum Bismarckturm

Rottmannshöhe, ehemaliges Hotel Rottmannshöhe

Aufhausen

Oberlandstraße 23. Zugehöriger *Getreidekasten,* Blockbau, 17./18. Jh., im Obergeschoß des Stadels eingebaut.

Oberlandstraße 27. *Bauernhaus,* zweigeschossiger Blockbau mit umlaufender verbretterter Laube, um 1680.

Das Haus ist im Landkreis Starnberg der letzte Vertreter eines hier einst häufigen Typs, der bei Wening (Farchach, Krailling) oder auf Graphiken des 19. Jh. mehrfach dokumentiert ist. Charakteristisch dafür ist die auf zwei, seltener auf drei Seiten verlaufende Laube. Die hart am Ortgang sitzende Giebelverschalung und die meist geschlossene Laubenbrüstung ergeben eine schmale, fast schlitzförmige Öffnung. Das Haus war ursprünglich ein Rauchhaus mit flachem Legschindeldach, die entsprechenden Hinweise sind im Dachraum noch abzulesen.

Aufhausen, Oberlandstraße 23

Aufhausen, Oberlandstraße 27

Aufkirchen

Aufkirchen zählte bereits seit dem frühen Mittelalter zum Besitz der Freisinger Bischöfe und wird schon im 10. Jh. mit einer eigenen Kirche genannt. Als 1571 dem Jörg Ligsalz das Hofmarksrecht über Berg eingeräumt wurde, konnte er auch seinen Besitz in Aufkirchen der neuen Hofmark unterstellen. Seitdem war das Schicksal Aufkirchens stets eng mit dem des Hofmarkssitzes Berg verbunden. Dieser Besitz kam später in die Hände der Hörwarth. Schließlich gelang es Kurfürst Ferdinand Maria im Rahmen seiner Bestrebungen, alle Schlösser am Starnberger See in seiner Hand zu vereinen, die Hofmark Berg zu erwerben.

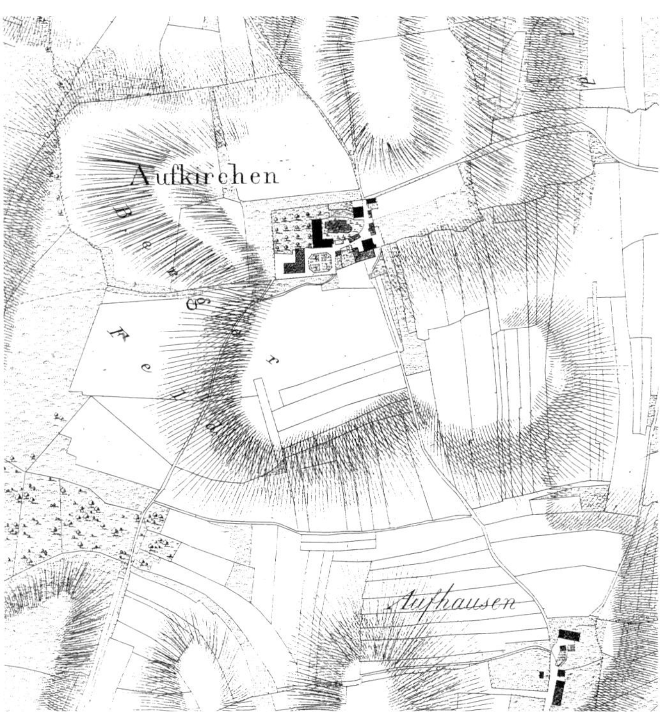

Aufkirchen, Flurkarte 1815

Lindenallee 2. *Pfarrhaus,* im Landhausstil, zweieinhalbgeschossig, mit vorkragendem Flachsatteldach, Zierbundwerk, Flacherkern, Hausmadonna, 1899/1900.

Aufkirchen, Lindenallee 2, Pfarrhof

Aufkirchen, Kreuzwegstation (gestiftet von Ulrich Himbsel, 1856)

Aufkirchen mit Klosteranlage und Wallfahrtskirche

Michael Wening, Aufkirchen, Kupferstich 1701

Aufkirchen, Wallfahrtskirche

Marienplatz. *Kath. Pfarr- und Wallfahrtskirche St. Mariä Himmelfahrt,* im Kern spätgotischer Bau, geweiht 1500, frühbarocke Umgestaltung des Inneren 1626, Turm 1796; ummauerter Friedhof, 17. Jh., in der Mauer Rotmarmor-Grabstein v. Ligsalz (1522) und Gedenkstein für Johann Ulrich Himbsel, nach 1869; Leichenhalle, neugotisch, Ende 19. Jh.; mit Ausstattung.

Die seit dem 15. Jh. aufblühende Wallfahrt machte bald den Neubau einer Kirche nötig. Ein wesentlicher Anteil an der Größe und der reichen Ausstattung ist dabei den Münchner Herzögen, vor allem Albrecht IV. und Sigismund zuzuschreiben, die den Neubau von Anfang an mit großer Anteilnahme begleiteten und förderten. Der für ländliche Verhältnisse imponierende Kirchenbau wurde 1500 geweiht. Er zeugt noch heute für die hohe Bedeutung des Ortes und der Wallfahrt wie für die Größe der angeschlossenen Pfarrei (mit den Filialen Berg, Farchach, Allmannshausen, Mörlbach, ehemals auch Wangen, Kempfenhausen, Haarkirchen, Biberkor, Icking, Walchstadt). Die spätgotische Anlage ist im Äußeren noch recht gut abzulesen. Die einst am Sockel in flachen Nischen angebrachten Wandbilder (um 1705 wohl von Ignaz Bidermann), die von den wichtigsten Wundern berichteten, bestehen leider nicht mehr. Die Wallfahrtskirche steht erhöht auf einem Hügel, von fast allen Seiten weithin sichtbar als einer der großen Fixpunkte der Landschaft am Starnberger See. Ihr Turm ist von fast allen Stellen des mittleren und unteren Sees zu sehen und spielt hier als Zielmarke für die Wallfahrer eine ähnliche Rolle wie der Andechser Turm am Ammersee.

Aufkirchen, Wallfahrtskirche, südl. Portal

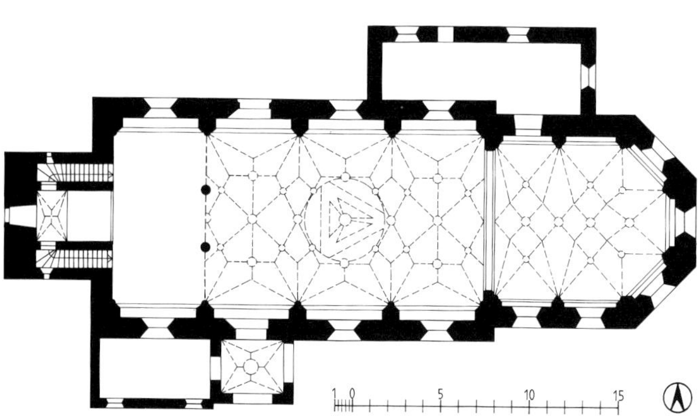

Aufkirchen, Wallfahrtskirche

Aufkirchen, Leichenhaus

Aufkirchen, Kath. Pfarr- und Wallfahrtskirche Mariä Himmelfahrt mit Klosteranlage

Aufkirchen, Wallfahrtskirche

Aufkirchen, Wallfahrtskirche

Von 1688 bis zur Säkularisation 1803 betreuten Augustiner-Eremiten die Wallfahrt, die Pfarrei und das Hospiz. Das ehemalige Kloster ist westlich anschließend noch erhalten und seit 1896 Heimstätte einer Klostergemeinschaft der Unbeschuhten Karmelitinnen. Kirche, Kloster, Pfarrhof und Wirtshaus, später auch noch die Schule, waren bis in unsere Zeit die einzigen Bauten auf der Anhöhe, ja ihre solitäre, isolierte Lage in der Landschaft war ein wesentliches Charakteristikum des Wallfahrtsortes. Heute wird dieses einmalige Ensemble durch die neue Bebauung gefährdet, die vor allem von Osten und Süden immer dichter heranrückt.

Das Innere der einschiffigen Hallenkirche verleugnet trotz der Umgestaltung im 17. Jh. ihre spätgotische Herkunft nicht, so im dreiseitigen Chorschluß, den gotischen Diensten oder der Gewölbekonstruktion. Von der ursprünglichen Ausstattung ist jedoch kaum noch etwas vorhanden. Bei der nach einem Brand 1626 durchgeführten Neugestaltung wurde der Raum mit Stuck (Herzlaub, Rosetten, Engelsköpfchen) nach dem Vorbild der Münchner Michaelskirche dekoriert, der die Gewölbestruktur zurückhaltend unterstreicht. Die Glasfenster aus der 2. Hälfte des 16. Jh. gingen leider bei einem Bombenangriff im Zweiten Weltkrieg verloren. Auch von der aus der gleichen Zeit stammenden Ausstattung ist heute vieles nicht mehr erhalten bzw. anläßlich der 1888 durchgeführten Regotisierung in Filialkirchen (Berg, Farchach) abgegeben worden. Heute sind die fehlenden Altäre durch neuzeitliche Arrangements mit alten Figuren ersetzt. Über der alten Mensa des Hochaltares hängt eine Kreuzigungsgruppe des 18. Jh. An der Stelle des südlichen Seitenaltars wurde das Aufkirchener Gnadenbild, eine Muttergottesfigur vom Ende des 15. Jh., aufgestellt. Bemerkenswert sind die Figuren des Christus (Salvator Mundi), der Maria und der 12 Apostel in den Blendnischen der Wandpfeiler, teils eigenhändig, teils Werkstattarbeiten von Christoph Angermair, 1626. Dem hohen Rang der Wallfahrtskirche entspricht auch die übrige Ausstattung, das rückwärtige Gitter (1644), das Kirchengestühl um 1750, die Kanzel um 1670 sowie die beiden geschnitzten Kirchentüren (17. Jh.). In der Sakristei haben sich schöne Schränke des 17. Jh., einer 1612 datiert, erhalten. Eine Reihe von Votivbildern des 18./19. Jh. und Mirakelbücher bestätigen die starke und dauerhafte Verehrung des Gnadenbildes.

Außen an die Kirche angebaut und vom südlichen Vorzeichen aus zu betreten ist die 1706 errichtete Maria-Trost-Kapelle, deren kleiner Altar ein Gemälde Ignaz Bidermanns von 1730 enthält. Im stimmungsvollen, ummauerten Friedhof haben sich einige historische Grab- und Gedenksteine erhalten. Östlich der Kirche ist eine Gedenktafel für Ulrich Himbsel, den Stifter des Kreuzweges, angebracht. Neben Grabsteinen aus dem 19. Jh. finden sich an der Friedhofmauer und an der südlichen Kirchenmauer mehrere ältere Epitaphe, so des Priesters Peter Schaffhauser (1514), der Ursula Ligsalz (1522), der Anna Bayr (1610), sowie die Grabstätten v. Poschinger und der Grafen Rambaldi.

Marienplatz 1. *Kloster,* ehem. *Pfarrhof,* zweigeschossiger hakenförmiger Bau mit Krüppelwalmdach, 17. Jh., neuer Teil Anfang 20. Jh.; Klausurmauer Anfang 20. Jh.; im Osten Nische mit Aufsatz.

Sog. «*Himbselscher Kreuzweg*». Stationskapelle XIV und XIII, 1856; siehe Berg und Leoni.

Wallfahrtskirche, Gnadenbild

Wallfahrtskirche, Ausstattung, 1626

Wallfahrtskirche, Maria-Trost-Kapelle

Epitaph Ursula Ligsalz, 1522

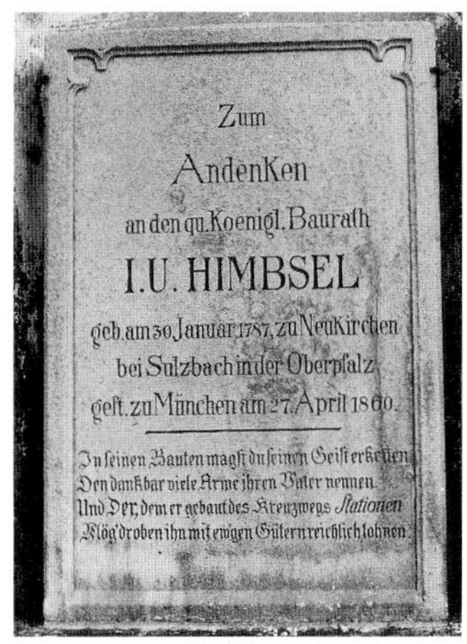

Gedenkstein für Ulrich Himbsel

Grabstätte der Grafen Rambaldi

Aufkirchen, Friedhofmauer

Farchach

Farchach ist ein Bauerndorf mittlerer Größe, das seine soziale wie bauliche Struktur noch vergleichsweise gut bewahrt hat. Besonders der Grundriß des Dorfes, der sich am Lauf des Lüßbaches und an der topographischen Situation der Talbildung orientiert, ist noch einwandfrei ablesbar. Die alten Dorfränder sind allerdings durch Neubauten bereits in Auflösung begriffen, während die Höfe mit ihrem Umgriff im Zentrum zum Teil noch ohne größere Einbußen erhalten sind. Der ehemalige Herrensitz (Hofmark Farchach), östlich der Kirche um 1600 durch den Münchner Patrizier Johann Hörl erbaut und bei Wening (1701) dokumentiert, existiert nicht mehr.

M. Wening, Farchach, Kupferstich 1701

Farchach, Filialkirche, Fig. der hl. Barbara, 1626

Kirche. *Kath. Filialkirche St. Martin und St. Nikolaus,* barock, Anfang 18. Jh.; mit Ausstattung.

Die Kirche markiert die Ortsmitte. Der einfache, ungegliederte Baukörper wird von einem schlanken, westlich beigestellten Türmchen mit elegantem Helm überragt. Der Raum zu drei Achsen ist schlicht und ohne besondere architektonische Merkmale, das hinter einem etwas gedrückten Chorbogen eingezogene Presbyterium dreiseitig geschlossen. Hochaltar um 1680/85 mit den Titelheiligen Martin und Nikolaus (Anfang 16. Jh.), an den Ecken des Kirchenschiffs die beiden Seitenaltäre mit figürlichen Darstellungen um 1700, links Kreuzigung, rechts Vesperbild, vor dazugehörigem gemaltem Hintergrund. Ihre Herkunft ist noch unklar. Dagegen stammen die beiden Figuren der hll. Katharina und Barbara an der Empore, zwei Arbeiten von 1626 aus der Werkstatt Christoph Angermairs, aus der Altarausstattung der Aufkirchener Wallfahrtskirche. Sie wurden vermutlich anläßlich der Regotisierung dort überflüssig und hierher abgegeben. Die kleine Figur des hl. Martin (Ende 14. Jh.) an der nördlichen Kirchenwand ist dagegen wohl der ursprünglichen Ausstattung der Kirche zuzurechnen, außerdem zwei Tafelbilder (Ende 15. Jh.), eine Muttergottes im Rosenkranz (Ende 17. Jh.) und im Chor die Figuren der hll. Augustinus und Monika (Mitte 17. Jh.). Die Kanzel an der Südwand des Kirchenschiffes stammt aus der Zeit um 1700.

Farchach, Filialkirche, Hochaltar

Farchach, Filialkirche St. Martin und St. Nikolaus

Farchach, Filialkirche, Figur der hl. Katharina, 1626

Farchach, Filialkirche

Jägerberg 1. *Bauernhaus,* Einfirstanlage, Wohnteil mit Putzrahmungen, Hausspruch und Heiligenbild, Ende 17./Anfang 19. Jh.

Der Hof wurde um 1680 erbaut. Im Speicher läßt sich noch gut der Umbau vom legschindelgedeckten Flachdach zum mittelsteilen Dach (19. Jh.) ablesen. Auch die Spuren des ehemaligen Rauchhauses sind noch erhalten. Der Giebel war ursprünglich mit einer Bretterverschalung versehen.

Jägerberg 2. *Bauernhaus,* Einfirsthof, Obergeschoß verputzter Blockbau, wohl noch 18. Jh.

Das Bauernhaus, dessen flaches Legschindeldach im 19. Jh. nur geringfügig aufgesteilt wurde, wie sich im Dachgebälk noch rekonstruieren läßt, war ebenfalls ein Rauchhaus.

Jägerberg 5. *Haustür,* aufgedoppelte Rauten, Mitte 19. Jh.

Die Tür soll vom ehemaligen, nach Blitzschlag abgebrannten Schloß Farchach stammen.

Kempfenhausener Straße 5. *Drei Giebelmedaillons,* Stuck, Ende 19. Jh.

Kirchplatz 1. *Bauernhaus,* stattliche Einfirstanlage, am verputzten Wohnteil drei Giebelmedaillons, im Kern 18. Jh., um 1900 nach Brand erneuert.

Nikolausstraße 2. *Bauernhaus,* mit Obergeschoß-Blockbau, 18. Jh.

Auch dieses Bauernhaus wurde im 19. Jh. im Dachbereich nur geringfügig verändert. Im Dachgebälk sind noch die Spuren des Rauchhauses zu sehen. Der Blockbau des Obergeschosses ist mit Ausnahme der Südseite verputzt.

Nikolausstraße 3. Ehem. *Zehentstadel,* Klaubsteinbau mit großem Tennentor und Flachsatteldach, 18. Jh.

Der kleine Stadel, der zum ehemaligen Schloß gehörte, wurde vor einigen Jahren in ein Wohnhaus umgewandelt. Die heute sichtbaren Fenster gehören diesem Umbau an.

Nikolausstraße 5. *Bauernhaus,* Einfirsthof, Wohnteil verputzt, mit Giebelbalkon und Giebelmedaillons, um 1860/70.

Die Giebelmedaillons sind in dieser Gegend als Schmuckelement sehr selten, in Farchach jedoch noch an zwei weiteren Häusern anzutreffen. Der Hof steht an der Stelle des ehemaligen Schlosses.

Farchach, Jägerberg 1

Farchach, Jägerberg 1

Farchach, Kempfenhausener Straße 5

Farchach, Nikolausstraße 3

Farchach, Jägerberg 2

Farchach, Kirchplatz 1

Farchach, Nikolausstraße 5

Farchach, Jägerberg 5

Farchach, Nikolausstraße 2

Haarkirchen

Der Weiler Haarkirchen wird bereits im 10. Jh. in den Freisinger Traditionen genannt. Die bäuerlichen Anwesen, – noch recht eindrucksvoll der ehemalige Gutshof (1921 von Hans Noris für Paul von Klenze umgebaut) und das Bauernhaus an der Haarkirchener Straße–, werden heute im Ortsbild bereits von der neueren Bebauung überstimmt. Auf der Höhe des Abhanges setzt die kleine Kirche noch einen deutlichen Akzent. Sie bewahrt als ehemalige Schloßkapelle noch das Andenken an den einstigen Herrensitz Haarkirchen, der angeblich nördlich davon auf der Anhöhe lag.

Kath. Filialkirche St. Peter und Paul, barocker kleiner Saalbau mit Dachreiter, 18. Jh., auf mittelalterlicher Grundlage; mit Ausstattung.

Die kleine Kirche, deren hübsches Zwiebeltürmchen auf der Westwand aufsitzt, ist ein bescheidener barocker Bau mit Resten mittelalterlicher Substanz. Der Innenraum ist schlicht, der dreiseitig geschlossene Chor und das Langhaus sind flachgedeckt und von einfachen Kehlleisten gerahmt. Das Ölbild des schlichten Hochaltars (Kopie einer Geburt Christi nach Correggio) wird von den hll. Petrus und Paulus um 1510/20 aus der Hand des Meisters von Rabenden flankiert. An den Wänden auf Konsolen die 12 Apostel (Ende 15. Jh., Fassung neu). Zur übrigen Ausstattung gehören eine Kreuzigungsgruppe um 1700, ein Christus an der Geiselsäule (2. Hälfte 18. Jh.), ein Christus in der Rast (Mitte 18. Jh.) und ein Auferstandener (Mitte 18. Jh.).

Haarkirchener Straße 40. *Bauernhaus,* Einfirstanlage, Mitterstalltyp, z.T. verputzter Blockbau, 18./Anfang 19. Jh.

Der mittlerweile verfallende Hof bewahrt ein gutes Bild des hier vorherrschenden Bauernhauses. Die flache Neigung des ehemaligen Legschindeldaches wurde kaum verändert, die ursprüngliche Bretterverschalung des Giebels durch Mauerwerk ersetzt. Dabei wird deutlich, daß das Haus nach Süden um eine Fensterachse erweitert wurde.

Manthalhammerweg 1. Sog. *«Manthal-Hammer»,* zweigeschossiger Traufseitbau mit Krüppelwalmdach, wohl Anfang 19. Jh.

Die Hammerschmiede, die vom Wasser des Lüßbaches angetrieben wurde, war noch bis zur Jahrhundertwende in Betrieb. Das Haus bewahrt eine Erinnerung an die vor der Industrialisierung an unseren Bächen ansässigen, mit Mühlrädern ausgestatteten Handwerksbetriebe (Mühlen, Sägen, Schmiede).

Manthalstraße 2. Ehem. *Mühle,* zweigeschossiger Steilgiebelbau, 2. Hälfte des 18. Jh; zum Gasthaus Manthal gehörig.

Der Bau ist bereits 1796 durch eine Zeichnung von Wilhelm von Kobell in dieser Form dokumentiert. Auch er erinnert an Handwerksbetriebe, die sich über Mühlräder die Wasserkraft der Bäche zunutze machten.

Haarkirchen, Haarkirchener Straße 40

Haarkirchen, Manthalstraße 2

Haarkirchen, Manthalhammerweg 1

Haarkirchen, Filialkirche St. Peter und Paul

Haarkirchen, Filialkirche St. Peter und Paul

Höhenrain

Kath. Pfarrkirche St. Johann Bapt. u. Ev., Kirchenneubau; mit historischer Ausstattung.

Der alte Dorfkern südlich der Kirche wirkt noch recht geschlossen. Der ursprünglich U-förmige Dorfgrundriß, an dessen Südende sich der kleine Dorfweiher befand, ist noch gut abzulesen.

Die alte Kirche wurde 1952 abgebrochen. An ihrer Stelle befindet sich der neue Kirchenbau von Hans Jakob Lill, dessen Äußeres mit seinem Satteldachturm und dem stark erhöhten Chor das Ortsbild prägt. In der Seitenkapelle befindet sich eine Marienfigur um 1500, wohl von derselben Hand wie die Apostelfiguren in Haarkirchen.

Rosenstraße 2. Zugehöriger *Getreidekasten,* erdgeschossiger Blockbau, 17. Jh.

Wolfratshauser Straße 1. *Bauernhaus,* kleine Einfirstanlage, mit Mittertenne, Obergeschoß in Blockbauweise, im Kern 18. Jh.

Das Haus gehört zu den wenigen, in unverdorbener Überlieferung erhaltenen Bauernhäusern der Gemeinde. Das Blockbauobergeschoß ist auf der Giebelseite verputzt; die flache Neigung des Legschindeldachs ist noch gut zu erkennen.

Höhenrain, Kath. Pfarrkirche St. Johann Baptist und Evangelist

Höhenrain, Wolfratshauser Straße 1

Kempfenhausen

Milchberg 11. *Schloß Kempfenhausen,* stattlicher hoher Satteldachbau, 1485 durch den Münchner Maler Gabriel Maleskircher für sich selbst erbaut, jetzt Teil eines Krankenhauses; ehem. Schloßkapelle St. Anna, Saalbau, um 1691 erbaut, im Kern älter; mit Ausstattung; Parkanlage.

Kempfenhausen liegt auf dem Moränenwall, der von Süden her den See begleitet und bei Percha vom Lüßbach unterbrochen wird. Die Keimzelle des Ortes war eine kleine Paarhofsiedlung auf dem Sattlerfeld südlich des Schlosses. Ihre Gründung ist wohl noch zur ersten Ausbauphase des 7.–8. Jh. zu rechnen, auch wenn der Ort erst zwischen 994 und 1005 in den Quellen erscheint. In einer späteren Entwicklungsphase entstanden weitere Höfe östlich des Schlosses, auf der Mantalseite des Höhenrückens. Die kleine Siedlung umfaßte Mitte des 18. Jhs. entsprechend dieser Entwicklung zwei Halb- und zwei Drittelhöfe.

Das Schloß entstand dann im 15. Jh. auf dem Scheitel des Moränenwalls in landschaftsbeherrschender Position. Im 19. Jh. siedelten sich unten am Ufer die Villen und Landhäuser an und schufen mit ihren Parkanlagen eine Kulturlandschaft, welche das ehemals wald-, ja fast baumlose Bauernland am Ende stark veränderte. Ausgangspunkt war hier der umfangreiche Park der Pellet-Villa, der 1843 den gesamten Grundbesitz eines Aussiedlerhofes übernommen hatte. Anschließend entstanden auf den aufsteigenden Hanglagen einige weitere Villen; eine den Starnberger Verhältnissen entsprechende Zeilenbildung verhinderte jedoch vor allem der sich nach Süden hinziehende Schloßpark. Das Schloß, oder richtiger gesagt Herrenhaus, wird 1485 erstmals im Besitz des Münchner Malers Gabriel Maleskircher erwähnt. Das bestehende Schloß dürfte aber doch erst Anfang des 16. Jh. unter den Barth neu erbaut worden sein. 1678 erwarb

Schloß Kempfenhausen, Portal

Höhenrain, Rosenstraße 2, ehemaliger Getreidekasten

Kempfenhausen, Schloß

Kurfürst Ferdinand Maria Schloß und Hofmark. Er trug sich mit der Absicht, sämtliche Schlösser am See in seiner Hand zu vereinen, wohl um für seine Fahrten mit dem Prunkschiff Bucentaur und der barocken Begleitflotte geeignete Anlaufstellen zu erhalten. Nach mehrfachen Besitzwechseln und der Aufhebung der Hofmark ging das Schloß in den Besitz verschiedener Münchner Bürger über, so 1867 in den des Generalkonsuls Anton von Schauß, 1892 des Freiherrn von Waltershausen und schließlich 1909 des Grafen Otto Bylandt. Dabei wurde es etwas modernisiert und mit einigen Anbauten versehen. Heute gehören das Schloß und der Park der Stadt München, die den nördlich an der Straße stehenden Klinikbau in den vergangenen Jahrzehnten als Ausweichkrankenhaus genutzt hat. Er dient seit 1987 als Krankenhaus für Patienten mit multipler Sklerose.

Südlich des Schlosses erstreckt sich der Park, der in dieser Form auf das 19. Jh. zurückgeht. Die hochgewachsenen Bäume haben das Schloß heute gegen den See hin fast abgedeckt, während es auf Zeichnungen und Gemälden des frühen 19. Jh. noch frei über den See hin sichtbar gewesen war. Im östlich anschließenden Mantal ist der auf dem Höhenrücken stehende Bau dagegen noch heute von Haarkirchen bis fast nach Percha sichtbar und landschaftsbeherrschend.

Das Schloß gibt mit seiner schlichten Form und seinem steilen Krüppelwalmdach auch heute noch ein gutes Bild eines altbayerischen Herrensitzes. Der nördlich über einen Verbindungsbau mit Torbogen anschließende Erweiterungsbau, der neue Eingang in der Nordwest-Ecke und der südliche Anbau mit einer offenen Loggia im Obergeschoß wurden nach der Jahrhundertwende hinzugefügt. – Im Inneren haben sich

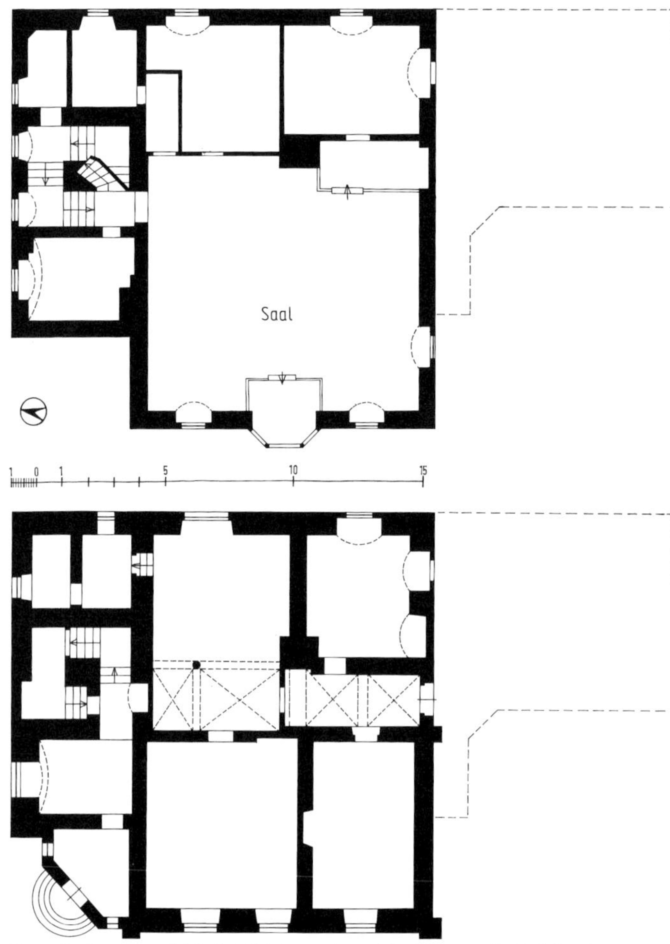

Kempfenhausen, Schloß, EG (unten) und 2. Obergeschoß (oben)

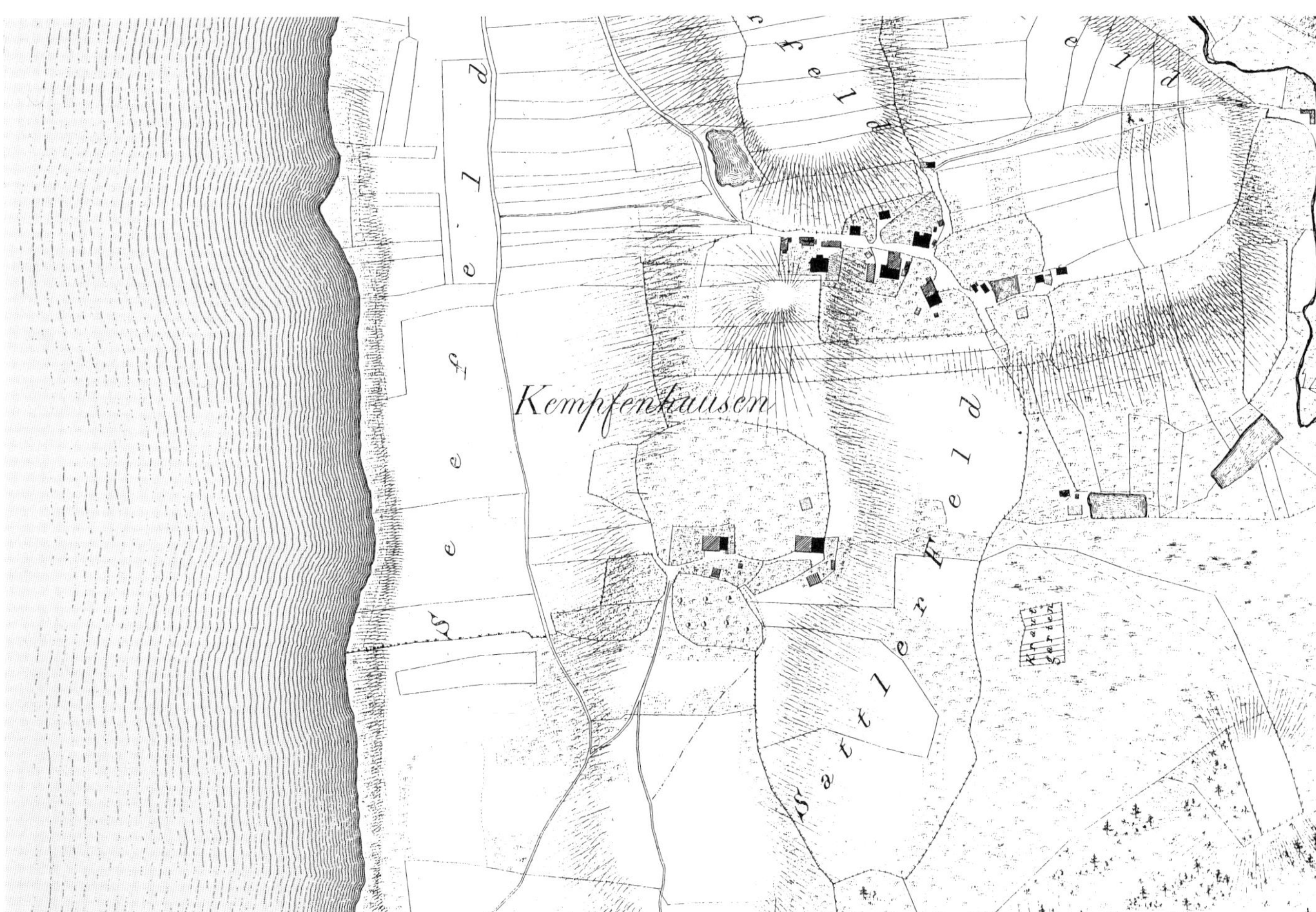

Kempfenhausen, Flurkarte 1815

Schloß Kempfenhausen, Erker im Saal

Schloß Kempfenhausen, Flur im EG

Schloß Kempfenhausen, Festsaal im 2. Obergeschoß

mehrere Ausstattungsdetails (zum Teil des späten 19. Jh.) erhalten, vor allem das kleine Treppenhaus auf der Nordseite, das zum ältesten Bestand des Hauses gehört. In dieselbe Zeit gehören auch noch ein gewölbter Gang im Erdgeschoß, der von der Südseite des Hauses zu betreten ist und die anschließenden Räume, die über eine Ausstattung vom Ende des 19. Jhs. (Vertäfelung, Kachelofen) verfügen. Das Obergeschoß mit dem kleinen Erker wird auf ganzer Breite von einem großen Saal eingenommen, der eine bemerkenswerte Ausstattung im Stil des Späthistorismus bewahrt hat. Die über den ganzen Saal gespannte Balkendecke ruht auf Konsolen in Form von Köpfen und Fratzen. Die innere Schmalseite des Saals wird von einem monumentalen Kamin im Stil der Renaissance beherrscht, die gegenüberliegende Seite von dem in der Westfassade sichtbaren Erker. Eine hölzerne Wandverkleidung und prunkvoll geschnitzte Türen ergänzen die Ausstattung des Saales.

In enger Verbindung zum Schloß steht die 1719 geweihte Kapelle, außen ein einfacher Bau mit Satteldachturm, im Inneren von einer reichen und einheitlichen Ausstattung. Das kleine, von Doppelpilastern gegliederte Schiff wird durch einen kräftigen Bogen vom leicht eingezogenen Chor getrennt. An der Flachtonne des Schiffs ein großflächiges Fresko von Christian Wink («Taufe Christi», bez. u. dat. 1774), an der flachen Kuppel des Chors die Verherrlichung Gottvaters. Das Wappen am Chorbogen erinnert an den Inhaber der Hofmark Kempfenhausen und Stifter der neuen Ausstattung, Hofkammerrat Johann Baptist von Pirchinger.

Die Altäre sind in spielerisch gelöstem Spätrokoko gehalten, auf dem Hochaltar (um 1760) befindet sich eine kleine Figur der hl. Mutter Anna (Anfang 16. Jh.) mit den Assistenzfiguren der hll. Joseph und Joachim (18. Jh.), auf den Seitenaltären (um 1775) die hll. Silvester und Leonhard (um 1710), beide als Viehpatrone verehrt. Zur Ausstattung gehören auch ein Bild der hl. Kümmernis (2. Hälfte 18. Jh.) und ein hl. Sebastian (um 1700). Ein auf Kupfer gemaltes Triptychon mit einer Darstellung der Dreifaltigkeit (um 1700) und ein größeres Tafelbild mit einer Darstellung der Kreuzigung (Ende 15. Jh. in der Art Wolgemuths) wurden von Dr. Anton von Schauß um 1850 hierher gestiftet.

Am Bachfeld 10. Wohnteil eines *Bauernhauses,* im Kern zweigeschossiger Blockbau, zweite Hälfte 17. Jh., verputzt, an der Südseite vorgesetzter Anbau des 1. Viertels des 19. Jh., mit schmiedeeisernem Balkon.

Der Hof ist eines der beiden Anwesen, die sich in einer zweiten Siedlungsphase von der alten Paarhofsiedlung trennten und am östlichen, zum Lüßbach hin abfallenden Abhang Platz fanden. Die vom Schloß herabführende Straße lief ursprünglich südlich am Haus vorbei, beim Bau des Krankenhauses wurde sie nach Norden verlegt. Unter dem Verputz des heute verlassenen Hofes verbirgt sich ein zweigeschossiger Blockbau, dessen Schwellenhölzer z. T. unten am Sockel sichtbar sind. Im Inneren ist der ursprüngliche Blockbau im Wohnteil vollständig, im Wirtschaftsteil über der Stalldecke fast ungestört überliefert. Die Konstruktion mit z. T. bemerkenswerten Details ist in gutem Erhaltungszustand. Das Gebäude war ursprünglich ein Rauchhaus. In einer Schlafkammer ist noch eine Türe mit einem Sturz in Form eines Eselsrückens erhalten. Auf der Südseite wurde, um das Haus zu erweitern, der alten Blockwand im Abstand von etwa ei-

Kempfenhausen, Schloßkapelle St. Anna

Kempfenhausen, Schloßkapelle

Kempfenhausen, Am Bachfeld 10

Schloßkapelle Kempfenhausen, Deckenfresko (Taufe Christi, von Christian Wink, 1774)

Schloßkapelle St. Anna

nem Meter eine neue, gemauerte Wand vorgestellt. Zum Abbruch der alten Blockwand kam es infolge Geldmangels (Inflation) aber nicht mehr, so daß das Haus heute kurioserweise zwei Außenwände besitzt.

Münchner Straße 5. *Villa,* erbaut für Meta Friedländer, vornehmer neoklassizistischer Giebelbau mit kräftig gerahmten Giebelfeldern, an der Eingangsseite hakenförmige erdgeschossige Sekundärbauten, symmetrisch, mit der Ostfront des Hauptbaues einen Hof bildend, 1920/22 von Carl Sattler; mit Parkanlage.

Ein Umbau für Reichsinnenminister Frick erfolgte 1935 (Architekt Georg Steinmetz, Berlin). Die Villa folgt in ihren schlichten, streng auf Symmetrie angelegten Formen neoklassizistischen Tendenzen innerhalb der Bauauffassung der frühen zwanziger Jahre. Das bestätigt auch die auf die Mittelachse des Hauses zuführende Auffahrtsallee. Die Seeseite des Hauses ist leider durch moderne Umbauten etwas reduziert. Erhalten ist der dem Haus südlich vorgelagerte Garten.

Münchner Straße 27. Ehem. *Villa de Osa,* jetzt Privatklinik, herrschaftlicher Neo-Barock-Bau, nach Westen halbkreisförmiger erdgeschossiger Mansarddachtrakt, überkuppelt, nach Osten Vestibülbau mit ionischem Portikus, 1909 von Ernst Haiger nach dem Vorbild der Stuttgarter Solitude erbaut; mit Terrassenanlage und Park im Westen, Toreinfahrt und Eisenzaun im Osten, gleichzeitig; zugehörig ehemals Seehang 5 – siehe dort.

1909 erwarb die Witwe des kolumbianischen Botschafters in Paris, Augusta de Osa, ein Gelände von 1,9 ha, das an die Südgrenze der Parkanlage des Fürsten Bariatinsky anschloß und mit seinem gleichmäßigen Gefälle zum See hin für einen Villenbau hervorragend geeignet war. Die Villa, die ihre äußere Erscheinungsform noch gut bewahrt hat, gehört zu den eindrucksvollsten am Starnberger See. Obwohl das Vorbild des fürstlichen Schloßbaus hier auf private Maße reduziert wird, wirkt der Bau, der damit mehr an das französische Gartenpalais des 18. Jh. erinnert, dennoch herrschaftlich-repräsentativ. Im Gegensatz zu den meisten Villen des späten 19. Jh. sind alle Fassadenteile in gleicher Qualität durchgebildet. Die zur Straße hin orientierte Ostfassade erscheint im Vergleich zur Gartenfassade strenger und ruhiger. Sie wird fast allein vom Portikus bestimmt, der von der Kuppel der Westfassade etwas überhöht wird. Der Portikus war ursprünglich mit offener Säulenstellung ausgebildet, hinter der das Portal und vier hochovale Fenster sichtbar wurden. Die streng symmetrische Gartenfassade wird von großen, eleganten Fenstern und Terrassentüren geprägt und durch Pilaster, Putzbänder und flache Nischen mit Steinkrügen auf Säulen gegliedert. Entsprechend werden die beiden oberen Geschosse von Pilastern und Nischen mit Büsten sowie einer kräftigen Dekoration aus Girlanden und Putten belebt. Eine halbkreisförmig ausgreifende Terrasse mit breiter Freitreppe schließt die Seitentrakte zusammen und schafft einen repräsentativen Raum im Freien. Die Villa ist im Inneren von der streng symmetrischen Ordnung einer hochherrschaftlich konzipierten Raumfolge geprägt, die auch außen gut ablesbar ist. Das Erdgeschoß war den Wohn- und Gesellschaftsräumen vorbehalten, das Obergeschoß den Schlaf- und Gästezimmern. Die Mitte halten unten wie oben je ein kreisrund angelegter Raum. Sie erscheinen außen als das

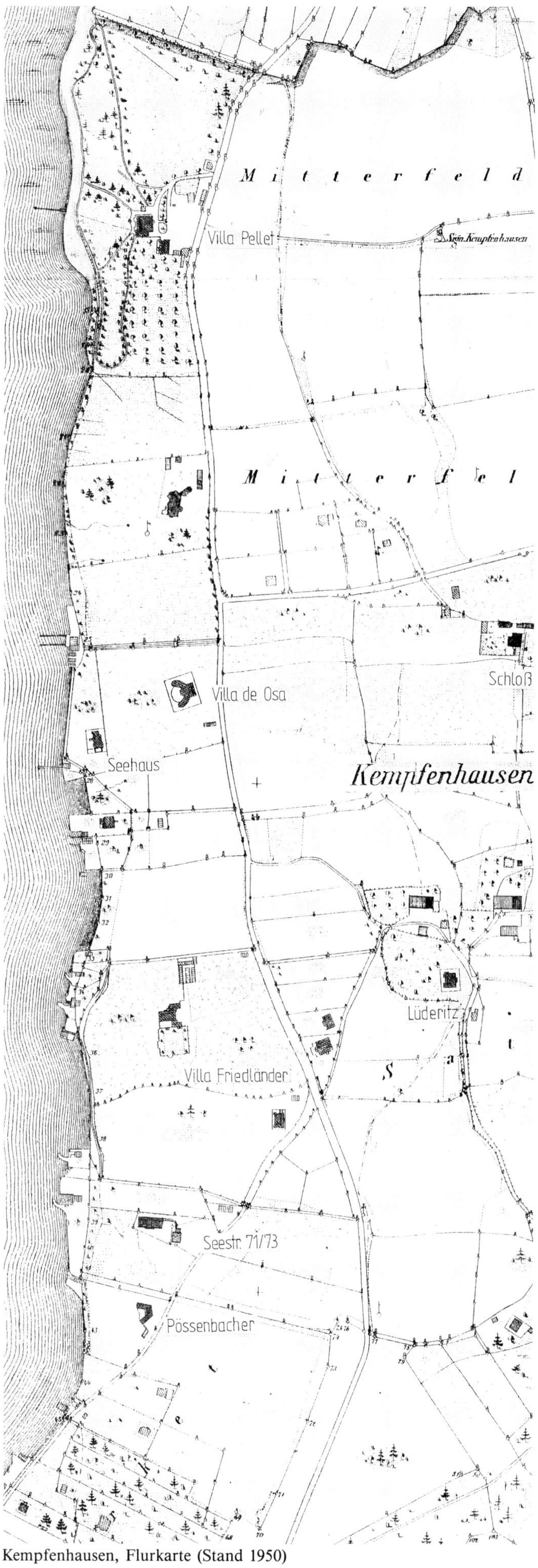

Kempfenhausen, Flurkarte (Stand 1950)

Kempfenhausen, Münchner Straße 5

Kempfenhausen, Villa de Osa

Kempfenhausen, Villa de Osa

Kempfenhausen, Münchner Straße, ehemalige Villa de Osa

rotundenartige Zentrum mit der Kuppel und dem kleinen Belvedere. Zwischen diesen Räumen und dem Portikus liegt das Vestibül, von dem die Gänge und Treppen abzweigen. Die Villa wurde 1953 in eine Klinik umgewandelt. Wieviel dabei im Inneren im Detail verändert wurde, ist nicht mehr zu sagen. Die Räume weisen mit Ausnahme schmaler Stuckleisten an den Decken und der qualitätvollen Ausstattung an Türen und Fenstern keine besonderen Gestaltungsmerkmale mehr auf. Leider wurde die Villa in den vergangenen Jahren von massiven Zubauten der Klinik in gefährlichem Maße bedrängt. Im Zuge der ständigen Erweiterungen wurde auch der Umgriff stark verändert, vor allem der östliche Gartenteil, der ursprünglich von zwei bogenförmig auf den Portikus orientierten Auffahrten mit schmiedeeisernen Toren geprägt war. Die seeseitige Parkanlage wurde stark verkleinert. Von der ursprünglichen Gartengestaltung ist nur noch der Weg erhalten, der von der Terrasse der Villa gerade auf einen Springbrunnen zuführt.

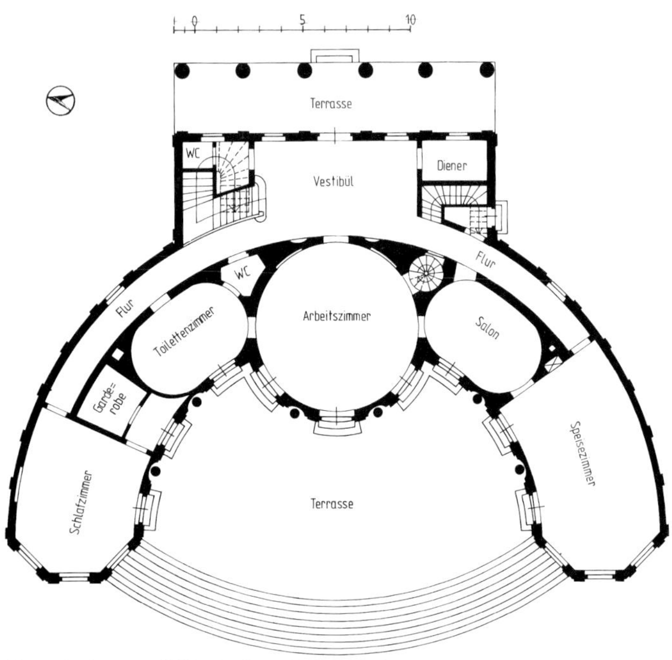

Kempfenhausen, Villa de Osa, Erdgeschoß

Münchner Straße 49/61. *Direktorenhaus,* ehemals sog. kleine Villa, erdgeschossig, mit Krüppelwalmdächern, Lauben, Giebelrisalit, im malerisch-barockisierenden Heimatstil, um 1905. In der ehemaligen Villa Pellet (um 1855, Umbauten 1898 ff): Treppenhaus; Ausstattung der Bibliothek, Neuempire 1907; Ausstattung des ehemaligen Salons, um 1905.

Das gesamte Gelände war ursprünglich Bauernland. Um 1830 siedelte der Hofbauer von Kempfenhausen hierher aus. Sein Hof stand etwa an der Stelle des heutigen «Direktorenwohnhauses». 1843 erwarb der Starnberger Posthalter und Hotelbesitzer Andreas Pellet den Hof und baute ihn zu einem Landsitz mit angeschlossener Landwirtschaft aus. Der spätere dreigeschossige Neubau wurde um 1855 im Stil des Starnberger Landhauses errichtet. Gleichzeitig entstand ein ausgedehnter Park nach englischem Vorbild, der heute durch die verschiedenen Neubauten der Schule bereits stark verändert ist.

Von Mai bis Anfang Oktober 1864 wohnte Richard Wagner auf Vermittlung Ludwigs II. in der Villa, um jeden Tag bequem nach Berg fahren zu können. Es entstanden hier der Huldigungsmarsch für Ludwig II., eventuell auch ein paar Takte Siegfried. Daß Wagner in diesen Wochen auch an den Meistersingern gearbeitet hat, ist nicht belegbar. Er hatte hier jedoch die entscheidende Begegnung mit Cosima von Bülow.

1898 erwarb der russische Großfürst Alexander Bariatinsky die Villa und ließ sie völlig umbauen und neu einrichten. Aus dieser Zeit stammen die noch erhaltenen Ausstattungen von Bibliothek und Salon. Zugleich entstanden das sog. «Direktorenhaus», ursprünglich wohl als Gästehaus gedacht, sowie verschiedene Nebengebäude wie Treibhaus, Dienerschaftsgebäude, Pförtnerhaus und ein Marstall für 35–40 Pferde. Mit Beginn des Ersten Weltkrieges mußte der Besitz aufgegeben werden. Der bald einsetzende Verfall und eine andersartige Nutzung haben Villa und Park in ihrer Qualität weitgehend reduziert. Heute ist hier das Gymnasium Kempfenhausen untergebracht.

Seehang 5. *Villa,* erbaut für Fritz de Osa; in der Art eines Gartenpalais des Rokoko, zweigeschossig, mit Walmdach, stuckierte Fassaden, 1922 von Ernst Haiger erbaut im Zusammenhang mit Münchner Straße 27, Erweiterungsbau 1934.

Das sog. «Seehaus» wurde für Federico de Osa, den Sohn von Augusta de Osa, in der Südwestecke der zur Hauptvilla gehörigen Parkanlage errichtet. Der im Vergleich zur oberen Villa sehr viel kleinere und intimere Bau ist in ruhigen Formen konzipiert. Die Mittelachse ist risalitartig vorgezogen und wird durch die Freitreppe, die Rokokodekoration und das kleine Dachbelvedere mit feinem Rokoko-Schmiedeisengitter als das Zentrum mit den Hauptwohnräumen gekennzeichnet. Die helle Lisenengliederung, die großformatigen Fenster mit ihrer kleinteiligen Versprossung und das elegante, pagodenartig eingezogene Dach verstärken den palaishaften Eindruck und erinnern an die französische maison de plaisance des 18. Jh. Der Bau steht unmittelbar und noch frei am Ufer und entwickelt eine besonders reizvolle Wirkung über den See, die für das Ortsbild an diesem Uferabschnitt von größter Bedeutung ist.

Seestraße 67. Ehem. *Landhaus Pössenbacher,* zum See geöffneter Dreiflügelbau mit schindelgedeckten Walmdächern, Terrasse mit Abschlußmauer, 1935 von Heinrich Pössenbacher im reduzierten Heimatstil der dreißiger Jahre erbaut.

Die Villa, die ein besonders qualitätvolles Beispiel für die Erneuerung des Landhauses im 1. Drittel dieses Jahrhunderts darstellt, weist mit ihren leicht nach vorne gestellten Seitenflügeln gewisse Parallelen zur Villa de Osa auf. Die Achse der sich zum See hin öffnenden Fassade ist genau auf einen der schönsten Uferabschnitte gegenüber, die Villenkolonie Niederpöcking, gerichtet. Die Zentrum und Seitenflügel verbindene Terrasse ist dabei mit einer halbhohen, im Mittelteil konkav nach innen gezogenen Mauer zu einem stillen Raum geschlossen. Davor liegt eine weitere kleine Terrasse mit Freitreppen zum Garten. Der Bau wirkt stimmungsvoll auf den See hinaus und trägt Wesentliches zum Ortsbild an dieser Stelle bei.

Kempfenhausen, Seehang 5

Kempfenhausen, Münchner Straße 49/61, sog. «Direktorenhaus»

Kempfenhausen, Seestraße 67, Villa Pössenbacher

Treppenhaus der Villa Pellet

Münchner Straße 49/61, Villa Pellet, Bibliothek

Villa Pellet, ehem. Salon

Seestraße 71/73. *Villa,* palaisartiger neubarocker Bau mit Mansarddach, um 1925; zugehöriges Verwalterhaus, neubarock, mit Mansarddach, um 1900.

Die Villa ist ein Umbau von 1925 (Architekt Ferdinand Götz) aus einem größeren Landhaus, das J. Angermair 1904 für den Landschafts- und Genremaler Ernst Ludwig Plaß errichtet hatte. Sie ist in ihrer Außenerscheinung sehr repräsentativ angelegt, im Inneren sind die in großzügiger Disposition geordneten Räume zurückhaltend und sachlich gestaltet. An das Vestibül, das man von der Südseite der Villa betritt, schließen ein Quergang und ein großes doppelläufiges Treppenhaus an, das die gesamte Gebäudetiefe einnimmt. Einige der Wohn- und Repräsentationsräume haben eine schlichte Dekoration mit Stuckprofilen sowie Schrankeinbauten aus der Bauzeit bewahrt.

Sonnleitenweg 2. Ehem. *Villa Lüderitz,* neubarocker Mansarddachbau mit asymmetrischen Giebelrisaliten und Eckturm mit Haube, um 1900; Park mit altem Baumbestand.

Die Villa, die auf der Höhe einer zum See hin abfallenden Parkanlage steht, ist durch mehrere Umbauten in der Vergangenheit in ihrer Entwurfsqualität etwas reduziert.

Villa Staatsrat Krenner (später Guiseppe Leoni)

Leoni

Der heutige Ortsteil hieß ursprünglich Assenbuch und umfaßte drei Fischeranwesen. Er gehörte, wohl wegen seiner günstigen Verkehrslage zu München, zu den Urzellen der Villensiedlung am Starnberger See. Schon 1810 hatte sich hier Staatsrat von Krenner seine klassizistische Villa errichten lassen. Diese Villa erbte 1825 der Münchner Hofopernsänger Giuseppe Leoni und machte eine Pension daraus. Bald darauf setzte sich der neue Name Leonihausen oder kurz Leoni als Ortsbezeichnung durch. Seit 1870 wurde die Villa durch mehrere An- und Umbauten in das bekannte Seehotel Leoni umgewandelt, das nach dem Zweiten Weltkrieg durch einen nüchternen, das Ortsbild belastenden Neubau ersetzt wurde. Etwas weiter südlich baute sich der Münchner Baurat Johann Ulrich Himbsel 1827 ein kleines Sommerhaus und 1842 sein großes Landhaus im Stil eines oberbayerischen Bauernhauses. Die kleine Kolonie war lange Zeit ein beliebter Treffpunkt der Künstler, die hier immer wieder auch zu großen Festen und Umzügen nach dem Vorbild der Münchner Künstlerfeste zusammenfanden. Eine für das Himbsel'sche Stiegenhaus gemalte Supraporte (1850) zeigt dieses frühe Leoni, das heute z. T. hinter hochgewachsenen Bäumen und zwischen verschiedenen Neubauten noch erhalten ist.

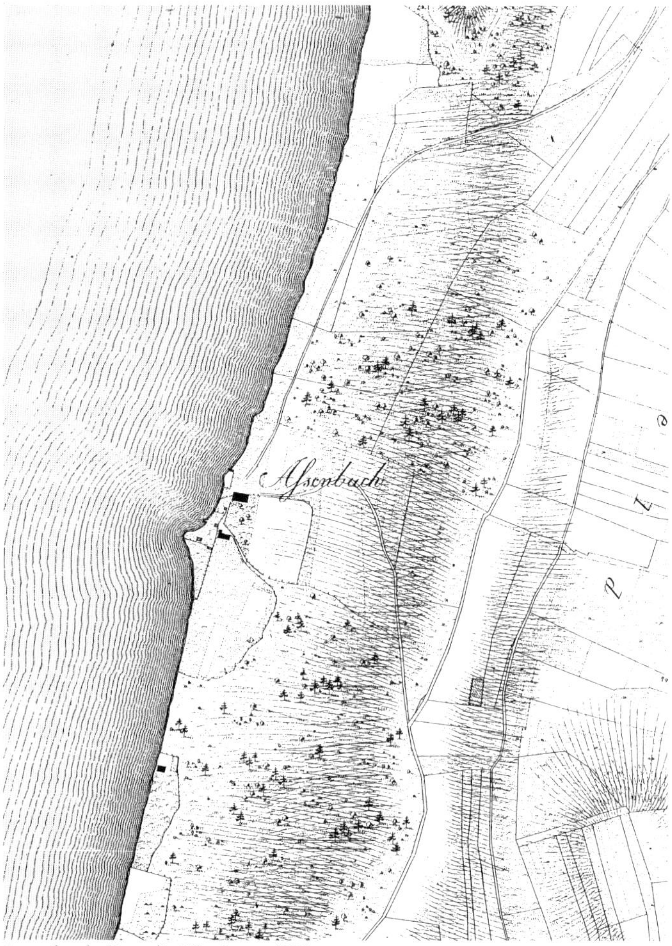

Assenbuch (Leoni), Flurkarte 1815

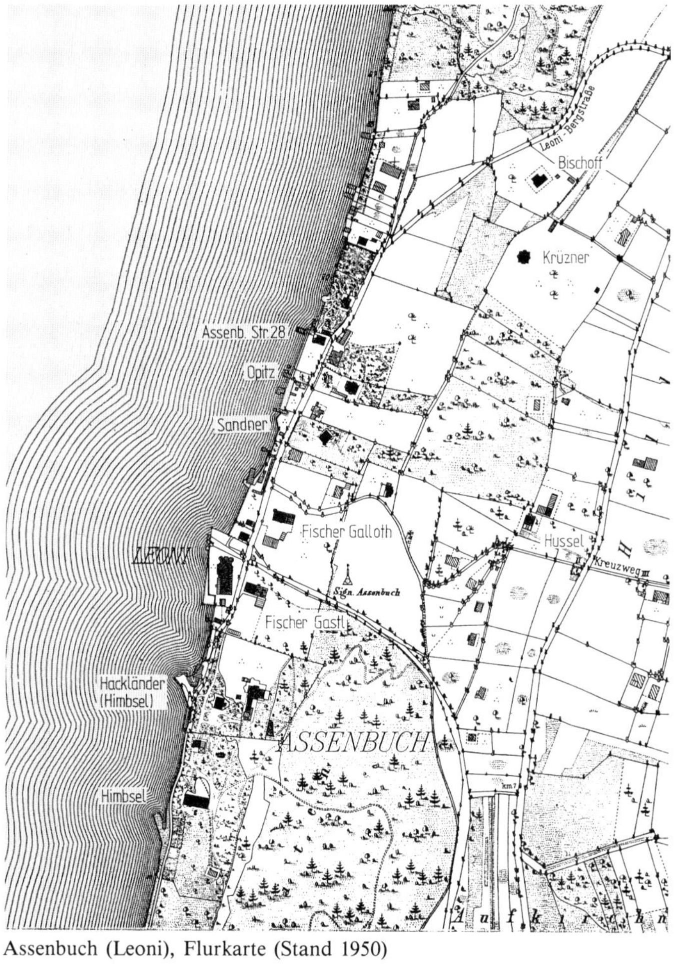

Assenbuch (Leoni), Flurkarte (Stand 1950)

Kempfenhausen, Seestraße 71/73

Kempfenhausen, Sonnleitenweg 2

Eberhard Emminger, Leoni, Lithographie, um 1860

Leoni, historische Aufnahme, um 1900

Leoni, historische Aufnahme, um 1900

Am Kreuzweg 94. Ehem. *Villa Hussel,* traufseitiges Satteldachhaus mit Zwerchhaus und seitlichen Blendgiebeln mit Scheitelzinnen, um 1864 im Stil der Maximilianszeit.

Mit ihrer strengen, symmetrisch aufgebauten Fassade gehört diese Villa zu den am originellsten durchgebildeten Bauten im Maximilianstil am Starnberger See und ist ein Beispiel für die Kunst eines Landbaumeisters um die Mitte des 19. Jh. Sie wurde von Matthias Wannerstorfer für den Berger Zimmermann Andreas Graf (wohl als Spekulationsobjekt) gebaut und später an Dr. Otto Hussel veräußert. Der Bau des «Kastenjakl-Schlößchens» wird in der Erzählung «Aus dem Leben meiner Mutter» von Oskar Maria Graf geschildert.

Die Fassade wird in der Mittelachse durch einen kleinen Zwerchgiebel, eine Veranda und Balkone betont, die weit vorgezogene, überdachte Veranda wurde später angefügt. Die Läden und die bescheidenen Zierelemente in der schmalen Attika und auf den Giebeln (fehlen derzeit) beleben den Bau farblich.

Die Villa ist im Inneren klar und übersichtlich aufgebaut. Rückwärts liegt auf der Mittelachse des Hauses ein fast kreisrundes Treppenhaus, über das die einzelnen Geschosse erschlossen werden. Die schlichten Räume sind in regelmäßiger Ordnung auf die Mittelachse des Hauses bezogen. Sie weisen heute keine besonderen Gestaltungsmerkmale mehr auf.

Am Kreuzweg. Sog. «Himbselscher Kreuzweg», gestiftet von Oberbaurat Johann Ulrich Himbsel, Kapelle am Beginn des Kreuzweges und 14 Stationskapellen zwischen Leoni und Aufkirchen, 1856, Reliefs von Anton Ganser; Kapelle, Station 1; siehe auch Berg und Aufkirchen.

Assenbucher Straße 25. *Villa,* Walmdachbau in zwei Flügeln, dazwischen eingestellter Rundturm mit Haube, neubarock, um 1910; erdgeschossiges Nebengebäude in zwei Flügeln mit Pavillon als Kopfbau, gleichzeitig; mit Gartenanlage.

Die Villa wurde für Marie Opitz neben dem alten Noël'schen Landhaus erbaut. Sie enthält Elemente des Heimatstils und läßt bereits die Hinwendung zu einer sachlicheren, schlichteren Formensprache erkennen. Eine rückwärtige Mauer mit Durchgang und die langgestreckten Nebengebäude stellen einen der Villa südlich vorgelagerten, hofartigen Raum her.

Assenbucher Straße 28. *Villa,* traufseitiges Satteldachhaus, im Schweizer Landhausstil, Obergeschoß verkleidet mit Schuppenschindeln, hoher Kniestock, an der Südseite hölzerner Erker, Fenster mit hölzernen Rahmungen, 1899; mit Gartenanlage.

Das Landhaus ist, von einer kleinen Änderung auf der Seeseite abgesehen, in seiner originalen Form überliefert. Die Fassadengestaltung greift mit der Schuppenschindelverkleidung und einigen Details der Dachzone Elemente des Schweizerhauses auf und nützt sie sowohl bautechnisch (als Schutz vor starkem Schlagregen am Ufer) wie auch für eine besondere malerische Wirkung. Diese wird durch eine kräftige Farbgebung in dunklen, warmen Tönen noch erhöht. Sehr schön ist hier der geschlossene Balkon auf der Südseite mit einer darüberliegenden, schmäleren Hochlaube.

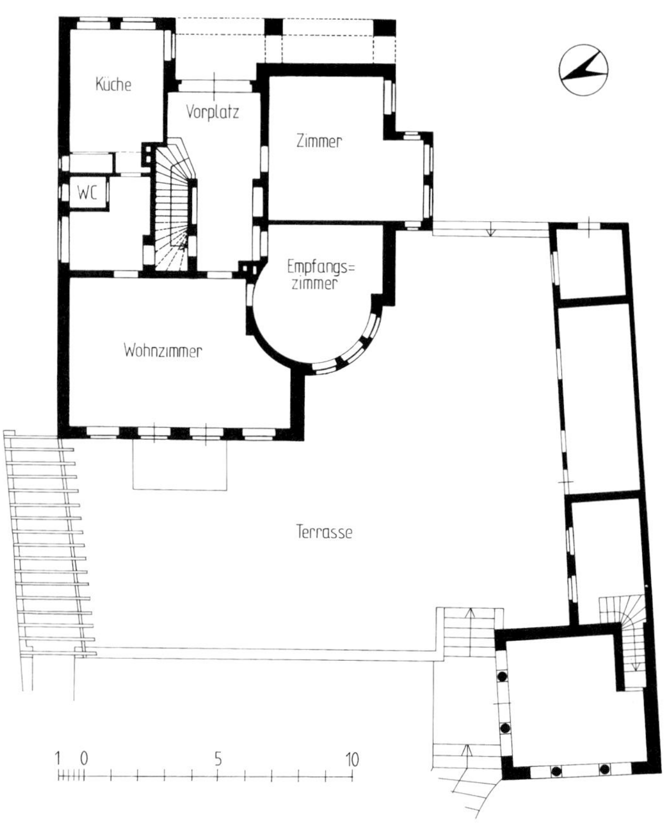

Leoni, ehem. Villa Opitz (Eingabeplan, Erdgeschoß)

Leoni, Am Kreuzweg 94, ehemalige Villa Hussel

Assenbucher Straße 28

Leoni, Assenbucher Straße 25, ehemalige Villa Opitz

Assenbucher Straße 29. *Villa Sandner,* in malerisch barockisierendem Jugendstil, mit Flachsatteldach, verbrettertem Giebel und großer Erdgeschoßarkade, 1891 von Emanuel Seidl; mit Gartenanlage.

Die Villa steht an der Stelle eines älteren Landhauses aus der Zeit um 1850 und besetzt damit einen der frühesten Standorte am Ostufer. Emanuel Seidl griff mit diesem Bau schon sehr früh bodenständige Formen und Materialien auf und erstellte damit einen sehr zurückhaltenden, noblen Landhausbau. Er folgte dabei bereits um 1890 den Forderungen des auf einen überzogenen Späthistorismus reagierenden Heimatstils. Allein die offene Eingangshalle auf der Westseite, die zugleich als Loggia dient, sowie der zweigeschossige Eckerker gehen über das Repertoire eines schlichten Landhauses hinaus. Das Haus ist in seiner originalen Substanz ohne jede Einbuße überliefert. Die Innenräume sind schlicht und sachlich gehalten und bewahren noch unverändert die qualitätvolle Ausstattung der Bauzeit (Wandverkleidungen, Türen, Kachelöfen).

Assenbucher Straße 41. *Bauernhof und Fischeranwesen Gastl,* Einfirstanlage, verputzter Wohnteil, Fenster mit Putzrahmen und Bemalungen, bez. 1840 (erbaut 1832).

Assenbucher Straße 45. *Villa Hackländer,* kleiner klassizistischer Bau, verbrettert, mit flachem Walmdach über großer Hohlkehle, 1827 von Johann Ulrich Himbsel für sich selbst erbaut, großer eiserner Balkon, Ende 19. Jh.; zugehörig Mausoleum der Bankiersfamilie Weinmann, überkuppelter kubischer Tuffsteinbau, 1903 von Theodor Fischer; in weitläufiger Parkanlage.

Das kleine Landhaus, einer der ersten Villenbauten am Starnberger See, ist als schlichtes, biedermeierliches Gartenhaus gebaut, als privater Sommeraufenthalt ohne Verpflichtung zu irgendwelcher Repräsentation. Nach Himbsels Umzug in das neue große Landhaus (1842) wurde es vermietet. U.a. wohnte hier für eine Zeit Wilhelm von Kaulbach mit seiner Familie, später erwarb es der Schriftsteller Friedrich Hackländer.
An der Stelle der ehemaligen Wirtschaftsgebäude entstand um 1880 die Villa Weinmann (heute Volkshochschule München). Dahinter befindet sich vor dem ansteigenden Hang eine Gedächtniskapelle der Familie Weinmann in malerischer Lage an einem schmalen Teich. Der kleine, auf quadratischem Grundriß entwickelte, etwa 5 Meter hohe Tuffsteinbau wird von einer Kuppel geschlossen, die von einem in floralen Jugendstilformen gehaltenen Knauf bekrönt wird. Im Inneren ist die Kuppel aus einem Achteck entwickelt. Die Türe ist mit Kupferblech beschlagen und in zurückhaltendem Jugendstil dekoriert.

Leoni, Assenbucher Straße 29, Villa Sandner

Leoni, Assenbucher Straße 29, westliche Fassade

Leoni, Assenbucher Straße 41, Fischer Gastl

Villa Sandner, Wohnraum

Assenbucher Straße 45, Mausoleum der ehemaligen Villa Hackländer

Leoni, Landhaus Himbsel (1827), später Hackländer

Assenbucher Straße 51. *Villa Himbsel* (Frommel), stattlicher Giebelbau mit vorkragendem Flachsatteldach, im Stil eines oberbayerischen Bauernhauses, 1842 von Johann Ulrich Himbsel für sich selbst erbaut; im Inneren Wandbilder von Wilhelm v. Kaulbach, Friedrich Dürck, Clemens Zimmermann u.a., um 1842; Fassaden mit Wandgemälden von Wilhelm v. Kaulbach; hölzerne Kapelle, gotisierend; Probebau für den geplanten Kreuzweg, 1855, südlich des Hauses im Park.

Johann Ulrich Himbsel ist für den Landkreis, insbesondere für den Starnberger See eine bedeutsame Persönlichkeit gewesen. Er hatte bei Karl v. Fischer und in Paris Architektur studiert, fand jedoch neben seiner Bautätigkeit in München bald eine weitere gewichtige Aufgabe im Aufbau neuer technischer Einrichtungen, für deren kommende Bedeutung er als Unternehmer ein bemerkenswertes Gespür entwickelte. Schon beim Bau der Eisenbahnlinie München–Augsburg war er als verantwortlicher Bauleiter tätig gewesen. Gleichzeitig entwickelte er zukunftsweisende Ideen zur Erschließung des Oberlandes. 1854 konnte er mit dem Bau der Eisenbahnlinie Pasing- Starnberg einen ersten Schritt verwirklichen. Vor allem brachte er damit seinem 1851 gebauten Dampfer «Maximilian» die erforderliche Auslastung.
Himbsel hatte sich schon 1827 mit seinem kleinen, biedermeierlich bescheidenen Landhaus (vgl. Assenbucher Straße 45) einen Sommeraufenthalt am Starnberger See geschaffen. Beim Bau des neuen, größeren Hauses suchte er nun nicht die strengen, würdevollen Formen des Klassizismus, sondern sah, ganz aus dem Lebensgefühl der Romantik heraus, das vom Bauernhaus abgeleitete Landhaus als ideale Voraussetzung für das ersehnte Landleben. Daß er bereits um 1840 auf das oberbayerische Bauernhaus und nicht auf andere historische Vorbilder, auch nicht auf das des Bauernhauses der Schweiz zurückgriff, macht ihn zu einem wichtigen Vorläufer der Heimatschutzbewegung des ausgehenden 19. Jhs. Himbsel griff dabei nicht nur die äußere Form des oberbayerischen Bauernhauses auf. Auch Details wie die Ausformung der Pfettenköpfe oder die Lüftlmalerei - hier von Wilhelm von Kaulbach, den Schutz- und Namenspatronen des Hauses gewidmet - wurden herangezogen.
Schließlich schloß Himbsel in der mit dem Wohnen auf dem Lande verbundenen Sehnsucht nach dem einfachen Leben in der Natur seinem Landhaus auch eine kleine Landwirtschaft an. Es war dies keineswegs eine isolierte Erscheinung am Starnberger See. Noch bis herauf zur Jahrhundertwende und darüber hinaus gehörte eine kleine Landwirtschaft durchaus zum Bild eines größeren Landhauses, vor allem am Westufer, wo die Grundstücke von der Topographie her dafür geeigneter waren. Ganz im Sinn der Zeit geschah auch die Umgestaltung der ehemals zum Buchenhaus gehörigen landwirtschaftlichen Flächen und Waldanteile in eine Parklandchaft nach englischem Vorbild, mit Spazierwegen bis hinauf auf die rückwärtige Anhöhe, mit einem kleinen Aussichtsturm und einer Eremitage, sowie einem kleinen Pavillon auf einer künstlich in den See hinein gelegten Landzunge. Vor dem Haus hatte er sich natürlich einen eigenen Steg errichten lassen, um mit seinem Dampfer anlegen zu können. Die späteren Besitzer ließen ihn jedoch wieder abbrechen, weil er durch den Haltepunkt im nahen Leoni überflüssig geworden war.

Unbekannt, Himbsel-Haus, aquarellierte Zeichnung, 1846

Leoni, Kapelle im Park des Himbsel-Hauses, Innendekoration

Kapelle im Park des Himbsel-Hauses

Kreuzwegstation im Park des Himbsel-Hauses

Leoni, Assenbucher Straße 51, ehemaliges Himbsel-Haus

Leoni, Himbsel-Haus, Wohnraum

Wie sehr dieses Landleben auch romantisch-religiös bestimmt war, läßt sich neben Beispielen in Niederpöcking vor allem hier beobachten. So hat sich im südlich anschließenden Park (heute Waldrand) nicht nur ein Musterbau für die von Himbsel gestifteten Kreuzwegstationen von Leoni nach Aufkirchen erhalten, sondern auch eine kleine hölzerne, mit Rindenstücken verkleidete Kapelle im Stil der Neugotik. Sie ist innen verputzt und mit einer farbigen Architekturmalerei versehen. Diese imitiert in leichten roten und blauen Pastelltönen und einer Schattenbildung eine aus schmalen profilierten Leisten bestehende Wand- und Gewölbedekoration mit Spitzbogen- und Vierpaßmotiven. Über dem kleinen Altartisch befindet sich eine ebenfalls mit neugotischer Architekturmalerei dekorierte Nische, die ursprünglich wohl ein kleines Altarbild oder ein Glasfenster aufnahm.
Im Inneren seines Landhauses modifizierte Himbsel die traditionelle Raumfolge des Bauernhauses mehr zugunsten bürgerlich dimensionierter und ausgestatteter Wohnräume. Das Herzstück der Villa, das Treppenhaus, setzt dann nicht nur in der künstlerischen Qualität der Malerei, sondern auch im durchdachten Bildprogramm einen Maßstab, der weit über das hinausgeht, was sich in anderen privaten Häusern der Zeit erhalten hat. Die Malereien bedecken alle vier Seiten des oberen Teils des Stiegenhauses. Sie sind wohl aus der

Fresko im Treppenhaus: Das Ehepaar Himbsel huldigt dem Maler Zimmermann

Unbekannt, Himbsel-Haus, Bleistiftzeichnung um 1851/55

Laune einer der zahlreichen hier veranstalteten Künstlerfeste heraus entstanden, verleihen aber auch dem Glücksgefühl der Maler angesichts der Freiheit und Fröhlichkeit des Landlebens Ausdruck. Die Anteile der beteiligten Künstler – Kaulbach, Zimmermann, Dürck, Asher und vermutlich auch Moritz von Schwind – sind kaum zu scheiden. Das Programm wird eröffnet von einer Huldigung für den Maler Zimmermann, dann folgt ein Zyklus mit Jahreszeitenbildern (dem die Lebensalter entsprechen) voller Anspielungen und Allegorien. Hinter den einzelnen Figuren verbergen sich Mitglieder der Himbselschen Familie und Freunde aus dem Münchner Künstlerkreis (Pocci, Schwind u. a.). Der Zyklus wird von den vier Supraporten (drei von C. A. Lebschée, eine von Karl Rottmann) mit Darstellungen der vier Tageszeiten ergänzt. Über alles regiert im Deckenbild Apollo auf dem Sonnenwagen.
Als die Landwirtschaft nach Himbsels Tod aufgegeben wurde, konnten im freigewordenen Gebäudeteil (Stall, Tenne) weitere Wohnräume eingerichtet werden. Dabei entstand aus dem Stall eine großräumige dreischiffige Wohnhalle mit flachen Kreuzgratgewölben zwischen Gurtbögen. Das Mittelschiff ist auf beiden Seiten durch eine tonnengewölbe Nische erweitert. Die Ausstattung (Kamin, Wandverkleidung, Balusterbrüstung) stammt aus der Zeit des Umbaus.

Fresko im Treppenhaus: M. v. Schwind und W. v. Kaulbach als Figuren des Winters

Himbsel-Haus, Treppenhaus: Allegorie des Frühlings

Himbsel-Haus, Treppenhaus: Allegorie des Sommers

Hangweg 6. *Villa Bischoff,* neubarocker Walmdachbau, z. T. verschindelt. Details in Jugendstilformen, erbaut 1901 von Emanuel Seidl; mit Parkanlage.

Die für Ernestine Bischoff erbaute Villa hält in ihrer architektonischen Sprache etwa die Mitte zwischen dem schlichten *Sandnerschen Landhaus* (Assenbucher Str. 29) und der repräsentativen, strengen Form der *Krüzner-Villa* (Hangweg 8). Sie erhebt sich auf halber Höhe des steilen Abhanges und war vor dem Hochwachsen der umgebenden Bäume mit umfassender Fernsicht über den See wie auch mit starker eigener Präsenz in der Uferlandschaft ausgestattet. Die Substanz der Villa ist gut überliefert. Vor allem im Inneren sind fast alle originalen Ausstattungsstücke (Türen, Fenster, Wandbrunnen, Kachelöfen, Stuckdekorationen u. a.) erhalten. Besonders bemerkenswert ist die große gewölbte Diele, von der auch das Treppenhaus ausgeht, sowie ein original eingerichtetes neugotisches Zimmer mit Kreuzgratgewölbe. Daran anschließend ein Salon mit Doppelschiebetüren, einem Kamin in gemäßigtem Jugendstil und einer zurückhaltenden Stuckdekoration in Blumen- und Blattmotiven. Es folgt das Speisezimmer mit einem hohen Kachelofen und einer Stuckdecke. Die Wohn- und Schlafräume im Obergeschoß sind sehr viel schlichter gehalten.

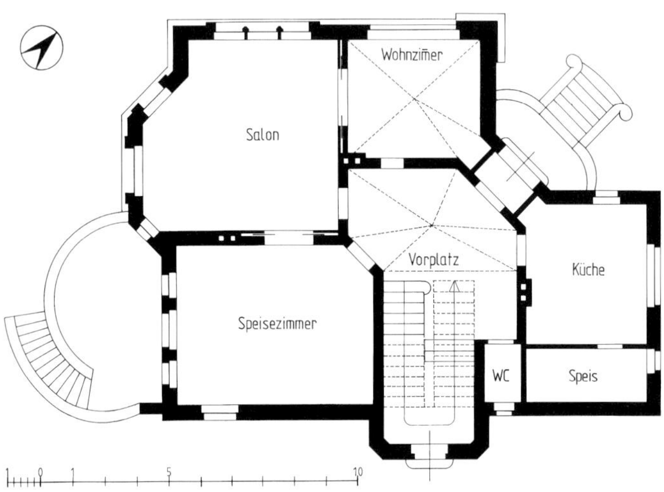

Leoni, Hangweg 6, ehemalige Villa Bischoff (EG)

Hangweg 8. *Villa Krüzner (Villa Riemerschmid),* zweigeschossiger, barockisierender Zeltdachbau mit Laterne, 1893 von Emanuel Seidl; mit schmiedeeisernem Tor und Terrasseneinfriedungsmauer.

Die Villa wurde für den Direktor der Isartalbahn, Victor Krüzner, erbaut. Emanuel Seidl greift hier ganz deutlich das barocke Vorbild der Nymphenburger Kavaliersbauten auf und erreicht einen klaren, übersichtlichen Baukörper, der ein hohes Maß an Eleganz und repräsentativer Würde ausstrahlt. Meisterhaft ist dabei nicht nur die Ausformung der Details, sondern auch die sorgfältig berechnete, prägnante Fernwirkung über den See. Die Villa ist in ihrer originalen Substanz gut überliefert und bewahrt im Inneren noch fast alle Gestaltungsdetails (Fenster, Türen, Stuckdecken). Der äußeren Strenge des Baukörpers entspricht innen eine klare, harmonische Raumdisposition, die auf die Symmetrie des Baus achtet und einer von herrschaftlichen Lebensformen bestimmten Ordnung folgt. Die zugehörige Parkanlage ist in ursprünglichem Umfang erhalten.

Leoni, Hangweg 6, ehemalige Villa Bischoff

Leoni, Hangweg 8, Villa Krüzner

Leoni, Villa Bischoff

Leoni, Villa Bischoff

Leoni, Villa Bischoff

Leoni, Villa Bischoff

Leoni, die Villen Krüzner und Bischoff (in der Mitte, verdeckt)

Leoni, Villa Krüzner

Leoni, Hangweg 8, Villa Krüzner

Mörlbach

Der kleine Ort läßt sich schon 1115 als Ministerialensitz in den Quellen nachweisen. In der 2. Hälfte des 16. Jh. wurde er als Hofmark im Besitz der Grafen Ruepp, später (Mitte 17. Jh.) der Freiherrn von Mändl geführt. Das Mörlbacher Schloß, wohl in der Form der kleineren Herrensitze im Landkreis, stand südlich der Kirche. Es existiert nicht mehr, und die heute als Schloß Mörlbach bezeichnete Villa südwestlich der Kirche ist damit nicht identisch.
Das Dorf, das im 19. Jh. noch aus neun Anwesen bestand, hat seine bäuerliche Struktur verhältnismäßig gut bewahren können. Das Ortsbild wird an verschiedenen Stellen jedoch schon durch kleinere Industriebauten und moderne Wohnhäuser belastet.

Kath. Filialkirche St. Stephan, spätgotischer Bau, Ende 15. Jh.; mit Ausstattung.

Die Filialkirche (Pfarrei Aufkirchen) befindet sich in schöner Ortsrandlage östlich eines kleinen Weihers. Der Umgriff, der früher die alljährlichen Pferdeumritte am Stefanitag ermöglichte, ist inzwischen durch die herangerückte Bebauung stark beschnitten. Das schlichte Äußere der Kirche verrät nicht den Reichtum ihrer Ausstattung. Im Inneren hat sich der Eindruck einer spätgotischen Kirche (Umbau 1500/10) weitgehend erhalten, auch wenn die ursprüngliche Flachdecke des Kirchenschiffes durch ein barockes Tonnengewölbe ersetzt wurde. Der nicht eingezogene, dreiseitig geschlossene Chor besaß ursprünglich ein Netzrippengewölbe, dessen Rippen jedoch in der Barockzeit abgeschlagen und durch einfache Stuckleisten ersetzt wurden. Er verfügt aber noch über die Maßwerkfenster mit Wappenscheiben der Thorer von Eurasburg (1510), die wohl als Stifter wesentlicher Teile der Ausstattung in Frage kommen.
Der bemerkenswerte gotische Flügelaltar enthält die drei Figuren der hll. Sebastian, Stephanus und Jakobus major (um 1520) aus der Werkstatt des Meisters von Rabenden. Die zwei Flügel zeigen in offenem Zustand Flachreliefs der 12 Apostel, in geschlossenem Zustand Tafelgemälde mit einer Darstellung der Passion. Ein seitlich auf einer Konsole stehendes Vesperbild stammt möglicherweise ebenfalls aus der Werkstatt des Meisters von Rabenden. An der Nordwand des Kirchenschiffes hängt im Altarschrein mit einer Verkündigungsgruppe (um 1480, wohl nicht für die Mörlbacher Kirche geschaffen und eventuell aus einer Schloßkapelle hierhergebracht), als Seitenflügel Tafeln mit Szenen aus dem Marienleben, Arbeit eines von der niederländischen Schule beeinflußten Malers. Zwei separate Tafeln am Chorbogen sind von derselben Hand. Zur übrigen Ausstattung gehören die Kanzel (1. Hälfte 17. Jh.), die von einer gedrehten Säule gestützte Westempore mit sehr seltenen Kirchenbänken aus dem 16. Jh., das Chorgestühl mit Flachschnittornamenten um 1510, ein 1591 datiertes Meßpult, zwei Vortragekreuze (eines um 1500) und im Chor auf Konsolen die hll. Leonhard (1778) und Nikolaus (1773). Das noch erhaltene Ziegelpflaster vervollständigt das selten einheitliche Bild der Kirche.

Mörlbach, Filialkirche St. Stephan

Mörlbach, Filialkirche St. Stephan

Mörlbach, Filialkirche St. Stephan

Filialkirche St. Stephan, Verkündigungsaltar

Filialkirche St. Stephan

Forststraße 9. Ehem. *Kleinbauernhaus,* zweigeschossiger Blockbau, 2. Viertel 18. Jh.

Die letzte Renovierung hat im Inneren des ehemaligen Kleinbauernhauses neuzeitliche Wohnverhältnisse geschaffen. Es wurde jedoch versucht, das äußere Erscheinungsbild soweit wie möglich zu erhalten. Die starke Verlängerung des Hauses entspricht allerdings nicht den ursprünglichen Proportionen.

Ickinger Straße 5. *Bauernhaus,* Wohnteil, zweigeschossiger Blockbau, verputzt, im Kern 18. Jh.

Das Haus verfügt noch über die flache Neigung des Legschindeldaches. Der Giebel war ursprünglich wohl verschalt.

Sibichhausen

Klosterweg. *Wegkapelle,* im Kern wohl 18. Jh., Vorbau modern.

Archäologische Geländedenkmäler

Vier vorgeschichtliche *Grabhügel,* «Wolfstall» ca. 1050 m sw Kirche Mörlbach. (Bachhausen, Fl.-Nr. 66, 937/2, SW 9-6)

In flach nach NW einfallendem Gelände. Mittelgroße Hügel, von denen einer starke Zerstörungen aufweist. Näheres unbekannt.

Mindestens 18 vorgeschichtliche *Grabhügel,* ca. 750 m onö Kirche Aufkirchen, unmittelbar n Straße Aufkirchen–Farchach. (Bachhausen, Fl.-Nr. 1551-1552, 1562/1, 1563/1, 1564/1, 1565/1, 1566/1, 1567-1568, 1607, SW 9-7)

Am ö Rand einer vermoorten Bachniederung. Durch frühere Überackerung stark verflachte Hügel, von denen nur einige noch Höhen von 0,5 m erreichen. Zwei Hügel 1894 von J. Naue mit hallstattzeitlichem Ergebnis (Funde in der Prähistorischen Staatssammlung München) geöffnet.

23 vorgeschichtliche *Grabhügel,* «Pflegerswiese» ca. 850 m sw Kirche Mörlbach. (Bachhausen, Fl.-Nr. 937, SW 9-6)

In einem flach bis mäßig nach N einfallenden Hang. Meist mittelgroße, unter 1 m Höhe bleibende Hügel, von denen zehn deutliche Spuren alter Ausgrabungen zeigen. Näheres unbekannt.

Mindestens 70 vorgeschichtliche *Grabhügel,* ca. 1250-2000 m ssö Kirche Aufkirchen im Sibichhausner Holz. Teils in Waldabt. XX, I Biberkor. (Bachhausen, Fl.-Nr. 1683, 1694-1698, 1726, 1728, SW 10-7)

Am s Ende und auf den ö Randhöhen des trockengelegten Rapertsee-Mooses. In ns Richtung etwa 1 km lange, in mehrere Gruppen gegliederte Nekropole aus meist mittelgroßen Hügeln, von denen die am S-Abschluß des Rapertsee-Mooses gelegenen durch den Pflug fast vollständig zerstört wurden. 1894 öffnete J. Naue insgesamt 17 Hügel mit hallstattzeitlichem und provinzialrömischem Ergebnis (Funde in der Prähistorischen Staatssammlung München).

Ehemals drei, jetzt noch ein vorgeschichtlicher *Grabhügel,* ca. 100 m sw Filz und ca. 1425 m wsw Kirche Höhenrain. (Höhenrain, Fl.-Nr. 292, SW 10-7)

In fast ebenem Gelände. Stark verflachter Hügel, von zwei weiteren Erhebungen heute keine Spuren mehr sichtbar. Eine 1908 von F. Weber untersuchte Bestattung ergab hallstattzeitliche Funde (Prähistorische Staatssammlung München).

10 vorgeschichtliche *Grabhügel,* ca. 1400 m sw Kirche Höhenrain im Schwabbrucker Holz. (Höhenrain, Fl.-Nr. 376-77, 384, SW 11-7)

In kräftig bewegtem Hügelland. Mittelgroße Hügel in lockerer Streuung, von denen einer wahrscheinlich 1907 oder 1908 von F. Weber mit hallstattzeitlichem Ergebnis (Funde in der Prähistorischen Staatssammlung München) untersucht wurde. Zwei Hügel mit relativ frischen Grabungsspuren.

14 vorgeschichtliche *Grabhügel,* unmittelbar s Gemarkungsgrenze Bachhausen/Höhenrain ca. 2000 m ssö Kirche Aufkirchen, Waldabt. XX, I Biberkor. (Höhenrain, Fl.-Nr. 1199, 1210, SW 10-7, SW 10-7)

In flachhügeligem Gelände. Mittelgroße, anscheinend unberührte Hügel.

35 vorgeschichtliche *Grabhügel,* «Auf der gscheibigen Wiese», «Sauenlohe» ca. 500 m nw Kapelle St. Coloman und ca. 1125 m s Kirche Allmannshausen. (Höhenrain, Fl.-Nr. 1149-1152, 1156-1157, 1157/2, 1157/3, 1161-1163, SW 10/11-8)

In flach nach W einfallendem Gelände. Mittelgroße Hügel in lockerer Streuung, von denen vier durch J. Naue (1894) und F. Weber (1909) mit hallstattzeitlichem Ergebnis (Funde in der Prähistorischen Staatssammlung München) untersucht wurden.

Mörlbach, Forststraße 9

Mörlbach, Ickinger Straße 5

Gemeinde Feldafing

Baudenkmäler

Feldafing

Der Ort ist eine Gründung der Landnahmezeit und damit zu den ältesten Siedlungen am Starnberger See zu rechnen. Die zur Gemeindeflur gehörige Roseninsel zählt nach bedeutenden Funden, die eine mehrmals unterbrochene Besiedlung vom Neolithikum bis zur Latènezeit und bis herauf ins 19. Jh. belegen, sogar zu den ältesten lokalisierbaren Kulturflächen des Landkreises. Das Bauern- und Fischerdorf Feldafing hat freilich, im Vergleich zu anderen frühen Siedlungen wie Gauting oder Gilching, nie sonderliche Bedeutung besessen oder größeren Umfang erreicht. Die lange Zugehörigkeit zur Hofmark Garatshausen, nachzuweisen seit 1565, hat ein gewichtigeres Eigenleben des Dorfes gar nicht erst aufkommen lassen. Die Landgerichtsconscription von 1752 weist bei 32 Anwesen einen einzigen Halbhof aus, während mehr als die Hälfte des Dorfes aus kleinsten Anwesen ohne nennenswerten Grundbesitz (Leerhäusler) bestand. Die geringe Lebensfähigkeit dieser Anwesen, deren Ertrag sich auch im 19. Jh. kaum steigern ließ, hatte zur Folge, daß sie bis auf wenige Ausnahmen nach 1850 an Städter verkauft und allmählich durch Landhäuser ersetzt wurden. Das Bauerndorf Feldafing ist deshalb heute nur noch an wenigen Stellen (z.B. um die alte Kirche) abzulesen.

Das Ende mehrerer bäuerlicher Betriebe ergab sich schon, als kurz nach 1850 im Auftrag König Max II. ein Großteil der östlich des Dorfes zum See hin gelegenen Gründe für ein neues, großes Schloßprojekt aufgekauft wurde. Etwa auf Höhe der Roseninsel sollte ein Schloß im Maximilianstil entstehen, wofür Gottfried Neureuther und August Voit seit 1858 erste Entwürfe lieferten. Der Neubau war beim Tode des Königs allerdings nicht über ein paar Grundmauern hinaus gediehen und wurde sofort eingestellt. Der nach Plänen von Joseph Peter Lenné auf den dafür erworbenen Gründen angelegte Park im englischen Stil existiert jedoch noch heute. Er stellt nicht nur einen der bedeutendsten Landschaftsparks Deutschlands dar; er verhinderte, ähnlich wie der Park von Possenhofen, ein Hinunterwachsen der Besiedlung bis zum Seeufer und bewahrte damit dem Landschaftsbild des Starnberger Sees ein wesentliches Stück Ursprünglichkeit.

Wie auch in den übrigen Westuferorten leitete der Bau der Eisenbahnlinie Starnberg–Tutzing 1865 eine anhaltende Siedlungstätigkeit ein. Ein erster großer Schwerpunkt bildete sich bald entlang der Straßenverbindung Dorf–Bahnhof (heutige Bahnhofstraße). Die hier entstandene, bemerkenswert einheitliche Bebauung mit kleinen Wohn- und Geschäftshäusern ist noch recht gut erhalten und sollte von der

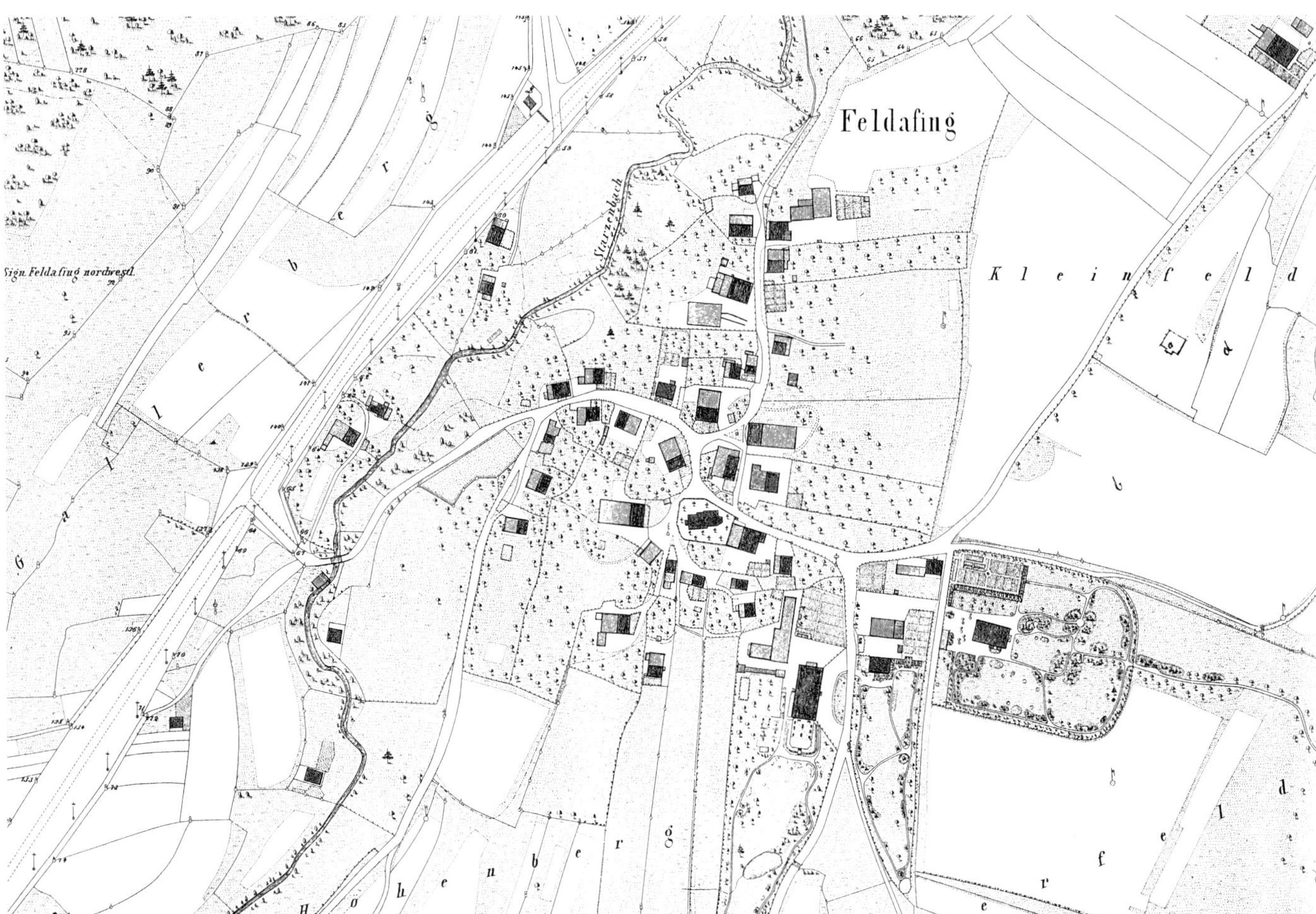

Feldafing, Flurkarte, um 1880

Eberhard Emminger, Blick auf Außer-Wörth und die Roseninsel, Lithographie, um 1860

Feldafing, historische Aufnahme, um 1915

Gemeinde im Sinn neuzeitlicher Ortsbildpflege soweit wie möglich geschützt werden. Ein weiterer Schwerpunkt bildete sich jenseits der Bahnlinie auf den steil ansteigenden Hängen des Gallerbergs.
Die bedeutendste Bebauung entstand jedoch auf dem Höhenberg, der sich als langgestreckter, zum See hin abfallender Moränenrücken südlich an den alten Ortskern anschließt. Hier hatte die Heilmann'sche Immobiliengesellschaft 1898 den gesamten oberen Hangbereich bis über den Eichgraben hinaus und bis zur Straße Feldafing–Garatshausen hinunter aus dem Areal des Lenné-Parks erworben, um eine repräsentative Villenkolonie zu errichten. Bald darauf entstanden die ersten Neubauten, fast ausnahmslos große Villen, die bis zum Ersten Weltkrieg eine der bedeutendsten Villensiedlungen im Umkreis von München ergaben. Sie reihten sich infolge der ausgeprägten Hanglage und der Erschließung über parallel und leicht diagonal geführte Straßen in eindrucksvoller Staffelung mit markanter Fernwirkung. Dieses Konzept ergab als weitere Besonderheit relativ kleine Gartenanlagen, vor allem in den mittleren und unteren Hangbereichen. Sie waren deshalb nur in wenigen Fällen mit dem am Starnberger See üblichen Ausstattungsrepertoire der großen herrschaftlichen Anlagen gestaltet. Sie übernahmen jedoch den bereits von Lenné für den Schloßpark angelegten, mittlerweile fast 50jährigen Baumbestand als gemeinsame, alle Grundstücke zusammenfassende Parkfläche. Vergl. Karte im Anhang.

Bahnhofstraße 15. *Landhaus Pschorr,* Kreuzgiebelbau im spätklassizistischen Landhausstil, mit Putzgliederungen, Terrasse mit eisernen Einfriedungen, erbaut 1875.

Die Villa ist ein Beispiel für den schlichten, unaufdringlichen Stil, wie er von einer Generation solider Landbaumeister wie Biersack, Wannerstorfer oder Fischhaber geprägt wurde. Sie steht zwar am Eingang zur Höhenberg-Kolonie, gehört aber ihrer Entstehung nach noch zur Bebauung an der Bahnhofstraße. Von der breiten Terrasse führt eine Treppenanlage zu einem Gartenteil, der wegen des steil abfallenden Hanges unterhalb liegt und terrassenartig mit symmetrischen, auf die Achse des Hauses bezogenen Elementen (geschnittene Nadelbäume, Treppen, Stützmauern, Gartenfiguren) gestaltet ist. Die Einfahrt ist noch mit dem schönen eisernen Tor der Erbauungszeit ausgestattet.

Bahnhofstraße 21. *Haus Seeblick,* reich gegliederte Villa mit Walmdächern, eingestelltem Erkerturm mit Helm und Giebelrisalit, in historisierenden Formen, 1895 vom Feldafinger Baumeister Johann Baptist Biersack errichtet; an der Nordseite zwei große Wandbilder von Ludwig Sckell.

Durch die Wandbilder sollte vermutlich die Steilheit und die etwas leer wirkende Fläche der Nordfassade gemildert werden, der moderne dunkle Anstrich der kräftigen Eckrustizierung hat das Fassadenbild hier jedoch etwas vergröbert. Die rückwärtige, zur Bahnhofstraße orientierte Fassade wird von einem Turm mit Pyramidendach beherrscht. Die durch einen behelmten Eckerker und eine Hochlaube bereicherte Schauseite ist seewärts gerichtet, der Blick auf die Seelandschaft ist seit dem Bau der Villen der Höhenberg-Kolonie allerdings verstellt.

Bahnhofstraße 41. Zwei große korinthische *Gußeisen-Stützsäulen,* im Saalbau, 1902.

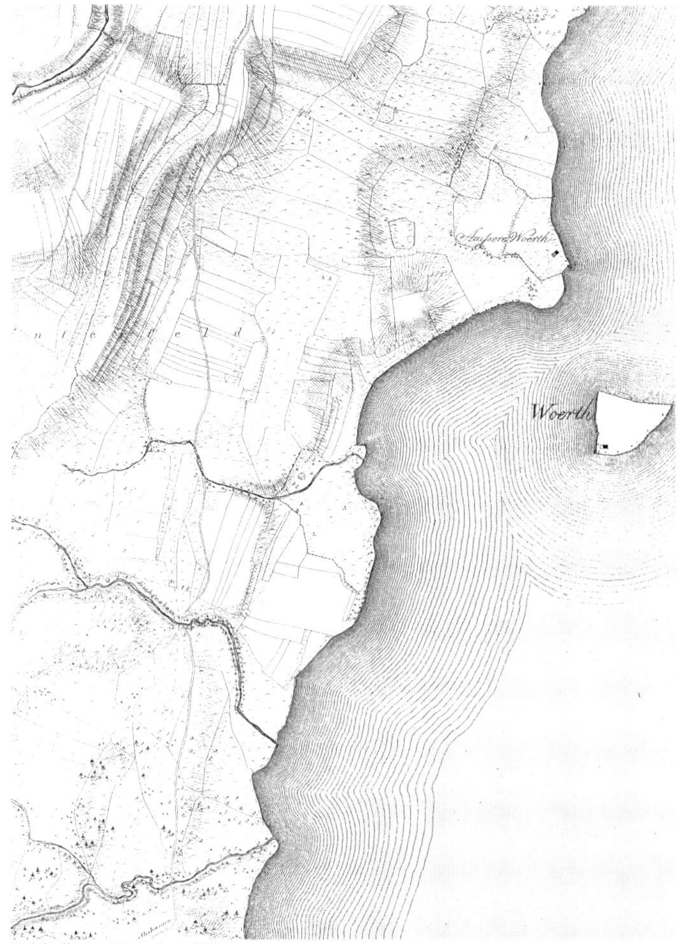

Feldafing, Flurplan 1815

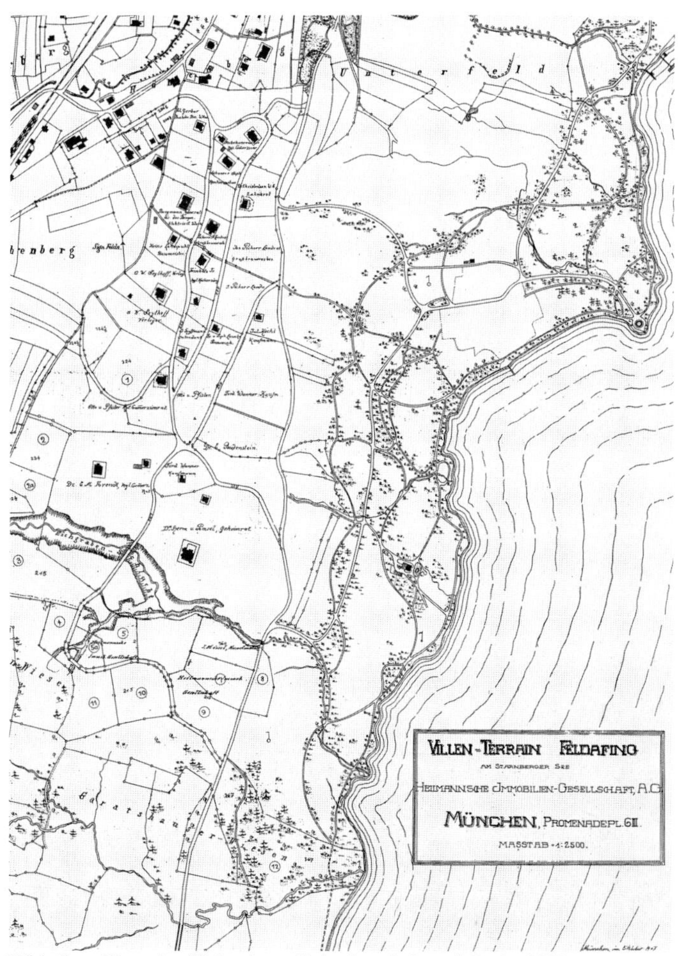

Feldafing, Plan der Höhenberg-Kolonie mit Lenné-Park, 1907

Feldafing, Luftaufnahme der Höhenberg-Kolonie

Feldafing, Landhaus Pschorr (Bahnhofstraße 15)

Landhaus Seeblick (Bahnhofstraße 21)

Bahnhofstraße 41, Gußeisensäulen im Saal des Gasthauses Poelt

Bahnhofstraße. *Kirchenneubau;* mit historischer Ausstattung.

In die neue Kirche wurde eine ältere Figurenausstattung, z. T. aus der Alten Pfarrkirche, integriert, darunter eine stehende Muttergottes, umgeben von kleinen Büsten der 14 Nothelfer (17. Jh.), in der anschließenden Taufkapelle ein Kruzifix aus der Mitte des 18. Jh.

Bahnhofstraße 70. *Bahnhof Feldafing.* Empfangsgebäude, zweigeschossig, mit Flachwalmdach, unverputzter Backstein mit Hausteingliederungen und klassizistischen Details, zwei symmetrisch flankierende Pavillons mit Verbindungsflügeln zum Hauptbau, 1865 im Stil der Maximilianszeit von Georg von Dollmann.

Das Stationsgebäude ist ein charakteristischer Vertreter der von Gottfried Neureuther entwickelten Bahnhofstypen und verwandt mit den Bahnhöfen in Pasing und Tutzing sowie baugleich mit dem in Possenhofen. Die Streckung des Baukörpers mittels variabler Zwischenglieder ermöglichte eine Trennung der zentralen und repräsentativen Funktionen (Vorhalle, Schalter, Wartesaal für Allerhöchste Herrschaften, Expedition) von den untergeordneten (Wartesaal I., II., III. Klasse, Wohnräume des Stationsdieners). Gleichzeitig wurde zwischen den Eckpavillons eine Überdachung (Bahnsteighalle) des ersten Bahnsteigs erreicht. Diese ist mit ihren schlanken Gußeisensäulen noch erhalten, nicht mehr jedoch der Wartesaal für den Hof. Die repräsentative Größe und die besondere Gestaltung im Detail entsprechen der Bedeutung Feldafings als nobler Fremdenverkehrsort mit feinen Hotels (Kaiserin Elisabeth u. a.) und als Bahnstation für Schloß Garatshausen sowie eventuell auch für das Kasino auf der Roseninsel.

Bahnhofstraße. *Wetterhäuschen.* Holzaufbau auf Steinsockel mit Jugendstildetails, um 1915/20; vor dem Bahnhof.

Bergstraße 11. *Landhaus,* mit Flachsatteldach, drei polygonalen Erkern, Veranda, hölzerner Hochlaube und seitlichem Balkon, 1907; Parkanlage gleichzeitig.

Das Landhaus gehört zu den ersten Villenbauten auf dem Gallerberg. Es wurde vom Feldafinger Baumeister J. Biersack für Baron von Arnim errichtet und ist recht ursprünglich erhalten. Die verglaste Veranda war als offene Loggia geplant.

Comptonplatz. *Brunnen,* gestiftet von Otto Bernheimer, Brunnenfigur Kopie nach Verrocchio, 1926.

Feldafing, Neue Kath. Pfarrkirche, Figurengruppe

Bahnhofstraße, Wetterhäuschen

Bergstraße 11

Feldafing, Compton-Platz, Brunnen

Feldafing, Bahnhofgebäude

Feldafing, Bahnhofgebäude mit Perron

Friedensweg 13. *Grabdenkmäler Biersack, Böck, Keim, Kraft, Mahla, Sythoff,* sämtlich um 1910/20, und großer eiserner Friedhofs-Kruzifix, um 1903; im Feldafinger Friedhof.

Der Friedhof bewahrt mit den Gräbern einiger der ersten Villenbesitzer ein Stück Feldafinger Geschichte. Neben dem großen Friedhofskruzifix liegt der bekannte Architekt Anton Hatzl (Villa Heidinger in Pöcking) begraben.

Heinrich-Knote-Straße 78. *Villa Fleischmann,* im alpenländischen Landhausstil, mit Zierbundwerk, Eckerker und Loggia mit Altane, 1897/98 von Heilmann & Littmann erbaut; mit Parkanlage.

Ein gutes Beispiel für die Erneuerung des Landhauses im Sinn der Heimatschutzbewegung in zurückhaltenden Formen und bodenständigen Materialien. Die Gestaltung des Giebels mit Bundwerk greift noch ein hier unbekanntes konstruktives Detail des alpenländischen Bauernhauses auf und verwendet es als Zierelement. Der seitliche Vorbau mit der Hochterrasse dürfte eine spätere Zutat sein.

Höhenbergstraße 9. Ehem. *Villa Otto Bernheimer,* jetzt Schule, vornehmer Mansarddachbau, erdgeschossig, seeseitig mit runden Ecktürmen, dazwischen eingespannt Balkon und Terrasse, modern-barockisierend, 1912/13 von Heilmann & Littmann erbaut; Torhaus an der Straße, unverputzter Backstein und Holz, im Stil der zwanziger Jahre.

Der Bau lebt von fein gestalteten Fassadendetails und ausgewogenen Proportionen. Das gedrungene Mansarddach wird über die beiden Runderker sehr geschickt in eine doppelgeschossige Schauseite überführt. Die Villa wird heute als Schule genutzt, die ehemalige Gartenanlage ist nicht mehr vorhanden.

Höhenbergstraße 15. Sog. *Parkvilla,* mit Mansarddach, Belvederetürmchen bzw. Sternwarte, Schweifgiebelrisaliten. Loggien, Balkons und Erkern, 1903 in neubarocken und Jugendstilformen von Eugen Drollinger für Generaldirektor Sigmund Bergmann, Gründer der Bergmann-E-Werke, Berlin, erbaut; mit Gartenanlage.

Die Villa gehört zu den repräsentativsten Bauten am Starnberger See. Im oberen Bereich des Höhenberges gelegen, war sie ursprünglich auf umfassende Fernsicht angelegt und bot ihren hellen, markanten und weit über den See sichtbaren Baukörper als Gegenleistung für das an dieser Stelle besonders eindrucksvolle Ortsbild. Die Reduzierung des unterhalb hochgewachsenen Baumbestandes hat den Bau wieder freigestellt, so daß er von bestimmten Stellen des Sees und des gegenüberliegenden Ufers wieder sichtbar geworden ist. Die Parkanlage, die infolge der steilen Hanglage auch ursprünglich nicht alle am Starnberger See üblichen Gestaltungsmerkmale aufwies, ist inzwischen etwas reduziert.

Die starke Anreicherung der Fassaden mit verschiedenen architektonischen Elementen ist charakteristisch für die besonders malerisch empfundene Bauweise Drollingers und hat hier eine ausdrucksstarke Schauseite ergeben. Sie hat ihre Begründung wohl auch im Wunsch des Bauherrn, möglichst viele Räume repräsentativ mit Erkern, Balkonen und großflächigen Fensterfronten auszustatten wie in der Forderung, von den Haupträumen aus einen umfassenden Rundblick auf See und Alpenkette zu erhalten. Der Bau steht auf einem starken, durch die Hanglage verursachten Sockelgeschoß, das in einer Art Zyklopenmauerwerk ausgebildet ist. Die seeseitige Fassade wird durch übereinandergestellte Ve-

Feldafing, Friedensweg 13, Friedhof, Grabstätte Sythoff

Grabstätte Kraft

Grabstätte Mahla

Grabstätte Biersack

Feldafing, Heinrich-Knote-Straße 78

Höhenbergstraße 9, Torhaus

Höhenbergstraße 9, ehemalige Villa Bernheimer

Feldafing, Höhenbergstraße 15, Parkvilla (Luftaufnahme 1986)

randen, deren obere durch die Form einer Exedra mit Doppelsäulen eine der beiden herrschaftlichen Etagen kennzeichnet, sowie durch den Schweifgiebel risalitartig in ihrer Mitte betont. Die nach Süden zur Alpenkette gerichtete Seite ist ebenfalls als selbständige Fassade ausgebildet, die nördliche dagegen sehr viel schlichter gehalten. Der Bau gipfelt in einem eigenwilligen Belvedere in Jugendstilformen.
Die Villa wird rückwärtig über ein durchgehendes Treppenhaus erschlossen. Von der ehemals qualitativ hochstehenden und großzügigen Ausstattung der Räume ist, mit Ausnahme des Erdgeschosses, nicht mehr viel vorhanden. Die intensive Nutzung der Villa im Dritten Reich (NS-Schule) und nach dem Krieg (Internat) sowie der letzte Umbau in Eigentumswohnungen haben diesen Teil des Denkmals weitgehend reduziert.

Höhenbergstraße 20. *Villa Engelhorn,* einheitliche Anlage von 1923/24: vornehmes erdgeschossiges Wohnhaus mit schrägstehenden Eckvorbauten an der Südfassade, barockisierende Anklänge; zwei achteckige Gartenpavillons; landwirtschaftliches Nebengebäude; Park mit Auffahrtsallee und großem schmiedeeisernem Tor in Rokokoformen.

Die Villa liegt frei auf einem vom Höhenberg etwas nach Westen abschwenkenden Moränenzug und ist mit ihrer Schauseite auf das ehemals unverstellte See- und Alpenpanorama ausgerichtet. Die Auffahrtsallee führt von dem an der Höhenbergstraße gelegenen großen Einfahrtstor (dat. 1875, von unbekanntem Standort hierher versetzt) in weitgeschwungener S-Linie, die nicht mehr in repräsentativer Absicht in strenger Gerade auf die Villa hinführt, sondern sensibel auf die Topographie eingeht und den weiten Freiraum der Parkfläche mit wechselnden Perspektiven erleben läßt, zur Villa als fast verstecktem, privatem Aufenthalt. Die ehemals landwirtschaftlich genutzten Nebengebäude (Ställe, Kutschenremise, Hühnerhaus), die rückwärts der Villa axial zugeordnet sind und dabei einen kleinen Hof bilden, sind unverändert erhalten und lassen noch gut erkennen, wie das Landleben zu dieser Zeit gedacht war. Gerade am Ende der Höhenbergstraße (vgl. Villa Carl, Villa Waldbertha) läßt sich dieser Zusammenhang so ungestört ablesen, wie kaum mehr an einer anderen Stelle des Landkreises.
Die Villa folgt zeitgemäß der Forderung nach zurückhaltender, klarer Formensprache und nach Verwendung bodenständiger Elemente und Materialien, kommt aber in den hohen rundbogigen Terrassentüren, in der strengen Gliederung der Fassade wie in der breitgelagerten Terrasse mit symmetrisch angeordneten kleinen Pavillons auch dem Wunsch nach repräsentativer Gestaltung nach. Im Vergleich zu den älteren Villenbauten an der Höhenbergstraße wird bei diesem Bau der zwanziger Jahre jedoch eine viel privatere, fast heiter gestimmte Grundhaltung deutlich.

Feldafing, Höhenbergstraße 15

Höhenbergstraße 20, Villa Engelhorn

Höhenbergstraße 20, Remise

Feldafing, Höhenbergstraße 15, Parkvilla

Feldafing, Höhenbergstraße 20, Parktor der Villa Engelhorn

Höhenbergstraße 31. *Villa Waldbertha,* malerischer asymmetrischer Bau mit großem ostseitigem Giebel, eingestelltem Belvedereturm, Loggien, Erkern und Terrasse in historisierenden Formen, erbaut 1901/02 von G. Baierle für den Bankier Bernhard Schuler, 1903 Verleger A. W. Sythoff; Parkanlage, 1863ff. (ehem. Teil des Feldafinger Lenné-Parks), z.T. neugestaltet im spätromantischen Gartenstil, um 1902; steinerne Bank mit Figuren der Flora, des Tages und der Nacht, 1907 von Karl Kiefer; Einfriedungsmauer mit Jugendstil-Eisenzaun an der Thurn-und-Taxis-Straße 1907 von A. Thunig; Gewächshaus, erdgeschossiger Walmdachbau, 1907 von Johann Steidele.

Die sehr repräsentativ angelegte Villa ist noch heute von großen Teilen des Sees aus gut sichtbar und bildete ursprünglich mit den anderen, zum Teil schon verdeckten Villen der Höhenbergkolonie eine Kulisse von großer landschaftsprägender Wirkung. Der Turm mit seiner doppelten Aussichtsmöglichkeit über die gesamte Landschaft sowie das Obergeschoß zeigen Motive des Schweizerhauses. Die durch den steil abfallenden Hang bedingte Steilheit des Gebäudes wird durch ein starkes Sockelgeschoß aus Bruchsteinmauerwerk gemildert, das oben eine große Terrasse trägt und im unteren Teil sich zu einem kühlen, schattigen Freisitz öffnet. Darüber erhebt sich wie auf einer Plattform der Landhausbau, der mit seiner Verbindung von dunklem Holz und hellem Mauerwerk, der Anordnung verschiedener Altanen und Balkone sowie dem aufragenden Turm ausgesprochen pittoresk wirkt.

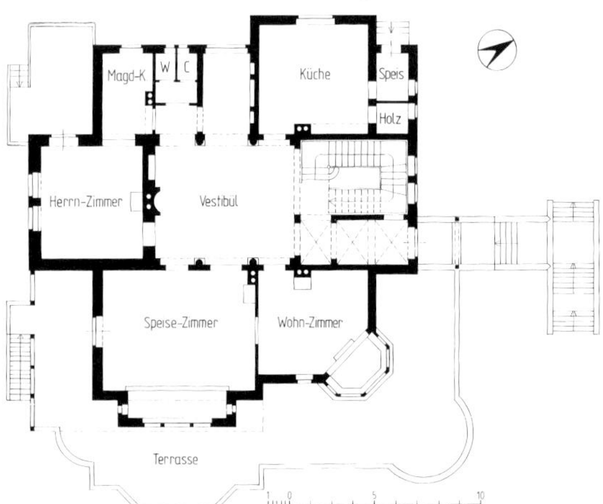

Höhenbergstraße 31, Erdgeschoß

Im Inneren ist die Villa mit großzügigen Raumfolgen ausgestattet. Von einem weiträumigen Vestibül sind die einzelnen Wohn- und Gesellschaftsräume zu betreten. Von hier aus führt auch das Treppenhaus nach oben. In den verschiedenen Räumen hat sich die ursprüngliche Ausstattung (Böden, Decken, Türen und Fenster, Kachelöfen) erhalten. Die Stadt München, welcher die Villa heute gehört, hat sie zu einer Wohn- und Begegnungsstätte für Künstler (ähnlich der Villa Massimo in Rom) gestaltet und die Erdgeschoßräume im Stil der Zeit eingerichtet.

Der Park gehört mit seiner Ausstattung (Parkbank von Karl Kiefer, Brunnen u.a.) zu den am besten erhaltenen Anlagen am Höhenberg. Die zugehörigen Nebengebäude (u.a. Gärtnerhaus, Gewächshaus) sind in ursprünglicher Form erhalten und überliefern den Zusammenhang zwischen Villa, Park und Gärtnerei, die einerseits die Parkanlage zu pflegen hatte, andererseits auch den Eigenbedarf im Sinne einer kleinen Landwirtschaft deckte.

Feldafing, Höhenbergstraße 31 (Villa Waldbertha)

Höhenbergstraße 31, Parkbank von K. Kiefer

Höhenbergstraße 31, Einfriedungsmauer

Blick vom Belvedereturm der Villa Waldbertha

Höhenbergstraße 31 (Villa Waldbertha), Loggia

Villa Waldbertha, Herrenzimmer

Villa Waldbertha, Vestibül

Villa Waldbertha, Treppenhaus

Höhenbergstraße 35. *Villa Carl,* vornehmer Mansarddachbau in Formen des reduzierten Historismus, mit Schweifgiebel-Zwerchhaus und Klinkerziegel-Gliederungen, 1910/12 von Richard Riemerschmid; mit historischer Jugendstil-Ausstattung; mit Parkanlage, 1863 ff. (ehem. Teil des Feldafinger Lenné-Parks), z. T. umgestaltet nach 1910, Nutzgarten von Riemerschmid angelegt.

Villa Carl, Grundriß (EG)

Die Villa Dr. Carl ist ein in einmaliger Ausprägung erhaltenes Beispiel für ein bis in das letzte Detail durchdachtes und durchgehaltenes künstlerisches Konzept. Schon die Stellung des Gebäudes in der Landschaft, mit Blick auf See und Alpenkette, sowie seine Beziehung zum sorgfältig konzipierten Garten beweisen das hohe Einfühlungsvermögen Riemerschmids und sind ein Beispiel für das neue Landschaftsbewußtsein der Zeit. Die Gartenseite des schlichten Baukörpers wird nur von einem Schweifgiebel betont, der die großflächigen Fenster eines Ateliers bzw. eines Labors enthält. Ein angebautes Salettl führt zur Terrasse mit einer Freitreppe in den Garten. Im Inneren ist die Idee einer das ganze Leben im Haus umspannenden, einheitlich gestalteten Einrichtung in exemplarischer Weise verwirklicht und ohne jede Einbuße erhalten. Das erstreckte sich nicht nur auf die Ausarbeitung aller Ausstattungsdetails (Türen, Fenster, Küche, Dampfheizungsverkleidungen u. a.) und auf den Entwurf des gesamten Mobiliars, sondern reichte bis in Details wie Wandvertäfelungen, Vorhänge, Deckenleuchten, Beschläge, ja bis zu eigens entworfenen Geschirrteilen. Man könnte das Haus als Gesamtkunstwerk bezeichnen. Ebenfalls in einmaliger Weise noch erhalten ist die Verbindung mit einer kleinen Landwirtschaft (heute verpachtet), die einmal zum Idealbild des Landlebens gehörte.

Höhenbergstraße 40. Sog. *Pfistervilla,* stattlicher Bau mit Flachsatteldach. Giebel mit großer Nische und Hochbalkon, Veranda, Eckerkern, Putzgliederungen mit Jugendstildetails und bemalten Verbretterungen, 1898/99 von Eugen Drollinger für Kommerzienrat Otto von Pfister erbaut; erster Bau der von der Heilmann'schen Immobilien-Gesellschaft am Höhenberg errichteten Villenkolonie Feldafing.

Die Villa ist in leichter Schrägstellung in den Hang gesetzt und richtet sich mit zwei Schauseiten auf die weite Landschaft des Starnberger Sees und die Alpenkette. Die Anordnung verschiedener Erker und Balkone gehört auch hier wie-

Höhenbergstraße 40, Villa Pfister

Höhenbergstraße 35, Villa Carl, Eingang

Höhenbergstraße 35, Villa Carl

Höhenbergstraße 35, Villa Carl, Speisezimmer

Villa Carl, Wohnraum

der zu den Wesensmerkmalen einer Landvilla am See wie zur Bauweise Drollingers. Die Verbretterung des Giebels und die Fensterläden waren ursprünglich mit farbigem Dekor im Sinn einer «malerischen» Fassadengestaltung versehen, die Westseite schützt ein Schirm aus kleinen Schuppenschindeln. Das Haus wird von rückwärts durch einen breiten, mit einem Stichkappengewölbe versehenen Flur erschlossen, von dem auch das Treppenhaus abzweigt. Die Erdgeschoßräume haben z.T. noch die ursprüngliche Ausstattung (Türen, Wandverkleidungen, Kassettendecken). Die Fenster sind inzwischen stark vereinfacht worden.

Johann-Biersack-Straße 15. *Villa Wilisch,* im oberbayerischen Landhausstil des Spätklassizismus, mit Flachsatteldach, Putzbändern, Holzbalkon auf Stützen, eisernem Gitterzaun vor dem Haus, erbaut 1896.

Ein Vertreter des schlichten, bürgerlichen Landhauses des 19. Jh., welches sich in logischer Fortentwicklung vom biedermeierlichen Bauernhaus ableitete und hauptsächlich von den einheimischen Landbaumeistern wie Biersack, Wannerstorfer oder Fischhaber vertreten wurde. Der strengen äußeren Gliederung entsprach eine einfache, anspruchslose Raumfolge im Inneren. Auch der Garten war eher von bescheidener, biedermeierlicher Idylle erfüllt als vom Willen zu streng gestaltetem, repräsentativem Ambiente.

Johann-Biersack-Straße 17. *Villa,* Walmdachbau mit asymmetrischem Schopfwalmgiebel-Risalit und kurzem Nordflügel, vorkragendes Dach über Zierbundwerk, hölzerne Veranda, erbaut 1895.

Das Landhaus zeigt die in den neunziger Jahren noch für viele Architekten charakteristische Anwendung von Zierbundwerk zur malerischen Steigerung der Fassade sowie die bogenförmige Giebelzier im «Schweizerhausstil». Die Gartenanlage ist bürgerlich bescheiden.

Kalvarienbergstraße. *Kalvarienberg,* 14 Stationshäuschen in Gußeisen, mit Tonreliefs; auf dem Gipfel Kreuzgruppe in Zinkguß; 1864–91.

Der Kalvarienberg wurde in 25-jähriger Arbeit von Pfarrer und Dekan Dr. Clos bis 1888 angelegt und 1891 geweiht. Die Darstellung der Kreuzigungsgruppe folgt bis ins Detail den Visionen der Katharina Emmerich (aufgezeichnet von Clemens v. Brentano). Sogar die Erdspalte, die sich beim Tode Christi auftat, ist zwischen dem Kreuz Christi und dem des Schächers zur Linken angedeutet. Die gußeisernen Kreuzwegstationen (Entwürfe von Architekt Johann Marggraff, Reliefs von Bildhauer Prechel) wurden u.a. von Reichsrat Ritter von Maffei, Kommerzienrat Max Kustermann, Hotelier Strauch, Gabriel Sedlmayr (Spatenbräu), Dekan Clos, dem Fürsten Thurn und Taxis und von Kaiserin Elisabeth gestiftet. Die ehemals gerühmte Fernsicht ist heute durch die hohen Bäume verstellt.

Wegweiser «Zum Calvarienberge», Gußeisen, nach 1862, Ecke Wielinger-Kalvarienbergstraße.

Kapellenweg 4. *Villa Niggl,* im oberbayerischen Landhausstil des Spätklassizismus mit Flachsatteldach, hölzernem Balkonvorbau, hölzernen Details in der Dachzone und Putzgliederungen, erbaut 1871.

Charakteristisch für diesen mehr bürgerlich geprägten, schlichteren Landhaustyp, der in abgewandelten Formen so häufig rund um den See vorkommt, ist die zu einer Einheit zusammengefaßte Kombination von zweigeschossiger Veranda und Hochlaube. Die damit einst wohl erreichte Fernsicht ist inzwischen durch die hochgewachsenen Bäume der umgebenden Parkanlagen weitgehend verstellt. Die rückwärtige Veranda mit darüberliegendem Balkon ist neuzeitlich. Das Haus wurde von Johann Steidele gebaut.

Kapellenweg 6. *Villa Jordan,* spätklassizistisch und im Landhausstil, mit Giebelrisalit am Süd- und turmartigem Risalit am Nordteil des Trakts, erbaut 1885.

Der Bau, der in Sichtziegelmauerwerk (hell gebrannte Klinker) mit Putzbändern ausgeführt ist, wurde in seiner Außenerscheinung bereits etwas reduziert und wirkt deshalb in seinen Formen und Fassadenflächen etwas nüchtern. Vor allem fehlen z.T. die Fensterläden, welche die Fassade farblich belebten. Der nördliche Risalit war ursprünglich mit einer flachen Kuppel versehen. Die kräftigen Eckrisalite verschleiern geschickt, daß sich das ebenerdige Haus auf der Gartenseite zum zweigeschossigen erweitert. Das abfallende Gelände ermöglichte, wie häufig bei den Hanglagen am Starnberger See, die Anordnung von untergeordneten Räumen wie Küche, Waschküche, Bügelzimmer, Mädchenzimmer im Souterrain.

Kirchplatz 4. *Gußeisenplatte,* 1696; in die Hausfront eingelassen.

Feldafing, Kapellenweg 4

Feldafing, Kapellenweg 6

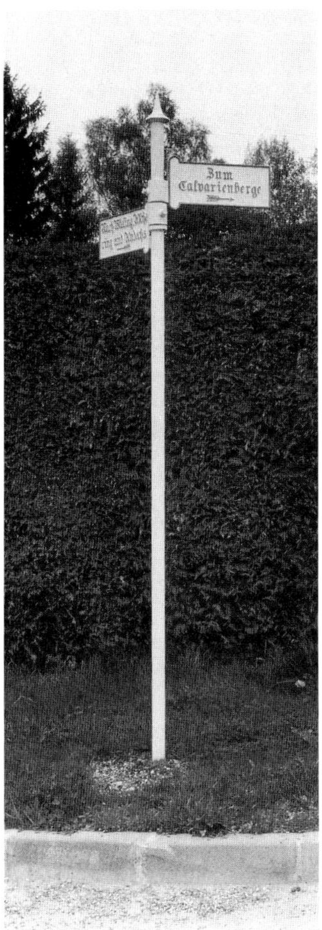

Wegweiser zum Kalvarienberg

Feldafing, Kalvarienberg (Kreuzwegstation)

J.-Biersack-Straße 15

J.-Biersack-Straße 17

Feldafing, Kalvarienberg

Kirchplatz 4, Gußeisenplatte

Kirchplatz 10. *Kath. Filialkirche St. Peter und Paul* (Alte Pfarrkirche), im Kern 1401, erneuert 2. Hälfte 17. Jh. und 18. Jh., Turm 1833 und 1890, Langhauserweiterung 1896 von Prof. Schmid; mit Ausstattung; aufgelassener Friedhof mit eiserner Einfriedung.

Der Bau bewahrt als ehemalige Pfarrkirche des Dorfes Feldafing eine bedeutende historische und städtebauliche Funktion. Er markiert die Mitte des Ortskerns, der zwar in einigen wenigen (stark veränderten) Gebäuden gerade noch ablesbar, in seinem ursprünglichen Bild jedoch weitgehend verloren ist. Die Bedeutung der Kirche für den Ort, der sonst weder durch eine besondere Straßenführung noch durch ein herausragendes Gebäude gegliedert und akzentuiert wird, ist evident. Sie stellt zudem einen für das gesamte umgebende Straßennetz wertvollen optischen Flucht- und Zielpunkt dar. Der Kirchenbau, der Überlieferung nach 1401 eingeweiht, zeigt sich heute im wesentlichen in der durch den Umbau von 1896/98 gewonnenen Form. Während im Blick auf den Chor noch recht gut die ursprüngliche gotische Anlage zu erkennen ist, entspricht die Westfassade ganz dem beabsichtigten Bild eines spätromanischen Kirchenbaus.
Das Innere überrascht mit einer in diesem Umfang im Landkreis einzigartigen einheitlichen Ausstattung im Stil der Neuromanik. Der Raum wird von einem weiten Tonnengewölbe überspannt. Er wird durch marmorierte Pilaster gegliedert und stark von einer Dekoration in dunklen, kräftigen Farben bestimmt, die aus breiten Bändern, aus textilen und floralen Mustern in den Zwickeln und Stichkappen sowie bildlichen Darstellungen in den Gewölbeflächen besteht. Der Hochaltar und die Seitenaltäre sind in Form eines romanisch-byzantinischen Kuppelhaus und in Form von Reliquienschreinen ausgebildet. Das Chorgestühl und das seitliche Oratorium entsprechen stilistisch. Die Kirchenbänke stammen noch aus dem frühen 18. Jh. Im Chor haben sich, in die Mauern eingelassen, noch acht Epitaphe der Garatshausener Hofmarksherrschaft (Weiler, Vieregg, La Rosée, 1599–1832) erhalten. Von der ehemaligen Ausstattung mit Glasfenstern konnten noch zwei von der Kaiserin Elisabeth und ihrer Schwester Helene von Thurn und Taxis gestiftete Fenster gerettet werden.

Feldafing, Alte Kath. Pfarrkirche und Kirchplatz 11

Kirchplatz 11. *Bäckerei Jakob,* ehem. Feldafinger Taverne, mit Flachsatteldach, Nordteil des Ostgiebels vorgezogen (ehem. mit Walmdach), an der Nordseite des Hauses Erker, im Kern 1613, Umbauten 1856 und modern.

Das Haus markiert zusammen mit der Kirche das alte Ortszentrum und besitzt daher eine hervorragende städtebauliche Bedeutung, vor allem für den Blick von der Possenhofener Straße her. Die historische Hausform der Taverne ist durch eine Zeichnung von Lorenz Quaglio (1854) dokumentiert.

Königinstraße 4. *Strandbad Feldafing,* zentraler Haupt- und Kassenbau, hölzerne Kabinentrakte, 1927.

Feldafing, Strandbad

Feldafing, Alte Kath. Pfarrkirche St. Peter und Paul

Alte Kath. Pfarrkirche, Kirchenfenster der hl. Elisabeth

Alte Pfarrkirche, Blick in den Chor

Maffeistraße 6. *Villa Hutschenreuther,* im alpenländischen Landhausstil, mit Flachsatteldach, erkerartig vorgezogenem Mittelteil mit hölzernem Belvedere-Aufbau, hölzernen Balkons und Giebelrisalit an der Nordseite, 1903 von Johann Biersack für Kommerzienrat Victor Hutschenreuther erbaut.

Die Villa gehört an sich in die Reihe der in einfacheren, bodenständigen Formen gebauten Landhäuser, erweist sich aber durch ihre Größe und die aufwendige Anlage von Veranda, Balkon und Hochlaube, die hier in extremer Weise als Aussichtsplattformen ausgebildet sind, als herrschaftlicher Bau. Der umlaufende Balkon ist bereits etwas vereinfacht. Die zugehörige Gartenanlage wurde stark dezimiert; rückwärts existiert jedoch noch das zugehörige hübsche Gärtnerhaus mit Wagenremise (Maffeistr. 2, zu einem Wohnhaus ausgebaut), das sich in der Gestaltung deutlich als nachgeordnetes Gebäude von der Villa absetzt.

Parkstraße 6. *Villa Steidele,* mit Walmdach, Giebelrisalit an der Süd- und Zwerchgiebel mit Hochbalkon an der Westseite, mit Erkern und Putzgliederungen, 1904 von Johann Steidele; Garteneinfriedung gleichzeitig.

Die Villa erbaute der Tutzinger Baumeister Steidele für sich selbst. Sie ist mit Ausnahme verschiedener Details noch unverändert erhalten. Obwohl das Haus schon jenseits des Höhenbergs liegt und keinen Ausblick mehr auf See und Gebirge, auch keinen auf eine andere, besonders bemerkenswerte Landschaft hat, verfügt es reichlich über die offenbar für ein Landhaus unentbehrlichen Motive von Balkon und Erker.

Possenhofener Straße 33. *Kugelmüllerhaus,* ehem. Bauern- und Fischeranwesen, Einfirstanlage mit Flachsatteldach, hölzerne Laube und Balkon auf Stützen, Segmentbogenfenster, geschnitzte Tür, bez. 1870.

Pschorrstr. 9. Ehem. *Villa Prange,* mit Walmdach, Belvedereturm und ionischem Portikus über zwei Geschosse an der Ostseite, 1903/04 von G. Baierle für den Zahnarzt Dr. Christensen erbaut; Baukörper in den dreißiger Jahren nach Süden verlängert; Gebäude 1986 innen vollständig umgebaut, außen durchgreifend erneuert und ergänzt.

Die Villa war ursprünglich bedeutend kleiner. Sie besaß links und rechts des Portikus, der als ausgeprägtes Würdezeichen die Mitte der Fassade betonte, nur eine Fensterachse. Der Bau wirkte so viel geschlossener und ausgewogener. Auch der Belvedereturm, der die Südwestecke betonte, kam dabei besser zur Geltung. Das Haus wurde im Inneren durch wiederholte Umbauten weitgehend verändert. Die letzte Renovierung hat durch weitere Umbauten, wenig fachgerechte Erneuerungen verschiedener Details (Fenster) und eine modische, unadäquate Gestaltung des gärtnerischen Ambiente den Wert der Villa auch im Äußeren stark reduziert.

Rat-Jung-Straße 22. *Wohnhaus,* malerisch im Landhausstil, mit steilem Schopfwalmdach, Fachwerkgiebel-Risalit, vorgebautem Eingang und kleinem Giebelausbau, 1909 von Xaver Knittel für sich selbst erbaut.

Diese dritte Architektenvilla (neben den Häusern für Biersack und Steidele) in Feldafing zeigt eine starke Durchformung des Baukörpers, der scheinbar aus ineinandergreifenden und aneinanderstoßenden Teilen besteht. Der wie mit allmählich hinzugewachsenen Anbauten wirkende Bau war malerisch gedacht. Diese Gestaltungsidee wird durch die Auflösung von Mauerflächen mit dekorativen, farbigen Fachwerkkonstruktionen noch bedeutend verstärkt. Sie ist charakteristisch für die Bauweise Knittels.

Schluchtweg 2. *Villa Bonn,* Mansarddachbau, mit Gauben und Lisenengliederungen, modern-barockisierend, 1914.

Der in strenger Schlichtheit gehaltene Bau wird nur durch einen kleinen Dreiecksgiebel betont sowie durch flache Lisenen und paarweise gruppierte Fenster etwas gegliedert. Die seitliche, verglaste Veranda und der Balkon dürften (in dieser Form) spätere Zutaten sein.

Schluchtweg 9. Sog. *«Altes Polizeihaus»,* Obergeschoß in unverputztem Backstein, flachgeneigtes Satteldach, geschnitzte Fensterbekrönungen und Haustüren, Lauben mit Aussägearbeiten, 1845.

Schluchtweg 12. Ehem. *Bauernhaus zum Tonischuster,* im Kern um 1700, z.T. Blockbau, Verputz 1. Hälfte 19. Jh., Dachaufbau 19./20. Jh.

Das ursprüngliche Flachdach dürfte knapp über der Fensterreihe des Obergeschosses angesetzt haben. Die Erhöhung des Hauses (etwa um den heute verbretterten Giebelteil) hat die historischen Proportionen stark verändert.

Maffeistraße 6

Rat-Jung-Straße 22

Schluchtweg 9

Schluchtweg 12

Possenhofener Straße 33, Kugelmüller

Parkstraße 6, Villa Steidele

Pschorrstraße 9, Brunnen

Schluchtweg 2, Villa Bonn

Pschorrstraße 9, ehemalige Villa Prange (vor dem letzten Umbau)

Seestraße. 2. Ehem. *Villa Maffei,* asymmetrischer malerischer Zweiflügelbau, barockisierend, mit eingestelltem Rundturm, Eckerker, Balkons, Terrasse, 1901 von Emanuel Seidl für Reichsrat Hugo von Maffei erbaut; Parkanlage im spätromantischen Gartenstil; Parkeinfriedung mit eisernem Tor und Zaun, gleichzeitig; Gärtner-, Gewächs- und Garagenhaus, gleichzeitig.

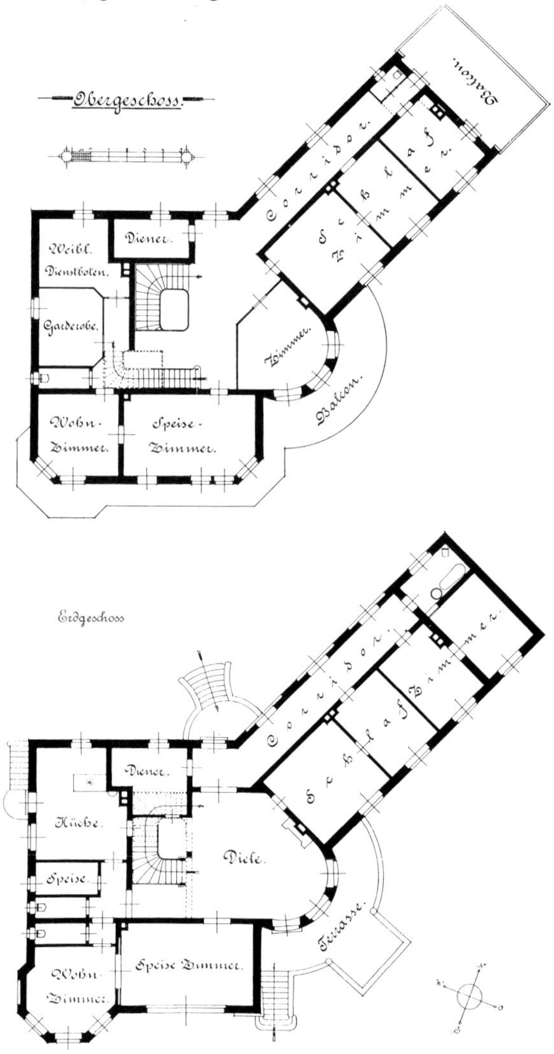

Villa Maffei, Grundrisse EG und OG

Die Villa steht an der Stelle eines in bodenständiger Form gebauten Landhauses, das mit dem Giebel nach Osten, zum See hin, orientiert war. Dazu gehörten eine weitläufige, mit Spazierwegen und Baumgruppen locker gestaltete Parkanlage sowie ein großer Blumen- und Gemüsegarten. Die abgewinkelte Form des nachfolgenden Seidl-Baus war aus Gründen der optimalen Einpassung in die Landschaft und in die bestehenden alten Baumgruppen erforderlich. Sie entsprach aber auch den Intentionen Seidls, dem damit über das Gelenk des eingestellten Rundturms die ebenso malerische wie unaufdringliche Gruppierung einer großen Baumasse gelang. Gleichzeitig erreichte er eine geschickte Trennung der wichtigsten Funktionen in einen Teil mit den Wohn- und Repräsentationsräumen und einen mit den Schlafräumen. Die Villa wird rückwärts über einen für Seidl's Baustil charakteristischen Eingang betreten. Von einem großräumigen Vestibül (ursprüngliche Ausstattung mit Kamin, Wandverkleidung und Stuckdecke) zweigen die Repräsentationsräume des Erdgeschosses (z. T. noch mit originaler Balkendecke) und das aufwendige Treppenhaus ab. Der Bau hat im Lauf der Zeit einige Details eingebüßt. Auch die Parkanlage ist stark vereinfacht worden.

Seestraße 16. Ehem. *Villa Siedhoff (Villa Rosa),* spätklassizistischer Bau mit Flachwalmdach, Lisenengliederungen, Dreiecksgiebelrisalit auf der Südseite, offenem Eingangs-Vorbau über Säulen, 1870 von Johann Biersack für sich selbst, dann für die Münchner Geldleiherin Adele Spitzeder erbaut (Veranda an der Ostseite 1935 von Xaver Knittl); mit Parkanlage, 19. Jh.

Das Haus überliefert mit seinem geschlossenen Kubus das Idealbild eines klassizistischen Villenbaus und läßt noch gut die Herkunft der um die Jahrhundertmitte tätigen Landbaumeister aus diesem Stilkreis erkennen. Es wurde beim Bau um 90° gedreht. Der Dreiecksgiebelrisalit war ursprünglich mit Sicht nach Osten, zum See hin, geplant. Er sollte dabei sehr viel weiter aus dem Baukörper heraustreten und zwischen freistehenden Säulen Balkone aufnehmen. Auch sonst, etwa bei der Gestaltung der Fenster, wurde der Entwurf etwas vereinfacht. Die Villa, die lange leer stand und dem Verfall preisgegeben war, wurde 1987 grundlegend renoviert. Auch der Park soll wieder in seiner ursprünglichen Form erneuert werden.

Pschorrbrunnen, an der Seestraße, gemauerte Nische mit Brunnenbecken, 1913.

Kaiserin Elisabeth soll bei ihren Aufenthalten in Feldafing jeden Tag einen Krug frischen Wassers aus dieser Quelle erhalten haben. Die Quellfassung wurde 1887 angelegt und 1913 in der gegenwärtigen Form erneuert. Der Brunnen trägt den Spruch: «Klar wie dieses Wässerlein möge Deine Seele sein».

Seestraße 2, ehemalige Villa Maffei

Seestraße 2, ehemalige Villa Maffei, Diele

Feldafing, Seestraße 2, ehemalige Villa Maffei

Seestraße 16, Villa Rosa

Seestraße, Pschorrbrunnen

Seewiesstraße 65. *Villa Seewies,* vornehme modern-barockisierende Anlage, Details im Jugendstil, mit Mansarddach, 1912/13 von Gustav v. Kube; jetzt Caritasheim; Ausbau der Terrasse 1936; mit historischer Ausstattung; großer Park im Stil englischer Landschaftsgärten.

Die Villa wurde für den Direktor der russischen Lloydgesellschaft in Petersburg, Gustav Tschernikow, erbaut. Sein Vermögen hatte er vom Vater, einem wohlhabenden Unternehmer, geerbt. Die Villa steht inmitten eines ursprünglich fast 25 ha großen Parks im oberen Teil eines weiten, leicht abfallenden Wiesenplans. Weiter oben, am Rande des Eichgrabens, entstanden ein Hausmeisterhaus, eine Gärtnerei und die Wagenremise. Der ungewöhnlich stattliche Bau mit seinem mächtigen Mansarddach wird durch einen Balkonvorbau und einen Schweifgiebel in der Mitte betont. Dem entsprechen die seitlichen, auf Steinsäulen gestellten Altanen. Die ruhige, noble Fassade mit ihrer strengen, nur von sparsamem Zopfdekor etwas aufgelockerten Ordnung sowie die große Terrasse mit der zugehörigen Freitreppenanlage erheben einen hohen architektonischen und repräsentativen An-

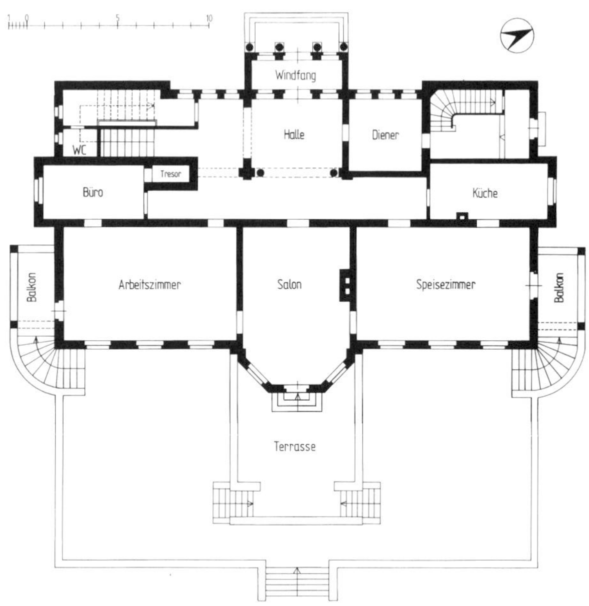

Seewies, Grundriß, EG

spruch. Er wird durch das beachtliche Niveau der handwerklichen Ausführung der verschiedenen Details bestätigt. Der Schauseite ist hier, im Gegensatz zu einigen Villen des Späthistorismus, eine gleichwertige Rückseite gegenübergestellt. Das Innere überrascht durch die Großzügigkeit der Raumfolge und die ungewöhnlich reiche Ausstattung. Schon das Portal und das anschließende Vestibül schlagen ein gestalterisches und handwerkliches Niveau an, das bis in die Details (z. B. Türgriffe) durchgehalten wird. Die im Erdgeschoß liegenden Repräsentationsräume sind durchwegs in hoher Qualität ausgestattet. Tschernikow ließ die Wandverkleidungen und Einbauten (für den Speisesaal, den Musiksalon, die Bibliothek u. a.) in Rußland aus feinsten Hölzern herstellen. Von ortsansässigen Handwerkern wurden sie dann eingebaut. – Als die Villa nach dem Zweiten Weltkrieg vom Dritten Orden erworben und in ein Erholungsheim umgewandelt wurde, mußten die Räume z. T. umgewidmet, z. T. umgebaut werden. So wurde der in der Mittelachse der Villa (Erker) liegende Musiksalon in eine Kapelle verwandelt, wobei die feste Einrichtung (Decken, Wandverkleidung, Kamin) soweit wie möglich erhalten wurde.

Seewies, oberes Treppenhaus (OG)

Seewies, Vestibül und Treppenhaus

Seewies, Villa Seewies, Parkseite

Seewies, Speisezimmer

Seewies, Rückseite mit Eingang

Seewies, Ausstattungsdetail

Seewies, Ausstattungsdetail

Seewies, Eingangstüre

Siemensstraße 11. *Villa Albart bzw. Pemsel,* mit großem Steilsatteldach, Erkerausbauten und Zierfachwerk, erbaut 1900.

Zur Villa gehörte ursprünglich eine der weitläufigsten Parkanlagen der Höhenberg-Kolonie. Das Haus, das von den Gebrüdern Rank entworfen wurde, hat bereits viele wertvolle Details verloren. Nur der aufwendig gestaltete Giebel läßt noch etwas vom ehemaligen Entwurf ahnen. Dennoch ist der einstige herrschaftliche Anspruch gut ablesbar geblieben. Ein neuer Bebauungsplan, nach dem die Parkanlage noch weiter, bis an den unmittelbaren Umgriff der Villa heran, zerstückelt und verbaut werden soll, macht den Niedergang dieser hochbedeutenden Kulturlandschaft der Jahr hundertwende schmerzlich sichtbar.

Thurn-und-Taxis-Straße 11. Ehem. *Villa Pschorr,* dann Landschulheim Dr. Greite, malerisch gruppierter stattlicher Bau, Nordteil mit Steilwalmdach, Eckturm, Veranda, Erkern und Gauben, 1903 (Südteil 1957); mit Garteneinfriedung (Ostseite des Grundstücks), 1902 von Eugen Drollinger für Kommerzienrat Joseph Pschorr erbaut.

Die Villa ist Beispiel für eine etwas eklektizistische Anreicherung mit architektonischen Motiven und Details, welche die pittoreske Gesamtwirkung steigern sollten. Dahinter steht das gesteigerte Repräsentationsbedürfnis des reichen Großbürgertums des ausgehenden 19. Jh. Allerdings hat die Villa bereits viele wertvolle Details eingebüßt, was dem Bau etwas von seinem malerischen Reiz genommen hat. Auch im Inneren sind nur noch wenige Ausstattungsdetails übrig geblieben.

Thurn-und-Taxis-Straße 13. *Villa,* mit Mansarddach, Eckerkerturm, Veranda an der Seeseite, Jugendstil-Putzdekor, 1902 von Eugen Drollinger erbaut.

Die Villa wurde für den Münchner Hofopernsänger Fritz Feinhals erbaut. Sie besitzt im Inneren eine Reihe schöner Ausstattungsdetails, u.a. ein elegantes, großräumiges Treppenhaus auf der Rückseite.

Tutzinger Straße 2, 4 und 6. *Hotel Kaiserin Elisabeth,* stattlicher viergeschossiger Langbau mit Flachsatteldach und großer Hotelterrasse an der Südseite, erbaut 1854; Umbauten 1874 durch Johann Biersack, 1900, in den 20er und 30er Jahren; Hotelpark, im romantischen Gartenstil, wohl um 1876 angelegt; Marmordenkmal der Kaiserin Elisabeth von Österreich, 1905 von Karl Wilfert d.J., bis 1925 in Franzensbad aufgestellt; Garagen- und Bedienstetenbau des Hotels, Langtrakt mit Flachsatteldach, Obergeschoß mit Holzverschalung und hölzerner Laube, um 1900.

Das Hotel steht an der Stelle eines Gasthofes, der schon um die Mitte des 19. Jh. die ersten Touristen aufnahm, die in Feldafing die Sommerfrische genießen wollten. Unter dem bekannten Hotelier Strauch wurde er zum großen, leistungsfähigen Hotel ausgebaut, zu einem der führenden Häuser am Starnberger See. Berühmt wurde es vor allem durch den alljährlichen Sommeraufenthalt der Kaiserin Elisabeth von Österreich, die hier mit großem Gefolge logierte, um näher bei Possenhofen und Garatshausen sein zu können. Die Ausstattung des Hauses kam den Ansprüchen hoher und höchster Gäste entgegen. Davon ist leider viel verlorengegangen. Außer einigen Details in den Empfangsräumen sind noch der große, mit roten Stuckmarmorsäulen ausgestattete Speisesaal und die überdachte Veranda mit ihrer einst gerühmten

Feldafing, Siemensstraße 11, ehemalige Villa Pemsel

Feldafing, Thurn-und-Taxis-Straße 11, Villa Pschorr

Hotel Kaiserin Elisabeth, historische Aufnahme um 1930

Hotel Kaiserin Elisabeth, Speisesaal

Feldafing, Hotel Kaiserin Elisabeth

Hotel Kaiserin Elisabeth, Remise

Thurn-und-Taxis-Straße 13, ehem. Villa Feinhals

Hotel Kaiserin Elisabeth, Pferdestall

Sicht über den Lenné-Park, den See und das Alpenpanorama erhalten. In der Außenerscheinung wurde der Bau stark vereinfacht. So haben die Beseitigung der zwei Giebelrisalite an der Südseite bzw. der zwei seitlichen Zwerchgiebel an der Ostseite sowie die Vereinfachung der Balkone dem Bau einiges von seinem einstigen Charme genommen. In alter Form ist noch die rückwärtige Kutschenremise erhalten. Sie hat ihre wertvollsten dekorativen Details bewahrt und enthält einen kleinen, mit Kustermann-Gußeisenelementen ausgestatteten Pferdestall.

Tutzinger Straße. *Kapelle,* ursprünglich neugotisch, 1856; 1931 durch Johann Biersack modern barockisiert; an der Einmündung der Maffeistraße.

Tutzinger Straße. *Feldafinger Park,* weitläufige Anlage im englischen Gartenstil, nach Plan von Joseph Peter Lenné 1863ff. angelegt von Karl Effner für König Max II. von Bayern; zwei große Hausteine (Grundsteine?) als Reste des für Max II. geplanten, 1864 eingestellten großen Schloßbaus (in der Parkmitte unter einem Baum).

Nach dem Willen König Max II. sollte etwa auf Höhe der Roseninsel ein neues großes Schloß im Maximilianstil entstehen, zu dem August Voit die Entwürfe geliefert hatte. Als der König 1864 starb, wurde das Projekt jedoch aufgegeben. Die bereits fertiggestellten Grundmauern wurden wieder abgetragen. Der Park, mit dessen Anlage man schon 1854 begonnen hatte, war bis zu diesem Zeitpunkt allerdings schon weitgehend vollendet. Er enthält und bewahrt als eine der besten Schöpfungen der Zeit die wesentlichen Elemente eines Landschaftsparks nach englischem Vorbild, malerische Baumgruppen, womöglich mit unterschiedlicher Größe und Kronenbildung wie mit verschiedener Laubfärbung, überraschende Durchblicke auf den See, freie Wiesenflächen, Bachläufe und dem Gelände angepaßte Spazierwege. Einzelne ältere Bäume, vor allem Eichen, wurden sorgfältig integriert oder als Solitärbäume freigestellt.

Der Park wurde durch Zukäufe ständig erweitert, auch noch unter Ludwig II. 1879 umfaßte er 123 ha. 1898 wurden allerdings die westlich der Straße Feldafing-Garatshausen gelegenen Teile wieder abgetrennt und an die Heilmann'sche Immobiliengesellschaft verkauft, die hier eine Villenkolonie gründen wollte. 1926 wurde auf dem Parkgelände der Feldafinger Golfplatz angelegt.

Hotel Kaiserin Elisabeth, Denkmal im Park

Feldafing, Tutzinger Straße, Kapelle

Hotel Kaiserin Elisabeth, Blick von der Terrasse auf Lenné-Park und Gebirgskette

Feldafing, Tutzinger Straße, Lenné-Park

Garatshausen

Haus Nr. 1. *Schloß Garatshausen,* kleines Hofmarksschloß des 16. Jh. mit vier Ecktürmen, Ende 19. Jh. ausgebaut; mit Schloßkapelle und Einfriedungsmauer; Neues Schloß, neubarocke Dreiflügelanlage, jetzt Altersheim, westlich angebaut an das Alte Schloß, mit Verbindungsbau, 1888/89 von Max Schultze; Nebengebäude, neubarock, mit Verbindungsbau, um 1900; alle Gebäude mit Ausstattung.

1494 überließ Herzog Albrecht IV. dem Patrizier Hans Weiler einen Hof und zwei Mühlen in Garatshausen. 1565 erhielt Caspar Weiler für seine Besitzungen in Feldafing und Garatshausen das Hofmarksprivileg. Nachfolger der Weiler waren dann die Schrenk, dann um 1730 die Vieregg von Tutzing und 1765 die Grafen La Rosée. 1834 erwarb Herzog Max in Bayern nach Possenhofen auch Schloß und Hofmark Garatshausen. Diesem Besitz war auch noch die Hofmark Wieling angeschlossen. Von Herzog Max ging das Schloß 1862 an seine Tochter Marie über, die seit 1859 mit Franz II., König beider Sizilien, verheiratet war. Schließlich kam es 1888 durch Heirat ihrer Tochter an die Fürsten von Thurn und Taxis, in deren Besitz es sich noch heute befindet.

M. Wening, Garatshausen, Kupferstich 1701

Garatshausen, Altes Schloß, Eingang

Garatshausen, Schloßkapelle

Das Schloß ist ein Bau des frühen 16. Jh. Es hat seine äußere Erscheinungsform gut überliefert, wie Darstellungen aus dem 19. Jh. beweisen. Die bei Wening noch sichtbaren Zwiebelhauben der Türme und das steile Satteldach wurden bereits vor dem Besitzwechsel an Herzog Max (vielleicht sogar noch vor 1800) in ihre heutige Form übergeführt. Das Schloß ist ein viergeschossiger, annähernd quadratischer Bau mit vier Eckerkertürmen. Er steht in einem kleinen, heute zum See hin offenen Hof, der auf den drei Landseiten noch von einer alten Wehrmauer (wohl noch 16. Jh.) umgeben wird, die mit vier Ecktürmen besetzt ist. Damit wird eine Situation überliefert, wie es sie vielleicht auch bei Schloß Possenhofen und nachgewiesen bei den Schlössern Berg und Tutzing gegeben hat. Sehr wahrscheinlich wird in einem solchen mehrgeschossigen, wohnturmartigen Bau mit umgebender Wehrmauer der für das Herrenhaus und Hofmarksschloß des 16./17. Jh. am Starnberger See gültige Grundtyp erkennbar. Im Inneren wurde das Schloß während der Zeit des Fürsten Albert von Thurn und Taxis durchgreifend erneuert, so daß die ursprüngliche Ausstattung und auch die Raumfolge nicht mehr identifiziert werden können. Es wird vor allem

Garatshausen, Altes Schloß

Garatshausen, Neues Schloß, Schloßkapelle und Altes Schloß

nicht mehr, wie bei den meisten Hofmarksschlössern üblich, durch einen gewölbten Mittelgang und eine von dort ausgehende Treppe erschlossen. Der Eingang ist auf der Südseite, in den beiden westlichen Erkertürmen führen eine Herrschafts- und eine Dienerschaftstreppe (als Wendeltreppen ausgebildet) nach oben. Quer durch das Haus verläuft eine Tragmauer in Nord-Süd-Richtung. Sie schafft eine in allen Stockwerken identische Raumdisposition. Die seeseitige Gebäudehälfte wird stets in zwei gleich große Räume geteilt, die jeweils Anteil an den Erkertürmen haben. Die westliche Gebäudehälfte nimmt auf jedem Stockwerk die untergeordneten Räume auf. Im Erdgeschoß liegen heute die Gesellschaftsräume (Speisezimmer, Kaminzimmer), die Obergeschosse sind den Wohn- und Schlafräumen vorbehalten. Diese Grundrißgestaltung ist bereits auf einem Bauplan von 1871 vorhanden, kann also noch auf wesentlich früher liegende Änderungen zurückgehen. Von der ursprünglichen Raumgestaltung (vermutlich Gewölbe im Erdgeschoß, Kassettendecken in den Obergeschossen) ist nichts mehr überliefert. Nur im Erdgeschoß ist beim Eingang eine kleine gewölbte Vorhalle mit Kachelofen erhalten geblieben. Das oberste Geschoß enthält eine schöne Wand- und Deckenverkleidung aus Zedernholz (Zeit des Fürsten Albert).
Bei der Übernahme durch die Fürsten von Thurn und Taxis wurde das Schloß westlich durch den Bau des Neuen Schlosses erweitert. Dieses wurde nach dem Vorbild von Possenhofen über das Zwischenglied einer Schloßkapelle an den historischen Altbau angebunden. Der Entwurf für Schloß und Kapelle stammt von dem seit 1868 für das Haus Thurn und Taxis tätigen Hofarchitekten Max Schultze. Der langgestreckte Walmdachbau wird durch Eckrisalite gefaßt und optisch verkürzt. Dazwischen liegen der Eingang und je eine von den Eckrisaliten her betretbare Terrassen- und Balkoneinheit. Der rückwärtige, im rechten Winkel angesetzte Anbau (Küchenbau, Prinzentrakt) wurde später hinzugefügt.
Das Schloß wurde im Äußeren bereits stark reduziert. So wurde der Mitteleingang, der als Portal mit Pilastern und gebrochenem Giebel ausgebildet war, vereinfacht. Die beidseitigen Terrassen und Balkone waren ursprünglich in farbig gefaßter, leichter Holzkonstruktion ausgeführt und standen in reizvollem Kontrast zum Mauerwerk. Auch die Fenster (Fensterläden, Sprossenteilung) wurden zum Nachteil der Fassade verändert.
Im Neuen Schloß haben sich Reste der originalen Ausstattung erhalten. Die Eingangshalle (mit Kachelofen) hat ihre Form etwa bewahrt, im Übergang zum ehemaligen Küchentrakt ist ein großer weißer Kachelofen erhalten geblieben. Im östlichen Teil existieren noch das ehemalige Rosenzimmer mit Wandmalereien der Fürstin Margarete und der prunkvolle Spiegelsaal, im Stil des Neoklassizismus mit Elementen des Jugendstils (1910). Er wird von kannelierten Pilastern aus weißem Marmor gegliedert, die einen umlaufenden stuckierten Fries mit Symbolen der Jagd, der Weinlese und des bäuerlichen Lebens tragen. Die Pilaster sind mit Bronzemedaillons der Sternzeichen und des Fürstenpaares (Albert und Margarete) geschmückt. Die Zwischenräume füllen Spiegel und auf Bronze patinierte kupferbeschlagene Türen. Gartenseitig öffnet sich der Saal über eine Bogenöffnung mit jugendstilartigem Dekor in einen größeren Erker.
Die Kapelle besitzt noch die Ausstattung aus der Bauzeit.

Garatshausen, Neues Schloß

Garatshausen, Kachelofen im Neuen Schloß

Garatshausen, Neues Schloß, Vestibül und Treppenhaus

Garatshausen, Neues Schloß, Spiegelsaal (Blick zum Erker)

Garatshausen, Neues Schloß, Spiegelsaal

Wieling

Kapelle St. Nikolaus, mit Turm, um 1700; mit Ausstattung.

Der kleine Weiler, der Mitte des 18. Jh. aus vier Halbhöfen und einer Bausölde bestand, hat diese Struktur bis heute gut im vorzüglich erhaltenen Ortsbild überliefert. 1566 wurde dem Besitzer der Hofmark Garatshausen, Caspar Weiler, die Hofmarksgerechtigkeit für seinen Besitz in Wieling verliehen. Die geschlossene Hofmark war in der Folge stets mit Garatshausen verbunden.

Die Kapelle könnte mit Hinblick auf ihr Patrozinium eine Gründung der Grafen von Andechs sein. Dafür spricht auch, daß das zugehörige Widdum stets in Händen des Andechser Hausklosters Dießen war. Die Kapelle bildet, von allen Seiten sichtbar inmitten der Höfe gelegen, das Herz des Weilers. Sie ist ein Bau von bescheidenen Verhältnissen und wird außen nur durch den vor die Westfassade gestellten Zwiebelturm akzentuiert. Das Innere ist schlicht. Die flache, mit Stuckleisten dekorierte Tonne und die Wölbung des dreiseitig geschlossenen Chors ergeben einen leicht gedrückten Raumeindruck. Die Altarausstattung um 1800 enthält zwei kleine Figuren der 1. Hälfte des 18. Jh. und ein Gemälde im Nazarenerstil von N. Baur, 1855.

Haus Nr. 1. *Bauernhaus,* mit Kniestock und gestuftem Dachüberstand, profiliertem Geschoßgesims, Ecklisenen und Rundöffnungen im Giebel, um 1870.

Der Hof stellt eines der besten Beispiele der nach der Mitte des 19. Jh. im Landkreis entstandenen Bauernhausgeneration dar. Er zeigt noch einzelne Stilelemente der Maximilianszeit und war, im Vergleich zu den anderen Bauernhöfen der Zeit, sichtlich als vornehmer, repräsentativer Hof gedacht.

Wieling, Kapelle St. Nikolaus

Wieling, Kapelle St. Nikolaus

Wieling, Haus Nr. 1., Bauernhaus

Wörth (Roseninsel)

Roseninsel, unter König Max II. neugestaltet; sog. *Pompejanische Villa,* italienisierender Giebelbau mit kurzem Quertrakt und beigestelltem Belvedereturm, an der Nordseite hölzerne Terrassen-Laube, 1851/52 von Franz Jakob Kreuter für König Max II. erbaut, Bemalungen im pompejanischen Stil; mit Ausstattung; Parkanlage von Joseph Peter Lenné, 1853–56.

Die Villa steht auf uraltem Kulturboden. Die Insel scheint bereits seit dem Ende des Neolithikums infolge ihrer geschützten Lage im Uferbereich des Sees bewohnt gewesen zu sein. Funde bezeugen eine Anwesenheit von Menschen auch in den nachfolgenden Perioden der Bronze-, Urnenfelder- und Latènezeit. Allerdings wurden, als man beim Bau der Villa in größerem Umfang auf diese vorgeschichtlichen Spuren stieß, auch interessante Funde untergeschoben, wohl um die Bedeutung der Fundstelle noch zu erhöhen. Das nur unzureichend beschriebene und spärlich erhaltene Fundmaterial läßt deshalb eine genauere Aussage nur bedingt zu. Die alte kleine Inselkirche (St. Michael und St. Laurentius), auf Lithographien des 19. Jh. noch als Ruine zu sehen, ist heute verschwunden. Getilgt sind auch die Spuren des jahrhundertelangen Lebens der Fischer (Hoffischer) auf der Insel.

Die Insel trug ursprünglich den Namen «Wörth». Der Name Roseninsel geht auf das große, mit Tausenden von Rosen be-

Roseninsel mit sog. Pompejanischer Villa, Luftaufnahme 1986

Roseninsel, sogenannte Pompejanische Villa (Casino)

pflanzte Rondell östlich der Villa zurück. Ludwig II., der die Insel wie sein Vater gerne aufsuchte, ließ weitere Rosenbeete anlegen. Diese Anlagen sind heute nicht mehr erhalten, der zugehörige Park dagegen ist gut überliefert.

Max II. hatte die Insel 1850 aus dem Besitz der Grafen La Rosée erworben, um sich hier ein kleines Refugium einzurichten. Das «Kasino», neben dem Midgardhaus in Tutzing eines der frühesten und sicher das qualitätvollste Beispiel für eine Villa im italienischen Stil am Starnberger See, wurde von dem Gärtnerschüler Franz Jakob Kreuter geplant und bereits 1851/52 gebaut. Den Innenausbau übernahm Eduard Riedel, ebenfalls ein Schüler Gärtners. Der Bau ist mit seiner Schauseite auf die Alpenkette ausgerichtet. Auf der Ostseite schließt eine überdachte, hölzerne Veranda an, die auf drei Seiten offen und auf der Hausseite mit einer Wanddekoration im pompejanischen Stil versehen ist. Auf der verlängerten Achse ihrer Freitreppe lagen die berühmten Rosenbeete, die zu einem in konzentrischen Kreisen angelegten großen Rosenrondell führten. In dessen Zentrum stand eine 5 m hohe, mit weiß-blauen Glasflußeinlagen und einem vergoldeten Kapitell geschmückte Steinsäule. Von der Villa aus führten Wege durch den Park und zu den Schiffsanlegestellen.

Die Villa enthält im Erdgeschoß einen großen, annähernd quadratischen Gartensaal, der über große Glastüren Verbindung zur Veranda und zum Garten hat. Die Ausstattung besteht aus einem schönen Parkettboden, einer umlaufenden reichen Wandvertäfelung, einer Balkendecke mit zartfarbigem Schablonendekor und einem Kamin in Stuckmarmor mit Scagliolaeinlagen und einem weißen Keramikaufsatz. Über der Wandverkleidung ist eine Dekoration aus schwebenden mythologischen Figuren auf türkisblauem Fond angebracht. Nach Norden schließt ein kleineres Damenkabinett an, das ebenfalls Zugang zum Garten hat und dessen Decke im Stil der anderen Räume mit einem Rahmen und pflanzlichen Motiven sowie fliegenden Fasanen und Enten dekoriert ist. Über die Wendeltreppe im Turm erreicht man das Obergeschoß mit dem großen Speisesaal und dem nach Norden gelegenen Privatzimmer des Königs. Der Speisesaal, von dem man über den südlichen Balkon vor dem Hochwachsen der Bäume einen herrlichen Blick über den See und das Gebirge hatte, ist mit einer reichen Vertäfelung und einer vierteiligen, in der Art einer flachen Wölbung angelegten Kassettendecke ausgestattet. Die Vertäfelung der Längsseiten wird durch regelmäßig gestellte Doppelsäulen auf hohen Sockeln gegliedert. Zwischen ihnen liegen Fenster und Mauerflächen, die mit schwebenden mythologischen Figuren und Blattornamenten auf hellblauem Fond dekoriert sind. Die Säulen tragen kleine Konsolen, die ursprünglich mit Victorien von Franz Xaver Schwanthaler besetzt waren. Die beiden Stirnseiten sind reich mit pompejanischem Dekor geschmückt, an der nördlichen Stirnseite unterhalb des Fensters stand früher ein Kamin aus weißer Keramik, dessen Abdeckung von zwei Atlanten getragen wurde. Oben im Turm befindet sich ein kleines Turmzimmer mit Ausblick nach allen vier Himmelsrichtungen.

Archäologische Geländedenkmäler

Mindestens ein vorgeschichtlicher *Grabhügel,* ca. 1125 m ssw Kirche Feldafing. (Feldafing, Fl.-Nr. 234, SW 10–10)

Am w Rand des Beckens des Starnberger Sees, in flach nach O einfallendem Gelände. Von drei mittelgroßen Hügeln nur einer sauber gewölbt und begrenzt.

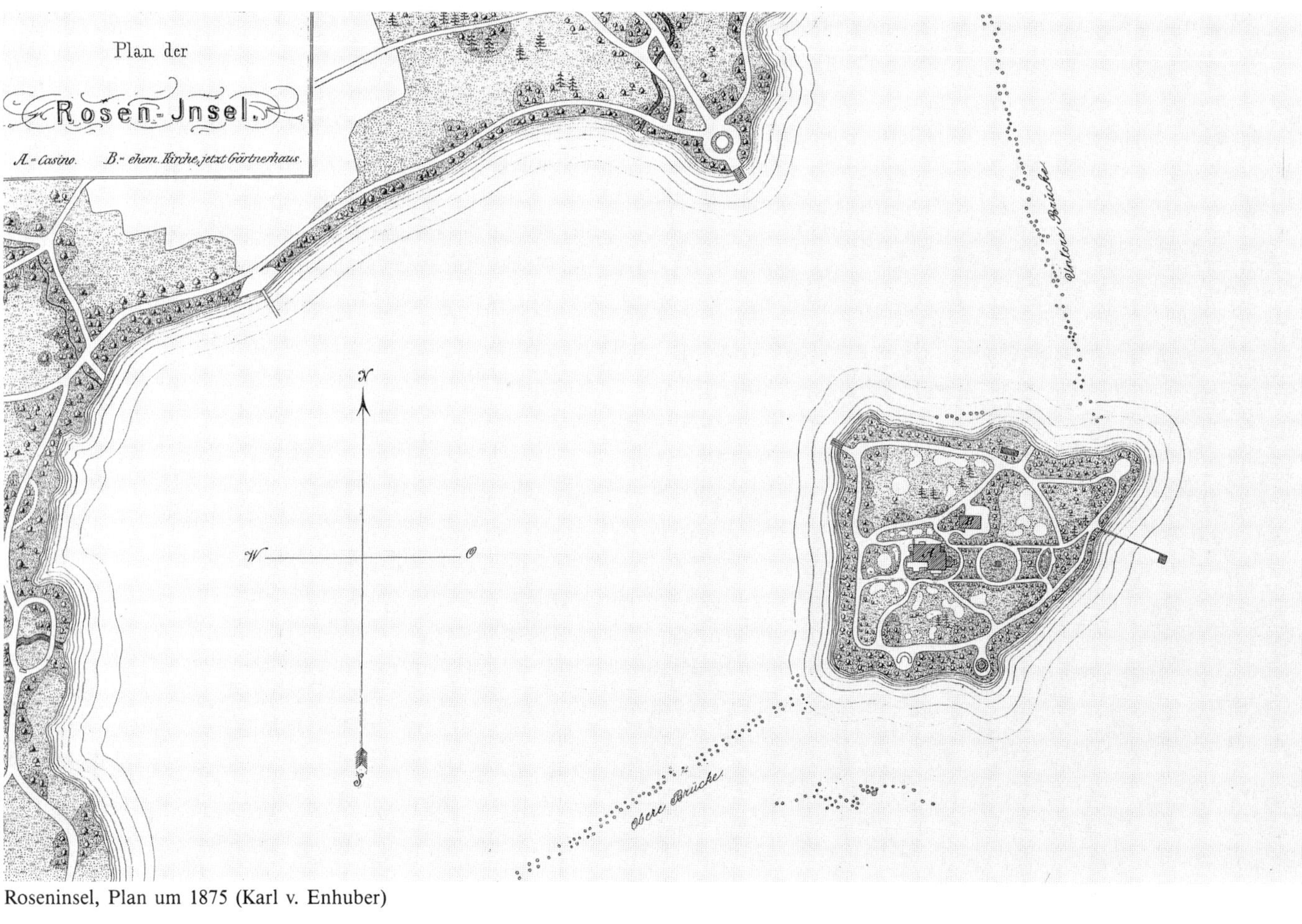

Roseninsel, Plan um 1875 (Karl v. Enhuber)

Roseninsel, Villa, Wandgemälde (Terrasse)

Roseninsel, Villa, Speisesaal im Obergeschoß

Gemeinde Gauting

Baudenkmäler

Gauting

Gauting gehört mit seiner langen Tradition, die bis in die Bronze- und die Urnenfelderzeit zurückreicht, zu den ältesten und bedeutendsten Siedlungsplätzen des Fünfseenlandes. Nach der Latènezeit erreichte die Siedlung im römischen Bratananium einen ihrer Höhepunkte. Die in den letzten Jahrzehnten aufgedeckte römische Siedlung, die im Bereich der heutigen Reismühler-Straße lag und mehrere Villen, eine Therme, zwei als Horreum und Gasthaus gedeutete größere Bauten sowie kleinere Gebäude und Werkstätten umfaßte, war zunächst eine nicht unbedeutende Garnison und später eine Straßen- und Raststation an der Kreuzung zweier Römerstraßen. Sie entstand zu Anfang des 1. Jh. n. Chr. und existierte vermutlich ohne Unterbrechung bis zu ihrem Untergang um 380/90. Die nachfolgende Siedlung der Landnahmezeit war dann zwar eine Neugründung, übernahm aber neben einzelnen vielleicht im Boden noch erkennbaren Siedelstellen das eigentliche Rückgrat der Vorgängersiedlung, das wohl noch recht gut erhaltene Straßensystem. Die fast ausschließliche Situierung der Bauernhöfe an diesem alten Straßenkreuz (Starnberger-,

Unbekannt, Gauting, Würmbrücke und Pfarrkirche, 1834

Buchendorfer-, Leutstettener-, Bahnhof-, Grubmühlerfeld-Straße) hat bis in unsere Zeit die Kontinuität ablesbar bewahrt und stellt damit eine geschichtliche Tradition dar, die im Landkreis nur wenige Parallelen hat. Das Ortsbild von Gauting wird bis heute bestimmt von den sich nach Norden leicht erweiternden steilen Würmterrassen, vom Lauf der Würm und vom Kreuz der Römerstraßen.

Gauting gehörte nicht nur zu den frühesten, sondern auch zu den bedeutendsten Siedlungen innerhalb des heutigen Landkreises. Das erweisen nicht nur ein umfangreicher Reihengräberfriedhof im Bereich der heutigen Gemeindesparkasse (zerstört), sondern auch Hinweise auf eine frühe Sonderstellung unter den Dörfern der Umgebung (Königsgut und villa regia, Ministerialensitz, Hofmark Fußberg, eines von drei Ämtern des Landgerichts Starnberg). Im Gegensatz zu seiner Bedeutung war jedoch der Ortsbann nicht besonders groß. Das brachte mit sich, daß Gauting im Vergleich zu den Nachbardörfern nur von mittleren und kleineren Höfen – bei 56 Anwesen Mitte des 18. Jh. lediglich zwei Halbhöfe – geprägt war. Die Folge waren kleine Hofstellen und eine entsprechend enge Stellung der Häuser, wie sie heute in der Starnberger Straße noch ablesbar ist.

Der entscheidende Wendepunkt in der jüngeren Geschichte waren der Bau der Eisenbahnlinie Pasing – Starnberg 1854 und der Ausbau des Vorortverkehrs 1902. Die Siedlungstätigkeit setzte hier, wegen der im Vergleich zu den Seegemeinden geringeren Attraktivität, erst um 1880/90 richtig ein und war zunächst auch viel bescheidener in den Auswirkungen auf das Ortsbild. Als nach der Jahrhundertwende die Stadtflucht immer stärker wurde und sich vor allem immer mehr auf den Mittelstand ausdehnte, nahm auch hier die Bautätigkeit sprunghaft zu. Zunächst wurden die Hangbereiche mit ihrer Sicht über das Würmtal bevorzugt, dann mit der Gründung der Villenkolonie ganz neue unberührte Flächen abseits vom alten Ortskern erschlossen. Als nach dem Krieg der Siedlungsdruck sich zunehmend steigerte und die Neubautätigkeit mitunter hektische Züge annahm, ging neben dem Auseinanderfließen des Ortes über den Talboden mehr und mehr alte Bausubstanz verloren, ein Prozeß, der bis heute, vor allem auch in der Villenkolonie, noch nicht zum Stillstand gekommen ist.

Die Gautinger Villenkolonie wurde 1902 gegründet und erreichte vor dem Zweiten Weltkrieg weitgehend den vorgesehenen Stand. Die Planung von Straßenführung und Baulinien geschah unter Einfluß von August Exter, der in Pasing schon Erfahrungen mit der Gestaltung von Villensiedlungen gesammelt hatte. Vermutlich waren hier auch die richtungweisenden Planungen Theodor Fischers in München Vorbild, etwa die Baulinienpläne von Neuhausen (1896), Berg am Laim (1898) oder Bogenhausen (1896/98), die mit ihrer geschwungenen Trassenführung und ihrer organischen Verknüpfung der Straßen das der Gautinger Villenkolonie zugrunde liegende städtebauliche Konzept bereits entwickelt hatten. Die Gautinger Immobiliengesellschaft betrieb den Verkauf der Bauplätze. Dabei wurden nicht nur unbebaute Grundstücke angeboten, sondern auch geeignete Baupläne und bereits fertige Häuser. Die Gesellschaft hatte dafür eigene Architekten unter Vertrag, die in der Folge einen erheblichen Teil der vor dem Ersten Weltkrieg gebauten Villen und Landhäuser entwarfen, so Emil Ludwig, Christian Kessler und Philipp Avril. Aber auch Münchner Architekten wie Walter Sartorius, F. Brand oder Josef Schmid kamen wiederholt zum Zuge, in zunehmendem Maße auch einheimische Baumeister wie August Hörmann und Bernhard Schießl. Die Gautinger Kolonie zog von Anfang an eine andere Käuferschicht an als die Uferorte am Starnberger See. Es war mit wenigen Ausnahmen der Mittelstand, der sich hier ansiedelte und der wohl auch auf den Vorortverkehr der Bahn angewiesen war, in der Mehrzahl Beamte, pensionierte Offiziere, Privatiers, Künstler oder selbständige Handwerker.

Die Villenkolonie zerfällt in zwei Teile, einen etwas älteren, qualitätvolleren nördlich der Linie Pippinplatz – Pippinstraße und einen südlichen. Dem Pippinplatz kommt dabei die Rolle sowohl eines Entrees (vom Bahnhof her) als auch eines Verteilers zu, wobei durch den Baumbestand das Abzweigen der vielen Straßen etwas verschleiert wird. Der planende Architekt bewies bei der Konzeption ein hohes Maß an Gespür für Maßstab, malerische Perspektiven und eine harmonische Gliederung. Geschickt vermeidet die Straßenführung die Gerade und längere, optisch leere Strecken. Alle

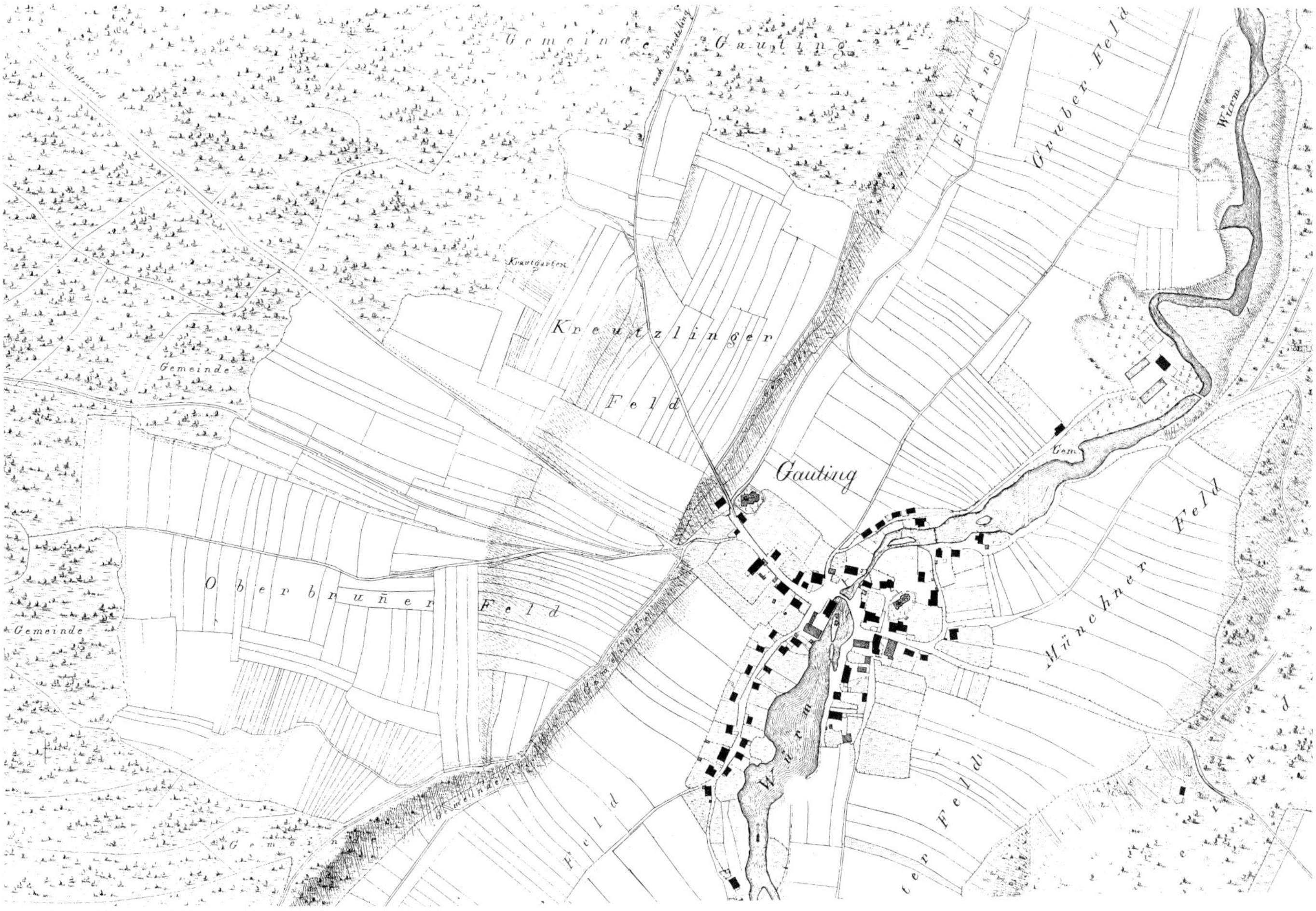

Gauting, Flurplan 1815

Gauting, Flurplan (mit Bahnlinie und Villenkolonie), um 1910

Straßen sind leicht gekrümmt, so daß sie wie in historischen Städten in überschaubare Abschnitte gegliedert werden, wobei die Balance zwischen der Intimität des Nebeneinander, der in sich geschlossenen Nachbarschaft der Häuser und der erforderlichen Großzügigkeit stets gewahrt bleibt. Die Gautinger Kolonie gehört schon auf Grund dieses Konzepts zu den besten Villensiedlungen um München.

Am Schloßpark 11, 13, 15, 40. *Schloß Fußberg,* ehem. Hofmarksschloß, dreigeschossiger Walmdachbau; Um- oder Neubau 1721, erneuter Umbau 1894/97; mit Ausstattung; Parkanlage 1. Hälfte 19. Jh., mit Gartenfiguren des 18. Jh. und Gartenarchitekturen des späteren 19. Jh.

M. Wening, Schloß Fußberg, Kuperstich 1701

Fußberg, einige hundert Meter nordöstlich des Ortes an der Würm gelegen, taucht bereits im 12. Jh. in den Quellen als Sitz Wittelsbacher Ministerialen auf. Im 14. Jh. war es Gerichtssitz des Amtes Gauting. Dem kaiserlichen Richter Ludwig von der Teck folgten im Besitz die Herren von Preysing und die Münchner Patrizier Püttrich, Ligsalz, Dichtl und Weiler. Seit 1621 gehörte der Sitz mit der zugehörigen Hofmark dem Kloster Andechs, welches einen Schloßpfleger mit der Verwaltung beauftragte. Nach der Säkularisation 1803 ging der Besitz wieder durch mehrere Hände; unter den Eigentümern befanden sich u. a. ein Freiherr v. Zweibrücken (1803), Carl Theodor v. Hallberg-Broich – der berühmte «Eremit von Gauting» (1819–26), Graf Waldbott-Bassenheim (1846), Baron Hirsch (1865), der Bildhauer Rudolf Schwanthaler (1872) und seit 1893 die Familie Haerlin. 1981 wurden Schloß und Parkanlage von der Gemeinde Gauting erworben.

Das Schloß wird mit seinem unmittelbaren Umgriff auf der Ost- und Nordseite vom stark abgewinkelten Würmlauf umschlossen. Auf den übrigen Seiten wird diese Würmschleife von einer langgezogenen, tiefen Flutmulde ergänzt. Dabei ist nicht zu sagen, ob wir diese nur als altes Flußbett zu sehen haben oder ob sie zusammen mit der Würm den mittelalterlichen Sitz in der Art eines Wasserschlosses umgeben hat (s. Karte S. 131). Der Sitz ist bei Wening (1701) als Satteldachbau mit vorgestelltem (Treppen-)Turm dokumentiert. Der Hofraum wird von einer Kapelle und verschiedenen Wirtschaftsbauten umstellt. Vermutlich wird dieses Erscheinungsbild bereits in einer Güterbeschreibung von 1565 angesprochen, in der zwei neugebaute gemauerte Häuser mit einem uralten achteckigen Turm, eine große Türnitz mit Kammern, Küche und Keller, eine neu gemauerte zweigädige Badstube, ein Pfleghaus sowie verschiedene Städel und Schupfen genannt werden. Die bei Wening gezeigte Kapelle (vermutlich an den achteckigen Turm gebaut) wird hier noch nicht erwähnt. Sie wurde jedoch nachweislich im Dreißigjährigen Krieg schwer beschädigt und von Abt Cölestin 1665 wiederhergestellt. Die Zufahrt liegt auf dem Wening-Stich noch allein auf der Ostseite (Planegger Straße), während sie auf der Karte von 1815 bereits durch den Fahrweg von Gauting her ergänzt wird.

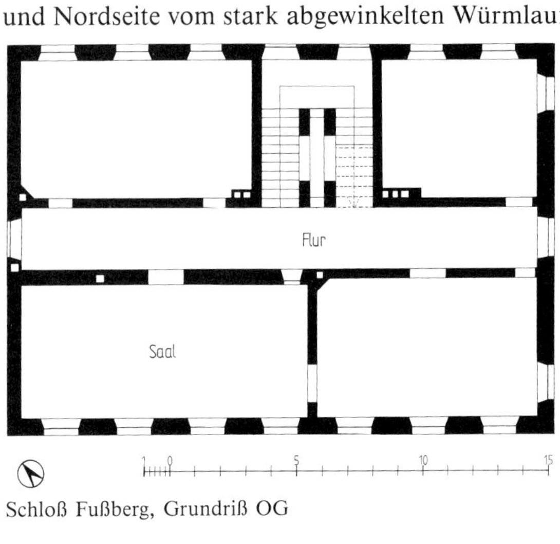

Schloß Fußberg, Grundriß OG

Die vor kurzem begonnene Renovierung hat nun, entgegen bisheriger Ansicht, bereits erkennen lassen, daß von diesem Wening-Bau eventuell Teile in den bestehenden Bau übernommen worden sind. Die Untersuchung des Mauerwerks und die Öffnung der Böden im Erdgeschoß haben zudem größere Fundamentfragmente sowie eine durch fast alle Räume verlegte Kopfsteinpflasterung aufgedeckt, die einer älteren, wohl noch spätmittelalterlichen Bauphase zuzuordnen sind. Noch unter diesem Fundhorizont vermutete Kulturschichten könnten vielleicht Aufschlüsse über noch ältere Bauverhältnisse liefern. Untersuchungen der Außenhaut haben weiter ergeben, daß die erhaltenen Putzschichten eine Rustikadekoration mit Quadern und hellen Fugen überliefern. Ob sie noch dem bei Wening gezeigten Bau angehört oder erst der Baumaßnahme von 1721, ist noch zu klären. 1721 wurde nämlich wegen der «ruinosen Bauverhältnisse des Schlosses» ein Neubau nach Plänen des Baumeisters Paul von Dießen durchgeführt. Ob damit ein Totalneubau nach heutigem Verständnis gemeint ist oder nur ein weitgehender Umbau unter Einbeziehung älterer Bausubstanz, kann noch nicht beurteilt werden. Verschiedene noch nicht zu interpretierende Details im Bereich der Fundamente, vor allem aber der offenbar etwas gestörte Zusammenhang zwischen dem Treppenhaus und dem übrigen Mauerwerk geben derzeit noch Rätsel auf. Mit Sicherheit in die barocke Bauphase gehört jedoch der eindrucksvolle Dachstuhl (Walmdach), der mit 1721 datiert ist und der mit Ausnahme des beim Aufbau der Belvedereplattform entfernten oberen Teils noch unversehrt überliefert ist. Wieviel im Laufe des 18. und 19. Jh. am Schloß verändert wurde, wissen wir noch nicht, doch dürften größere Baumaßnahmen erst wieder nach dem Kauf durch Kommerzienrat Dr. Julius Haerlin durchgeführt worden sein. Die für das Erscheinungsbild schwerwiegendsten waren hier eine stärkere Überarbeitung der südwestlichen Fassade und die Anlage des Dachbelvedere (1897). Mit den hier erkennbar werdenden Zusammenhängen erweist der Bau bereits jetzt seinen hohen Zeugniswert und seine herausragende Bedeutung für die Erforschung der Baugeschichte der ländlichen Hofmarksschlösser.

Gauting, Schloß Fußberg

Schloß Fußberg, Treppenhaus

Schloß Fußberg, Saal im Obergeschoß

Schloß Fußberg, Remise

Durch das Portal in der Mitte der Südwestseite gelangt man zu einem barocken Vierstützen-Treppenhaus, das alle Stockwerke durchläuft. Vor ihm liegt in allen Geschossen ein Gang, der das Gebäude in Ost-West-Richtung erschließt. Der bedeutendste Raum ist der große, im Obergeschoß gelegene Saal mit einer Stuckdekoration des 19. Jh. Alle übrigen Räume sind mit einer schlichten Ausstattung (Stuckleisten im Deckenansatz) versehen. Bemerkenswert sind einige Überreste der wohl mit Rudolf Schwanthaler ins Schloß gekommenen Figurenausstattung, darunter zwei Relieftondi von Ludwig Schwanthaler, kleine Figuren der vier Jahreszeiten (noch drei erhalten) von Franz Xaver Schwanthaler und zwei Tänzerinnen von Rudolf Schwanthaler.

Ammerseestraße 26. *Villa,* malerischer Bau mit Staffelgiebel, Eckerkerturm, rückwärtigem und bergfriedartigem Treppenturm, 1905.

Die Villa, die für den Marinestabsarzt Dr. L. Huber erbaut wurde, hat für die Ammersee-Straße, die hier etwas bogenförmig verläuft, eine wichtige städtebauliche Funktion. Der Bauplan ist (1905) von Emil Ludwig unterzeichnet, ob nur in seiner Funktion für die Gautinger Immobiliengesellschaft oder als entwerfender Architekt und Planfertiger, ist nicht zu sagen. Der Bau erinnert in seiner Form und auch in Details ein wenig an Max Ostenrieder. Es kam gerade in der Villenkolonie mehrfach vor, daß einer der angestellten Architekten (Emil Ludwig, Christian Kessler) Eingabepläne unterschrieben hat, die vermutlich von anderer Hand entworfen waren. Eine zweite, sehr ähnliche Villa (ebenfalls ohne Nennung des Architekten) stand in der Germeringer Straße. – Die Villa sucht mit ihrem Treppengiebel und dem Turm den Charakter und die Stimmungswerte eines burgartigen Baus zu vermitteln und bringt damit eine Baugesinnung zum Ausdruck, die für das arrivierte Bürgertum des ausgehenden 19. Jh. bezeichnend ist.

Bahnhofstraße 14. *Kath. Filialkirche Unser Lieben Frau,* 1. Hälfte 15. Jh., Chor bez. 1489, das Langhaus im 18. Jh. erweitert; mit Ausstattung.

Der Bau mit seinem schlanken Turm steht auf halber Höhe des Bahnhofberges und damit an einer für das Ortsbild hervorragend wirksamen Stelle. Die Westwand des Kirchenschiffes beherrscht mit ihrer ungegliederten Fläche die hier etwas abknickende Bahnhofstraße. Die Gründe für eine zweite Kirche im Bauerndorf Gauting sind noch nicht geklärt, doch dürften die besonderen Herrschaftsverhältnisse im Ort sowie die Funktion des Sitzes Fußberg nicht ohne Einfluß gewesen sein. Die Frauenkirche wurde jedenfalls von der Schloßherrschaft, aber auch von den Gautingern stets mehr gefördert als die Pfarrkirche. Das spiegelt sich noch heute in der reicheren Ausstattung wieder.

Das ungewöhnlich breite Kirchenschiff (1465) besitzt eine Flachdecke, der 1489 errichtete Chor (Baumeisterinschrift hinter dem Hochaltar) ist mit einem Netzgewölbe überspannt. Einrichtung und Dekoration umkreisen das Marienthema, so der wieder freigelegte Marienzyklus im Chor, Fresken des Frühbarock um 1600. Der Hochaltar von 1683, eine Stiftung der Königswieser Hofmarksherrschaft, enthält eine sitzende Muttergottes, eine ausdrucksvolle Arbeit um 1450, die noch bis ins 19. Jh. als Gnadenbild verehrt wurde. Sie wird von den Rosenkranzheiligen, den hll. Dominikus und Katharina von Siena flankiert. An die seit 1732 in der Pfarrei bestehende Rosenkranzbruderschaft (vgl. Buchen-

Gauting, Frauenkirche

Gauting, Frauenkirche, Hochaltar

Gauting, Ammerseestraße 26

Gauting, Frauenkirche

Frauenkiche, Maria im Rosenkranz

Frauenkirche, Epitaph des Hans Dichtl

dorf, Leutstetten) erinnert auch die schöne Maria im Rosenkranz (2. Hälfte 17. Jh.) am Chorbogen. Seitlich des Hochaltars die hll. Joseph und Antonius von Padua. Von besonderer Bedeutung sind die beiden Seitenaltäre von 1743 aus der Werkstatt von Johann Baptist Straub: rechts der Josephsaltar mit den hll. Anna und Barbara als Nebenfiguren, auf der Mensa die Büste des Apostels Judas Thaddäus. Der linke Seitenaltar ist der hl. Mutter Anna geweiht, als Assistenzfiguren hier die hll. Johannes Evangelist und Johann Baptist. Die Kanzel mit dem hl. Michael als Seelenwäger ist um 1740 entstanden. Zu erwähnen sind noch das monumentale Fresko des hl. Christophorus vor der Empore, das der ältesten Ausstattung angehört (2. Hälfte 15. Jh.), sowie eine Reihe von Epitaphien der Fußberger Herrschaft, z. T. in den Boden, z. T. in die Chorwand hinter dem Altar eingelassen, darunter vier bemerkenswerte Platten der Dichtl von Tutzing (1589, 1590, 1604, 1607). Über dem südlichen Eingang hängt ein Tafelbild (1571) mit der Anbetung der Hl. Drei Könige, aus der alten Pfarrkirche.

Bahnhofstraße. *Kriegerdenkmal,* Heroenfigur, 1929, von Karl Himmelstoß.

Bergstraße 28. *Villa,* Ostseite mit Eckerkern, Westseite mit zentralem, aus der Front vortretendem Treppenhaus, modern-barockisierend, mit Elementen des Stils der zwanziger Jahre, 1926.

Von den großen Villen, die nach der Jahrhundertwende unmittelbar an der Hangkante errichtet worden sind, ist nur dieses Haus unversehrt geblieben. Es wurde von Architekt Georg Kraus für Ing. Anton Miller erbaut. Die Schauseite ist noch Osten gerichtet, mit Ausblick über das Würmtal und die gegenüberliegende Würmterrasse. Sie wird von einer sehr großen Stehgaube und zwei erdgeschossigen Eckerkern beherrscht. Die seitliche Veranda ist vermutlich ein späterer Anbau. Leider sind das Umfeld der Villa und die Sicht auf die Fassade vom Tal her bereits durch dicht gestellte Neubauten beeinträchtigt.
Der Bauherr hatte sich wenige Jahre zuvor schon eine repräsentative Villa mit ausgedehntem Park weiter nördlich errichten lassen, die jedoch inzwischen durch Umbauten völlig entwertet worden ist.

Gartenpromenade 1. *Einfamilienhaus,* erdgeschossig, mit Mansardwalmdach und Zwerchgiebel an der Frontseite und Erker, modern-historisierend, 1910 von Walter Sartorius.

Das Haus wurde für den Kunstmaler Richard Hallmann gebaut. Im Ansatz ist hier noch die ehemalige Gartenanlage erkennbar, wie sie bei fast allen Villen ausgeprägt war: in der Nähe des Hauses meist barockisierend mit Spalieren, regelmäßigen Rabatten, Rosenbeeten, oder mit Mittelrondell (mit Figuren, Brunnen u. a.) vor der Hauptfassade. Dieses strengere System ging über in freie Wiesenflächen mit Obstbäumen und schließlich in die hohe Baumkulisse an der Grundstücksgrenze, womit der Parkcharakter der Siedlung hergestellt wurde. Leider gehen diese Gartenanlagen zunehmend durch Parzellierung der Grundstücke, zusätzliche Wohnhäuser in den rückwärtigen Gartenteilen, aber auch durch starke Vereinfachung und durch ersatzlose Beseitigung der großkronigen alten Bäume verloren.

Gartenpromenade 14a. *Villa,* 1903 von Emil Ludwig; zwei malerisch zueinander gruppierte Baukörper unterschiedlicher Firsthöhe, mit Holzverschalung und Putzdekoration.

Die Villa wurde für Hofopernsänger Sebastian Hofmüller errichtet. Sie zeigt gestalterische Elemente, die Emil Ludwig in der Folge auch an anderen Bauten der Villenkolonie verwendete. Um die Baumasse von der Straße her nicht zu stark wirken zu lassen, wurde rückwärts ein um ein Geschoß erhöhter, quergestellter Trakt angeordnet. Die farbliche Gestaltung der Mauerteile und der Holzverkleidungen dürfte ursprünglich, entsprechend anderen zeitgleichen Entwürfen von Emil Ludwig oder Christian Kessler viel kräftiger und differenzierter gewesen sein, was die malerische Wirkung des Hauses beträchtlich erhöhte. Die neuzeitliche Gestaltung der Einfahrt hat den Gartenbereich und den Blick auf das Haus empfindlich gestört.

Germeringer Straße 2. *Villa Reichert,* mit Zeltdach, Zwerchhäusern, Pilaster- und Putzgliederungen, modern-historisierend, 1909, von Christian Kessler.

Die Villa, für Oberkonsistorialrat Dr. Ney errichtet, ist das einzige eingangs der Germeringer Straße und am Pippinplatz in ursprünglicher Form erhalten gebliebene Haus. Hier, in unmittelbarer Nähe des Bahnhofs, hat in den letzten Jahrzehnten der zerstörende Druck auf die Villenkolonie begonnen. Vor allem die Germeringer Straße, eine der Hauptachsen der Kolonie, die einmal eine geschlossene Reihe guter Bauten von Bernhard Schießl, Emil Ludwig, Philipp Avril, Hans Noe, Stadler und Necker, Hans Kreis u. a. bot, hat durch Neu- und Umbauten sowie die unglückliche Verbreiterung des Straßenquerschnitts ihre Qualität weitgehend verloren. Umso wichtiger ist die Präsenz dieses ansprechend renovierten Hauses in städtebaulich bedeutender Situation.

Germeringer Straße 30. Ehem. *Villa Junkers,* lisenengegliederter Walmdachbau, Gartenfront nach Süden mit zwei Erkern, nördliche Eingangsfront mit vortretenden kurzen Querflügeln, dazwischen Eingangsloggia, modern-historisierend, erbaut 1923 von Bernhard Borst.

Der sehr repräsentative, breit gelagerte Villenbau wurde für Oberregierungsrat Dr. Jucht errichtet und später von dem Flugzeugbauer Prof. Hugo Junkers bewohnt. In der Mitte der fünfachsigen, kreuzgratgewölbten Arkade betritt man das Haus über ein gewölbtes Vestibül. Von hier aus wird es durch lange Flure erschlossen, an deren Enden zwei in der Form identische Treppen in das Obergeschoß führen. Die Haupträume liegen in beiden Geschossen nach Süden, die Nebenräume nach Norden. Im Erdgeschoß sind die sehr großzügig bemessenen Repräsentationsräume symmetrisch angeordnet, wobei die beiden mittleren Räume von den Erkern beherrscht werden. Im zentral gelegenen Salon befindet sich noch ein Rotmarmorkamin, in der Bibliothek im Obergeschoß ein eleganter Kachelofen. Die Erdgeschoßräume sind alle über die original erhaltenen großen Doppelschiebetüren miteinander verbunden.
Die Villa ist durch unsensible Zubauten im Umgriff etwas entwertet worden. Die für die Verhältnisse in der Gautinger Villenkolonie ungewöhnlich große Parkanlage ist in ihrer Grundform (alter Baumbestand) erhalten, im Detail aber schon stark reduziert. Das Haus wird heute vom Institut für Jugendarbeit des Bayerischen Jugendrings genutzt.

Gauting, Bergstraße 28

Gauting, Gartenpromenade 1

Gauting, Germeringer Straße 2

Gauting, Bahnhofstraße, Kriegerdenkmal

Gauting, Gartenpromenade 14a

Germeringer Straße 30, ehemalige Villa Junkers

Gisilastraße 2. *Landhaus,* mit Schopfwalmdach und umlaufenden hölzernen Balusterlauben, im alpenländischen Heimatstil, um 1905.

Das Landhaus steht in der Gabelung von Gisila- und Luitpoldstraße und wirkt in dieser Position stark ortsbildprägend. Es beweist, von welcher Qualität die Ansätze zu einem, von bodenständigem Formengut ausgehenden Landhausbau um 1905 bereits gediehen waren. Die Fassaden sind ruhig und schlicht gehalten, lediglich die auf den Garten gerichtete Schauseite ist mit einer erdgeschossigen Loggia und einer Hochlaube ausgestattet. Im Obergeschoß geht eine Altane um drei Seiten des Hauses. Alle Details sind dem bodenständigen Bauernhaus entnommen. Das Landhaus wurde (vielleicht von Christian Kessler) für den Förster Josef Meiler errichtet.

Die Anlage der beiden Straßenzüge erweist an dieser Stelle erneut die außerordentliche Qualität des ortsplanerischen Konzepts der Villenkolonie. Beide Straßen zweigen nicht unmittelbar von der Germeringer Straße ab, sondern werden durch zwei größere Inseln von dieser abgerückt. Ihr Ansatz ist bei vollem Grün der Büsche und Bäume von der Germeringer Straße aus fast nicht wahrzunehmen, beide wirken im Sinne einer modernen verkehrsberuhigten Anbindung als in sich geschlossene Quartiere.

Gisilastraße 4. *Einfamilienhaus,* erdgeschossig, mit zwei Schopfwalmgiebeln, im barockisierenden Heimatstil, 1906, von Emil Ludwig.

Das kleine, schlichte Haus stellt einen der Haustypen dar, die von der Villengesellschaft mit fertigen Bauplänen und Festpreisen angeboten wurden. Ein Haus dieses Typs, mit Diele, 5 Zimmern, großem Erker, verglaster Veranda, Küche, Keller, Klosett, Magdkammer und drei anderen Kammern war laut Prospekt mit «Wasserleitung und elektrischer Beleuchtungsanlage» und einer Gartenfläche von 600 qm um 10250 Mk. zu haben. Es wurde dann auch mit verschiedenen Abwandlungen im Detail in mehreren Exemplaren in der Kolonie verwirklicht. Einige sind, mehr oder weniger verändert, noch erhalten (vgl. Gisilastr. 8).

Die Gisilastraße verfügt neben Abschnitten der Gartenpromenade noch über den ursprünglichsten Bestand an Landhäusern und Gartenanlagen. Nur einige wenige Häuser wurden durch Umbauten und Modernisierungen angetastet. Die ungezwungene Stellung der Häuser und die variablen Grundstücksgrößen, die wie überall in der Kolonie ein hohes Maß an Rhythmisierung und malerischer Wirkung ergaben, sind hier gut zu beobachten.

Gisilastraße 8. *Einfamilienhaus,* erdgeschossig, mit Schopfwalmdach und verschiedenen Ausbauten, im barockisierenden Heimatstil, 1906.

Das Haus, ebenfalls von Emil Ludwig für Dr. A. Jordan errichtet, ist annähernd baugleich mit Gisilastraße 4. Einige Detailänderungen wie der kleine mit Schnitzereien versehene Erker heben es dennoch etwas vom Nachbarhaus ab.

Gisilastraße 10. *Einfamilienhaus,* erdgeschossig, mit Schopfwalmdach, Zwerchgiebel an der Nordseite und verandaartigen Ausbauten, modern-barockisierend, um 1905.

Das Haus bildet mit den benachbarten Landhäusern eines der am besten erhaltenen Baugruppen der Villenkolonie.

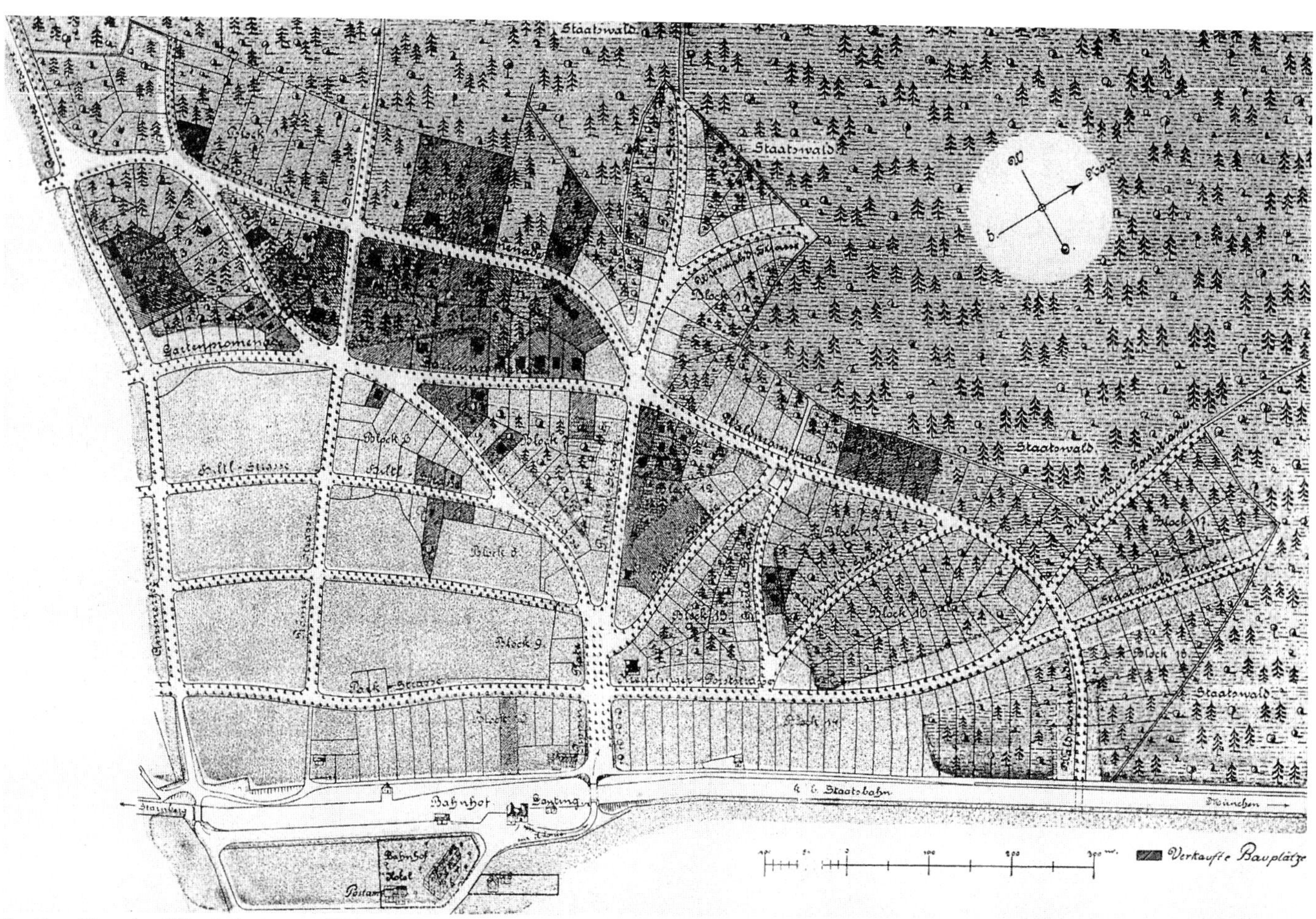

Gauting, Plan der Villenkolonie, um 1904

Villenkolonie Gauting, erste Landhäuser an der Gisilastraße, hist. Foto, um 1907

Gisilastraße 2

Villenkolonie Gauting, Einmündung der Gisilastraße in die Waldpromenade (mit Hs.-Nr. 10)

Gisilastraße 4

Gisilastraße 8

Hauptplatz 1. *Wohnhaus (Elektrizitätswerk),* 12 Achsen breiter Traufseitbau mit Walmdach, Gauben und zentralem Portal, modern-historisierend, 1908, von Georg Lindner.

Das Gebäude wurde auf den Grundmauern der 1907 abgebrannten Gautinger Ortsmühle erbaut. Es diente als Arbeiterwohnhaus der Fa. Haerlin. Schon 1899 war hier die erste Elektrizitätsversorgung für Gauting und die Nachbarorte Unterbrunn, Oberpfaffenhofen und Weßling eingerichtet worden. Das Haus steht auf ältestem Gautinger Kulturboden (Kreuzung der Römerstraßen) und markiert den Mittelpunkt des Ortes. Der ruhige, breitgelagerte Baukörper bildet die städtebauliche Dominante des Hauptplatzes und fängt als Platzwand die Abwärtsbewegung der Bahnhofstraße auf.

Hiltlstraße 18. *Wohnhaus,* schlichter Satteldachbau im Stil der zwanziger Jahre; mit Garteneinfriedung.

Karlstraße 16. *Einfamilienhaus,* erdgeschossiger Mansarddachbau mit Gauben und Atelierfenstern, modernbarockisierend, um 1910.

Auch hier am Ende der Karlstraße und der Gisilastraße läßt sich die Qualität der Bauleitplanung in der Kolonie studieren. Die Mündungen mehrerer zusammentreffender Straßen werden durch Inseln mit Büschen und Bäumen aufgelöst. Damit wird der Knotenpunkt geschickt verschleiert; darüber hinaus entstehen grüne Plätze, um die sich die Häuser scheinbar kreisförmig gruppieren, obwohl sie in ihren Straßen stehen (vgl. Karlstr. 17, Gisilastr. 8, 10, 12, Waldpromenade 21).

Karlstraße 17. *Einfamilienhaus,* erdgeschossiger Traufseitbau mit hohem Satteldach, im Stil der zwanziger Jahre, 1928/29 von Feye Peins.

Ein gutes Beispiel für das Neue Bauen der zwanziger Jahre, errichtet für Benita von Lilienfeld. Der schlichte Baukörper geht mit dem steilen, unten leicht ausgestellten Satteldach eine harmonische Verbindung ein, seine Gestaltung überzeugt durch ausgewogene Proportionen und sorgfältig geplante Details. Auch die Gartenmauer ist mit dem Tor und den beiden Zaunfeldern genau auf die Mittelachse des Hauses und die Gaube ausgerichtet. Auf der Gartenseite liegen die beiden Wohnräume (Wohnzimmer und Speisezimmer), an der Südwestecke eine überdachte Terrasse. – Ein ähnlicher Bau steht noch in der Waldpromenade, nahe der Kreuzung Römerstraße.

Königswieser Straße 1. *Zweifamilienhaus,* mit Mansardwalmdach, modern-barockisierend, mit Jugendstilelementen, 1911.

Von Architekt Albert Burger als erste Villa an der Hangkante südlich der Bahnhofstraße (für sich selbst) errichtet.

Ledererstraße. *Wasserrad,* 1878, moderne Aufstellung am Würmlauf.

Das Wasserrad stand ursprünglich etwa 20 m weiter flußaufwärts und trieb über einen 200 m langen Seilzug die Papiermühle der Haerlin'schen Papierfabrik an. Es ist die letzte Erinnerung an die vielen Mühlräder im Würmtal.

Leo-Putz-Weg 1. *Villa des Malers Leo Putz* (1869–1940), erdgeschossiger Hauptbau mit Mansardwalmdach, symmetrisch angefügte Seitentrakte mit chorartigen Abschlüssen, modern-historisierend, 1921/23 von Hans Göpfert erbaut.

Villenkolonie Gauting, Karlstraße 16

Villenkolonie Gauting, Hiltlstraße 18

Ledererstraße, Wasserrad

Gauting, Hauptplatz mit Blick auf Hauptplatz 1 und Kath. Pfarrkirche

Villenkolonie Gauting, Karlstraße 17

Gauting, Leo-Putz-Weg 1, Villa des Malers Leo Putz

Gauting, Königswieser Straße 1

Gauting, Villa Putz

Die kleine Villa steht unmittelbar an der Kante der östlichen Würmterrasse, ist mit ihrer Gartenseite jedoch nach Süden ausgerichtet. Die ursprüngliche Sicht über das Würmtal und die optische Präsenz der Villa für den Blick vom Tal her sind heute durch den dichten Baumbestand aufgehoben.

Münchner Straße 3. *Bauernhaus,* Mitterstallbau mit Remise, Mitte 19. Jh.

Das Gebäude ist die letzte unverfälschte Überlieferung des Bauerndorfes Gauting und aus dem Blick über die Würmbrücke von besonderem Wert für das Ortsbild.

Münchner Straße. *Figur des hl. Johann v. Nepomuk,* 1947 erneuert, auf der Würmbrücke.

Der Vorgänger der heutigen Nepomukfigur, der während des Dritten Reiches entfernt wurde, stand ursprünglich auf der Brücke und wurde 1939 beim Neubau der Würmbrücke an den gegenwärtigen Standort versetzt. Die neue Figur stammt von Reinhold Fritz, 1947.

Münchner Straße. *Wegkreuz,* 1908; bei Haus Nr. 15.

Münchner Straße. *Denkmal für Freiherr v. Rotenhan,* Gründer des Bayer. Radsportverbands, 1928; am Münchner Berg.

Der Entwurf stammt von Bildhauer Wittmann, München.

Pfarrweg 2. *Kath. Pfarrkirche St. Benedikt,* Neubau 1934/35 von Georg Buchner unter Einbezug des Turms des Vorgängerbaus aus dem 16. Jh.; mit Ausstattung.

Die Gautinger Pfarrkirche ist schon in der Schenkung der Fürstin Kysila an das Kloster Benediktbeuern (um 800) enthalten. Der spätgotische, Ende des 15. Jh. errichtete Bau, der etwa die Abmessungen der Buchendorfer Kirche hatte, wurde 1934 mit Ausnahme des schlanken Turmes abgebrochen, weil er für den aufstrebenden Ort zu klein geworden war. Der Neubau, eine geräumige Wandpfeilerkirche mit offener Balkendecke und eingezogenem Chor, liegt ganz im Stil der Zeit (vgl. Starnberg, Oberpfaffenhofen, Weßling). Über dem Baldachinaltar öffnet sich ein rundes Fenster von Karl Knappe mit Christus in der Mandorla. Bemerkenswert die acht kleinen Glasgemälde, die noch aus der alten Kirche stammen und die in die neuen Fenster integriert wurden. Diese Glasgemälde sind von der Hofmarksherrschaft (Püttrich 1500, Ligsalz 1510, Weiler 1551) gestiftet, die qualitätvollsten stammen von dem Münchner Glasmaler Jakob Kistenfeger (vergleichbare Fenster in Holzhausen, Lkr. Fürstenfeldbruck, und Amperpettenbach). Die Fresken im Chor und rechts im Kirchenschiff sind von Hans Schellinger, Gauting.

Gauting, Münchner Straße, Figur des hl. Nepomuk

Denkmal Rotenhan

Münchner Straße, Wegkreuz

Hauptplatz mit Blick auf die Pfarrkirche, histor. Aufnahme um 1900

Gauting, Kath. Pfarrkirche St. Benedikt

Münchner Straße 3

Gauting, Kath. Pfarrkirche St. Benedikt

St. Benedikt, histor. Kirchenfenster

St. Benedikt, histor. Kirchenfenster

Pippinplatz 5. *Gasthaus zum Bären,* mehrgliedriger dreigeschossiger Eckbau mit Walmdächern und Eckerkern in städtebaulich bedeutender Lage, barockisierend, 1911 von Christian Kessler.

Der Bau bestimmt die westliche Stirnseite des Pippinplatzes, ist wegen der geringen Tiefe des Grundstücks an dieser Stelle mit seinen beiden Schauseiten aber zur Pippinstraße und zur Unterbrunner Straße orientiert. Er war als bauliches und wohl auch als gesellschaftliches Zentrum der Kolonie gedacht. Er geht in seiner Baumasse deutlich über die umliegende Bebauung hinaus und bezieht daraus seine städtebauliche Dominanz, die vor allem in der Sicht aus der bogenförmig ankommenden Unterbrunner Straße deutlich wird.

Pippinstraße 3. *Villa,* Zweiflügelbau mit eingestelltem Rundturm, im Stil der zwanziger Jahre, 1929, von Lorenz Mesch.

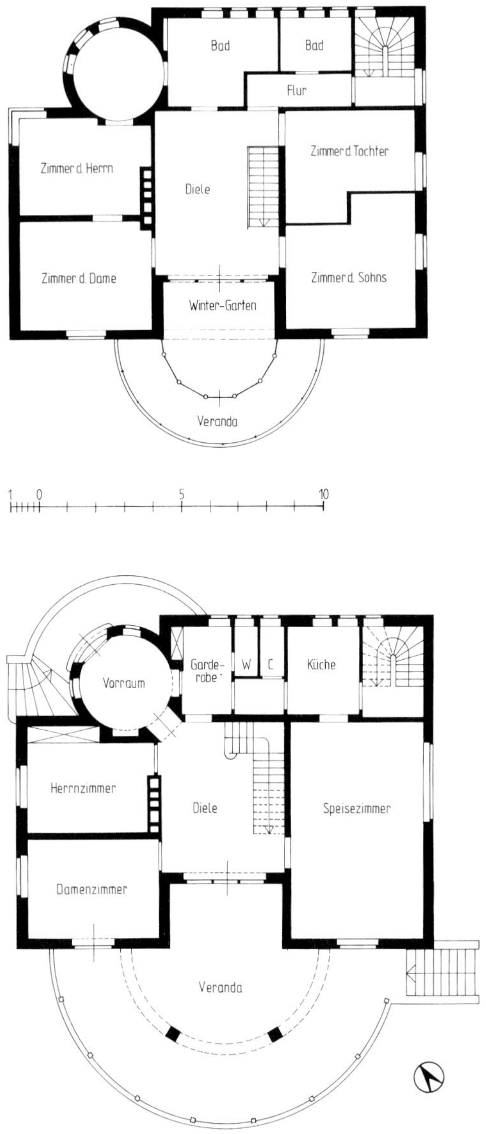

Ehemalige Villa Schuh, Grundrisse EG und OG

Das Haus, errichtet für Bankdirektor Hans Schuh, gehört zu den eigenwilligsten Bauten des Landkreises aus der Zeit nach dem Ersten Weltkrieg. Es ist hervorragend erhalten und von einer gepflegten Gartenanlage umgeben. Die von der Straße aus sichtbare Flügelbildung ergibt sich durch einen rechtwinkelig zur Straße hin orientierten kurzen Anbau, der die Nebenräume enthält. Deren Fenster sind zu Bändern zusammengefaßt. Der in der Nordwestecke beigestellte Rundturm nimmt der Winkelbildung die Härte und fügt der Straßenfront ein belebendes architektonisches Element hinzu. Einziger Schmuck ist der ganz im Stil der zwanziger Jahre gestaltete Eingang. Die Gartenseite wirkt etwas klassizisierend. Der Front ist eine halbkreisförmige Terrasse vorgelagert, die fast die gesamte Länge des Hauses einnimmt und die von den Wohnräumen aus über große Flügeltüren zu betreten ist. Darüber ist, um die Hälfte kleiner und ebenfalls halbkreisförmig, ein Balkon auf zwei Stützen angeordnet und wie die Terrasse mit einem Eisengeländer eingefaßt. Auf dem Balkon, im Durchmesser wieder kleiner, eine polygonale, fast nur aus Glas bestehende Veranda. Im Inneren ist das Haus entsprechend ausgestattet. Wie im Äußeren (Lampen, Fenstergitter, Türe, Beschläge) ist auch hier die stilistische Einheit bis in die Materialien und die Details (Beleuchtungskörper) durchgehalten. Man betritt das Haus über einen kreisrunden Vorraum im Untergeschoß des Turmes und gelangt in eine großräumige Diele mit der Treppe.

Pippinstraße 4. *Kleines Landhaus,* erdgeschossig, mit malerischen abgewalmten Dächern und Giebellaube, im Heimatstil, 1904.

Der kleine Landhausbau wurde von Emil Ludwig, einem der Architekten der Gautinger Immobiliengesellschaft erbaut, wohl um hier wohnen zu können, solange er für die Gesellschaft tätig war. Rückwärts im Garten befand sich in einem erdgeschossigen Bau das Büro der Gesellschaft. Das Haus, das Elemente des Heimatstils und des Schweizerhauses (z. B. die Schuppenschindeln) kombiniert, hat im Detail bereits einige kleine Änderungen erfahren; so wurde in der Südostecke der über eine Ecksäule loggienartig geöffnete Eingang zugemauert, die Brüstung der Hochlaube und die Ortgangabdeckungen etwas vereinfacht sowie die Farbgebung verändert. Von der Innenausstattung haben sich Türen und Fenster, Wand- und Deckenverkleidungen erhalten.

Unterbrunner Straße 4. *Einfamilienhaus,* malerischer erdgeschossiger Bau mit Schopfwalmdach, Eckerkerturm, Bodenerker, hölzerner Laube mit Vordach und Eingangsnische, 1916 von Franz Xaver Sepp.

Unterbrunner Straße 19. *Einfamilienhaus* in Ecklage, erdgeschossig, mit steilem, abgewalmtem Mansarddach, hohem Zwerchhaus und polygonalem Bodenerker, 1912 von Walter Sartorius.

Das Haus, das einige charakteristische Motive des Heimatstils, auf die in Gauting und Stockdorf häufig zurückgegriffen wurde, vereint, ist gut erhalten, aber in einigen Details (Sprosseneinteilung der Fenster, Altanenbrüstung) bereits etwas vereinfacht worden. Von Wert ist hier vor allem der Beitrag zum Ortsbild an der Kreuzung von Römerstraße und Unterbrunner Straße. Die Situierung des Gebäudes in einem ursprünglich wirkenden Garten mit alten Obstbäumen überliefert ein Stück unverfälschte Villenkolonie.

Waldpromenade 20. *Landhaus,* erdgeschossiger Satteldachbau mit hohem Zwerchhaus, modern-historisierend, 1914 von Walter Sartorius.

Die Villa wurde für den Leibarzt des Hauses Krupp, Dr. Fritz Pahl, errichtet und bildet den optischen Zielpunkt der

Pippinplatz 5, Gasthof zum Bären

Pippinstraße 4

Gauting, Pippinstraße 3, ehemalige Villa Schuh

Unterbrunner Straße 5

Unterbrunner Straße 19

Waldpromenade 40

von Süden her in die Waldpromenade einmündenden Luitpoldstraße. Zwei erdgeschossige Erker nehmen die halbkreisförmige Terrasse, auf welche sich die Flügeltüren des zentralen Wohnraums öffnen, in die Mitte. Seitlich, auf der Westseite, befindet sich ein weiterer großer Erker (ursprünglich Speisezimmer) mit einer Hochterrasse darüber. Im Inneren hat sich die qualitätvolle Ausstattung der Bauzeit (Türen, Fenster, Treppenhaus, Bad) erhalten. Die repräsentativen Wohnräume liegen in symmetrischer Anordnung nach Süden und sind durch breite Schiebetüren verbunden, die beiden Außenzimmer werden von den Erkern beherrscht. Alle drei Räume verfügen über eine Deckengestaltung mit stuckierten Hohlkehlen.

Waldpromenade 21. *Haus Zerboni,* malerische Villa in historisierenden Formen mit Belvedereturm, Rundbogenfenstergruppen und Bauskulpturen, um 1905.

Die Villa steht in bedeutender städtebaulicher Situation an der Ecke Waldpromenade – Gisilastraße und bildet mit den umliegenden Häusern, die um die inselhaft aufgelösten Einmündungen der Gisilastraße (Nr. 8, 10, 12) und der Karlstraße (Nr. 16, 17, siehe dort) stehen, sowie mit der gegenüberliegenden Bebauung (mit einem stark reduzierten Bau von W. Sartorius) ein Ensemble, welches noch einen Eindruck von der einstigen hohen Qualität der Villenkolonie zu vermitteln vermag. Die Villa vereint verschiedene architektonische Motive zu malerischer Wirkung, gartenseitig belebt durch eine auf einem erdgeschossigen Vorbau liegende Hochterrasse. Das Innere wird von einer kleinen, aber großzügig wirkenden Halle beherrscht, die zugleich das Treppenhaus mit umlaufender Galerie bildet. Die qualitätvolle Ausstattung der Halle ist gut erhalten.

Villenkolonie Gauting, Waldpromenade 21, Treppenhaus

Waldpromenade 40. *Landhaus,* traufseitig, mit steilem Satteldach, erkerartigem Risalit mit verschindeltem Giebel und Veranda, 1908 in reduzierten Heimatstilformen von Alexander Hohrath erbaut.

Der eindrucksvolle Baumbestand der zugehörigen Parkanlage, die ursprünglich in unmittelbarer Verbindung zum angrenzenden Wald stand, ist in den vergangenen Jahren leider stark dezimiert worden. Der Hinweis auf den umgebenden Wald oder sogar die unmittelbare Waldrandlage wurde in den Prospekten der Gautinger Immobiliengesellschaft stets ganz besonders betont (köstliche staubfreie Luft, Schutz vor Nord- u. Westwinden, Walderlebnis für Kinder).

Zugspitzstraße 9. *Einfamilienhaus,* erdgeschossiger Mansarddachbau mit Eingangsnische über Säulen, modernbarockisierend, 1911.

Das Haus wurde von Bernhard Schießl, einem Gautinger Baumeister, errichtet. Die Form des seitlich weit herabgezogenen Mansarddaches ist charakteristisch für die Zeit vor dem Ersten Weltkrieg und kommt in Gauting und in Stockdorf häufig vor.

Zugspitzstraße 19. *Evang.-luth. Pfarrkirche,* Saalbau in Backstein mit Doppelturmfront, nach Plänen von Theodor Fischer 1928 errichtet; Wandmalereien von Max Unold, Portal von Friedrich Lommel, 1933; mit Ausstattung.

Bis in die Jahre vor dem Ersten Weltkrieg mußten die wenigen in Gauting ansässigen Protestanten bis nach Starnberg, um an einem Gottesdienst teilnehmen zu können. Als die Zahl der Gläubigen immer mehr anstieg, wurde 1917 ein Bet-

Gauting, Evang. Pfarrkirche

Waldpromenade 21

Villenkolonie Gauting mit den Häusern Waldpromenade 21 und Gisilastraße 10 und 12

Zugspitzstraße 9

Waldpromenade 40

Gauting, Evang. Pfarrkirche

saal im damaligen Schulhaus eingerichtet. Erst lange nach dem Krieg konnte dann an einen eigenen Kirchenbau gedacht werden. Die von der Zugspitzstraße zum Kirchenportal führende Allee hat Theodor Fischer schräg gegen die Doppelturmfassade geführt, wodurch diese zu erhöhter malerischer Wirkung gebracht wird. Vor dem Portal mündet die Allee in einen annähernd kreisförmigen Platz. Der Bau, dessen Vorbilder ganz dem Heimatschutzgedanken entsprechend in der alpenländischen Basilika (vor allem Altenstadt) zu suchen sind, wird heute durch die herangerückte Bebauung in seiner städtebaulichen Wirkung stark beeinträchtigt. Das Innere besticht durch seine klaren, schon am Außenbau ablesbaren Formen.

Zugspitzstraße 22. Ehem.: *Direktionsgebäude der Austria-Zigarettenfabrik,* Mansarddachbau, symmetrisch, mit Erkern, Gauben und dekorativen Fassadenmalereien, um 1925 in modern-historisierenden Formen, mit Elementen des Stils der zwanziger Jahre.

Die beiden Erker, welche die breite Front optisch etwas verkürzen, verklammern über die darüberliegenen Gauben den Baukörper mit dem hohen Mansarddach. Die zugehörige Zigarettenfabrik, die aus dem ehemaligen Hotel am Bahnhof hervorgegangen war, wurde 1954 in ein Schulhaus umgebaut.

Zugspitzstraße 29. *Einfamilienwohnhaus,* mit Steilsatteldach und Vorbau an der Südseite, 1926 im Stil der zwanziger Jahre von Architekt Ameismeier erbaut; Einfriedungsmauer und kleines Nebengebäude, gleichzeitig.

Die innere Raumordnung des sehr eigenwilligen, charaktervollen Baus ist konsequent an den Fassaden abzulesen. Die ostwärts gerichtete Fassade zeigt eine großzügige, etwas extravagante Fläche, die aber durch eine ausgewogene Verteilung der Maueröffnungen beherrscht wird (das große Panoramafenster im Erdgeschoß nicht ursprünglich). Die besondere Eleganz der Fassade ergibt sich aus dem harmonischen Verhältnis zwischen Haus- und Dachkanten, dem ungewöhnlich knapp ausgebildeten Dachanschluß und dem leicht ausgestellten Dachfuß. Der Erker wird über eine kleine Mauerabdeckung mit der Südseite verklammert. Dort liegt die eigentliche Schauseite des Hauses, dorthin öffnen sich mit symmetrisch angelegten großen Terrassentüren und Fenstern die Haupträume des Erdgeschosses und des Obergeschosses.

Buchendorf

Buchendorf ist eine der frühen Ausbausiedlungen des 7./8. Jh. im Umkreis der Landnahmesiedlung Gauting. Es entwickelte sich auf gutem Ackerboden (Altmoränen) und in uralter Kulturlandschaft (Römerstraßen, Keltenschanze). Die fast kreisrund gerodete Wirtschaftsfläche war noch im 19. Jh. auf allen Seiten vom Wald eingeschlossen. Das Dorf ist auf kreuzförmigem Straßengrundriß angelegt, dessen Zentrum die Kirche bildet. Um 1750 werden 32 Anwesen genannt. Im Unterschied zu den meisten anderen mittleren Dörfern des heutigen Landkreises waren darunter aber 6 ganze Höfe, 6 Halbhöfe und 9 Viertelhöfe. Das ergab eine dörfliche Struktur, in der große bis sehr große Höfe überwogen. Das prägt bis heute das Ortsbild, in welchem große Gebäude, oft in Form eines Dreiseithofes oder eines Gruppenhofes um einen geräumigen Hofraum gestellt, dominieren. Das Ortsbild wirkt weiträumig und großzügig. Dem hier in Stadtnähe hohen Siedlungsdruck hat freilich auch Buchendorf nicht entgehen können. Die zunehmende Bautätigkeit hat sich zwar an einigen Stellen konzentriert, hat aber schließlich nur noch wenig Altbausubstanz ohne Einbuße gelassen und die Dorfränder überwiegend mit den üblichen Neubauten der letzten Jahrzehnte verstellt.

Kath. Filialkirche St. Michael, im Kern 15. Jh., Ausbau 1595, im Inneren barockisiert; mit Ausstattung.

Die Grundmauern des Kirchenschiffs dürften in das 12./13. Jh. zurückreichen. Auch heute noch lassen sich im Inneren die Proportionen der romanischen Landkirche ablesen.

Buchendorf, Flurkarte 1815

Gauting, Zugspitzstraße 22

Gauting, Zugspitzstraße 29

Gauting, Zugspitzstraße 29

Buchendorf, Kath. Filialkirche St. Michael

Nach einer Erhöhung des Schiffes wurde der Außenputz mit einer aufgemalten Quaderung dekoriert. Diese frühe Erscheinungsform wurde bei der Renovierung 1983/84 aufgedeckt und wieder aufgegriffen. In der Spätgotik wurde der Chorturm abgetragen und seitlich beigestellt. Anschließend wurde ein neuer Chor angefügt, der geringfügig eingezogen ist und sich mit seinem Gurt und seinem bemalten Traufgesims deutlich vom Kirchenschiff absetzt. Im 17. oder 18. Jh. wurden die spätgotischen Maßwerkfenster barock umgearbeitet und der Eingang auf die Westseite verlegt. Im Inneren ist mit dem dreiseitig geschlossenen gewölbten Chor und dem flachgedeckten Schiff die spätgotische Anlage gut überliefert. Der Raumeindruck wird wesentlich bestimmt von der 1962 wieder freigelegten Ausmalung von 1595 und von der reichen, aus verschiedenen Epochen stammenden Ausstattung, dazu Fresken und Figurenschmuck aus dem Themenkreis des Marienlebens und der Passion. Der frühbarocke Hochaltar enthält die bemerkenswerte Figur des hl. Michael von Johann Baptist Straub (um 1740) mit den Nebenfiguren des hl. Johann Baptist und der hl. Helena (17. Jh.). Anstelle der einstigen Seitenaltäre wurden die Figuren der hll. Georg und Florian (Mitte 18. Jh.) aufgestellt. Eine Reihe weiterer Figuren, aus früheren Altarausstattungen oder aus Gauting, befinden sich im Chor (hl. Silvester und hl. Urban, 16. Jh.), an den Wänden des Kirchenschiffs (eine bemerkenswerte Anna Selbdritt, Marmor, 16. Jh., sowie eine schöne, ausdrucksvolle Pietà, um 1440/50) und an der Empore. Die Kanzel stammt vom Bernrieder Kistler Hans Probst, 1674. Neben ihr ein größeres Votivbild des Georg Locher, Waisenpfleger von München, 1649.

Münchner Straße 8. *Bauernhaus,* mit Steilsatteldach und Altane an der Traufseite, 1. Hälfte 19. Jh.

Ein Bauernhaus, das noch wesentliche Merkmale des nördlich der Endmoränen angesiedelten, vom Dachauer Bauernhaus beeinflußten Haustyps bewahrt hatte, jedoch bei den letzten Umbauten leider weitgehend verändert wurde. Erhalten blieb der hohe städtebauliche Wert, der sich aus dem historischen Bezug des Bauernhauses zur Kirche sowie aus seiner Stellung an der Straßenkreuzung und an der Münchner Straße ergibt, wo es eine imponierende Abfolge größerer Bauernhöfe eröffnet.

Parkstraße 25. Ehem. *Pfarrhof von Gauting und Buchendorf,* Satteldachbau, neugotisch, mit Staffelgiebeln, 1857 errichtet, seit 1910 Hauptbau des Altersheims der Englischen Fräulein. Kapellenneubau von 1957 mit monumentalem romanischen Kruzifixus.

In Buchendorf befand sich aus bisher noch nicht geklärten Gründen schon im 15. Jh. teilweise und von 1580 bis 1904 ohne Unterbrechung der Sitz des Gautinger Pfarrers. Nach der Verlegung des Pfarrsitzes nach Gauting wurde der Buchendorfer Pfarrhof vom Orden der Englischen Fräulein erworben und zu einem Gutsbetrieb ausgebaut. Im neugotischen Gebäude steckt vermutlich noch Substanz des barocken Pfarrhofs (18. Jh.).

Mariensäule, Gußeisenfigur auf Steinsäule, bez. 1893, in der Ortsmitte.

Errichtet als Dank der Dorfgemeinde für die Verschonung vor einer schlimmen Nonnenplage, die 1891/92 die Wälder der Umgebung bedrohte.

Buchendorf, Ortsbild mit Kirche St. Michael

Buchendorf, Mariensäule

Münchner Straße 8

Parkstraße 25

Buchendorf, Kath. Filialkirche St. Michael

Filialkirche St. Michael, Figur der Anna Selbdritt (16. Jh.)

Filialkirche St. Michael, Pieta (um 1440/50)

Hausen

Der Weiler Hausen ist eine Gründung der Ausbauzeit des 9.-12. Jh. und wurde vermutlich aus dem Areal des Königswieser Forstes herausgerodet. Funde aus dem Neolithikum, die östlich des Ortes gemacht wurden, weisen jedoch auf einen weit älteren Kulturboden hin. Der Weiler, der sich in lockerer Stellung der Höfe um den kleinen Dorfweiher anordnete, ist in seiner Stuktur noch sehr gut erhalten.

Kath. Filialkirche Hl. Dreifaltigkeit, nach Brand von 1815 wieder 1822 errichtet; mit Ausstattung.

Die Erneuerung nach dem Brand erfolgte in wesentlich vereinfachter Form unter Verwendung älterer Teile. Der in dieser Gegend fremde klassizistische Turmabschluß folgte dem Vorbild der Pfarrkirche in Feldafing, der Hausen damals als Filiale angeschlossen war. Die historistische Ausstattung wurde wegen Geldmangels erst später und in einfachen Verhältnissen verwirklicht.

Hausen, Haus Nr. 4

Haus Nr. 4. *Bauernhaus,* mittelsteiles Dach mit Überstand, Putzgliederungen, um Mitte 19. Jh.

Der Wohnteil läßt noch die Gliederung der Fassade durch glatte Putzbänder erkennen, wie sie für das Bauernhaus an der Wende zum 19. Jh. charakteristisch war. Das Haus war ursprünglich mit einem flachen Legschindeldach und einer Giebelverschalung versehen. Zurückliegende Erneuerungsarbeiten haben das überlieferte Erscheinungsbild leider schon stark reduziert.

Hausen, Haus Nr. 7

Haus Nr. 7. *Wandbilder,* Blech, mit nachbarocken Malereien, 1. Hälfte 19. Jh.

Derartige Wandbilder waren im Landkreis einmal sehr viel stärker verbreitet (vgl. Farchach). Die ursprüngliche Frische der Farben hat bereits stark nachgelassen.

Gemeindefreie Gebiete

«Herrgottsruhkapelle», Backsteinbau, 3. Viertel 19. Jh.; an der Straße nach Mühlthal.

Die heutige Kapelle steht an der Stelle eines älteren Baus, der schon in der Flurkarte von 1863 enthalten ist und wohl in die 1. Hälfte des 19. Jh. zurückreicht. Auf dem von der Kapelle überbauten Baumstumpf befand sich ein kleines Gnadenbild eines «Christus in der Rast». Die bäuerlich einfache Figur wurde leider vor Jahren gestohlen. Einige, ebenfalls geraubte Votivbilder zeigten die Figur noch in der Höhlung eines Baumes (dessen Rest wohl der bestehende Baumstumpf ist). Nur noch einige zurückgelassene Krücken zeugen für die Verehrung des Gnadenbildes.

Königswiesen

Haus Nr. 2. *Kath. Filialkirche St. Ulrich,* spätgotisch.

Die kleine Kirche ist der letzte Zeuge eines um 800 in Königsbesitz befindlichen Weilers, dessen Flur im 19. Jh. wieder aufgeforstet wurde (vgl. Ramsee bei Erling, Kreuzing nordwestlich von Gauting). Der Ort ist schon im Ebersberger Besitzverzeichnis von 934 belegt und umfaßte im hohen Mittelalter zwölf Höfe. 1280 kam er an die bayerischen Herzöge. 1507 errichtete sich Herzog Wolfgang hier ein kleines Jagdschloß für die Jagd in den umliegenden Forsten, das auf dem Wening-Stich von 1701 in seiner späteren Form noch zu se-

Königswiesen, Kapelle St. Ulrich

Hausen, Filialkirche Hl. Dreifaltigkeit

Haus Nr. 7, Wandbild

Herrgottsruh-Kapelle

Hausen, Kath. Filialkirche Hl. Dreifaltigkeit

Königswiesen, Kapelle St. Ulrich

hen ist. Die Zahl der Hofstellen ging seit dem hohen Mittelalter kontinuierlich zurück. Schon 1554 bestand Königswiesen nur noch aus dem Edelsitz und zwei Höfen. 1566 erhielten die Weiler auf den Sitz das Hofmarksprivileg. Sie nannten sich daraufhin Weiler auf Königswiesen. 1624 ging die Hofmark an die Hörwarth über, 1664 an die Pfetten-Arnbach, 1754 an die Grafen Zech und 1799 an die Grafen Yrsch. 1824 erwarb der Forstärar die Hofmark mit den zugehörigen Wäldern. Der letzte Bauer zog 1864 nach Buchendorf ab. Daraufhin wurden alle Gebäude, mit Ausnahme der Kirche, abgebrochen und die gesamte Flur aufgeforstet.
Der spätgotische Bau der Kirche wurde wohl im 18. Jh. überarbeitet. Die ursprüngliche Ausstattung ist bis auf Reste verloren. Der kleine Altar zeigt ein Bild des hl. Ulrich. Die Wappen am Chorbogen gehören den ehemaligen Lehensherrn von Königswiesen an, den Herzögen Sigismund (1478), Albrecht (1494), Wilhelm IV (1521) und Albrecht V (1570). Die übrigen Wappen erinnern an die späteren Hofmarksherren, die Weiler und die Freiherrn von Pfetten.

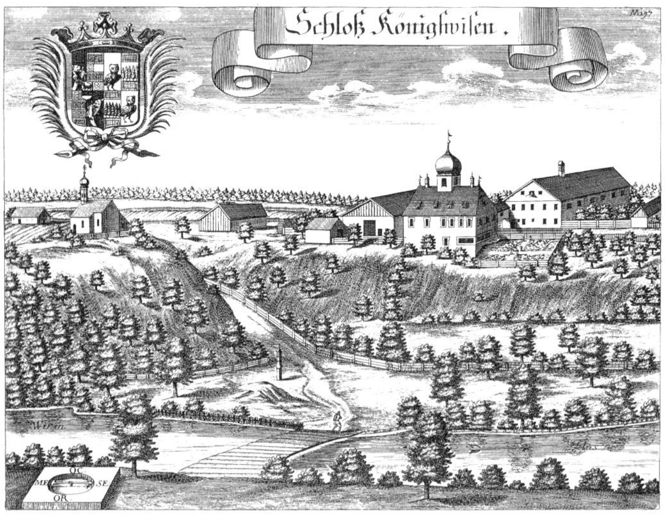

M. Wening, Schloß Königswiesen, Kupferstich 1701

Oberbrunn

Oberbrunn, ein früher Ausbauort wie Unterbrunn oder Buchendorf, war stets mehrheitlich von großen bis sehr großen Höfen (über 200 Tagwerk) geprägt. Das läßt sich noch heute gut an der Struktur des Ortes, an Größe und Stellung der Höfe sowie an der Größe der Hofräume und der Grasgärten ablesen. Die bestehenden Häuser stammen freilich fast ausschließlich aus dem späten 19. und dem 20. Jh.; ältere Bausubstanz ist kaum noch vorhanden. Nur der größere Hof nördlich der Kirche bewahrt noch den Haustyp der 1. Hälfte des 19. Jh. mit seinem flachgeneigten Satteldach.

Kath. Filialkirche St. Peter und Paul, Turmuntergeschoß spätgotisch, sonst von 1864; mit Ausstattung.

Der kleine mittelalterliche Vorgängerbau war bereits 1778 von Franz Anton Kirchgrabner durch Anbau eines neuen Chors verlängert worden. Die Notwendigkeit einer neuerlichen Erweiterung führte 1862 zu einem völligen Neubau durch den Starnberger Maurermeister Wannerstorfer. Wiederverwendet wurden nur Teile der südlichen Grundmauern und das Untergeschoß des Turmes. Der Neubau zeigt sich im Äußeren anspruchslos. Das Kirchenschiff ist von einer weiten Tonne mit Stichkappen überwölbt (Fresko von J. Fendt, Seefeld), die Wölbung des stark eingezogenen Chors wirkt dagegen etwas gedrückt. Einheitliche neuromanische Ausstattung, auf der Doppelempore eine Orgel von Beer, Erling.

Haus Nr. 7. *Hausfigur,* Madonna, 17./18. Jh.

Stockdorf

Stockdorf gehört wohl wie Buchendorf zu den frühen Ausbausiedlungen des 7./8. Jh. Es konnte jedoch, beengt durch die älteren Nachbarn Gauting und Krailling, nur eine bedeutend kleinere Flur ausbilden, was sich auf die Größe und die Struktur des Ortes ausgewirkt hat. Das ehemalige Dorf, dessen Zentrum sich an der Würm rund um die Kirche St. Vitus befand, ist heute bis auf geringe Reste von der neuzeitlichen Bebauung abgelöst. Nach der Einrichtung des Vorortverkehrs 1902, mit der auch Stockdorf Bahnstation wurde, entwickelte sich vom alten Ortskern bis zur Bahnlinie und mit ein, zwei Zeilen auch jenseits der Bahn eine neue Bebauung mit schlichten Wohn- und Landhäusern vor allem des Mittelstands. Die einzige größere Herrschaftsvilla wurde bereits wieder abgebrochen. Die in diesem Bereich entstandenen Bauten zeichneten sich entsprechend den um diese Zeit schon erhobenen Forderungen der Heimatschutzbewegung durch zurückhaltende, harmonische Formen und eine entsprechende Farbgebung aus. Die Entwürfe stammten meist von ortsansässigen Baumeistern wie Bernhard Schießl oder August Hörmann, was sehr zu einem einheitlichen Ortsbild beitrug. Bedeutende Münchner Architekten kamen hier sehr viel seltener zum Zuge als etwa in Gauting.
Die Gartenanlagen waren kleiner und auch einfacher als in der Gautinger Villenkolonie, wiesen jedoch wohl alle wenigstens die Grundelemente des gartengestalterischen Repertoires der Zeit auf. Einige Beispiele dieser Bebauung sind noch einigermaßen unversehrt erhalten und konnten in die Denkmalliste aufgenommen werden. Viele weitere, gleich qualitätvolle Bauten wurden bereits stark vereinfacht oder umgebaut und haben damit ihre Authentizität verloren. Die zunehmende Verdichtung während der letzten Jahre und die dabei entstandenen Neubauten haben dem Ortsbild bereits viel von seiner ursprünglichen Atmosphäre und Eigenart genommen.

Bahnstraße 12. *Alte kath. Filialkirche St. Vitus,* ausgebaut 1857, im Kern älter; mit Ausstattung.

Der Umbau von 1857 war, ähnlich der Pfarrkirche Machtlfing, mit neuromanischen Blendbögen an den Ortgängen von Turm und Schiff versehen, die heute leider beseitigt sind. Die kleine Vituskirche wird seit dem Bau der neuen Pfarrkirche als Friedhofskirche und Kriegergedächtnisstätte genutzt. Das monumentale Fresko «Christus als Weltenrichter» im Inneren stammt von Karl Manninger (1968).

Bahnhofstraße 36. *Villa,* erdgeschossig, mit Mansarddach, Ostfront mit erkerartigen Eckausbildungen und Zwerchgiebel, modern-barockisierend, 1912 von A. von Schorn.

Das kleine Landhaus steht unmittelbar an der steilen Hangkante zum Würmtal und war ursprünglich auf freie Sicht über die Landschaft (nun durch hochgewachsene Bäume verstellt) berechnet. Die Ostseite ist dafür mit einer größe-

Stockdorf, Kath. Kirche St. Vitus

St. Vitus

Oberbrunn, Kath. Filialkirche St. Peter und Paul

Oberbrunn, Hausfigur

Oberbrunn, St. Peter und Paul

Stockdorf, Bahnstraße 36

ren, giebelartigen Stehgaube und erdgeschossig mit zwei polygonalen Eckerkern ausgestattet, zwischen denen eine Veranda mit Freitreppe zum Garten eingespannt ist.

Bennostraße 6/8. *Doppelhaus,* erdgeschossig über hohem Souterrain, ausgebautes Mansarddachgeschoß mit Atelierfenster, am Hauseingang Pergola, modern-historisierend um 1905/10.

Hier wurde der in Gauting und Stockdorf so häufig vertretene Haustyp mit dem herabgezogenen Mansarddach an einem Doppelhaus angewendet. Dabei wird die Nahtstelle zwischen den beiden Häusern durch eine besondere Gestaltung der Erdgeschoßfenster und der mittleren Stehgaube betont, um eine harmonische Ordnung der Fassade herzustellen.

Kreuzweg 4. *Einfamilienhaus,* erdgeschossig, mit Mansarddach, Reformstil, um 1905/10.

Ein weiterer Vertreter des in Stockdorf so häufig vertretenen Haustyps. Die unverzichtbaren Landhauselemente wie Erker und Balkon sind auch hier in bescheidener Ausprägung vertreten, fast nur angedeutet. Der zugehörige Garten mit Spalieren, Blumenrabatten, der Obstbaumwiese und ein paar Wegen ist hier noch erhalten und überliefert ein gutes, fast idyllisches Bild des alten Bürgertraums vom naturnahen Wohnen auf dem Lande. Er läßt aber auch den Kontrast zum pflegeleichten Rasengeviert des heutigen Hauses im Grünen erkennen.

Kreuzweg 7. *Einfamilienhaus,* erdgeschossig, mit Mansarddach, modern-historisierend, 1910 (Vgl. Kreuzweg 4).

Kreuzweg 11. *Einfamilienhaus,* erdgeschossig, mit Mansardwalmdach, Giebel verschindelt, modern-historisierend, um 1905/10.

Kreuzweg 25. *Einfamilienhaus,* erdgeschossig, an der Südseite weiter Dachvorstand über Säulen, modern-historisierend, 1909.

Der kleine Bau mit seinem hohen Satteldach wird von einem Zwerchgiebel belebt, der mit den Stützen und dem Mittelerker im Erdgeschoß korrespondiert.

Tellhöhe 5. *Etagenvilla,* Satteldachbau mit Putzgliederungen, am Ostgiebel Eckerkerturm, Verandaausbauten und Erker, im Stil des reduzierten Historismus 1906 erbaut; entspricht spiegelbildlich dem Haus Tellhöhe 7.

Tellhöhe 7. *Etagenvilla,* Satteldachbau mit Putzgliederungen, am Ostgiebel Eckerkerturm, Verandaausbauten und Erker, im Stil des reduzierten Historismus 1906 erbaut; entspricht spiegelbildlich dem Haus Tellhöhe 5.

Tellhöhe 5 und 7 sind zwei benachbarte Villenbauten, die unmittelbar an der Hangkante zum Würmtal stehen. Die Schauseite beider Häuser ist nach Osten, talwärts, gerichtet. Beide haben bereits einige Gestaltungsdetails verloren. Sie wurden vom Gautinger Baumeister Bernhard Schießl gebaut, Tellhöhe 7 für den Schuhfabrikanten M. Henneberger.

Zumpestraße 2. *Villa mit Walmdachrisaliten,* Eckerkerturm, Putzgliederungen und Wandbild an der Ostfront, barockisierend, 1905 von Bernhard Schießl.

Die Villa wurde für Johann Engert erbaut und besitzt zwei adäquate Schauseiten (eine zur Straße, die andere talwärts gerichtet), deren Mitte durch einen Eckerkerturm akzentuiert wird.

Zumpestraße 9. Ehem. *Schrankenwärterhaus der Bahnlinie Pasing-Starnberg,* zweigeschossiger kleiner Backsteinbau mit überstehendem Satteldach, um 1853/54.

Zweigstraße 2. *Einfamilienhaus,* erdgeschossig, mit abgewalmtem Mansarddach und Erker, modern-historisierend, 1910 von Bernhard Schießl.

Vgl. Kreuzstraße 4 und Gauting, Zugspitzstraße 9.

Bennostraße 6/8

Kreuzweg 4

Kreuzweg 7

Kreuzweg 11

Stockdorf, Kreuzweg 25

Stockdorf, Tellhöhe 5

Stockdorf, Zumpestraße 2

Tellhöhe 7

Zweigstraße 2

Stockdorf, Zumpestraße 9

Unterbrunn

Unterbrunn gehört zu den Ausbauorten des 7./8. Jh. und war im hohen Mittelalter ein bedeutender Besitzschwerpunkt der Grafen von Andechs, die später den Großteil davon ihrem Hauskloster Dießen überließen. Der Ort, dessen Flur auf den ertragreichen Böden der Altmoränen liegt, war wesentlich von mittleren und großen Höfen bestimmt (um 1750 noch 6 ganze Höfe und 7 Halbhöfe), was in der Struktur des Dorfes seinen Niederschlag gefunden hat. Das Ortsbild des Haufenwegedorfes (um 1850 49 Anwesen) wird geprägt von größeren Bauernhäusern, geräumigen Hofstellen und großzügig bemessenen Freiräumen. Als Besonderheit ist hier noch der große Dorfweiher (ursprünglich im Besitz der Grafen von Andechs, dann des Landesherrn) mit dem Dorfanger erhalten. Er lag ursprünglich mehr am Rande des Ortskerns, durch die Neubausiedlung am Angerberg, die sich östlich anschließt, ist er jedoch zusammen mit dem Platz vor dem Wirtshaus zum Ortsmittelpunkt geworden. Die Struktur des Bauerndorfes hat sich, trotz des Siedlungsdruckes im Einzugsbereich des Würmtals, bemerkenswert gut erhalten, wenn auch die überlieferte bauliche Substanz in den meisten Fällen schon deutliche Einbußen erlitten hat. Die Neubautätigkeit hat sich bisher jedoch mehr auf das Angerberg-Gebiet und den nördlichen und südlichen Ortsrand konzentriert und die Freiräume des bäuerlichen Ortskerns noch relativ unangetastet gelassen.

Hauptstraße 13/15. *Gasthaus,* langgestreckte Anlage, mit Kniestock und Flachsatteldach, bez. 1865; ehem. Bierkeller, kleiner massiver Satteldachbau, um Mitte 19. Jh.; Biergarten.

Den Dorfplatz, auf dem bis in das 19. Jh. auch der Tanzboden stand, säumen der sogenannte Sommer-Wirtsgarten mit seinem schönen Kastanienbestand und ein paar gut erhaltene Bauernhäuser des 19. Jh. Der Gasthof, ein langgestreckter, vornehmer Bau mit neun Fensterachsen (gebaut von Schneider, Weßling), wurde vor kurzem gut renoviert und bildet die Dominante des Platzes. Der traditionelle Zusammenhang Wirtshaus, Dorfplatz mit Maibaum und Wirtsgarten ist hier noch erhalten, wenn auch etwas von der stark befahrenen Durchgangsstraße gestört. Das Ensemble gehört zu den schönsten Ortszentren des Landkreises. Über das zugehörige langgestreckte Wirtschaftsgebäude und den benachbarten Lampl-Hof steht es in unmittelbarem Zusammenhang mit dem Ensemble um die Pfarrkirche.

Kirchstraße 15. *Pfarrhof,* Walmdachbau, mit Eingangslaube und seitlicher Altane, Neubarock, 1914.

Der Pfarrhof bietet mit seiner Größe, seinem kraftvoll ausgebildeten Walmdach und seinen harmonischen Fassaden das Bild einer herrschaftlichen Villa und ist damit ein eindrucksvolles Beispiel für den vor dem Ersten Weltkrieg noch durchaus repräsentativ verstandenen Wohn- und Amtssitz des Pfarrers. Erhoben wurde dieser gesteigerte Anspruch wohl vom Bauherrn, Pfarrer Gottfried Resl, der als guter Musiker ein Haus mit regem gesellschaftlichem Leben führte, ermöglicht hat ihn die seinerseitige finanzielle Leistungsfähigkeit der Pfarrei. Das Innere wird von einem großräumigen Treppenhaus beherrscht, dessen barockisierende, doppelläufige Anlage die Dielen des Erdgeschosses und des

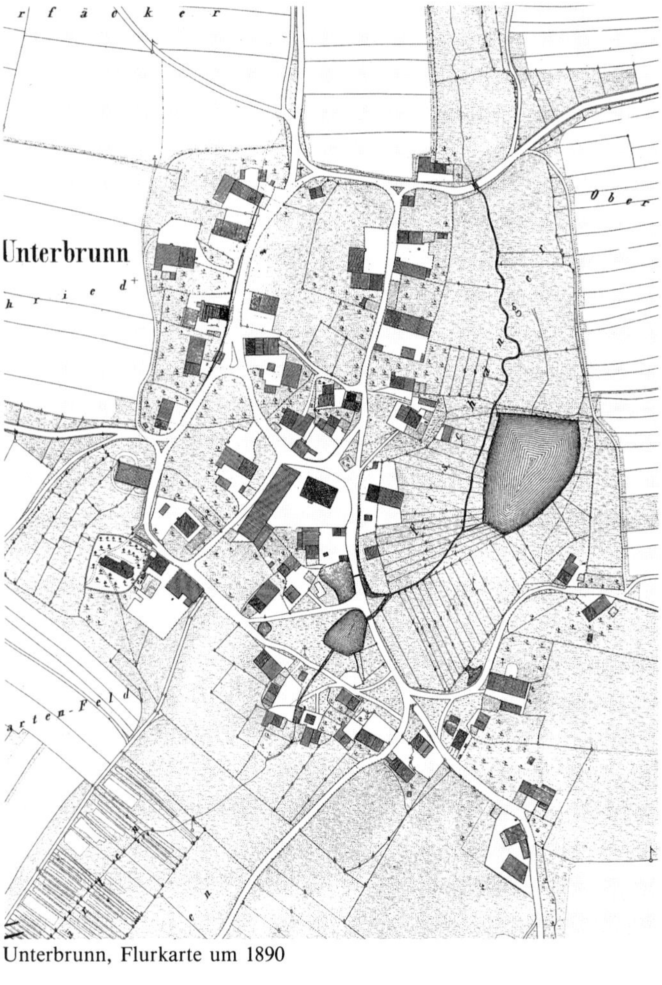

Unterbrunn, Flurkarte um 1890

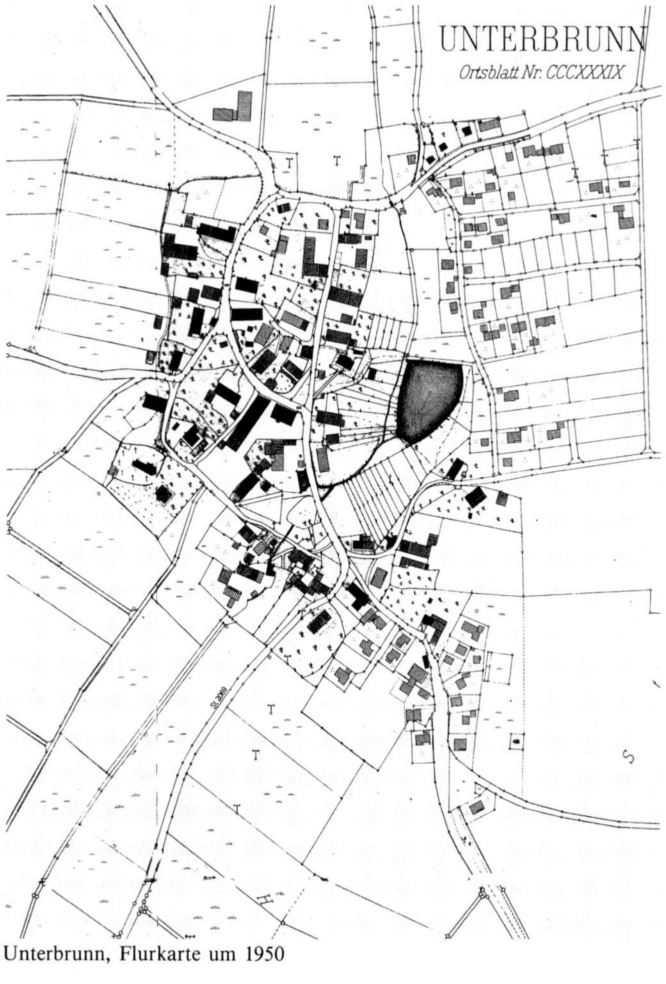

Unterbrunn, Flurkarte um 1950

Unterbrunn, Dorfplatz mit Gasthof Böck (Hauptstraße 13/15)

Unterbrunn, Hauptstraße 13/15, Gasthof Böck mit Nebengebäuden

Unterbrunn, Pfarrhof

Unterbrunn, Pfarrhof

Obergeschosses verbindet. Auf halber Höhe wird die Treppe durch eine kleine von Balustern begrenzte Empore erweitert. Die Wände sind mit jugendstilhaftem Dekor aus Bändern und floralen Motiven in Schablonentechnik versehen, die Diele im Erdgeschoß besitzt schöne Schrankeinbauten der Zeit. Die übrigen Räume sind schlicht gehalten und verfügen noch über die originale Ausstattung an Türen und Fenstern. Im Erdgeschoß befindet sich eine Stube, die vollständig mit Holz vertäfelt ist.

Kirchstraße 17. *Kath. Pfarrkirche St. Laurentius,* spätgotisch, um 1500, barocker Ausbau und Verlängerung des Langhauses im 17. Jh.; mit Ausstattung; Friedhofsanlage; Kriegergedächtniskapelle, Neubarock mit Portikus, 1922 von Richard Steidle errichtet; mit Auffahrtsallee, um 1922.

Das Langhaus der Kirche gehört mit seinen Grundmauern wohl noch dem 12./13. Jh. an, der dreiseitig geschlossene Chor wurde um 1500 angebaut, der wuchtige Satteldachturm an der Westseite 1862 durch einen neuen Turm mit verkleinertem Querschnitt auf der Nordseite des Schiffs ersetzt.

Der Innenraum, der (abzüglich der Erweiterungen von 1684 und 1862) noch gut die Ausmaße einer romanischen Landkirche ahnen läßt, wird von der barocken Ausstattung beherrscht, die das Marienthema umkreist (bis in das späte 19. Jh. Patrozinium Mariä Geburt). Im Hochaltar (1630/40) befindet sich eine sitzende Muttergottes mit den Nebenfiguren der hll. Ursula und Barbara um 1500 (Fassung neu). Der Tabernakel ist von 1900. Der nördliche Seitenaltar (1690) enthält eine Anna Selbdritt vom Meister der Hochaltarfiguren und die Nebenfiguren der hll. Elisabeth und Apollonia von Heinrich Hagn. Im südlichen Seitenaltar eine Kreuzigungsgruppe und die Nebenfiguren der hll. Dionys und Ulrich, alle von Heinrich Hagn um 1690. In der Predella Relief der Münchner Schule um 1480: Die Frauen bitten Pilatus um den Leichnam Jesu (ursprünglicher thematischer Zusammenhang wie die Herkunft des Reliefs ungeklärt). Im Kirchenschiff in Nischen die Figuren der hll. Franz Xaver und Johannes Nepomuk von Joseph Krinner, 1731. Von höfischer Eleganz ist der Spätrokokostuck des Chors von Johann Baptist Heringer, 1758. Er rahmt das Fresko «Kurfürst Max Emanuel in der Türkenschlacht vor Belgrad», ein Frühwerk Johann Martin Heigls, 1758. Der Stuck des Langhauses mit dem charakteristischen Gitter und Bandelwerk und den Akanthusranken der Wessobrunner stammt von Thomas Merk, 1741. Kirchengestühl um 1750, Kanzel mit Dekorationselementen des Frühklassizismus um 1770/80.

Die Kriegergedächtniskapelle ist mit einem monumentalen Kruzifix und seitlichen Rotmarmortafeln mit den Namen der Gefallenen ausgestattet.

Kirchstraße. Ehem. *Zehentstadel,* massiv, mit großem Halbwalmdach, 17./18. Jh.

In Unterbrunn saß bis in das 17. Jh. ein «Huobprobst» des Klosters Dießen. Er amtierte als Verwalter für die Dießener Güter zwischen Ammersee und Isar. Bis zur Säkularisation 1803 wurden hier die Abgaben der Pfarrei Unterbrunn und wohl auch der umliegenden, dem Kloster zehntpflichtigen Dörfer gesammelt. Der Stadel setzt sich mit seinem mächtigen Halbwalmdach deutlich als herrschaftliches Gebäude von den übrigen Bauernhäusern ab.

Unterbrunn, Kath. Pfarrkirche St. Laurentius

Unterbrunn, Pfarrkirche St. Laurentius

Unterbrunn, Pfarrhof, Treppenhaus

Unterbrunn, Pfarrkirche St. Laurentius, Deckenfresko im Chor

Der eindrucksvolle Dachstuhl bewahrt ein Stück alter Zimmermannskunst, ist in verschiedenen Details jedoch schon stark reduziert.

Die Kirche auf ihrem ummauerten Friedhof, der harmonisch proportionierte Stadel und die angrenzenden Bauernhäuser und Scheunen ergeben zusammen mit dem alten Baumbestand einen ungestörten Dorfrand von hoher Qualität. Er kommt besonders eindrucksvoll zur Geltung, wenn man sich aus Richtung Oberpfaffenhofen auf das Dorf zubewegt.

Schulstraße 4. *Schulhaus Unterbrunn,* gegliederter Putzbau mit vorstehendem Flachsatteldach, 1880.

Einer der wenigen Vertreter der Schulhausgeneration der 2. Hälfte des 19. Jh., die im Landkreis noch ohne Umbauten erhalten sind. Errichtet wohl von Baumeister Schneider, Weßling. Der nördliche Anbau mit dem Treppenhaus ist von 1904. Schulhaus, Pfarrhaus, Kirche, Kriegergedächtniskapelle und Zehentstadel bilden in einem unversehrten landschaftlichen Ambiente ein Ensemble von hohem Reiz. Seine historische, architektonische wie ideelle Einheit ist hier in seltener Qualität und Ungestörtheit überliefert.

Kapelle St. Laurentius, Wallfahrtskapelle, 1. Hälfte 15. Jh.; westlich des Ortes.

Zusammen mit den beiden hohen Bäumen ergibt sich hier ein besonders reizvolles Bild. Die Kapelle war bis in das 19. Jh. eine der vielen kleinen Gnadenstätten von lokaler Bedeutung. Der spätgotische Bau ist derzeit ohne Ausstattung. Der ursprüngliche kleine Altar, um 1700, mit Figuren des hl. Laurentius und der hll. Petrus und Paulus, wohl von Heinrich Hagn, wurde durch Diebstähle so dezimiert, daß er in Sicherheit gebracht werden mußte. Hölzerne Votive des 18./19. Jh., einige Votivbilder (Mitte 19. Jh.) und äußerst seltene Wallfahrerinschriften des 15./16. Jh. (leider übertüncht) belegen eine lange Verehrung des hl. Laurentius in dieser Kapelle.

Unterbrunn, Kriegergedächtniskapelle

Unterbrunn, Kapelle St. Laurentius

Unterbrunn, ehemaliger Zehentstadel und Pfarrkirche

Unterbrunn, Schulstraße 4, ehemaliges Schulhaus

Archäologische Geländedenkmäler

Vorgeschichtlicher *Grabhügel,* ca. 1650 m nnö Kirche Buchendorf im Tradholz. (Buchendorf, Fl.-Nr. 221, SW 4-6)

In flach nach NW einfallendem Gelände. Fast 2 m hoher Hügel mit Spuren alter Ausgrabungen. Näheres unbekannt.

Neun vorgeschichtliche *Grabhügel,* ca. 1000 m nnw Kasten, w am Weg Kasten-Stockdorf, Waldabt. Gänskragen. (Gauting, Fl.-Nr. 1558, SW 3-6)

In flach nach NW einfallendem Gelände. Locker gestreute, meist mittelgroße Hügel mit oberflächlichen Abschürfungen.

11 vorgeschichtliche *Grabhügel,* ca. 1100 m wnw Reismühl im Plempelholz. (Gauting, Fl.-Nr. 1265, SW 4-7)

In flach nach N einfallendem Gelände. Kleine, überwiegend jedoch mittelgroße Hügel, von denen vier deutliche Spuren alter Ausgrabungen aufweisen. Näheres unbekannt.

Mindestens 50 vorgeschichtliche *Grabhügel,* ca. 250 m sw Haltepunkt Stockdorf, Waldabt. II, 13 Oberes Angerklosterholz. (Gauting, Frl.-Nr. 1776, SW 3-6)

Am Abbruch des w Würmtalhanges. Dicht gehäufte Hügel, meist mittlerer Größe, von denen zwei 1831 durch Freiherrn von Mettingh, zwei weitere 1921 durch das Landesamt für Denkmalpflege mit hallstattzeitlichem Ergebnis (Funde in der Prähistorischen Staatssammlung München) untersucht wurden. Die w der Bahnlinie liegenden bei Baumaßnahmen abgegangen.

Sechs vorgeschichtliche *Grabhügel,* ca. 1650-1850 m nnö Kirche Hadorf, n an Gemarkungsgrenze Hadorf/Oberbrunn. (Oberbrunn, Fl.-Nr. 567, 574, SW 6-19)

In ebenem Gelände. Weit auseinandergezogene, mittelgroße Hügel, von denen drei deutliche Spuren alter Ausgrabungen aufweisen. Näheres unbekannt.

Vorgeschichtlicher *Grabhügel,* ca. 2350 m wnw Kirche Unterbrunn. (Unterbrunn, Fl.-Nr. 857, SW 4-9)

Im ebenem Gelände. Mittelgroßer Hügel mit Spuren einer oberflächlichen Abschürfung.

Keltische *Viereckschanze,* «In der Biber» ca. 650 m nö Kirche Buchendorf. (Buchendorf, Fl.-Nr. 251, SW 4-6)

Auf einem nach NW gerichteten Vorsprung mit mäßig einfallenden Hängen. Im Grundriß fast quadratische Anlage ohne Graben, deren 110-120 m lange Seiten etwas gegen den Uhrzeigersinn aus den Hauptrichtungen gedreht sind. Wallzüge bis 2,6 m hoch, kräftig geböscht und nahezu unverletzt. N Wange des in der Mitte der W-Seite liegenden Tores partiell abgeschürft. Im Außen- und Innenbereich der Schanze kamen beim Ackern angeblich Münzen von Tiberius und Constantin I. sowie eine spätrömische Zwiebelknopffibel zutage. Fundjahr und nähere Fundumstände sind unbekannt.

Durch Feldweg und Dammstücke markierte Trasse der *Römerstraße* Augsburg-Salzburg, ca. 825-1250 m osö und ca. 550 m nö - ca. 975 m nw Kirche Buchendorf. (Buchendorf, Fl.-Nr. 23, 194-195, 236, 268, SW 4/5-6)

Die Verkehrslinie zieht in mäßig bewegtem Gelände von WNW nach OSO durch den n Teil der Gemarkung Buchendorf, wobei sie den Ort mit ausgewogenem Schwung n umgeht. Von Gauting kommend ist sie als breit verflossener Damm erkennbar, der allmählich an Höhe verliert und in einen ebenerdigen Feldweg übergeht, unter dem sie bis zur S-Ecke der keltischen Viereckschanze von Buchendorf bleibt. Auf rund 600 m Länge sind dann alle Spuren getilgt und hinsichtlich der Trassenführung bis zur Grenze des Forstenrieder Parks lassen sich keine sicheren Aussagen mehr treffen. Aufgrund topographischer Erwägungen ist es jedoch wahrscheinlich, daß sie im letzten Stück von einem Feldweg überdeckt wird, der 1250 m osö der Buchendorfer Kirche in den Forst eintritt.

Materialgruben der *Römerstraße* Augsburg-Salzburg, «Unterbrunner Lechel» ca. 1250-2425 m nw W-Kirche Gauting, beidseits Straße Gauting-Gilching, Waldabt. II, 29-31 Obere Fretz, Vogelschwaig, Pentenrieder Schlag. (Gauting, Fl.-Nr. 1343, 1796, 1808, SW 3-7/8; 4-7)

Die Verkehrslinie zieht von NW nach SO durch Gauting und quert am sö Ortsrand das Würmtal. Von der Gemarkungsgrenze Krailling bis zur Bahnlinie Tutzing-München liegt sie zerstört unter einer modern ausgebauten Straße, die im ersten, etwa 400 m langen Teilstück beidseits von Materialgruben begleitet wird. Von der Bahnlinie bis zur Würm sind alle Spuren getilgt. Jenseits der Würm bleibt sie bis zum Fuß des rechten Talhanges unter der Ortsverbindung Gauting-Buchendorf, im Aufstieg auf die Hochfläche wurde die Trasse bei der Errichtung von Wohnhäusern beseitigt.

Burgstall, «Schloßberg» ca. 1500 m nnö Kirche Leutstetten, Waldabt. IV, 3 Schloßberg. (Unterbrunn, Fl.-Nr. 1539, SW 5-7)

Auf einem nach SW in eine Würmschleife hineinragenden Vorsprung mit kurzen steilen Seiten. Kleinräumiges Kernwerk mit 40-45 m langer, trapezförmiger Oberfläche, an deren 20-25 m breiter Basis ein innen 1,2-1,3 m hoher Wall liegt. Der zugehörige, tief eingeschnittene Spitzgraben setzt sich in die Hänge fort und umläuft, außen von einem Wall abgefangen, die Bergspitze 6-7 m unterhalb des Innenraumniveaus. Vor dem Einschnitt am nw Plateaurand eine mächtige Abraumhalde. An die Bewehrung des Kernwerks schließt sich die schmalrechteckige Vorburg mit etwa 25 × 75 m langen Seiten. Sie trägt als Schutz gegen das Hinterland einen 50-60 m hohen verflossenen Wall, der außen von einem Graben begleitet wird. Abfall Wallkrone-Grabensohle bis 1,5 m. 1972 aufgesammelte Scherben des 11. Jh. bestätigen die durch die Hanggräben angezeigte frühe Zeitstellung der Anlage im hohen Mittelalter.

Buchendorf, Keltenschanze, Luftaufnahme

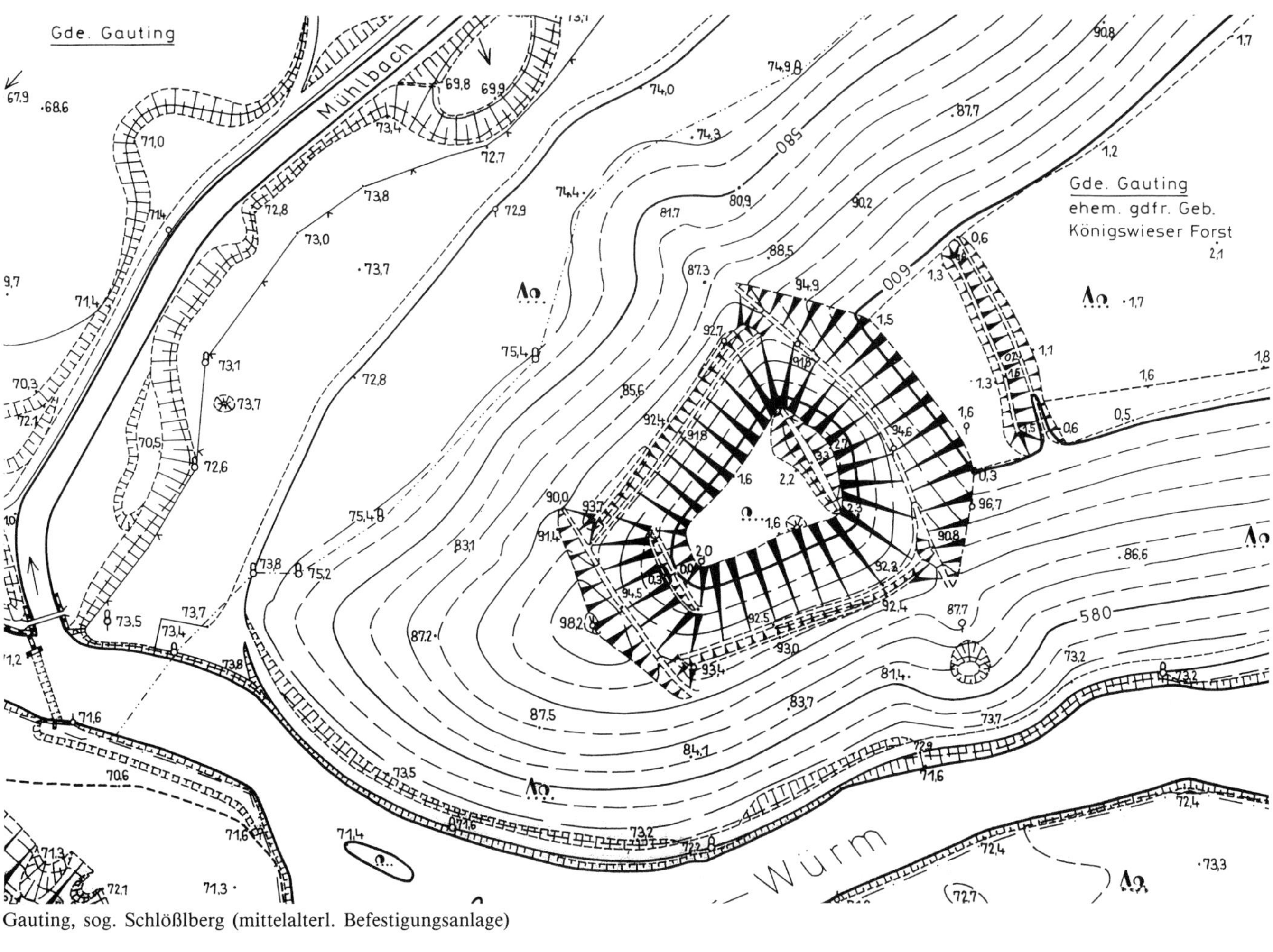

Gauting, sog. Schlößlberg (mittelalterl. Befestigungsanlage)

Gemeinde Gilching

Baudenkmäler

Gilching

Gilching ist eine Gründung der Landnahmezeit auf uraltem Kulturboden und einem der bedeutendsten Siedlungsplätze des Landkreises. Zahlreiche Grabhügel der Bronze- und Hallstattzeit, Keltenschanzen der Latènezeit sowie eine keltische Siedlung am Steinberg, und nicht zuletzt die Römerstraße und mehrere römische Gutshöfe in engster Nachbarschaft belegen eine Besiedlung der weiten Schotterfläche schon lange vor der Gründung des Dorfes. Auch im frühen Mittelalter besaß Gilching als Königsgut (um 800) und als «locus publicus» eine herausragende Stellung. Das Bauerndorf, es gehörte zu den größten des Landkreises, lag als Haufenwegedorf zwischen der Römerstraße und dem Höhenzug des Parsberges, an dessen westlichen Abhang es sich anlehnte. Die Hauptachse des Ortes bildeten der Aubach und die von der Römerstraße abzweigende Straße nach Alling. Heute ist dieser historische Ortskern von der neuzeitlichen Bebauung so sehr überwuchert, daß weder seine einstige Struktur noch sein Umfang zu übersehen sind. Nur um die Vituskirche ist das dörfliche Bild noch relativ gut überliefert.

Kirchgasse 2. *Kath. Pfarrkirche St. Vitus,* Chor frühes 16. Jh., dreischiffiges Langhaus 1836–38, nach Kriegszerstörung von 1944 erneuert; mit Ausstattung.

Das Langhaus der spätgotischen Kirche war 1709 so baufällig, daß es unter Beibehaltung von Chor und Turm von Grund auf neu erbaut werden mußte. Bei einem weiteren Umbau 1836/38 wurde das Kirchenschiff verlängert, was auf Grund des abfallenden Geländes das ungewöhnliche Höhenverhältnis zwischen dem flachgedeckten Langhaus und dem alten Chor mit seinem Netzgewölbe ergab. Die spärliche Ausstattung weist neben ein paar guten Epitaphen von Pfarrern des 15. und 16. Jh. auch bemerkenswerte Einzelstücke auf, so eine sitzende Muttergottes (Ende 16. Jh.) auf dem linken Seitenaltar, und am Chorbogen eine der ältesten Glocken Deutschlands, vom Priester Arnoldus von Gilching um 1170 in Auftrag gegeben.

Leitenweg 21. *Villa Rosenburg,* mit zwei zinnenbekrönten Eckerkertürmen und Segmentbogenfenstern, Ende 19. Jh.

Die Villa zeigt eine gewisse Ähnlichkeit mit dem ehemaligen «Schloß» Wartaweil am Ammersee. Sie ist einer der wenigen Ansätze zu einer «gehobeneren» Bebauung in Gilching. Der Käuferkreis, der hier für eine Ansiedlung in Frage kam, gehörte zum großen Teil den einfacheren Schichten an. Es haben sich hier dann auch keine «Villenterraingesellschaften» an einer planmäßigen Bebauung nach dem Beispiel der Villenviertel des Würmtals interessiert gezeigt.

Gilching, Alte Kath. Pfarrkirche St. Vitus

Gilching, St. Vitus

St. Vitus, Marienfigur

St. Vitus, Arnoldusglocke

Gilching, Leitenweg 21, Villa Rosenburg

Weßlinger Straße 6. *Bauernhaus,* Wohnstallbau, mit Dreiecksgiebel an der Traufseite und Eingangsnische, wohl 3. Viertel 19. Jh.

Daß der Hof ehemals Wirtshaus war, erklärt vielleicht die ungewöhnliche Anordnung eines Giebels über dem Eingang. Der Bau ist eines der letzten gut erhaltenen und nicht durch neuzeitliche Umbauten verdorbenen Bauernhäuser des Ortes. Hinzu kommen noch ein paar Höfe (von einst über 90 Hausnummern), die ihre historische Substanz halbwegs bewahrt haben. Der ehemals hier deutlich erkennbare Einfluß des über das Fürstenfeldbrucker Gebiet hereinragenden Dachauer Bauernhauses ist inzwischen kaum noch ablesbar.

Gilching, Weßlinger Straße 6

Argelsried

Argelsried dürfte eine Rodung des hohen Mittelalters sein, durchgeführt eventuell unter der Regie der Grafen von Andechs, worauf nicht zuletzt auch das Nikolauspatrozinium der Kirche hinweist. Der Ort entstand an der Römerstraße, benutzte diese jedoch nicht als Hauptachse. Trotz mehrerer Um- und Neubauten ist der alte Ortskern in seiner überlieferten Struktur auch heute noch gut ablesbar.

Am Römerstein. *Gedenkstein zur Erinnerung an den Verlauf der Römerstraße Augsburg–Salzburg,* errichtet um 1860/65; Ecke Münchner Straße.

Gilching, Römerstein

Kirchenweg. *Kath. Kirche St. Nikolaus,* Neubau, 1930/31; mit Ausstattung.

Die Nikolauskirche stand ursprünglich in der Ortsmitte (dort heute ein Gedenkkreuz) und wurde 1930/31 nordöstlich des Dorfes auf freiem Gelände neu erbaut, ein schlichter, weiträumiger Saalbau, von einer hölzernen Tonne auf starken Kragsteinen überwölbt. Die barocke Ausstattung (Kanzel, Seitenaltäre) wurde zum größten Teil aus der alten Kirche übernommen. Der Hochaltar mit einem Gemälde des hl. Nikolaus ist im Stil der Neurenaissance gehalten.

Geisenbrunn

Kapellenweg. *Kapelle Mariä Heimsuchung,* neugotisch, mit hohem Dachreiter, 1856; mit Ausstattung.

Der durch Lisenen gegliederte Bau wurde anläßlich der Renovierung 1985/86 mit vorhandenen und neuen Ausstattungsstücken bewußt schlicht gestaltet.

St. Gilgen

Haus Nr. 4. *Figuren der hll. Leonhard und Florian,* 18. Jh.; in Nischen an der Front des Hauses.

Kapelle St. Ägidius, angeblich 1730 erbaut; mit Ausstattung.

Die Kapelle wird bereits in der Matrikel von 1315 unter dem ursprünglichen Ortsnamen Sparfluchen (später Sparnfluck) genannt. Der Neubau um 1730/40 war wegen Baufälligkeit des Vorgängers notwendig geworden. Die dem hl. Ägidius geweihte Kirche war einmal eine kleine Wallfahrt. Sie steht heute noch frei inmitten der wenigen Höfe und überliefert anschaulich ihre einstige Funktion als Mittelpunkt bäuerlichen Lebens. Der Bau mit dem auf der Westwand aufsitzenden Dachreiter ist im Äußeren einfach. Das Innere zeigt sich als fast quadratischer Raum mit Flachdecke, der geringfügig eingezogene Chor ist segmentbogenförmig geschlossen. Der Choraltar, wie die beiden Seitenaltäre grau-blau-rot gehal-

St. Gilgen, Haus Nr. 4

Argelsried, St. Nikolaus

Argelsried, St. Nikolaus

St. Gilgen, Filialkirche St. Ägidius

St. Gilgen, Filialkirche St. Ägidius

Geisenbrunn, Kapelle Mariä Heimsuchung

Geisenbrunn, Mariä Heimsuchung

St. Gilgen, Haus Nr. 4, Hausfiguren

ten, enthält ein Bild der Krönung Mariens (um 1730) und die Assistenzfiguren der hl. Katharina und des Evangelisten Markus. Im Auszug eine kleine Figur des hl. Ägidius. Der rechte Seitenaltar ist den Aposteln Johannes und Paulus geweiht, der linke dem hl. Willibald. An der südlichen Wand befindet sich eine thronende Muttergottes auf der Mondsichel (17. Jh.), an der nördlichen ein Kruzifix (16. Jh.), am Chorbogen eine kleine Rosenkranzmadonna (1. Hälfte 18. Jh.).

Archäologische Geländedenkmäler

Sieben vorgeschichtliche *Grabhügel,* «Baderwinkel» ca. 500 m s Thalhof. (Gilching, Fl.-Nr. 1557–1558, 1776, SW 2–6)

In flach nach NW einfallendem Gelände. Vier kleine bis mittelgroße Hügel, von denen drei nur noch an Ackerverfärbungen kenntlich sind. Näheres unbekannt.

Ehemals 13, jetzt noch sechs vorgeschichtliche *Grabhügel,* «Todter Mann» ca. 425 m nö Rottenried. (Gilching, Fl.-Nr. 2270–72, 2274, SW 1–11)

In kaum bewegtem moorigem Gelände. Durch Pflugeinwirkung fast vollständig verebnete Nekropole, die 1883 sowie 1898 oder 1899 beim Ackern bronzezeitlichen Fundstoff (in der Prähistorischen Staatssammlung München) ergab. 1900 untersuchte J. Naue acht Hügel, die zeitlich entsprechende Inventare (Germanisches Nationalmuseum Nürnberg) lieferten.

16 vorgeschichtliche *Grabhügel,* «Hausen» ca. 1450 m wsw Rottenried. Teils in Waldabt. X, 16 Mahden. (Gilching, Fl.-Nr. 2791–92, 2796, SW 1–11)

In kräftig bewegtem Hügelland. Mittelgroße Hügel ohne Spuren alter Ausgrabungen.

20 vorgeschichtliche *Grabhügel,* zwei auf Alling (Ldk. Fürstenfeldbruck) übergreifend, «Gilchinger Weidenlage» ca. 1650 m nw Kirche Gilching. (Gilching, Fl.-Nr. 510–18, 519/1, 520, SW 1–10)

In flach nach SW einfallendem Gelände. Locker gestreute, durch Überpflügen schon weitgehend verebnete Hügel, aus denen hallstattzeitliche Funde (Prähistorische Staatssammlung München) stammen, die 1977 und 1978 vom Acker aufgelesen wurden.

Keltische *Viereckschanze,* «Rottenrieder Feld» ca. 750 m n Rottenried. (Gilching, Fl.-Nr. 2950, SW 1–11)

In einem flach nach O einfallenden Hang. Im Zuge der Bodenbewirtschaftung fast vollständig verebnete Anlage, die einst ein etwa 75 × 100 m großes Rechteck bildete, dessen Seiten sich an den Hauptrichtungen orientierten. Vom ö Wallzug haben sich zwei jeweils etwa 30 m lange Stücke mit niedriger Innen- und hoher Außenböschung erhalten, zwischen denen der alte Eingang liegt. Nordwall in Spuren vorhanden, ebenso Reste des zugehörigen Grabens.

Keltische *Viereckschanze,* ca. 1150 m nnö Rottenried. (Gilching, Fl.-Nr. 2956, SW 1–1)

Im S-Hang eines W-O-streichenden Rückens. Ehemals fast quadratische Anlage mit 90 m langen Seiten, die etwas im Uhrzeigersinn aus den Hauptrichtungen gedreht waren. Die Schanze ist mit Ausnahme eines etwa 60 m langen Stücks der ö Wallaußenböschung durch den Pflug eingeebnet worden.

Materialgruben der *Römerstraße* Augsburg Salzburg, n der Straße Gauting–Argelsried ca. 3025–3350 m wnw W-Kirche Gauting und ca. 500–700 m nw Straßenkreuzung Hüll. Teils in Waldabt. III, 3 Kringel. (Argelsried, Fl.-Nr. 106–108, 754, SW 2–9, 3–8)

Die Verkehrslinie zieht in mäßig bewegtem Gelände von NW nach SO durch den sw Bereich der Gemarkung Argelsried. Von Gilching kommend liegt die Straße bis fast zur Gemarkungsgrenze Krailling zerstört unter der Ortsverbindung Gilching–Gauting. Lediglich in einem Wäldchen nw von Hüll haben sich am n Wegrand einige Materialgruben erhalten.

Materialgruben der *Römerstraße* Augsburg–Salzburg, «Laich» ca. 325–750 m wnw w Ortsrand Steinlach, n Straße Gilching–Schöngeising. (Gilching, Fl.-Nr. 2942, SW 1–11)

Die Verkehrslinie zieht in teils mäßig, teils kräftig bewegtem Gelände von NW nach SO durch den nö Bereich der Gemarkung Gilching. Von der Gemarkungsgrenze Holzhausen bis Steinlach verläuft sie im Zuge der Ortsverbindung Schöngeising–Gauting, wobei die Trasse im Wald nw von Steinlach etwas von dieser nach N abwich. Außer einigen Materialgruben ist im Gelände jedoch nichts mehr erhalten. Sö von Steinlach verließ sie den modernen Weg auf ein kurzes Stück und stieg über einen Moränenrücken in die Gilchinger Senke ab. Kurz bevor sie sich wieder mit der Straße nach Gauting trifft, liegt im Acker ein kiesiger Dammstreifen geringer Höhe. In der Fortsetzung bleibt sie bis zur Gemarkungsgrenze Argelsried unter der Ortsdurchfahrt Gilching.

Gilching, Keltenschanzen bei Rottenried

Gemeinde Herrsching am Ammersee

Baudenkmäler

Herrsching

Herrsching gehört zu den frühen Gründungen der Landnahmezeit (6. Jh.). Es dürfte jedoch auf noch älterem Kulturboden gegründet worden sein, wie Funde aus der Römerzeit vermuten lassen. Intensive Grabungen des Bayerischen Landesamts für Denkmalpflege aus Anlaß der Friedhoferweiterung ermöglichten 1982 die Lokalisierung eines frühbajuwarischen Adelssitzes außerhalb des historischen Ortskerns. Dabei konnte eine kleine Reihe von Gräbern aufgedeckt werden, die bedeutende Beigaben enthielten, sowie zwei aufeinanderfolgende, mit den Gräbern in engstem Zusammenhang stehende Eigenkirchen. Die Funde, die in die Zeit zwischen etwa 630 und 730 zu datieren sind, belegen für Herrsching die Anwesenheit und wohl auch den umfangreichen Grundbesitz einer Adelsfamilie, die zur Führungsschicht der Zeit gezählt haben muß. Möglicherweise waren es die unmittelbaren Vorfahren jenes Isanhart, der 776 alles, was er in Herrsching, Holzhausen und Erling besaß, dem Kloster Schlehdorf übereignete, und der wohl dem in unserem Raum in der frühbajuwarischen Zeit herrschenden Uradelsgeschlecht der Huosi zuzurechnen ist.

Ein wesentlicher Teil des Dorfes, das mit ca. 60 Anwesen (um 1750) zu den großen Ortschaften des Landkreisgebietes gehörte, hatte sich in einem annähernden Kreisbogen um den Bergsporn mit der Martinskirche und zu beiden Seiten des Kienbaches angeordnet. Ein zweiter Teil lag an einem Straßenzug, der etwas nördlich, fast parallel zum Kienbach verläuft (heute Bahnhof- und Luitpoldstraße). In diesen Bereich gehörte auch die Nikolauskirche. Ob die auffällige Scheidung dieser beiden Teile und die eventuelle Zuordnung zu den beiden Kirchen nur Zufall ist oder eine frühe herrschaftliche Polarisierung überliefert, kann noch nicht gesagt werden. Hinsichtlich der Situierung des Dorfes fällt weiter

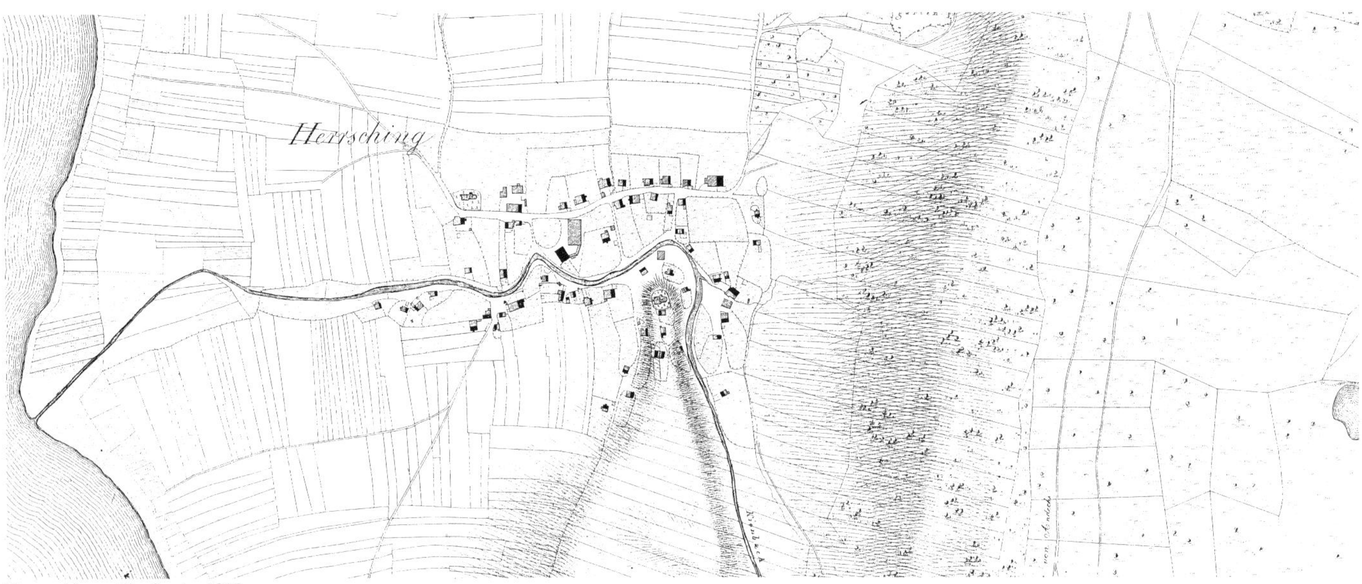

Herrsching, Flurkarte 1815

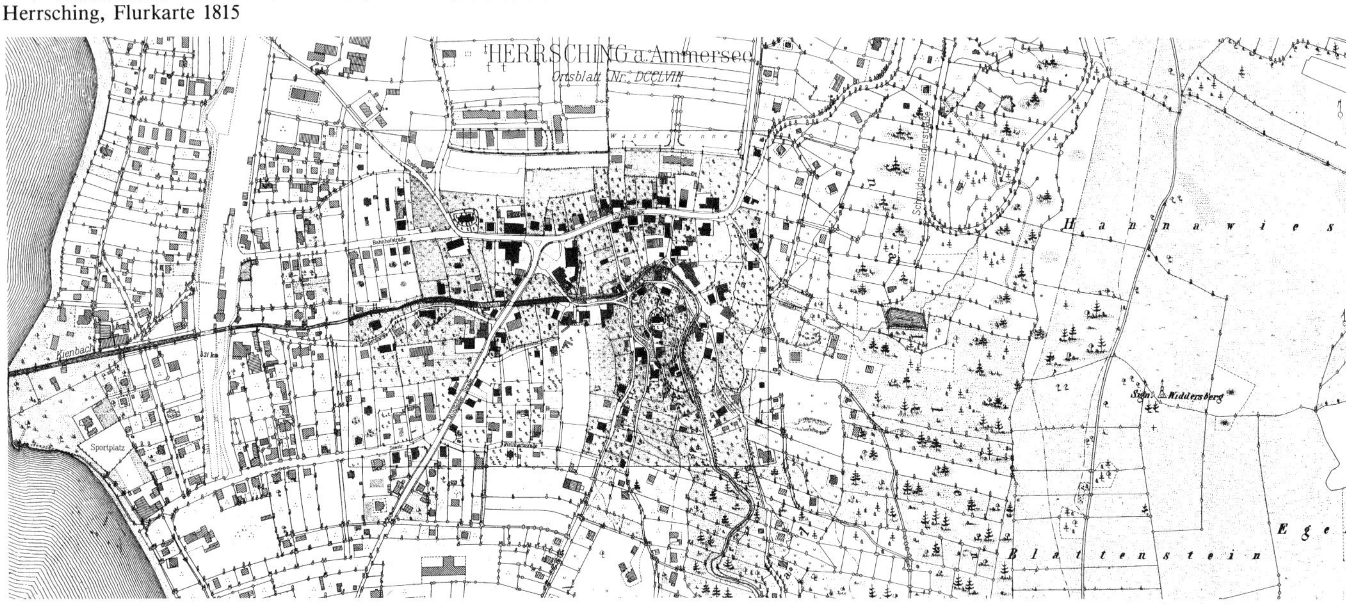

Herrsching, Flurkarte, um 1970

Herrsching, Panorama um 1912

Carl Conjola, Herrsching, aquarellierte Zeichnung, um 1820

Herrsching, historische Aufnahme, um 1913

Herrsching, historische Aufnahme, um 1915

auf, daß offenbar der Lage unmittelbar an den östlich anschließenden Steilhängen gegenüber einer größeren Nähe zum Ufer des Ammersees der Vorzug gegeben wurde.

Herrsching ist im hohen Mittelalter zu den Besitzschwerpunkten der Grafen von Andechs zu rechnen. 1242/47 hat ihr Hauskloster Dießen hier bereits 5 Höfe, die auf die Urausstattung durch die Grafen zurückgehen dürften; ein Besitz, der sich bis zum Urbar von 1362 noch bedeutend erweiterte.

Die Einrichtung der Dampfschiffahrt auf dem Ammersee und die Eröffnung der Eisenbahnlinie Pasing–Herrsching 1903 brachten auch hier den Beginn einer Entwicklung, die, wenn auch zunächst nicht so dramatisch wie im Würmtal oder am Starnberger See, doch das überlieferte Ortsbild nachhaltig veränderte. Hatte der Ort sich um 1850 in seiner historischen Struktur noch kaum verändert, so verzeichnete er um 1905 bereits 450 Einwohner. Die bauliche Entwicklung ging in erster Linie in Richtung See, zur Bahnstation und zum Dampfersteg, wo 1889 mit der Scheuermannvilla der erste größere Villenbau entstanden war. Auch an der Straße nach Mühlfeld wurde schon sehr früh gebaut. Bald darauf wurden die steilen Hanglagen östlich des Ortes mit ihrer schönen Fernsicht erschlossen, schließlich auch die Uferbereiche zwischen Mühlfeld und Ried. Dabei entstanden, von wenigen Ausnahmen abgesehen, keine spektakulären, hochherrschaftlichen Villenbauten und Parkanlagen wie in den Uferorten des Starnberger Sees, auch keine geschlossene, harmonische Villensiedlung wie in Gauting. Es war in erster Linie der Mittelstand, der hier bauen wollte, ein Kreis von Bürgern, der wohl auch mehr die Stille und Beschaulichkeit der Ammerseelandschaft suchte. Dem entsprach dann auch das Bild der baulichen Entwicklung, die hauptsächlich von den einheimischen Baufirmen getragen wurde. Bekannte Namen fehlen hier, die gebaute Architektur und der gärtnerische Umgriff der Landhäuser entsprachen dem Können und Wollen der Beteiligten. Dennoch entstand dabei ein farbiges, bürgerlich-gemütliches Ortsbild, dessen weitgehende Auflösung im Zuge der hektischen Bautätigkeit nach dem Zweiten Weltkrieg, des zunehmenden Eindringens von Geschäften und Gewerbebetrieben und der oft gefühllosen Modernisierungen wir heute zu beklagen haben. Der historische Ortskern wurde erst mit der sukzessiven Aufgabe der alten bäuerlichen Betriebe und noch einmal mit den Umbauten, vereinfachenden Modernisierungen und Nutzungsänderungen bei den nachfolgenden bürgerlichen Wohnbauten in seiner sozialen wie städtebaulichen Struktur verändert. Diese Entwicklung erklärt auch die Tatsache, daß in Herrsching vergleichsweise wenig Baudenkmäler erhalten sind.

Andechsstraße 4. *Gasthof zur Post,* Satteldachbau, 1817, im Kern wohl 16. Jh.; Nebengebäude mit Walmdach, Anfang 19. Jh.; Einfriedungsmauer, 18./19. Jh.

An dieser Stelle befand sich ursprünglich der Edelsitz Herrsching, der schon 1514 im Besitz der Hundtsberger erwähnt wird. Bereits diese mußten jedoch ihren Sitz aus finanziellen Gründen 1567 in eine Taverne umwandeln, die eventuell im Kern des bestehenden Baus noch enthalten ist. Nach mehrfachem Besitzwechsel (ab 1642) erwarb Max Cajetan von Toerring 1696 die Taverne. 1889 wurde sie Poststation und führte den Namen «*Postgasthof zum Kiental*». Der stattliche Bau, dessen mehrgeschossige Fassade früher im Giebel einen Aufzugsgalgen und zwei übereinanderliegende Türen (als Zugang zu den Bergeräumen im Steildach) besaß, wurde vor einigen Jahren stark modernisiert. Auch die langgezogenen Gauben wurden später hinzugefügt. Die Inneneinrichtung ist nicht mehr erhalten, nur der alte, mit einem Kreuzgratgewölbe versehene Flur in der Mitte des Baus existiert noch.

Andechsstraße 9. *Ehem. Bauernhaus,* verputzt, mit Tennentor, 1. Hälfte 19. Jh.

Das Haus stellt eine der letzten unveränderten Erinnerungen an das Bauerndorf Herrsching dar und läßt noch die einstige, dem Lauf des Kienbaches folgende Bauzeile erkennen.

Baderstraße 2 (nun Madeleine-Ruoff-Straße 2). *Evang.-luth. Erlöserkirche,* modern-historisierender Bau von Roderich Fick, 1955, Glockenturm freistehend.

Als die evangelische Gemeinde in Herrsching, die seit 1926 in einem Betsaal in der alten Schule an der Leitenhöhe ihre Gottesdienste feierte, 1948 zur Pfarrei erhoben wurde, war der Bau einer eigenen Kirche nicht mehr zu umgehen. Schon 1926 hatte Roderich Fick erste Pläne für ein kleines Gotteshaus entworfen. Doch erst 1953 konnte das Projekt wieder aufgegriffen werden. Die beengte Lage des vorgesehenen Grundstücks am Kienbach und der vorhandene Baumbestand zwangen zu besonderer Ökonomie der Grundrisse von Kirche, Pfarrhaus und Gemeindezentrum. Roderich Fick ordnete die Gebäude in U-Form an, was verschiedene Platzbildungen für die einzelnen Funktionen und Aktivitäten ergab. Das Äußere der Baukörper ist zurückhaltend, fast streng, und wirkt durch die Harmonie der Massen. Das Innere der Kirche wird von einer weiten Tonne und der Apsis beherrscht. Die Entwürfe für Altar, Kanzel und Taufstein stammen vom Bernhard Bleeker.

Bahnhofsplatz. *Verkaufskiosk,* Putzbau im klassizisierenden Jugendstil, mit Mansarddach, um 1905.

Als Informationsstelle für Touristen wie als Ausstellungsraum für die Erzeugnisse der Herrschinger Keramikwerkstätte war dem Bau mit seiner strengen Säulenordnung anfangs eine durchaus repräsentative Aufgabe zugedacht. Nachdem er längere Zeit als Zigaretten- und Zeitungskiosk zweckentfremdet war, konnte er nach gründlicher Renovierung 1987 wieder seiner ursprünglichen Nutzung als Verkehrsbüro zugeführt werden.

Bahnhofstraße. *Kath. Pfarrkirche St. Nikolaus,* Chor und Turm spätgotisch, Langhaus 1927 erweitert; mit Ausstattung; im ehem. Friedhof Kriegerdenkmal von Hermann Rainer, 1922.

Die Nikolauskirche wird erstmals 1216 als «untere Kirche» erwähnt. Ob sie unter Berücksichtigung ihres Patroziniums St. Nikolaus etwas mit den Grafen von Andechs zu tun hat, ist nicht zu sagen. Die Martinskirche, die bereits 1065 genannt wird, war stets in Händen des Klosters Benediktbeuern und dürfte eventuell mit zur Schenkung des Isanhart gehört haben, die ja später in Benediktbeuerer Besitz übergegangen ist. Zwar ist das Vorhandensein zweier Kirchen in einem Ort so selten nicht (vgl. Machtlfing, Gauting, Erling), doch dürfte dies fast immer aus besonderen herrschaftlichen Verhältnissen zu erklären sein. Herrsching, seit 1409 Filiale von Oberalting, wurde erst 1922 eigenständige Pfarrei. 1927 wurde deshalb die Nikolauskirche durch Max Rehm, Herrsching, nach Westen erweitert. Der vorbildliche Anbau in

Herrsching, Andechsstraße, Gasthof zur Post

Herrsching, Bahnhofplatz, Kiosk

Herrsching, Evang.-luth. Erlöserkirche

Herrsching, Andechsstraße 9

Herrsching, Kath. Pfarrkirche St. Nikolaus

Herrsching, Evang.-luth. Erlöserkirche

Form eines axial auf das alte Schiff bezogenen Raumquadrats mit abgeschrägten Ecken und Pyramidendach hat sein Vorbild sichtlich in Gabriel Seidl's Erweiterung von St. Maria Thalkirchen (1907/08). Der Hochaltar (gegen 1700) enthält eine Figur des Titelheiligen und die Seitenfiguren der hll. Petrus und Paulus, im Auszug eine Marienkrönung. Die ehemaligen Seitenaltäre wurden bei der Renovierung nach dem Zweiten Weltkrieg entfernt und durch Figuren der Muttergottes (modern) und des hl. Leonhard (Mitte 18. Jh.) ersetzt. Im Anbau einige barocke Gemälde, darunter eine Anbetung der Könige aus dem Umkreis des Venezianers Jacopo Amigoni.

Herrsching, Pfarrkirche St. Nikolaus

Friedhofstraße. *Friedhofsanlage mit neubarockem Leichenhaus,* 1926/27 von Roderich Fick.

Der ältere Teil der Friedhofsanlage ist axial auf das Leichenhaus bezogen und bestätigt dieses damit in seiner funktionalen wie architektonischen Bedeutung. Der Bau überzeugt durch seine ausgewogenen, ruhigen Proportionen wie durch seine landschaftsbezogene Formensprache, wie sie etwa im nahen Mühlfeld-Schlößl vorgegeben ist. Die Ausformung der Details läßt das für Roderich Fick charakteristische gestalterische und handwerkliche Niveau erkennen.

Herrsching, Keramikstraße 6

Keramikstraße 6. *Einfamilienhaus,* origineller erdgeschossiger Zeltdachbau mit Gauben und großem Zwerchgiebel, Seitenflügel mit Durchfahrt, in Formen des reduzierten Historismus, um 1905.

Rückwärts schließt sich ein langgestreckter Atelierbau mit Durchfahrt zur ehemaligen Keramikwerkstatt an. Das Haus diente später einige Zeit als evangelisches Pfarrhaus.

Lehrstraße 2. *Villa,* mit großem asymmetrischem Giebelrisalit mit zwei Schweifgiebeln, im barockisierenden Jugendstil, um 1905.

Die Westfassade mit dem Schweifgiebel ist talwärts, zum See hin, gerichtet. Der zweite, in gleichen Formen angelegte Giebel liegt auf der Südseite, die seitlich anschließenden drei übereinandergestellten Balkone in dieser (überdimensionierten) Form wohl später.

Leitenhöhe 20. *Villa,* mit Mansardwalmdach, modern historisierend, 1922/23 von Arnulf Bleibinhaus; Nebengebäude mit Mansardwalmdach, gleichzeitig; Parkanlage.

Die unmittelbar an den Steilhang gestellte Villa ist eindrucksvoll auf die hier erreichbare Sicht über die Ammerseelandschaft angelegt. Dem entsprach eine bedeutende Fernwirkung mit großem Gewicht für das Ortsbild der vom Ort und vom See aus sichtbaren Hangbebauung. Sie ist heute infolge der seitlich und unterhalb herangerückten Neubauten etwas in ihrer Signifikanz reduziert. Die regelmäßige Fensterordnung, die portalartige Form des Garteneingangs, dem ein kleiner Platz mit Brunnen zugeordnet ist, die beiden zugeschnittenen, symmetrisch der von zwei Erkern akzentuierten West-Seite beigestellten Bäume–, alles vermittelt hier repräsentativen Anspruch. Weiter verstärkt wird der hochherrschaftliche Charakter der Villa durch die vorzügliche Einbettung in eine bewegte Parklandschaft, aber auch durch die Anbindung des Nebengebäudes über eine lange Mauer mit Gartenportal. Die Villa ist im Inneren in schlichten Formen gehalten. Nur der große Wohnraum im Erdgeschoß weist mit einer schönen Balkendecke, vorzüglich gearbeiteten Türen und Paneelen sowie einem dazugehörigen eingebauten Wandschrank eine besondere Gestaltung auf. Das geräumige

Herrsching, Leitenhöhe 20

Herrsching, Friedhofsanlage

Lehrstraße 2

Leitenhöhe 20

Herrsching, Friedhofsanlage

Herrsching, Leitenhöhe 20

Treppenhaus, welches an ein kleines Vestibül anschließt und auf der Nordseite des Baukörpers als eigener Bauteil sichtbar wird, ist schlicht, aber mit einigen guten Details gestaltet.

Prinzenhöhe. *Kath. Filialkirche St. Martin,* spätmittelalterlich, barocker Ausbau im 18 Jh.; mit Ausstattung; ehem. Friedhof mit schmiedeeisernen Grabkreuzen des 18. bis frühen 20. Jh.

Die Martinskirche steht malerisch und ortsbildprägend auf dem steilen Bergsporn inmitten eines kleinen, stimmungsvollen Friedhofes. Grabfunde aus dem 7. Jh. unmittelbar unterhalb, die – wohl unabhängig von der Adelssepultur beim heutigen Friedhof – das Urzentrum des Dorfes markieren, lassen den Ursprung und die Bedeutung dieses Kirchenbaus erkennen. Der spätgotische Bau wurde im 18. Jh. stark überarbeitet. Aus dieser Zeit stammt wohl auch der etwa auf Firsthöhe des Schiffs ins Achteck übergehende Turm. Der Innenraum weist nur eine sparsame Gliederung durch flache Pilaster auf, über der schmalen Hohlkehle eine Flachdecke mit zarten Stuckrahmen. Der Hochaltar (um 1680/907) mit den Seitenfiguren der hll. Joachim und Anna enthält eine Marienfigur des späten 19. Jh., im Auszug eine sitzende Figur des hl. Martin (16. Jh.). An den Seitenwänden auf Konsolen kleine barocke Figuren der 12 Apostel. Die beiden Seitenaltäre des mittleren 18. Jh. enthalten ein Vesperbild (16. Jh.) und einen hl. Sebastian (1. Hälfte 18. Jh.).

Herrsching, Filialkirche St. Martin

Scheuermannstraße 1. *Wohnhaus,* schlichter Walmdachbau, nach Vorbild von Goethes Weimarer Gartenhaus, um 1930 von Roderich Fick.

Ein bezeichnendes Beispiel für die zurückhaltende Baukunst einer Architektengeneration, deren künstlerische Absicht vor allem in der formalen Beherrschung des Baukörpers wie in der präzisen Ausbildung der Details und ihrer sauberen werkmäßigen Behandlung lag. Das Haus ist leider im Äußeren schon etwas verändert worden.

Scheuermannstraße 4. *Scheuermann-Villa,* herrschaftlicher, reich gegliederter Neurenaissance-Bau mit Eckturm, Loggia, Terrasse mit Freitreppe an der Seeseite, Zierfach- und Bundwerk, Walmdach mit Gauben und Zierkaminen, erbaut 1888/89 für den Maler Ludwig Scheuermann; erdgeschossiges Nebengebäude mit Halbwalmdach, gleichzeitig; Parkanlage, gleichzeitig, Baumbestand z. T. älter.

Der Maler Ludwig Scheuermann gehörte zu den ersten, die sich in unmittelbarem Bereich des Seeufers (an der Mündung des Kienbaches) niederließen. Die Villa, nach seinen eigenen Plänen vom Herrschinger Baumeister Rehm errichtet, wurde bald zu einem der beliebtesten Treffpunkte der Künstler und der Gesellschaft am Ammersee. Ihre malerisch inszenierte Vielfalt an Formen und Stilelementen ist charakteristisch für den Späthistorismus und wurde von ihm im Sinne des Selbstverständnisses eines gebildeten Bürgertums aus dem Erlebnis eigener Studien und Reiseeindrücke heraus konzipiert. Der Bau erhebt sich über einem starken Natursteinsockel, die beiden Hauptgeschosse sind von malerischem Kontrast geprägt. Die zum See hin orientierte Fassade ist besonders reich ausgebildet; zum dominanten Akzent des Rundturmes bildet eine Dreiereinheit von Freitreppe, Eingangsloggia und Hochlaube ein gewisses Gegengewicht. Die drei anderen Seiten sind etwas einfacher gestaltet. Der Bau wirkt ungewöhnlich pittoresk und ist ein charakteristisches

Herrsching, Scheuermannstraße 1

Herrsching, Filialkirche St. Martin

Herrsching, Seeufer mit Scheuermann-Villa

Beispiel für jenen Villentyp, bei dem ganz im Sinne der Spätromantik versucht wurde, repräsentativen Anspruch und Würde durch Rückgriff auf Formen des Mittelalters und der deutschen Renaissance zu realisieren. Die Scheuermann-Villa gehört zu den besten Beispielen eines Landhauses im Burgenstil innerhalb der Münchner Villenkultur. Ihre ursprünglich beabsichtigte Fernwirkung über den See, die von der kontrastreichen Farbigkeit noch verstärkt wurde, ist inzwischen durch den dichten Baumbestand etwas beeinträchtigt. Im Erdgeschoß lag neben nachgeordneten Wohn- und Schlafräumen das im Renaissancestil gehaltene Speisezimmer. Zwei größere Wohnzimmer und das Atelier befanden sich im Obergeschoß. Beim Umbau in ein Gemeindezentrum vor einigen Jahren wurde das Innere z. T. stark verändert, das Äußere weitgehend wiederhergestellt. Nur die Dachzone und der Turmhelm sind heute etwas vereinfacht, was in diesem Bereich den «altfränkischen» Eindruck ein wenig reduziert hat. Das seitliche Hausmeister- und Remisengebäude, durch Umbauten verändert, wurde 1988 in seiner Außenerscheinung wieder dem ursprünglichen Zustand angenähert. Die zugehörige Parkanlage ist als «Kurpark» der Öffentlichkeit zugängig gemacht.

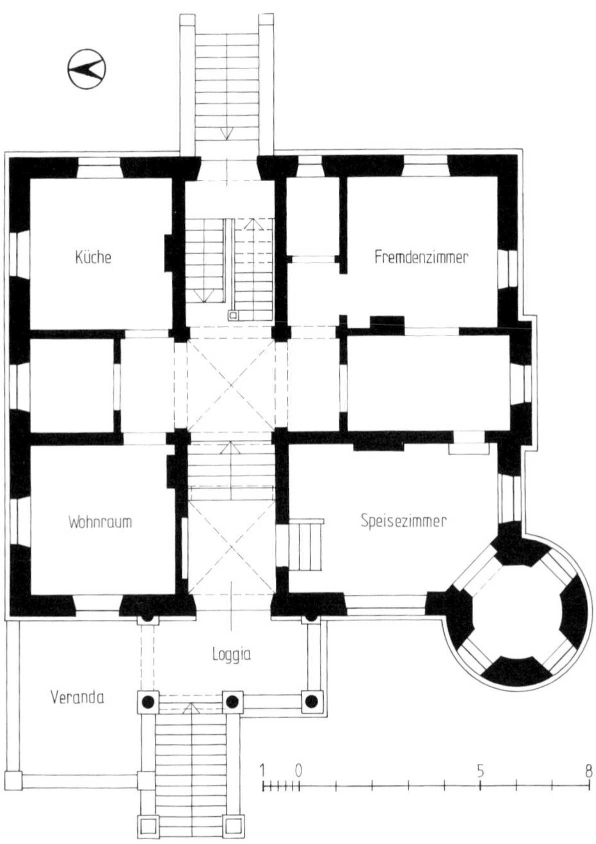

Herrsching, Villa Scheuermann, EG

Schmidschneiderstraße 19. *Villa Ruoff,* vornehmer neuklassizistischer Mansarddachbau mit Dreieckgiebel-Risalit, um 1920.

Der symmetrisch angelegte Bau mit seinem ruhigen Mansardwalmdach ist auch im Detail (z. B. Veranda und Balkonanlage auf der Gartenseite) noch gut erhalten. Die Villa steht auf halber Höhe des Moränenzuges östlich des Ortes und ist gartenseitig auf Fernsicht über die Ammerseelandschaft berechnet.

Breitbrunn a. Ammersee

Der Ort, der im Urbar des Klosters Dießen von 1362 mit drei Höfen erscheint, entwickelte sich in der Folge zu einem Besitzschwerpunkt des Klosters, das hier Mitte des 18. Jh. über 27 von 31 Anwesen verfügte. Das Dorf hat im Kernbereich seine ehemalige Struktur noch einigermaßen bewahren können, wenn auch die Altbausubstanz schon bedeutende Verluste zu verzeichnen hatte. Außerhalb des historischen Ortskerns hat es sich zu einem der größeren Wohnorte am Ammerseeufer entwickelt.

Hauptstraße 12. *Taglöhnerhaus,* Obergeschoß wohl Blockbau, verbretterter Giebel, Flachsatteldach, 2. Hälfte 18. Jh.

Das ursprüngliche Flachdach wurde später, wohl noch im 19. Jh., aufgesteilt und mit Ziegeln gedeckt.

Kapellenweg. *Waldkapelle,* neugotisch, 1851; mit Ausstattung; am Weg nach Rausch.

Die Kapelle geht auf ein Gelübde anläßlich einer schlimmen Viehseuche zurück. Baumeister war ein Longinus Kerle aus Tirol. Die Schloßherrin von Ried, Rosalie Graf, förderte den Bau mit einer großzügigen Spende.

Herrsching, Villa Scheuermann

Villa Scheuermann, Treppenhaus

Herrsching, Schmidschneiderstraße 4

Schmidschneiderstraße 4, Villa Ruoff (Gartenseite)

Breitbrunn, Hauptstraße 12

Breitbrunn, Kapelle

Breitbrunn, Kapelle

Kirchstraße. *Alte kath. Kirche St. Johannes d. Täufer,* im Kern wohl 13. Jh., Langhaus wohl 16. Jh.; mit Ausstattung.

Die Kirche liegt ortsbildbeherrschend auf der Anhöhe über dem Dorf. Der schlichte Bau zu zwei Fensterachsen hat einen eingezogenen, tonnengewölbten Chor mit geradem Abschluß. Der Hochaltar (Mitte 18 Jh.) enthält einfache, bäuerliche Figuren, die auf den seitlichen Konsolen postierten Nebenfiguren der Seitenaltäre (ebenf. 18. Jh.) wurden vor einigen Jahren gestohlen. Das Kirchenschiff besitzt über der Hohlkehle eine Flachdecke mit einfacher Stuckrahmendekoration. Reizvoll ist die farbig gefaßte, hölzerne Empore (gegen 1700) mit einer Darstellung der Taufe Christi und der 12 Apostel. Im 17. bis 19. Jh. war die Kirche das Ziel zahlreicher Wallfahrer, die zum Grab des seligen Leypold pilgerten, der hier begraben sein soll. Bei einer Öffnung des Tuffplattengrabes 1739 fand man zwar keine Gebeine mehr, dennoch bekam der Verehrte einen Platz auf dem Fresko im «Andechser Himmel» der Dießener Klosterkirche.

Kirchstraße 18. *Villa,* mit reich gestalteten Dächern und Gauben, mit Altane, Erker und Stuckreliefs, in Formen des reduzierten Historismus, um 1910; Garteneinfriedung an der Westseite.

Münchner Straße 15. *Wohnhaus,* kleiner erdgeschossiger Sattelbau, biedermeierlich, Mitte 19. Jh.

Seestraße 24. *Landhaus,* Holzblockbau, mit Walmdach, Zwerchhaus und Polygonerker, 1919 von Michael und Erwin Bauer.

Seestraße. *Bildstock,* gemauert, 1947; an der Einmündung des Winkelweges in die Staatsstraße.

Breitbrunn, St. Johannes

Breitbrunn, Münchner Straße 15

Seestraße, Bildstock

Kirchstraße 18, Villa

Breitbrunn, Seestraße 24

Breitbrunn, Kath. Kirche St. Johannes

Breitbrunn, St. Johannes

Mühlfeld (Gemarkung Herrsching)

Haus Nr. 1. *Schloß Mühlfeld,* schlichter Walmdachbau mit Zwiebelturm, Mitte 16. Jh. wohl von Herzog Albrecht V. erbaut, Ausbauten 17./18. Jh.; von 1597–1803 Andechser Klosterhofmarksschloß; mit Ausstattung; östlich angebaute Schloßkapelle, barock; mit Ausstattung; Schloßeinfriedungsmauer z. T. mit Zinnen, mit Rundtürmchen und Hoftor; Parkanlage; Gedenkstein für General Friedrich v. Winther, 1857, im Park.

1569 gab Herzog Albrecht V. seinen neuerbauten Sitz Mühlfeld dem Münchner Patrizier Wolfgang Pronner zu Lehen. 1586 erwarb ihn der Vizekanzler des Reiches, Johann Wolfgang Freymann, der den heiteren Sommersitz jedoch gegen seinen Willen 1596 an Herzog Wilhelm V. abtreten mußte, der an Mühlfeld besonderen Gefallen gefunden hatte. Als dieser nach seiner Abdankung nach Schleißheim übersiedelte, vermachte er 1597 Mühlfeld dem Kloster Andechs,

M. Wening, Mühlfeld; Kupferstich 1701

welches das Schlößchen bis 1803 als Sommersitz nutzte. Nach der Säkularisation wurde der Hofmaler Carl Conjola neuer Besitzer. Er vererbte das Gut 1831 seinem Neffen, dem kgl. bayer. Generalmajor Friedrich von Winther, an den das Grabdenkmal im Garten erinnert. Seine Nachkommen besitzen und pflegen Mühlfeld noch heute.

Das kleine Schlößchen hat seine ursprüngliche, bei Merian und Wening bereits dokumentierte Form gut überliefert. Von dem kleinen Zwiebelturm symmetrisch akzentuiert und von langen Fensterreihen mit ihren charakteristischen Läden geprägt, vermittelt der Bau ein anschauliches Bild eines kleinen altbayerischen Renaissance-Sitzes. Man betritt das Schloß auf der Westseite durch ein von Pilastern und einem Giebel gerahmtes Portal. Die Wohnräume besitzen noch die alten Türen und verschiedene schöne Kachelöfen (meist 19. Jh.). Die westlich beim Portal ansetzende Treppe führt zu einem schmalen Gang im Obergeschoß, von dem aus die auf der Südseite liegenden Zimmer erschlossen werden. Dort befindet sich ein großer, saalartiger Wohnraum mit einem schönen Kachelofen: Wappenkacheln mit dem österreichischen Doppeladler und Bildnissen der Kaiser Maximilian I. und Leopold, wohl 19. Jh. Im Keller sind noch kleine Tonnengewölbe und eine gotische Tür mit Spitzbogen erhalten. Die Kapelle, die den Bau nach Osten verlängert, setzt sich in der Dachgestaltung deutlich vom Hauptbau ab. Sie enthält ein Stichkappengewölbe mit Stuck aus der Zeit um 1626

Mühlfeld, Schloßkapelle

Mühlfeld, Schloßkapelle

Unbekannt, Mühlfeld; Aquarell um 1830

Herrsching, Schloß Mühlfeld

(Eierstab, Engelsköpfchen, Blattornamente, vermutlich Wessobrunner Arbeit). In diesem Jahr wurde die Kapelle grundlegend überarbeitet und neu geweiht. Die Fensterumrahmungen und die Stuckierung der Empore wurden im 19. Jh. etwas verändert und ergänzt. Der der Hl. Dreifaltigkeit geweihte Altar zeigt das Wappen des Andechser Abtes und die Jahreszahl 1690.

Wegkreuz, bez. 1862; vor dem Schloß
Das Kreuz ist derzeit nicht aufgestellt.

Haus Nr. 4. *Villa,* in Formen des reduzierten Historismus, mit Elementen des Jugend- und barockisierenden Heimatstils, um 1910/15 für den Maler Manuel Wieland erbaut.

Die Villa ist einer der wenigen, unmittelbar am Ufer situierten und auf den See wirkenden Bauten. Die Hauptwohnräume mit den Balkonen sind zum See hin orientiert, das Atelier ragt mit seinen großflächigen Fenstern erkerartig aus der nördlichen Fassade heraus. Das Gebäude wurde vor einigen Jahren renoviert und hat dabei einige Änderungen im Detail erfahren.

Haus Nr. 6. *Sägemühle mit Wohnhaus,* 17./18. Jh., umgebaut seit 1921 von Roderich Fick; dazu Werkstattgebäude mit Wasserführung (Düker) und Mühlrad, Garagen-Nebengebäude und ummauerter Garten.

Von den ursprünglich zwei Mühlen an diesem Bachlauf ist nur noch die ehemalige Sägmühle, bereits im 12. Jh. in den Quellen erwähnt, erhalten. Der Ausbau zu Wohnzwecken durch Roderich Fick ist ein Musterbeispiel für eine Nutzungsänderung, welche einfühlsam mit der überlieferten Substanz umgeht. Die ursprüngliche Anlage ist im Inneren trotz der Umbauten noch klar ablesbar. Zusätzliche Bedeutung erhält die Neugestaltung durch das hohe Niveau der Verarbeitung bodenständiger Materialien und der verschiedenen Details (Treppen, Türen mit handgemachten Schlössern usw.). Das alte Mühlrad (Durchmesser 6,80 m), welches über ein noch intaktes Transmissionssystem verschiedene Maschinen in den anschließenden Werkräumen (Bootswerft, Schmiede, Schreinerei) antrieb, trennt das Wohnhaus vom firstparallel liegenden Werkstattgebäude. Dazwischen mündet der Mühlbach in den See. Beide Baukörper bilden eine Gruppe, die in ihrer unmittelbaren, noch ungestörten Lage am Wasser nicht nur von historischem, sondern auch von ortsbildprägendem Wert ist, – zweifellos einer der eindrucksvollsten Punkte am gesamten Herrschinger Ammerseeufer.

Die Mühle wird durch hohe Mauern abgeschlossen. Dabei ergeben sich verschiedene Gartenteile (Hausgarten, Rosengarten), die durch Türen mit Natursteinwangen zu betreten sind. Von besonderer Qualität ist der Garagenbau (Garagentor mit Beschlägen von Bernhard Bleeker), der einen alten, in den Berg getriebenen Keller mit einem Tonnengewölbe des 17./18. Jh. einbezieht.

Rausch

Kapelle, 1826 erbaut; mit Ausstattung.

Die nach einem Brand 1826 abgebrochene und wiederaufgebaute kleine Kapelle mit Dachreiter steht am Eingang eines kleinen, wohlerhaltenen Weilers. Der Raum besitzt eine Flachdecke mit schmalen Stuckleisten. In der Apsis ein Barockaltärchen, dessen Altarblatt die Hochzeit Mariens (Vorbild Wessobrunn) zeigt, dazu Figuren der hll. Johannes d. Täufer und Leonhard, vor dem Altar ein Christus an der Geiselsäule.

Schloß Mühlfeld, Gedenkstein für General v. Winther

Mühlfeld, Haus Nr. 6, Mühlrad

Mühlfeld, Haus Nr. 4

Mühlfeld, Haus Nr. 6, Remise

Mühlfeld, Haus Nr. 6, ehemalige Mühle

Rausch, Kapelle

Rausch, Kapelle

Ried

Haus Nr. 1. *Schloß Rezensried,* ehem. Sommersitz der Äbte von Kloster Fürstenfeld, dreigeschossiger Mansarddachbau, 17./18. Jh., Äußeres Anfang 20. Jh.; mit Ausstattung; an der Ostseite angebaute *Schloßkapelle St. Michael,* 1572 (westlicher Anbau neuzeitlich); mit Ausstattung.

Der Ort «Reitzenriede» wird schon im 13. Jh. in den Quellen genannt. Durch eine Schenkung der Herzogin Mechtild, der Gemahlin Ludwigs des Strengen, kam er 1297 an das Kloster Fürstenfeld. Dieses errichtete sich hier ein Herrenhaus, das bis zur Säkularisation 1803 als Sommersitz diente. Danach ging Ried durch mehrere Hände. Besitzer waren unter anderen das Kloster Andechs, Ministerialrat Dr. Sebastian Daxenberger (1848 Parlamentarier in der Frankfurter Paulskirche), Kommerzienrat Adolf Sturm und schließlich der Vererbungsforscher Alfred Ploetz, der hier eine Versuchsanlage für seine Forschungen betrieb.
Vor dem Umbau war das Herrenhaus ein zweigeschossiger Bau zu fünf Achsen, im Erdgeschoß rustiziert. Auf dem Dach befand sich eine quadratische Belvedereplattform, westlich war ein erdgeschossiges Stallgebäude angefügt. Giovanni Antonio Viscardi überarbeitete 1692 diesen Bau und erhöhte ihn um ein Stockwerk. Aus dieser Zeit ist noch die barocke Stuckierung des oberen Flurs erhalten. Der westliche Stallanbau wurde später zu einem zweigeschossigen Wohnteil mit Dachterrasse ausgebaut. Das Gebäude wird in der Mitte des Erdgeschosses durch einen schmalen Gang mit einfachem Tonnengewölbe erschlossen. Das enge Treppenhaus zweigt in der Mitte des Flurs ab und verläuft dann parallel dazu nach oben (vgl. Pfarrhof Machtlfing, Schloß Rößlsberg). Die verschiedenen Räume weisen heute keine besondere dekorative Gestaltung mehr auf. Nördlich des Schlosses liegt eine Reihe von Zubauten (ehem. Wirtschaftsgebäude), in denen der Zusammenhang Herrenhaus – Gutsbetrieb noch gut überliefert ist.
1572 wurde neben dem Herrenhaus eine *St. Michaels-Kapelle* errichtet. Sie besitzt ein Stichkappengewölbe auf Konsolen, oberhalb der Konsolen stuckierte Engelsköpfchen. Die Mitte des Gewölbes markieren zwei Rahmen mit Eichenlaubkränzen, von denen einer das Wappen des Abtes Balduin (Umbau um 1700) enthält. In die Fenster sind ein paar bemerkenswerte Glasmalereien des 16./17. Jh. integriert, meist mit Wappen von Äbten und höheren Geistlichen. Die Kapelle ist seit etwa 1900 profaniert. Sie ist heute mit dem Herrenhaus baulich verbunden.

Rezensried, ehem. Schloßkapelle

Schloß Rezensried, Gang im OG

Rezensried Nr. 16. *Landhaus Uhlenried;* zweigeschossiger Walmdachbau, 1929 von Roderich Fick, in neuklassizistischer Tradition.

Die Villa liegt frei auf einem größeren, leicht zum See hin abfallenden Grundstück. Sie besticht durch die ausgewogenen Proportionen und die schlichte, noble Fassadengestaltung. Im Erdgeschoß nimmt ein großzügig bemessener Wohnraum fast die gesamte Südfront ein. Über ein geräumiges Treppenhaus, welches im Obergeschoß eine Galerie bildet, erreicht man die oberen Wohnräume.

Ried, Haus Nr. 16, Landhaus Uhlenried

Gachenaustraße 35. *Villa,* mit Eckquaderung, korinthischer Pilastergliederung und Stuckornamenten, Neurenaissance, vor 1904.

Aus dem asymmetrisch angelegten Baukörper tritt auf der zum Garten und zum See hin orientierten Südseite dominant

Herrsching, Ried, Schloß Rezensried

Ried, Landhaus Uhlenried

Ried, Gachenaustraße 35

ein starker, turmartiger Bauteil hervor. Das Ganze wird durch die Eingangsloggia und eine segmentförmige, doppelgeschossige Veranda miteinander verklammert. Die Gliederung durch Gesimse, in Höhe des Dachansatzes durch eine starke Hohlkehle mit Renaissance-Rankenband, läßt die einzelnen Wohngeschosse erkennen, deren Hierarchie zusätzlich durch die verschiedene Gestaltung der Mauerflächen – unten Nutung und Eckrustika, oben Glattputz und Pilaster – und der unterschiedlichen Fensterformen sichtbar gemacht wird. Den Abschluß bildet ein noch etwas leichter gehaltenes Geschoß mit dem großen Belvedere. Eine so starke Anhäufung von verschiedenen Architektur- und Dekorationsmotiven ist im Landkreis ungewöhnlich und ist als Ausdruck gesteigerten Repräsentationsbedürfnisses zu werten.

Hermann-Rainer-Straße 3. *Villa,* mit Zeltdachturm, Loggien und Neurenaissance-Gliederung, um 1900.

Die Villa zeigt starke Verwandtschaft mit dem Haus Gachenaustraße 35 und ist zweifellos vom gleichen Architekten. Der Baukörper erscheint hier geschlossener, verwendet aber genauso unbekümmert die unterschiedlichsten Stilelemente zur Dekoration. Der pittoresk und wie sein Gegenstück etwas wilhelminisch wirkende Bau ist erneut ein charakteristisches Beispiel für den Wunsch nach gesteigerter repräsentativer Bedeutung. Der Turm wurde in seinem Oberteil vermutlich ausgebaut und dabei etwas vereinfacht.

Rieder Straße 38. *Ökonomiegebäude und Wohnhaus* (ehem. *Kutscher- und Gärtnerhaus der Villa Bochert*), erdgeschossiger Langtrakt mit fünf Zwerchgiebeln, 1908.

Das Stallgebäude wurde von Architekt August Pittino 1908 für Kommerzienrat Adolf Sturm errichtet. 1926 überarbeitete und erweiterte Roderich Fick den Bau. Die harmonische Gliederung, die eleganten Tore, die handwerklichen Details sind ein anschauliches Beispiel für einen geglückten Um- und Erweiterungsbau.

Rieder Straße 60. *Villa Passow,* herrschaftlicher Neurenaissance-Bau mit Mansardwalmdach, 1898 erbaut, Brüstungen der Halle im Inneren aus dem alten Münchner Rathaus; Parkanlage, Ende 19. Jh.

Die Villa ist mit ihrer Schauseite zum nahen Seeufer hin orientiert. Der leicht abgesetzte Schweifgiebelrisalit mit großem Rundbogenfenster und dem von schlanken Säulen getragenen Balkon betont die Mitte und verleiht dem Bau eine gewisse Noblesse. Das Treppenhaus enthält den einen Teil einer großen doppelläufigen Treppe, die aus dem Alten Rathaus in München stammt. Die andere Hälfte befindet sich im benachbarten Haus Rieder Straße 63. Im Umgriff sind noch das schmiedeeiserne Einfahrtstor und das im Stil der Villa gehaltene Nebengebäude vorhanden.

Rieder Straße 63. Eingebaut barockes *Balustergeländer* vom alten Münchner Rathaus.

Wartaweil

Haus Nr. 76. *Schlößchen Wartaweil,* zweigeschossiger Walmdachbau mit vier Ecktürmchen, ursprünglich neugotisch, errichtet 1900 für den Kunstmaler George Davis von Architekt Josef Hörauf, 1966 umgebaut.

Der Bauherr der Villa war eine angeblich sehr originelle Persönlichkeit, die sich als Maler und Photograph bezeichnete, beide Künste aber offenbar nicht ausübte. Die Villa mit vier Achsen spitzbogiger Fenster und einem Zinnenabschluß war von vier unterschiedlich hohen, runden Ecktürmen flankiert. Sie hatte eine gewisse Ähnlichkeit mit der Villa Rosenburg in Gilching. Der Umbau beseitigte eine originelle Komposition zugunsten einer strengeren, klassizisierenden Fassade. Das ergab zusammen mit dem neuen hohen Walmdach und den beiden Eckerkertürmen einen Bau von großer Ruhe und Noblesse, der vor dem dunklen Hintergrund der hohen Bäume seine Fernwirkung über den See nicht verfehlt.

Sog. *«Weiße Säule»,* Tuffsteinpfeiler, angeblich 1629; am Seeufer.

Die Tuffsteinsäule diente den Fischern von Dießen und St. Alban als Orientierungshilfe bei der Überfahrt nach Andechs.

Denkmal, Pfeiler mit Marmortafel zur Erinnerung an den Ort Ramsee, Ende 19. Jh.; im Forst.

Die kleine Siedlung, schon 1280 mit einem Hof und einer Hube urkundlich erwähnt, entwickelte sich bis zum Beginn des 19. Jh. zu einem Weiler von fünf Anwesen mit etwa 800 Tagwerk Grund. Dazu gehörte eine kleine Kirche mit dem Patrozinium St. Nikolaus. Seit 1840 begannen größere Verkäufe, die letztlich dazu führten, daß sich wenig später der ganze Ort in Händen eines Spekulanten befand. Schließlich wurde 1860 der gesamte Besitz dem Staat angeboten. Sämtliche Gebäude, mit Ausnahme der Kirche, wurden abgebrochen, die Aufforstung der Flur beschlossen. 1864 erfolgte der Abbruch auch der Kirche. Die beiden Glocken (eine von B. Ernst, München, 1661) wurden der Andechser Friedenskapelle überwiesen.

Ried, Hermann-Rainer-Straße 3

Ried, Rieder Straße 38, Remise

Ried, Rieder Straße 60

Rieder Straße 60, Villa Passow

Rieder Straße 60

Wartaweil,
Ramsee-Denkmal

Wartaweil,
Haus Nr. 76

Rieder Straße 60,
Treppenhaus

Wartaweil,
Weiße Säule

Widdersberg

Widdersberg liegt an der Kante eines Höhenrückens, welcher unmittelbar am westlichen Dorfrand steil in ein nord-südlich verlaufendes Tal abfällt, dessen Gewässer durch den Wildpark der Grafen Toerring und nördlich des Schlosses durch den Höllgraben fließt. Das kleine Bauerndorf, das sich 1752 mit 18 Anwesen ganz in Händen des Klosters Andechs (Klosterhofmark) befand, hat sein Ortsbild sehr gut bewahren können, auch wenn die meisten Höfe ihr überliefertes Gesicht im Detail bereits mehr oder weniger verändert haben. Von besonderer Qualität sind hier die Ortsränder, die noch locker, von malerischen Obstgärten gesäumt, in die offene Landschaft übergehen. Vorzüglich ist vor allem der Blick von Osten her, aber auch aus der Sicht vom Talboden. Im Westen beherrscht die Kirche mit den benachbarten Gebäuden den Höhenzug.

Burgstraße 7. Ehem. *Villa v. Zobeltitz,* neuklassizistischer Mansarddachbau mit Zwerchgiebel und Eingangsportikus, 1912.

Die kleine Villa wurde von Regierungsbaumeister W. Käb für Clara von Wolzogen erbaut.

Kirchplatz 6. *Villa Ehmcke,* langgestreckter Walmdachbau, klassizisierend, mit Details im Stil der 20er Jahre, erbaut 1922/24.

Die Villa wurde von Prof. Göschel für Helmut Ehmcke, vielleicht nach dessen eigenen Entwürfen, gebaut. Ehmcke war ein bekannter Buchkünstler und Graphiker, der sich sein Leben lang für eine verbesserte Gestaltung des Buchdrucks einsetzte und dafür eigene Schrifttypen entwickelte, die noch heute im Gebrauch sind. Er gehörte 1900 zu den Mitbegründern der Steglitzer Werkstatt, später zu den Gründern des Deutschen Werkbundes. 1912 kam er nach München, wo er Professor an der Kunstgewerbeschule wurde.

Kirchplatz 8. *Kath. Filialkirche St. Michael,* spätgotische Anlage, um 1500, verändert um 1770 und im 19. Jh.; mit Ausstattung; Friedhof mit Ummauerung.

Die Kirche liegt inmitten eines kleinen, ummauerten Friedhofes in beherrschender Lage im Herzen des Dorfes wie am steilen Abhang zu einem langgezogenen Tal, das beim Schloß Seefeld in das Aubachtal mündet. Der spätgotische Bau wurde 1521 unter Abt Schrattenbach errichtet und in der 2. Hälfte des 18. Jh. grundlegend umgestaltet. Der Ausbau des Turmes erfolgte 1595, im Untergeschoß (Sakristei) ist das ursprüngliche Kreuzrippengewölbe noch erhalten. Bemerkenswert ist die Rokokodekoration der Gewölbe von Langhaus und Chor: Der zarte Rocaillestuck von Thassilo Zöpf, 1768, gehört mit zum Besten, was im Landkreis Starnberg in dieser Art zu sehen ist. Die Fresken, im Chor ein Papst über den Wolken thronend und den Blitz gegen den Ketzer Tanchelin schleudernd, im Langhaus der hl. Michael im Kampf gegen den Drachen, sind von 1765/68 und durch Witterungseinflüsse und Übermalungen stark beeinträchtigt. Der Maler ist unbekannt (J. M. Ott?). Der Hochaltar zeigt eine Figur des hl. Michael (1. Hälfte 17. Jh.) und die

Widdersberg, Flurkarte 1815

Widdersberg, Ortsrand, von Osten gesehen

Widdersberg, Burgstraße 7

Widdersberg, Kirchplatz 6

Widdersberg, Kath. Filialkirche St. Michael

Nebenfiguren der hll. Elisabeth und Johannes d. Täufers, um 1520. Auf Konsolen kleine Figuren der vier Kirchenväter (Mitte 18. Jh.) sowie eine Pietà (18. Jh.), silbergefaßtes Vortragekreuz (Mitte 18. Jh.). – Außen, in die südliche Chormauer eingelassen, ein römischer Grabstein eines Ehepaares, der jedoch nicht bei Widdersberg gefunden worden ist.

Archäologische Geländedenkmäler

Einundzwanzig vorgeschichtliche *Grabhügel,* «Reiswiesen» ca. 800 m osö Kirche Widdersberg. (Widdersberg, Fl.-Nr. 408–409, 415, SW 6–121)

In flachhügeligem Gelände. Durch Ackerbau weitgehend verebnete Nekropole, in der das Landesamt für Denkmalpflege 1921 zwei Hügel mit hallstattzeitlichem Ergebnis (Funde in der Prähistorischen Staatssammlung München) untersuchte.

Burgstall, «Oberer Weinberg» ca. 375 m nnw Kirche Widdersberg. (Widdersberg, Fl.-Nr. 571–72, 573/2, 574, 620, SW 6–13)

Auf einer Anhöhe am ö Beckenrand des Pilsensees. Kurze, steile Hänge im SW, SO und NO; lange, zunächst kräftig, dann flacher zum Pilsensee abfallende NW-Seite. Hauptburg im SW mit stark verwühlter zungenförmiger Oberfläche, die eine Länge von etwa 35 m und eine nö Basisbreite von 25 bis 30 m erreicht. An einen tief eingeschnittenen und steil geböschten Graben, der sich als Wasserriß weit in den NW-Hang fortsetzt, schließt sich die im NO modern überbaute Vorburg. Sie nimmt ein halbkreisförmiges, von einigen ausgedehnten Schürfmulden überzogenes Areal ein, dessen nw Grundlinie etwa 35 m lang ist. Vor dem sw Hügelfuß sind 1874 spätrömische Körpergräber, vor dem sö Hügelfuß mehrfach römische Münzen und auf dem Burgstall 1954 die Scherben eines spätrömischen Lavezgefäßes gefunden worden, was anzeigt, daß der Platz bereits im 4. Jh. eine Station zur Überwachung einer im Gelände noch nicht nachgewiesenen Straße getragen haben könnte.

Widdersberg, St. Michael, Stuck

Widdersberg, St. Michael

Widdersberg, St. Michael, Deckenfresko

Widdersberg, St. Michael, röm. Grabstein

Widdersberg, Hügelgräber

Gemeinde Inning am Ammersee

Baudenkmäler

Inning

Die Inninger Ortsflur liegt auf altem Kulturboden, wie die Hügelgräber der Hallstattzeit westlich des Dorfes erweisen. Obwohl Inning sicher zu den Ursiedlungen des 6. Jh. zu rechnen ist, wird es relativ spät im 11. Jh. erstmals in den Quellen erwähnt. Im hohen Mittelalter gehörte es zum unmittelbaren Machtbereich der Grafen von Andechs, die hier durch Ministerialen vertreten waren. Später kamen mehrere Anwesen und die niedere Gerichtsbarkeit in die Hände der Herren von Seefeld (seit 1472 die Toerring). 1558 wurde der Ort zur Hofmark erklärt, bald darauf aber zur Hofmark Wörth gerechnet und als Lehen vergeben. 1642 nahmen die Toerring die Hofmark wieder zurück und gliederten sie endgültig in die Herrschaft Seefeld ein, wo der Ort bis zur Auflösung der Patrimonialgerichte 1848 verblieb.
Inning gehörte zu den größten Dörfern des Landgerichts im Bereich des späteren Landkreises Starnberg. Es umfaßte Mitte des 18. Jh. 82 Anwesen, die grundherrschaftlich alle zur Herrschaft Seefeld bzw. zu den Kirchen Inning, Oberalting und Stegen zählten. Dabei bewegte sich die weit überwiegende Mehrheit der Anwesen unterhalb der Viertelhofgröße, was Auswirkungen auf die Anlage des Dorfes und das Ortsbild hatte. Die Höfe lagen zum großen Teil an zwei sich im Ortszentrum kreuzenden Straßen. Das eigentliche Rückgrat des Ortes war der Inninger Bach, der schon die Straßenführung bestimmte. Vor dem Neubau der Bundesstraße B 12, die heute etwa einen halben Kilometer nördlich verläuft, hatte das Dorf die Funktion einer Raststation auf der uralten Fernstraße von München über Landsberg an den Bodensee.
Die überlieferte bauliche Struktur des Dorfes hat sich bis heute einigermaßen gut erhalten. Die neuzeitliche Bautätigkeit, die sich nach dem Zweiten Weltkrieg zusehens verstärkte, hat freilich auch hier bereits die alten Freiräume im Siedlungsbild aufgefüllt und die Ortsränder verbaut. Von der Altbausubstanz ist nur mehr wenig ohne stärkeren Verlust geblieben.

Brucker Straße 10. *Wohnhaus,* mit Mansarddach, Zwerchhaus mit Schweifgiebel und Vorhalle über Säulen, reich gegliedert, im barockisierenden Jugendstil, um 1910.

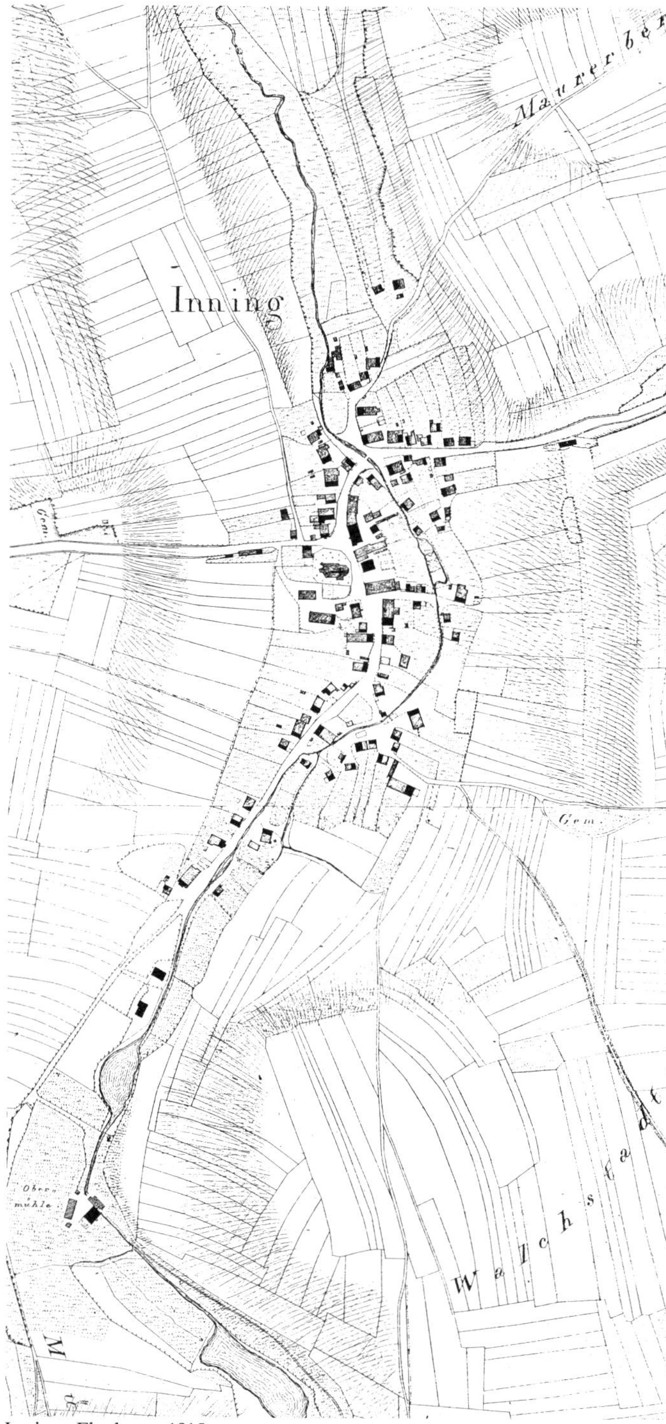

Inning, Flurkarte 1815

Johann Baptist Dilger, Inning um 1840

Herrschinger Straße 2. Ehem. *Postamt* (Vorderbau), biedermeierlich, mit Lisenen gegliedert, Walmdach, um Mitte 19. Jh.

Herrschinger Straße 13. Sog. *Arzthaus,* stattlicher Traufseitbau mit Steilsatteldach, biedermeierlich, wohl 2. Viertel 19. Jh.

Der langgestreckte Bau, der an die Form eines Pfarrhofes des 18. Jh. erinnert, hat das nach ostschwäbischer Bauart am Ortgang bündig abschließende Steilsatteldach und weist eine stattliche Reihe von Fensterachsen auf. Der ehemalige Wirtschaftsteil (Stall, Scheune) in der südl. Hälfte des Hauses wurde bereits um 1900 zu Wohnzwecken ausgebaut.

Kellerberg 34. *Forstamt,* Zweiflügelanlage mit Walmdächern, ehemals Bierkeller, 18. Jh.; Auffahrtsallee, 18./19. Jh.

Inning, Brucker Straße 10

Herrschinger Straße 2

Herrschinger Straße 13

Inning, Kath. Pfarrkirche St. Johannes d. Täufer

Inning, Kellerberg 34

Das Gebäude war einst Bierkeller der zur Herrschaft Toerring-Seefeld gehörigen Inninger Brauerei.

Marktplatz. *Kath. Pfarrkirche St. Johannes d. Täufer,* barocke Anlage, 1765 von Leonhard Matthäus Gießl unter Einbezug spätmittelalterlicher Bauteile errichtet; mit Ausstattung; Friedhof mit Grabdenkmälern des 18. bis frühen 20. Jh. und Ummauerung: *Reinpold'sche Grabkapelle,* neugotisch, 1842, auf dem Friedhof.

Die Kirche liegt etwas erhöht im kleinen Friedhof und ist optischer Zielpunkt der Hauptstraßen des Ortes. Der feingegliederte Kirchturm (in der Art von Kaspar Feichtmayr) mit seiner charakteristischen Laterne ist als das Wahrzeichen des Ortes weithin über das Umland sichtbar.

Pfarrkirche St. Johannes, Fresko im Chor

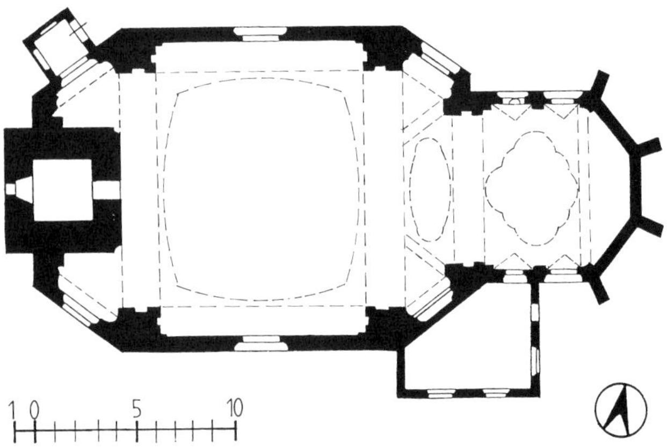

Inning, Pfarrkirche St. Johannes

Das Vermächtnis eines Pfarrers ermöglichte der Kirchengemeinde 1765 einen Neubau unter Verwendung von Teilen des alten Chors (15. Jh.) und des Turmes. Da die Längenausdehnung durch Chor und Turmuntergeschoß fixiert war, konnte der Raumgewinn nur durch eine bedeutend größere Breite erzielt werden. Das ergab einen dem Quadrat angenäherten Kuppelraum mit von Doppelpilastern besetzten Eckpfeilern. Anschließende Schrägseiten verschleifen den Raum mit dem westlich hereinragenden Turmuntergeschoß und dem eingezogenen niedrigeren Chor. Das Turmuntergeschoß wird zusätzlich durch die Doppelempore mit dem Zentralraum verklammert. Die Inninger Kirche, deren schlichter Außenbau durchaus im Rahmen anderer größerer Dorfkirchen bleibt, überrascht, ähnlich Perchting, durch den Reichtum ihres Innenraumes. Die Baumeisterfrage konnte noch nicht sicher geklärt werden. Stilistisch kann man den Bau dem Münchner Hofmaurermeister Leonhard Matthäus Gießl zuschreiben. Welcher Anteil eventuell Balthasar Trischberger, der hier Bauleiter war, zugerechnet werden kann, ist nicht geklärt. Für die Fresken konnte Christian Wink verpflichtet werden (im Chor «Taufe Jesu im Jordan», in der Kuppel «Predigt Johannes des Täufers»), für die hervorragenden Stukkaturen der Wessobrunner Thassilo Zöpf. Der Hochaltar von 1769 mit einer stehenden Muttergottesfigur (um 1860) und den Seitenfiguren der hll. Johann Baptist und Johann Evangelist stammt von Franz Xaver Schmädl. Die beiden Seitenaltäre und die Kanzel hat 1768 Franz Joseph Pfeiffenhofer aus Türkheim geschaffen. Auf der Empore eine Orgel von Georg Beer, Erling (1878).

Inning, Pfarrkirche St. Johannes

Inning, Pfarrkirche St. Johannes

Inning, Pfarrkirche St. Johannes d. Täufer

Inning, Pfarrkirche St. Johannes d. Täufer, Fresko im Kirchenschiff (Christian Wink, 1765)

Die *Reinpold-Kapelle* auf dem Friedhof, als Grabkapelle für den Posthalter Balthasar Reinpold errichtet, ist im Landkreis eines der frühesten Beispiele der Neugotik, früher als die Elisabeth-Brunnenkapelle in Andechs oder die Kapellen in Niederpöcking und im Park von Schloß Berg. Das Innere ist mit einem Rippengewölbe und einem Sandsteinaltar mit Gemälden des Corneliusschülers Ludwig Moralt ausgestattet.

Marktplatz. *Mariensäule,* um 1860/80.

Marktplatz 10. *Salzstadel,* jetzt Wohnhaus, stattlicher Giebelbau, bez. 1646.

Inning lag von jeher an der wichtigen Fernhandelsstraße von München über Landsberg in das Bodenseegebiet. Vor allem das einst lebenswichtige Salz spielte auf dieser Strecke eine große Rolle. In eigenen Salzniederlassungen an Verkehrsknotenpunkten wurde es zwischengelagert und umgeladen. Die 1767 eröffnete und noch 1840 nachgewiesene Inninger Salzfaktorei stand unmittelbar an dieser Fernstraße und war ein bedeutender Wirtschaftsfaktor nicht nur für den Ort sondern auch für die Herrschaft Seefeld. Der Überlieferung nach hat hier Kaiser Heinrich II. auf seinem Italienfeldzug 1021 übernachtet und am 16. November eine Urkunde ausgestellt. Das Wandbild am Giebel spricht diese historische Begebenheit an.
Mit seiner imposanten Fassade bildet der Bau zusammen mit der Kirche und dem schräg gegenüber liegenden Gasthof zur Post eine Gruppe von Baudenkmälern, die sich auch durch ihren städtebaulichen Rang auszeichnet.

Münchner Straße 2. *Gasthof zur Post,* mit Steilsatteldach und Steherker, wohl 18. Jh.; Nebengebäude, mit Schopfwalmdach, Erdgeschoß gewölbt.

Unmittelbar an der Handelsstraße und an der Kreuzung befand sich bis zur Übernahme der Post durch das Königreich Bayern (1808) die Inninger Posthalterei als Station der Thurn und Taxis'schen Poststrecke München–Lindau. Der langgestreckte Bau ist das Ziel der von Westen kommenden Landsberger Straße, die hier in die Münchner Straße mündet. Die zugehörige Brauerei und die Pferdestallungen wurden nach 1945 abgebrochen. Der Gasthof war in Besitz der Grafen von Toerring.,Er besaß mehrere Zimmer zum Übernachten, darunter ein vornehmes Dreizimmer-Appartement.

Bachern

Schlößchen, Walmdachbau, 1770/71 auf älterer Grundlage; auf der Mausinsel im See.

Der Wörthsee war im hohen Mittelalter in Besitz der Grafen von Andechs. Nach ihnen gehörte er eine Zeit lang den Greifenbergern, von denen ihn 1369 der Münchner Patrizier Hans Katzmayr erwarb. Gleichzeitig kaufte er die Schwaige Oberndorf, die Fischrechte in Buch und Bachern, 1376 auch den Weiler Enzenhofen bei Inning. Durch eine Urkunde 1414 werden die Besitzverhältnisse jedoch wieder unklar: Die Schweiker von Gundelfingen erwerben zu diesem Zeitpunkt den Wörthsee vom Domstift Eichstätt und belehnen damit Jörg Katzmayr. 1446 errichtete Martin Katzmayr auf der Wörthseeinsel ein Herrenhaus mit Graben, Mauern und vier

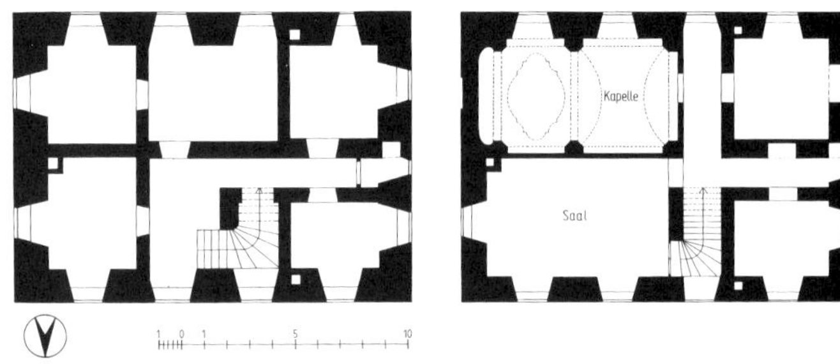

Inning, Wörthsee-Schlößchen, Grundrisse EG und OG

Ecktürmen, welches bei Wening 1701 noch dokumentiert ist. 1452 stiftete er für eine Wochenmesse in der Schloßkapelle St. Georg einen Hof in Schlagenhofen. Dieses Wörthsee-Benefizium gehörte bis 1712 zur Pfarrei Inning und wurde dann mit der Schloßkaplanei Seefeld vereinigt. Ein Wappenstein in der ehemaligen Kapelle (mit der Katze im Schild) erinnert noch heute an die Katzmayr. 1770 wurden das alte Schloß, die Kapelle und die Befestigungen, nun im Besitz der Grafen von Toerring, niedergelegt und bis 1772 durch den heute noch bestehenden Bau ersetzt. Er war als Sommersitz der Grafen gedacht. Lithographien und Aquarelle um 1800 bestätigen, daß der Bau fast unverändert blieb. Im 19. Jh. diente das Schlößchen als Sitz des gräflichen Fischers.
Das Schlößchen liegt auf einem etwas erhöhten Plateau, das gegen Süden von einer Stützmauer und im Westen von einem erdgeschossigen Nebengebäude (im Kern 18. Jh.) begrenzt wird. Das schlichte Gebäude wird durch das Walmdach mit

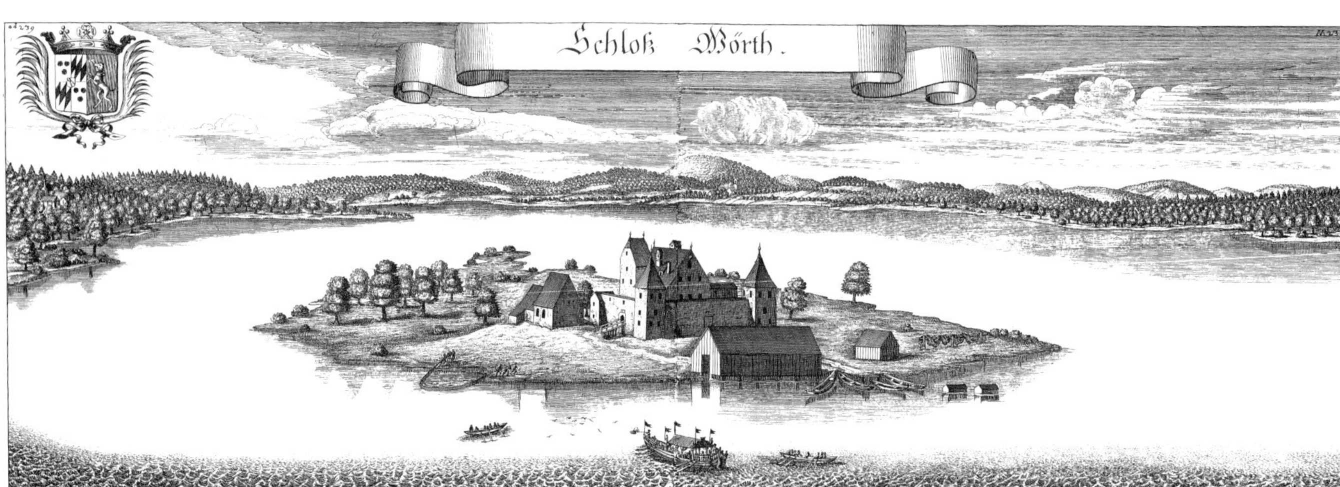

Michael Wening, Mausinsel mit Schloß Wörth; Kupferstich 1701

Inning, Marktplatz 10 und Pfarrkirche

Inning, Münchner Straße 2

Inning, Mariensäule

Wörthsee-Schlößchen, ehemalige Kapelle

Inning, Reinpold-Kapelle

Inning, Wörthsee-Schlößchen

dem Dachreiter und dem Toerring-Wappen über dem Portal als Herrschaftssitz charakterisiert. Die ursprüngliche Gliederung mit Ecklisenen und Faschen ist nicht mehr erhalten. Die repräsentativen Räume liegen im Obergeschoß, das man vom Vorplatz aus über eine kleine seitliche Treppe erreicht. Ein kleiner Saal zu zwei Fensterachsen wird durch zwei schöne geschnitzte Eichenholztüren und eine Spätrokoko-Dekoration (teils in Fresko-, teils in Seccomalerei) hervorgehoben. Leider waren bei der letzten Renovierung nur noch die den Deckenspiegel, die Hohlkehle und die Wände durch feines Rahmenwerk gliedernden Dekorationen wiederherzustellen. Die zugehörige Malerei in den Feldern ist dagegen weitgehend verloren. Blumengehänge, Springbrunnen und kleine Putten mit Symbolen der Fischerei weisen auf den heiteren Sommeraufenthalt am Wasser hin. Der wohl der Münchner Hofkunst nahestehende Künstler war bisher nicht zu ermitteln.
Die ehemalige Kapelle, heute profaniert und als Wohnraum genutzt, wird durch einen Stichbogen in einen Chor und einen Raum für die Herrschaft geteilt. Der Chor besitzt eine ovale Flachkuppel, der Laienraum eine Halbkreistonne. Die Gewölbe sind mit leichten Stuckleisten dekoriert, die ursprünglichen gerahmten Deckenbilder sind verloren und wurden durch neue ersetzt.

Buch

Der kleine Ort Buch, der um 1750 nur 24 Anwesen bis zur Größe einer Achtel-Bausölde umfaßte, gehörte bis 1848 geschlossen zum Patrimonialgericht Seefeld. Die Masse der Höfe lag östlich der Kapelle. Der alte Ortskern ist heute weitgehend verbaut und läßt die ursprünglichen Verhältnisse nur noch schwer ablesen. Ein zweiter kleinerer Schwerpunkt lag unten am Ufer um die ehemalige Mühle (heute Villa Kühnrich) herum. Dieser wie eine eigene Siedlung wirkende Ortsteil wurde anfangs des 19. Jh. von der Straße Breitbrunn–Inning her und vom Ort unabhängig durch eine Allee (die heutige Schloßstraße) erschlossen. Buch hat sich nach 1900 zu dem nach Herrsching bedeutendsten Villenort am Ammersee-Ostufer entwickelt. Die Landhäuser siedelten sich vor allem im oberen Bereich des zum Wasser hin abfallenden Hanges an der Breitbrunner und der Schloßstraße an. Sie genossen hier ursprünglich eine gute Fernsicht über die Ammerseelandschaft. Leider ist der Großteil dieser Villen inzwischen entweder modern verändert oder im Zuge zurückliegender Reparaturen stark vereinfacht worden.

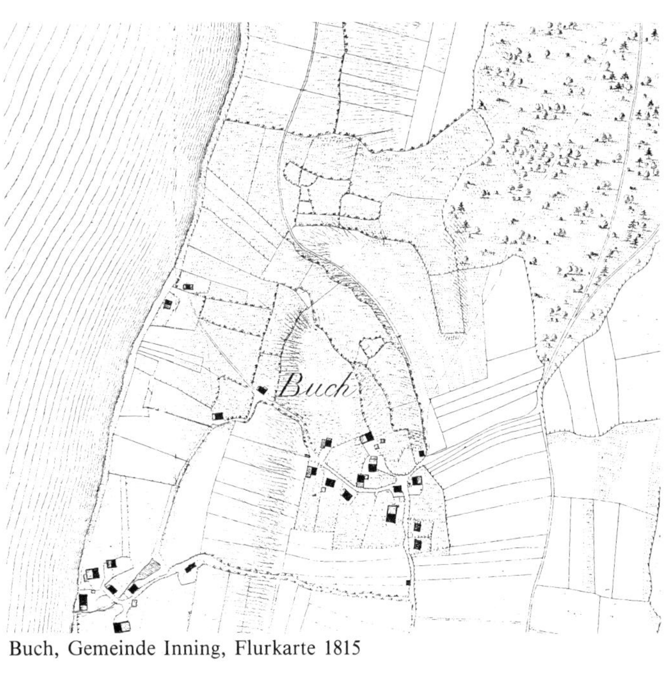

Buch, Gemeinde Inning, Flurkarte 1815

Breitbrunner Straße 3. *Kleine Kapelle,* um 1900.

Die Kapelle steht im Garten eines gleichzeitigen Landhauses und ist wohl als Ausdruck des spätromantisch-religiös gestimmten Lebensgefühls zu werten, das besonders im Erlebnis des Landaufenthalts angesprochen wurde.

Dampfersteg 2. *Kapelle St. Maria und Hl. Dreifaltigkeit,* 1742 erbaut, neugotisch verändert; mit Ausstattung.

Das Kirchlein wurde Ende des 19. Jh. vermutlich verlängert, mit einem Dachreiter ausgestattet und mit einem spitzen Tonnengewölbe versehen. Der Altar aus dieser Zeit, errichtet wohl unter Verwendung älterer Teile, enthält die spätgotischen Figuren der hll. Nikolaus und Silvester (um 1510). An den Wänden noch weitere bemerkenswerte Figuren des hl. Georg (um 1490), der hll. Margarete (um 1460/70) und Apollonia (um 1480). Die beiden Glasfenster sind Stiftungen um 1900.

Dampfersteg 4. *Villa,* im Heimatstil mit Jugendstilelementen, 1907, Giebelseite zum Garten unter vorkragendem Satteldach symmetrisch gegliedert; Gartentreppen mit geschlossenen Wangen.

Das Landhaus, das unmittelbar westlich der Kapelle inmitten eines schönen Obstgartens steht, besitzt zwei Eckerker mit eingespanntem Balkon. Interessant ist die in ihrer Anlage barockisierende, in der Ausführung jedoch ganz modern empfundene doppelläufige Treppenanlage, an verschiedenen Punkten mit eingelegten Jugendstil-Zierelementen aus farbigem Glas besetzt. – Im Inneren führt rückwärts eine geschwungene Treppe an Jugendstil-Fenstern vorbei nach oben, die abschließende Decke ist mit einem Stuckrahmen mit kleinen Widderköpfen dekoriert. Der zentrale Raum im Erdgeschoß weist eine Stuckdecke (Felderung durch sich überschneidende Stuckleisten) auf.

Dampfersteg 12. *Boots- und Badehaus,* massiver Putzbau mit Eckquaderung und zweigeschossigem Turmaufsatz, bez. 1901.

Über dem eigentlichen Bootsraum liegt ein kleiner, turmartiger Aufenthaltsraum, der dem Bau das Aussehen einer kleinen Kapelle verleiht.

Schloßstraße 14. *Villa Kühnrich,* herrschaftliche Villa mit Walmdach und neuklassizistischem Balkon, erbaut 1923 von Oswald Bieber und Ludwig Hollweck unter Einbezug eines Mühlengebäudes des 19. Jh.; Pförtnerhaus, gleichzeitig; großer Park mit Einfriedungsmauer.

An die Nordostecke des breitgelagerten Hauptgebäudes ist ein kleinerer Nebentrakt mit den Wirtschaftsräumen angehängt, der auf seiner Ostseite mit einer dreiachsigen Loggia abschließt und den großen rückwärtigen Hof nach Norden abschirmt. Dieser wird nach Osten von zwei niederen, gestaffelten Geländestufen begrenzt, die, axial auf das Hauptportal bezogen, von breiten Freitreppen unterbrochen werden; die untere von Gartenfiguren flankiert. Diese Gestaltung entspricht der klassizisierenden Tendenz der streng geordneten Fassade, deren Mitte von einem überdachten Eingang auf freistehenden Säulen betont wird. Die seeseitige Fassade wird von einem Risalit mit Dreiecksgiebel

Inning, Wörthsee-Schlößchen, Saal im OG

Wörthsee-Schlößchen, Saal, Detail

Buch, Kapelle St. Maria

Buch, Kapelle St. Maria

Breitbrunner Straße 3

Buch, Dampfersteg 4

Buch, Dampfersteg 12

und einem auf Säulen stehenden Balkon beherrscht. Der Bau überzeugt durch seine feinen, ausgewogenen Proportionen und seine hohe handwerkliche Qualität im Detail. Die Räume im Inneren wirken großzügig und vornehm. Von der Ausstattung sind ein paar schöne Kachelöfen und ein Kamin von Joseph Wackerle hervorzuheben. Die zugehörige Parkanlage mit altem Baumbestand sowie den Nebengebäuden (Gärtnerhaus, Torhaus) ist gut erhalten. Der kleine Stauweiher an der Parkmauer erinnert noch an die ehemalige Mühlenanlage.

Seestraße 5. *Wohnhaus,* mit Schopfwalmdach, verschiefertem Giebel, Erker, Balkon und originellen spätklassizistischen Details, Ende 19. Jh.

Das Landhaus besitzt eine reiche Gestaltung der Dachzone mit Blitzableiter, Wetterfahne, einer klassizisierenden Stehgaube mit Zinkverkleidung sowie aus Zinkblech geprägten Ortgangblenden. Auch der westliche, auf Stützen gestellte Balkon ist mit geprägtem Zinkblech ummantelt, Dacheindeckung und Gestaltung der Westseite mit Schiefer.

Seestraße 7. *Kleines Landhaus,* erdgeschossig, mit Zwerchgiebel, spätklassizistische Details, Ende 19. Jh.

Schlagenhofen

Kapelle St. Michael, auf spätgotischer Grundlage um 1680 wohl von Kaspar Feichtmayr erbaut; mit Ausstattung.

Der Weiler Schlagenhofen wird schon im 13. Jh. mit einem Hof im Besitz des Klosters Dießen genannt. Im 18. Jh. umfaßte er neun Anwesen und zählte zur Hofmark Wörth der Herrschaft Seefeld.

Über die Entstehung der kleinen Kirche ist nichts bekannt. Der bestehende Bau, der eventuell noch spätgotische Teile enthält, wurde wohl in der zweiten Hälfte des 17. Jh. erweitert, auf Grund stilistischer Details am kleinen Turm vielleicht von Kaspar Feichtmayr. Der dreiseitig geschlossene Chor enthält einen Altar um 1670. In der Mittelnische der Erzengel Michael im Kampf mit dem Teufel, dazu die Nebenfiguren der hll. Sebastian und Rochus. Bemerkenswert die Figur des Erzengels Michael als Seelenwäger (um 1460), vielleicht noch vom spätgotischen Altar. Die Muttergottes im Rosenkranz stammt aus dem späten 15. Jh., später überarbeitet. Die Flachdecke ist mit kleinen Fresken (Weilheimer Schule, 2. Hälfte 17. Jh.) mit Bildern des hl. Michael und der Hl. Eucharistie geschmückt.

Archäologische Geländedenkmäler

Elf vorgeschichtliche *Grabhügel,* ca. 1300 m w Kirche Walchstadt. (Inning a. Ammersee, Fl.-Nr. 2262, SW 4–13)

Am W-, S- und O-Rand einer moorigen Senke. Meist mittelgroße Hügel, von denen einer Spuren alter Ausgrabungen zeigt. Näheres unbekannt.

Ehemals 41, jetzt noch 31 vorgeschichtliche *Grabhügel,* ca. 800m wsw – ca. 1000m sw Kirche Inning a. Ammersee. (Inning a. Ammersee, Fl.-Nr. 2280–2281, SW 3/4–14)

Im O-Hang des Ammerseebeckens. In mehrere Gruppen gegliederte Nekropole aus meist mittelgroßen Hügeln, von denen Ing. Steinlein 1886 sechs und 1887 wahrscheinlich einen mit bronzezeitlichem Ergebnis (Funde in der Prähistorischen Staatssammlung München) öffnete. Ein 1973 vom Landesamt für Denkmalpflege untersuchter Hügel ergab hallstattzeitliche Funde (Prähistorische Staatssammlung München).

Buch, Schloßstraße 14, Villa Kühnrich

Buch, Schloßstraße 14, Pförtnerhaus und Einfahrt

Buch, Seestraße 5

Buch, Seestraße 7

Buch, Schloßstraße 14, Villa Kühnrich

Schlagenhofen, Kapelle St. Michael

Schlagenhofen, Kapelle St. Michael

Gemeinde Krailling

Baudenkmäler

Krailling

Krailling gehört zu den Ursiedlungen der Landnahme im Würmtal. Dennoch ist seine Flur nicht besonders umfangreich, und mit etwa dreißig Anwesen (um 1750) zählte es nur zu den Bauerndörfern mittlerer Größe. Die Höfe lagen in langgezogener Reihe an der Straße Gauting–Pasing, die am westlichen Würmufer verläuft. Das ehemalige Hofmarksschloß (bereits 1810 abgebrochen) lag am Südende des Dorfes, die Kirche in dessen nördlicher Hälfte. 1586 erhielt Erhard von Muggenthal für seinen Besitz in Krailling das Hofmarksprivileg. 1687 ging die Hofmark an die Berchem, 1724 an die Ruffin, 1728 an die Hörwarth und 1732 wieder an die Ruffin. Das 19. Jh. brachte das Ende der Hofmark und auch des Schlosses, das bei Wening noch abgebildet ist.

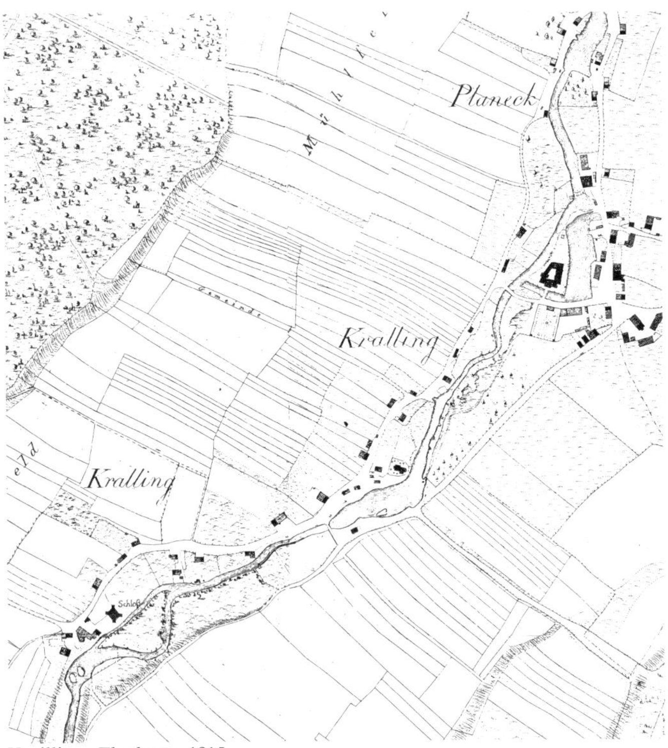

Krailling, Flurkarte 1815

M. Wening, Krailling; Kupferstich 1701

Der Bau der Eisenbahn und verstärkt die Einrichtung eines eigenen Vorortverkehrs nach Gauting (1902) hatten hier die gleichen Folgen wie in den übrigen Würmtalgemeinden. Die verstärkte Bautätigkeit begann um 1890 in der Nähe zum Bahnhof Planegg, an der nördlichen Bergstraße und der Hans-Sachs-Straße (ehem. Bahnstraße), dann an der Elisenstraße, der Albrecht-Dürer-Straße und ab 1900 verstärkt auch an der Luitpold- und der Margarethenstraße. Dabei war die soziale Struktur, ähnlich wie in Stockdorf, einfacher als in Gauting oder gar in den Uferorten des Starnberger Sees. Wie in Stockdorf kamen in Krailling bis zum Ersten Weltkrieg nur wenige namhafte Architekten (wie Stadler und Necker, Walter Sartorius u. a.) zum Zuge, die Masse der Häuser wurde von einheimischen Baugeschäften erstellt. Vor allem Konrad Dumser lieferte einen großen Teil der Entwürfe. Wegen der geringen wirtschaftlichen Lebensfähigkeit der meist kleineren Höfe wurde die Landwirtschaft in Krailling bald aufgegeben. Das Dorf wandelte sich zur Vorstadtsiedlung. Heute ist das ehemalige Bauerndorf nur noch schwer in seiner ursprünglichen Struktur zu erkennen.

Bergstraße 9. *Villa,* malerischer Bau mit Zierfachwerk, hölzernen Balkons, Giebelrisaliten mit offenen Lauben, 1902; mit zeitgenössischer Ausstattung.

Bergstraße. *Wegkreuz,* neugotisch, um 1900; an der Ecke Hermann-Aust-Straße.

Luitpoldstraße 1. *Villa,* erdgeschossig, mit Mansardwalmdächern, Gauben, Loggia, Altane, in vornehmen neoklassizistischen Formen, um 1925; mit Toreinfahrt.

Die kleine Villa überzeugt durch ihre formale Geschlossenheit. Sie zeigt im Dachbereich Elemente des Heimatstils, wie sie im Würmtal (besonders in Stockdorf und Gauting) häufig zu beobachten sind. Die Fassaden werden durch eine originelle Gesimsbildung gegliedert, das Sohlbankgesims wird von Kragsteinen unterstützt, auf denen die in Form von Halbsäulen ausgebildeten Fenstereinfassungen stehen.

Luitpoldstraße 6. *Wohnhaus,* zweigeschossig mit ausgebautem Dachgeschoß, rundbogigem Ziervordach und östlichem Holzbalkon, 1910/11, von Georg Merkl.

Luitpoldstraße 20. *Gasthaus Kraillinger Hof,* Eckbau mit Eckerkerturm, Giebelrisaliten, Zierfachwerk, Balkon und Lauben, 1897.

Der Gasthof besitzt mit seinem behelmten Eckerkerturm an der Kreuzung zweier Straßen vor allem städtebauliche Bedeutung. Er bewahrt in einer bereits stark erneuerten Umgebung allein die Erinnerung an eine einst homogene Villenbebauung.

Margarethenstraße. *Kath. Filialkirche St. Margareth,* Chor gotisch, Ende 15. Jh., Langhaus 1682 ausgebaut; mit Ausstattung.

Etwas abseits unmittelbar an der Würm gelegen, wirkt die Kirche nur noch über ihren kleinen Zwiebelturm (bei Wening noch Satteldachturm) ortsbildprägend. Der polygonale

Bergstraße, Wegkreuz

Krailling, Bergstraße 9

Luitpoldstraße 6

Krailling, Kath. Kirche St. Margareth

Krailling, Kath. Kirche St. Margareth

Krailling, Luitpoldstraße 1

Krailling, Luitpoldstraße 20

Chor mit spätgotischem Rippengewölbe enthält einen Rokokoaltar (um 1750) in raumgreifender, bewegter Formgebung, dazu eine spätgotische stehende Muttergottes und die Nebenfiguren der hll. Margarethe und Leonhard. Eine zweite Marienfigur (um 1520/30, Fassung neu) an der Südwand des Kirchenschiffs. An Stelle der ehemaligen Seitenaltäre befinden sich heute auf Konsolen zwei in Polierweiß gefaßte Büsten des Salvator mundi und der Maria aus der Werkstatt des Johann Baptist Straub. Im Chor zwei Gemälde des 18. Jh., Hl. Familie und Tod der hl. Mutter Anna.

Margarethenstraße 1. *Torwärterhaus,* zu Schloß Planegg gehörig, 1. Hälfte 19. Jh.

Das ehemalige Hofmarksschloß Planegg, zu dem diese Anlage gehört, liegt bereits im Bereich des Landkreises München.

Margarethenstraße 31. *Gasthaus Alter Wirt,* Putzbau mit Satteldach, an der Ostseite Halbwalm, 1. Hälfte 19. Jh., im Kern älter; an der Westseite profanierte Kapelle.

Eine der letzten Erinnerungen an das Dorf Krailling. Der Blick die Straße hinunter zur Kirche stellt einen der wenigen originalen historischen Bezüge her.

Margarethenstraße 41. *Villa,* mit großem Dreiecksgiebel, Putzgliederungen und Eisenbalkon, neoklassizistisch, 1908; zugehörige eiserne Einfriedung.

Margarethenstraße 43. *Wohnhaus,* mit Flachsatteldach, Fassade mit Neurokoko-Putz- und Stuckdekor, um 1900; zugehörige eiserne Einfriedung, Jugendstil, um 1900.

Es handelt sich um den Umbau eines älteren Hauses. Die reizvollen Dekorationen überspielen eine sehr schlichte Architektur.

Margarethenstraße 45. *Landhaus des Architekten Martin Dülfer,* von ihm selbst auf Grundlage eines älteren Bauernhauses 1902 errichtet, Fassaden im barockisierenden Jugendstil (z.Zt. teilweise verkleidet), Veranda, Wintergarten, Vorbau mit Balkon (jetzt verändert).

Die in der Fachliteratur erwähnten Jugendstildekorationen im Inneren bestehen leider nicht mehr. Das Äußere ist zum Teil durch Anbauten beeinträchtigt. Das Haus bildet zusammen mit den benachbarten Häusern Nr. 41 und 43 eine reizvolle Gruppe.

Margarethenstraße 47. Zugehörige *eiserne Einfriedung,* Jugendstil, 1912 von Benedikt Eisenschmid.

Krailling, Margarethenstraße 1, Torwärterhaus

Krailling, Margarethenstraße 41

Krailling, Margarethenstraße 45

Krailling, Margarethenstraße 47

Krailling, Margarethenstraße 31, Alter Wirt

Krailling, Margarethenstraße 41 und 43

Frohnloh

Der Weiler Frohnloh (richtiger: Fronloh) ist eine hochmittelalterliche Gründung der Grafen von Andechs, vermutlich unter Mitwirkung des Klosters Dießen. Auf die vier Anwesen erhielt Kaspar Weiler von Garatshausen 1565 die Edelmannsfreiheit. Im 17. Jh. wurde Frohnloh zur geschlossenen Hofmark erklärt, die unter verschiedenen Besitzern bis 1848 bestehen blieb. Nach dem Zweiten Weltkrieg verzeichnete der Ort eine verstärkte Siedlungstätigkeit, die aber die gewachsene Struktur noch gut erkennen läßt.

Kapelle St. Nikolaus, geweiht 1715; mit Ausstattung.

Die schlichte kleine Kirche, deren Nikolaus-Patrozinium auf die Grafen von Andechs zurückgeht, besitzt einen kleinen Altar (gegen 1700) mit den beiden Erzengeln Raphael und Gabriel als Seitenfiguren, im Auszug Figur des hl. Nikolaus.

Frohnloh, Kapelle St. Nikolaus

Pentenried

Kath. Filialkirche St. Benedikt; Neubau von 1958, mit historischer Ausstattung.

Die Schwaige Pentenried (heute Gut Pentenried) ist sehr wahrscheinlich eine hochmittelalterliche Rodung des Klosters Benediktbeuern. Sie gehörte im 18. Jh. als einschichtiger Besitz zur Hofmark Planegg und wurde nach deren Ausscheiden aus dem Landgericht Starnberg 1801 zum Patrimonialgericht Krailling geschlagen. Bei der Gemeindebildung 1818 wurden dann die verschiedenen Patrimonialgerichte mit ihren zugehörigen Orten zu Gemeindeverbänden erklärt. Aus diesem Grunde gehören Frohnloh und Pentenried heute zur Gemeinde Krailling. Kirchlich gehörte Pentenried stets zur Pfarrei Gauting. – Die nach Westen anschließende Siedlung ist eine Gründung der Nachkriegszeit (Flüchtlingssiedlung) auf dem Grund des Gutes Pentenried. Die ursprüngliche Form der sehr einheitlich und organisch gewachsenen Siedlung droht heute durch Aus- und Umbauten der zweiten Generation verlorenzugehen.
Die Ausstattung der 1958 durch Karl Blum erbauten Kirche ist von verschiedener Provenienz (Kunsthandel, Stiftungen der Nachbargemeinden), darunter ein hl. Benedikt (18. Jh.) aus der Gautinger Pfarrkirche, eine Muttergottes (17. Jh.) und ein hl. Johannes Nepomuk (Mitte 18. Jh.).

Pentenried, Filialkirche St. Benedikt

Archäologische Geländedenkmäler

Dammstück und Materialgruben der *Römerstraße* Augsburg–Salzburg, ca. 1650 m nw W-Kirche Gauting–ca. 1075 m n Kirche Frohnloh. Teils in Waldabt. II, 29, 31 Obere Fretz und Pentenrieder Schlag. (Krailling, Fl.-Nr. 49, 77, 117, 117, SW 3–7/8)

Die Verkehrslinie zieht in mäßig bewegtem Gelände von NW nach SO durch das am SW-Rand des Kreuzlinger Forsts gelegene Gebiet. Von der Gemarkungsgrenze Argelsried befindet sie sich bis zur Hochspannungleitung ö von Hüll zerstört unter der Ortsverbindung Argelsried–Gauting, aus der sie sich dann auf eine Länge von rund 600 m löst und als flacher steiniger Damm sichtbar wird. In der Fortsetzung bleibt sie von Materialgruben begleitet bis zur Gemarkungsgrenze Gauting unter der modernen Straße.

Frohnloh, Kapelle St. Nikolaus

Pentenried, Kath. Filialkirche St. Benedikt

Gemeinde Pöcking

Baudenkmäler

Pöcking

Auf Grund seiner Namensform ist Pöcking zu den frühesten Siedlungen der Landnahmezeit zu rechnen. Zahlreiche Grabhügel der Bronzezeit im Südwesten und im Norden des Ortes lassen einen alten Siedlungsraum vermuten. Der breite eiszeitliche Höhenrücken, der den See begleitet, und das nach Westen anschließende weite Ackerland mögen günstige Voraussetzungen für eine Ansiedlung geboten haben. Pöcking entwickelte sich in der Folge zu einem Straßendorf, dessen südlicher Teil mit der uralten Wegeverbindung zum Nachbardorf Feldafing von der heutigen Hauptachse abschwenkte. Dennoch dürfte auch die Straße nach Weilheim, die später als Poststraße große Bedeutung erlangte, zum ältesten Bestand der Gegend zu rechnen sein. Die historisch gewachsene Struktur mit der engen Abfolge der Hofstellen und der giebelseitigen Stellung der Häuser ist noch einwandfrei abzulesen. Auch das von starker Einheitlichkeit der überlieferten Bausubstanz geprägte Ortsbild ist gut erhalten, trotz der Auswirkungen des stark belastenden Durchgangsverkehrs, wegen dem heute viele straßenseitige Häuserfronten hinter häßlichen Fassadenverkleidungen verschwunden sind. Pöcking war bis in das 19. Jh. hinein ein Dorf von verhältnismäßig kleinen Anwesen, die alle zur Hofmark Possenhofen gerechnet wurden; 23 Sölden standen nur sechs Viertelhöfe und ein Halbhof gegenüber, was die geringe Größe der Hofräume und die enge Stellung der Häuser erklärt. Nach dem Bau einer Ortsumgehungsstraße und der damit verbundenen Entlastung der Ortsdurchfahrt wäre hier die Chance gegeben, das ehemalige Ortsbild behutsam wiederherzustellen.

Nach dem Bau der Eisenbahnlinie Starnberg–Tutzing 1865 begann auch in Pöcking die Entwicklung zum Villenort. Da sich die Landhäuser und Villen aber durchwegs östlich des alten Ortskerns ansiedelten, blieb das Bauerndorf weitgehend unangetastet. Der langgezogene, gleichmäßig zum See hin abfallende Höhenzug bot mit seiner Möglichkeit der Staffelung und der damit fast uneingeschränkt erreichbaren Sicht auf See und Alpenkette die ideale Voraussetzung für den Bau der neuen Landhäuser. Wie in Starnberg, Feldafing oder Tutzing hat inzwischen der hochgewachsene Baumbestand diese Sicht weitgehend genommen, aber auch die ursprünglich fast freistehende Bebauung abgedeckt. Diese ist heute, trotz ihrer Dichte, vom See her kaum noch auszumachen.

Die ältesten Landhaus- und Villenbauten entstanden in einer ersten stärkeren Bauwelle zwischen 1865 und 1875, vor allem an der Hindenburgstraße und der Alten Bahnhofstraße. Eine kleinere Kolonie einfacherer Landhäuschen bildete sich westlich des Dorfes am Ascheringer Weg. Eine zweite, stärkere Welle folgte dann um 1890 bis 1910. Dabei entstanden besonders an der Feldafinger Straße einige bemerkenswerte Villenbauten. Zeitlich ein wenig früher liegen die kleinen Kolonien in Possenhofen, wo sich bereits um 1860 ein paar Landhäuser zur alten Fischersiedlung gesellten, und in Niederpöcking, wo seit 1854 eine geschlossene Zeile unmittelbar am Ufer entstand. Im übrigen haben die auf halber Höhe des Hanges verlaufende Bahnlinie und der südlich davon liegende, ehemals ausgedehnte Possenhofener Besitz ein Hinunterwachsen der Siedlung zum See, wie in Starnberg oder Tutzing, verhindert.

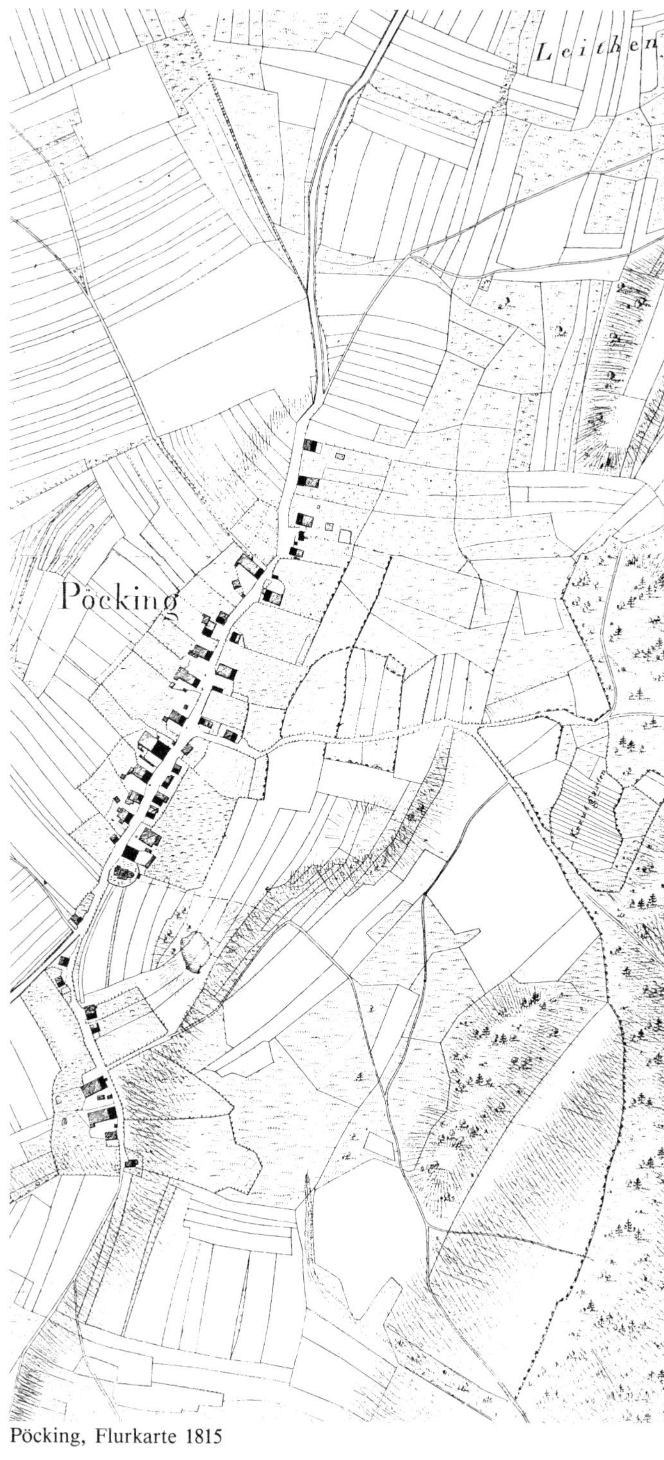

Pöcking, Flurkarte 1815

Michael Neher, Pöcking; Bleistiftzeichnung, um 1840

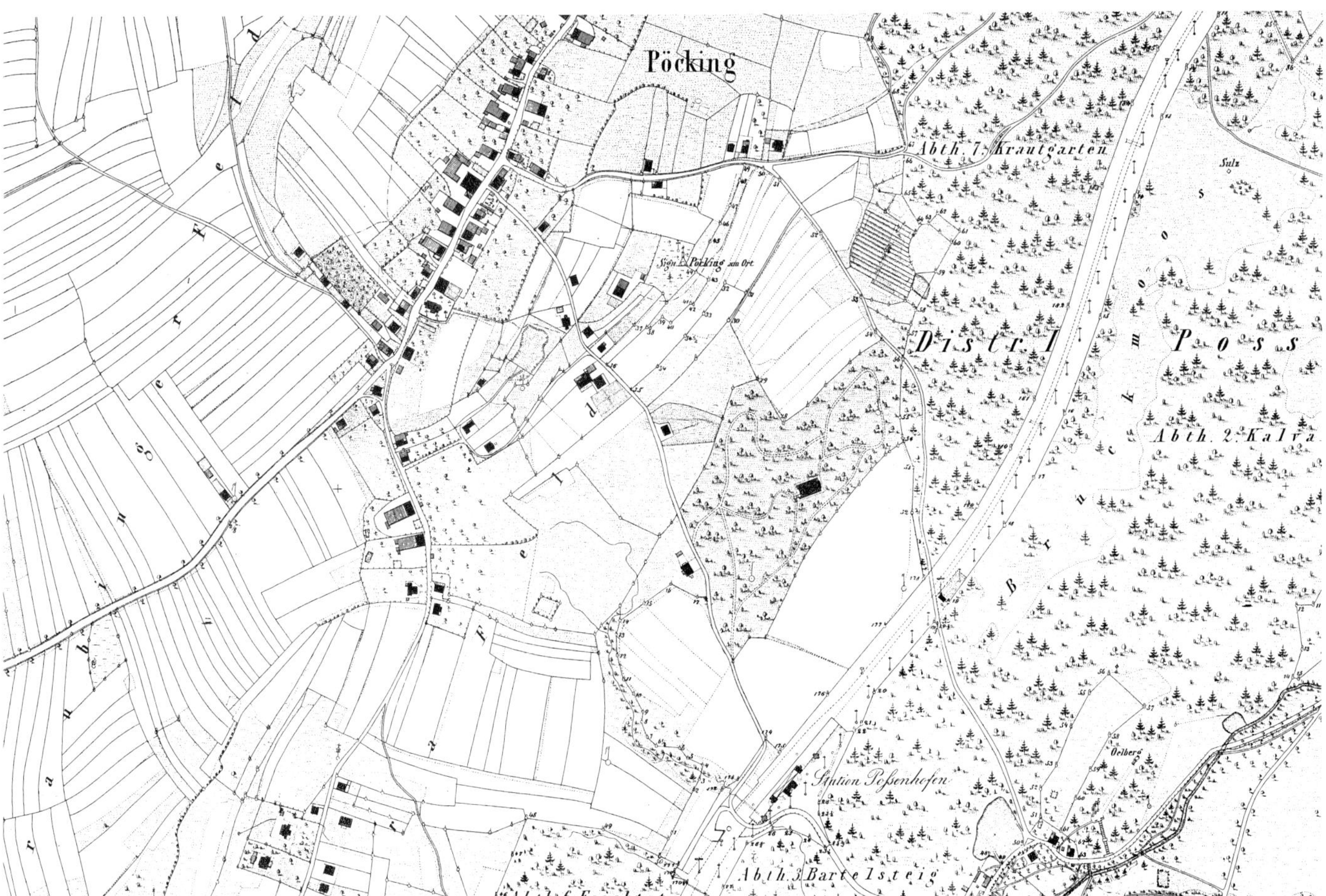

Pöcking, Flurkarte, um 1887

Alte Bahnhofstraße 8. *Villa Defregger,* malerischer Walmdachbau mit Elementen des alpenländischen Heimatstils, mit Balkons, Ziergiebel und Wandmalerei, 1900, von Eugen Drollinger.

Die Villa, erbaut für den Schreinermeister Wilhelm Schröder, wirkt trotz der «malerischen» Unruhe ihrer Einzelmotive harmonisch. Die Loggia, die Altane, die verschiedenen Erker und Gauben sind ganz auf die Sicht aus den einzelnen Räumen des Hauses auf See und Alpenkette berechnet. Bezeichnend für den Heimatstil ist die ausgeprägte Farbigkeit, die sowohl in den Wandmalereien (Giebel, Altane) als auch in der polychromen Fassung aller Holzteile (Dachuntersichten, Verstrebungen) in Erscheinung tritt und hier in einmalig ursprünglicher Form erhalten ist. Die Villa, die an einer steil abfallenden Hangstufe steht, besitzt trotz der inzwischen unterhalb entstandenen dichten Bebauung noch eine gute Fernwirkung. Sie hat auch ihr ursprüngliches Raumkonzept gut bewahrt. Das Erdgeschoß wird über eine größere Diele mit ehemals freistehender Mittelsäule erschlossen, von hier aus führt auch das Treppenhaus nach oben. Im Erdgeschoß liegen die ehemaligen Repräsentationsräume (Wohnzimmer und Musiksalon) die noch über die originale Ausstattung (Türen, Fenster, Kassettendecken, Paneele) verfügen.

Feldafinger Straße 14. *Gartenfiguren,* Gruppe der vier Jahreszeiten und zwei Puttengruppen, 19. Jh.; im Garten des Hauses.

Das Haus gehörte seit 1874 dem Münchner Hoftheatermaler Christian Jank. Die Figurengruppen aus Sandstein sollen durch den späteren Besitzer, Geheimrat Karl Eckert, hierhergekommen sein.

Feldafinger Straße 15. *Villa Reber,* in italianisierenden Formen, mit eingestelltem Belvedereturm, Eingangsvordach und Eisenbalkon auf gußeisernen Stützen, um 1870/72.

Die Villa wurde für Geheimrat Prof. Franz Reber, den Direktor der Münchener Pinakothek, gebaut. Das ganz im Stil des Landhauses der Toskana errichtete Haus ist ein charakteristischer Entwurf für die Zeit um 1870 und entsprach wohl genau den Vorstellungen des Kunsthistorikers Reber. Die Fassade wird nur durch schmale helle Putzbänder gegliedert und durch ein paar größere Medaillons (Abgüsse nach Thorwaldsen) belebt. Die Fenster sind leider modern verändert. Auf der zum See gerichteten Ostseite befindet sich eine Terrasse mit seitlichen, symmetrisch angelegten Treppen; darüber ein leichter eiserner Balkon auf Stützen. Die äußeren Fensterachsen sind wieder durch Relieftondi geschmückt.

Die Villa verfügt noch weitgehend über die originale Ausstattung. Im Obergeschoß sind ein größerer und ein kleinerer Raum mit Wandmalereien in der Art Moritz von Schwinds versehen. Im Salon sind die vier Jahreszeiten zu sehen, welche im übertragenen Sinn die Lebensalter repräsentieren, dazu die vier ländlichen Hauptberufe, Bauer, Jäger, Hirt und Fischer. Das Bildprogramm ergänzen Relieftondi mit allegorischen Darstellungen und ein gemalter Eichenlaubfries an der Decke. Der Kachelofen stammt angeblich aus einem Münchener Palais. Das kleinere Zimmer ist mit Szenen nach dem Märchen «Brüderlein und Schwesterlein» ausgemalt (signiert J. Widtmann, München).

Pöcking, Villa Defregger, Wohnraum

Pöcking, Alte Bahnhofstraße 8, Villa Defregger

Pöcking, Alte Bahnhofstraße 8, Villa Defregger

Feldafinger Straße 14, Gartenfiguren

Pöcking, Feldafinger Straße 15, Villa Reber, Märchenzimmer

Pöcking, Feldafinger Straße 15, Villa Reber

Pöcking, Villa Reber, Salon

Feldafinger Straße 17. *Villa von Lossow,* in barockisierendem Jugendstil, mit flachem, eingestelltem Treppenturm, Erker und Holzbalkon, 1897 von Paul Pfann und Günther Blumentritt für Prof. Soxhlet erbaut.

Die Villa wurde für den berühmten Chemiker Geheimrat Franz v. Soxhlet errichtet. Sie ist ein für 1897 bemerkenswert zurückhaltender Bau und nimmt mit seinem ruhigen Krüppelwalmdach, seinen schlichten Fassaden, die von wenigen Fenstern und kleinen barockisierenden Erkern gegliedert werden, die um die Jahrhundertwende nachdrücklich formulierte Forderung nach Abkehr von den Gestaltungsformen eines übersteigerten Späthistorismus vorweg. Auch im Inneren ist das Haus in schlichten Formen gehalten. Die meisten Räume verfügen jedoch im Deckenbereich über eine Dekoration aus Hohlkehlen und Stuckleisten. Der Salon im Erdgeschoß hat Anteil an dem schönen Eckerker, dessen Fenster in den Oberlichten mit farbigen Glasbildern geschmückt sind. Das geräumige Treppenhaus ist auf jeder Etage mit einem kleinen Vorplatz verbunden.

Die zugehörige Gartenanlage ist nur noch reduziert erhalten. Die gestalterische Absicht ist in der Formung des Terrains (Terrassenbildung, Plattform für einen Teepavillon usw.) sowie in Resten der einstigen Bepflanzung jedoch noch ablesbar.

Feldafinger Straße 27. *Villa Ranke,* spätklassizistischer Putzbau mit Flachdach über Konsolen, um 1880, Eingangs- und Südseite modern verändert; mit Garteneinfriedung.

Die Villa erinnert an die frühen Bauten des Feldafinger Baumeisters Johann Biersack. Ein Gesims, Fensterverdachungen und Ecklisenen stellen den einzigen Schmuck der schlichten Fassaden dar.

Feldafinger Straße 41. *Villa Riccius,* malerischer gotisierender Gruppenbau, mit Kreuzgiebel, rundem Eckturm und Staffelgiebeln, 1898 von L. Romeis für Karl Hausmann erbaut; mit gemauerter Toreinfahrt.

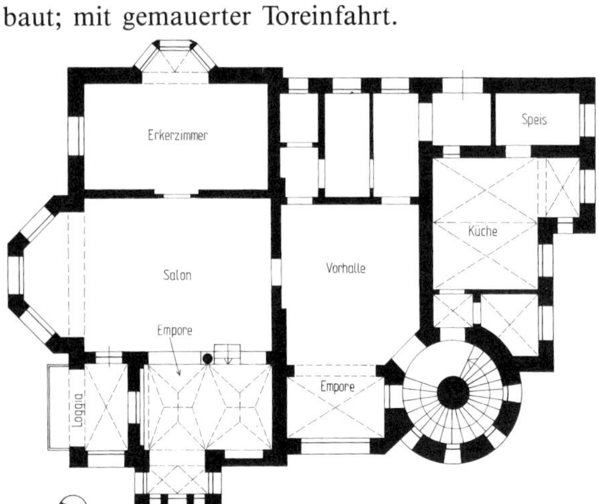

Pöcking, Villa Riccius, Grundriß EG

Leonhard Romeis hat die ganz der Spätromantik verpflichtete Form dieser Villa bereits in einer Reihe ähnlicher Bauten (für den Maler Eduard Grützner und für Kommerzienrat Winkelhofer, beide in München) entwickelt. Die Villa stand ursprünglich frei und weithin sichtbar am ausgedehnten, zum See hin abfallenden Hang. Sie ist zwar auch heute noch vom See bzw. vom gegenüberliegenden Ufer aus sichtbar, der ehemalige Park ist inzwischen jedoch bis auf einen knappen Umgriff reduziert. Der Baukörper wird auf der Ostseite von einem hohen gotisierenden Treppengiebel und einem starken runden Treppenturm beherrscht. Das Motiv des Treppengiebels wiederholt sich auf der Westseite, so daß sich eine Kreuzgiebelkonstruktion ergibt. Die Südseite bestimmt ein breiter, dreistöckiger Erker, der mit fünf Seiten eines Achtecks aus dem Baukörper heraustritt. Der Bau wirkt trotz der malerischen Anreicherung mit Erkern, Altanen und Gauben sowie kräftigen Farbakzenten (Läden, polychrome Dacheindeckung der Erker, Bundwerk) sehr geschlossen und harmonisch. Im Inneren sind großzügige Raumfolgen erhalten, die stilistisch dem Außenbau entsprechen. Fast alle kleineren Räume sind mit Gewölben, die größeren mit Balken- und Kassettendecken ausgestattet. Die übrige, handwerklich hochstehende Ausstattung (Böden, Türen, Fenster) ist erhalten bzw. ergänzt. Die Obergeschosse werden über eine Wendeltreppe im Turm erschlossen.

Hauptstraße 19. *Gasthof zur Post,* ehem. *Taxis'sche Reichsposthalterei,* Putzbau mit Flachsatteldach mit Wandmalerei (übertüncht), im Kern 18. Jh., Haustür bez. 1852, schmiedeeiserner Ausleger.

Der Bau ist nicht wie so viele andere Gasthöfe der Gegend breitseits an die Straße gestellt, sondern ordnet sich giebelseitig in das vorherrschende Straßenbild ein. Dennoch erreicht er eine gewisse repräsentative Haltung, die ehemals durch die historisch belegte Fassadenmalerei gesteigert wurde, und ist nicht nur für den mittleren Abschnitt der Hauptstraße sondern auch für die Sicht aus der Hindenburgstraße von großer ortsbildprägender Bedeutung. Die Quellen überliefern einen Neubau des Gasthofes um 1660, was mit Hinblick auf die Kellerräume (Tonnengewölbe mit Stichkappen) nicht unwahrscheinlich ist. Der Ausbau zur überlieferten Form dürfte jedoch später anzusetzen sein; der seitliche Anbau erfolgte 1880.

Der Gasthof war schon im 18. Jh. eine wichtige Raststation mit Pferdewechsel auf der auch vom Münchener Hof benutzten Poststraße München–Weilheim–Murnau–Garmisch. Dem Pöckinger Tafernwirt wurden zwar 1766 und 1767 seine Gesuche um die Verleihung des Posthalterpatents abgeschlagen, doch wurde stillschweigend geduldet, daß er diesen Titel führte und an seinem Haus das Postwappen anbrachte. 1801 erfolgte die Verleihung des Patents, doch bereits zwei Jahre später wurde die Posthalterei nach Starnberg verlegt. 1808 wurde die reitende Post von dieser Route abgezogen, der nach und nach ausgebaute Eilwagenverkehr nach Innsbruck blieb jedoch bis zum Bau der Eisenbahn erhalten.

Pöcking, historische Aufnahme um 1939

Pöcking, Feldafinger Straße 27, Villa Ranke

Pöcking, Feldafinger Straße 17, Villa v. Lossow

Pöcking, Feldafinger Straße 41, Villa Riccius

Pöcking, Villa Riccius, Vorhalle mit Empore

Pöcking, Villa Riccius, Salon

Pöcking, Hauptstraße 19

Hauptstraße. *Kath. Filialkirche St. Ulrich,* ehem. Pfarrkirche, auf älterer Grundlage zwischen 1683 und 1702 erbaut; mit Ausstattung.

Die Kirche mit ihrem schlanken, auf halber Höhe in polygonale Form übergehenden Turm steht inmitten des kleinen Dorffriedhofs hart an der Hauptstraße und bildet mit dem benachbarten alten Pfarrhof mit seinem Zeltdach eine harmonische Baugruppe, die vor allem von Osten her ein eindrucksvolles Bild vermittelt. Das Langhaus ist mit einer Tonne ohne Stichkappen überwölbt und mit kräftigem, noch ganz geometrisch gehaltenem weißen Stuck (Rosetten, Eierstableisten, Blattbordüren und Engelsköpfchen, um 1700) versehen. Der eingezogene Chor besitzt eine Stichkappentonne mit ähnlicher Dekoration. Die in neobarocken Formen erneuerten Altäre enthalten Nazarenergemälde. Die beiden Figuren, die den Hochaltar flankieren, die hll. Ulrich und Urban, sind barock, ebenso die Kanzel. An der Südseite befindet sich ein Rotmarmorepitaph für Hans Conrad Hörwarth von Hohenburg, Hofmarksherr zu Possenhofen und Kanzler des Herzogs (gestorben 1617).

Pöcking, Alte Pfarrkirche St. Ulrich

Pöcking, Alte Pfarrkirche St. Ulrich

Hauptstraße 31. *Bauernhaus,* im Heimatstil, mit mittelsteilem Dach, hölzernen Balkons und ornamentaler Schablonenmalerei, 1901 von Hans Stadler.

Deutliche Reminiszenzen an den Schweizerhausstil im Bereich des Giebels und des oberen Balkons zeigen, daß man hier weniger das bodenständige Bauernhaus als Vorbild sah, sondern mehr die malerischen Qualitäten des Bauernhauses im Oberland suchte. Darüber hinaus vermittelt die Fassade, besonders im Bereich der mittleren Fensterachse, bereits deutlich hin zum bürgerlichen Landhaus der Villenlandschaft am Starnberger See.

Heinrich-Knote-Straße 12. *Villa Bäumler* bzw. *Heidinger,* schloßartiger Walmdachbau mit Zwiebeltürmen und kurzen erdgeschossigen Seitenflügeln mit Steilwalm, in parkartiger Gartenanlage, 1921 von Anton Hatzl jun. (München).

Der repräsentative Platz auf der Höhe der weiten, sanft ansteigenden Parkanlage war ursprünglich für eine Villa des Münchener Architekten Max Littmann vorgesehen, der im Vorgriff bereits das unten an der Straße stehende Torhaus (vgl. Heinrich-Knote-Straße 14) hatte errichten lassen. Der vornehme Bau erfüllt die seit der Jahrhundertwende erhobene Forderung nach Ruhe und Einfachheit des Baukörpers sowie nach bodenständigen Formen und greift deutlich Vorbilder aus der Reihe kleinerer altbayerischer Landschlösser wie Schwindegg, Tüßling oder Kapfing auf. Dennoch wird durch die außen wie innen konsequent durchgehaltenen ästhetischen Normen von Symmetrie und axialer Gebundenheit auch hier ein hoher Repräsentationsanspruch erfüllt. Die kleinteilig versproßten Fenster und besonders die großen rundbogigen Terrassentüren im Erdgeschoß verstärken das Bild eines kleinen Schlosses noch, sogar die Rückseite folgt mit dem exedraartig hervortretenden, großräumigen Treppenhaus (mit darüberliegender Altane) diesem Gestaltungsprinzip. Das Raumprogramm erweist sich in der großzügigen Dimensionierung der Zimmer und ihrer symmetrisch auf die Mittelachse des Hauses bezogenen Anordnung als herrschaftlich-repräsentativ. Die Räume sind durchwegs schlicht gehalten und wirken durch die handwerkliche Qualität der Ausstattung (Türen, Fenster, Böden). Die zugehö-

Villa Heidinger, Treppenhaus

Villa Heidinger, Rückseite

Pöcking, Hauptstraße 31

Pöcking, Alte Kath. Pfarrkirche St. Ulrich

Pöcking, Heinrich-Knote-Straße 12, Villa Heidinger

rige Parkanlage wirkt besonders durch ihre ungewöhnliche Weite. Der im Zentrum gelagerten Villa ist eine exedraartige Terrasse mit Treppenanlage und barockisierend gestalteter Hecke vorgelagert. Von hier aus hat man einen herrlichen Blick über den See, bis hinüber nach Allmannshausen. Auf der Südseite schließt ein schmales Gartenparterre mit Brunnen an, das von einer niederen Mauer mit Ziervasen und Gartenfiguren gesäumt wird. Die Anordnung dieses kleinen seitlichen Gartens ist charakteristisch für Landhäuser am Starnberger See, wo die Hanglage eine andersartige Gestaltung oft nicht erlaubt. Die östliche Auffahrt führt in weitem Bogen um den Wiesenplan, so daß der Besucher auf längerem Weg sich unter wechselnden Perspektiven auf die Villa zubewegt.

Heinrich-Knote-Straße 14. Ehem. *Pförtnerhaus des* (nicht erbauten) *Littmann'schen Landsitzes,* malerischer Baukörper mit zweifachem Quergiebel, Loggia mit Rundbogen, Zierfachwerk; Torsäulen, Gartenpavillon; um 1905 von Max Littmann (vgl. Heinrich-Knote-Straße 12).

Heinrich-Knote-Straße 16. Ehem. *Villa Haus,* massiver, quadratischer Baukörper mit geschwungenem Mansardwalmdach, auf der Seeseite Loggia, Freitreppe und Dachausbau, 1901/02 von Richard Riemerschmid.

Die Villa wurde nach Plänen Richard Riemerschmids vom Feldafinger Baumeister Johann Biersack ausgeführt. Die Innenausstattung ist noch zum Teil erhalten (Türen, Treppenhaus), die ebenfalls von Riemerschmid entworfene Möblierung leider verloren.

Hindenburgstraße 10/10 a. *Villa,* italianisierender Flachdachbau, mit Belvedereturm, Loggia und Altane auf der südlichen Giebelseite, um 1870/80; im Garten klassizisierende Figur der Flora; Kreuzgiebelbau westlich, um 1910 anstelle des ehem. Pferdestalles angebaut.

Der Bau ist ein Beispiel für die sich am italienischen Landhaus orientierende Villa um 1870. Die Reste der zugehörigen, ebenfalls italienisch empfundenen Gartenanlage sind noch erkennbar. Die Villa beherrscht auf eine ziemliche Strecke die hangaufwärts strebende und in sanftem Bogen geführte Hindenburgstraße.

Hindenburgstraße 15. *Villa Austria,* barock-klassizisierender Putzbau in Hügellage, mit Mansardwalmdach und Terrassenvorbau, erbaut 1902, Umbau 1922; Toreinfahrt zum Park und Auffahrtsallee gleichzeitig.

Die Villa wurde 1902 von Eugen Drollinger für den Münchner Hofkapellmeister Hugo Röhr errichtet, und zwar in der benachbarten Villa Defregger sehr ähnlichen Formen. 1922 wurde sie völlig umgebaut und vergrößert. Dabei erhielt sie das heutige, sehr viel ruhigere und geschlossenere Erscheinungsbild. Die erhöhte Lage auf der Hügelkuppe und die reizvolle Schrägstellung verleihen der Villa ein hohes Maß an repräsentativer Würde. Während die rückwärtige und die seitlichen Fassaden betont schlicht gehalten sind, wirkt die zum See und zur Alpenkette gerichtete Schauseite mit ihren leichten Putzgliederungen und ihren kleinteilig versproßten Fenstern nobel und elegant. Sie erhält durch eine weit vortretende, von polygonalen Pfeilern getragene doppelgeschossige Veranda eine stärkere Räumlichkeit und eine harmonische Gliederung. Ihr vorgelagert ist eine breite Terrasse, deren exedraartig ausbuchtende hohe Natursteinstützmauer auf die Mittelachse der Fassade bezogen ist. Hinter diesem

Pöcking, Heinrich-Knote-Straße 14

Pöcking, Hindenburgstraße 10/10a

Pöcking, Heinrich-Knote-Straße 16, Villa Haus

Pöcking, Villa Haus, Loggia

Pöcking, Hindenburgstraße 15, Villa Austria

Mittelteil lagen nach dem Umbau die zentralen Wohn- und Repräsentationsräume: im Erdgeschoß die Bibliothek, flankiert von einem Speisezimmer und einem Musiksalon, im Obergeschoß das Schlafzimmer. Die Räume sind durchwegs schlicht gehalten. Der zugehörige Park, der ursprünglich bis zur Pixisstraße hinunterreichte, ist heute stark verkleinert.

Zum Ministerhügel 18. *Villa Dallmayr,* 1877 in parkartiger Anlage erbaut, spätklassizistischer Kreuzgiebelbau mit Gruppenfenster im piano nobile und mit erdgeschossigen Anbauten.

Die Villa wurde für Anna v. Lutz, die Gattin des kgl. Staatsrates Johann v. Lutz, erbaut. Dieser war unter König Ludwig II. Justizminister, Kultusminister und seit 1880 Vorsitzender des Ministerrates. Die streng symmetrische Gliederung der Schauseite vermittelt einen unaufdringlichen Anspruch auf Repräsentation. Sie wird nur durch zarte Gesimse und Lisenen etwas belebt. Größere Fenster und Terrassentüren im Erdgeschoß und rundbogige Fenster im Obergeschoß lassen die Hierarchie der verschiedenen Räume auch außen ablesen. Durch eine große Terrasse mit klassizisierender Brüstung wird der Bau bedeutungsvoll aus dem leicht fallenden Gelände herausgehoben. Die Räume im Inneren sind entsprechend dem strengen äußeren Aufbau in regelmäßiger Anlage auf die Mittelachse des Hauses bezogen. Sie weisen, mit Ausnahme des Salons im Erdgeschoß (Holzbalkendecke) und des ehemaligen Eingangs (Kassettendecke), keine besonderen Gestaltungsmerkmale mehr auf. Die zugehörige Parkanlage ist gut erhalten.

Aschering

Aschering war stets ein Bauerndorf mittlerer Größe. Mitte des 18. Jh. umfaßte es 19 Anwesen, unter denen sich zwei ganze Höfe und sieben Halbhöfe, das war fast die Hälfte des Dorfes, befanden. Die Struktur des Haufendorfes mit seiner lockeren, abwechslungsreichen (durch die bedeutenden Hofgrößen bedingten) Stellung der Höfe und den Freiräumen der Bauerngärten dazwischen ist noch gut erhalten.

Kath. Kirche St. Sebastian, im Kern wohl noch 13. Jh., Ausbau Mitte 18. Jh.; mit Ausstattung.

Die Kirche hat die einfachen Verhältnisse einer kleinen mittelalterlichen Landkirche bewahrt. Der kleine Chor mit geradem Schluß setzt sich deutlich vom Kirchenschiff ab. Der seitliche Satteldachturm wird durch schmale Bänder in unterschiedliche Geschosse gegliedert, die spätgotische Farbigkeit der spitzbogigen Schallöffnungen wurde bei der letzten Renovierung wieder aufgedeckt. Rundbogenfenster und Sakristei stammen vom Umbau des 18. Jh. Die Stichkappentonne des Langhauses zeigt ein von Johann Baptist Baader 1768 datiertes und signiertes Deckenfresko: der hl. Sebastian als Helfer und Fürbitter der Pestkranken, über der Orgel die Glorifizierung der Dreifaltigkeit. Die gleichzeitige, wohl von Kloster Polling (wohin Aschering inkorporiert war) besorgte Ausstattung ist durch die neuromanischen Altäre und die kleine Orgel auf der Emporenbrüstung ersetzt worden.

Haus Nr. 24. *Kleinbauernhaus,* Putzbau mit Flachsatteldach, im Kern 18. Jh.

Das Haus bewahrt das Bild eines kleineren Bauernhauses des ausgehenden 18. Jh.: Flachsatteldach (ursprünglich Legschindeldeckung), gemauertes Unter- und Obergeschoß, verschalter Giebel. Die Fensteröffnungen sind noch in annähernd ursprünglicher Größe erhalten.

Aschering, Haus Nr. 24

Aschering, Filialkirche St. Sebastian, Deckenfresko

St. Sebastian, Deckenfresko (Detail mit Selbstbildnis von Joh. Bap. Baader)

Pöcking, Zum Ministerhügel 18, Villa Dallmayr

Aschering, Filialkirche St. Sebastian

Aschering, Filialkirche St. Sebastian

Aschering, Filialkirche St. Sebastian

Maising

Das kleine Bauerndorf, dessen Geschichte bis in die Landnahmezeit zurückreicht, ist in seiner historischen Struktur noch gut zu übersehen. Vor allem im Bereich zwischen dem sehr ursprünglich erhaltenen Wirtshaus und dem Umgriff um die Kirche hat das von bäuerlichen Wohn- und Wirtschaftsgebäuden, Hofräumen, Gras- und Obstgärten geprägte Ortsbild noch wenig Einbuße erfahren.

Kath. Kirche St. Bartholomäus, Saalbau mit eingezogenem Chor, im Kern spätmittelalterlich, Ausbau im 19. Jh.; mit Ausstattung.

Der einfache Bau besitzt einen eingezogenen Chor mit geradem Schluß und einen ungegliederten Turm mit spitzem Helm auf der Westseite. Die Einrichtung des 19. Jh. mit Altarblättern von Wilhelm Hauschild wurde bei der letzten Renovierung entfernt. Mit dem verbliebenen Rest, den ehemals in der Kirche verstreut aufgestellten Figuren (meist 16./17. Jh.), wurde der Raum neu gestaltet. Im Chor wurden spätmittelalterliche, leidlich gut erhaltene Wandmalereien aufgedeckt.

Ortsstraße 8. Sog. «*Bachweberhäusl*», Obergeschoß verschalter Blockbau, 17./18. Jh.; mittelsteiles Dach, Mitte 19. Jh.

Das in seiner historischen Substanz gut überlieferte Bauernhaus ist ein anschauliches Beispiel für eine Handwerkersölde des 18. Jh. Die dafür typischen Wohn- und Wirtschaftsverhältnisse werden besonders im Vergleich mit der in nördlicher Nachbarschaft gelegenen ehemaligen Mühle deutlich. Das Dach, ursprünglich als flaches Legschindeldach ausgebildet, wurde im 19. Jh. aufgesteilt. In der nördlich gelegenen Stube hat sich noch die alte Kammerstiege erhalten, die früher in fast allen kleineren Bauernhäusern zu finden war.

Ortsstraße 16. Ehem. *Eiskeller,* gemauertes Kellerhaus mit Flachsatteldach, wohl Mitte 19. Jh.; westlich gegenüber Nr. 16

Ortsstraße 25. Ehem. *Bauernhaus,* breitgelagerter verputzter Giebelbau, im Kern wohl 18. Jh.; umlaufende Putzrustika an der Fassade, Mitte 19. Jh.

Votivkapelle, 1871/72 errichtet; an der Seestraße.

Maising, Votivkapelle

Maising, Ortsstraße 16

Maising, Bachweber-Häusl, Kammerstiege

Maising, Kath. Filialkirche St. Bartholomäus

Maising, St. Bartholomäus

Maising, Ortsstraße 25

Maising, St. Bartholomäus

Maising, Ortsstraße 8, Bachweber-Häusl

Niederpöcking

Die Villenkolonie Niederpöcking entstand ab 1854 innerhalb weniger Jahre. Sämtliche Bauherren (der Maler Moritz v. Schwind, der Rentier und Maler Oskar v. Boyen, der Zahnarzt Dr. Amann, der Hofopernintendant v. Perfall, der Erzgießer Ferdinand v. Miller sowie die Kaufleute Mayer v. Mayerfels und Knorr) kamen aus der gehobenen Schicht des Münchner Bürgertums der frühen Maximilianszeit. Sie waren einander alle gesellschaftlich verbunden, z. T. sogar befreundet. Dieser Umstand hatte nicht nur zur Folge, daß man sich zum großen Teil des gleichen Architekten, Arnold Zenettis, bediente. Er kam in einer einheitlich gestalteten, die einzelnen Villengrundstücke zusammenfassenden Parkanlage ebenso zum Ausdruck wie in der Tatsasche, daß mit der Kapelle auf dem Meyerfels'schen Grundstück auch ein gemeinsamer religiöser Mittelpunkt entstand. Die Kolonie ist deshalb bauhistorisch wie gesellschaftshistorisch ein Ensemble besonderer Art. Aus diesen Zusammenhängen vor allem leitet sich die außerordentliche Bedeutung der Kolonie nicht nur für die Villensiedlung am Starnberger See, sondern für die gesamte oberbayerische Landhauskultur her.

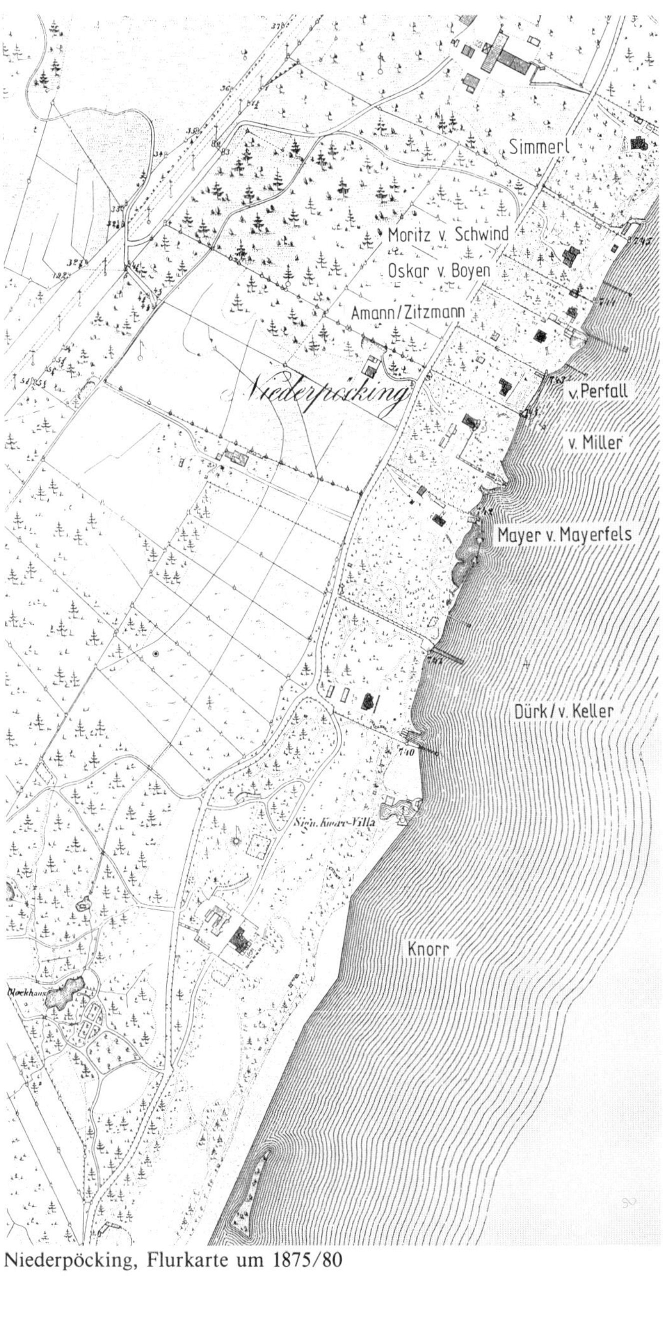

Niederpöcking, Flurkarte um 1875/80

Ferdinand-v.-Miller-Straße 7. *Villa Dr. Karl Zitzmann,* jetzt Bundesschule des Deutschen Gewerkschaftsbundes, herrschaftliche Anlage am See, klassizisierend mit schiefergedecktem Mansardwalmdach, mit Terrassenanlage über Gartensaal, 1922/23 von Otto Gruber und E. V. Gutmann, Karlsruhe; Bootshafen mit Bootshaus sowie Gartenparterre und Pavillon gleichzeitig; Garagenbau an der Straße gleichzeitig.

Die Villa steht an der Stelle des 1856 entstandenen Landhauses des Zahnarztes Dr. Amann. Sie gehört zu den größten Villenbauten am See und ist nicht nur von weiten Teilen des nördlichen Sees eindrucksvoll sichtbar, sondern auch vom Ostufer gut auszumachen. Das Äußere ist mit Ausnahme der langgezogenen Fledermausgauben (späterer Ausbau) ursprünglich erhalten. Auch hier werden wieder, wie bei der Villa Heidinger, schon durch strenge Symmetrie und Axialität hochherrschaftliche Repräsentationsansprüche erfüllt. Die Villa besitzt vier in gleicher Qualität durchgebildete Fassaden. Die ruhige, elegante Schauseite wird durch eine auf polygonale Pfeiler gestellte Altane in ihrer Mittelachse betont. Auf diese beziehen sich auch die große Terrasse, deren zwei symmetrisch geführte Treppen zum Gartenparterre am Ufer hinunterführen, sowie die beiden schlanken, hochgewachsenen Bäume, – ein charakteristisches italianisierendes Motiv am Starnberger See. Seitwärts an die Terrasse anschließend befindet sich über dem großen Bootshaus eine weitere Terrasse mit einem Teepavillon. Das Innere der Villa wurde für die Zwecke des Deutschen Gewerkschaftsbundes (Tagungs- und Schulungsstätte) weitgehend umgebaut. Nur die ehemalige Bibliothek mit hölzernen Wandverkleidungen und die Form der Eingangshalle wurden übernommen.

Niederpöcking, Villen v. Miller, v. Perfall, Dr. Zitzmann, v. Boyen

Niederpöcking, Villa Dr. Zitzmann

Villa Dr. Zitzmann, Bibliothek

Villa Dr. Zitzmann, Gartenparterre und Bootshaus mit Teepavillon

Ferdinand-v.-Miller-Straße 9. *Villa,* im Schweizerhausstil, mit holzverschaltem Fachwerk und umlaufendem Balkon, um 1855 von Arnold Zenetti für Hofoperintendant von Perfall erbaut.

Das kleine Landhaus, das noch gut seine einstige Bestimmung als einfaches Sommerhaus am See erkennen läßt, ist weitgehend in ursprünglichem Zustand erhalten. Es gehörte nach Baron Perfall dem kaiserlich russischen Hofmaler Alexander Kotzebue.

Ferdinand-v.-Miller-Straße 11/13. *Villa v. Miller,* über dem Seeufer errichtete zweigeschossige Anlage mit Turmrisalit und erdgeschossigen Erkern, 1855 von Arnold Zenetti im Maximilianstil erbaut; Wandmalereien von Moritz von Schwind; Terrasse mit Gußeisengeländer; Figurengruppe von M. Widnmann, gegossen von Ferdinand von Miller; Hauskapelle, bez. 1918; Dienerschaftshaus; Gartenanlage; Bootshaus, 1914 nach Plänen von Hermann von Miller; Christusbrunnen von Ludwig von Schwanthaler, Guß von Ferdinand von Miller, an der Straße.

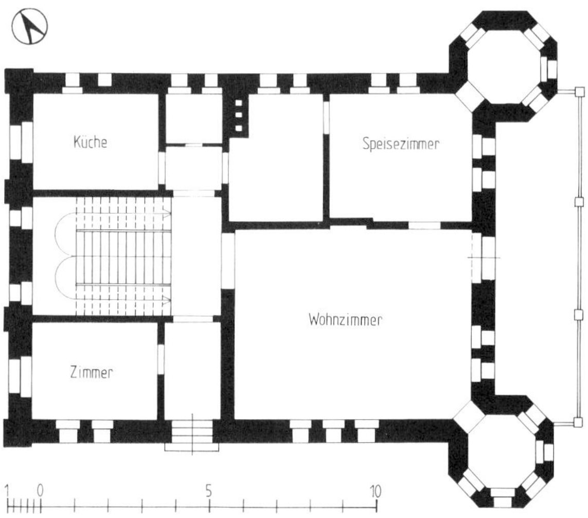

Villa v. Miller, Erdgeschoß

Die Villa wurde für Ferdinand von Miller gebaut, einen der bedeutendsten Erzgießer seiner Zeit (Bavaria in München u.a.). Später gehörte sie seinem Sohn Oskar v. Miller, dem großen Elektroingenieur (AEG, Walchenseekraftwerk) und Gründer des Deutschen Museums. Sie steht, auf der steilen Uferhöhe weithin über den See sichtbar, sehr wirkungsvoll vor dem Fond der rückwärtigen hohen Baumkulisse. Südlich daneben befindet sich das ehemalige Gärtnerhaus mit Kutschenremise, modern zum Wohnhaus ausgebaut. Der in seiner historischen Substanz vorbildlich überlieferte Bau zeigt auf der zum See gerichteten Schauseite die charakteristischen Stilelemente der Maximilianszeit. Der Mittelrisalit und die weit hervortretenden Eckerker bewirken eine ausdrucksstarke Gliederung, welche durch die paarweise zusammengefaßten Fenster noch erhöht wird. Die übrigen Fassaden sind schlicht gehalten. Die Hanglage der Villa ermöglichte die Öffnung des Untergeschosses zu einer schattigen Loggia, über der das Erdgeschoß mit den Wohnräumen und der zwischen den Erkern eingespannten Veranda repräsentativ zur Geltung kommen. Die für die Zeit bezeichnende Ausstattung mit Fassaden- und Gartenfiguren ist hier noch original und in besonderer Qualität erhalten. Die bedeutendste Figurengruppe befindet sich im schmalen, der Loggia vorgelagerten Gartenparterre, das durch eine hohe, in der Mitte exedraartig ausgreifende Stützmauer begrenzt

Niederpöcking, Landhaus v. Perfall

Niederpöcking, Villa v. Miller

Villa v. Miller, Figurengruppe von Widnmann

Niederpöcking, Villa v. Miller

Villa v. Miller, Christusbrunnen von L. Schwanthaler

Villa v. Miller, Treppenhaus

wird. Von diesem Gartenparterre gelangt man in eine kleine Kapelle im Untergeschoß des nördl. Eckerkers, eine für die Villenlandschaft am Starnberger See bezeichnende Erscheinung. Die Fresken über den Türen zu den Eckerkeraltanen sind vom befreundeten Moritz von Schwind, der ein wenig weiter nördlich ein Landhaus besaß, und stellen den hl. Ferdinand und die hl. Anna, die Namenspatrone des Ehepaares Miller, dar. – Das Innere, das vom rückwärtigen, im Stil der Zeit dekorierten Treppenhaus erschlossen wird, besitzt noch die ursprüngliche Raumfolge mit ihrer Ausstattung.

Ferdinand-v.-Miller-Straße 19. *(Landhaus) Neugotische Kapelle,* wohl von Arnold Zenetti 1861–63 für den Heraldiker Heinrich Meyer von Meyerfels erbaut; mit Ausstattung; zwei Inschrifttafeln, 1864; farbige Glasfenster, 1862.

Die Kapelle ist der Rest der ehemals reichen Ausstattung der zur Villa Meyer von Meyerfels gehörigen Parkanlage, die neben Spazierwegen, Ruhebänken, einem Teepavillon und einer Blockhütte auch eine Klause unten am See, einen Kalvarienberg und einen Kreuzgang umfaßte, – eine bezeichnende Gestaltungsidee der Romantik. Der Kapelle gegenüber befand sich ein offener Betsaal (heute zu einem Wohnhaus umgebaut), von dem aus die Bewohner der jungen Kolonie Niederpöcking die Messe in der Kapelle verfolgen konnten. Die Glasfenster von 1862 beziehen sich auf die Familie des Bauherrn (Wappen, Namenspatrone) und stammen wohl aus einer Münchner Werkstatt. Die zugehörige Altarausstattung ist verloren.

Niederpöcking, Ferdinand-von-Miller-Str. 19

Ferdinand-v.-Miller-Straße 23. *Seepavillon mit Bootshaus,* Aussichtsterrasse und Hafenanlage, um 1910.

Ein eleganter Vertreter jener am Starnberger See so häufigen Bootshäuser mit einem darüberliegenden Pavillon oder einer Aussichtsterrasse. Diese besondere Anordnung wurde durch die starke Hanglage ermöglicht.

Ferdinand-v.-Miller-Straße 39/41. *Villa Knorr,* über dem Seeufer erbaute Villa mit Mittelrisalit und eingestelltem Belvedereturm, italianisierend mit Elementen des Maximilianstils, 1853 von Arnold Zenetti für den Großkaufmann Angelo Knorr erbaut; Nebengebäude mit ehem. Stallungen und Bedienstetenwohnungen, gleichzeitig; Parkanlage mit Bootshafen, gleichzeitig.

Angelo Knorr hatte für seinen Villenbau eine Waldfläche von über 15 ha erworben, die anschließend in eine Parklandschaft nach englischem Vorbild umgewandelt wurde. Von diesem Besitz, aus dem später immer wieder große Teile verkauft wurden, ist nur noch ein kleiner Rest übrig. Verschwunden ist damit nicht nur das ausgedehnte Wegesystem, sondern auch die einstige «Möblierung» des Parks mit Laubengang, Freisitz, Wintergarten und den Ziergartenanlagen. Noch in weitgehend originalem Bestand überliefert ist dagegen die ehemalige Kutschenremise mit Stallungen und Kutscherwohnung. Da die meisten der ursprünglich bei jeder Villa vorhandenen Remisen durch das Auto überflüssig und deshalb umgebaut wurden, gehört sie heute zu den besterhaltenen Nebengebäuden dieser Art am See.

Der gestreckte Satteldachbau bildet mit seinen beiden kurzen Seitenflügeln eine dreiteilige, symmetrische Schauseite zum See hin, die durch Fenster und Terrassentüren in unterschiedlicher Größe repräsentativ gesteigert wird. Ihr ist eine Veranda mit Freitreppe und grazilen gußeisernen Aufbauten vorgelagert. Die Rückseite der Villa ist dagegen schlicht ge-

Ferdinand-von-Miller-Straße 23, Bootshaus

Niederpöcking, Ferdinand-von-Miller-Straße 19, Kapelle

Ferdinand-von-Miller-Straße 3, Knorr-Villa

Niederpöcking, Ferdinand-von-Miller-Straße 3, Knorr-Villa

Knorr-Villa, Vestibül

Knorr-Villa, Kutschenremise

Knorr-Villa, Kutschenremise, Wohnraum

halten. Die Mauerflächen waren ursprünglich in hellem, warmen Ziegelrot mit hellen Fugen gehalten, die Ecklisenen, die Fensterfaschen und die dekorativen Fensterrahmungen der Seitenflügel in einer Werksteinimitation in gedecktem Ocker abgesetzt. Der dreiteiligen Gliederung der Front entspricht eine regelmäßige Ordnung im Inneren. Die Räume, die im Erdgeschoß von einem gewölbten Vestibül aus erschlossen werden, sind schlicht gehalten. Das Treppenhaus befindet sich in untergeordneter Position seitlich im Turm und bestätigt die mehrfach bei frühen Villen am Starnberger See überlieferte Tradition, nach der die private Sphäre der Schlafräume im Obergeschoß sehr deutlich von den Gesellschaftsräumen im Erdgeschoß, die bei festlichen Anlässen über die repräsentative Treppe vom Garten her betreten wurden, abgesetzt war.

Possenhofen

Am Landesteg 14. *Landhaus* in Hanglage, zweigeschossiger Satteldachbau mit Kniestock und mittigem Zwerchgiebel über Loggien mit gesägten Brüstungen, um 1880; Nebengebäude, wohl gleichzeitig.

Kurt-Stieler-Straße 5. *Villa,* dreigeschossiger, malerischer turmartiger Giebelbau in deutscher Renaissance, mit Zierfach- und Bundwerk, angeschlossener Quertrakt in gleicher Art, um 1890; eiserner Einfriedungszaun, gleichzeitig.

Das Landhaus wurde anstelle eines Nebengebäudes (evtl. teilweise durch Umbau) der gegenüberliegenden Villa des kgl. Medizinalrats Heinrich v. Fischer errichtet, die schon vor 1867 entstanden war. Der Bau zeigt deutlich die Handschrift des Späthistorismus, der sich noch über die Fragen der Bodenständigkeit hinwegsetzte. Die konsequente Verwendung von Holz und dessen reiche, handwerkliche Verarbeitung im Dachbereich, in Bundwerk und Veranda verleihen dem Bau dennoch eine besondere Note und eine starke Einheitlichkeit. Im Inneren hat sich mit den großen, repräsentativen Türen, mit Kachelöfen, Paneelen sowie schönen Kassettendecken ein wesentlicher Teil der ursprünglichen Ausstattung erhalten. Den nördlichen Teil des Erdgeschosses nimmt ein großer, mit einem Tonnengewölbe überspannter Raum ein, der ursprünglich als Küche genutzt wurde. Darüber liegen die Wohnräume, die von rückwärts (infolge der Hanglage) ebenerdig zu betreten sind.

Kurt-Stieler-Straße 9. Ehem. *Bauernhaus,* mittelsteiles Satteldach, um Mitte 19. Jh.

Das Bauernhaus ist der letzte noch erhaltene Vertreter der kleinen nordwestlich des Schlosses angesiedelten Bauern- und Handwerkersölden.

Karl-Theodor-Straße 4. *Villa,* im Landhausstil, schmaler Bau mit Putzgliederungen, Zierbund- und Fachwerk, 1891.

Die starke Höhenentwicklung des Hauses ist durch die Hanglage verursacht, die einen Ausbau des Kellergeschosses ermöglichte. Das Obergeschoß und die Dachgestaltung zeigen Elemente des Schweizerhausstils.

Karl-Theodor-Straße 6. *Gasthaus Schauer,* verputzter Satteldachbau mit Kastengesims, Anfang 19. Jh., mit klassizistischer Doppelflügel-Haustür.

Der typische altbayerische Gasthof mit ruhigem, breitgelagertem Baukörper bildet zusammen mit dem Nebengebäude und der Fischmeisterkapelle einen kleinen Platz und den Ausgangspunkt für die Schloßauffahrt. Erst nach dem Umbau des Schlosses durch Herzog Max führte eine neugeschaffene Auffahrtsallee von Norden an das Schoß heran und endete unmittelbar vor dem großen Brunnenrondell. Nachdem diese Zufahrt nicht mehr besteht, ist die ältere Tradition wiederhergestellt. Der Gasthof besitzt noch eine schöne Gaststube aus dem 19. Jh.

Karl-Theodor-Straße. *Fischmeisterkapelle,* mit Dachreiter, Mitte 19. Jh.

Die Kapelle hat historische Vorgänger. Schon im 17. Jh. stand hier eine Feldkapelle, die auf dem Weningstich von 1701 (Schloß Possenhofen) zu sehen ist.

Possenhofen, Flurkarte 1815

Possenhofen, Kurt-Stieler-Straße 9

Karl-Theodor-Straße 6 und Fischmeisterkapelle

Karl-Theodor-Straße 4

Possenhofen, Am Landesteg 14

Kurt-Stieler-Straße 5

Possenhofen, Kurt-Stieler-Straße 5, Billardzimmer

Karl-Theodor-Straße 14. *Schloß Possenhofen*, Altes Schloß, 1536 für Herzog Wilhelm V. errichtetes Hofmarksschloß, kubischer Walmdachbau mit Ecktürmen, 1834 von Herzog Max in Bayern erworben und im Maximilianstil überarbeitet; Neues Schloß, Dreiflügelbau, als zweigeschossige Anlage 1854 errichtet, zweites Obergeschoß gegen 1900, durchgreifender Umbau 1982/83; *Schloßkapelle,* als Verbindungsbau zwischen Altem und Neuem Schloß um 1835 von Daniel Ohlmüller erbaut; mit Ausstattung; *Schloßpark,* im englischen Stil, Mitte 19. Jh.; Reste der Schloßbefestigung, sieben Rundtürme mit Maueranschlüssen, im Südosten geschlossener Mauerzug, 16. Jh., gotisierend erneuert Mitte 19. Jh.; neugotisches Parktor zum See im Osten.

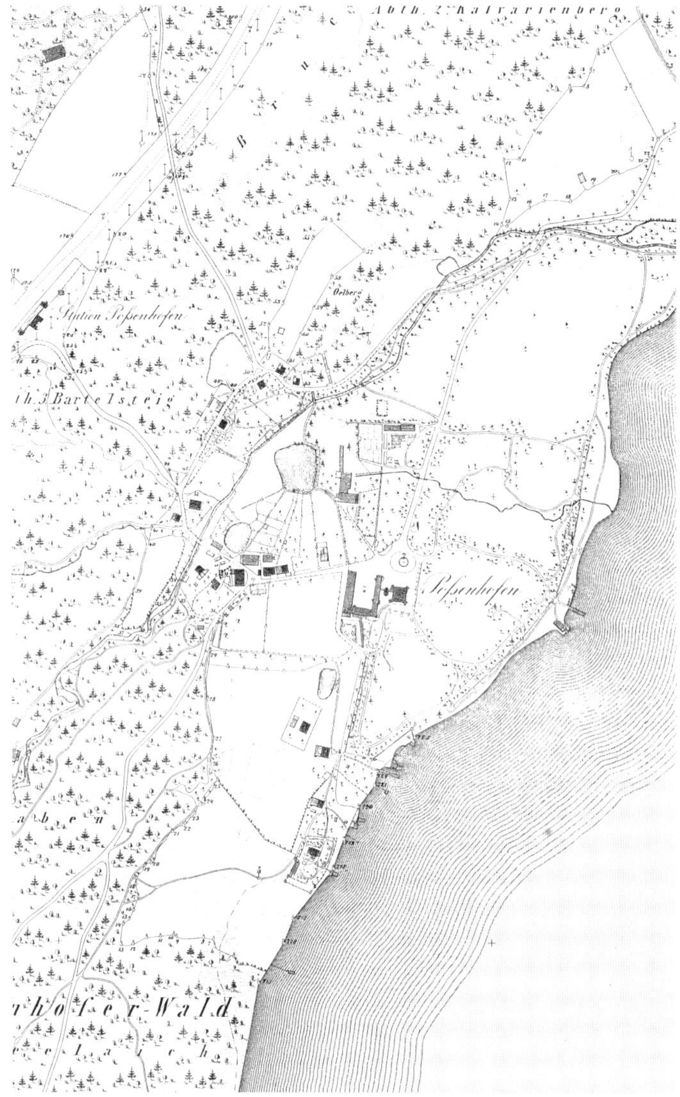

Possenhofen, Flurkarte um 1885

Possenhofen gehört zu den ältesten Edelsitzen am Starnberger See. Im 16. Jh. erscheint es erstmals urkundlich im Besitz des bayerischen Herzogs. Dessen Kanzler Jakob Rosenbusch, der für Possenhofen die Edelmannsfreiheit und 1537 das Hofmarksrecht erhielt, errichtete 1536 ein zuerst in Holz, dann in Stein gebautes Herrenhaus. Nach mehrfachem Zwischenbesitz erwarb Kurfürst Ferdinand Maria Schloß und Hofmark 1669 zurück, um es für Jagdfeste und für seine Fahrten mit dem Prunkschiff Bucentaur zu nutzen. Er ließ ein Tiergehege für jagdbare Hirsche anlegen und die Gartenanlage beträchtlich erweitern und mit einer Mauer umgeben. Ende des 17. Jh. kam Possenhofen in Besitz der Freiherren v. Wampl (1692 grundlegende Renovierung), im 18. Jh. in Besitz der Grafen La Rosée. 1834 erwarb Herzog Max in Bayern das Schloß. Mit der Erinnerung an seine Familie, vor allem die Tochter Elisabeth (Sissy), nachmalige Kaiserin von Österreich, und Sophie, die Braut König Ludwigs II., ist der Name des Schlosses bis heute verbunden. Herzog Max ließ das Herrenhaus des 16. Jh. baulich wiederherstellen und zu einem bequemen Landsitz umbauen. Die alten Befestigungen wurden niedergelegt, die Mauern mit den Rundtürmen entlang des Ufers erneuert. Der *Garten* wurde in einen Landschaftspark (ca. 26 ha) nach englischem Vorbild umgewandelt. Gleichzeitig (um 1835/40) wurde an Stelle der ehemaligen Wirtschaftsbauten westlich des Schlosses noch das sogenannte Neue Schloß errichtet, eine Dreiflügelanlage im Stil des Klassizismus, mit zwei Geschossen. Es diente in erster Linie als Dienerschafts- und Gästebau. Zu gleicher Zeit entstand die *Schloßkapelle* nach Plänen von Daniel Ohlmüller, als Bindeglied zwischen Altem und Neuem Schloß. Nach 1860 wurde das Alte Schloß im Geschmack der Maximilianszeit erneut überarbeitet und, wohl nach dem Vorbild von Schloß Berg, mit Stilelementen der Neugotik (Zinnenkranz an Türmen und Dachfuß) versehen. Der östliche Teil des Neuen Schlosses wurde später (vor 1900) noch um ein 3. Geschoß erhöht. Da die beiden anderen Flügel anläßlich der jüngsten Umbauten entsprechend aufgestockt wurden, ergab sich schließlich ein Ungleichgewicht zwischen Altem und Neuem Schloß, das die historischen Proportionen deutlich beeinträchtigt.

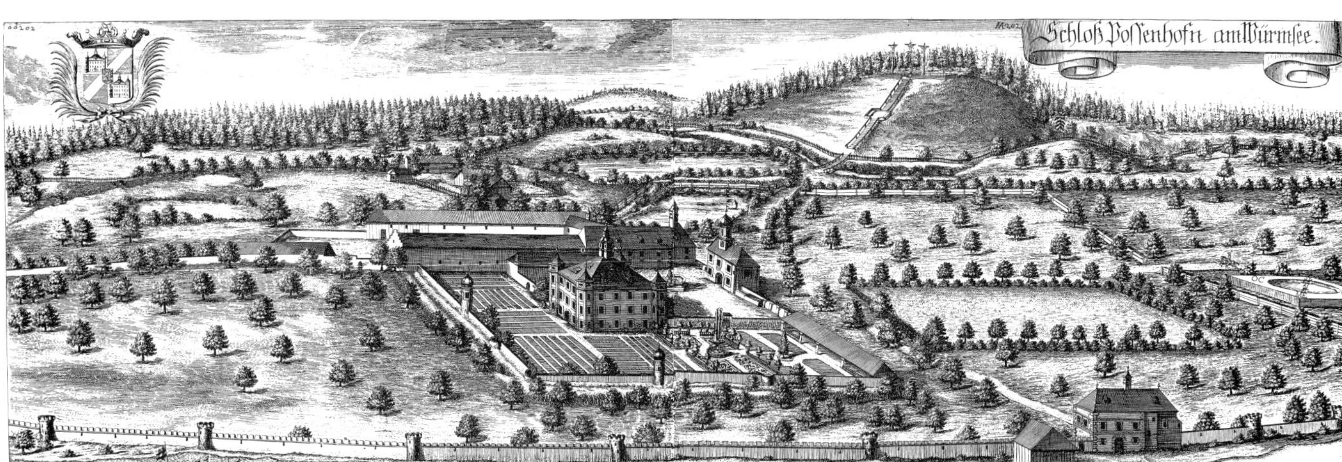

M. Wening, Possenhofen; Kupferstich 1701

J. Riegel, Possenhofen; Stahlstich (1853) nach einem Aquarell oder Ölgemälde von C. A. Lebschée

W. Scheuchzer, Possenhofen; Aquarell 1845

Schloß Possenhofen war einer der großen gesellschaftlichen Mittelpunkte am Starnberger See und diente der herzoglichen Familie bis um 1920 als Landsitz. Der danach einsetzende Verfall erreichte seinen Höhepunkt nach dem Zweiten Weltkrieg, als sein damaliger Besitzer das Schloß völlig verwahrlosen ließ. Mit der Renovierung und dem Umbau in eine Eigentumswohnanlage wurde versucht, die ursprüngliche Form der Anlage wenigstens äußerlich wiederherzustellen. Der Großteil des Parks wurde von der Stadt München erworben und wird heute als Erholungs- und Badegelände genutzt.

Wegkreuz mit Kruzifix im hölzernen Gehäuse, Bildnische am Schaft bez. 1845; an der Karl-Theodor-Straße südwestlich des Schlosses.

Seeweg 7. Ehem. *Villa Hofrat Dr. Hilger,* zweigeschossiger Satteldachbau mit dreigeschossigem Belvedereturm zum See, im Kern 1860/70, 1896 von Eugen Behles umgebaut. Die Villa gehört zu den am Südende des Possenhofener Schloßareals auf dem Grund der dortigen Fischeranwesen entstandenen Landhäuser. Sie ist als einzige in ihrer historischen Substanz weitgehend unversehrt überliefert. Der Kern des Hauses entsprach ursprünglich dem am Starnberger See so oft vertretenen einfachen Landhaustyp. Erst der Umbau, der den Belvedereturm und den erkerartigen Anbau hinzufügte, verlieh dem Bau repräsentativeres Gewicht.

Schloß Possenhofen, Treppenhaus

Possenhofen mit den Villen am Seeufer; Luftaufnahme um 1950

Possenhofen, Am Landesteg, Wegkreuz

Schloßmauer mit Tor

Schloß Possenhofen, Ostseite

Schloß Possenhofen, mit Kapelle, Nordseite

Possenhofen, Seeweg 7

Possenhofen, Überrest der ehemaligen Schloßmauer

Bahnhof Possenhofen, Pavillonbau mit Flachwalmdach und seitlichen Flügeln, im Maximilianstil, 1865 von Georg v. Dollmann; bemalter und stuckierter königlicher Wartesalon.

Der Bahnhof gehört neben den Stationsgebäuden in Starnberg und Feldafing zu den besonders gestalteten Bahnhöfen auf der Strecke Pasing–Tutzing. Er entspricht dem Bahnhof Feldafing (vgl. dort), zeigt in der Gestaltung der Fassade (vor allem Putzflächen) jedoch geringfügige Abweichungen. Als zuständige Bahnstation für Schloß Possenhofen war er wie Starnberg und Feldafing mit einem eigenen Wartesaal im Stil des Spätklassizismus für die Herrschaften und die Gäste des Schlosses ausgestattet. Dieser ist heute neben dem Wartesaal in Starnberg das bedeutendste Zeugnis für die privilegierte Benutzung der Eisenbahn durch den Hof und den Hochadel im Bereich der Bundesbahndirektion München.

Kalvarienberg, angelegt Mitte 17. Jh.; Figurengruppe mit Christus am Kreuz, Schächern und Maria, 2. Hälfte 19. Jh., weitere Figurengruppe Christus am Ölberg und zwei Engel, 19. Jh., in moderner Kapelle.

Der Kalvarienberg war ursprünglich seeseitig ohne Baumbestand. Zusammen mit der steilen Treppenanlage, die vom Schloß hinaufführte und zu diesem eine starke optische wie ideelle Verbindung herstellte, setzte er ein weithin sichtbares Zeichen und wurde bald zu einem der bekanntesten Aussichtspunkte. Fast alle Zeichnungen und Gemälde des 19. Jh., bei denen sich der Blick über Possenhofen hinweg auf die Alpenkette richtet, sind von hier aufgenommen.

Archäologische Geländedenkmäler

Mindestens 18 vorgeschichtliche *Grabhügel,* ca. 1375 m sö Kirche Landstetten und ca. 1250 m nnö Kirche Aschering, Waldabt. VIII, 12 Laaber. (Aschering, Fl.-Nr. 338, SW 8–10/11)

Im mäßig einfallenden S- und SO-Hang einer Anhöhe. Im N-Bereich der Nekropole locker gestreute, im S dichter gehäufte Hügel von meist mehr als 1 m Höhe, von denen noch acht deutliche Spuren alter Ausgrabungen aufweisen. 15 Hügel 1897 und 1898 durch J. Naue mit hallstattzeitlichem Ergebnis (Funde in der Prähistorischen Staatssammlung München) geöffnet.

Fünf vorgeschichtliche *Grabhügel,* ca. 1250 m osö Kirche Perchting, s an Straße Perchting–Söcking. (Maising, Fl.-Nr. 286, SW 7–9/10)

In flachhügeligem Gelände. Mittelgroße Hügel, von denen einer deutliche Spuren alter Ausgrabungen zeigt. Näheres unbekannt.

69 vorgeschichtliche *Grabhügel,* ca. 1100 m s Kirche Maising im Maisinger Sonderholz. (Maising, Fl.-Nr. 543, 543/8, 544, 560, SW 8–10)

In flachhügeligem Gelände. Meist mittelgroße Hügel in dichter Häufung, von denen J. Naue 1899 14 mit hallstattzeitlichem und provinzialrömischem Ergebnis (Funde in der Prähistorischen Staatssammlung München) öffnete.

22 vorgeschichtliche *Grabhügel,* «Im Winkel» ca. 1100 m sw Kirche Pöcking. (Pöcking, Fl.-Nr. 700–701, 723–725, SW 9–10)

In flachhügeligem Gelände. Locker gestreute, mittelgroße bis große Hügel, von denen mehr als die Hälfte Spuren alter Ausgrabungen zeigt. Die wenigen bekanntgewordenen Funde (Prähistorische Staatssammlung München) zeigen eine frühlatènezeitliche Nachbestattung an. Weiteres nicht mehr eruierbar.

Etwa 100 verschleifte vorgeschichtliche *Grabhügel,* «Maisinger Feld» ca. 1000–1500 m n Kirche Pöcking. (Pöcking, Bereich der Fl.-Nr. 218, 230, 236–240, 302–304, 310–312, SW 8–9)

In flachhügeligem Gelände. Durch Pflugeinwirkung weitgehend zerstörte Nekropole. Einige wenige Erhebungen noch bis 0,5 m hoch. Die aus zwei Gräbern vorliegenden Funde, eine Bronzemünze und Gefäßscherben (verschollen) sprechen für eine römerzeitliche Nachbestattung.

Frühmittelalterliche Abschnittsbefestigung, ca. 1075 m osö Kirche Pöcking. (Pöcking, Fl.-Nr. 1382/2, SW 9–9)

Auf dem Rücken eines dem W-Ufer des Starnbergersees folgenden Höhenzuges. NW-, SO- und NO-Flanke kräftig geneigt, im SW mäßiger Abfall zu einem Sattel, auf dessen schmaler Sohle sich ein weitgehend zerstörter Wallgrabenzug von etwa 35 m Länge befindet. Er sicherte das nö dahinter liegende Gelände, das am sw Ende der rund 80 m langen, zungenförmigen Oberfläche einen kurzen, in der Mitte durchstoßenen Wallaufwurf, eine 0,5–1 m überhöhte NO-Seite sowie abgesteilte Randpartien zeigt, die im SW, NW und NO durch einen ausgeprägten Hanggraben abgefangen werden.

Possenhofen, Bahnhof

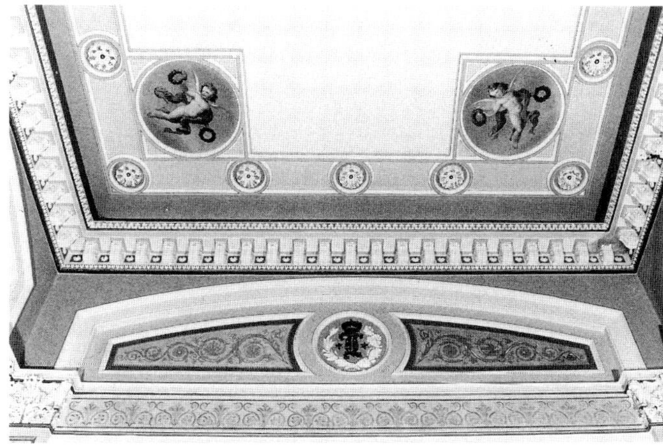
Bahnhof Possenhofen, herrschaftlicher Wartesaal

Bahnhof Possenhofen, Perron

Bahnhof Possenhofen, herrschaftlicher Wartesaal

Possenhofen, Kalvarienberg

Possenhofen, Kalvarienberg, Ölberggruppe

Gemeinde Seefeld

Baudenkmäler

Oberalting

Oberalting zählt zu den Siedlungen der Landnahmezeit des 6. Jh. und gehörte später zu den Dörfern mittlerer Größe. Die etwa 37 Anwesen (1752) ordneten sich auf dem flachen Hang zum Aubachtal zu einem Haufenwegedorf. Darunter waren nur drei Halbhöfe, der Rest setzte sich aus kleineren Sölden zusammen, deren Schicksal stets eng mit der Hofmark Seefeld verbunden war. Die Struktur dieses Ortsbildes ist heute nur noch schwer zu überblicken, am ehesten noch im Umkreis der Pfarrkirche. Die infolge der Hanglage ausgeprägte Fernwirkung über das Aubachtal hinweg ist durch eine unorganische bauliche Entwicklung weitgehend verdorben. Oberalting dürfte zu den ältesten Pfarreien des Fünfseenlandes gehören und ist vermutlich die Urpfarrei des gesamten Gebietes zwischen Herrsching und dem Wörthsee gewesen. Noch nach dem Ersten Weltkrieg reichte ihr Sprengel von Wartaweil im Süden bis Steinebach und Tiefenbrunn. Oberalting war bis 1974 der nominelle Sitz des Dekanats, zu dem alle augsburgischen Pfarreien des Landkreises gehören.

Herrschinger Straße. Ehem. *von Toerring'sche Holzsägemühle,* Sägeeinrichtung mit oberschlächtigem Wasserrad für Hoch- und Kreissäge, Anfang 20. Jh.

Die Sägmühle zu Füßen der Seefelder Burg existierte schon im 18. Jh., ihre Geschichte dürfte jedoch noch wesentlich weiter zurückreichen. Der bestehende Bau ist in dieser Form bereits 1907 dokumentiert.

Drößlinger Straße 4. Ehem. *Drößlinger Pfarrhaus,* barocker Zeltdachbau, 1720.

Der schlichte Bau wurde unter Pfarrer Franz Luidl, dem Sohn des Landsberger Bildhauers Lorenz Luidl, erbaut. Seine Lage in Oberalting hängt vielleicht damit zusammen, daß der Drößlinger Pfarrer zwei weiter auseinanderliegende Pfarreien, Drößling und Meiling, in einer Art Doppelpfarrei zu betreuen hatte. Vielleicht spielte auch der Umstand eine Rolle, daß er auf Grund einer Stiftung des Seefelder Schloßherrn Georg von Gundelfing (1424) zugleich die Stelle eines Benefiziaten am Katharinenaltar der Oberaltinger Pfarrkirche besaß. Nach dem Dreißigjährigen Krieg wurde die Pfarrei noch um Tiefenbrunn erweitert.

Marienplatz. *Kath. Pfarrkirche St. Peter,* Chor und Turmunterbau um 1489, Langhaus- und Chorausbau um 1675, Turmobergeschoß und Zwiebelhaube wohl gleichzeitig; mit Ausstattung: Friedhof, alter Teil, mit Ummauerung und Grabdenkmälern des 19. bis frühen 20. Jh.

Die Kirche St. Peter ist bereits 810 mit einem eigenen Priester erwähnt. 1287 wurde die abgebrannte Holzkirche durch einen Steinbau ersetzt. Von der spätmittelalterlichen Bausubstanz ist nur noch wenig sichtbar, so im dreiseitig geschlossenen, außen mit Strebepfeilern besetzten Chor und im Kreuzrippengewölbe des Turmuntergeschosses. Der Turm geht auf halber Höhe in oktogonale Form über und ist in diesem Bereich in der typischen Art Kaspar Feichtmayrs gehalten. Im Inneren wurde der spätgotische Raum durch Feichtmayr 1675 neu gestaltet. Seine Dekoration mit dem

Oberalting, Kath. Pfarrkirche St. Peter

Oberalting, Drößlinger Straße 4

Herrschinger Straße, ehemalige Sägemühle

Oberalting, Kath. Pfarrkirche St. Peter

Pfarrkirche St. Peter, Epitaphe der Herrschaft Seefeld

charakteristischen Rahmenstuck der Zeit (Eierstab, Engelsköpfchen, Rosetten) prägt nach der letzten Renovierung von 1964 wieder mit einem warmen Terrakottaton den Raum. Der Hochaltar enthält ein Gemälde, «Die Schlüsselübergabe an Petrus», von Joachim Sandrart 1664, und Seitenfiguren der hll. Joachim und Anna in Polierweiß-Fassung. Seitlich eine fein geschnittene Wandvertäfelung um 1770. Die beiden Seitenaltäre stammen von 1736, im linken Seitenaltar eine Figur der Muttergottes von Altötting, im rechten die hl. Katharina und das Allianzwappen der Toerring-Canossa, das an die Stiftung des Altars durch das gräfliche Haus erinnert. Eine Stiftung der Gräfin Adelheid von Toerring ist auch die Kanzel. An der Wand gegenüber hängt eine monumentale Kreuzigungsgruppe, deren Assistenzfiguren aus der Luidl-Werkstatt (vgl. Drößling) stammen. Sie wurden 1833 von der gräflichen Familie hierher gestiftet. Unter der Empore des 19. Jh. befinden sich an den Innenwänden des gotischen Turmuntergeschosses mehrere Rotmarmorepitaphe der Freiherrn von Gundelfing und der Grafen Toerring-Seefeld, die seit 1560 das Patronatsrecht über die Kirche besaßen (Familiengruft unter dem Chor), darunter das Epitaph des Hans von Toerring von Caspar Weinhart, 1556. Im Vorzeichen eine Figur des Christus in der Rast.

Marienplatz 2a. Ehem. *Schulhaus,* Traufseitbau mit Krüppelwalmdach, 1729, äußere Erscheinung biedermeierlich, Anfang 19. Jh.

Das ehemalige Schulhaus setzt sich schon durch seine besondere Dachform als öffentliches Gebäude von den umliegenden Bauernhöfen ab. Originell wirken die auf den Putz gemalten Scheinfenster, vergleichbar den Blendfenstern an den beiden Wirtschaftsbauten des Schlosses Seefeld. Das Gebäude bildet mit der Kirche gegenüber eine ideelle Einheit und ist ein wichtiger Bestandteil des alten, um die Kirche angesiedelten Ortskerns, der allein noch seine überlieferte Struktur bewahrt hat.

Marienplatz 9. Ehem. *Spital,* gegr. 1439, erdgeschossiger Teil mit hohem Halbwalmdach, im Kern wohl 15. Jh., erneuert um 1820/30; Südosttrakt zweigeschossig, mit Walmdach, wohl um 1820/30; Nordteil um 1975 beseitigt.

Das Spital wurde von Georg von Gundelfing, hundert Jahre vor der Fuggerei in Augsburg, als Heim und Pflegestätte für acht Personen gegründet, eine beispielhafte soziale Einrichtung, die auch von den Toerring weiter gepflegt und mit Stiftungen begabt wurde. Das Spital bestand bis in die Zeit vor dem Zweiten Weltkrieg.

Marienplatz. *Marienbrunnen,* Anlage modern; gußeiserne Marienfigur, 1873.

Die Gußeisenfigur (aus Lyon) ersetzte eine noch von Pfarrer Faber (1728–43, Bauherr der Uneringer Kirche) gestiftete Figur aus Holz.

Stampfgasse 3. *Kleines Wohnhaus,* Traufseitbau, 1. Hälfte 19. Jh.

Das kleine Anwesen ist einer der letzten Vertreter der einstigen Bauernhauslandschaft in Oberalting. Es wird nicht mehr landwirtschaftlich genutzt.

Delling

Mühlstraße 2. *Gutshof Delling,* Gutshaus, ehem. Nebengebäude des Schlosses Delling, Nordteil mit gewölbten Erdgeschoßräumen, 16./18. Jh. Nebengebäude des Gutshofes, über Teilen des Schlosses des 16./17. Jh. errichtet, äußere Erscheinung 19. Jh.; östlich der Kirche.

Der kleine Weiler erscheint bereits im frühen 12. Jh. im Besitz der edelfreien Herren von Telingen, die zum Gefolge der Grafen von Andechs zu rechnen sind. In den schweren Auseinandersetzungen zwischen Andechsern und Wittelsbachern wurde die Burg Delling 1243 zerstört. Nach 1248 wurde der Besitz als herzogliches Lehen geführt, die Bezeichnung Hofmark erscheint 1442 erstmals in den Quellen. Nach mehrfachem Besitzwechsel kam das Gut 1580 an die Herrschaft Seefeld. 1972 veräußerte es Graf Toerring an Baron Hirsch (Planegg), seit 1981 Besitz der Stadt München. Das von dem Münchner Patrizier Mathias Schöttl erbaute, dreigeschossige, mit Treppengiebel versehene Schloß ist auf dem Wening-Stich von 1701 dokumentiert, aber bereits Ende des 18. Jh. abgebrochen worden.

Kapelle St. Georg, mit Dachreiter, 1774/75; mit Ausstattung.

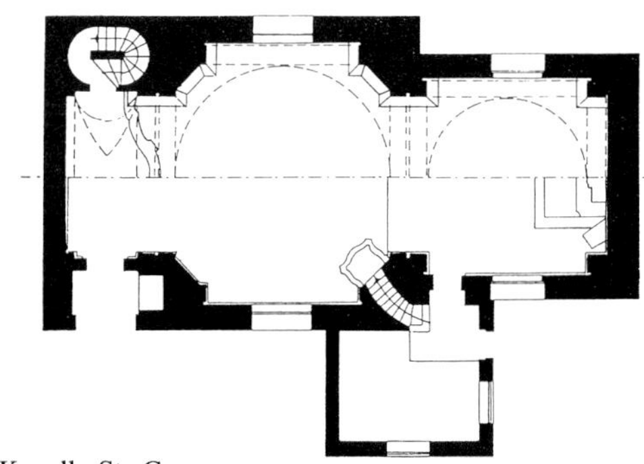

Delling, Kapelle St. Georg

Die kleine Hofmarkskirche wurde nach Abbruch des Vorgängerbaus 1774/75 errichtet, angeblich durch Maurermeister Franz Ignaz Wolf aus Inning. Die Qualität des Entwurfs verrät jedoch eine Hand, die im Umkreis von Johann Michael Fischer zu suchen wäre, eventuell die Leonhard Matthäus Gießls oder die Balthasar Trischbergers, die beide wiederholt für die Grafen Toerring tätig geworden sind (Perchting, Inning). – Das Äußere mit dem kleinen Dachreiter ist schlicht. Einem quadratischen Zentralraum mit abgeschrägten Ecken ist ein ebenfalls quadratischer, etwas eingezogener Chor vorgelagert. Beide Raumteile sind mit Hängekuppeln überwölbt, die über einem von toskanischen Pilastern getragenen Gebälk ansetzen. Die Gewölbe sind heute ohne Stuck und ohne Malerei. Rückwärts öffnet sich das Turmuntergeschoß zu einer Empore, deren Brüstung in bewegten Formen in den Raum hineinschwingt. Der Franz Xaver Schmädl zugeschriebene Altar ist in spätem Rokoko als flaches, säulenloses Retabel ausgeführt und zeigt vor einem gemalten Hintergrund (vgl. Unering) die Reiterfigur des hl. Georg. Die Kanzel, wohl ebenfalls von Schmädl, zeigt die Symbole der vier Evangelisten. Als Faßmaler und Vergolder (Marmorierung in blau-rot-grauen Tönen) werden Andre Schnabl aus Starnberg und Franz Anton Anwander aus Landsberg genannt. Die Kirchenstühle der Erbauungszeit stammen von Georg Leuthner aus Drößling. Unter der Empore sind, in die Wand eingemauert, zwei Rotmarmorepitaphe des Mathias Schöttl (1570) und des Jakob Schöttl (1548) erhalten.

Bildstock am Antoniusberg, 16. Jh.; nahe der Straße nach Weßling.

Oberalting, Marienplatz 2a, ehemaliges Schulhaus

Marienplatz 9, ehemaliges Spital

Stampfgasse 3

Delling, Gutshof

Marienplatz, Marienbrunnen

Delling, Kapelle St. Georg

Delling, Kapelle St. Georg

Delling, St. Georg

Delling, Bildstock

Drößling

Starnberger-Straße 7. *Kath. Filialkirche St. Mariä Himmelfahrt,* barock, 1688 von Martin Gunetzrhainer, auf gotischer Grundlage, Turm 1700; mit Ausstattung.

Die Kirche steht erhöht in einem kleinen, von einer mächtigen Stützmauer umgebenen Friedhof. Der hoch aufragende, 1688 von Gunetzrhainer umgebaute Chor und der 1700 von Philipp Zwerger errichtete Turm beherrschen die Umgebung, besonders eindrucksvoll aus der Sicht von den umliegenden Moränenhügeln. Die Qualität der Ausstattung ist sowohl dem Einfluß der Grafen von Toerring wie dem Umstand zu verdanken, daß Drößling im 17./18. Jh. ein gut besuchter Wallfahrtsort war. Das von Pilastern gegliederte Langhaus wird von einer Stichkappentonne überwölbt; die Renovierung und Neuausmalung von 1894 nach Entwürfen von Ludwig Löfftz hat hier wohl die ursprüngliche Dekoration zerstört. Bei der Renovierung nach 1960 wurde das Gewölbe durch schmale Bänder akzentuiert und dem Chor farblich angepaßt. Im ebenfalls mit einer Stichkappentonne überwölbten Chor hat sich dagegen noch der Stuck von Michael Natter aus Dießen (aus dem Umbaujahr 1688) mit Stuckleisten, kräftigen Fruchtgehängen und Engelsköpfen erhalten. Der Hochaltar (um 1750) mit offener Säulenstellung enthält das Gnadenbild, eine sitzende Muttergottes mit der Traube (um 1470), und die Nebenfiguren der hll. Barbara und Ursula von Heinrich Hagn 1688. Die Seitenaltäre von Balthasar Zwink aus Uffing gehören der Zeit um 1690 an; gleichzeitig die Figurenausstattung, links die hll. Johannes der Täufer und Ulrich, rechts die hll. Hubertus und Antonius sowie eine stehende Muttergottes. Die vier bemerkenswerten Büsten stammen von Lorenz Luidl um 1715; aus derselben Zeit und von gleicher Hand die Kreuzigungsgruppe an der Südwand. Die Kanzel ist aus der Mitte des 18. Jh., die zwei Beichtstühle um 1770, vermutlich von dem Drößlinger Kistler Johann Georg Leuthner. Im Westen eine reichdekorierte Empore von Balthasar Zwink aus Uffing, die in kleinen Nischen zwischen gedrehten Säulchen die Figuren von Christus und den 12 Aposteln (von Heinrich Hagn, 1689) enthält. In einer tiefen Nische im Vorzeichen eine Ölberggruppe von Lorenz Luidl, um 1715.

Starnberger Straße. *Kriegergedächtniskapelle,* um 1920; vor der Kirche.

Die Figur der sitzenden Muttergottes stammt von Kaspar Zumbusch, 1860. Sie stand bis zur Renovierung der Pfarrkirche auf dem Hochaltar.

Drößling, Kapelle

Drößling, Kirche St. Mariä Himmelfahrt

Drößling, Kirche St. Mariä Himmelfahrt, Empore

Drößling, Kath. Filialkirche St. Mariä Himmelfahrt

Drößling, südlicher Ortsrand

Drößling, Kath. Filialkirche St. Mariä Himmelfahrt

Ettenhofen

Ettenhofener Weg. *Gutshaus,* Wohnteil, massiver Satteldachbau, 17./18. Jh.; *Allee,* siehe Seefeld.

In beherrschender Lage oberhalb des Aubachtales zeigt sich der Gutshof Ettenhofen als gut in die Landschaft eingefügter Einfirsthof. Er vertritt heute allein einen ehemaligen Weiler, der schon um die Mitte des 12. Jh. im Besitz des Klosters Benediktbeuern genannt wird. Ettenhofen war damals (bis 1520) Sitz der Pfarrei Oberpfaffenhofen. 1719 wird das Ettenhofener Kirchlein (Hl. Kreuz) als «altes, ganz ruiniertes Gebäu» bezeichnet. Gräfin Adelheid von Toerring, eine geborene Marchesa di Canossa, stiftete deshalb einen Neubau, der 1725 zwar noch unter das Dach kam, dann aber wegen Geldmangels wieder eingestellt und später abgebrochen wurde. Ettenhofen, das seit dem 17. Jh. zur Herrschaft Seefeld gehörte und als Schwaige geführt wurde, ist durch eine prächtige Allee mit Delling und über die dortige berühmte Eichenallee sichtbar mit dem Zentrum der Herrschaft verbunden. Die kleine Eichenallee, die vom Gutshof aus nach Osten führt, markiert den alten Kirchenweg, der von Hochstadt zur Heiligkreuz-Kirche (mit kleiner Wallfahrt) führte, und an dem wohl auch der Neubau von 1725 gestanden hat.

Güntering, Günteringer Straße 14, Backhäusl

Güntering

Günteringer Straße 8. *Angerschneidergütl,* kleines Wohnhaus mit Flachsatteldach, 17./18. Jh.

Günteringer Straße 14. *Backofenhäuschen,* 19. Jh.; im Garten.

Das ehemalige kleine Straßendorf, das im 18. Jh. mit seinen 14 Anwesen zur Hofmark Seefeld gehörte, ist in seiner historisch gewachsenen Struktur nur noch schwer zu erkennen. Die nahe Bahnstation Hechendorf brachte auch hier bald eine starke Bautätigkeit mit sich, die in der Folge den alten Ortskern überwucherte. Das *Angerschneidergütl* (Günteringer Straße 8) wurde vor einigen Jahren unter vorbildlicher Wahrung seines ursprünglichen Erscheinungsbildes in ein Wohnhaus umgewandelt. Der ehemalige *Förlmarx-Hof* (Günteringer Straße 14), zu dem das Backhaus gehörte, ist leider 1987 zugrundegegangen. Er zeigte noch die Form des hiesigen Bauernhauses aus dem späten 18. Jh. mit dem bretterverschalten Giebel. Eine einmalige Erscheinung im Landkreis war der an der Südost-Ecke des Hauses ins Obergeschoß integrierte Getreidekasten in Blockbauweise. Das zugehörige Backhaus ist noch funktionsfähig.

Hechendorf, Kath. Pfarrkirche St. Michael

Hechendorf a. Pilsensee

Kath. Pfarrkirche St. Michael, Chorturmanlage, im Kern wohl 13./14. Jh., Langhaus barock ausgebaut um 1772; mit Ausstattung.

Die Kirche liegt etwas erhöht in einem kleinen ummauerten Friedhof in der Ortsmitte, deren bäuerliche Struktur trotz des Siedlungsdrucks durch die nahe Bahnstation noch einigermaßen erhalten geblieben ist. Der wuchtige Satteldachturm mit seiner Blendbogengliederung und das kurze dreiachsige Schiff vermitteln einen guten Eindruck von den Verhältnissen der einst hier sicher häufiger vertretenen hochmittelalterlichen Chorturmkirchen. Die Altäre des mittleren 18. Jh. enthalten einfache Heiligenfiguren und Altarblätter

Günteringer Straße 14, Backhäusl

Günteringer Straße 8

Ettenhofen, Gutshof (ehemalige Schwaige der Herrschaft Seefeld)

Hechendorf, Pfarrkirche St. Michael

Hechendorf, Pfarrkirche St. Michael

vom Ende des 19. Jh. Die über einer Hohlkehle ansetzende Flachdecke zeigt eine sparsame Dekoration mit schmalen Stuckleisten. – Auf dem Friedhof ein Missionskreuz mit einem Kruzifix des 15. Jh.

Kriegerdenkmal mit Bronzelöwenfigur, um 1925.

Das Denkmal ist ein Guß der v. Miller'schen Erzgießerei in München.

Meiling

Kath. Filialkirche St. Margareth, im Kern spätmittelalterlich, Ausbau im 18. Jh., Dachreiter 1891; mit Ausstattung.

Der einfache Bau mit seinem auf dem Westgiebel aufsitzenden Dachreiter bildet das Zentrum des recht gut erhaltenen kleinen Bauerndorfes Meiling. Das Gewölbe des dreiseitig geschlossenen Chors, der spitze Chorbogen und die mit Stuckleisten versehene Flachdecke lassen noch die Verhältnisse des 1725/30 barock erneuerten, spätgotischen Baus ablesen. Die Ausstattung ist bäuerlich einfach. Der kleine Hochaltar um 1700 enthält Figuren der Titelheiligen Margarethe und der hll. Bischöfe Ulrich und Benno. Die Figuren an den Wänden, eine stehende Muttergottes, die hll. Sebastian und Antonius u.a., 1. Hälfte 18. Jh., stammen von den ehemaligen Seitenaltären. Reichgearbeitete Kanzel mit kleinen Figuren des Guten Hirten und der vier Evangelisten von Lorenz Luidl um 1690/1700. Die Empore zeigt eine gewisse Verwandtschaft zur Drößlinger Empore und ist mit den Bildern der Apostel bemalt. Der Christus des Vortragekreuzes besitzt bewegliche Arme und kann als Gekreuzigter oder für die Grablegung verwendet werden.

Sog. «*Rauscherstein*», gesetzt zur Erinnerung an Georg von Rauscher († 1916), um 1927/28; nördlich am Waldrand.

Zur Erinnerung an den jungen Offizier Georg von Rauscher, gefallen 1916 bei Fleury (Verdun), in Auftrag gegeben von seinen Kameraden, ausgeführt von Karl Kroher, München. In der Zeit nach dem Ersten Weltkrieg fanden hier regelmäßig Gedenkfeiern statt.

Allee, siehe Seefeld.

Meiling, Kath. Filialkirche St. Margareth

Hechendorf, Kriegerdenkmal

Hechendorf, Missionskreuz

Meiling, Rauscherstein

Meiling, Kath. Filialkirche St. Margareth

Meiling, Kath. Filialkirche St. Margareth

Seefeld

Die Herren von Seefeld, Hochfreie im Gefolge der Andechser, werden erstmals im 12. Jh. in den Quellen greifbar. Sie waren die einzigen im Fünfseenland, die sich im Kernbereich der starken Andechser Herrschaft eine gewisse Sonderstellung aufbauen konnten. Grundlage dafür war wohl ein größerer Eigenbesitz im Nähebereich ihrer Burg. 1351 starben die Seefelder aus, und der Besitz gelangte an die Herren von Stein. Auf sie folgten die Herren von Gundelfing, 1450 die Herren von Preysing auf Wolnzach und 1472 die Toerring, die seit 1630 den Grafentitel führen. Seit der Mitte des 14. Jh. gelang es durch eine geschickte Arrondierungspolitik, den Besitz um die Burg immer mehr zu erweitern (Tiefenbrunn, Delling, Walchstadt, die Hofmark Wörth). Nach wiederholten Versuchen, über diesen Besitz rund um den Pilsensee auch die geschlossene Gerichtsbarkeit zu erhalten, erreichte Anton Graf Toerring 1785 endlich den wichtigen Titel «Herrschaft Seefeld», der bis zur Aufhebung der Patrimonialgerichte 1848 wirksam blieb. Zu ihr gehören Mitte des 18. Jh. die Dörfer Oberalting, Seefeld, Steinebach, Güntering, Hechendorf, Mauern, Unteralting sowie die Hofmarken Delling, Wörth und Walchstadt. Daß sie sich nicht nur in der Ausübung der Gerichtsbarkeit und im Genuß der grundherrschaftlichen Gefälle erschöpfte, sondern auch in der Verantwortung für dieses Land sichtbar wurde, zeigen die verschiedenen sozialen Einrichtungen, aber auch der Versuch, den Lebensstandard der Landbevölkerung durch landwirtschaftliche Reformen zu heben, wie in der vorzeitigen Aufhebung der Leibeigenschaft 1803. In dieses Bild gehört aber auch die bis heute sichtbare Gestaltung der Landschaft rund um die Burg Seefeld. Sie ist nicht zuletzt in der großzügigen Förderung des Kirchenbaus, welche die Seefelder Patronatskirchen (vgl. Inning, Perchting, Unering) immer wieder weit über das übliche Niveau heraushob, bis heute überzeugend sichtbar geblieben.

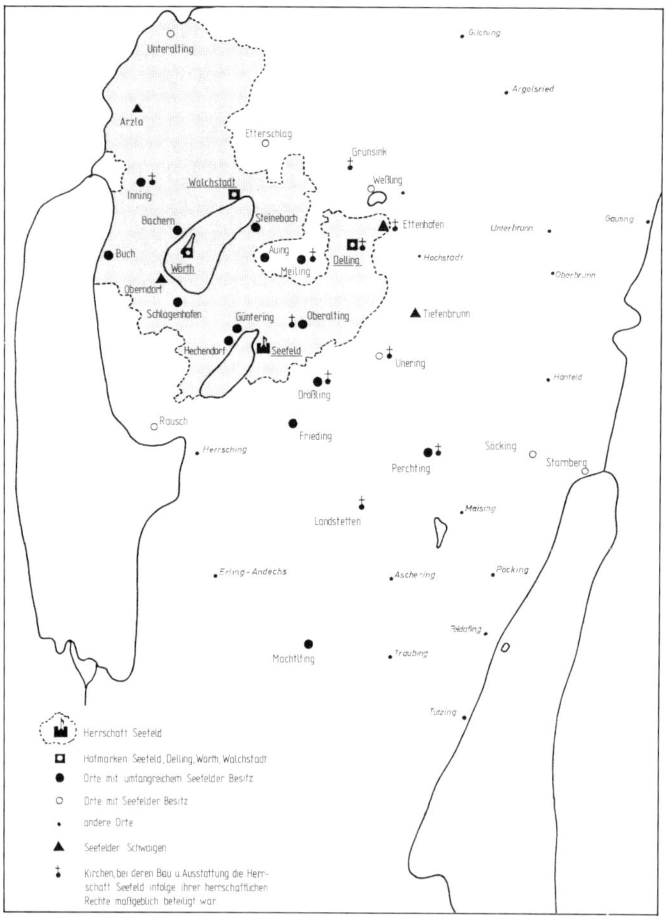

Die Herrschaft Seefeld, um 1800

Graf-Toerring-Straße 9. *Kleines Wohnhaus* (Stenglhaus) mit Flachsatteldach, wohl 18. Jh.

Graf-Toerring-Straße 11. *Gräfliches Rentamt,* langgestreckter Walmdachbau, bez. 1645.

Graf-Toerring-Straße 15. *Äußerer Wirtschaftshof,* Wirtschaftsgebäude mit Walmdach (ehem. Sägwerkshaus), wohl 18. Jh.; westlich der Staatsstraße nach Drößling; großes Wohn- und Wirtschaftsgebäude mit Walmdach und südöstlich angeschlossenem gewölbtem Stallbau (ehem. Schweizerei), wohl 18. Jh.; östlich der Staatsstraße nach Drößling.

Die an der Hangkante aufgereihten und beiderseits der Straße nach Drößling angeordneten Verwaltungs- und Wirtschaftsgebäude ergeben eine Baugruppe, die erheblich zur Fernwirkung des Schlosses beiträgt. Sie bewahren noch anschaulich die Zusammenhänge und die Ordnung des barocken Wirtschaftsimperiums der Herrschaft Seefeld und sind hier, durch den Höllgraben von der Burg getrennt, an einer Stelle konzentriert.

Eichenallee, die Straße Seefeld–Delling–Ettenhofen begleitend, Ende 18. Jh. durch Clemens Anton Graf von Toerring angelegt.

Die 1776/78 gepflanzte Eichenallee ist das bedeutendste Landschaftselement des durch die Entwicklung in den letzten Jahrzehnten stark belasteten Aubachtales. Sie macht noch heute die Verbindung der Hofmarksorte zum herrschaftlichen Zentrum Seefeld anschaulich sichtbar.

Schloßhof. *Gräflich Toerring'sches Schloß Seefeld,* Hauptschloß, zwei um einen Hof gelagerte unregelmäßige Flügel, 17./18. Jh., auf mittelalterlicher Grundlage; am Eingang Bergfried, untere Teile 13. Jh.; im Südflügel *Schloßkapelle,* spätmittelalterlich, im 17./18. Jh. ausgebaut und ausgestattet; am äußeren Südflügel *Arkadenbau* von Gabriel von Seidl, 1894; mit Ausstattung; innerer Schloßgraben, mittelalterlich.

Das Schloß Seefeld liegt landschaftsbeherrschend auf einem Bergsporn, der mit seinem westlichen Steilhang unmittelbar an das Pilsenseeufer angrenzt. Auf der Südseite trennt eine tiefere Talsenke den Schloßberg von den anschließenden Moränenhügeln, gegen Osten ist die Burg durch den künstlichen Schloßgraben von der Vorburg und noch einmal durch den tiefen Höllgraben von dem in Richtung Oberalting verlaufenden Höhenzug getrennt.

Das Schloß wird im wesentlichen von zwei langgestreckten Gebäudetrakten gebildet, die im Westen durch einen Torbogen mit darüberliegendem Verbindungsgang miteinander verknüpft werden und im Osten den alten Bergfried mit dem vorgelagerten Anbau umklammern. Dadurch entsteht ein langgezogener, trapezförmiger Innenhof. Das Schloß ist in seiner heutigen Form ein Verbund von mehreren aneinandergebauten und ineinander verschachtelten Baukörpern, die eine Baugeschichte von acht Jahrhunderten anschaulich

Seefeld, Graf-Toerring-Straße 11, Rentamt

Seefeld, Graf-Toerring-Straße 9

Seefeld, Schloß Seefeld vom Schloßgarten aus

Seefeld, Graf-Toerring-Straße 15, äußerer Wirtschaftshof

Seefeld, Eichenallee Seefeld – Delling

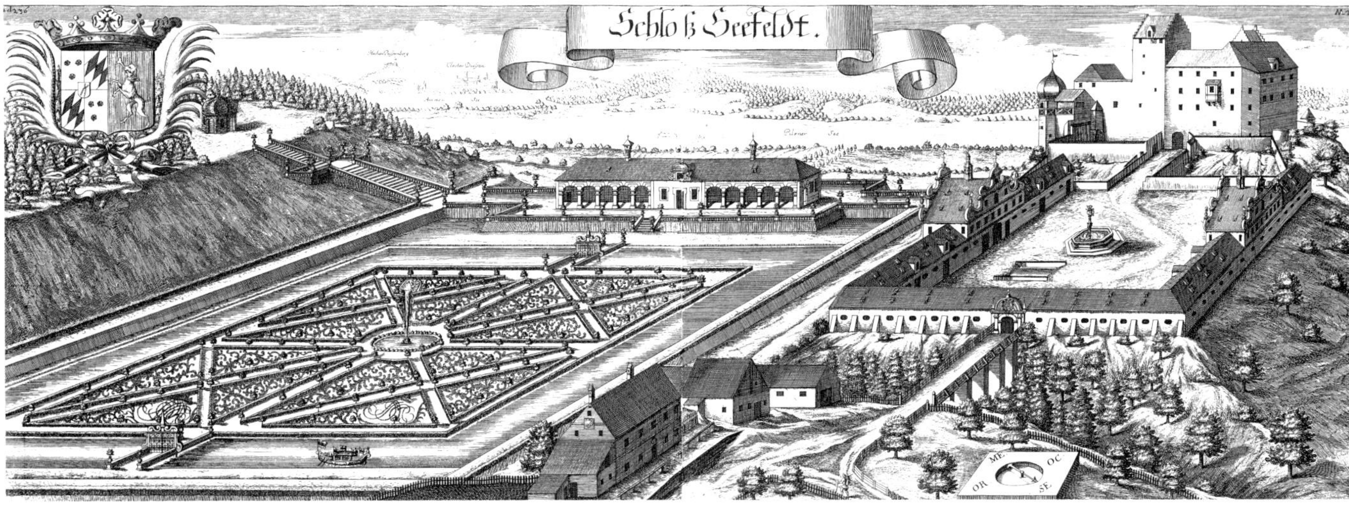

M. Wening, Schloß Seefeld; Kupferstich 1701

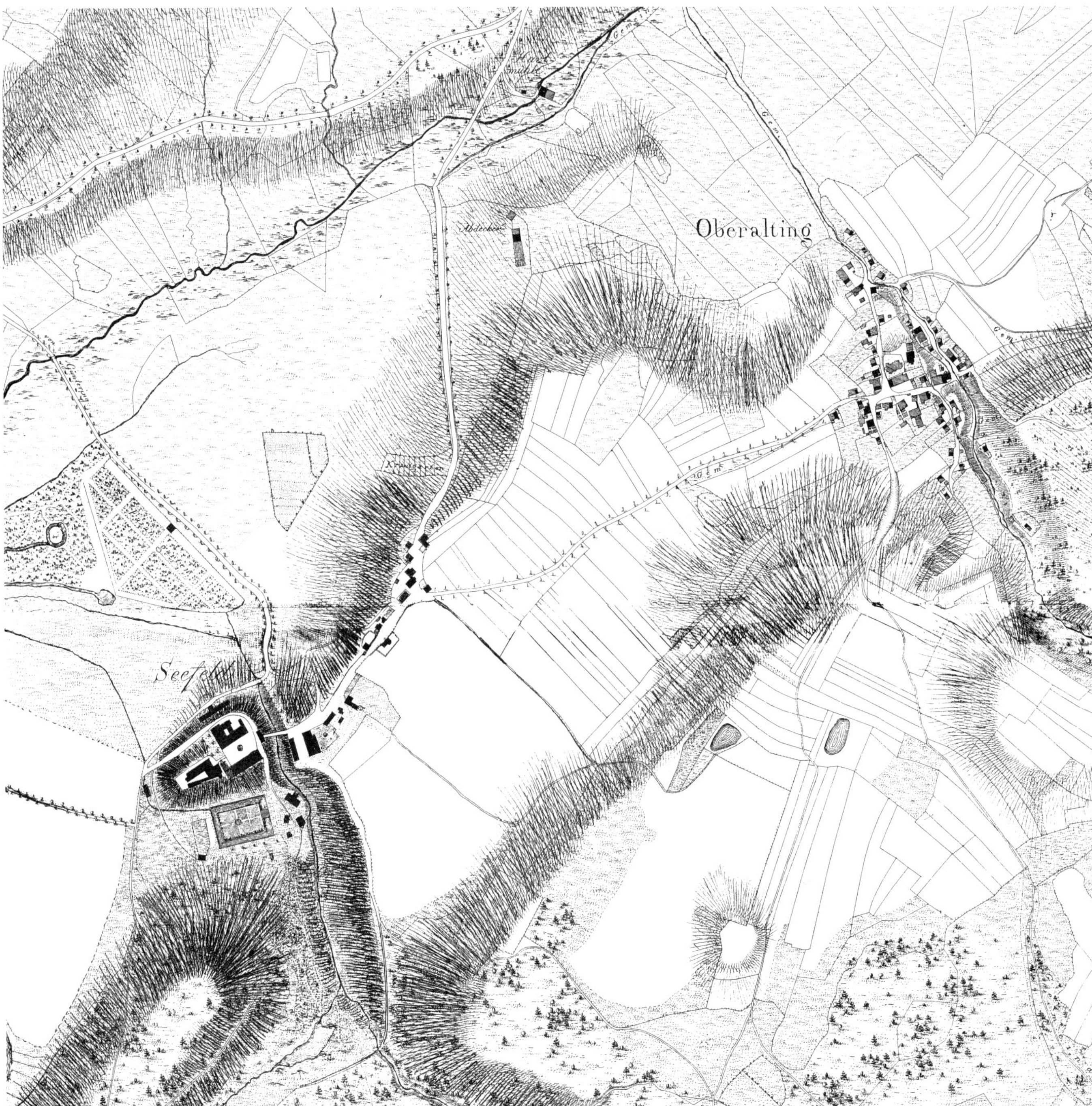

Seefeld und Oberalting; Flurkarte 1815

Schloß Seefeld mit den Wirtschaftsbauten, Luftaufnahme 1986

Schloß Seefeld, Torhaus

überliefern. Mehrere aufeinanderfolgende Farbschichten des 17./18. Jh. auf alten Putzflächen lassen erkennen, daß man immer wieder bestrebt war, die weitgehend ungegliederten Baukörper durch einheitliche Farbgebung und eine reiche Architekturmalerei zu beleben und zu vereinheitlichen.

Zentrum des Schlosses ist der massige Bergfried, der im Kern noch aus dem 13. Jh. stammt. Der nach Norden vorgelagerte Anbau verdeckt nur zum Teil die einst gewollte und bei Wening (1701) noch eindrucksvoll sichtbare Wehrhaftigkeit der mittelalterlichen Burg. Der mit dem viergeschossigen «Gotischen Hallenbau» nach Osten hin anschließende Trakt ist im Kern noch mittelalterlich und wurde unter Clemens von Toerring Ende des 18. Jh. ausgebaut und mit einem Mansarddach versehen. Er enthält neben Wohnräumen erdgeschossig einen großen zweischiffigen, mit einem weiten Kreuzgratgewölbe auf quadratischen Pfeilern versehenen Saal (die sog. Rüstkammer) und im Obergeschoß einen Ende des 19. Jh. eingerichteten Salon mit reicher Stuckdekoration im Stil des Neurokoko. Am Westende des Trakts verbirgt sich hinter dem dortigen Treppenhaus der im 15. Jh. errichtete Westturm der Burg. Der südliche Gebäudetrakt schließt mit dem Kapellenbau an den Bergfried an. Er wird über ein Treppenhaus, in das ein polygonaler spätmittelalterlicher Wehrturm integriert ist, mit dem nördlich vorgelagerten Anbau verbunden.

Die Kapelle *St. Johannes Baptist,* 1479 erbaut, nachdem eine ältere, 1365 geweihte Kapelle abgebrochen worden war, ist ein kleiner, 1775/76 mit neuen Altären, Stuck und Fresken ausgestatter Raum von zwei Achsen, mit einer Orgelempore im Westen und einer, der Fensterseite gegenüber hinter einem Doppelbogen liegenden Herrschaftsloge und einer kleinen eingezogenen Apsis. Die Fresken von Joseph Ott (1776) zeigen im Hauptraum die Taufe Christi, über der Empore die Büßerin Magdalena. Der Spätrokokostuck stammt von Thassilo Zöpf. Der Hochaltar mit den Seitenfiguren des hl. Johannes Baptist und der hl. Magdalena in Porzellanfassung enthält ein Marienbild um 1500 aus dem Umkreis Hans Holbeins d. Ä.

An den Kapellenbau schließt sich der südliche *Wohntrakt* an, der 1897 durch Gabriel Seidl errichtet wurde und einen kleinen älteren Bau mit Satteldach ersetzte. Seidl verklammerte den Neubau über die Arkaden einer neunachsigen Loggia mit dem alten Wehrturm. Eine doppelseitige Freitreppe verbindet die Arkaden mit dem tiefer gelegenen Garten. 1947/48 wurde ein Teil der Arkaden durch Max Ott überbaut, um weitere Wohnräume zu schaffen.

Schloßhof. *Innerer Wirtschaftshof; Bräuhaus* mit Bräustüberl, zweigeschossiger Trakt mit Walmdach, bez. 1732; *Wirtschaftsgebäude* in gleicher Art wie das Bräuhaus, äußere Erscheinung wohl 1732; barocker *Brunnen* in der Hofmitte; Torhaus, Rokoko, 1736; äußere *Schloßbrücke* über den Höllgraben, gemauerte Bogenbrücke, 1678.

Die Burg ist durch einen künstlichen Halsgraben von der ehemaligen Vorburg, dem heutigen Wirtschaftshof, getrennt. Dieser bildet ein regelmäßiges Geviert, das beidseitig von niederen Wirtschaftsbauten gesäumt wird, die in der 1. Hälfte des 18. Jh. wohl an Stelle älterer Vorgängerbauten errichtet wurden; dazu in der Mitte des Hofes ein hoher *Brunnen* in Form eines Tuffsteinfelsens. Der durch einen Torbau geschlossene Hof ist axial auf das Schloß ausgerichtet. Der nördliche Teil ist ein in rechtem Winkel angelegter Bau, in

Seefeld, Schloßkapelle, «Taufe Christi», von J. Ott (1776)

Schloß Seefeld, Salon

Seefeld, Schloßkapelle

Schloß Seefeld, sogenannte Rüstkammer

Schloß Seefeld, Erkerzimmer im sogenannten Seidl-Bau

dem ehemals die Brauerei und die Mälzerei mit den zugehörigen Lagerräumen untergebracht waren. Hier hat sich eine Reihe interessanter Gewölbe erhalten. Im südlichen Bau befanden sich Scheune, Sattelkammer, Pferdestall und Wagenremise. Der zierliche Torbau wurde nach Ausweis der Wappenkartusche unter Max Cajetan von Toerring 1736 (vielleicht von Leonhard Matthäus Gießl) errichtet. Die über den Höllgraben führende *Bogenbrücke* (ein Pendant zur Schloßbrücke in Starnberg) übernimmt wohl die Stellung eines älteren Vorgängers und liegt deshalb und auch vom Gelände verursacht nicht genau auf der Achse Wirtschaftshof – Schloß. Sie trifft schräg auf den Torbau, der außen zwei symmetrisch angeordnete Torbögen (einer blind), hofseitig aber nur einen besitzt. Dadurch wird die Achsenverschiebung zwischen Brücke und Hof geschickt verschleiert.

Schloßhof. *Schloßgarten,* ehem. barocke Anlage unter der Südseite des Schlosses; Obelisk, Ende 18. Jh., ehemals an der Dellinger Straße; *Wohnhaus* mit Zeltdach (ehem. Gärtnerhaus), Ende 18. Jh.

In der Talsenke südlich des Schlosses hat sich die leicht rechteckige barocke Wassergrabenanlage erhalten. Ihre Form ist bereits bei Wening dokumentiert, die dort wiedergegebene Ausstattung im Detail aber nicht gesichert. In der Mitte der Insel steht heute ein kleiner Obelisk, der ursprünglich an der Straße nach Delling aufgestellt war. Er erinnert an die Grafen Anton und Clemens von Toerring, die in der 2. Hälfte des 18. Jh. ganz im Sinn der Aufklärung sich um eine Reform der Landwirtschaft und um eine Steigerung der Wirtschaftskraft der Herrschaft Seefeld bemüht hatten. Der Text auf dem Obelisken lautet: «Was der Väter Fleiss gethan, Erkennt mit Dank der Enkel an».

Weiter südlich, in dem von Bächen durchflossenen Schloßgarten, lag der «Badgarten». Auf der Seeseite, südlich der Straße nach Güntering, wurden von Graf Clemens bis zum Pilsensee hin ein Englischer Garten und eine Fasanerie angelegt, die aber nicht mehr erhalten sind.

Schloß Seefeld, vom Schloßhof aus

Schloß Seefeld, vom Schloßgarten aus

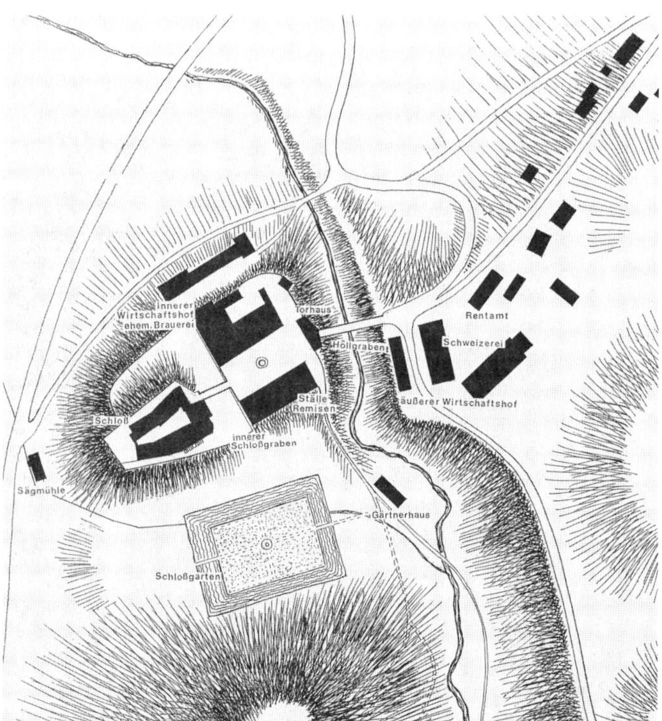

Schloß Seefeld mit seinen Wirtschaftsbauten

Schloß Seefeld, Ofen

Schloß Seefeld, Ofen

Seefeld, innerer Wirtschaftshof mit ehemaliger Brauerei

Seefeld, Brücke über den Höllgraben

Seefeld, Schloßgarten (Gartenparterre mit Wassergraben)

Ehemalige Brauerei, Gang

Schloßgarten, Obelisk

Seefeld, ehemaliges Gärtnerhaus

Tiefenbrunn

Gut Tiefenbrunn. *Herrenhaus,* Steilgiebelbau, im Kern 17. Jh., Ausbau mit Treppengiebeln um 1905; Teile der Hofmauer mit Torbogen, 17. Jh.; Grenzstein des 16./17. Jh. im Garten.

Die ehemalige Schwaige Tiefenbrunn, auf dem Höhenzug zwischen Unering und Hochstadt gelegen, war uraltes, eventuell durch Rodungsarbeit erworbenes Eigengut des Klosters Benediktbeuern, das in den umliegenden Ortschaften (Oberbrunn, Oberpfaffenhofen, Hochstadt, Unering) einen auffälligen Besitzschwerpunkt hatte. 1561 tauschte Georg von Toerring Tiefenbrunn gegen die Hofmark Aidling vom Kloster ein. Im 17. Jh. wurden die Gebäude zum Großteil erneuert. Den Zustand um 1700 hält ein Stich von Wening fest: Er zeigt das Herrenhaus sowie zwei verschieden große Wirtschaftsgebäude, die zusammen mit einer Mauer einen großen vierseitigen Hof bilden. Etwa in dieser Anordnung besteht die Anlage noch heute. 1702 wurde die Schwaige veräußert und ging im Lauf der folgenden 200 Jahre durch mehrere Hände. – Das Herrenhaus, seit 1905 mit einem Treppengiebel ausgestattet, zeigt sich noch heute als schlichter Satteldachbau wie bei Wening. Der östliche Anbau ist eine Erweiterung von 1932/33. Der Bau wird durch einen quer durch das Haus führenden schmalen Gang mit Kreuzgratgewölben erschlossen. Von ihm zweigt das Treppenhaus ab und führt zum ebenfalls mit Kreuzgratgewölben ausgestatteten Gang im Obergeschoß. Auch die ehemalige Küche in der Südostecke des Hauses besitzt noch ein Gewölbe. Die übrigen Räume sind ohne besondere architektonische Ausstattung. Von den ursprünglichen barocken Hoftoren existieren noch zwei im östlichen Hofbereich.

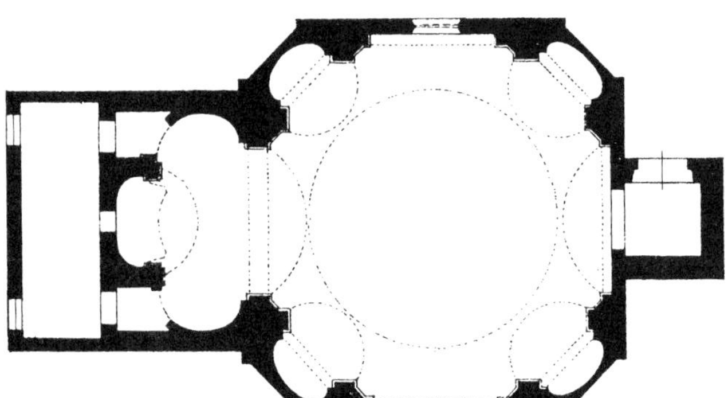

Unering, Filialkirche St. Martin

Unering

Kath. Filialkirche St. Martin, barocke Zentralanlage, 1731 von Johann Michael Fischer, Westturm 1833; mit Ausstattung; Friedhof mit Ummauerung.

Das Ortsbild des Haufendorfes, das die westliche Seite des steilen Kirchberges umschließt, ist in seiner Struktur noch gut erhalten, wird allerdings von Neubauten unterhalb der Kirche beeinträchtigt. Die Kirche, auf dem solitären Bergkegel inmitten eines kleinen ummauerten Friedhofs gelegen, bestimmt die gesamte Landschaft ringsum und ist von allen Seiten dominant über dem Dorf stehend sichtbar. Der Pflege des Ortsbildes, besonders des Ortsrandes, kommt deshalb besondere Bedeutung zu.

Der von den Grafen von Toerring (Wappen über dem Chorbogen) geförderte Neubau ist das Werk Johann Michael Fi-

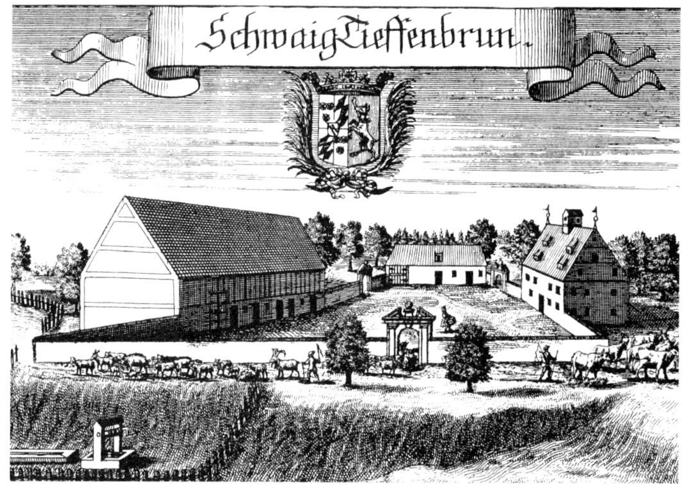

M. Wening, Schwaige Tiefenbrunn, 1701

schers. Wegen der beengten Platzverhältnisse auf der Anhöhe hat er einen kleinen Zentralraum auf quadratischem Grundriß mit abgeschrägten Ecken entwickelt, dazu den Chor in Form eines Querovals. Der Raum wird durch zwei große Fenster sehr gut belichtet, ein drittes fiel 1833 dem rückwärtigen Turmbau zum Opfer; an seiner Stelle befindet sich heute die Empore. An der Ausstattung, die sich bis 1760 hinzog, waren namhafte Künstler beteiligt. Die Stuckierung der Flachkuppel und die in Stuckmarmor ausgeführten Altäre stammen von Johann Baptist Zimmermann, die Fresken, durch Wasserschäden etwas reduziert, von dem Münchner Maler Johann Georg Sang (1731), die Altarfiguren von Johann Georg Greif. Der Hochaltar enthält eine Reiterfigur des hl. Martin, die Seitenaltäre die Figuren der hl. Mutter Anna und des hl. Johannes Nepomuk. Die Mensen der Altäre sind mit Antependien in Scagliolatechnik versehen. Jakob Leuthner (aus Starnberg) lieferte die Kirchenbänke.

Auf dem Friedhof befindet sich eine Grabkapelle der Tiefenbrunner Gutsherrschaft.

Archäologische Geländedenkmäler

Sieben vorgeschichtliche *Grabhügel,* ca. 575 m n – nnö Gut Tiefenbrunn. (Unering, Fl.-Nr. 794/5, SW 5–10)

In flachhügeligem Gelände. Kleine bis mittelgroße, steinbedeckte Hügel, von denen vier deutliche Spuren alter Ausgrabungen aufweisen. Näheres unbekannt.

Tiefenbrunn, Gutshof

Tiefenbrunn, Flur im EG

Tiefenbrunn, Flur im OG

Unering, Kath. Filialkirche St. Martin

Unering, Kath. Filialkirche St. Martin

Unering, St. Martin, Seitenaltar

Stadt Starnberg

Baudenkmäler

Starnberg

Die topographische Situation Starnbergs wird hauptsächlich von der Lage am See und von den mehrfach gestaffelten Hanglagen bestimmt. Der den See begleitende Moränenrücken erfährt hier mit dem Durchbruch des Georgenbaches eine starke Zäsur, bevor er nach Norden weiterläuft und im Moränenhufeisen von Leutstetten endet. Dabei bildet er einen Bergsporn, der auf der Höhe des historischen Ortszentrums ziemlich steil abbricht und die Burg und die Josephskirche – Wahrzeichen der Stadt und Angelpunkte ihrer Silhouette – trägt. Dahinter verläuft ein kleines, vom Siebenquellenbach und vom Georgenbach gebildetes Tal, an das sich ein zweiter, parallel verlaufender Höhenzug anschließt, dessen Hang sich bis zur Karlstraße und zur Max-Josephs-Höhe hinaufzieht. Am Hanfelder Berg wird diese Hangbildung in ihrer ganzen Ausdehnung sichtbar. Diese Gegebenheiten lieferten die entscheidenden Voraussetzungen für die gesamte jüngere Siedlungsgeschichte. Sie sind aber auch Ausgangspunkt und Ziel der Entwicklung des Ortsbildes, welches gerade in Starnberg aus sehr vielen Blickwinkeln (z. B. von den Höhenzügen bei Leutstetten, über das Moos hinweg, von der Autobahn bei Percha, vom Mühlberg) sowie aus der wichtigsten Beobachtungsposition vom See her in einem Maße überschaubar ist wie sonst bei keinem Uferort mehr, Tutzing vielleicht ausgenommen. Die Staffelung am Hang gibt ein höchst abwechslungsreiches Bild mit der einmaligen Chance zu malerischen Wirkungen und kraftvollen Akzenten (z. B. Almeida-Palais, ehem. Riemerschmid-Villa, Josephskirche, Schloß), aber auch die große Gefahr, daß jegliche Störung und Fehlentwicklung sofort unübersehbar zur Geltung kommt und sich nachteilig auf das Ortsbild auswirkt.
Die ältere Siedlungsgeschichte Starnbergs war ganz von der Polarität zwischen der Burg bzw. dem Schloß und dem Bauern- und Fischerdorf unterhalb des Burgberges geprägt. Beide sind erst relativ spät in den Quellen zu sichern – die Burg wird 1244, die Siedlung «Auchheim» 1242 erstmals genannt –, doch sagen diese Daten nichts zur Entstehungsgeschichte, die weiterhin im dunkeln bleibt. Die Burg ist um diese Zeit Besitz der Grafen von Andechs und wohl als Grenzbastion gegen den Einflußbereich der Wittelsbacher, der großen Rivalen, im oberen Würmtal und um die Karlsburg bei Leutstetten zu sehen. Der unterhalb der Burg liegende Ort bestand aus zwei Siedlungsschwerpunkten, die mit eigenen Namen belegt sind, Niederstarnberg und Auchheim – Achheim. Diese beiden Siedlungskerne sind heute im Stadtbild noch ablesbar. Die eine lag im Bereich Bahnhofstraße – Achheimstraße – Possenhofener Straße mit einem nach Süden reichenden Ausläufer am Seeufer. Bedeutendster Überrest dieser Siedlung ist das alte Lochmann-Haus, das heutige Heimatmuseum. Die nach Süden anschließenden Höfe wurden bereits im 19 Jh. von den ersten Villenbauten verdrängt; die etwa nordwestlich des Museums gelegene St.-Benedikts-Kirche besteht seit Beginn des 19. Jh. nicht mehr, die restlichen Anwesen wurden fast alle durch nachfolgende neue Wohngebäude ersetzt.
Das andere Zentrum ist etwa mit dem Bereich um den Tutzingerhof-Platz umschrieben. Verbunden wurden beide Teile durch die alte Poststraße von München nach Weilheim, die als die heutige Hauptstraße noch immer die wichtigste Verkehrsader und das eigentliche Rückgrat Starnbergs bildet. An dieser Straße entstanden bis zum Beginn des 19. Jh. einige Häuser von Handwerkern und Gewerbetreibenden, und in der Folgezeit hat sich diese Bebauung zur Doppelzeile und schließlich bis heute konsequent zu einer der wichtigsten Einkaufsstraßen Starnbergs entwickelt.
Im 19. Jh. wurden Starnberg und die anderen Orte am See von den Münchnern entdeckt. In der ersten Jahrhunderthälfte war aber die Bautätigkeit noch sehr bescheiden. 1832 war oben auf dem Georgsbichl das Prinz-Karl-Palais entstanden, ein wenig später neben dem Pfarrhof an der Weilheimer Straße die Linprun-Villa. 1804 hatte sich Leibschiffsmeister Zimmermann am Georgenbach ein Landhaus (heute Fichtl) gebaut, dessen parkartiger Garten bis herein zur Ludwigstraße reichte. Sonst waren keine spektakulären Neubauten mehr zu verzeichnen. Das änderte sich rasch nach dem Bau der Eisenbahn 1854, die Baurat Himbsel in erster Linie zur besseren Auslastung seines Dampfers Maximilian gebaut hatte. Nun kamen die ersten Städter nach Starnberg, um sich hier Zweitwohnsitze für den Sommer einzurichten. Zunächst begnügte man sich noch mit dem Umbau bestehender Häu-

M. Wening, Starnberg; Kupferstich 1701

Georg v. Dillis, Starnberg (Ausschnitt); Aquarell, um 1790/95

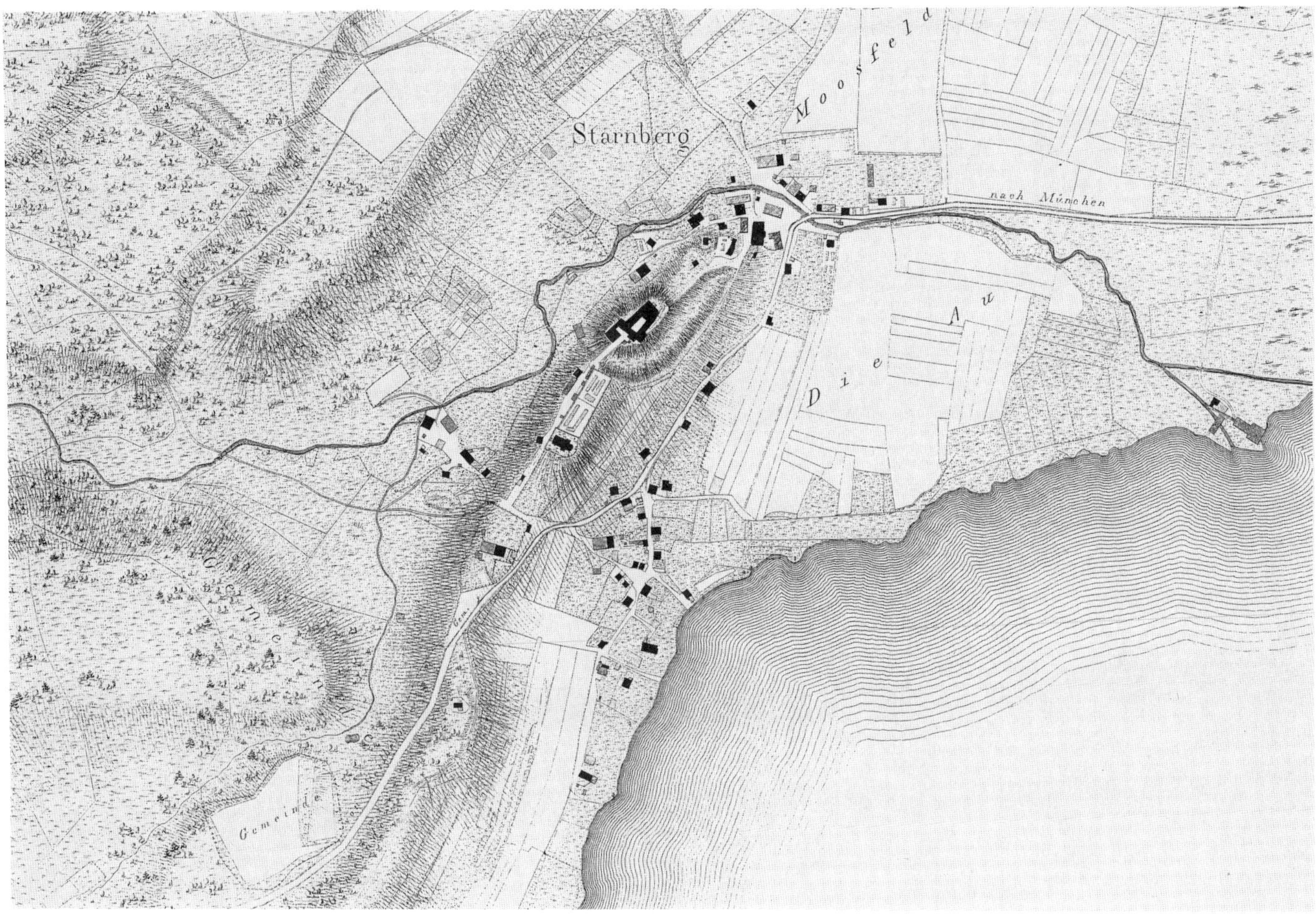

Starnberg, Flurkarte 1815

Max Kuhn, Starnberg (Ausschnitt); Aquarell, um 1855/60

Johann Wölfle, Starnberg (Ausschnitt); Lithographie, um 1855/60

Starnberg, Ortsplan 1863

Starnberg mit Josephskirche und Schloß

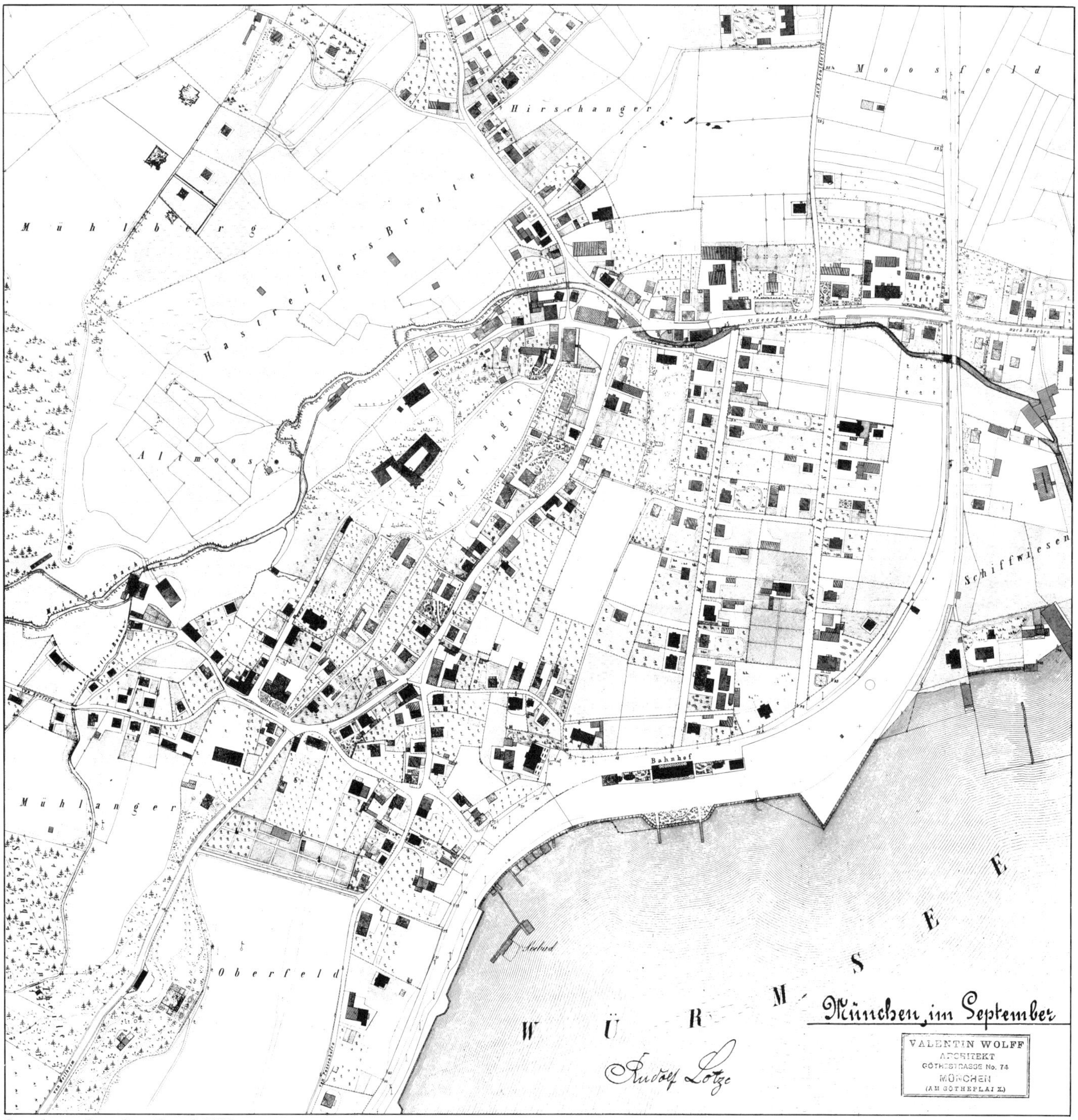

Starnberg, Ortsplan, Stand 1892

ser, doch bald darauf entstanden auch die ersten Neubauten, wie das Landhaus des Bildhauers Halbig in der Theresienstraße oder die klassizistische Villa des Privatiers Karl von Schmid-Kochheim am Bahnhof (1866). Vor allem das Seeufer südlich des späteren Undosa-Bades wurde nun rasch mit Villen und Landhäusern besetzt (Prestele, Holz, Ainmiller, du Pré, Simmerl), die zum Teil noch heute bestehen. Sehr früh wurde auch an der Söckinger Straße gebaut, bereits in den dreißiger und vierziger Jahren, vor allem von Taglöhnern, Handwerkern und kleineren Gewerbetreibenden. Dagegen blieben die vom Ufer abgelegenen Hänge noch längere Zeit völlig frei, nur der Literat und Herausgeber des «Punsch», Dr. Martin Schleich, hatte sich oben auf dem Mühlberg, an der heutigen Fischhaberstraße, ein kleines Landhaus hinstellen lassen. Eine dichtere Zeile entwickelte sich an der Jägerhuber- und Perchastraße, der alten Hauptstraße nach München, das erste Landhaus dall'Armi (1858), die Landhäuser Daffner und von Perfall (beide 1856) oder die Häuser, die später der Maler Fritz von Uhde und der Arzt Dr. Penzl bewohnten.

Ab etwa 1860 setzte eine zunehmende Bautätigkeit ein, deren Höhepunkt in den Jahren zwischen 1885 und dem Ersten Weltkrieg lag. Die ersten Schwerpunkte bildeten sich an der Straße nach München, am unteren Hanfelder Berg, an der Straße nach Söcking und an der Possenhofener Straße. Dann wurde die Au erschlossen, die 1865 noch fast völlig frei war. Dabei wurde die Maximilianstraße als Hauptachse vom Gasthof Pellet-Mayer zum Bahnhof ausgerichtet. Unmittelbar am Bahnhof entstanden daraufhin kleinere Hotels, der Bayerische Hof, das Bellevue, das Hotel Hirt, das Deutsche Haus und das Hotel Walter (Gresbeck). Ihre Reihe entlang des Bahnhofplatzes bildete das Entrée der Stadt und vermittelte immer mehr von der Atmosphäre eines kleinen Seebades. In Bahnhofsnähe entstanden zunächst größere Etagenvillen im Stil des Historismus (Maximilianstr. 1–7, Zweigstr.), nach Norden hin schlossen sich dann kleinere, in regelmäßigem Rhythmus gestellte Stadtvillen an, die fast alle aus dem bodenständigen Landhaus mit dem charakteristischen Mittelrisalit entwickelt waren. Die Kaiser-Wilhelm-Straße war etwas großzügiger konzipiert. Die Grundstücke waren z. T. weiträumiger und für anspruchsvollere Villen vorgesehen. Beide Straßen waren als ruhige Wohnstraßen angelegt.

Diese erste größere Bauphase zwischen 1865 und 1880 beschränkte sich aber nicht nur auf Stadtvillen und Landhäuser der zugezogenen Städter. Auch die alteingesessene Bevölkerung errichtete sich schlichte neue Wohnhäuser, oft an der Stelle der älteren, z. T. noch aus dem 18. Jh. stammenden Bebauung. Um 1890 wurden die Hastreiters-Breiten westlich des Schloßberges als Baugebiet erschlossen. Im Bereich der Von-der-Tann- und der Zimmermannstraße entstanden einfachere Wohnhäuser und Spekulationsobjekte, darunter nicht wenige Geldanlagen der am Bauboom gut verdienenden Handwerker. An der Mathilden-, der Gisela- und der Leopoldstraße wurden nach der Jahrhundertwende wieder anspruchsvollere Villen und Landhäuser geplant. Gleichzeitig wuchs die Bebauung langsam die Wilhelmshöher Straße hinauf, entstanden neue Villen am Prinzenweg. Ab 1900 endlich wurden die Anhöhen am Mühlberg und an der oberen Hanfelder Straße mit z. T. sehr repräsentativen Villen bebaut. Damit waren die entscheidenden Partien der Hanglagen wie die Plätze auf einer Tribüne besetzt. Um 1910 schlossen sich

Starnberg, Werbe-Vignette für das Hotel Bellevue, um 1895

Starnberg, Seepromenade, um 1910

Starnberg, Hotel Bayerischer Hof
und Hansa-Haus (ehemalig Bellevue), um 1930

Starnberg, Blick in die Maximilianstraße, um 1920/25

Starnberg, Undosabad, um 1925

Starnberg, Seepromenade und Bahnhof, um 1925

schließlich noch der Bereich nördlich der Hanfelder Straße (Heinrich-Wieland-Straße, Max-Emanuel-Straße) und die Siedlungsgebiete am Riedener Weg an.
In den Jahren nach dem Ersten Weltkrieg begann dann eine neue Phase, die zwar in verschiedenen Ortsbereichen (z.B. Riedener Weg, Ferdinand-Maria-Straße, Leutstettener Straße, im Gebiet westlich des Prinzenwegs) noch eine qualitätvolle Entwicklung brachte, in der aber bereits die ersten älteren Bauten abgebrochen und immer mehr wichtige, die Landschaft gliedernde Freiflächen geschlossen wurden. Der hier einsetzende Verdichtungsprozeß, der sich nach dem Zweiten Weltkrieg zunehmend verstärkte, hat schließlich das Ortsbild nachhaltig verändert. Die Wohnungsnot nach dem Krieg, der sich gewaltig steigernde Siedlungsdruck, die neuen Aufgaben eines Verwaltungs- und Einkaufszentrums für den Landkreis, der ausufernde Naherholungsverkehr, die allgemeine Wachstumseuphorie, – diese ihre eigene Gesetzlichkeit entwickelnden Faktoren trafen sich immer wieder mit der Forderung nach Verdichtung des Ortskerns zu einem städtischen Ortsbild, aber auch mit gesteigertem Profitdenken und mangelndem Bewußtsein für die eigene Geschichte und ihre tradierten Kulturwerte. All das wandte sich, nachdem das verfügbare Bauland immer knapper wurde, mehr und mehr gegen die Altbausubstanz. Es geschah immer häufiger (mit in den letzten Jahren deutlich steigender Tendenz), daß Bauten der Jahrhundertwende ohne das erforderliche Einfühlungsvermögen um- und angebaut oder gleich ganz abgerissen wurden. Die daraus entstandenen Verluste sind heute überall schmerzlich zu spüren.

Achheimstraße 1. Ehem. *Handwerkerhaus,* zweigeschossiger Putzbau mit steilem Halbwalmdach, 1. Drittel 19. Jh.

Das ehemalige Glasergütl gehörte um die Mitte des 19. Jh. dem Glaser Wörsching. Später wurde es vom Fürsten Cantacuzene erworben und in einen Zweitwohnsitz umgewandelt. Das Haus, das sehr ursprünglich wirkt, bildet mit den umliegenden Gebäuden einen der am besten erhaltenen Bereiche der Starnberger Altstadt.

Achheimstraße 8. Ehem. *Etagen-Villa und Gaststätte,* dreigeschossiger, steil aufragender Eckbau, mit Kreuzgiebeldächern, Gauben und offenem Dachreiter, Fassaden mit Putzgliederungen, Zierbund und -fachwerk, hölzernen Balkons und Loggien, 1893.

Der Münchener Architekt Georg Meister errichtete das Haus 1893 an der Stelle einer kleinen Handwerker-Sölde (Stiglweber-Gütl, ehm. Mesner- und Lehrerhaus). Der hochgestreckte Bau gewährte über die gegenüberliegenden Häuser hinweg eine gute Sicht über den See. 1897 wurde hier das Café Lohengrin (später Café Groll, Seeblick) eingerichtet. Zusammen mit dem gegenüberliegenden, in seiner Außenerscheinung leider nachteilig veränderten Gasthof (ehem. Unterbräu) bildete es eine gastronomische «Torsituation» für die zum Bahnhof und zum Dampfer strebenden oder von dort kommenden Touristen. Das fast ornamental über die beiden oberen Geschosse gelegte Fachwerk ist hier natürlich nicht konstruktiv bedingt. Es sollte dem Bau malerische Qualitäten verleihen und die starke Höhenentwicklung abmildern. Das Haus bildet mit der noch gut erhaltenen Nachbarbebauung in der Achheimstraße einen der wertvollsten Bereiche im Ortsbild der Altstadt, seine Position an der Kreuzung Possenhofener Straße/Bahnhofstraße ist städtebaulich von großer Bedeutung.

Achheimstraße. *Marienbrunnen,* Entwurf von Grombach, Relief von Rauscher, 1912; bei der Einmündung in die Hauptstraße.

Der Brunnen (ausgeführt in Muschelkalk) wurde vom Apotheker Vinzenz Gresbek auf ein Gelöbnis hin gestiftet.

Am Fuchsengraben 3. *Villa Obermayer,* zweigeschossig mit Mezzanin und vorkragendem Satteldach, giebelseitig Balkone und Hochlaube, südlich Giebelvorbau mit Veranda, 1909 von Andreas Fischhaber.

Die für das Starnberger Landhaus und besonders für Fischhaber charakteristische Zusammenfassung von Balkonen zu einer schmalen risalitartigen Einheit ist hier modifiziert und über die ganze Breite der mit Blick zum See gerichteten Front gezogen. Der Zwerchgiebelrisalit mit dem erdgeschossigen Loggienvorbau liegt auf der Südseite. Die zurückhaltende Gestaltung des Baukörpers und die sorgfältigen Details sind kennzeichnend für den Landhausbau vor dem Ersten Weltkrieg.

Am Vogelanger 4. *Ländliches Wohnhaus,* zweigeschossiger Satteldachbau mit mittigem Zwerchgiebel, um Mitte 19. Jh., Balkonbrüstungen reich gesägt bzw. aus Metall in Gitterform, Altane auf gußeisernen Stützen (Details z. T. jünger); Nebengebäude.

Die drei Häuser (Am Vogelanger 4, 6 und 10) bestehen in den Flurkarten von 1865 bereits in dieser Form, ebenfalls die zugehörigen Rückgebäude. Sie repräsentieren damit die erste Bebauung des Vogelangers unmittelbar unterhalb des Schloßgartens. Die zugehörigen Umgriffe weisen zu diesem Zeitpunkt die charakteristischen Merkmale kleinerer bürgerlicher Gärten (Wiesenflächen, Obstgarten, kleine regelmäßige Blumenbeetanlagen) auf. Nr. 4 gehörte damals Dr. Michael Hastreiter, dem Leibarzt des Prinzen Karl (siehe Schloßbergstraße 3).

Starnberg, Luftaufnahme 1986

Starnberg, Achheimstraße 1

Starnberg, Achheimstraße 8

Starnberg, Marienbrunnen

Starnberg, Am Fuchsengraben 3

Starnberg, Am Vogelanger 4

Am Vogelanger 6. *Ländliches Wohnhaus,* zweigeschossiger Satteldachbau mit vorkragendem Zwerchgiebel auf hölzernen Konsolen mit gesägtem Ziergitter, darüber Brüstung, um Mitte 19. Jh., hölzerne Altane jünger; Nebengebäude; Gartentor, schmiedeeisernes Ziergitter.

Starnberg, Am Vogelanger 6

Am Vogelanger 10. *Wohnhaus des Malers Fritz Oßwald,* verputzter biedermeierlicher Traufseitbau, um 1860.

Fritz Oßwald erwarb das Haus 1922. Vorher besaß es der bekannte Architekt Prof. Erdmann Hartig, der sich später eine Villa in modernem, sachlichem Stil an der Wilhelmshöher Straße baute.

Starnberg, Am Vogelanger 10

Bahnhofsplatz 5. *Bahnhofs-Empfangsgebäude,* langgestreckter Trakt mit seitlichen Anbauten, Flachwalmdach, Fassadengliederung im Stil des mittleren 19. Jh., offene Vorhalle über Gußeisensäulen, Königssalon mit Holzvertäfelung, 1854, erweitert 1868.

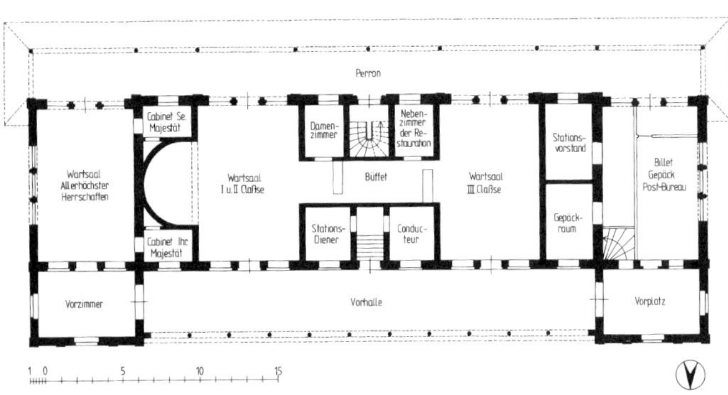

Starnberg, Bahnhof, EG-Grundriß

Der Bahnhof, der in seiner Anlage dem von Gottfried Neureuther entwickelten Typenkatalog für Stationsbauten folgt, wurde von Friedrich Bürklein errichtet, der als Oberbaurat bei der Generaldirektion der kgl. Bayer. Verkehrsanstalten tätig war und bereits 1847/49 den alten Münchner Hauptbahnhof gebaut hatte. Dem etwas gestreckten Kubus des Hauptgebäudes waren auch hier zu beiden Seiten in größerem Abstand, aber ohne verbindende Zwischenglieder, baugleiche Nebengebäude zugeordnet (vergl. Feldafing, Possenhofen). Der Starnberger Bahnhof übertraf an Größe und architektonischer Qualität alle Stationsbauten der Strecke, ja er gehörte zu den schönsten bayerischen Bahnhöfen der Zeit. Das läßt erkennen, welche repräsentative Bedeutung ihm als dem für das kgl. Schloß Berg zuständigen Bahnhof zugemessen wurde. Das kam nicht zuletzt auch in der Anlage des besonders ausgestatteten Königssalons (vorzügliche Holzvertäfelung im Stil der engl. Gotik von Kunstschreiner Fortner, übrige Ausstattung von Hoftapezierer Jakob Weger) mit zwei Kabinetten und einem Vorzimmer (Anbau 1868) zum Ausdruck.

Leider wurde der Bau in seiner Fassadengestaltung bereits stark verdorben. Allein der seeseitig unter dem Perrondach in originaler Form erhaltene Fassadenteil mit seinem ausdrucksvollen, in warmem Terrakotta-Ton mit hellen Fugen gehaltenen Ziegelmauerwerk und seiner reichen Detailgestaltung im Stil der Maximilianszeit läßt noch etwas von der einstigen Schönheit des Gebäudes ahnen. Auch der kleine Glockenturm auf dem Dach fehlt als charakteristisches Detail heute. Die Gleise lagen ursprünglich auf der Stadtseite

Starnberg, Bahnhofsgelände, 1904

Starnberg, Bahnhof, um 1880/90

Bahnhof Starnberg, Wartesaal

Starnberg, Bahnhof

Bahnhof Starnberg, Wartesaal für den Münchner Hof

Bahnhof Starnberg, Perron

des Bahnhofs, was die heute etwas unmotivierte offene Säulenvorhalle auf dieser Seite erklärt. Der Ausgang zum See hin war dann ohne Hindernisse axial auf den Dampfersteg ausgerichtet. Aus diesem Grunde und wegen der von Anfang an beengten Lage am Seeufer fehlt dem Bahnhof heute etwas der entsprechende Freiraum zur Stadt hin. Nach der Verlegung der Gleise anläßlich der Weiterführung der Strecke bis Tutzing ordneten sich die in Bahnhofsnähe entstehenden Hotels frontal dem See zu. Der Bahnhof lag damit als solitärer Baukörper vor einer breiten Platzwand eleganter Hotelbauten. Diese anspruchsvolle städtebauliche Situation ist durch die vielen Zubauten und Neubauten inzwischen mehr und mehr beeinträchtigt worden.

Dampfschiffstraße 1. *Etagen-Villa,* dreigeschossige Anlage mit Eckturmpavillon, Neurenaissance-Fassade, eiserne Balkone, eiserner Gartenzaun, 1892, Erweiterung nördlich 1903, von Mathias Wannerstorfer.

Die Villa, die für G. Wiedemann, den Inhaber der benachbarten Lederfabrik, errichtet wurde, steht in mäßiger Entfernung zum Seeufer, und obwohl damals, im Gegensatz zu heute, der Blick über den See noch unverstellt war, gehörte der Belvedereturm auch hier zum unverzichtbaren Repertoire. Der Bau zeigt Anklänge an den Pariser Beaux-Arts-Stil und läßt in der Gestaltung der Fassaden mit Eckquaderung, Nutung der Putzflächen, Gesimsen und eng gereihten Konsolen am Traufgesims ein gesteigertes Repräsentationsbedürfnis erkennen.

Giselastraße 3. *Wohnhaus,* villenartig, malerisch mit abgewalmten und abgeschleppten Dächern, mit Balkons und Eckerkern, 1907 von Rudolf Jahn für sich selbst erbaut.

Rudolf Jahn war lange Jahre Leiter des Bauamtes beim Bezirksamt Starnberg. Das Haus ist in seiner Substanz sehr gut überliefert, auch im Inneren haben sich Ausstattungsdetails und Dekorationselemente erhalten.

Hanfelder Straße 4. *Wohn- und Geschäftshaus,* Fassade mit reicher Neurenaissance-Putzgliederung und Eisenbalkons, 1891 (Erdgeschoß verändert).

Das Rieserhaus entstand an der Stelle eines kleinen Söldenanwesens. Das nach Osten hin anschließende Bauernhaus (Schalper) wurde vor einigen Jahren abgebrochen, um einem stark zurückversetzten Neubau Platz zu machen. Dadurch wurde der Bau aus seiner ursprünglichen Einbindung gelöst und in veränderter städtebaulicher Situation optisch mehr an die Straßenkreuzung gerückt, wo er heute den Eingang zur Hanfelder Straße markiert. Die starke Rustizierung der Kanten, die Nutung der Putzflächen und der akzentuierende Mittelrisalit mit Balkonen und einem von einer Figur bekrönten Frontispiz ergeben einen Bau, der sich hier jedoch gut zu behaupten vermag. Die Wirkung der Fassade ist durch falsch dimensionierte Schaufenster und verschiedene Zubauten bereits etwas reduziert.

Hanfelder Straße 9. *Wohnhaus,* villenartig, zweigeschossig, Neurenaissance-Fassade, erkerartiger Vorbau, Mansarddach, 1897 für Steinmetzmeister Wörle, Architekt A. Hirth.

Das Haus zeigt, wie sein Nachbar, anschaulich den Wohlstand, den der Bauboom der neunziger Jahre für die ortsansässigen Handwerker gebracht hatte. Der ehemalige Ladenanbau an der Südostecke und die Altane über dem erkerartigen Vorbau wurden inzwischen etwas vereinfacht.

Hanfelder Straße 11. *Wohnhaus,* villenartiger zweigeschossiger Eckbau, zwei asymmetrische Giebelrisalite, Neurenaissance-Fassade mit Putz- und Backsteingliederungen, Veranden, farbige Jugendstilfenstergläser, 1899/1900; mit Einfriedung.

Das gut erhaltene Haus wurde für Schlossermeister Rieder gebaut. Es beweist noch stärker als Hanfelder Straße 9 das gesteigerte Selbstbewußtsein des Handwerkers, das sich in entsprechend repräsentativen Bauten äußerte. Der in der Starnberger Villenlandschaft ungewöhnliche Kontrast zwischen dem dunklen Sichtziegelmauerwerk und der kräftigen, Naturstein imitierenden Eckquaderung wie den hellen Fensterrahmungen ergeben einen Bau von starker Wirkung, der das Ortsbild an dieser Stelle dominant beherrscht.

Hanfelder Straße. *Kruzifix* bei Haus Nr. 18, Gehäuse mit reichen Laubsägeornamenten, 19. Jh.

Hanfelder Straße 33. Ehem. *Villa Dürr,* Walmdachbau mit Zwerchhaus und eingezogenen Loggien, 1924 von Andreas Fischhaber.

Die Villa überzeugt durch die Schlichtheit des Baukörpers, der sich auf wenige architektonische Elemente beschränkt. Ein Vorbild ist im Haus Heinrich-Wieland-Straße 1 zu sehen; ein unmittelbarer Vorläufer ist das gleich unterhalb gelegene Haus Josef-Fischhaber-Straße 2.

Starnberg, Hanfelder Straße 9

Starnberg, Hanfelder Straße 11

Starnberg, Dampfschiffstraße 3

Starnberg, Hanfelder Straße 4

Hanfelder Straße, Wegkreuz

Hanfelder Straße 33

Starnberg, Giselastraße 3

Hanfelder Straße 46. *Friedhof,* Anlage des späten 19. Jh.; mit Grabdenkmälern des 19./20. Jh.

Nach den Friedhöfen bei der abgebrochenen Kirche St. Benedikt und bei der Josephskirche sowie einem kleinen, bald wieder aufgelassenen Friedhof an der Giselastraße ist dies die vierte Starnberger Friedhofsanlage. Sie wurde um 1870 angelegt und 1899 erweitert. Mit ihren vielen alten Grabdenkmälern und der entsprechenden Bepflanzung ist sie noch recht unversehrt überliefert und gewährt einen eindrucksvollen Überblick über die soziale Struktur und die Gesellschaft Starnbergs während der vergangenen hundert Jahre. Man findet hier nicht nur die alten Bauern- und Handwerkergeschlechter, sondern auch viele der bekannten Namen, die heute in Starnberg noch in Erinnerung sind: Architekten und Baumeister wie A. Fischhaber oder den Münchner Stadtbaumeister Wilhelm Bertsch, Schriftsteller wie Georg Queri und Gustav Meyrink, lokal bedeutsame Schriftsteller und Journalisten wie Ferdinand Geiger oder Franz Xaver Gegenfurtner, den Leiter der Münchner Kammerspiele Otto Falkenberg, Maler wie Richard Lipps und Paul Thiem, bekannte Villenbesitzer wie Böhler, dall'Armi, v. Bressensdorf, Obermayer, Mussinan, v. Eichthal, Steininger oder v. Hartlieb, das Grab eines Dampfschiffsheizers ebenso wie das des Kapitäns Doll.

Hanfelder Straße 56. *Villa Kirschner,* im malerischen Burgenstil, mit Treppengiebeln, Stiegenhausturm, Altanen und Erkerausbauten, um 1895 von Architekt L. Stadler.

Die Villa dürfte an der Stelle stehen, von der aus in der ersten Hälfte des 19. Jh. die Maler (Dillis, Wagenbauer, Kraus, Neureuther, Schleich u. a.) den Blick über die Burg hinweg auf See und Alpenkette aufgenommen haben. Die hoch aufragende Schauseite mit dem Treppenturm ist ebenfalls auf diese Kulisse hin ausgerichtet. Der Bau lebt noch ganz in der Welt der Spätromantik, der ursprüngliche Name «Villa Wartburg» ist hierzu eine bezeichnende Aussage. Rückwärts ist noch eine Wagenremise erhalten.

Starnberg, Hanfelder Straße 56, Villa Kirschner

Hanfelder Straße 75. *Gärtnerhaus und Wirtschaftsgebäude der Villa Sonnenhof,* 1920 von Hans Noris; siehe Hanfelder Straße 77.

Einer der wenigen Fälle in Starnberg, wo der einstige organisatorische wie wirtschaftliche Zusammenhang zwischen Herrschaftsvilla, Stall und Kutschenremisen, Pförtnerhaus und einer eigenen Gärtnerei für die Parkanlage noch so gut ablesbar geblieben ist.

Starnberg, Hanfelder Straße 75

Hanfelder Straße 77. *Villa Sonnenhof,* ehem. *Villa Graf Bernstorff,* 1912 von Hans Noris für Julius Böhler gebaut, herrschaftliches Anwesen; Villa, zweigeschossig, mit konvexem Mittelrisalit, seitlichen Flügeln, Walmdach und Belvedere sowie Terrasse; ehem. Verwalterhaus, ehem. Wirtschafts- und Stallbauten, große Toreinfahrt, barockisierend und im Stil des Neuklassizismus, 1920 von Hans Noris; große Parkanlage, vor der Westseite der Villa große, das Gartenparterre einfassende Stützmauer mit Nischen und Freitreppe; siehe auch Hanfelder Straße 75.

Eine der anspruchsvollsten Villen Starnbergs, ja der gesamten Münchner Villenlandschaft. Der Bau liegt im oberen Teil eines riesigen, seewärts fallenden Wiesenplans, vor der Kulisse des umgebenden Parks und mit der entsprechenden Sicht über die Landschaft des Starnberger Sees. Die Villa ist auf eine größere planierte Fläche gestellt, die rückwärts

Starnberg, Hanfelder Straße 77, Torbau

Starnberg, Friedhof an der Hanfelder Straße

Starnberg, Hanfelder Straße 77, Villa Sonnenhof

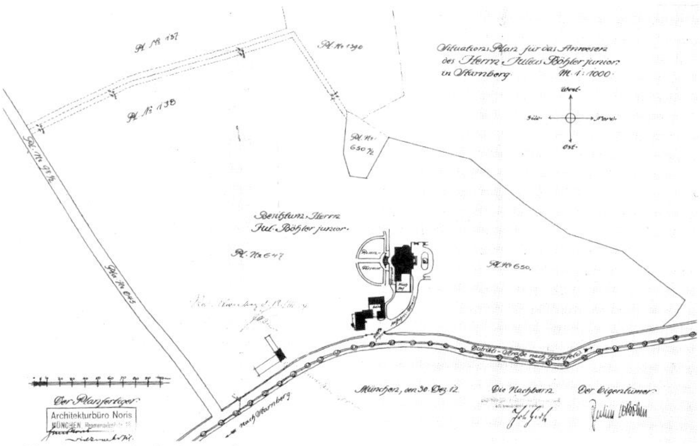

Villa Sonnenhof, Lageplan

durch eine weite, exedraartige, mit Figurennischen gestaltete Tuffstein-Stützmauer gegen den Hang abgeschlossen ist. Ihr entspricht gartenseitig eine der Terrasse vorgelagerte Fläche mit einer schmiedeeisernen Brüstung. Diese barockisierende Anlage wurde im Nähebereich der Villa durch ein symmetrisch auf die Achse des Hauses bezogenes Wegesystem verklammert, dem sich frei geführte Wege durch den Park anschlossen. Seitwärts führt eine Treppe zum höher gelegenen Aussichtspunkt.

Die zurückhaltende Noblesse des Baus und die Qualität der Details lassen ein wenig an Emanuel oder Gabriel Seidl als Vorbilder denken. Allein durch die streng durchgehaltenen Prinzipien der Symmetrie und der axialen Gebundenheit wird unaufdringlich das Bild eines feudalen Villenbaus erzeugt. Besonders die nach Osten, zum See hin gerichtete Fassade läßt eine strenge, hochherrschaftliche Ordnung erkennen: Der Mittelrisalit, der zusammen mit der mit einer breiten Freitreppe verbundenen Terrasse und dem Belvedere die Mitte des Hauses mit den zentralen Wohn- und Repräsentationsräumen bestimmt, die niedrigeren Flügelbauten (mit Palladiomotiv und Altane) sowie die unterschiedliche Ausformung der Fenster lassen die Hierarchie der verschiedenen Räume auch außen ablesen. Deren klare, großzügige Disposition ist ebenso beeindruckend wie ihre Gestaltung. Von dem in der Mittelachse des Baukörpers gelegenen Vestibül betritt man die Repräsentationsräume (Zugänge heute etwas verändert): die Bibliothek mit einer Ausstattung im Stil der italienischen Renaissance, das Wohn- und Musikzimmer, den Salon und das Speisezimmer. Alle Räume sind qualitätvoll ausgestattet und verfügen fast alle über feine Stuck- und Kassettendecken und vorzüglich gearbeitete Fenster und Türen, letztere z. T. mit Rotmarmorrahmen. Beiderseits des Vestibüls liegen Treppen, eine für die Herrschaft und die Gäste, die andere für die Dienstboten. Die Schlafräume und Gästezimmer liegen im Obergeschoß. Zum Villenkomplex gehören eine unten an der Einfahrt (mit schmiedeeisernem Tor) gelegene Wagenremise mit Hausmeisterwohnung. Weiter unten, an der Grundstücksgrenze, wurde eine eigene Gärtnerei eingerichtet (heute durch die Oswaldstraße abgetrennt), um den Park entsprechend pflegen zu können. Diese Einrichtung war bei einigen hochherrschaftlichen Villen am Starnberger See zu finden (vgl. Villa Kustermann und Schloß Tutzing, Höhenberg-Villen in Feldafing u. a.), was zeigt, welche Ansprüche man in diesen Fällen an die Gestaltung der Parkanlage stellte.

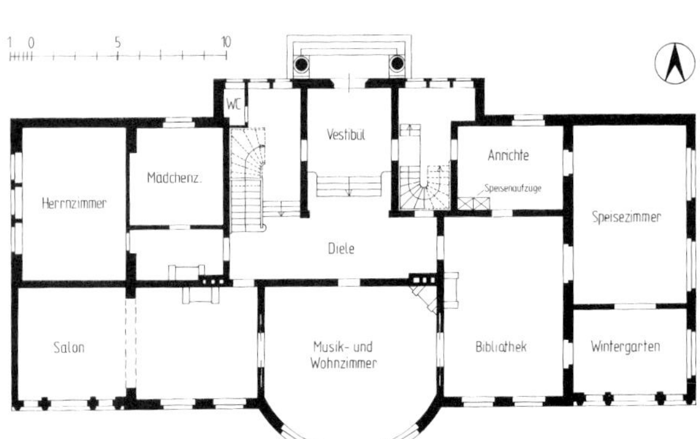

Villa Sonnenhof, Grundriß EG

Hanfelder Straße 77, Villa Sonnenhof, Bibliothek

Hanfelder Straße 77, Brunnen

Starnberg, Hanfelder Straße 77, Villa Sonnenhof (Eingangsseite)

Hauptstraße 7. *Wohn- und Geschäftshaus,* Erdgeschoß 1823, Obergeschosse und Mezzaningeschoß 1896 von Andreas Fischhaber, vorstehendes Flachsatteldach, Neurenaissance-Fassadengliederung, Schaufenster, Ladeneingang, Firmenschild original 1896.

Das Geschäftshaus mit seiner individuellen Gestaltung erweist im Vergleich zu seiner Umgebung, wie sehr hier mittlerweile manche, einst ähnlich ausgebildete Altbausubstanz mißhandelt worden ist. Das schöne, in Starnberg einmalige Ladenschild wurde vor kurzem vorbildlich restauriert. Erhalten ist auch noch ein Teil der eisernen Einfriedung, welcher die einstige Straßengestaltung mit kurzen Vorgärten überliefert.

Hauptstraße 25. *Wohn- und Geschäftshaus,* zweigeschossiger Putzbau, traufseitig mit vorstehendem Satteldach, originale Schaufenster und Ladeneingang mit Vortreppe; um 1860.

Ein charakteristischer Vertreter der kleinen Handwerker- und Geschäftshäuser, die sich im 19. Jh. hier an der Hauptstraße angesiedelt haben, eine liebenswerte, fast schon nostalgische Erinnerung an das alte Starnberg.

Heinrich-Wieland-Straße 1. Ehem. *Villa Kastrup,* Walmdachbau mit Zwerchhäusern, offener Veranda mit Altane, vorgebautem Wintergarten, 1910 von Joseph Heldmann.

Das Baugebiet an der Wielandstraße wurde um 1908/10 von der Starnberger Villenterraingesellschaft erschlossen und bebaut. Ein Teil der Häuser stammt von Joseph Heldmann, andere von Stadler u. Necker, W. Käb und Fischhaber, was der Bebauung ursprünglich eine ensembleartige Geschlossenheit verlieh. Die Villen zeichneten sich alle durch zurückhaltende Erscheinung und sorgfältig gestaltete Details aus. Der Gesamtcharakter war, wie an keiner anderen Stelle mehr in Starnberg, vor allem von Formen des Jugendstils geprägt.

Heinrich-Wieland-Straße 5. *Villa,* zweigeschossig, Giebelrisalit mit Erker und kurzer Querflügel mit Veranda, abgewalmte Dächer, 1909 von Joseph Heldmann.

Die Villa besitzt an der nördlichen Schmalseite eine weitere eigenständige Fassadengestaltung: Zwei bis zur Traufe durchgehende Runderker bilden die Ecken der Fassade. Sie werden von einem Balkon im Obergeschoß verklammert, eine größere Stehgaube bildet die Mittelachse.

Heinrich-Wieland-Straße 4. *Villa,* zweigeschossig, Fassade mit Putzgliederung, Mansarddach mit Zwerchhäusern, farbige Jugendstilfenster, 1909 von Architekt Joseph Heldmann; Anbauten der Südostseite 1917 von Andreas Fischhaber.

Das Haus wurde für den General der Artillerie von Hoehn errichtet. Die Fassaden sind hier ungewöhnlich reich mit Motiven des geometrisierenden Jugendstils gestaltet. Der Anbau befindet sich auf der Ostseite.

Starnberg, Heinrich-Wieland-Straße 1

Starnberg, Heinrich-Wieland-Straße 4

Starnberg, Heinrich-Wieland-Straße 5

Starnberg, Hauptstraße 7

Starnberg, Hauptstraße 25

Starnberg, Hauptstraße 7 (Detail)

Jahnstraße 51. *Villa,* vornehmer modern-klassizisierender Bau mit Säulenportikus und geschweiftem Dach, 1927 von Joseph Linder; mit Ummauerung und Nebengebäude.

Die Villa wurde für den Holzhändler Heinrich Vetter als eines der ersten Häuser im neuerschlossenen Baugebiet westlich des Nixenteiches errichtet. Man betritt die Villa über eine breite Treppe, die dem Säulenportikus vorgelagert ist. Die Mitte des Hauses wird auf ganzer Tiefe von einer, durch beide Stockwerke reichenden Halle eingenommen, die eine doppelläufige Treppe und eine umlaufende Galerie enthält. Große Doppelschiebetüren führen in die anschließenden Wohnräume, das Speisezimmer, den Salon und das über einen breiten, stuckierten Bogen angeschlossene Musikzimmer. Sämtliche Räume verfügen noch über die originale Ausstattung, vor allem über stuckierte Decken (z.T. Hohlkehlen und Stuckleisten, z.T. feine, netzartig über den Deckenspiegel gespannte Stuckprofile). Die Raumdisposition wirkt sehr repräsentativ und ist wohl auf den Empfang zahlreicher Gäste angelegt. Die gartenseitig vorgelagerte Terrasse führt zu einem großen Schwimmbad (aus der Bauzeit). Der Garten ist in seinem rückwärtigen Teil inzwischen stark verkleinert, die Reste der Anlage lassen jedoch erkennen, daß auch dieser ursprünglich wie die Eingangsseite stark durchgeformt war. Die große Belvedereplattform auf dem eigenwillig gewalmten Dach bot schon zur Bauzeit allein den gewünschten Blick auf den See über die bestehende Baumkulisse hinweg.

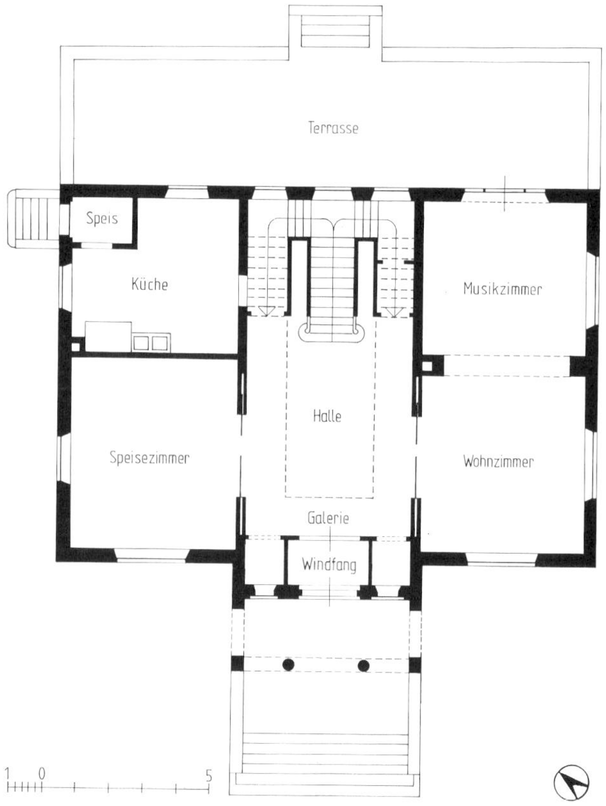

Starnberg, Jahnstraße 51, Erdgeschoß

Josef-Fischhaber-Straße 9. *Villa Mayer,* dreigeschossig, mit asymmetrischen Rundbogen-Fenstergruppen, eisernem Balkon, Hausmadonna, Steilwalmdach mit aufgesetztem Belvedere, 1897 von Emanuel Seidl; Parkanlage, hölzerner Brunnen mit Schnitzereien, 1892.

Die Villa steht an der Stelle des um 1862 von dem Literaten und Herausgeber der satirischen Zeitschrift «Punsch», Dr. M. Schleich, errichteten Landhauses, das lange Zeit das einzige hier oben auf dem Mühlberg gewesen war. 1889 kaufte der Besitzer der Mayer'schen Hofkunstanstalt, Franz Mayer, das Anwesen und ließ sich eine neue Villa bauen. Sie eröffnete die Reihe der Villen an der Hangkante des Mühlbergs, an einer der letzten repräsentativen Positionen auf Starnberger Gebiet. Die Reihe der folgenden Herrschaftsvillen mit dem kraftvollen Schlußakzent der burgartigen Riemerschmid-Villa (von Theodor Fischer, leider durch Umbauten entwertet) war ursprünglich auch entsprechend eindrucksvoll in der Stadtsilhouette präsent.

Die Ostseite der Villa wird von einer großzügigen Balkonlösung betont, die einst einen weiten, ungehinderten Blick aus dem Salon auf die Landschaft des Starnberger Sees erlaubte. Die Südost-Ecke ist ganz italianisierend in große Bogenfenster aufgelöst, womit das piano nobile auch nach außen hin hervorgehoben wird. Im Inneren ist die orginale Raumfolge überliefert; das ursprünglich mit untergeordneten Nebenräumen (Küche, Waschküche usw.) besetzte Erdgeschoß wurde nach dem Zweiten Weltkrieg allerdings zu Wohnzwecken ausgebaut. Von besonderem Interesse ist der Salon im Obergeschoß mit einer reizvollen Stuckdecke (Pflanzenmotive, Putten und punktuell in den Stuck gesetzte Lampen in der Art eines Sternenkreises) und einer Wandverkleidung mit Spiegeln und Malereien (idealisierte Landschaften) im Stil des Neurokoko. – Der zugehörige Park ist im Grunde Teil einer sich über den ganzen Mühlberg hinziehenden riesigen Parklandschaft. Der zur Villa gehörige Anteil reichte ursprünglich bis in die Leopoldstraße hinunter.

Josef-Fischhaber-Straße 11. Ehem. *Gäste- und Dienerschaftshaus,* zu Nr. 9 gehörig; zweigeschossig, mit vorstehendem Steilsatteldach, reiches Zierfach- und Zierbundwerk, z.T. mit Schnitzereien, hölzerner Balkon, 1903 von A. Vitzthum; Anbau westlich später.

Das ehemalige Kutscher- und Gästehaus ist ein unversehrtes Beispiel für die hier bei jeder Villa üblichen Nebengebäude und zeigt, mit welcher Sorgfalt man sich der Gestaltung dieser sekundären Bauten annahm.

Starnberg, Jahnstraße 51, Halle mit Treppenhaus

Starnberg, Josef-Fischhaber-Straße 9, Villa Mayer

Starnberg, Jahnstraße 51

Starnberg, Josef-Fischhaber-Straße 11

Villa Mayer, Salon

Josef-Fischhaber-Straße 27. Ehem. *Villa des Malers Paul Thiem* (1858–1922), malerisch-asymmetrischer Bau mit Mittelrisalit, Eckerkerturm und hölzernen Balkons, 1897 von Carl Lemmes.

Die Villa wurde für Adolf Thiem, den Vater des Malers Paul Thiem, gebaut. Er schenkte sie anschließend seinem Sohn. Sie war innen sehr großzügig gestaltet und mit Antiquitäten eingerichtet. Anläßlich der letzten Renovierung wurde das Äußere vereinfacht und die Innenräume stark umgebaut. Dabei wurde nicht nur die historische Raumfolge verändert (Einbau von Etagenwohnungen), sondern auch die meisten Details ohne Rücksicht auf die vorgegebene gestalterische Qualität erneuert (mit Ausnahme des Treppenhauses und einiger Türen). Auch der zugehörige Park wurde reduziert.

Josef-Fischhaber-Straße 27, ehemalige Villa Thiem

Villa Thiem, Eingang

Josef-Fischhaber-Straße 29. Ehem. *Villa Böhler,* zweigeschossiger malerischer Gruppenbau, Giebelrisalit in Neurenaissance-Formen, behelmter Eck-Erkerturm mit Zierfachwerk, Loggia mit gotisierender Brüstung, Wandbrunnen, eingelassene Reliefs, original erhaltenes Treppenhaus, 1898 von Ulrich Merk; ehem. Stallgebäude, erdgeschossiger Trakt mit vorgelegten Arkaden und kurzen Kopfbauten mit Mansarddächern, gleichzeitig; Parkanlage.

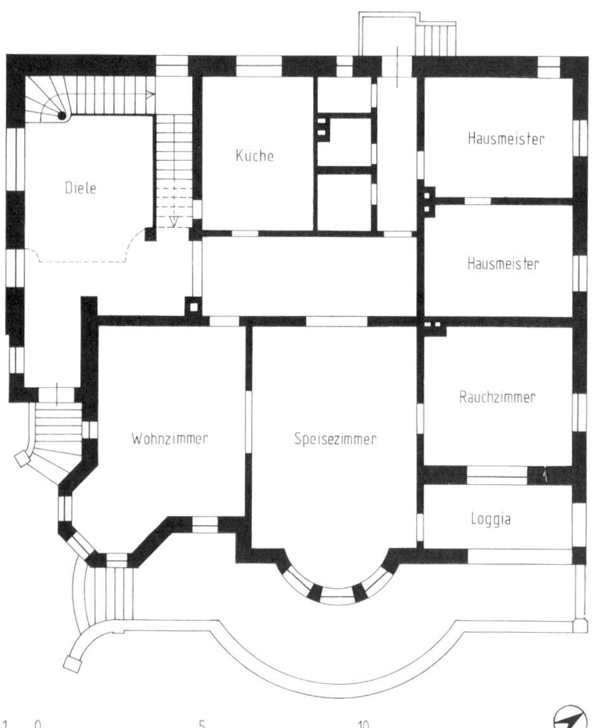

Starnberg, Josef-Fischhaber-Straße 29; ehem. Villa Böhler, Erdgeschoß

Starnberg, Josef-Fischhaber-Straße 29, ehemalige Villa Böhler

Die Villa läßt noch gut den Bauwillen des kunsthistorisch versierten Kunst- und Antiqitätenhändlers Julius Böhler erkennen. Der Baukörper wirkt mit seinem Formenreichtum ausgesprochen pittoresk. Vor allem der Kontrast zwischen dem Turm mit seinem malerischen Fachwerk und seinem Helm und dem strengeren Renaissance-Giebel ist auf ausdrucksvolle Spannung angelegt. Dabei wird durch den Giebelrisalit, der in seiner Mitte durch einen starken zweigeschossigen Runderker erweitert wird, das Zentrum der Villa mit dem Speisezimmer bzw. dem Schlafzimmer gekenn-

Villa Böhler, Ausstattungsdetail

Villa Böhler, Ausstattung des Speisezimmers

Villa Böhler, Diele und Treppenhaus

Villa Böhler, Blick in den Park

zeichnet. Die seitlich anschließenden Achsen, der Turmrisalit auf der einen, eine Loggia mit darüberliegender Altane auf der anderen Seite, nehmen die nachgeordneten Räume auf. Der Fassade ist eine in der Mitte exedraartig ausgreifende Terrasse vorgelagert. Die Details (z. T. in Werkstein ausgeführt) sind von hoher handwerklicher Qualität.
Das Innere wird über eine zweigeschossige Halle erschlossen, die das Treppenhaus mit Galerie enthält. Die Hauptwohnräume, die alle nach Osten, zum See hin liegen, sind zum größten Teil mit reich gearbeiteten Wand- und Deckenverkleidungen im Stil der Renaissance ausgestattet. Alle Beschläge an Türen und Fenstern sind nach historischen Vorbildern gearbeitet. Die Ausstattung wird durch eingebaute Originale (Wandbrunnen aus Marmor u. a.) ergänzt. In der Raumfolge der beiden Geschosse hat sich die charakteristische, immer wieder zu beobachtende herrschaftliche Ordnung ablesbar erhalten: In der Mittelachse des Erdgeschosses liegt das Speisezimmer als der zentrale Raum für die am strengsten stilisierte gesellschaftliche Form des Essens, beiderseits die Räume für das zwanglosere Beisammensein, das Wohn- und Musikzimmer, in das sich nach dem Mahl die Damen zurückzogen, und das «Rauchzimmer» für die Gesprächsrunde der Herren. Im Obergeschoß nahm das Schlafzimmer als zentraler privater Bereich die Mitte ein.
Der zugehörige Park ist ganz auf die malerische Wirkung von Baumgruppen und verschiedenen Solitärbäumen mit ihrer unterschiedlichen Größe, Form und Laubfärbung hin angelegt. Die gleichzeitige Wagenremise wurde 1908 um ein zusätzliches Hausmeisterhaus erweitert. Ein Zwischenglied mit offenen Arkaden verbindet beide Teile harmonisch.

Josef-Jägerhuber-Straße 1. *Wohnhaus,* langgestreckter zweigeschossiger Satteldachbau mit Gauben, verputzt, im Kern 18./ frühes 19. Jh., Ausbau um 1865; in städtebaulich bedeutender Lage.
Das kleine Bauern- und Handwerkeranwesen ist einer der Reste des Ortskerns um den Tutzingerhof-Platz. Die modern erweiterte Straßenkreuzung hat nicht nur für dieses Anwesen, sondern für die gesamte umliegende Bebauung die Maßstäbe verschoben.

Josef-Jägerhuber-Straße 9/11. *Wohnhaus,* ausgedehnter dreiteiliger Eckbau mit Leutstettener Straße 1, zweigeschossig, Mittelteil gerundet und durch symmetrische schmale Giebelrisalite ausgezeichnet, großer Balkon, Putzdekor im geometrisierenden Jugendstil, 1908 von Oskar Schüler.
Bei der Gebäudegruppe handelt es sich um den ersten Fall einer geschlossenen Blockbebauung in Starnberg, wobei die Gebäudehöhe nicht wesentlich über die Nachbarbebauung hinausgeht. Die Baumasse ist durch zwei vorspringende Zwerchgiebelrisalite gegliedert, die auch die Dachflächen unterbrechen. Der Überhöhung der Fassade wird durch die Ausbildung von hochliegenden Terrassen und einem Balkon entgegengewirkt. Das zugehörige Eckhaus, Leutstettener Straße 1, ist in seiner Außenerscheinung bereits reduziert.

Josef-Jägerhuber-Straße 13. Ehem. *Stadtapotheke,* zweigeschossiger traufseitiger Satteldachbau mit spätklassizistischer Putzfassade, 1835; Mittelrisalit mit Schweifgiebel, 1899 von Andreas Fischhaber; eiserner Zaun, Ende 19. Jh.; in städtebaulich wichtiger Lage.
Das 1986/87 ansprechend renovierte Haus bildet Ziel und Abschluß der Kaiser-Wilhelm-Straße. Leider haben die unmaßstäblichen Neubauten der Umgebung dem Platz viel von

Josef-Fischhaber-Straße 29, Nebengebäude

Starnberg, Josef-Jägerhuber-Straße 1

Starnberg, Josef-Jägerhuber-Straße 9

Starnberg, Josef-Jägerhuber-Straße 9 und 11

Starnberg, Josef-Jägerhuber-Straße 13, ehemalige Stadtapotheke

seiner einstigen Schönheit genommen. Das Haus wurde vom Apotheker und Bader Alois Deiglmeier erbaut, der in den Jahren 1844/45 auch Bürgermeister von Starnberg war. Im Keller sind noch Räume mit Tonnengewölben zur kühlen Aufbewahrung von Arzneimitteln, Mineralwassern, Medizinalweinen, Parfumerien, Fleischextrakten usw. erhalten.

Josef-Jägerhuber-Straße 19. *Bahnwärterhäuschen,* kleiner zweigeschossiger Satteldachbau mit Lisenengliederung, um 1860/70.

Josef-Sigl-Straße 4. Sog. *Wernbergschlößchen,* jetzt Bayerische Beamtenfachhochschule, drei erdgeschossige Mansarddach-Trakte, sternförmig angeordnet, barockisierend, erbaut 1922 von Franz Deininger für Erzherzogin Franziska von Österreich; Pförtnerhaus, erdgeschossiger Mansarddachbau und Toreinfahrt, im gleichen Stil, 1922; Parkanlage, 1922.

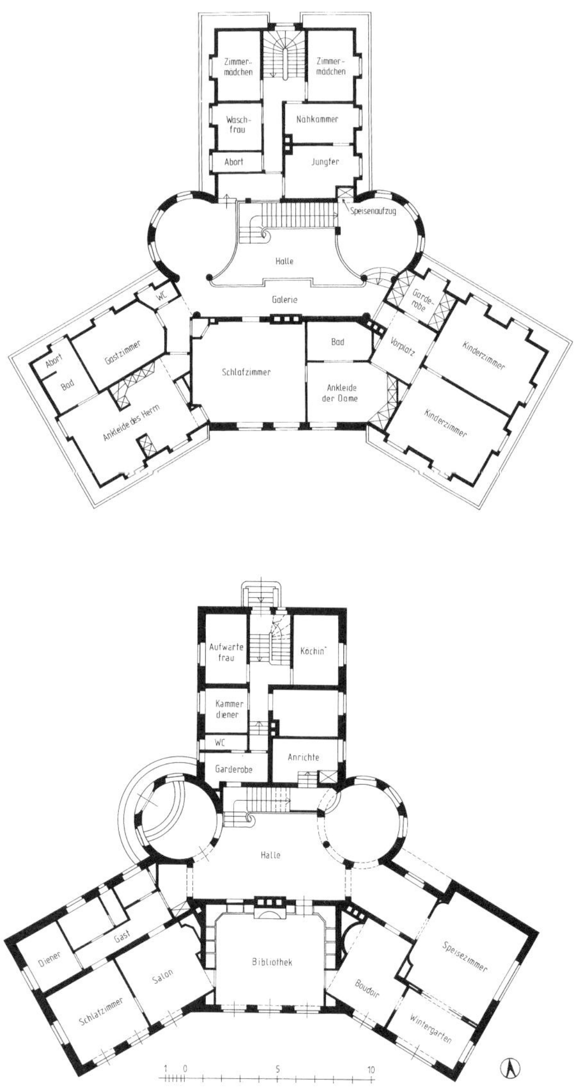

Josef-Sigl-Straße 4, Erdgeschoß (unten) und Obergeschoß

Die Villa steht auf der Anhöhe eines großen, nach Südosten hin abfallenden Grundstücks und war zur Bauzeit mit umfassender Sicht auf See und Alpenkette ausgestattet. Durch die ungewöhnliche Grundrißkonzeption war es möglich, das Haus von einem zentralen Punkt her optimal zu erschließen. Die im Mittelpunkt angeordnete Halle war ursprünglich mit einer Treppe ausgestattet, die in eine umlaufende Galerie mündete (heute beseitigt). Die sternförmige Anordnung des Baus ergab nicht nur die Möglichkeit, die verschiedenen Raumgruppen (Küchentrakt mit Hauswirtschaft, Privat- und Gesellschaftsräume) gut zu trennen und auf einander abzustimmen, sondern auch eine günstige Verteilung der Baumasse mit der Folge eines fast zierlichen Umrisses. Der Hauptfassade wird durch die Ausstattung der Erdgeschoßzone mit großzügigen Terrassentüren und die Betonung der Mitte dennoch repräsentatives Gewicht verliehen. Die meisten Räume haben trotz verschiedener Umbaumaßnahmen ihre ursprüngliche qualitätvolle Ausstattung (Türen, Fenster, mit Hohlkehlen und feinen Stuckleisten ausgestattete Decken) erhalten. Die Bibliothek, der zentrale Raum des Erdgeschosses, enthält noch die originale Einrichtung mit Stuckdecke, Marmorkamin und Bibliotheksschränken. Der umgebende Park ist gut überliefert.

Kaiser-Wilhelm-Straße 3. *Landhaus Hörner,* stattlicher dreigeschossiger Bau mit Flachsatteldächern und umlaufenden hölzernen Balkonen, 1894 von Andreas Fischhaber; mit hölzernem Nebengebäude.

Das Gebäude ist ein recht unverfälschter Vertreter eines aus dem bodenständigen Bauernhaus entwickelten und am Starnberger See häufig vertretenen Landhaustyps. Es läßt in unmittelbarer Nähe des Bahnhofs noch gut den hier, vor allem in der Kaiser-Wilhelm-Straße, angestrebten Gartenstadtcharakter Starnbergs erkennen.

Josef-Sigl-Straße 4, sogenanntes «Wernbergschlößchen»

Josef-Sigl-Straße 4, Bibliothek

Starnberg, Josef-Sigl-Straße 4, Eingangsseite

Josef-Jägerhuber-Straße, Bahnwärterhäuschen

Kaiser-Wilhelm-Straße 3

Kaiser-Wilhelm-Straße 13. *Villa Grad,* dreigeschossig, mit seitlichem Giebelrisalit, reiche neubarocke Fassadendekoration, eiserne Balkons, 1902/03 von Mathias Wannerstorfer.

Eine Etagen-Villa, welche die im Vergleich zur benachbarten Maximilianstraße anspruchsvollere und auch zeitlich spätere Bebauung in der Kaiser-Wilhelm-Straße überliefert.

Kaiser-Wilhelm-Straße 18. *Evang.-luther. Pfarrkirche,* Saalbau in neuromanischen Formen, mit Spitzturm; Neubau nach Plänen von Karl Klumpp 1892.

Bis 1875 konnte der allmählich anwachsende evangelische Bevölkerungsteil nur durch gelegentliche Gottesdienste zuerst auf Schloß Elsholz (Berg), dann in einem Betsaal im Starnberger Schloß pastoral versorgt werden. Endlich konnte 1875 in der Kaiser-Wilhelm-Straße ein schlichter Kirchenbau mit Dachreiter eingeweiht werden. Als um 1890 erste Bauschäden auftraten und der kleine Raum auch für den aufstrebenden Ort nicht mehr ausreichte, entschloß man sich zu einem Neubau. Dabei wurden architektonische Motive des ersten Baus – wie die offene, von zwei Säulen getragene Vorhalle am Hauptportal oder die Wandgliederung durch einen romanischen Bogenfries und einfache Mauervorlagen – übernommen und nur geringfügig modifiziert. In der differenzierteren Durchbildung des Chores (mit Blendarkaden) und des Turmes geht er freilich weit über den ersten Kirchenbau hinaus und bringt damit nicht nur den erhöhten Raumbedarf, sondern auch das neue Selbstbewußtsein der inzwischen stark angewachsenen Kirchengemeinde zum Ausdruck. Der Bau ist ganz der Formensprache Friedrich Gärtners verpflichtet.

Leopoldstraße 1. *Villa Kegel,* stattlicher Zeltdachbau mit exedraartigem Vorbau, reduziert-historisierend, 1912.

Leopoldstraße 4. Ehem. *Villa Hartlieb (Metz),* Kreuzgiebelbau mit Flachsatteldächern und Zwerchhaus, Zierfachwerk und Balkonvorbau, 1889 erbaut, erweitert 1901 von Andreas Fischhaber.

Mit dem Bau dieses Hauses wie dem der etwa gleichzeitigen Nachbarvillen (v. Bressensdorf, Baumgartner, Paulsen) wurde um 1890 das Gebiet unterhalb des Mühlbergs erschlossen. Der Rentier Dr. Metz aus Charlottenburg hatte 1889 den Grund von Ritter von Grundner erworben, dem die oberhalb gelegene Villa des Literaten Schleich gehörte. Der zugehörige Park geht deshalb noch auf die bis zur Talsohle herabreichende englische Gartenanlage der Schleich-Villa zurück.

Leutstettener Straße 1. *Wohnhaus,* Teil eines Eckbaus, stark erneuert, 1908; vgl. Josef-Jägerhuber-Straße 9 und 11.

Ludwigstraße 2. *Gemälde auf der Südseite,* um 1860, im Stil der Wandmalereien der Seeuferhäuser.

Das Wandbild (Flora?) ist stark verblaßt und durch Übermalungen reduziert.

Kaiser-Wilhelm-Straße 13

Leopoldstraße 1

Leutstettener Straße 1

Ludwigstraße 2

Kaiser-Wilhelm-Straße 18, Evang.-luther. Pfarrkirche

Starnberg, Leopoldstraße 4, ehemalige Villa Hartlieb

Starnberg, Evang.-luther. Pfarrkirche

Starnberg, Evang.-luther. Pfarrkirche

Ludwigstraße 7. *Handwerkerhaus* (Dachdecker), erdgeschossig, Dächer, Fassaden, Zwerchhaus in aufwendiger, gemusterter, mehrfarbiger Naturverschieferung 1913/14; kleine Hütte im Garten, mit gleichartiger Verschieferung der Dächer und Fronten, vor 1913/14.

Die originelle Schieferverkleidung ist ein Beispiel für die Werbung eines Handwerkers für seine Arbeit.

Luitpoldweg. *Bootshaus.* sog. *Bucentaur-Stadel,* Holzbau, 1803 für das neue Leibschiff «Carolina» erbaut.

Der Stadel erinnert an eine der glanzvollsten Zeiten Starnbergs. Schon Ende des 15. Jh. befanden sich hier an bzw. über der ehemaligen Mündung des Georgenbaches die Schiffshütten für die Flotte des Münchner Hofes. Anschließend an den Bau des Prunkschiffes Bucentaur 1663 wurde dafür eine eigene neue Schiffshütte errichtet. Die Schuppen für die Begleitschiffe lagen im rechten Winkel dazu am Ufer. Hier war dann der Ausgangspunkt für die prunkvollen Seefeste unter den Kurfürsten Ferdinand Maria, Max Emanuel und Karl Albrecht. Als unter dem neuen Kurfürsten Max IV. Joseph, dem späteren König Max I., das neue Leibschiff Carolina erbaut wurde, mußte auch der altersschwache Bucentaur-Stadel durch einen Neubau ersetzt werden. Dieser übernahm Lage und Form, wurde aber um 11 m kürzer. Er ist heute, nach dem Abbruch der anderen Schiffshütten, die letzte Erinnerung an die Zeit der höfischen Prunkschiffahrt. Mit seiner langgestreckten Form und dem mächtigen Krüppelwalmdach beherrscht er den Uferabschnitt. Die Dachform kennzeichnet ihn als herrschaftlichen Bau, der sich von den Bauernhöfen der Umgebung (mit Flachsatteldächern) optisch deutlich absetzte. Er ist auch im Inneren gut erhalten; seine Konstruktion, besonders die des Dachstuhls, bewahrt ein Stück hoher Zimmermannskunst.

Luitpoldweg 6. *Altes Schiffsmeisterhaus,* verschalter zweigeschossiger Blockbau mit Steilsatteldach, 1724.

Das neben dem Bucentaur-Stadel stehende Schiffsmeisterhaus hatte bereits einen Vorgänger von 1662. Der bestehende Bau wurde 1771 wegen der ständigen Hochwassergefahr mit Winden angehoben und mit einem gemauerten Sockel versehen. Er folgt der Bauweise und der Form der kleinen Bauern- und Fischeranwesen am Starnberger See. Ob er von Anfang an mit Scharschindeln gedeckt war, ist nicht sicher. Schiffsmeisterhaus und Bucentaur-Stadel bilden eine reizvolle Baugruppe, mit der die im 19. Jh. errichteten Gebäude des benachbarten Bayerischen Yachtclubs gut harmonieren.

Maisingerschluchtweg. *Kapelle am Maisinger Bach,* 1913; mit Ausstattung.

Die Kapelle, eine Stiftung von Benedikt Kirschner, liegt etwas abgeschieden am Maisinger Bach. Der kleine Altar enthält ein Bild der thronenden Himmelskönigin. Antependium und Decke sind in Flachschnitzerei ausgeführt.

Starnberg, Ludwigstraße 7

Maisinger Schluchtweg, Kapelle

Maisinger Schluchtweg, Kapelle

Luitpoldweg, sogenannter «Bucentaur-Stadel»

Starnberg, Luitpoldweg 6, ehemaliges Schiffsmeisterhaus

Starnberg, Luitpoldweg 6, sogenannter «Bucentaur-Stadel»

Max-Emanuel-Straße 25. *Villa,* vornehmer erdgeschossiger Walmdachbau mit bogenförmigem, behelmtem Mittelrisalit, Dächer verschiefert, modern-historisierend, 1925 von Karl Nungesser; Gartenanlage.

Die Villa wurde für den Schriftsteller Dr. Seibt erbaut. Der wegen der relativ geringen Grundstücksbreite knapp dimensionierte Bau verdeckt einen größeren rückwärtigen, in L-Form angefügten Nebentrakt. Die Nahtstelle bildet ein in den Innenwinkel gestellter halbrunder Treppenturm, über den das Obergeschoß erschlossen wird. Die Wahrung der

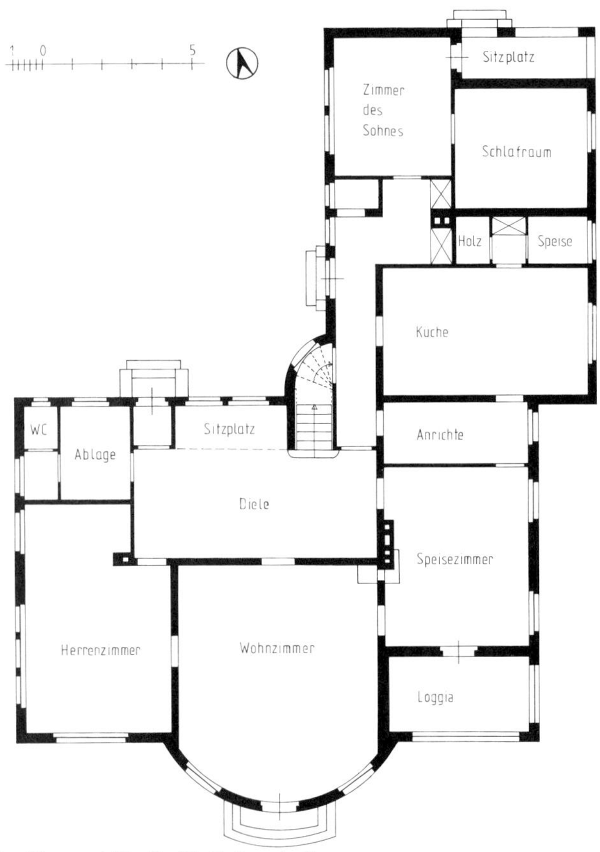

Max-Emanuel-Straße 25, Erdgeschoß

Symmetrie und die Akzentuierung der Schauseite durch ein exedraartiges Mittelstück mit Altane und extravagant geformtem Helm verleihen dem an sich bescheidenen Bau Eleganz und unaufdringliche repräsentative Bedeutung. Form und Größe der Fenster bzw. Terrassentüren lassen die Hierarchie der Wohnräume – im Zentrum unten der Salon, oben das Schlafzimmer – auch außen sichtbar werden. Die Villa überrascht im Inneren mit einer klar und annähernd symmetrisch aufgebauten Raumfolge und mit einer reichen Ausstattung. Alle Räume sind nach verschiedenen Motiven gestaltet und mit Stuck- oder Balkendecken, mit Wandverkleidungen und Kachelöfen versehen. Die Ausstattung ist bis in die Details erhalten.

Max-Emanuel-Straße 27. *Villa* ehem. *Graf Korff-Schmising,* im barockisierenden Jugendstil mit Mansardwalmdach und offener Loggia, 1924 von Baumeister Andreas Fischhaber, Starnberg.

Das Haus ist im Inneren schlicht gehalten. Eine fast baugleiche Villa wurde in unmittelbarer Nähe für den Schauspieler Helmerding errichtet.

Max-Emanuel-Straße 25, Salon

Max-Emanuel-Straße 25, Bad

Max-Emanuel-Straße 25, Diele

Max-Emanuel-Straße 27, ehemalige Villa Korff

Max-Emanuel-Straße 25, Wohnraum im OG

Max-Emanuel-Straße 25, ehemaliges Speisezimmer

Starnberg, Max-Emanuel-Straße 25, ehemalige Villa Dr. Seibt

Maximilianstraße 1. *Pensionsvilla und Geschäftshaus,* dreigeschossig, mit vorstehendem Steilwalmdach, Eckerkerturm mit Haube, Giebelrisalit mit Balkons, Neurenaissance-Fassadengliederung, 1895 von Maurermeister M. Mayr für Rieder und Stamm erbaut.

Maximilianstraße 3. *Villa,* Eckhaus mit zwei Giebeln, abgewalmten Dächern, Zierfachwerk und Balkons mit Laubsägearbeit, 1894 von Andreas Fischhaber.

Maximilianstraße 5. *Villa,* mit seitlichem Treppenturm, hölzernem Balkon und Zierbundwerk, 1894 von Michael Mayr.

Maximilianstraße 7. *Villa,* zweigeschossig, mit vorstehendem Steilwalmdach und Zierfachwerk in der Dachzone, eingestellter Eckerkerturm mit Helm, Giebelrisalite, hölzerne Balkons, 1894 von Maurermeister Michael Mayr; Garten mit Einfriedung.

Die am Eingang der Maximilianstraße um 1894/95 entstandenen Etagenvillen gehören zu den spätesten Bauten in diesem Straßenzug. Sie wurden im Vergleich zu den kleineren Stadtvillen nördlich davon wesentlich höher gebaut und stellen damit die ersten Ansätze zu einem städtischen Ortsbild in Starnberg dar. Und während jene mit ihren schlichten bodenständigen Formen den mittleren und nördlichen Teil der Maximilianstraße beherrschten, wurde hier mit dem Griff in den Formenschatz des Historismus ein anderer Ton angeschlagen. Dies war vielleicht eine Folge der in Bahnhofsnähe spekulativ erwarteten höheren Rendite, vielleicht auch Ausdruck der besonderen Bedeutung, die Bauten in dieser Lage zugemessen wurde. Sie wurden im Gegensatz zu den kleineren Villen von den Planern (Michael Mayr, Andreas Fischhaber) z.T. auch als Verkaufs- und Spekulationsobjekte gebaut. Nicht zuletzt sollte ihre Baumasse auch in Korrespondenz zu dem gegenüberliegenden Gasthof zur Eisenbahn und dem Hotel Hirth sowie zum nahen Bahnhof stehen. Die Häuser sind mit ihren z.T. noch stark einem eklektizistischen Historismus verhafteten Details recht gut erhalten, wenn auch stark renovierungsbedürftig. Sie bewahren allein in dieser Umgebung noch etwas vom Charakter des Starnbergs der Jahrhundertwende und von der Stimmung eines Seebades, wie sie auf historischen Photographien dokumentiert ist. Die Gestaltung der Baukörper ist in der für diese Zeit charakteristischen Weise stark auf die Schauseite, hier die Straßenansicht, konzentriert; die seitlichen und rückwärtigen Fassaden sind einfacher gehalten. Die Türme, die der Straßenfront beigestellt sind, geben der Reihe aus der Schrägsicht Kontur und Rhythmus. Die Baukörper scheinen, besonders auch infolge ihrer Höhenentwicklung, relativ nahe zusammengerückt, die zum Teil noch erhaltenen Einfriedungen lassen aber erkennen, daß auch diesen Häusern noch, wie den kleineren Stadtvillen nördlich davon, ein knapper, wohlgepflegter Garten vorgelagert und seitlich beigegeben war. Alleebäume stellten vollends den Gartenstadtcharakter her. Rückwärts waren größere Gärten mit Obstbäumen und hohen Laubbäumen angeordnet. Zusammen mit den Gärten der Nachbarhäuser ergab das eine zusammenhängende parkartige Landschaft.

Der Wert dieser Häuserzeile für das Stadtbild an dieser Stelle und für die Identität Starnbergs erweist sich, unabhängig vom Wert jedes einzelnen Hauses, mehr denn je im Vergleich mit der umliegenden, in ihrem Erscheinungsbild be-

Maximilianstraße, historische Aufnahme, um 1920/25

Starnberg, Maximilianstraße 1–9

Maximilianstraße 3

Maximilianstraße 7

Maximilianstraße 5

Starnberg, Maximilianstraße 7 und 9 mit Blick zum Bahnhof

reits stark reduzierten und entwerteten Bebauung. Gerade in der Maximilianstraße wird der Verlust an Maßstab und Qualität für das gewachsene Ortsbild so schmerzlich sichtbar wie nur an wenigen Stellen in Starnberg.

Maximilianstraße 9. *Villa,* zweigeschossiger Giebelbau mit Eckerker-Ausbauten, dazwischen eingespannt Balkone, Giebel vorgezogen mit großer Balkonnische, Krüppelwalmdach, Fassaden-Stuckdekor im klassizisierenden Jugendstil, 1911 von Andreas Fischhaber.

Das Haus veranschaulicht die Entwicklung der Architektur innerhalb von 20 Jahren, wenn man es mit dem ebenfalls von Fischhaber errichteten Haus Maximilianstraße 3 vergleicht. Vorentwürfe lassen die schrittweise Reduzierung der Mittel zu einer zurückhaltenden Form studieren.

Maximilianstraße 16. *Villa,* zweigeschossig, vorstehende Flachsatteldächer, asymmetrischer Giebelrisalit, spätklassizistische Wandgliederung, 1878.

Der Bau verrät deutlich das Bedürfnis nach Repräsentation und nach Darstellung des neuen bürgerlichen Wohlstands. Ein ähnlicher Bau, Ecke Kaiser-Wilhelm- und Ludwigstraße, wurde vor einigen Jahren abgebrochen.

Mathildenstraße 12. *Villa Eichthal,* erdgeschossiger Mansarddachbau mit bogenförmigem Mittelrisalit mit geschweiftem Steilgiebel-Abschluß, seitlich Zwerchgiebel, 1909 von Franz Zell für Baronin von Eichthal erbaut; Terrasse und Gartenanlage.

Der hohe Schweifgiebel, der die Fassade kraftvoll akzentuiert, verleiht dem an sich kleinen und bescheidenen Bau Eleganz und Würde. Es entstand ein Haus mit starkem individuellem Charakter. Franz Zell gehörte zu den Münchner Architekten, welche die Notwendigkeit einer Entwicklung des Landhauses aus bodenständigen Formen und unter Verwendung traditioneller Elemente und Materialien erkannten und konsequent verfolgten. Er wurde damit zu einem der Wegbereiter des Heimatstils. Die Form des Baukörpers mit dem schwungvollen Mittelrisalit ist, wie auch einige Villen Emanuel Seidls, deutlich von den barocken Kavaliersbauten am Schloßrondell in Nymphenburg beeinflußt. Die Terrassenbildung mit ihrer Treppenanlage gleicht Niveauunterschiede im Gelände aus und verstärkt den Herrschaftscharakter der Villa. Diese weist im Innern eine großzügige Raumdisposition und schöne Ausstattungsdetails auf.

Mathildenstraße 14. Ehem. *Landhaus Rettenberger,* mit verglaster Veranda über offener Loggia und Hochbalkon, vor 1909.

Die Villa, die ebenfalls zur Bebauung am Fuße des Mühlberg-Steilhanges gehört, zeigt eine Häufung von Landhausmotiven, die ein sehr individuelles Erscheinungsbild ergibt. Die Gartenanlage ist, wie fast überall auf dieser Zeile, noch gut erhalten und gepflegt.

Ostheimerweg 2. Ehem. *Benefiziatenhaus,* erdgeschossig mit Schopfwalmdach und Zwerchhaus, 1922–23 von Otto Gaßner.

Beispiel für ein kleines Einfamilienhaus, das ganz im Sinn der Heimatschutzbewegung entwickelt wurde.

Maximilianstraße 9

Maximilianstraße 16

Starnberg, Ostheimerweg 2

Ehemalige Villa Eichthal, Treppenhaus

Starnberg, Mathildenstraße 14, ehemaliges Landhaus Rettenberger

Starnberg, Mathildenstraße 12, ehemalige Villa Eichthal

Ottostraße 1. Ehem. *Villa Buchsbaum,* zweigeschossig, mit Erkerturm, Treppenturm, Giebel mit Zierbundwerk, verschindelter Dachzone, 1895 durch A. Vitzthum; Erweiterung 1906.

Die Villa gehört zu einer kleinen Gruppe von Landhäusern, die um 1895 an der neuerschlossenen Ottostraße entstanden sind und die sich alle durch sehr große Grundstücke auszeichneten, die teilweise bis in das Siebenquellental hinunterreichten. Der schlichte Bau hat durch mehrere kleine Erweiterungen schon früh (1906) Änderungen erfahren. Vor allem wurden das in malerischem Fachwerk ausgebildete Dachgeschoß später mit einem Brettermantel versehen und der als offene Loggia ausgeführte nördliche Teil der Gartenfassade mit großen rundbogigen Terrassentüren geschlossen. Das Haus ist in seiner Substanz sehr gut erhalten, auch die zugehörige Kutschenremise existiert noch. Die weitläufige Parkanlage wurde jedoch bereits 1909 durch den Bau der Villa Deckelmann in ihrem östlichen Teil bedeutend verkleinert. Im Inneren der Villa haben sich die reiche Gestaltung der Erdgeschoßräume (kleinere intime Räume um eine zentral gelegene Halle) mit Stuckornamenten und Stuckleisten an Decken und Wänden, gemalten Supraporten, Tapetenmustern in Schablonentechnik u. a. und die Ausstattung der Zeit mit Türen, Fenstern, Kachelöfen sowie einer kleinen Bibliothek (mit einer Dekoration im Stil des Louis seize) ungeschmälert erhalten.

Ottostraße 3. *Villa Volkhardt* (ehem. Hoeßle), landhausartig mit zwei Flachsatteldachgiebeln, Eckerker und hölzernen Balkonen, 1896, erweitert 1907 und 1913; mit Toreinfahrt und Parkanlage.

Auch diese Villa, zunächst in schlichten, vom bodenständigen Landhaus abgeleiteten Formen errichtet, wurde mehrfach durch Anbauten erweitert. Der Entwurf stammte von Civilingenieur Heinrich von Hoeßle.

Ottostraße 5. *Landhaus,* Putzbau mit Flachsatteldach, Zwerchgiebel und hölzernen Balkons, 1896.

Der Realitätenbesitzer Anton Lang hatte auf dem Mühleich umfangreichen Grundbesitz erworben, den er zu Spekulationszwecken parzellieren und als Neubaugebiet ausweisen ließ. Es entstanden hier um die Jahrhundertwende zahlreiche kleinere Landhäuser, die vom Bauwillen her eher kleinbürgerlich, in ihrer Gestaltung meist schlicht und sachlich waren, mitunter aber auch etwas holprig den Anspruch auf Bedeutung zu erheben versuchten. Dennoch ergaben die architektonische Vielfalt und die reizvollen Gartenanlagen am Ende ein farbiges, ansprechendes Bild, das leider mittlerweile durch Umbauten und Modernisierungen stark entwertet worden ist. Das Landhaus Ottostraße 5, von Lang als eines der ersten Spekulationsobjekte vermutlich nach Entwürfen von Mathias Wannerstorfer erbaut, ist dagegen noch recht gut in seiner Originalität überliefert.

Possenhofener Straße 5. *Lochmannhaus,* ehem. *Herrensitz,* seit 1914 Heimatmuseum, Blockbau mit Laube und Flachsatteldach, Ende 17. Jh.

Der bestehende Bau, der heute den Eindruck eines größeren Bauernhauses macht, stammt nach der Aussage dendrochronologischer Untersuchungen, die sich mit einer Jahreszahl (1693) über der Tür zur seitlichen Laube deckt, vom Ende des 17. Jh. Er ersetzte um diese Zeit einen älteren Bau, der schon 1554 als Herrensitz in Händen der Münchner Patri-

Starnberg, Ottostraße 1, ehemalige Villa Buchsbaum

Ottostraße 1, Vestibül

Ottostraße 1, Bibliothek

Ottostraße 3, Villa Volkhardt

Ottostraße 5

Starnberg, Possenhofener Straße 5, Heimatmuseum (ehemaliges Lochmann-Haus)

Starnberg, Heimatmuseum, Renaissance-Stube

zierfamilie Vendt nachzuweisen ist. Zu diesem Herrensitz gehörten in Starnberg 5 Hofstätten. Um 1640 erhielt Albrecht von Haimhausen auf diesen Besitz das Hofmarksrecht. Nach dem Erwerb der Hofmark Tutzing konnte er 1650 deren einschichtigen Besitz in Starnberg zur Hofmark Niederstarnberg schlagen, so daß diese nun über zehn Anwesen verfügte. Die nachfolgenden Besitzer zogen jedoch bald Tutzing als Wohnsitz vor, so daß der Sitz Starnberg an Bedeutung verlor und meist nur noch als Absteige für den Pferdewechsel diente. Diesem Umstand ist es wohl zu verdanken, daß das Herrenhaus nicht, wie in anderen Fällen (z. B. Possenhofen, Allmannshausen) beizeiten als Steinbau erneuert wurde. Seit etwa 1800 wurde das Haus dann nur noch landwirtschaftlich genutzt. Im Erdgeschoß hatte wohl stets, abgabenpflichtig und mit den Aufgaben eines Verwalters betraut, eine Bauern- und Fischerfamilie gewohnt. Der Oberstock, der ursprünglich über eine Außentreppe erschlossen wurde, war der Herrschaft vorbehalten, was im übrigen auch äußerlich an den bedeutend größeren Fenstern abzulesen ist. 1848 konnte die Bauernfamilie das Anwesen um 6300 fl von der Tutzinger Hofmarksherrschaft ablösen. 1912 erwarb es die Stadt Starnberg für ein Heimatmuseum (Einweihung 1914).

Das Haus, das ursprünglich am Seeufer stand und durch den Bau der Eisenbahnlinie Starnberg–Tutzing 1865 sowie durch die bauliche Entwicklung in der engeren Umgebung aus seiner ursprünglichen Situation gedrängt wurde, wirkt heute auf dem beengten Grundstück etwas isoliert. Die äußere Form ist verhältnismäßig gut überliefert. Bei der Umwidmung in ein Heimatmuseum wurde die ehemals am Ende des Gebäudes nördlich angefügte kurze Widerkehr entfernt und etwa auf gleicher Höhe ein Kapellenbau eingefügt, dessen Apsis auf der Südseite erkerartig heraustritt. Der Blockbau mußte bei der 1985 abgeschlossenen Renovierung des Museums in stärkerem Maße durch Austausch von Balkenteilen saniert werden. Das Dach wurde in seinem überlieferten Neigungswinkel erneuert und nach dem historischen Vorbild der Radierung von Eugen Napoleon Neureuther (um 1840) wieder als Legschindeldach ausgebildet. Ursprünglich dürfte der Bau wohl mit einem Walmdach mit Scharschindeldeckung ausgestattet gewesen sein, was ihn von den umgebenden kleineren Bauern- und Fischerhäusern abgesetzt und als herrschaftlichen Bau gekennzeichnet hätte. Die Darstellung auf dem Wening-Stich zeigt das Herrenhaus mit einer solchen Dachform, ist aber doch wohl zu wenig detailliert, um als Beweis gelten zu können.

Die innere Einteilung des Hauses ist im Wohnteil noch gut ablesbar, der Wirtschaftsteil wurde dagegen stärker für die Zwecke des Museums ausgebaut. Im Erdgeschoß existieren noch die alte Stube mit Kachelofen, der Schlafraum, die Speis und die Küche mit der offenen Feuerstelle. Der zugehörige Kamin, an den auch die herrschaftliche Küche im Obergeschoß angeschlossen ist, dürfte noch aus der Bauzeit um 1690 stammen.

Das Obergeschoß enthält eine kleine Küche mit offenem Herd, durch ein Tonnengewölbe deutlich als herrschaftliche Küche gekennzeichnet, ferner einen größeren Schlafraum und die Stube. Diese ist mit einer Balkendecke und einer Vertäfelung ausgestattet, die Elemente der Spätgotik (Schablonenmalerei, schmaler Flachschnittfries) und der Frührenaissance (zwei Türen, eine mit Doppelwappen der Familien Vendt und Schrenk, nach 1520) aufweisen. Diese Stube wurde beim Neubau des Hauses offenbar vom Vorgängerbau übernommen. Ob sie aber ursprünglich für dieses ältere Herrenhaus geschaffen wurde oder anderer Provenienz ist, kann nicht mehr gesagt werden.

Possenhofener Straße 5. Ehem. *Fischerhaus,* 1912 aus Pischetsried übertragen, zweigeschossiger Blockbau mit umlaufender Laube und Flachsatteldach, 1706.

Der kleine Blockbau war an seinem ursprünglichen Standort als Getreidekasten genutzt worden. Er wurde 1914 mit Flößen über den See transportiert und an diese Stelle versetzt, um für den Kustos des neuen «Würmgaumuseums» ein passendes Wohnhaus einrichten zu können. Die alte Raumdisposition (Speicher- und Lagerräume) wurde dabei zugunsten von kleinen Wohnräumen geändert. Der Bau überliefert dennoch anschaulich die im Vergleich zum Herrenhaus bescheideneren Verhältnisse der alten Bauern- und Fischeranwesen am See (vgl. Unterzeismering, Weberhaus und Unteranger 4).

Possenhofener Straße 19. *Villa Mussinan,* zweigeschossiger Traufseitbau, vorkragendes Flachsatteldach, Neurenaissance-Wandgliederung, große verglaste Veranda zum See, 1877.

Das 1986 renovierte Haus zeigt eine deutliche Verwandtschaft zum Landhaus in der Söckinger Straße 27. Es könnte von gleicher Hand sein (Mathias Wannerstorfer?) und wurde für den Kaufmann Philipp Held aus München gebaut. Die seeseitige verglaste Veranda ist wohl ein späterer Anbau.

Possenhofener Straße 65. *Villa Holz (bzw. Göß),* seit 1918 Münchner Yacht-Club, zweigeschossiger Satteldachbau mit umlaufendem Balkon und Hochlaube, erbaut 1864; zum See Terrassenanbau 1899 (Umbau fünfziger Jahre); Bootshaus, hölzerner Flachsatteldachbau mit erdgeschossigen Seitenflügeln, offene Arkaden zum See, um 1918.

Die Villa gehört zu den ersten Landhäusern am Seeufer. Sie wurde für den Maler und Hofphotographen Hermann Holz unter Verwendung bodenständiger Formen errichtet. Der Terrassenanbau stammt von Valentin Wolff.

Possenhofener Straße 70. Ehem. *Villa Patzig,* malerischer Gruppenbau, zweigeschossig, mit offenen Erdgeschoßarkaden, 1920 von Anton Hatzl.

Die nach Süden gelegene Gartenseite der Villa ist erdgeschossig in eine Loggia aufgelöst; rückwärts schließt sich ein niederes Nebengebäude im selben Stil an.

E. N. Neureuther, Lochmannhaus; Radierung, um 1840

Starnberg, Heimatmuseum, Küche

Possenhofener Straße 5, ehemaliges Fischerhaus

Starnberg, Heimatmuseum, Stube im EG

Starnberg, Possenhofener Straße 19, Villa Mussinan

Starnberg, Possenhofener Straße 65, ehemalige Villa Holz

Starnberg, Possenhofener Straße 70

Possenhofener Straße 83. Ehem. *Villa Dr. Sicherer,* zweigeschossig mit Satteldach und Zwerchgiebel, Hochlaube auf der Seeseite, 1911 von Architekt L. Ritzhaupt.

Das Landhaus wurde für den Privatgelehrten und Schriftsteller Dr. Joseph Sicherer erbaut. Es steht an der Stelle einer älteren Villa, die in den siebziger Jahren entstanden war. Das Haus, das mit Ausnahme einer Fenstererweiterung im Erdgeschoß weitgehend original überliefert ist, besticht durch seine schlichte, noble Form und seine Details, die dem am See so häufig vertretenen Landhaustyp entsprechen. Es steht vor der eindrucksvollen Kulisse eines Parks, der als Teil der zusammenhängenden Parklandschaft des Westufers zu sehen ist und in diesem Abschnitt auf die ehemals zur Villa du Pré von 1851 gehörige Anlage zurückgeht.

Possenhofener Straße 95. Ehem. *Villa Hofrat Simmerl,* dann Berger, zweigeschossig, fünfeckiger Belvedere-Turm zum See, rückwärts Treppenturm, spätklassizistische Wandgliederung, um 1855; Kutscher- und Nebengebäude, massiv und Holz, gleichzeitig; mit Parkanlage.

Der kleine Bau mit seinem unverwechselbaren polygonalen Belvedere-Turm gehört zu den frühesten Villen auf diesem Uferabschnitt. Die sparsame Gliederung durch flache Mauervorlagen und Zahnschnittfriese erinnert an die Ebersvilla in Tutzing. Der Bau ist recht ursprünglich überliefert, bedürfte aber der Instandsetzung. Das Innere ist schlicht und zweckmäßig gestaltet. Am Rand der stark reduzierten Parkanlage sind noch Teile der ursprünglichen Ausstattung mit Nebengebäuden (Kegelbahn, Teepavillon) erhalten geblieben. Die Gebäude werden heute von der kath. Jugendfürsorge genutzt.

Prinzenweg 13. Villa *Dr. Kornmann,* im italianisierenden Stil mit Monumentalordnung und Dachbelvedere, 1878; mit Dekorationsmalerei im Inneren.

Der Münchner Kaufmann Wilhelm Keil hatte seit 1874 große Waldstücke östlich des Prinzenweges aufgekauft und damit begonnen, einen Teil davon in eine Garten- und Parklandschaft nach englischem Vorbild umzuwandeln. Da aus diesem Areal später laufend Grund verkauft wurde, ist die ehemalige Parkanlage nur noch in der Zusammenschau der gesamten Nachbarbebauung ablesbar. Das Haus steht an der Geländekante zu einem steil abfallenden Hang. Das erbrachte nicht nur eine umfassende Fernsicht über die Landschaft des Starnberger Sees, sondern bedeutete auch eine starke optische Präsenz der zum See hin orientierten Schauseite in der Villenlandschaft des Westufers. Diese Fassade zeigt eine Ordnung von monumentalen ionischen Pilastern auf rustizierten Pfeilervorlagen und eine kräftige Attika, hinter der sich ein Dachbelvedere verbirgt. Durch die Hanglage bedingt erscheint das Untergeschoß auf der Ostseite mit voller Fensterfront, wird aber durch die Rustika-Ausführung der Mauerflächen (Sockelgeschoß) deutlich von den oberen Wohngeschossen abgesetzt. Diese werden auch durch die großen Fenster und die Balkone als die Geschosse mit den Wohnräumen gekennzeichnet. Die Südseite wurde anläßlich der Renovierung 1987 mit zusätzlichen Verandabauten neu gestaltet. Auf einem Bauplan der Villa, 1876 datiert, unterzeichnet ein J. Berthold für den Entwurf.

Das Innere ist durch ein rückwärtiges zweigeschossiges Treppenhaus mit schmiedeeisernem Treppengeländer erschlossen. Im Treppenhaus und in sämtlichen Räumen hat sich die originale Dekoration, ausgeführt von dem Starnberger Maler Joseph Wörsching, erhalten. In den untergeordneten Räumen besteht sie aus einem System von schablonierten Zierbändern und flächenfüllenden, textilen Mustern. Die Haupträume im ersten Obergeschoß werden durch umfangreiche, zum Teil mit freier Hand aufgetragene Wand- und Deckenmalereien als das piano nobile des Hauses herausgehoben. Der südöstliche Salon ist am aufwendigsten gestaltet: Er zeigt eine Art Architekturmalerei im Stil der pompejanischen Villen, angereichert mit Veduten und mit Dekorationselementen aus den Musterbüchern des Späthistorismus. Diese Raumfassung aus der Bauzeit wurde 1987/88 freigelegt und restauriert. Das hier vorgefundene Dekorationsprogramm ist sowohl hinsichtlich des Umfangs als auch der Qualität bisher einmalig in der Villenlandschaft des Starnberger Sees. Es dürfte aber außer Zweifel sein, daß es ähnliche Raumgestaltungen auch in anderen Fällen gegeben hat.

Prinzenweg 23. *Landhaus Schreiber,* zweigeschossig, vorstehendes Flachsatteldach, Eckerker, hölzerne Galerien, verbretterte Giebellaube, 1922 von Leopold Keil (München), mit Gartenanlage.

Auch hier entsprechen die wichtigsten Formelemente, die Verwendung bodenständiger Materialien und die Orientierung von Erker, Balkon und Hochlaube auf die Seelandschaft genau dem Bild des größeren, repräsentativen Landhauses am Starnberger See. Die Ausbildung der Details (Balusterbalkon, gedrechselte Fenstergliederungen im Erker, Fensterläden) folgen deutlich den Prinzipien des Heimatstils.

Possenhofener Straße 83, ehemalige Villa Dr. Sicherer

Starnberg, Prinzenweg 23, Landhaus Schreiber

Possenhofener Straße 95, ehemalige Villa Simmerl

Prinzenweg 13, Villa Keil (Kornmann)

Starnberg, Prinzenweg 13, Villa Keil (Kornmann), Salon

Ringstraße 10. Ehem. *Villa Ende,* erdgeschossiger Zweiflügelbau mit Mansardwalmdach, barockisierend, 1923 von Ernst Zeh; mit Garteneinfriedungsmauer.

Das Haus am Rande der Ludwigshöhe gehört zu den charaktervollsten kleineren Villenbauten Starnbergs. Der im rechten Winkel angeordnete Baukörper wird durch einen in den Innenwinkel plazierten, repräsentativ betonten Eingang erschlossen. Über eine kurze Treppe erreicht man einen Vorplatz, der zu den Räumen im Erdgeschoß führt. Von hier aus führt auch das Treppenhaus nach oben. Die in übersichtlicher Abfolge disponierten Wohnräume besitzen noch ihre qualitätvollen Ausstattungsdetails. Die erdgeschossigen Ganzscheibenfenster sind bereits im Entwurf so ausgebildet und dokumentieren ein bemerkenswert frühes Auftreten dieses Architekturelements im Starnberger Villenbau.

Ringstraße 10, ehemalige Villa Ende

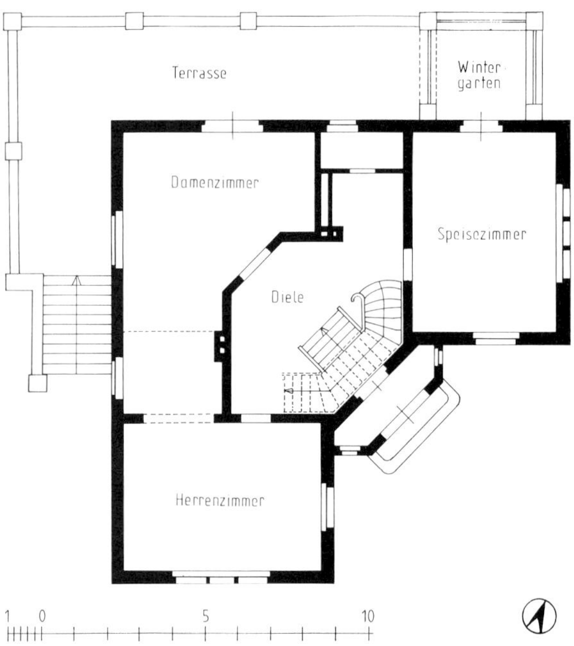

Starnberg, Ringstraße 10, ehemalige Villa Ende, Erdgeschoß

Schießstättstraße 14, Villa Aurora

Schießstättstraße 14. *Villa Aurora,* vornehmer neuklassizistischer Bau, zweigeschossig mit Flachwalmdach, Säulenportikus zum Park mit vorgelegter Terrasse, seitlicher Anbau mit Terrassenbalkon, 1922; mit Parkanlage.

Die Villa zeigt mit ihrem monumentalen Portikus ein gesteigertes Repräsentationsbedürfnis des Bauherrn und erweist sich mit dem Rückgriff auf Ausdrucksmittel des 19. Jh. als Sonderfall in der Starnberger Villenlandschaft um 1920/25. Die Terrassenanlage und der heute bereits stark reduzierte Garten waren in strenger klassizisierender Form auf die Fassade bezogen.

Schloßbergstraße 3. *Alte Kath. Pfarrkirche St. Joseph,* barocker Neubau, geweiht 1770, nach Plänen von Leonhard Matthäus Gießl; mit Ausstattung; alter Starnberger Friedhof, um 1770, ummauert; Grabdenkmal Dr. Michael von Hastreiter, nach 1877.

Die Josephskirche steht an der Stelle eines unter Albrecht V. erbauten Sommerhauses und wurde von Gießl 1764/66 als neue Pfarrkirche errichtet. Sie steht oben auf dem Schloßberg in beherrschender Lage über der Stadt. Vor allem der feingliedrige Turm ist weit über den See und die umgebende Landschaft sichtbar und macht die Kirche zu einem der Wahrzeichen Starnbergs.

Alte Pfarrkirche St. Joseph mit Schloßgarten

Starnberg, Blick auf Josephs-Kirche und Schloß

Starnberg, Alte Kath. Pfarrkirche St. Joseph

Starnberg, Alte Kath. Pfarrkirche St. Joseph

Das breite, geräumige Langhaus zu zwei Jochen wird mit abgeschrägten Ecken in den etwas eingezogenen quadratischen Chor übergeleitet, der mit einer flachen, segmentförmigen Apsis schließt; im Westen eine Doppelempore. Der Raum erscheint im Vergleich zu den zeitgleichen Landkirchen von Perchting und Inning mit ihrer barocken Farbigkeit und Raumbewegung etwas zurückgenommen und strahlt eine eher höfische Eleganz aus. Die Fresken, thematisch dem hl. Joseph gewidmet, stammen von Christian Wink (signiert 1765), der Stuck von Franz Xaver Feichtmayr. Der Hochaltar mit einer Figurengruppe der Hl. Familie und den Seitenfiguren der hll. Nepomuk und Franz Xaver ist von Ignaz Günther. Die in Polierweiß gehaltenen Figuren gehören zu seinen reifsten Leistungen. Auch die Kanzel mit den Symbolen der vier Evangelisten wird Günther zugeschrieben. Bemerkenswert sind schließlich die geschnitzte Doppelempore, die Kirchenbänke und die Beichtstühle von Bartholomäus Zwinck. Etwas fremd wirken in diesem Raum die beiden Seitenaltäre von 1854 mit Bildern des hl. Petrus von Wilhelm Hauschild und des hl. Sebastian von Eduard Schwoiser. – Die Kirche umgibt ein kleiner Friedhof, der mit seinen Grabstätten das alte Starnberg vor dem Bau der ersten Villen repräsentiert. Das bedeutendste Einzelgrab erinnert an Dr. Michael Hastreiter, den Leibarzt des Prinzen Karl von Bayern.

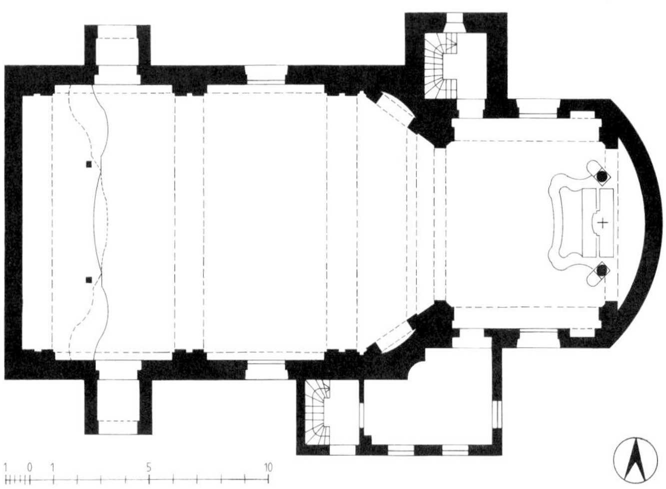

Starnberg, Alte Pfarrkirche St. Joseph

Schloßbergstraße 4, ehemaliges Landrichterhaus

Schloßbergstraße 4. Ehem. *Landrichterhaus,* erdgeschossiger Mansarddachbau, modern bez. 1783; 1904 durch A. Vitzthum Ausbau zur neubarocken Villa.

Das Haus wurde vermutlich für Joseph Anton Weltin von Rosen erbaut, der von 1784 bis 1803 Pflegskommissar, Landrichter, Kastner und Seerichter zu Starnberg war. Bereits auf den ersten Aquarellen von Dillis um 1790/95 und von Wagenbauer ist an der Stelle des Landrichterhauses ein Wohnhaus zu sehen. Als Bau mit Mansardwalmdach ist es erst bei Ludwig Neureuther und Gustav Kraus um 1830 dokumentiert. 1904 wurde nach Plänen von Vitzthum die Ostseite überarbeitet. Dabei erhielt das Haus ein kleines verglastes Türmchen und die seitliche Loggia mit darüberliegender Veranda.

Schloßbergstraße 12. *Schloß Starnberg,* jetzt Amtsgebäude, 1244 als Burg zuerst erwähnt, seit 1365 landesherrlich; im 15./16. Jh. Ausbau zur bestehenden Vierflügelanlage mit Steilgiebeln.

Die Starnberger Burg wird 1244 erstmals als «castrum Starn-

Alte Pfarrkirche St. Joseph, Friedhof, Grabmal Dr. M. Hastreiter

Alte Pfarrkirche St. Joseph, Kanzel

Alte Pfarrkirche St. Joseph, Hl. Familie (von Ignaz Günther)

Alte Kath. Pfarrkirche St. Joseph, Deckenfresko im Chor (von Christian Wink)

berch» im Besitz der Grafen von Andechs erwähnt. Sie war wohl als Bollwerk gegen die Wittelsbacher Konkurrenten gedacht, die ihnen mit der Karlsburg bei Leutstetten in nächster Nähe gegenüberstanden. Die Burg war mit Ministerialen besetzt und spielte in den letzten Auseinandersetzungen zwischen Andechsern und Wittelsbachern eine entscheidende Rolle. Schon bald nach dem Ende der Andechser 1248 wird ein Richter auf der Burg genannt, und im 14. Jh. entstand hier ein neues Pfleggericht, mit dem seit 1556 auch das Seerichteramt verbunden war. 1541 wurde unter Herzog Wilhelm IV. die Burg in ein bequemeres Landschloß umgebaut, eventuell auch durch einen Neubau ersetzt. Seitdem diente das Starnberger Schloß dem Münchner Hof als Sommerresidenz, die immer wieder zum Ausgangspunkt für Jagden in den umliegenden Wäldern, zu Wallfahrten nach Andechs und zu prunkvollen Fahrten mit der fürstlichen Flotte wurde. Albrecht V. ließ am Ende des Hofgartens ein kleines Sommerhaus im Stil der Renaissance errichten, das erst beim Bau der Josephskirche abgebrochen wurde. Seinen Höhepunkt erreichte das höfische Leben unter Kurfürst Ferdinand Maria, durch den die Seefeste mit der Flotte um das Prunkschiff Bucentaur zum europäischen Ereignis wurden. Bald darauf verlegte man die Aktivitäten in die für die Entfaltung des barocken Zeremoniells geeigneteren Schlösser Berg und Possenhofen. Das Schloß Starnberg wurde dann nur noch als Depot der für die Seefeste benötigten Ausstattungsstücke (Möbel, Stühle, Teppiche, Gobelins usw.) und als Logis für Gäste benutzt. Der langsame Verfall endete damit, daß man Anfang des 19. Jh. seine Räume in Amtsstuben verwandelte. Langsam verschwand nicht nur viel von der ehemaligen Einrichtung. Auch die Gartenanlagen verfielen, die alte Hofkapelle St. Anna im Westflügel wurde aufgegeben und profaniert, das alte Gerichtsgebäude zwischen Schloß und Brücke abgebrochen.

Der 1969 begonnene Umbau, bei dem das Schloß wieder auf seinen Umriß im 15. Jh. (mit zwei Giebeln) gebracht werden sollte, hat dem ehrwürdigen Bau mit Ausnahme der gewölbten Durchgangshalle im Erdgeschoß und einiger Details (zwei hölzerne Kassettendecken im Obergeschoß) nicht viel mehr als dieses angestrebte äußere Erscheinungsbild gelassen. Der gesamte Bau wurde für das Finanzamt Starnberg eingerichtet. Etwas später wurde die Brücke über den Schloßgraben, die bereits 1501 erwähnt ist, saniert, und schließlich der ehemalige Schloßgarten, von dem nur noch die alten Umfassungsmauern mit den Wehrtürmen erhalten waren, nach barocken Vorbildern neu angelegt. Am Ende des Gartens befindet sich der alte Wasserturm, der schon 1566 genannt wird.

Schloßbergstraße. *Viadukt über den Schloßgraben,* drei Backsteinbögen, wohl noch 18. Jh.; Schloßgraben, mittelalterlich.

Bereits 1501 wird eine Brücke über den Schloßgraben erwähnt. Dieser wohl künstlich geschaffene Grabeneinschnitt trennte den unmittelbaren Burgbereich vom Vorwerk, auf dem später der Hofgarten und die Josephskirche entstanden. Die Brücke erinnert in ihrer Form ein wenig an die über den Höllgraben bei Schloß Seefeld.

Schloßbergstraße. Ehem. *Schloßgarten,* wohl 16. Jh.; mit hoher Ummauerung und Wasserturm.

Starnberg, ehemaliges Schloß

Ehemaliges Schloß, Renaissancedecke

Ehemaliges Schloß Starnberg, Durchgang

Starnberg, Ummauerung des Schloßgartens

Johann Baptist Metivier, Schloß Starnberg; Aquarell, 1833

Starnberg, Schloßbrücke

Schloßbergstraße 16. *Wohnhaus,* zweigeschossig, einfacher verputzter Traufseitbau, 1. Hälfte 19. Jh.

Das kleine Bauernhaus ist die einzige noch in alter Form erhaltene Erinnerung an die entlang der Schloßstraße angesiedelten Handwerker- und Tagwerkerhäusl. Das Dach wurde vermutlich im 19. Jh. aufgesteilt. Später geschah der Ausbau des Wirtschaftsteils zu Wohnzwecken.

Seepromenade. *Heckfigur,* Bayerischer Löwe, vom ehem. Dampfschiff «Bavaria», um 1878 von Lorenz Gedon; nach 1919 an der Seepromenade aufgestellt.

Der prunkvolle Salondampfer «Bavaria» war das dritte Fahrgastschiff, das für den Starnberger See gebaut wurde. Der Münchner Bildhauer und Architekt Lorenz Gedon hatte die in Formen der Renaissance gehaltene Ausstattung entworfen, an der Ausführung waren auch die Maler Rudolf Seitz und Heinrich Lossow beteiligt. Die gesamte technische Ausrüstung stammte von Escher Wyss, Zürich. In der Folgezeit wurde der Dampfer jedoch mehrfach überholt und in seiner Ausstattung dem veränderten Zeitgeschmack angepaßt. Bei einem dieser Umbauten wurde auch die Löwenfigur entfernt, die auf dem Heck des Schiffes stand und in der rechten Pranke die weiß-blaue Rautenfahne hielt.

Siebenquellenweg 6. Sog. *Fischerhaus* der Bayerischen Landesanstalt für Fischerei, landhausartig, Obergeschoß mit Zierfachwerk, 1881, mit Fischbruthaus (1891/92) von Haubenschmied und Weiheranlage von 1898.

Die Fischzuchtanstalt des Bayerischen Landes-Fischerei-Vereins wurde 1881 gegründet. Ziel der Einrichtung war es, durch Ausbrüten von Laich und Aufzucht von Jungfischen die Züchtung und Einbürgerung geeigneter Speisefische in bayerischen Gewässern zu fördern sowie eine Ertragssteigerung für die einheimischen Fischer zu ermöglichen. In dem für diesen Zweck geeigneten Siebenquellental mit seinem frischen, sauberen Wasser wurde eine größere Zahl von kleinen Weihern und Aufzuchtrinnen angelegt sowie ein eigenes Bruthaus (1891) mit entsprechender Einrichtung (Brutapparate, Bruttröge u. a.) gebaut, das noch vollständig erhalten ist und damit ein wohl einmaliges Dokument biologischer Forschung und früher wirtschaftlicher Fördermaßnahmen darstellt. Dazu kam, durch Umbau eines bestehenden, älteren Wohnhauses, das Fischwarthaus, das in seiner Fassadengestaltung mit farbig abgesetzten Fachwerk dem Erscheinungsbild der den Villen nachgeordneten Neben- und Wirtschaftsgebäude entspricht. Die Starnberger Fischzuchtanstalt entwickelte sich bald zu einer der leistungsfähigsten Züchtereien Deutschlands und wurde zum Vorbild für viele ähnliche Einrichtungen im In- und Ausland. Auf dem Gelände der Fischzuchtanstalt befindet sich heute auch die Bayerische Fischereischule.

Söckinger Straße 11. *Wohnhaus des Malers Robert Weise,* spätklassizistischer traufseitiger Putzbau, 1893, später nach Westen erweitert.

Die Söckinger Straße wurde im 19. Jh. fast durchwegs mit kleinbürgerlichen Häusern bebaut, der stadtnähere Bereich vor allem von Einheimischen, insbesondere Handwerkern. Die ersten Bauten wurden hier ab etwa 1830 errichtet, die in Richtung Söcking folgenden dann ab etwa 1860. Dabei entstand eine recht einheitliche Bebauung, die heute noch erstaunlich gut überliefert ist. Es handelte sich fast durchwegs um kleine, ein- bis zweigeschossige Bauten mit Satteldach. Häufig kommt ein Zwerchgiebel mit kleinem Balkon hinzu. Die Formen sind meist einfach und anspruchslos, aus der kleinen Bauern- und Handwerkersölde entwickelt. Mitunter treten ein paar zeitgemäße Zierelemente, wie z. B. kleine «Laubsägearbeiten» im Giebel auf. Dabei sind die Grundstücke durchaus nicht sehr groß, die Häuser stehen fast alle knapp an der Straße und ergeben eine beidseitige Fluchtlinie. Die Vorgärten sind klein, die rückwärtigen Grundstücksflächen als Obst- und Gemüsegarten ausgebildet. Die für Starnberg charakteristischen Parkanlagen fehlen hier ganz.

Söckinger Straße 15. *Wohnhaus,* zweigeschossig, Giebelrisalit mit eisernem Balkon, Neurenaissance-Fassadengliederung, erbaut 1896; Umbau d. h. Erhöhung um ein Geschoß und Aufsetzung eines Zwerchgiebels, 1911 von Oskar Schüler.

Söckinger Straße 27. *Wohnhaus,* villenartig, zweigeschossig mit Mezzaningeschoß, Flachsatteldach, Neurenaissance-Putzgliederung, 1875.

Das Haus fällt mit seiner aufwendigeren Gestaltung mit verglaster Veranda aus dem hier üblichen Rahmen. Das Haus erwarb 1895 der Kunsthändler Julius Böhler. Es war sein erstes Landhaus in Starnberg.

Theresienstraße 5. *Villa Harffen,* erdgeschossig auf hohem Sockelgeschoß, mit Mansarddach, kräftige Neurenaissance-Gliederung, 1891 von Andreas Fischhaber.

Die kleine Villa, die den Maßstab des alten Starnberger Ortszentrums an der Achheimstraße wahrt, wurde für Johann und Therese Harffen, die Besitzer des nahegelegenen Bayerischen Hofs, gebaut. Seit 1901 gehörte sie Philipp Graf zu Eulenburg-Hertefeld, der 1881–1888 Sekretär der preußischen Gesandtschaft in München und 1894–1902 Botschafter in Wien war.

Der im Stil der Beaux-Arts-Renaissance mit abgestumpftem Walmdach gehaltene Bau zeigt mit der kräftigen Rustizierung, den Fensterumrahmungen und dem Konsolgesims den Versuch einer repräsentativen Lösung für einen einfachen, kleinen Baukörper.

Starnberg, Schloßbergstraße 16

Starnberg, Söckinger Straße 11

Seepromenade, Heckfigur des Dampfers Bavaria

Starnberg, Söckinger Straße 15

Starnberg, Söckinger Straße 27

Siebenquellenweg 6, Fischwarthaus

Theresienstraße 5, ehemalige Villa Harffen

Theresienstraße 8. *Wohnhaus,* zweigeschossig, mit vorstehendem Flachsatteldach und Ostgiebel, im Obergeschoß Fenstererker, fünf Hausfiguren von Johann von Halbig auf Konsolen, um Mitte 19. Jh.; Gartenhäuschen pavillonartig, Mitte 19. Jh.

Das von biedermeierlichen Formen geprägte Landhaus gehörte seit 1857 dem Münchner Bildhauer Johann von Halbig bzw. seiner Frau. Halbig war Schüler Ludwig von Schwanthalers und schuf u. a. das Löwengespann auf dem Münchner Siegestor. Der Ostgiebel mit der Hochlaube wurde 1912 von Stefan Wollmann umgebaut. Die in polygonaler Form nach außen vorgewölbten Fenster im Obergeschoß waren zu diesem Zeitpunkt bereits vorhanden. Ein kastenförmiger, rundum verglaster Dachaufbau (Belvedere) und ein straßenseitiger Balkon wurden inzwischen wieder beseitigt.

Tutzinger-Hof-Platz. Der Tutzinger-Hof-Platz hat seine heutige Gestalt erst nach der Mitte des 19. Jh. erhalten. An der Nordseite des Platzes befand sich ursprünglich die große, langgestreckte Hofstallung, die bereits 1484 erwähnt ist. An ihrer Stelle steht heute eine Reihe von kleineren Bürgerhäusern, die nach dem Vorbild kleinstädtischer Marktplätze eng aneinandergereiht und giebelseitig gestellt sind. Zusammen mit dem Tutzinger Hof ergeben sie einen nach Osten offenen Platz und eine der reizvollsten städtebaulichen Situationen Starnbergs. Nach Süden schloß ursprünglich bis zur Villa Israel hin ein kleiner Park an, in dessen oberem Teil 1897 ein Festsaalbau, das heutige Vermessungsamt, entstand. Die schöne Dekoration des von Clement Obermayer errichteten Obermayer-Hauses (Tutzinger-Hof-Platz 3) zeigt, welche Bedeutung und repräsentative Prägung dem Platz einmal zugedacht war. Die neuzeitliche Gestaltung der umstehenden Gebäude hat diese Situation inzwischen leider etwas entwertet.

Tutzinger-Hof-Platz 3. *Obermayer-Haus,* Wohn- und Geschäftshaus, zweigeschossig mit vorstehendem Steilsatteldach und Erker, 1892; Fassadenbemalung erneuert 1912; seitlich schindelgedeckter Torbogen.

Tutzinger-Hof-Platz 5. Kreuzgratgewölbe, wohl 17. Jh.; im Erdgeschoß des *Gasthauses Tutzinger Hof* (ehem. Hoftaverne); Rotmarmorsäule und Kachelofen im nördlichen Nebenzimmer.

Der Gasthof Tutzinger Hof ist als Hoftaverne schon um 1500 erwähnt und um 1590 auf dem Thonauer-Fresko im Antiquarium der Münchner Residenz dargestellt. 1803 wurde der Gasthof Thurn und Taxis'sche Posthalterei, 1815 kam er in Besitz des Grafen Vieregg (Tutzing) und 1889 erwarb ihn Clement Obermayer. Seine Bedeutung als einer der größten Gasthöfe der Umgebung war stets an die unmittelbare Nähe des Schlosses gebunden. Das Gebäude, das seinen Umriß kaum verändert hat, dürfte im Kern in das 17. Jh. zurückreichen. Aus dieser Zeit stammt wohl auch das gewölbte Gastzimmer.

Theresienstraße 8, ehemaliges Landhaus Halbig

Theresienstraße 8, Nebengebäude

Tutzinger-Hof-Platz 5, Gaststube

Tutzinger-Hof-Platz 3, Obermayer-Haus

Starnberg, Tutzinger-Hof-Platz mit Gasthof Tutzinger Hof und Obermayer-Haus

Unterer Seeweg 1. *Villa Peuker,* ehem. v. der Tann, zweigeschossiger vornehmer Mansarddachbau, 1870; Umbau 1919 von Hans Noris unter Anfügung des Gartensaals zum See; mit Parkanlage.

Hier hat sich wie auch bei den weiteren am Ufer folgenden Villen (Unterer Seeweg 1–6 und Possenhofener Straße 65–95) die ursprüngliche Bauidee der «Villa am See» ohne Einbußen erhalten. Der funktionale wie ästhetische Zusammenhang zwischen Villa und Wasser sowie den zugehörigen Elementen Freisitz, Bootshaus und Steg ist hier noch anschaulich überliefert. Die Präsenz einer Architektur von Rang und ihre reizvolle Spiegelung im Wasser ergeben ein Bild, das für die Starnberger Villenlandschaft von großer Bedeutung ist.

Unterer Seeweg 4. Sog. *«Seehaus» für Julius Böhler jun.,* erdgeschossiger Holzbau auf Bruchsteinsockel, abgestuftes Walmdach, vorstehend über Holzstützen, 1919 von Hans Noris, mit Gartenanlage.

Das Landhaus ist in zurückhaltenden Formen und unter Verwendung entsprechender Materialien vor die Parklandschaft gestellt und bietet ein gutes Beispiel für die Einbettung eines Hauses in die umgebende Natur. Am Starnberger See ohne Parallele ist die Einbeziehung des Bootshauses in das hohe, aus dem Wasser herausgezogene Sockelgeschoß der Villa. Die «Hafeneinfahrt» liegt auf der Mittelachse der symmetrisch gebauten Fassade, die von zwei Erkern gegliedert wird. Von der umlaufenden Veranda führen beidseitig Treppenanlagen, die das Hafenbecken säumen, in das am Ufer liegende Gartenparterre herab. Die Ufermauer ist beiderseits der Hafeneinfahrt etwas konvex in das Wasser ausbuchtend angelegt und wiederholt im übertragenen Sinne die Erkerausbuchtungen der Fassade.

Südlich der Villa stand eines der ersten Landhäuser des Uferabschnitts, die 1865 gebaute Prestele-Villa, in der Richard Wagner bei seinem ersten Aufenthalt am See gewohnt hat. Später gehörte sie dem Schriftsteller Gustav Meyrink, der sie «Haus zur letzten Laterne» nannte.

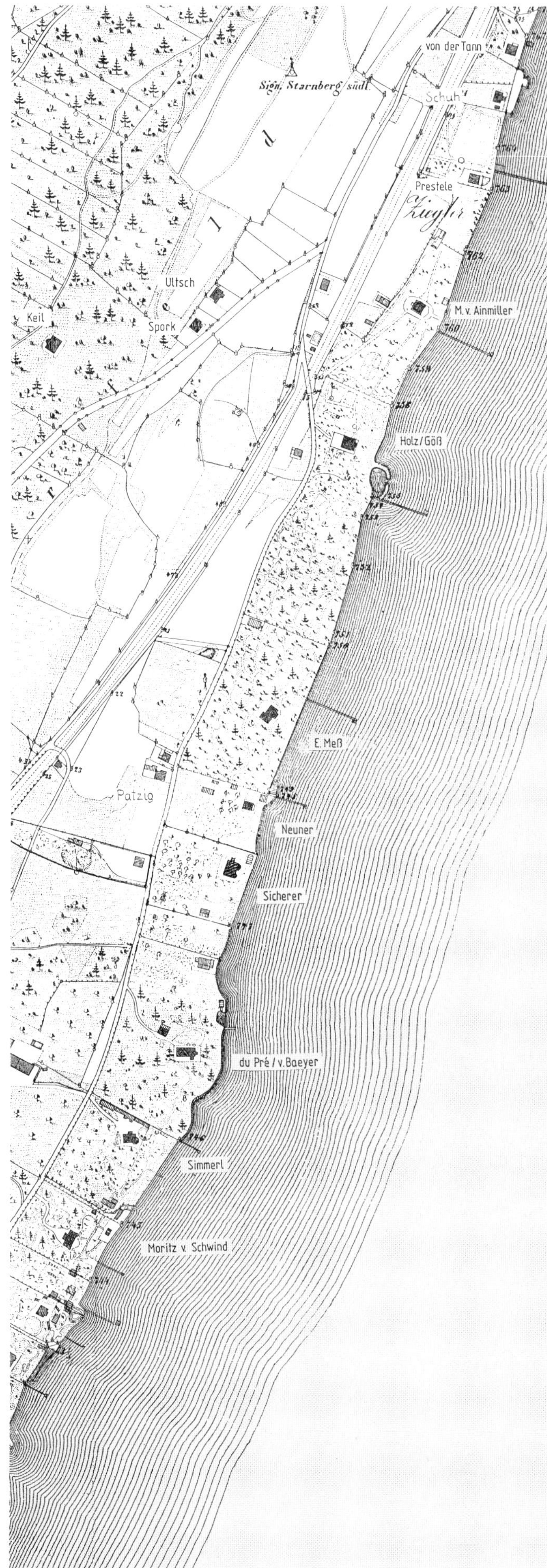

Starnberg, Westufer; Flurkarte, Stand: um 1906

Starnberg, Unterer Seeweg 1, Villa Peuker (ehemals von der Tann)

Starnberg, Unterer Seeweg 4, Villa Böhler (Seehaus), Luftaufnahme 1986

Unterer Seeweg 6. *Villa Steininger,* zweigeschossig mit Mansarddach, Zwerchgiebel und zweigeschossiger Glasveranda, 1864 für Glasmalereiinspektor Maximilian Ainmiller erbaut; Umbau um 1875, mit Parkanlage.

Auch diese Villa ist bewußt an das Ufer gestellt, obwohl ein Standort im rückwärtigen Park gut möglich gewesen wäre. Davor stehen, axialsymmetrisch der Fassade zugeordnet, noch zwei hochgewachsene Thujen, wie sie als charakteristisches italianisierendes Gestaltungselement noch verschiedentlich rund um den Starnberger See anzutreffen sind. Beim Umbau wurde die zweigeschossige verglaste Veranda angefügt und das Dachgeschoß in Form eines Mansarddaches im Beaux-Arts-Stil ausgebaut. Der Bau überliefert im übrigen die schlichte, strenge Formensprache der ersten Landhäuser am See.

Unterer Seeweg 6, Villa Steininger

Von-der-Tann-Straße 3. *Villa Burger,* villenartig, zweigeschossig mit vorstehendem Satteldach, Mittelrisalit mit turmartigem Erker, Neurenaissance-Putzgliederung mit Zierfachwerk, farbige Jugendstil-Fensterscheiben, 1902 von Andreas Fischhaber.

Das Haus befindet sich in einem Baugebiet, in dem seit 1898 überwiegend Wohnhäuser für einfachere Leute und gut verdienende Handwerker entstanden. Sie waren meist sehr schlicht gehalten, in einigen Fällen sollte eine differenziertere und reichere Fassadengestaltung aber auch hier den errungenen bescheidenen Wohlstand und die damit verbundene soziale Besserstellung repräsentieren.

Vordermühlstraße 1

Von-der-Tann-Straße 3

Vordermühlstraße 1. Kleines *Wohnhaus* mit Satteldach, Mitte 19. Jh., im Kern älter.

Das kleine Haus gehört zur älteren Bebauung mit kleinen Wohn- und Handwerkerhäusern am Fuße des steil abfallenden Burgberges. Es ist schon auf der Karte (Uraufnahme) von 1810 festgehalten. Der heutige biedermeierliche Charakter dürfte auf eine Erneuerung Mitte des 19. Jh. zurückgehen.

Vordermühlstraße 3. Ehem. *Amtsgerichtsgefängnis,* als Fronfeste 1538 genannt, langgestreckter Putzbau mit Krüppelwalmdach.

Die Fronfeste unterhalb der Burg dürfte als Sitz des Eisenamtmanns und als Gefängnis des Gerichts Starnberg noch weit über das frühe 16. Jh. zurückreichen. Der Katasterbeschrieb von 1867 lautet noch: Fronfeste, Arrestlokalitäten und Gerichtsdienerwohnung. Das Gefängnis wurde erst 1956 aufgelöst, anschließend wurden hier kleine Sozialunterkünfte der Stadt Starnberg eingerichtet.

Weilheimer Straße 4. *Kath. Pfarrhof,* langgestreckter zweigeschossiger Satteldachbau, verputzt, Giebel mit Aufzugsluke, 1781 von Jörg Zwerger.

Der Bau verbirgt seine Herkunft vom hiesigen Bauernhaus nicht und erinnert daran, daß der Pfarrhof bis weit in das 19. Jh. hinein fast überall mit einer eigenen Landwirtschaft verbunden war. Diese sicherte neben Einnahmen aus Reichnissen verstifteter, der Pfarrei grunduntertäniger Höfe den Lebensunterhalt des Pfarrers. Der fast bündige Dachanschluß am Ortgang ist an sich ein charakteristisches Motiv des Dachauer Bauernhauses, wurde aber auch zwischen Starnberger See und Ammersee für besonders bedeutsame und herausragende Gebäude aufgegriffen (z. B. Vorgänger des Pfarrhofes Unterbrunn, sog. Arzthaus in Inning, Gast-

Weilheimer Straße 4, Kath. Pfarrhof

Starnberg, Vordermühlstraße 3, ehemaliges Amtsgerichtsgefängnis

Starnberg, Weilheimer Straße 4, Kath. Pfarrhof

hof Post in Herrsching). Da Starnberg noch zur Diözese Augsburg gehört, könnte diese Fassadengestaltung auch aus dieser Richtung (vom ostschwäbischen Bauernhaus) beeinflußt sein.

Weilheimer Straße 6. Ehem. *Villa Linprun,* dann Thomas, dreigeschossige Anlage, zweiflügelig, italianisierend mit Flachwalmdächern, gotisierenden Putzfriesen, um 1840; von Emanuel Seidl 1893 für Adolf von Hildebrand umgebaut; mit Parkanlage.

Der kgl. Rat Dr. Karl von Linprun war der Leibarzt des Prinzen Karl von Bayern, der schräg gegenüber das heutige Almeida-Palais bewohnte. Der Bau, der mit seinem kubischen Baukörper noch ganz das klassizistische Villenideal überliefert, gehört mit seiner an Symmetrie und Axialität gebundenen Anlage und seiner zurückhaltenden, noblen Fassadengestaltung zu den wichtigsten Villen am Starnberger See. Über dem ersten Obergeschoß setzt ein stark vorspringendes Gesims eine deutliche Zäsur, über der ein weiteres Obergeschoß in Form eines dreiachsigen Giebels die Mitte der Fassade akzentuiert. Die einstige Sicht von den beiden seitlichen Veranden ist heute durch die östlich entstandene Bebauung verstellt. Emanuel Seidl ordnete rückwärts für ein neues Treppenhaus und neue sanitäre Anlagen einen rechtwinkeligen Anbau an und verlegte den Eingang in der für ihn charakteristischen Weise in den Innenwinkel. Die verschiedenen Räume sind der Entstehungszeit entsprechend schlicht gehalten und weisen eine handwerklich qualitätvolle Ausstattung auf. Zur Villa gehört eine der umfangreichsten und schönsten Parkanlagen Starnbergs. Sie reicht bis in das Siebenquellental hinunter.

Weilheimer Straße 11. *Villa Graf Almeida,* Neubau für Freifrau von Bayrstorff, 1832 von Franz Xaver Eichheim, am Platz der ehem. Georgskirche; klassizistische zweigeschossige Anlage mit Flachwalmdach und Risaliten, seitliche Anbauten später; mit Parkanlage und Toreinfahrt.

Das kleine St.-Georgs-Kirchlein auf der Anhöhe hatte um 1800 offenbar stark an Bedeutung verloren, war zusehends verfallen und von Pfarrer Ritter profaniert worden. 1827 erwarb Staatskassier von Ertl den kleinen Bau und wandelte ihn in ein Sommerhaus um. Gleichzeitig ließ er das umliegende Gelände in einen Park umgestalten. 1832 erwarb Prinz Karl von Bayern, der Bruder König Ludwigs I., den Besitz. Er ließ das Ertl'sche Sommerhaus abbrechen und anschließend ein neues Palais für seine Gattin, Freifrau von Bayrstorff, errichten. Über ihre Tochter kam das Palais an die Grafen Almeida.

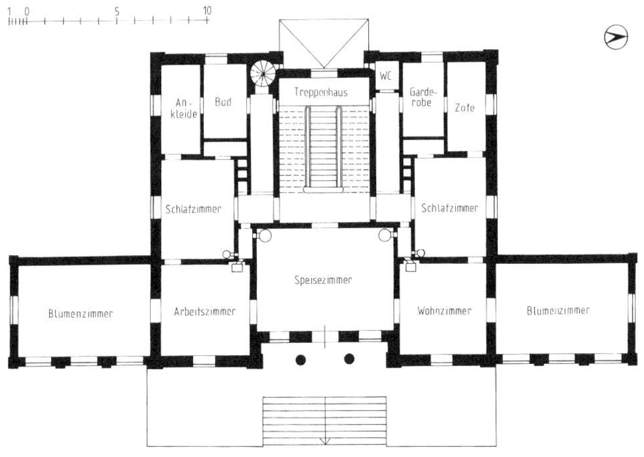

Prinz-Carl-Palais (Almeida-Palais), Erdgeschoß

Weilheimer Straße 6, ehemalige Villa Linprun

Villa Linprun, Brunnen

Villa Linprun, Relief von Adolf v. Hildebrand

Weilheimer Straße 11, Almeida-Palais, Luftaufnahme 1986

Starnberg, Weilheimer Straße 6, Parkanlage der Villa Linprun

Unbekannt, Prinz-Carl-Palais (Almeida-Palais); Lithographie, um 1840

Die frühen Abbildungen auf Lithos, Gemälden und Photographien zeigen den Bau noch weithin allein und freistehend auf der Anhöhe als markanten, weit über den See sichtbaren Mittelpunkt der Starnberger Villenlandschaft, von Föringer als «die Perle sämtlicher Neubauten am See» bezeichnet. Der Bau ist in seiner dreiteiligen Fassade und den beiden Seitenflügeln in strenger klassizistischer Harmonie aufgebaut. Der Mittelteil springt etwas zurück und nimmt eine Loggia auf, deren Pfeiler- und Säulenstellung eine Altane trägt. Der Loggia ist eine Freitreppe vorgelagert, die zu einem schmalen Gartenparterre führt, welches durch eine Stützmauer gegen eine zweite, tiefer gelegene Gartenfläche abgegrenzt wird. Diese Stützmauer ist nicht ursprünglich; früher führte die seitlich von kurzen Terrassen flankierte Freitreppe direkt in das untere Gartenparterre, was eine sehr viel repräsentativere Wirkung zur Folge hatte. Die untere Fläche war mit einer regelmäßigen Gartenanlage mit Springbrunnen gestaltet. Von hier aus führten verschiedene Wege in den Park.
Im Inneren ergibt sich durch die außen schon ablesbare Dreiteiligkeit eine klare Raumdisposition. Das Haus wird rückwärts durch eine auf der Mittelachse des Baukörpers liegende, über drei Geschosse doppelläufige Treppe erschlossen. Die Räume sind der Bauzeit entsprechend verhältnismäßig schlicht gehalten, die qualitätvolle Ausstattung (Türen, Treppe) ist erhalten.
Der zugehörige Park ist in seiner Anlage und mit seiner zugehörigen Ausstattung, wie dem schmiedeeisernen Einfahrtstor, dem kleinen Pförtnerhäuschen, der Auffahrt sowie dem großen Gartenpavillon im klassizistischen Stil gut überliefert.

Weilheimer Straße 13. Ehem. *Bedienstetengebäude,* zur Villa Almeida gehörig; Kernbau wohl um Mitte 19. Jh., Erweiterung zur zweigeschossigen Anlage mit Mezzaningeschoß und flachem Giebelrisalit 1897 von Ludwig Deiglmayr; kräftige Putzgliederung.

Das Gebäude ist mit Ausnahme der heute fehlenden Fensterläden in seiner Substanz gut überliefert. Früher führte ein brückenartiger Verbindungsgang vom Bedienstetengebäude zur etwas höher gelegenen Villa hinüber.

Almeida-Palais, Seitenansicht

Almeida-Palais, Treppenhaus

Almeida-Palais, Gartenpavillon

Almeida-Palais, Vestibül

Starnberg, Weilheimer Straße 6, Almeida-Palais, Gartenfront

Starnberg, Weilheimer Straße 13, ehemaliges Dienerschaftsgebäude

Wilhelmshöher Straße 4. *Landhaus Ultsch,* zweigeschossig, mit vorstehendem Flachsatteldach und behelmtem Belvedere-Turm, 1895 von Andreas Fischhaber.

Das Landhaus hat im benachbarten Anwesen Wilhelmshöher Straße 6 ein in sehr ähnlichen Formen gehaltenes Pendant (für Graf Spork errichtet), das aber bereits einige Details eingebüßt hat. Die Treppen- und Belvedere-Türme der beiden Villen sind mit Rücksicht auf die berganstrebende Straße geschickt plaziert.

Wilhelmshöher Straße 8. *Landhaus Thieme,* zweigeschossig, mit vorstehendem Flachsatteldach, hölzerner Galerie, verbretterter Giebellaube, Bemalung, 1905 von Friedrich Thiersch, mit Gartenanlage.

Wilhelmshöher Straße 10. *Landhaus Förster,* zweigeschossig, mit vorstehendem Flachsatteldach, hölzerner Galerie, verbretterter Giebellaube, Bemalung; 1905 von Friedrich Thiersch, mit Gartenanlage.

Die beiden Landhäuser, die trotz verschiedener Details eine vergleichbare Erscheinungsform und Wirkung ergaben, zeigen Friedrich Thierschs Vorstellungen von einem Landhaus. Beide gehen von einem klaren, ruhigen Baukörper mit Satteldach aus. Die charakteristischen Landhauselemente Veranda, Balkon und Hochlaube werden auch hier eingesetzt, aber in ausgewogenen, modernen Formen ausgebildet. Beide Häuser fügen sich in die Reihe der großen herrschaftlichen Landhäuser am Starnberger See ein. Leider wurde die Fassade des Landhauses Förster durch neuere Vorbauten nachteilig verändert.

Wilhelmshöher Straße 21. *Musterhaus der Landwirtschaftsausstellung München 1905,* Blockbau in der Art eines oberbayerischen Bauernhauses, von August Thiersch, mit Gartenanlage.

Das Landhaus wurde aus dem Bauernhaus des Miesbacher Gebietes entwickelt. Es war von August Thiersch zunächst als Beitrag zu einer Erneuerung des dortigen Bauernhauses gedacht und wurde auf der Landwirtschaftsausstellung auch mit dem entsprechenden, sorgfältig in traditionellen Formen erneuerten Mobiliar gezeigt. Nach der Ausstellung wurde das Haus hierher gebracht. Da es nur aus dem kurzen Wohnteil des Bauernhauses bestand, wurde anstelle des vorgesehenen Wirtschaftsteils ein in gleichen Formen und Materialien gehaltener Anbau hinzugefügt, um die Wohnfläche für ein Landhaus mit seiner andersgearteten Funktion zu vergrößern.

August Thiersch gehörte zu den Wegbereitern des Heimatschutzgedankens. Das Haus zeigt charakteristische Ideen dieser Erneuerungsbewegung, wie die stark farbige Fassung bestimmter Holzteile (Laubenbrüstung, Pfettenköpfe, Läden) in Verbindung mit traditionellen bäuerlichen Schmuckmotiven wie stilisierten Blumen, dem Laufenden Hund u. a. Das Landhaus gehört wohl zu den Inkunabeln dieser Reformbewegung.

Wilhelmshöher Straße 4, Landhaus Ultsch

Wilhelmshöher Straße 10, Landhaus Förster

Wilhelmshöher Straße 21, Wohnzimmer

Starnberg, Wilhelmshöher Straße 8, Landhaus Thieme

Starnberg, Wilhelmshöher Straße 21

Wilhelmshöher Straße 20. *Villa Rabe,* vornehme erdgeschossige Anlage mit hohem Mansarddach und Giebelrisalit, seitlich Zwerchhäuser, um 1923; mit Parkanlage.

Für den Bau der Villa wurde vom Schmalzhof ein sehr umfangreiches Gelände erworben, das vom Fußweg zur Prinzeneiche bis hinunter zur Wilhelmshöher Straße reichte. Das am Hang hinter der Villa gefaßte Quellwasser wird zur Speisung eines Springbrunnens und des kleinen Weihers genutzt. Die Villa steht mit besonders malerischer Wirkung im oberen Teil des abfallenden Wiesenplans, vor dem dunklen Hintergrund der rückwärtigen Baumkulisse. Sie repräsentiert erneut einen in Starnberg häufiger auftretenden Villentyp, bei dem ein relativ zurückhaltender Baukörper durch einen ausladenden exedraartigen Verandavorbau bedeutungsvoll akzentuiert und erweitert wird. Die Symmetrie der Schauseite, die durch die beiden polygonalen Eckerker und die den Dreiecksgiebelrisalit flankierenden Gauben zusätzlich betont wird, läßt einen unaufdringlichen Repräsentationsanspruch erkennen. Der Eingang, auf den die Zufahrt bogenförmig gerichtet ist, befindet sich seitlich. Die Villa hat ihr ursprüngliches Bild im Äußeren wie im Inneren (qualitätvolle Ausstattung mit Türen, Fenstern, Kachelöfen; Wintergarten mit farbigen Glasmalereien) ohne Einbuße überliefert.

Wittelsbacher Straße. *Kath. Pfarrkirche St. Maria,* 1931/32 von Michael Kurz; mit Ausstattung.

Auf Grund des starken Anwachsens der Starnberger Bevölkerung wurde die barocke St.-Josephs-Kirche bald zu klein. Schon 1885 wurde deshalb ein Kirchenbauverein gegründet, aber erst 1929 konnte man die Planung in die Wege leiten. Michael Kurz erstellte im Zentrum des neuen Starnberg einen charaktervollen Kirchenbau, der durch seine blockhafte Geschlossenheit wirkt. Die dünn geschlämmten, hellen Putzflächen werden vom warmen Rot des Ziegeldaches und der in Sichtziegelmauerwerk ausgeführten Fensterlaibungen belebt. Der dreischiffige Innenraum hat eine schlichte Holzdecke. Der gesamte figürliche Schmuck (Portalplastik, Apostel) stammt von Karl Baur, das Monumentalfresko im Chor von Theo Geyr.

Wittelsbacher Straße 16. *Verwaltungsgebäude der Allgemeinen Ortskrankenkasse,* stattlicher zweigeschossiger Walmdachbau mit Ziergiebel und polygonalen Erkern, reichgestaltete Westfassade, 1929 von Hans Kunz.

Das Gebäude befindet sich in städtebaulich wichtiger Position und vermag sich noch heute in der verdichteten umliegenden Bebauung zu behaupten. Es überliefert den wohl beachtlichsten Ansatz zu einer für das aufstrebende Starnberg repräsentativeren und städtisch geprägten Bebauung an der neuangelegten Wittelsbacher Straße, einen Ansatz, der bei weiteren öffentlichen Bauten (Postamt, Pfarrkirche) erneut aufgegriffen und fortgeführt wurde. Der in gleicher Formensprache vorgetragene Innenausbau (Schalterhalle) ist leider nicht mehr in ursprünglicher Qualität erhalten.

Wilhelmshöher Straße 20, Villa Rabe

Villa Rabe, Wohnraum

Wittelsbacher Straße 16

Starnberg, Wittelsbacher Straße, Kath. Pfarrkirche St. Maria

Starnberg, Kath. Pfarrkirche St. Maria

Buchhof

Buchhofstraße 1. *Gut Buchhof,* Gutshaus, herrschaftlicher dreigeschossiger Neurenaissancebau, mit Erkerturm, Giebelrisaliten und Belvedere, nördlich anschließender Wohn- und Wirtschaftstrakt mit Mansarddächern, 1875 von Georg Hauberrisser für die Familie von Maffei erbaut; Parkanlage im englischen Stil, mit Ummauerung, Ende 19. Jh.

Die Villa steht an der Stelle des alten Buchhofes, der schon 1181/82 in Besitz des Klosters Schäftlarn kam. 1812 wurde für den Gutshof das Brauerei- und Tafernrecht erteilt. 1831 erwarb Generalleutnant von Hallberg den Besitz, 1841 übernahm ihn Karl Ritter von Maffei. Er errichtete 1875 das neue Herrenhaus.

Das Haus ist in seiner Außenerscheinung mit Ausnahme kleinerer Details (Dekor der Dachaufbauten, Fensterläden) recht gut erhalten. Ein in den zwanziger Jahren im Mittelrisalit angebauter Balkon auf vier Steinsäulen wurde 1986 wieder entfernt. Im Inneren wurden die Räume stark verändert. Von der einstigen Ausstattung ist mit Ausnahme einiger Türen nicht mehr viel erhalten. Nur das großräumige Treppenhaus, oben durch eine über die Dachfläche der Villa hinausragende Kuppel mit Rundbogenfenstern belichtet, hat seine ursprünglichen Verhältnisse bewahrt.

Buchhof, Buchhofstraße 1, ehemalige Villa Maffei

Fercha

Neufahrner Straße 73. *Bauernhaus,* mit Blockbau-Obergeschoß, Anfang 19. Jh.

Der einzelstehende Hof dokumentiert, daß die über Wolfratshausen in das Starnbergersee-Gebiet hereinragende Blockbauweise des Isartaler Bauernhauses hier noch in den ersten Jahrzehnten des 19. Jh. lebendig war. Giebel und Blockbau sind heute allerdings modern verbrettert.

Hadorf

Kath. Filialkirche St. Johannes d. T., spätgotisch, Ausbau im 17./18. Jh.; mit Ausstattung.

Der schlichte Bau mit Satteldachturm entspricht dem auch von anderen Dorfkirchen des Landkreises her vertrauten Bild. Das Innere besitzt nach verschiedenen Umgestaltungen und Renovierungen nur noch Reste der Ausstattung, vor allem das Deckenfresko: Enthauptung des Johannes, von dem Münchner Maler Franz Gaulrapp um 1770/75. Der heutige Altar besteht aus einem in Rokokoform gehaltenen, freigestellten Tabernakel mit flankierenden Engeln, der 1961 vom Orden der Barmherzigen Brüder erworben wurde.

Buchhof, ehemalige Villa Maffei, Treppenhaus

Buchhof, ehem. Villa Maffei, Eingang

Fercha, Neufahrner Straße 73

Hadorf, Kath. Filialkirche

Hadorf, Kath. Filialkirche St. Johannes d. Täufer

Hadorf, Kath. Filialkirche, Deckenfresko von F. Gaulrapp 1770/75

Dorfstraße 17. *Bauernhaus,* Wohnteil, quer-erschlossener Putzbau, Rauhputz mit Glattputzrahmen, mittelsteiles Dach, 1. Hälfte 19. Jh.

Der kleine Hof bewahrt die charakteristische Form des ersten, vollständig gemauerten Bauernhauses im Gebiet des Landkreises. Der knappe Dachüberstand weist es der im nördlichen Teil des Landkreises verbreiteten und vom Dachauer Bauernhaus beeinflußten Hausform zu. Ein zweites ähnliches Haus steht noch etwas unterhalb.

Kapellenbildstock mit Pultdach, wohl 18. Jh.; an der Straße nach Perchting.

Kapellenbildstock mit Pultdach, wohl 18. Jh.; an der Straße nach Unering.

Hadorf, Dorfstraße 17

Hanfeld

St.-Michael-Straße 17. *Kath. Filialkirche St. Michael,* Chorturmanlage 14. Jh., Schiff wohl 1674 ausgebaut und erweitert; mit Ausstattung.

Das kleine Schiff mit dem wuchtigen Chorturm vermittelt das Bild einer spätmittelalterlichen Dorfkirche. Der Bau beherrscht die Ortsmitte und wirkt mit dem Turm auch auf die umgebende Landschaft. Das Innere wurde anläßlich der Renovierung 1987 völlig neu gestaltet, nachdem die ursprüngliche Ausstattung durch frühere Umbaumaßnahmen weitgehend verlorengegangen war. Der enge, niedere Chor mit starkem Kreuzrippengewölbe befindet sich im Turmuntergeschoß. Das Kirchenschiff war ursprünglich um die Hälfte kürzer (nur 2 Fensterachsen) und ist mit einer Flachdecke versehen. Die wesentlichen Teile der Einrichtung sind neu, der Altar erhielt ein Retabel mit qualitätvollen Tafelbildern von 1536 (Leihgabe). Vereinzelte Reststücke der alten Ausstattung, wie die Marienfigur (18. Jahrhundert), wurden wieder miteinbezogen.

Hadorf, Bildstock an der Straße nach Perchting

Hadorf, Bildstock an der Straße nach Unering

Hanfeld, Kath. Filialkirche

Heimathshausen

Haus Nr. 1. Ehem. *Gutshaus,* nur Wohnteil erhalten, zweigeschossiger Putzbau mit vorstehendem Satteldach, Galerie an der Südseite, wohl 17. Jh.

Der Hof gehört zu den ältesten Siedelstellen dieser Gegend. Er kam um 1200 in Besitz des Klosters Schäftlarn und wurde als ganzer Hof besteuert. 1939 kam er an den Pferdezuchtverein «Das braune Band von Deutschland». Für dessen Zwecke wurde in unmittelbarer Nachbarschaft die noch bestehende Gestütsanlage erstellt. Die Stallungen des alten Hofes wurden abgebrochen, die restliche Bausubstanz war danach lange dem Verfall preisgegeben. Bei den gegenwärtigen Instandsetzungsarbeiten zeigte sich, daß der Hof einst ein Rauchhaus gewesen war. Die zugehörige Rauchhurre ist in der Küche noch erhalten. Die großräumige Stube und die Kammern im Obergeschoß, das vom Gang aus über eine enge, steile Treppe erschlossen wird, lassen noch gut die großbäuerlichen Verhältnisse eines Klosterhofes erkennen. Die Erscheinungsform des ursprünglich langgezogenen, mächtigen Einfirsthofes wurde durch den Abbruch der Wirtschaftsgebäude stark reduziert.

Heimathshausen, Gutshof, Rauchhurre

Heimathshausen, Nebengebäude

Hanfeld, Kath. Filialkirche St. Michael

Heimathshausen, ehem. Gutshof

Landstetten

Kath. Filialkirche St. Jakobus, kleiner Rokokobau, 1768 von Leonhard Matthäus Gießl; mit Ausstattung.

Die Kapelle steht auf Grund und Boden einer ehemals zum Kloster Polling gehörigen Schwaige und bildet den Mittelpunkt des kleinen Weilers. Der quadratische, an den Ecken abgeschrägte Raum ist mit einer Kuppel überwölbt, dazu ein kleiner, halbrund geschlossener Chor. Die Raumverhältnisse erinnern unmittelbar an Perchting, Delling oder Grünsink. Das Doppelwappen am Chorbogen verweist auch auf denselben Auftraggeber: die Grafen von Toerring-Seefeld als die Patronatsherren und das Augustiner-Chorherrenstift Polling. Das Kuppelfresko von Johann Baptist Baader 1768 ist auch wegen seiner trachtenkundlichen Details von besonderer Bedeutung für den Landkreis. Leider ist es von der Feuchtigkeit und von groben Übermalungen bereits stark in Mitleidenschaft gezogen.

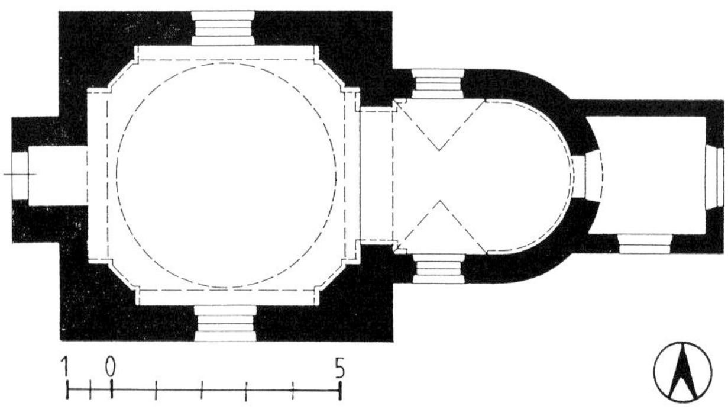

Landstetten, Kath. Filialkirche St. Jakob

St.-Jakob-Straße 10. *Bauernhaus,* Stubenstock in Blockbauweise mit Söller, 17. Jh.

Das Haus, das selbst auf der Giebelseite bis zu den kleinen Erdgeschoßfenstern herunter mit einem Brettermantel versehen ist, macht einen sehr urtümlichen Eindruck. Es dürfte im Aufbau wie in den meisten Details weitgehend unversehrt sein und stellt wohl das älteste Bauernhaus des Landkreises dar. Das am Westgiebel etwas auskragende Obergeschoß läßt an eine ursprüngliche Laube mit schmaler Öffnung (vgl. Aufhausen, Oberlandstraße 27) denken, die später durch den Wetterschirm überdeckt wurde. Interessant ist auch die Längsteilung des Hauses, die Wohnteil und Stall parallel führt, eine Grundrißbildung, die in dieser Form durch keine weiteren Beispiele zu belegen ist und die eventuell durch eine Firstdrehung verursacht wurde (vgl. Diemendorf, Haus Nr. 11).

Landstetten, St.-Jakob-Straße 10

Landstetten, St.-Jakob-Straße 10

Landstetten, Filialkirche St. Jakob

Landstetten, Kath. Filialkirche St. Jakob, Deckenfresko von Joh. Bapt. Baader, 1768

Landstetten, Kath. Filialkirche St. Jakob

Leutstetten

Leutstetten wird bereits um 800 in den Quellen erwähnt. Eine Angehörige des fränkischen Königshauses mit Namen Kysila, die der Tradition nach in das Kloster Schlehdorf eintrat, schenkte ihr gesamtes Eigen zu Gauting und Leutstetten dem Kloster Benediktbeuern. Beide Besitztümer gehörten offenbar zum umfangreichen Königsgut im oberen Würmtal. Die Kirche St. Alto war, ihrem Patrozinium nach, in dieser Schenkung wohl noch nicht inbegriffen. Sie ist frühestens im 9. Jh. anzusetzen. Der Ort erscheint dann im 12./13. Jh. wiederholt mit Edelfreien, die zum Gefolge der Andechser zu rechnen sind. Noch nicht geklärt sind dabei die Zusammenhänge mit der Burg auf dem nahen Karlsberg, die mit wittelsbachischen Ministerialen besetzt war. Die Burg, die eventuell dem 11. Jh. angehörte und wohl zur Verteidigung des Würmtals (in Konfrontation zur Burg Starnberg?) gedacht war, befand sich in der 2. Hälfte des 12. Jh. im Besitz der Wittelsbacher und diente im 14. Jh. als Jagdschloß. Dann setzte ein rascher Verfall ein, und die Mauern der Burg wurden als Steinbruch benutzt (siehe Schloß Leutstetten). 1837 konnten noch die vorhandenen Grundmauern und Teile des aufgehenden Mauerwerks von Architekt Kreuter untersucht werden. Heute sind nur noch die im anstehenden Boden verbliebenen Spuren (Wälle, Gräben, einige Fundamente) erkennbar.

Das Dorf, das sich nördlich an die steil ansteigende Endmoräne anlehnt, zog sich bis in die Mitte des 19. Jh. in hakenförmigem Grundriß um das Schloß herum. Bezeichnend war dabei die überwiegend firstparallele Stellung der Häuser

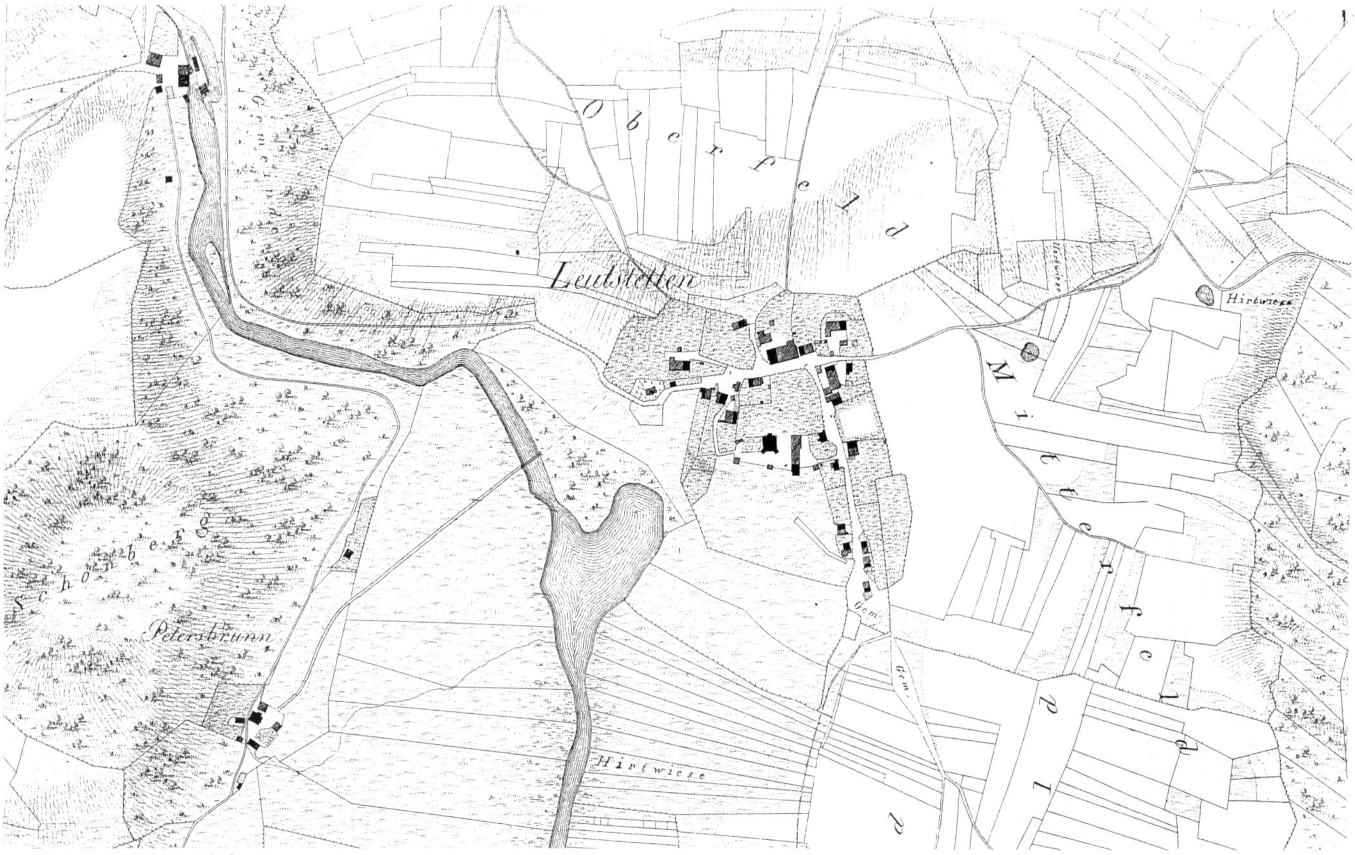

Leutstetten, Flurkarte 1815

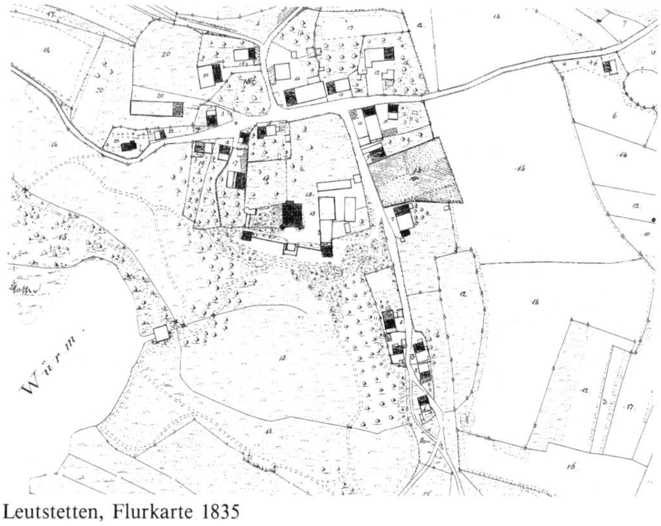

Leutstetten, Flurkarte 1835

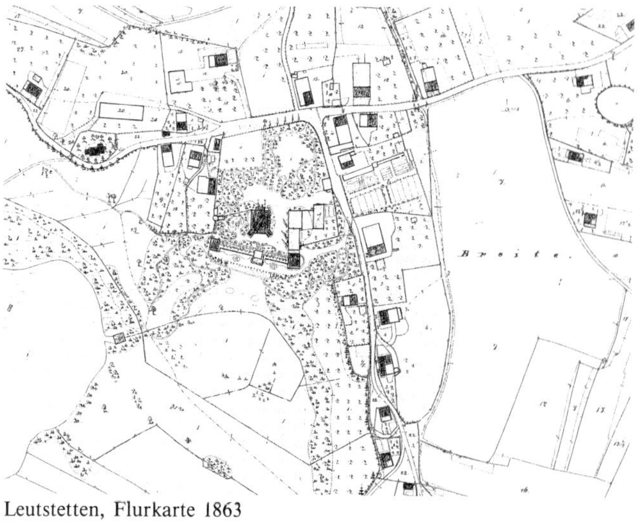

Leutstetten, Flurkarte 1863

C. A. Lebschée, Leutstetten; Lithographie, 1830

Unbekannt, Leutstetten; Lithographie, um 1817

zur Straße, wie sie heute vor allem an der Wangener Straße noch in einigen Fällen erhalten ist. Dabei war das Dorf, nach Darstellungen aus den ersten Jahrzehnten des 19. Jh., durchgängig vom flachen Legschindeldach geprägt. Das Ortsbild wirkt heute gut erhalten. Wohl sind im alten Ortskern bereits einige bürgerliche Wohnhäuser entstanden, haben die zum Schloßgut gehörigen Wirtschaftsgebäude in Maßstab und Stil neue Akzente ins Ortsbild gebracht und haben einige bäuerliche Anwesen ihr Erscheinungsbild ein wenig verändert, doch hat dies hier alles auf einem gewissen Niveau stattgefunden: Der Ortskern bietet noch ein Bild, das sich von dem der meisten anderen Dörfer wohltuend abhebt.

Altostraße. *Kath. Kirche St. Alto,* spätgotische Anlage, Ausbau im 17./18. Jh.; mit Ausstattung; mit ummauertem Friedhof; Grabstein Cammerer, um 1900, von Ignaz Taschner.

Die im Kern wohl noch spätgotische Kirche mit stark eingezogenem Chor wurde im 17./18. Jh. überarbeitet und mit einem schlanken Chorturm versehen. Der zierliche Hochaltar von Hans Nursch 1665 ist mit Figuren der Muttergottes, des hl. Alto und der hl. Elisabeth (um 1520) ausgestattet. Der linke Seitenaltar enthält im schlichten, flachen Schrein ein bemerkenswertes Relief des Pfingstwunders (um 1480) aus dem Umkreis des Erasmus Grasser, der rechte Seitenaltar die Figuren der hl. Anna sowie der hll. Joseph und Joachim, frühes 18. Jh. Unter der Mensa des rechten Seitenaltars hat sich eine bei der Renovierung 1963 hier entdeckte römische Grabplatte mit Inschrift erhalten, die wohl von den römischen Brandgräbern bei Leutstetten oder dem römischen Friedhof des nahen Bratananium (Gauting) stammt. An der Decke ein kleines Fresko von 1789 mit einer Darstellung des hl. Alto. Die barocke Holzfigur der Maria im Rosenkranz am Chorbogen ist ein Hinweis auf die in den Kirchen der Pfarrei Gauting (zu der Leutstetten schon seit dem hohen Mittelalter gehörte) beheimatete Rosenkranzbruderschaft. Seitlich unter der Empore hängt ein bemerkenswertes Tafelbild, das aus der im 19. Jh. abgebrochenen, am südlichen Dorfausgang gelegenen Einbettl-Kapelle stammt. Es ist eine Stiftung (ex voto) der Sybilla von Starzhausen von 1643 und zeigt die hll. Jungfrauen Ainbet, Fürbet und Gerbet, die hier verehrt wurden. Ihr Kult ist sagenumwoben, sein Auftreten in Leutstetten weder zeitlich noch ursächlich (Pest?) geklärt.

Leutstetten, Kath. Filialkirche St. Alto

Leutstetten, St. Alto, Pfingstwunder

Leutstetten, Kath. Filialkirche St. Alto

Leutstetten, St. Alto, Votivbild von 1643

Leutstetten, Friedhof, Grabstein Cammerer

Altostraße 1. *Schloß Leutstetten,* dreigeschossiger Satteldachbau, Südfront mit Ecktürmen, errichtet 1565; An- und Umbauten 1936–1938 von Carl Sattler; mit Ausstattung; zwei Nebengebäude, 18./frühes 19. Jh.; *Schloßpark* im englischen Stil; *Brunnen* zur Erinnerung an König Ludwig III. und Königin Marie Therese, 1918 von Theodor Georgii.

Die Hofmark Leutstetten befand sich seit 1558 in Händen der Urmiller, 1580 übernahmen sie die Zeller, 1653 die Pembler. 1818 erwarb Staatskassier von Ertl Schloß und Hofmark, 1833 folgte der Staatsminister Fürst Öttingen-Wallerstein. Dessen Schwiegersohn und Erbe, Graf Waldbott-Bassenheim trat den Besitz an Freiherrn von Walden ab, der ihn 1875 an Prinz Ludwig, den späteren König Ludwig III., verkaufte. Dieser richtete hier ein Mustergut ein, zu dem später noch die Güter Rieden und Schwaige kamen und von dem so mancher Impuls zur Verbesserung der Landwirtschaft ausging. Das Schloß befindet sich noch heute im Besitz der Familie.

Das Schloß wurde 1565 vom herzoglichen Rat Hans Urmiller erbaut, nach Apian «ex ruderibus Carolinis», aus den Trümmern der Karlsburg. Es befindet sich, etwas erhöht, im

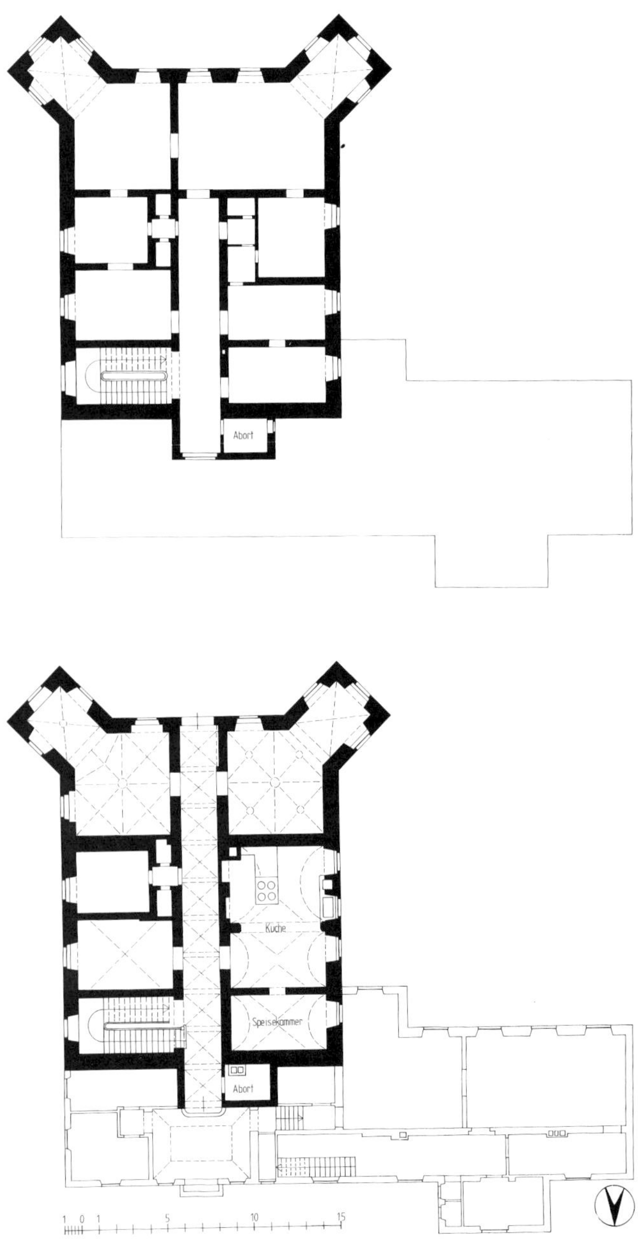

Schloß Leutstetten, Erdgeschoß (unten) und 1. Obergeschoß

Schloß Leutstetten, Nebengebäude

Schloß Leutstetten, Nebengebäude

Schloß Leutstetten, ehemaliges Patrimonialgerichtsgefängnis

Schloß Leutstetten, Fresken im Flur des Obergeschosses

Leutstetten, Schloß

Schloß Leutstetten, Wohnraum

Schloß Leutstetten, Wohnraum

Unbekannt, Schloß Leutstetten; Lithographie, um 1815

Brennpunkt des Moränenhufeisens in landschaftsbeherrschender Position und übt eine bedeutende Fernwirkung über das gesamte südlich vorgelagerte Moos bis hin zur Autobahn aus. Mit seinem steilen Satteldach und seinen zwei diagonal gestellten Erkertürmen repräsentiert es einen Urtyp des altbayerischen Hofmarksschlosses. Schon der Wening-Stich zeigt es in dieser Form. Auch die in Symmetrie zum Schloß gestellten seitlichen Kavaliersbauten mit dem Patrimonial-Gerichtsgefängnis in der Mitte sind hier bereits dokumentiert. Der seitliche Anbau wurde unter Kronprinz Ruprecht angefügt und enthält Küchen- und Wirtschaftsräume sowie einen Speisesaal. Ihm ist ein kleiner, in regelmäßigen Formen angelegter Blumengarten vorgelagert. Das Erdgeschoß des Altbaus wird durch einen für die Herrensitze am Starnberger See charakteristischen schmalen, kreuzgratgewölbten Gang erschlossen, der genau auf der Mittelachse liegt. Die seitlich angeordneten Räume verfügen alle noch über die ursprüngliche Ausstattung, vor allem über die Kreuzgratgewölbe. Eines der Erkerzimmer wurde im 19. Jh. (wohl unter Fürst Wallerstein) im Sinne der Neugotik mit einem kräftigeren Rippengewölbe versehen. Die ehemalige Küche und die Speis besitzen Tonnengewölbe. Gleich am Eingang, der beim Bau des Seitentrakts verändert wurde, zweigt die Treppe ab. Im ersten Obergeschoß sind im Gang in einem kreuzgratgewölbten Feld noch Renaissance-Deckenmalereien mit floralen Mustern, Engelsköpfchen und Bildern der vier Evangelisten erhalten. Vielleicht überliefern sie einen Rest der ursprünglichen, wohl farbigen Raumdekoration. Die beiden mit originalen Kassettendecken der Zeit und Kachelöfen ausgestatteten südlichen Wohnräume erinnern mit ihrer geschmackvollen Einrichtung noch an Kronprinz Ruprecht, der, mit einer Unterbrechung während der NS-Zeit, von 1934 bis zu seinem Tod 1955 hier gelebt hat. Im Dachgeschoß ist noch eine wandfest eingebaute schöne Bibliothek mit Glastüren erhalten, von der aus man über verdeckte Türen Zugang zu den obersten Turmgeschossen hat. Der umgebende *Schloßpark,* von Staatskassier von Ertl und Fürst Öttingen-Wallerstein nach englischem Vorbild angelegt, reicht bis zur Würm hinunter, die hier einen Bogen nach Westen macht und sich zu einem kleinen See erweitert. Der von Prinzessin Therese, der Gemahlin Ludwigs III. und späteren Königin, um einige hier nicht heimische Bäume bereicherte Park gehört zu den am ursprünglichsten erhaltenen Anlagen des Landkreises. – Im Garten (östlich des Schlosses) befindet sich ein *Brunnen* zur Erinnerung an König Ludwig III. und Königin Therese, aufgestellt anläßlich ihrer Goldenen Hochzeit. Der Entwurf stammt nach der Familientradition von Adolf von Hildebrand, die Platte mit den Porträts von seinem Schüler Theodor Georgii.

Altostraße 9. *Kleinbauernhaus,* Putzbau mit Flachsatteldach, 18./frühes 19. Jh.

Bei diesem Haus hat sich die charakteristische Giebelverschalung des ersten, auch im Obergeschoß gemauerten Bauernhauses erhalten. Die für diese Hausgeneration ebenfalls bezeichnende Fassadengliederung durch glatte Putzbänder ist dagegen bereits verloren.

Altostraße 10. *Geschmiedeter Ausleger* in barocken Formen.

Der Ausleger befand sich ursprünglich am Gasthaus in Petersbrunn. Dort hat ihn Moritz von Schwind gesehen und später in sein Gemälde «Die Hochzeitsreise» übernommen.

Altostraße 18. *Wohnhaus,* biedermeierlicher Traufseitbau, zweigeschossig, massiv, über dem Eingang Reliefdarstellung der Hl. Familie, 2. Drittel 19. Jh.

Wangener Straße 48. *Samerhof,* sog. «Hofgut Leutstetten», älteres Bauernhaus, südlich erweitert und ausgebaut für Prinz Ludwig von Bayern (König Ludwig III.) durch Emanuel Seidl, 1908 im barockisierenden Heimatstil.

Seidl hat die enge Beziehung zum Schloß durch eine entsprechende Gestaltung sichtbar gemacht, hat es aber bewußt vermieden, sich von der Ausprägung des hier bodenständigen Bauernhauses zu weit zu entfernen. Das Haus ist so Teil des dörflichen Ortsbildes geblieben. Die Räume im Inneren sind entsprechend dem hier gestellten höheren Anspruch dimensioniert und ausgestattet.

Wangener Straße. *Erinnerungskreuz für Sophie Banzer,* 1919, ermordet in der Revolution; am Waldrand.

Schloß Leutstetten, Brunnen

Leutstetten, Erinnerungskreuz

Leutstetten, Ausleger am Gasthaus Leutstetten

Leutstetten, Altostraße 18

Leutstetten, Wangener Straße 48, Samerhof

Leutstetten, Altostraße 9

Mamhofen

Mamhofen erscheint im 12. Jh. mit einem Andechser Ministerialen und 1171 als Sitz eines Schergen, der vermutlich für selbsteigene Güter innerhalb der Grafschaft zuständig war. Später war Mamhofen ein kleiner Weiler, zu dem Mitte des 18. Jh. noch sechs Anwesen gehörten. Die Höfe wurden z. T. schon im 19. Jh. aufgegeben, die zugehörigen Feldfluren aufgeforstet. Die heute um die Kirche gruppierten, teilweise erst vor Jahren neu gebauten Häuser dienen nur noch der Bewirtschaftung der umliegenden Privatwälder.

Kath. Filialkirche St. Jakob und Philipp, barock, 18. Jh.; mit Ausstattung.

Die Kirche, die zur Pfarrei Unterbrunn gehört, wurde in den vergangenen Jahren grundlegend renoviert. Dabei wurde eine seitlich an den Chor angebaute Sakristei beseitigt. Das Innere ist ein einfacher Saalbau mit flacher, über einer kleinen Hohlkehle ansetzender Decke. Der dreiseitig geschlossene Chor ist mit einer flachen Kuppel mit Stichkappen gewölbt. Die Ausstattung ist einfach: Die Altäre, um 1800, in grüner und roter Marmorierung. Der Hochaltar enthält ein Bild der «Aufnahme Mariens in den Himmel» und die Assistenzfiguren der hll. Petrus und Paulus. Die an verschiedenen Stellen freigelegte Dekoration aus geometrisierenden Mustern wurde auf den gesamten Chor übertragen. Ein Votivbild des 18. Jh. (renov. 1849) unter der Empore erinnert an die Ermordung eines Klausners, der neben der kleinen, längst abgebrochenen Dreifaltigkeitskapelle bei Mamhofen gelebt hat.

Mamhofen

Mamhofen, Fililalkirche St. Jakob

Mamhofen, Filialkirche St. Jakob

Mühlthal

Bahnhof Mühlthal. *Empfangsgebäude,* zweigeschossig, mit Flachwalmdach und auf drei Seiten offenem Umgang über eisernen Stützen, 1854.

Der von der Generaldirektion der kgl. Bayerischen Verkehrsanstalten (unter F. Bürklein) errichtete kleine Bahnhof, der in erster Linie wohl für Leutstetten gebaut wurde, ist nicht auf repräsentative Bedeutung angelegt wie Starnberg oder die späteren Bahnhöfe in Possenhofen und Feldafing, strahlt jedoch noch den Charme einer architektonischen Sprache aus, wie sie für alle Bahnhöfe dieser Strecke zum Einsatz kam.

Haus Nr. 122. Ehem. *Schusterhäusl,* erdgeschossiger Satteldachbau, 1826.

Die beiden kleinen Häuser (Nr. 122 und 121) stehen in idyllischer Situation am Fuße der quellenreichen Steilhänge, welche die Würm beim Durchbruch durch die Endmoränenkette geschaffen hat. Haus Nr. 122 bewahrt einen in dieser Reinheit hier wohl isolierten Typ des erdgeschossigen Dachauer Bauernhauses. Östlich davon stand einst die ehemalige Obere Mühle unter dem Karlsberg (Sägemühle).

Mühlthal, Haus Nr. 122, sogenanntes Schusterhäusl (im Hintergrund Haus Nr. 121)

Mühlthal, Bahnhofsgebäude

Unbekannt, Der Karlsberg und die Obere Mühle; Lithographie, um 1815

Haus Nr. 121. *Haus zum Kapeller,* ehem. Eremitensitz, dann kgl. Oberjägerhaus, zweigeschossiger Rundbau mit Helm, 1736; angeschlossener Flügelbau um 1850.

Haus Nr. 123. *Mühle,* historischer Teil, zweigeschossiger Putzbau mit Gliederungen, mittelsteiles vorkragendes Satteldach, 4. Viertel 19. Jh., im Kern älter; dahinter Pumpenhaus mit technischer Ausstattung (zwei Kolbenpumpen bez. Maschinenfabrik Augsburg 1898).

Die Untere Mühle unter dem Karlsberg wird bereits im 12. Jh. urkundlich erwähnt und befand sich um 1235 in herzoglichem Besitz. Sie stand damals in enger Verbindung zur wittelsbachischen Burg auf dem Karlsberg. Das parallel zur alten Mühle angeordnete Pumpenhaus wurde 1890/92 für die Wasserversorgung der Stadt Pasing errichtet. Die von Francis-Turbinen über Kammräder mit Holzzähnen angetriebenen Kolbenpumpen laufen seit 1898 ohne Unterbrechnung und ohne Reparatur. Sie stellen heute das letzte technische Denkmal dieser Art im Landkreis dar.

Riedener Weg. *Streckenwärterhaus,* zweigeschossiger Putzbau mit Flachsatteldach, um 1854.

Mühlthal und Petersbrunn, Flurkarte, um 1905

Mühlthal, Bahnwärterhaus

Mühlthal, Haus Nr. 121, «Beim Kapeller»

Mühlthal, ehemalige Mühle und Wasserwerk des Würmtalzweckverbandes

Mühlthal, Pumpenanlage des Wasserwerkes

Percha

Die Siedlung Percha, die bereits Ende des 8. Jh. in den Quellen erscheint, gehörte bis 1803 mit allen 19 Anwesen zum Kloster Schäftlarn. Der Ort, der zum Großteil aus kleinbäuerlichen Betrieben und Fischersölden bestand, hat durch die anhaltende Bautätigkeit seit dem Ende des 19. Jh. seine ehemalige Struktur völlig verändert. Nur in den Anwesen um die Kirche, die nach dem Dorfbrand von 1789 neu aufgebaut wurden, ist ein Teil des alten Ortskerns überliefert.

Buchhofstraße. *Dorfschmiede,* erdgeschossiger verputzter Satteldachbau, Mitte 19. Jh.

St. Valentinsweg. *Kath. Filialkirche St. Valentin,* spätgotisch, Ende 15. Jh., im 19. Jh. überarbeitet; mit umliegendem ummauertem Dorffriedhof.

Die Valentinskirche wird bereits im Jahr 785 dem Kloster Schäftlarn übergeben. Eine Neuweihe, vermutlich auf einen Um- oder Neubau hin, wird für 1172 bestätigt, eine spätgotische Umgestaltung ist um 1480 anzusetzen. Der stark eingezogene dreiseitig geschlossene und mit einem Rippengewölbe und spätgotischen Maßwerkfenstern ausgestattete Chor wird durch einen kräftigen Chorbogen vom verhältnismäßig kleinen Kirchenschiff geschieden. Neben der einheitlichen neugotischen Ausstattung haben sich noch einige ältere Figuren erhalten, so der Titelheilige (um 1480) in der Mitte des Hochaltars sowie die hll. Achatius und Margarete auf Konsolen links und rechts des Altars. Ein in den Kirchen des Landkreises nur noch selten erhaltenes Ausstattungsstück ist das kleine spätgotische Sakramentshäuschen mit dem Wappen der Thorer. Auf einer Konsole an der nördlichen Kirchenschiffswand eine sitzende Muttergottes um 1720.

St. Valentinsweg 8. *Wohnhaus,* mit verputztem Blockbau-Obergeschoß, nach 1789; bildet mit Nr. 10 und 12 und der Kirche sowie der Schmiede eine Baugruppe.

St. Valentinsweg 10. *Bauernhaus,* mit Blockbau-Obergeschoß und Laube, nach 1789; siehe auch Nr. 8.

St. Valentinsweg 12. *Bauernhaus,* verputzter Mittertennbau nach 1789.

Die kleinbäuerlichen Anwesen gruppieren sich malerisch um die Kirche und vermitteln einen guten Eindruck vom einstigen Ortsbild. Sie sind bereits 1862 auf einer Zeichnung von Fritz Bamberger dokumentiert. Das mittlere Haus hat seine ursprüngliche Form noch am besten bewahrt. Lediglich die Laube, die zusammen mit dem verschalten Giebel das für Häuser des späten 18. Jh. charakteristische Fassadenbild ergab, fehlt heute. Die beiden anderen Häuser wurden Ende des 19. Jh. etwas modernisiert und bieten heute das Erscheinungsbild der letzten einheitlich ausgeprägten Bauernhausgeneration.

Haarkirchener Straße 7. *Altenheim St.Josef,* um Höfe angeordnete, reichgegliederte Anlage mit integrierter Kirche St. Bonaventura, erbaut 1935 von Architekt Wagner im Stil der Sachlichkeit mit Elementen des heimatgebundenen Bauens.

Eine Münchnerin überließ 1895 als Dank für die Pflege eines nahen Verwandten ihre beiden Landhäuser in Percha dem Gründer der Ursberger Pflegeanstalt für behinderte Kinder, Dominikus Ringeisen. Diese Stiftung, von der ein Haus (das

Percha, ehemalige Dorfschmiede

Percha, Kath. Filialkirche St. Valentin

Percha, St. Valentin, Figur des hl. Achatius

Percha, St. Valentin, Figur der hl. Margarete

Percha, Ortszentrum mit Filialkirche St. Valentin und St. Valentiusweg Nr. 8, 10 und 12

Percha, Kath. Filialkirche St. Valentin

östlich der Kirche gelegene Haus St. Josef) noch existiert, wurde zur Keimzelle eines kleinen Klosters der Ursberger Schwestern. Nach mehreren Zukäufen von Grundstücken und kleineren Perchaer Anwesen konnte zunächst ein Erholungsheim für Priester und ab 1930 auch eine Pflegeabteilung eingerichtet werden. Seit 1955 unterhält das Kloster ein Altenheim, welches 1987/88 baulich erweitert und modernisiert wurde.

Percha, Altenheim St. Josef

Perchting

Der Ort, der als ing-Endiger zu den ältesten Siedlungen des Landkreises zu rechnen ist, gehörte hier zu den Dörfern durchschnittlicher Größe. Um 1750 wurden 33 Anwesen mit mittleren bis kleineren Betriebsgrößen gezählt. Nach einem verheerenden Brand 1768, von dem die Kirche und 11 Höfe betroffen waren, wurde das Dorf größtenteils neu aufgebaut. Das Ortsbild war stets vom Abwechslungsreichtum eines Haufendorfes mit seiner unterschiedlichen Stellung der Höfe und seinen verschiedenen Perspektiven geprägt. Heute haben die Modernisierungen der letzten Jahre und unglückliche Straßenbaumaßnahmen dem Ort viel von seiner einstigen Qualität genommen.

Kath. Filialkirche Mariä Heimsuchung, Rokokoanlage, 1774 von Balthasar Trischberger errichtet; Friedhof mit Ummauerung.

Die erst 1764 baulich erneuerte Kirche (wohl Umbau und Neuausstattung) wurde beim Dorfbrand von 1768 bereits wieder zerstört. Der anschließende Wiederaufbau war nur möglich mit tatkräftiger Hilfe des Klosters Polling, dem die Pfarrei inkorporiert war, und des Grafen von Toerring, des Patronatsherrn; daher die beiden Wappen über dem Chorbogen. Die Kirche beherrscht mit ihrem eigenwillig behelmten Turm die Ortsmitte. Die Baumeisterfrage ist noch nicht ganz geklärt: Ob der in den Kirchenrechnungen genannte Balthasar Trischberger hier einen eigenständigen Bau hat planen können oder ob er lediglich einen Entwurf Leonhard Matthäus Gießls ausgeführt hat, ist noch unklar. Die starke Übereinstimmung der Raumdisposition mit den Verhältnissen in Starnberg und Inning, aber auch Landstetten, läßt eher an die Hand Gießls denken. Das annähernd quadratische Kirchenschiff hat durch abgeschrägte Ecken die Wirkung eines Zentralraumes mit einem etwas eingezogenen Chor. Die Flachkuppel des Kirchenschiffes wird von einem von Johann Baptist Baader 1774 signierten Fresko mit der Legende des hl. Sebastian ausgefüllt. Der Stuck stammt vermutlich von Thassilo Zöpf. Der Hochaltar mit Figuren von Franz Xaver Schmädl enthält eine mit einem weiten Mantel bekleidete Marienfigur, «Unsere Liebe Frau in der Mauer», die einst als Gnadenbild verehrt wurde. Perchting hatte sich seit der 2. Hälfte des 17. Jh. zu einer kleinen Wallfahrt entwickelt, die bis etwa 1750 anhielt. In den Seitenaltären Gemälde mit Darstellungen der hl. Magdalena und des hl. Sebastian von dem Starnberger Maler Andreas Schnabl, 1774. Bemerkenswert ist noch ein Kreuzwegzyklus in selten vollständig erhaltener Hinterglasmalerei sowie ein gußeiserner Opferstock mit einem sitzenden Engel, wohl noch aus der 1. Hälfte des 19. Jh.

Perchting, St. Mariä Heimsuchung, Opferstock

Perchting, Kath. Filialkirche St. Mariä Heimsuchung

Perchting, Filialkirche St. Mariä Heimsuchung, Deckenfresko von J. B. Baader (1774)

Perchting, Kath. Filialkirche

Perchting, Kath. Filialkirche

Pöckinger Straße 1. (Gasthaus Wöll) *Inschrifttafel* an der Fassade, Solnhofener Stein, 1791. (Fl. Nr. 122)

Pöckinger Straße. *Backhaus,* erdgeschossiger Bruchsteinbau, verbretterter Giebel mit Rauchloch, Ziegelofen, 19. Jh; gegenüber Haus Nr. 9.

Römerstraße 15. *Bauernhaus,* langgestreckter Mitterstallbau mit Flachsatteldach, 18. und 1. Hälfte 19. Jh.

Das in seiner Substanz gut überlieferte Bauernhaus besitzt noch die Dachneigung des Legschindeldaches. Der Giebel dürfte ursprünglich verbrettert gewesen sein.

Seefelder Straße. *Kalvarienberg und Kreuzweg,* offene Kapelle mit Kreuzigungsgruppe, 1765; 14 Kreuzwegstationen, Eisenreliefs in steinernen Bildstöcken, Ende 19. Jh.; nördlich in Richtung Hadorf.

Die zum Dorf hin offene halbrunde Konche, von einem Schweifgiebel und gemalten Pilastervorlagen gerahmt, wurde von einem Perchtinger Bürger auf ein Gelübde hin gestiftet. Vor ein paar Jahren wurde die Kapelle als Kriegergedächtnisstätte umgestaltet. Über der Kreuzigungsgruppe ein Fresko, Gottvater vor einer strahlenden Himmelsöffnung, das Johann Baptist Baader zugeschrieben werden kann.

Unbekannt, Petersbrunn; Lithographie, um 1817

Petersbrunn

Kapelle St. Peter, 1513 über der Quelle eines Heilbrunnens errichtet, 1738 erneuert.

1513 wurde durch Herzog Wilhelm IV. ein neues Badhaus in Petersbrunn gebaut, weil die hier austretende Quelle als heilkräftig verehrt und in zunehmendem Maße von Kranken aufgesucht wurde. Gleichzeitig wurde über der Quelle eine Kapelle errichtet, eventuell auch nur erneuert. Eine Gründung der Kapelle oder gar Kirche durch einen Angehörigen der Huosi um 750, wie immer wieder behauptet wurde, ist jedoch abwegig. Nach wechselvollem Schicksal hielt sich das Bad bis in die Mitte des 19. Jh., nachdem es nach dem Bau eines neuen Badehotels (dessen Erdgeschoßmauern noch im Gebäude gegenüber stecken) 1817 noch einmal einen letzten Aufschwung genommen hatte.

Ob die kleine Kapelle noch auf den Bau von 1513 zurückgeht oder später erneuert wurde, läßt sich nicht mit letzter Sicherheit sagen. Im 18. Jh. scheint sie mehrmals renoviert worden zu sein. Aus dieser Zeit haben sich Reste einer farbigen Dekoration (1738 von dem Starnberger Maler Ignaz Bidermann) unter späteren Übermalungen am Turm erhalten. Sie waren die Grundlage der gegenwärtigen Renovierung.

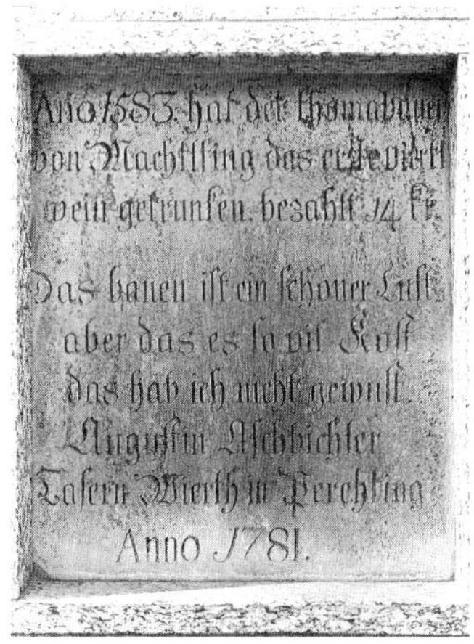

Perchting, Pöckinger Straße 1

Seefelder Straße, Kreuzweg

Perchting, Seefelder Straße, Kalvarienberg

Perchting, Pöckinger Straße, Backhaus (1988 in das Museum Glentleiten transferiert)

Perchting, Römerstraße 15

Petersbrunn, Kapelle St. Peter

Rieden

Der Ortsname weist den kleinen Weiler als Rodung des 9./10. Jh. aus. Um 1200 gehörten die drei Höfe den Wittelsbachern, seit 1389 waren sie zusammen mit der Mühle unter dem Karlsberg im Besitz des Klosters Schäftlarn. 1904 kaufte Prinz Ludwig, der spätere König Ludwig III., die Höfe und vereinigte den Grundbesitz zum Gut Rieden.

Kath. Filialkirche St. Peter und Paul, im Kern spätgotische Anlage, Ausbau im 17. und 18. Jh., weitere Ausgestaltung um 1900; mit Ausstattung; Friedhof, u.a. mit Grabstätten aus der bourbonischen Verwandtschaft der Wittelsbacher.

Die Kirche St. Peter ist noch als Bau der Spätgotik zu erkennen. Das Innere ist leider durch eine unsachgemäße Erneuerung stark entwertet, bei der die ursprüngliche, über einer Hohlkehle ansetzende und mit Stuckleisten dekorierte Decke durch eine Decke aus Holzlatten ersetzt wurde. Auch der originale Putz der Seitenwände ist (ohne Befunduntersuchung) verlorengegangen.

Der 1669 datierte Hochaltar von Georg Wunderl aus Wolfratshausen mit den Figuren des hl. Petrus und der hll. Erasmus und Nikolaus ist derzeit ausgelagert. Erhalten ist noch die gotische Mensa. Zu den Ausstattungsstücken aus der Zeit des Prinzen Ludwig gehören die Kirchenstühle und das prunkvolle Abschlußgitter. Bemerkenswert ist das liegende Rotmarmorepitaph der Prinzessin Mathilde von Sachsen-Coburg-Gotha (Tochter Ludwigs III.), 1906 von Knut Akerberg, einem Mitarbeiter Adolf von Hildebrands. Reizvoll ist auch der umgebende Friedhof, der Gräber von einfachen Leuten aus Rieden und Umgebung mit denen bekannter Namen (u.a. Ferdinand v. Bourbon, Herzog von Calabrien, und seine Familie; Antonius von Sachsen-Coburg-Gotha; Feodor Lynen, Nobelpreisträger 1964) vereint.

Riedener Weg 1. *Gutshaus,* verputzte Einfirstanlage mit Flachsatteldach, hölzernen Balkonen, Giebelzier und Glockenstuhl, 1904 als Mustergut durch den späteren König Ludwig III. von Bayern erbaut.

Der Gutshof wurde vom Architektenbüro Liebergesell und Lehmann, München, in den Formen eines oberbayerischen Bauernhauses errichtet. Die Balkoneinheit im ostwärts gerichteten Giebel ist auf eine Loggia gestellt. Sie gewährt eine Fernsicht über das Leutstettener Moos bis hinüber nach Percha und zum Starnberger See.

Schorn

Gutskapelle St. Maria, barock, 1759; mit Ausstattung.

Söcking

Der Ort, der zu den frühesten Siedlungen des Landkreises zu rechnen ist, zählte Mitte des 18. Jh. 20 Anwesen. Darunter waren mehrere große Anwesen (vier ganze Höfe, sechs Halbhöfe), was auf die Struktur des Dorfes nicht ohne Einfluß geblieben ist. Dieses Ortsbild ist jedoch durch die bauliche Entwicklung seit dem ausgehenden 19. Jh. fast vollständig eliminiert worden. Nur die alte Dorfkirche, in ihrem ummauerten Friedhof auf einem kleinen solitären Hügel gelegen, hält unverändert ihre einstige Position als Mittelpunkt des Dorfes.

Söcking, Flurkarte 1863

Andechser Straße. Evang.-luth. Kirche *St. Stephan* (ehem. *Kath. Pfarrkirche*), Saalbau, wohl 17. Jh.; mit Ausstattung; 1864 umgebaut; mit umliegendem historischen Dorffriedhof.

Die alte Dorfkirche wurde nach dem Bau der neuen Pfarrkirche St. Ulrich (östlich des Ortes) der evangelischen Kirchengemeinde überlassen. Das Innere hat eine neuromanische Ausstattung um 1864. Zwei Figuren des frühen 18. Jh. auf dem Hochaltar, die Kanzel um 1700, die Fresken des mittleren 18. Jh. im Deckenspiegel und das Kirchengestühl geben eine Vorstellung von der früheren Einrichtung.

F. Bamberger, Söcking; Aquarell, 1862

Rieden, Gutshof

Rieden, Kath. Filialkirche St. Peter und Paul

Rieden, Filialkirche, Epitaph der Prinzessin Mathilde

Söcking, Filialkirche St. Stephan

Schorn, Kapelle

Schorn, Kapelle

Söcking, Filialkirche St. Stephan

Andechser Straße. *Mausoleum des Prinzen Karl von Bayern* (1795–1875) auf dem Kahlenberg, Rotunde im Stil des romantischen Klassizismus, erbaut 1830/40 für Karls Gemahlin Sophie von Bayrstorff vermutlich von Daniel Ohlmüller; Grufthalle der Grafen Almeida, 1906.

Das Mausoleum steht auf einer solitären Anhöhe, die Prinz Karl (vgl. Almeida-Palais, Starnberg) wegen der damals noch unverstellten Fernsicht über die Landschaft des Starnberger Sees besonders geliebt haben soll. Die Linde, die seinerzeit als schattiger Rastplatz gedient hat, steht noch neben dem Bau. Das Mausoleum nahm zunächst die verstorbene erste Gemahlin des Prinzen auf, später auch ihn selbst (1875) und seine zweite Frau. Sie ruhen gemeinsam in einem großen quadratischen Sarkophag aus weißem Marmor. Die Rotunde, ein bemerkenswerter Bau der frühen Neuromanik, folgt vermutlich dem Vorbild des im Stil einer byzantinischen Grabkapelle gehaltenen Mausoleums auf der Rosenhöhe bei Darmstadt. Der trommelförmige Baukörper wird durch schmale Dienste gegliedert, die einen Rundbogenfries tragen, und verzichtet auf weiteren Schmuck. Nur der Zugang auf der Ostseite ist als Portal mit doppelflügeliger Bronzetüre hervorgehoben.
Unterhalb des Mausoleums befindet sich die Gruft der Grafen Almeida. Sie ist nach Plänen von Ludwig Deiglmayr als eine offene Säulenhalle ausgebildet und axial auf das Mausoleum bezogen. Der Hügel ist von einer Mauer umgeben, die für beide Begräbnisstätten den Ort der Stille herstellt.

Andechser Straße 23. *Herrschaftsvilla,* Kernbau 1886 mit zinnenbekröntem Erkerturm an der Nordseite; Ausbau für Graf Schaumburg, als barockisierender Langtrakt mit großen klassizisierenden Dreiecksgiebelrisaliten nach Osten und Westen durch Architekt Carl Vent, 1900; großes schmiedeeisernes Einfahrtstor im Norden.

Die Villa ist auf dem Grund des Scheuermann-Hofes entstanden. Sie wurde vor einigen Jahren in eine Eigentumswohnanlage umgewandelt. Die ehemals zugehörige Parkanlage ist weitgehend dezimiert.

Andechser Straße 25. *Ehem. Bauernhaus* (Scheuermannhof), Einfirstanlage, frühes 19. Jh., mit Erdgeschoßgewölben; Ende 19. Jh. Ausbau zum Ökonomiegebäude der Villa Graf Schaumburg (siehe Nr. 23; siehe auch Bismarckstraße 2).

Andechser Straße 58. Ehem. *Pförtner- und Gärtnerhaus* am Eingang zu großem Park, erdgeschossig, mit Vordach über Säulen und Anbau mit Türmchen, 1913 nach Plänen von Architekt Fritz von Courten.

Oberhalb des Pförtnerhauses sollte nach Plänen Fritz von Courtens für den Grafen Carlo von Courten eine hochherrschaftliche Villa gebaut werden. Die Auffahrt und das Plateau für den Villenbau sind im Gelände noch erkennbar.

Söcking, St. Stephan u. Prinz-Karl-Mausoleum; nach einer Zeichnung um 1860/70

Söcking, Mausoleum des Prinzen Karl v. Bayern

Söcking, Grufthalle der Grafen Almeida

Prinz-Karl-Mausoleum, Sarkophag

Prinz-Karl-Mausoleum, Kuppel

Söcking, Andechser Straße 23, ehemalige Villa Graf Schaumburg

Andechser Straße 25, ehemaliger Scheuermann-Hof

Söcking, Andechser Straße 58

Auersberg Nr. 5b u. c. *Villa Krauss,* Walmdachbau, an der Südwestecke Erkerturm mit Zierfachwerk und Schopfwalmhelm, an der Südseite halbrunder Terrassenvorbau, darüber im Obergeschoß malerische Laube, an den Wandflächen historisierende Malereien, 1895 nach Plänen von Eugen Drollinger; große Parkanlage mit Gartenfiguren, Ende 19. Jh.

Die sehr individuell gestaltete Villa wurde für den Münchner Ingenieur K. Krauss errichtet. Der auf die Anhöhe vor den Hintergrund hoher Bäume gestellte Bau ist mit seiner steilen Fassade ganz auf Fernsicht berechnet. Durch die ausgeprägte Farbigkeit der Details und die starke Anreicherung mit dekorativen Elementen sollte eine besonders malerische Wirkung erzielt werden, die durch den mit Fachwerk geschmückten Turmaufbau noch gesteigert wird. Das Haus ist in seiner äußeren Erscheinung nach stärkerem Verfall recht gut wiederhergestellt worden. Das Innere, in dem sich nur noch einige wenige originale Ausstattungsstücke überliefert hatten, wurde weitgehend neuzeitlich umgestaltet. Der Park ist stark verkleinert, aber im Umgriff noch gut erhalten.

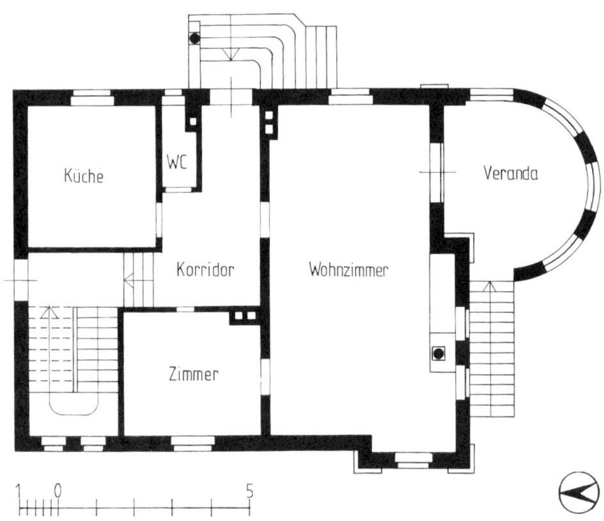

Söcking, Villa Krauss, EG

Bismarckstraße 2. *Backhäuschen,* mit Treppengiebeln, Ende 19. Jh.; ehem. zu Andechser Straße 23 gehörig.

Bismarckstraße. *Wasserwerk,* erdgeschossiger gegliederter Blankziegelbau, bez. 1896.

Eichenweg 5c. Ehem. *Gärtner- und Kutscherhaus der Villa Dziembowski,* 1912 von Heinrich Volbehr in reduzierten Barockformen.

Der kleine rechtwinkelig angeordnete Bau wurde vor einigen Jahren mit seinem Umgriff vom Park der Herrschaftsvilla abgetrennt und sehr einfühlsam in ein Wohnhaus umgewandelt. Im Inneren ist die originale Raumdisposition mit der Ausstattung weitgehend erhalten geblieben.

Klenzestraße 2. Ehem. *«Villa Maria»,* zweigeschossiger Walmdachbau in romantisch-historisierenden Formen, mit Zinnengiebel und Jugendstildetails, vom Architekten Hans Denzinger 1901 als eigene Sommervilla erbaut.

Die ursprüngliche Farbgebung konnte bei der letzten Renovierung wiederhergestellt werden. Die dadurch gewonnene Ausdruckskraft der Fassade läßt ermessen, wieviel von der ursprünglichen Entwurfsqualität der Villen durch vereinfachende Neuanstriche inzwischen verlorengegangen ist.

Bismarckstraße, Wasserwerk

ehemaliges Gärtnerhaus der Villa Dziembowski, histor. Aufnahme, um 1915

Söcking, Eichenweg 5c

Söcking, Bismarckstraße 2, Backhäuschen

Söcking, Auersberg 5b und 5c, ehemalige Villa Krauss

Söcking, Klenzestraße 2, ehemalige Villa Maria

Maximilian-von-Dziembowski-Straße 11. *Herrschaftsvilla* (ehem. von Dziembowski), Mansarddachbau mit doppelgeschossiger Loggia, mit Veranda und Erker, im klassizisierenden Jugendstil, 1905 vom Büro Hönig und Söldner (München); große Parkanlage nach englischem Stil.

Die sehr repräsentativ angelegte Villa wurde für Alphonse Brands errichtet. Durch die Lage am oberen Rand des abfallenden Parkgeländes wird nicht nur ihre Wirkung gesteigert; der Standort ermöglichte ursprünglich auch eine bedeutende Fernsicht. Der vor einigen Jahren errichtete westliche Anbau und die vorgelagerte Terrasse haben den Bau aus der Sicht vom Park her optisch leider etwas verkürzt und ihm seine solitäre Stellung genommen. Die Villa überzeugt durch ihre von einem streng kubischen Baukörper ausgehende ruhige Geschlossenheit. Dieses Konzept und die modern-sachliche Ausformung der Details lassen im Vergleich zu der nur wenige Jahre zurückliegenden Formensprache des Späthistorismus den beachtlichen Fortschritt erkennen und erweisen den hohen Rang des Gebäudes in der Starnberger Villenlandschaft. Die Fassade wird auf der Parkseite nur durch einen runden Eckerker und eine von Säulen getragene dreiachsige, doppelgeschossige Loggia etwas aufgelockert. Die auf dieser Seite fehlende Symmetrie wird auf der zur Straße orientierten Eingangsseite repräsentativ hergestellt. Ein dreiteiliges Mittelstück mit glatten ionischen Säulen nimmt den Ein-

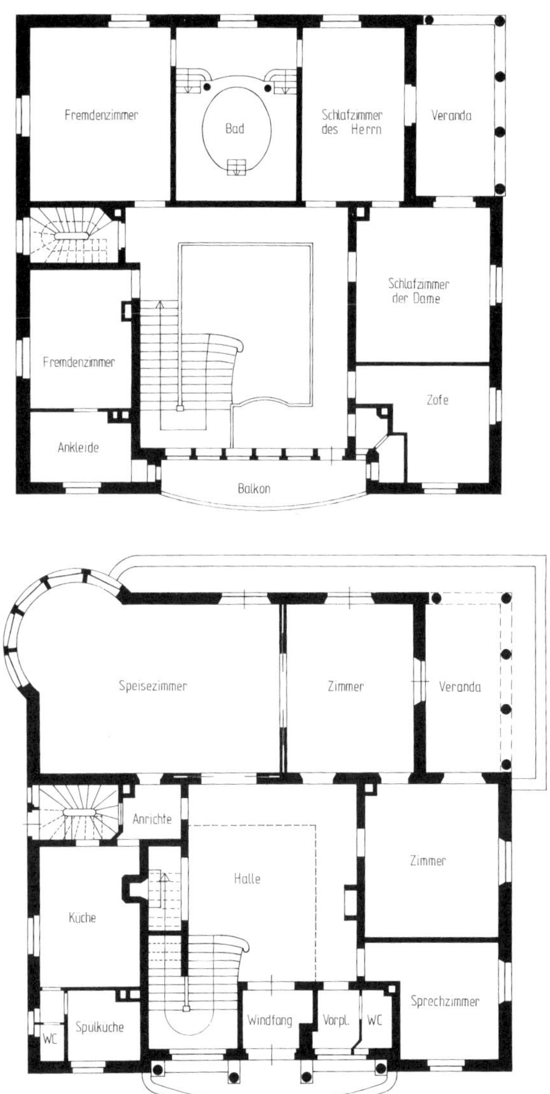

Söcking, Villa Dziembowski, Erdgeschoß (unten) und Obergeschoß

Söcking, Villa Dziembowski, Halle

Villa Dziembowski, Ausstattungsdetail

Söcking, Villa Dziembowski, Gartenseite

Söcking, Villa Dziembowski, Eingangsseite

gang mit zwei seitlichen steinernen Sitzbänken auf; darüber befindet sich eine Altane mit den großen Fenstern des Treppenhauses. Der Bau wird an dieser Stelle über eine riesige zweigeschossige Halle erschlossen, die das Treppenhaus mit einer umlaufenden Galerie enthält.

Max-Josephs-Höhe 1. *Villa von Riedesel,* zweigeschossig mit Mezzanin, giebelseitig zwei Balkone, mit beigestelltem Rundturm, 1869 bzw. 1897.

Das Landhaus steht an der Kante eines nach Osten abfallenden Höhenzuges, der noch zur Bauzeit in Reiseführern als lohnender Aussichtspunkt angepriesen wurde. Entsprechend prägnant war die Fernwirkung der Fassade vor dem dunklen Hintergrund des rückwärtigen Waldes. Das Landhaus wird von einer weitläufigen Parkanlage eingeschlossen, die noch zahlreiche Ausstattungsstücke bewahrt hat, wie den Weiher, das nördlich anschließende Gartenparterre, ein Gartenhaus im Stil einer Jagdhütte sowie einen Bildstock (Oberteil wohl fränkisch, 18./19. Jh.). Die unterhalb der östlichen Geländestufe erhaltenen, noch vor 1870 errichteten Wirtschaftsgebäude sowie ein Obst- und Gemüsegarten überliefern die charakteristische ideelle Ausprägung eines Landsitzes am Starnberger See.
Das Landhaus, welches 1868/69 erbaut und 1897 um ein Stockwerk erhöht wurde, ist in seiner Substanz und seiner originalen Gestaltung gut überliefert. Die Bedeutung des rückwärtigen Turms ist noch ungeklärt; vielleicht war er ursprünglich ein Wasserturm zur Versorgung der Villa. Das Innere des Hauses läßt noch gut die ursprüngliche Nutzung als Sommeraufenthalt ablesen. Das ganze Erdgeschoß ist allein dem gesellschaftlichen Leben vorbehalten: Ein riesiger Speisesaal mit Erker nimmt die gesamte Ostseite ein. Über die vorgelagerte Terrasse wurden die Gäste empfangen, konnte sich das Fest zwanglos auf den Garten ausdehnen. An den Speisesaal schließen eine Anrichte, die Küche und Garderobenräume an. Die privaten, schlicht gehaltenen Räume im Obergeschoß (ein Raum ist mit einer Kassettendecke und einem Kachelofen ausgestattet) werden über das seitliche Treppenhaus erschlossen. Die im Dachgeschoß ausgebauten Wohnräume besitzen Türen mit originalen barocken Füllungen.

Prinz-Karl-Straße 38. *Landhaus,* Blockbau, z.T. verschindelt und bemalt, im Schweizer Heimatstil, 1902 von Eugen Behles.

Das Landhaus hebt sich in der Bauform wie in der Ausgestaltung der Details vom bodenständigen Landhaus ab. Es ist den Blockhäusern Vorarlbergs nachempfunden und auch von Vorarlberger Zimmerleuten errichtet worden. Das gesamte Haus ist aus Holz gebaut, nur die unmittelbare Umgebung der Feuerstellen (Küche) ist gemauert. Das Haus war ursprünglich nicht gestrichen, die in natürlichem Grau abgewitterten Fassaden wirkten früher wesentlich leichter.

Prinz-Karl-Straße 42/44. *Villa von Lenbach,* repräsentativer Walmdachbau mit exedraartigem Vorbau an der Parkseite und symmetrischen Seitenflügeln, deren Obergeschosse als Loggien ausgebildet sind (im Nordflügel verändert), 1903 von Gabriel von Seidl für den Maler Franz von Lenbach erbaut, Ausbau bzw. Aufstockung der Seitenflügel 1906; oktogonaler Gartenpavillon, neubarock, wohl um 1903/06; Parkanlage, Terrassenanlagen, Gartenfiguren, um 1903/06.

Villa v. Riedesel, Vestibül mit Treppe

Söcking, Prinz-Karl-Straße 38

Söcking, Villa Lenbach

Söcking, Max-Josephs-Höhe 1, Villa v. Riedesel

Söcking, Prinz-Karl-Straße 42/44, Villa Lenbach

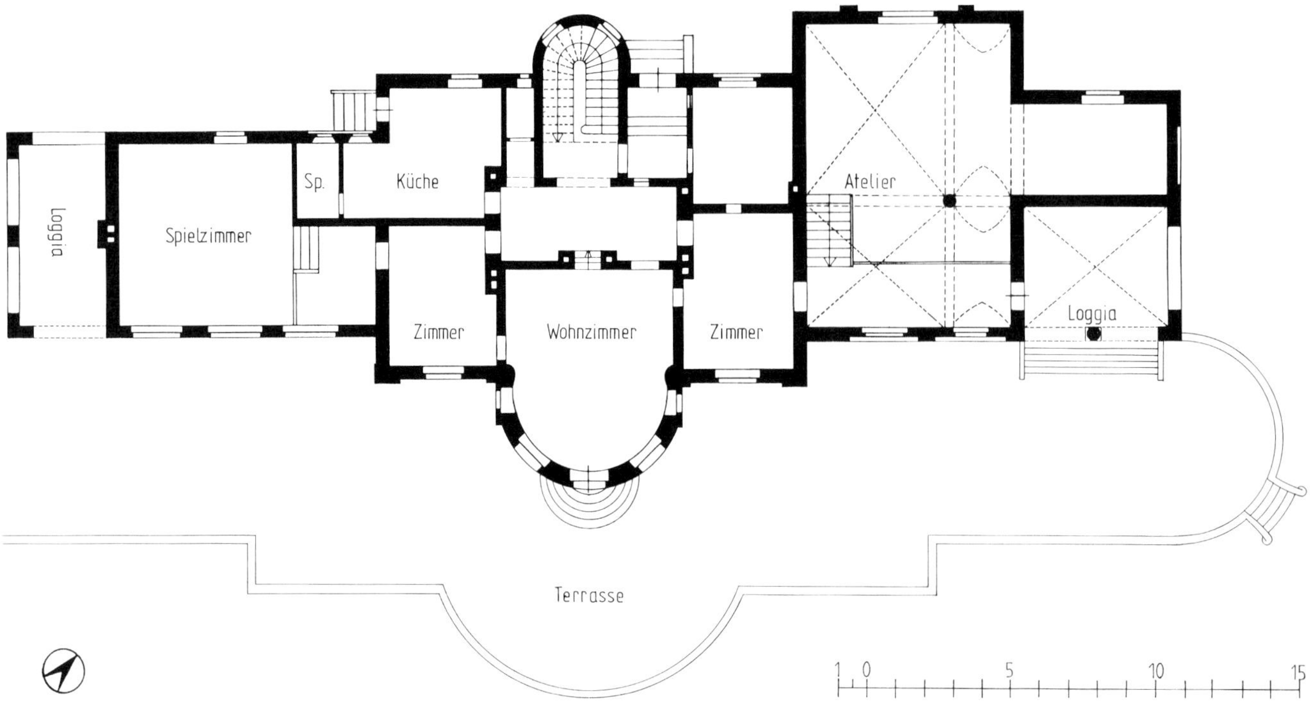

Söcking, Villa Lenbach, Erdgeschoß

Die hochherrschaftlich konzipierte Villa, die hoch oben auf der Anhöhe über den Villen an der Josef-Fischhaber-Straße eine der letzten möglichen Aussichtspositionen bezog, gehört nicht nur ihrer kunst- und architekturgeschichtlichen Stellung nach, sondern auch wegen ihrer signifikanten gesellschaftsgeschichtlichen Bedeutung als Sommerresidenz des Malerfürsten Franz Lenbach zu den bedeutendsten Villen am Starnberger See. Entsprechend der Planung von 1903 wurde die Villa als dreigeschossiger, symmetrisch angelegter und durch einen exedraartigen Mittelrisalit akzentuierter Bau angelegt, dem beidseitig erdgeschossige Flügelbauten angegliedert waren. Das Vorbild der Kavaliersbauten am Nymphenburger Schloßrondell ist hier in ähnlichem Maße erkennbar wie bei der Krüzner-Villa in Leoni. Nach Lenbachs Tod wurde das ursprüngliche Raumkonzept modifiziert. Dafür wurden die beiden Seitenflügel aufgestockt, was die beabsichtigte Dominanz der Villa etwas zurücknahm. Seidl konnte diese Gewichtsverlagerung auffangen, indem er die beiden neuen Obergeschosse als offene und transparente Loggien ausführte und nur die Enden (4. Achse) im Sinne von Eckrisaliten schloß. Im südlichen Flügel ist die Öffnung in Form einer zauberhaft italianisierenden Arkade noch erhalten, im nördlichen Flügel nachträglich geschlossen. Die innere Raumdisposition war ursprünglich außen voll ablesbar: im zentralen Villenbau die repräsentativen Wohn- und Schlafräume, wobei im Erdgeschoß das Speisezimmer und im Obergeschoß das Schlafzimmer ihrer gesellschaftlichen und privaten Bedeutung gemäß in der Mittelachse lagen, die durch die Würdeform der Exedra besonders hervorgehoben war. Im Nordflügel entstand ein großräumiges Atelier, im Südflügel, mit offenen Arkaden auf der Südseite, ein Spielzimmer für die Kinder in Form einer sala terrena. Nach Lenbachs Tod wurde das Atelier in einen großen Wohnraum und Theatersaal umgewidmet, in den zusätzlichen Obergeschossen entstanden neue Wohn- und Schlafräume. Damit wurde das ursprüngliche klare, annähernd symmetrische Raumkonzept verändert. Das später rückwärts angebaute zweite Treppenhaus hat die zunächst nachgeordnete Wohnnutzung im Nordflügel dann noch weiter verselbständigt. Da Lenbach die Villa nicht mehr selbst beziehen konnte, kam es nicht mehr zu der wohl geplanten reichen Einrichtung. Die fest installierte Ausstattung (Böden, Türen, Fenster, Öfen) ist noch erhalten.

Der weitläufige Park, der ursprünglich mit einem regelmäßigen System von Wegen erschlossen war, läßt in unmittelbarer Nähe der Villa noch die alte Gestaltung des Gartenparterres mit Blumenrabatten, Brunnen und Ziervasen ablesen. Die zugehörigen Gebäude wie Wagenremise, Gärtnerhaus und ein polygonaler Pavillon mit offenem Kamin sind noch erhalten.

Prinz-Karl-Straße 46. *Herrschaftsvilla,* Walmdachbau mit asymmetrischem Giebelrisalit, Veranda und Eingangshalle, gemalter Neurenaissancefries und Zierfachwerk, 1898, mit Gartenanlage.

Auch diese Villa steht noch über der Villenzeile an der Fischhaberstraße. Der blockhaft angelegte Bau ist auf allen Seiten gestaltet, bemerkenswert die Hohlkehle unter dem Dachfuß mit einem farbigen Fries (Blumenkörbe, Girlanden). Die auf Fernsicht berechnete Gartenfront ist durch eine stärkere Durchbildung der Fassade und eine besondere Gestaltung (Fenster, Fachwerk, Eckquaderung) zusätzlich betont. An der Einfahrt ist ein Nebengebäude (Wagenremise) erhalten. Im Inneren finden sich noch einige qualitätvolle Details, bemerkenswert das große, oben mit einer Balkendecke abgeschlossene Treppenhaus, dessen Stiege oben auf eine Galerie mündet. Der repräsentative Wohnraum im Erdgeschoß be-

Söcking, Villa Lenbach, südl. Seitenflügel

Villa Lenbach, Gartenpavillon

Söcking, Prinz-Karl-Straße 46

Villa Lenbach, Gartenpavillon

sitzt noch einen Kachelofen und eine halbhohe Wandverkleidung. In einigen Räumen hat sich unter dem heutigen Anstrich eine farbige Dekoration erhalten.

Wangen

Kath. Pfarrkirche St. Ulrich, barocker Saalbau, 1736, Turm 1908; mit Ausstattung.

Die Kirche steht auf einer kleinen Anhöhe und erhebt sich mit ihrem neubarocken Turm über das Dorf. An der Stelle der stark baufälligen alten Kirche wurde 1736 der Neubau von Maurermeister Georg Lettner aus Wolfratshausen errichtet. Der Hochaltar der Erbauungszeit rahmt ein Gemälde der hll. Joachim und Anna mit Maria. Die 1627 von der Münchner Patrizierfamilie Ligsalz in die Kirche des Sitzes Freiham gestifteten Seitenaltäre wurden bereits in der 2. Hälfte des 18. Jh. in die Wangener Kirche übertragen. Der nördliche Seitenaltar enthält eine wohl nicht ursprünglich zugehörige stehende Marienfigur und die Nebenfiguren der hll. Georg und Ulrich. In der Predella ein kleines Bild der Familie der Stifterin, der Maria Lindauer, einer geborenen Ligsalz. Der in der Form identische südliche Altar ist mit einer Figur des hl. Augustinus und den Nebenfiguren der hll. Nikolaus und Ottilie ausgestattet. In der Predella befindet sich hier das bemerkenswerte Holzrelief einer Grablegung um 1500, das vermutlich ebenfalls aus Freiham stammt. Die Deckenfresken der Erbauungszeit mit einer Armenseelendarstellung (die Sieben Zufluchten) stammen von einem unbekannten Maler.

Wildmoos

Haus Nr. 20. Sog. *«Mooshäusl»,* ehem. Kantine und Schankwirtschaft für die Arbeiter im Torfstich, erdgeschossige holzverschalte Steinkonstruktion, 1885/90.

Das in reizvoller Lage an einer Wegkreuzung gelegene Mooshäusl bewahrte bis zur Renovierung vor einigen Jahren die schlichte, bescheidene Welt der Torfstecher des 19. Jh. Es wurde bis in die späten siebziger Jahre als kleine Waldwirtschaft mit fast privater, familiärer Atmosphäre geführt. Die ursprünglichen Nebengebäude (Holzhütten, Ziegenstall, Wagenremise) wurden leider abgebrochen.

Wangen, Kath. Pfarrkirche St. Ulrich

St. Ulrich, südl. Seitenaltar

St. Ulrich, nördl. Seitenaltar

Wildmoos, Haus Nr. 20, sog. «Mooshäusl»

Wangen, Kath. Pfarrkirche St. Ulrich

Wangen, St. Ulrich, Relief der Grablegung (um 1500)

Archäologische Geländedenkmäler

Zwei vorgeschichtliche *Grabhügel,* ca. 1100 m nö Kirche Hadorf. (Hadorf, Fl.-Nr. 538, 540, SW 6–9)

In flach nach NW einfallendem Gelände. Ein kleiner und ein mittelgroßer Hügel ohne Spuren von Ausgrabungen.

Vorgeschichtlicher *Grabhügel,* ca. 575 m sw Kirche Mamhofen, links der Straße Hadorf–Mamhofen. (Hanfeld, Fl.-Nr. 642, SW 6–9)

In flach nach N einfallendem Gelände. Mittelgroßer, intakter Hügel.

Vorgeschichtlicher *Grabhügel,* ca. 1300 m nö Kirche Hadorf, rechts der Straße Hadorf–Mamhofen. (Hanfeld, Fl.-Nr. 640, SW 6–9)

In flach nach NW einfallendem Gelände. Kleiner bis mittelgroßer, intakter Hügel.

Vorgeschichtlicher *Grabhügel,* ca. 1025 m w Kirche Mamhofen, n Straße Mamhofen–Unering. (Hanfeld, Fl.-Nr. 656, SW 6–9)

In flach nach NW einfallendem Gelände. Mittelgroßer, intakter Hügel.

Mindestens sechs vorgeschichtliche *Grabhügel,* ca. 750 m onö Kirche Mamhofen. (Hanfeld, Fl.-Nr. 505, SW 6–9)

In flach nach O einfallendem Gelände. Kleine bis mittelgroße, intakte Hügel in lockerer Streuung.

Sechs vorgeschichtliche *Grabhügel,* ca. 825 m sw Kirche Mamhofen, links der Straße Hadorf–Mamhofen. (Hanfeld, Fl.-Hr. 642, SW 6–9)

In flach nach NW einfallendem Gelände. Kleine bis mittelgroße, intakte Hügel in lockerer Streuung.

Mindestens 16 vorgeschichtliche *Grabhügel,* «Im Taxet» ca. 800 m sw Bahnhof Mühlthal, Waldabt. III, 12 Hoher Stein. (Hanfeld, Fl.-Nr. 208, SW 6–8)

Am Abbruch der w Würmhochterrasse. Kleine bis mittelgroße Hügel, in dichter Häufung, von denen 11 deutliche Spuren alter Ausgrabungen aufweisen. Näheres unbekannt.

Vorgeschichtlicher *Grabhügel,* ca. 2200 m n Kirche Wangen, ö am Fußweg Wangen–Buchendorf. (Leutstetten, Fl.-Nr. 579, SW 6–6)

In flachhügeligem Gelände. Mittelgroßer bis großer, mit unbekanntem Ergebnis geöffneter Hügel.

Sieben vorgeschichtliche *Grabhügel,* ca. 1100 m osö Kirche Perchting, s Straße Perchting–Söcking. (Perchting, Fl.-Nr. 340, SW 7–10)

In flachhügeligem Gelände. Ein gut erkennbarer, sechs stark verflachte Hügel, von denen J. Naue 1898 fünf mit hallstatt- und frührömerzeitlichem Ergebnis (Funde in der Prähistorischen Staatssammlung München) öffnete.

Mindestens acht vorgeschichtliche *Grabhügel,* ca. 1000 m nö Kirche Landstetten, ö Straße Perchting–Landstetten. (Perchting, Fl.-Nr. 1010, 1012, SW 8–11)

In flachhügeligem Gelände. Sechs Hügel durch Pflugeinwirkung stark verflacht, zwei noch mittelgroß bis groß. Drei Hügel wahrscheinlich 1898 von J. Naue mit hallstattzeitlichem Ergebnis (Funde in der Prähistorischen Staatssammlung München) geöffnet.

Zehn vorgeschichtliche *Grabhügel,* ca. 625 m nw – ca. 750 m nnw Kirche Perchting im Laichholz. (Perchting, Fl.-Nr. 507–508, 510–512, SW 7–10)

In flach nach N einfallendem Gelände. Meist mittelgroße, weit gestreute Hügel, von denen zwei deutliche Spuren alter Ausgrabungen zeigen. Näheres unbekannt.

Zwei vorgeschichtliche *Grabhügel,* ca. 1250 m osö Kirche Perchting, s Straße Perchting–Söcking. (Söcking, Fl.-Nr. 564, SW 7–9)

In flachhügeligem Gelände. Mittelgroße, intakte Hügel.

Zwei vorgeschichtliche *Grabhügel,* ca. 400 m nö Kapelle Rieden, ö an Bahnlinie Tutzing–München. (Starnberg, Fl.-Nr. 1015, SW 6–8)

Auf dem Rücken eines nach W gerichteten Vorsprungs. Ein mittelgroßer, ein großer Hügel. Kuppe des letzteren so stark eingesunken, daß eine frühere Öffnung nicht auszuschließen ist. Näheres unbekannt.

Vorgeschichtlicher *Grabhügel,* «Gautinger Loch» ca. 1575 m nnw Kirche Wangen und ca. 75 m w Straße Wangen–Buchendorf. (Wangen, Fl.-Nr. 949, SW 6–6)

In flach nach N einfallendem Gelände. Mittelgroßer bis großer, intakter Hügel.

Drei vorgeschichtliche *Grabhügel,* «Gautinger Loch» ca. 2150 m n Kirche Wangen, ö am Fußweg Wangen–Buchendorf. (Wangen, Fl.-Nr. 952, SW 6–6)

In flachhügeligem Gelände. Mittelgroße bis große, mit unbekanntem Ergebnis geöffnete Hügel.

Zehn vorgeschichtliche *Grabhügel,* «Am Forst» ca. 1050 m osö Kirche Wangen. (Wangen, Fl.-Nr. 2099–2100, SW 7–5/6)

In flach nach NW einfallendem Gelände. Meist mittelgroße Hügel, von denen drei deutliche Spuren alter Ausgrabungen aufweisen. Näheres unbekannt.

Mutmaßlicher *Aschenalter,* ca. 500 m ssö Kirche Hadorf. (Hadorf, Fl.-Nr. 647, SW 7–10)

In flach nach SW einfallendem Gelände. Mittelgroße Erhebung aus tiefschwarzer, brandiger Erde. Solange nicht Ausgrabungen das Gegenteil beweisen, darf ein vor- oder frühgeschichtlicher Opferplatz angenommen werden.

Durch Dammreste, Materialgruben und Waldwegstücke markierte Trasse der *Römerstraße* Gauting–Kempten, «Taxet», «Oberholz» ca. 425 m nnw – ca. 1450 m sw Kapelle Rieden. (Hanfeld, Fl.-Nr. 211, 211/2. – Starnberg. Fl.-Nr. 980, SW 6–8)

Die Verkehrslinie, die auf der linken Würmterrasse verläuft, zieht von NNO nach SSW durch den nw Bereich der Stadtgemarkung Starnberg. Sw des Bahnhofs Mühlthal tritt sie als 6–7 m breiter Damm geringer Höhe hervor und wechselt in der Fortsetzung auf gut 900 m Länge auf die Gemarkung Hanfeld über. Dann kehrt sie auf Starnberger Gebiet zurück und bleibt bis zur Verbindung Starnberg–Hanfeld unter einem Waldweg, der im letzten Stück zu einer Teerstraße ausgebaut wurde.

Von Materialgruben begleitetes Dammstück der *Römerstraße* Gauting–Kempten, «Langenwiesen» ca. 950 m onö – ca. 1450 m nö Kirche Rothenfeld. (Maising, Fl.-Nr. 236, SW 8–10)

Die Verkehrslinie verläuft in mäßig bewegtem Gelände von NO nach SW durch ein von der Stammgemarkung Maising abgetrenntes Gebiet. Von der ehemaligen Gemeindegrenze bis 225 m ssö der Kirche von Landstetten haben sich keine sichtbaren Spuren erhalten, dann wird sie bis 1400 m sw der Kirche von Landstetten von der Verbindung Perchting-Erling-Andechs überdeckt. Im letzten, rund 550 m langen Stück, das abweichend von der modernen Wegeführung nach SSW zieht, zeigt sie sich als 12-13 m breiter und 0,6-0,7 m hoher Damm, der im n Abschnitt von Materialgruben begleitet wird.

Durch Dammreste und Feldwegstücke markierte Trasse der *Römerstraße* Gauting-Kempten, ca. 1150-1300 m onö, ca. 950 m ö - ca. 325 m ssö sowie ca. 475 m ssw - ca. 1550 m sw Kirche Perchting. (Perchting, Fl.-Nr. 282, 330, 347, 878/2, SW 7-10; 8-10/11)

Die Verkehrslinie zieht in mäßig bewegtem Gelände von ONO nach WSW durch den sö Bereich der Gemarkung Perchting. Sie tritt als breiter, flacher Damm aus der Gemarkung Söcking aus und begibt sich s der Verbindung Söcking-Perchting unter einen Feldweg, der im sw Ortsbereich von Perchting auf ein kurzes Stück durch eine Teerstraße ersetzt ist.

Dammreste und Materialgruben der *Römerstraße* Gauting-Kempten, «Scharfeger» ca. 1625 m wnw Kirche Söcking - ca. 1500 m onö Kirche Perchting. (Söcking, Fl.-Nr. 527, 528/2, 529, 534-535, 537-538, SW 7-9)

Die Verkehrslinie zieht in kräftig bewegtem Gelände von ONO nach WSW durch den w Teil der Gemarkung Söcking, in dem sie sich teils als schwach ausgeprägter Damm, teils als von Materialgruben begleiteter Waldweg zeigt. Etwa 1375 m wnw der Kirche von Söcking sind die letzten Spuren zu beobachten, in der Fortsetzung bleibt ihr Verlauf bis zur Grenze der Stadtgemarkung Starnberg unklar.

Frühmittelalterlicher *Ringwall,* ca. 900 m ssw Kirche Leutstetten im Unteren Schloßhölzl. (Starnberg, Fl.-Nr. 1050, SW 6-7)

Auf einer flachen Erhebung in der Würmniederung. Im NW der bis zu 4 m hohen Erhebung liegt ein zungenförmiger Platz, der mit Ausnahme der steilen SO-Seite von einem niedrigen Wall umschlossen wird, den außen ein in die teils mäßig, teils kräftig geböschten Hänge eingearbeiteter Graben begleitet. Größe des Innenraumes von SW nach NO ca. 45 m, Breite der sw Basis knapp 40 m. Äußerer Wallabfall bis 2,3 m, innerer bis 0,6 m. Etwa 20 m wnw der SW-Ecke der Anlage setzt ein nach S strebender Wallgrabenzug ein, der sich leicht nach W vorwölbt. Während der Wall bereits nach rund 20 m ausstreicht, setzt sich der Graben noch ca. 30 m nach S fort. Über die weitere Linienführung dieser Befestigungselemente gibt der topographische Befund keine Auskunft mehr.

Burgstall «Karlsburg», ca. 750 m nw Kirche Leutstetten. (Leutstetten, Fl.-Nr. 173, SW 5-7)

Auf einem von O an das Würmtal herantretenden Vorsprung, der im vorderen w Teil, der die Hauptburg trägt, steil einfallende, und im ö anschließenden Bereich der Vorburgen mäßig geneigte Böschungen besitzt. Im Grundriß zungenförmige Hauptburg mit stark verwühlter Oberfläche, die eine Länge von etwa 110 m und an der ö Basis eine Breite von ca. 65 m erreicht. Am n Rand auf ein kurzes Stück ebenerdig abgetragene Reste einer gemörtelten Mauer, am sw tritt ein Fußsteig in den Innenraum ein, der möglicherweise eine alte Auffahrt überdeckt. 3-4 m unterhalb des Innenraumniveaus liegt ein zu einer schmalen Stufe verebneter Hanggraben, der das Kernwerk mit Ausnahme der S-Seite umklammert. Das innere, sekundär umgestaltete Vorburgareal bildete ursprünglich wohl ein rund 40 : 80 m großes, von S nach N orientiertes Rechteck, dessen Längspartien von tief eingeschnittenen Abschnittsgräben flankiert wurden. Der w scheint frei in den oberen Hangabschnitten ausgelaufen zu sein, der ö biegt um eine Auszipfelung an der NW-Ecke der äußeren Vorburg herum, begrenzt in gewinkeltem Verlauf die N- und O-Flanke derselben und schneidet auf diese Weise eine knapp 70 : 100 m große Fläche aus dem Rücken, die man gegen N und O mit Randwällen sicherte. Im Zuge späterer Eingriffe dürften drei Gräben entstanden sein, von denen der eine etwas von der NW-Ecke der äußeren Vorburg abgerückt nach NNW zieht und der andere, parallel geführte, die innere Vorburg diagonal durchmißt und wie der erste knapp oberhalb des Würmbettes ausläuft. Der dritte stellt eine unorganisch angefügte Verlängerung jenes Grabens dar, der die Haupt- von der inneren Vorburg trennt. Im N-Hang in halber Berghöhe verlaufend, legt er sich schalenförmig um das Kernwerk. Erste urkundliche Nennung des Platzes in der zweiten Hälfte des 12. Jh. als wittelsbachischer Besitz. Im 14. Jh. zu einem Jagdschloß umfunktioniert, verfiel die Burg rasch und wurde als Steinbruch ausgebeutet. Für 1837 sind Grabungen durch den Architekten Kreuter bezeugt, die den gesamten Innenraum des Kernwerks erfaßten, sich vornehmlich aber auf die Freilegung der turmbewehrten Umfassungsmauer konzentrierten.

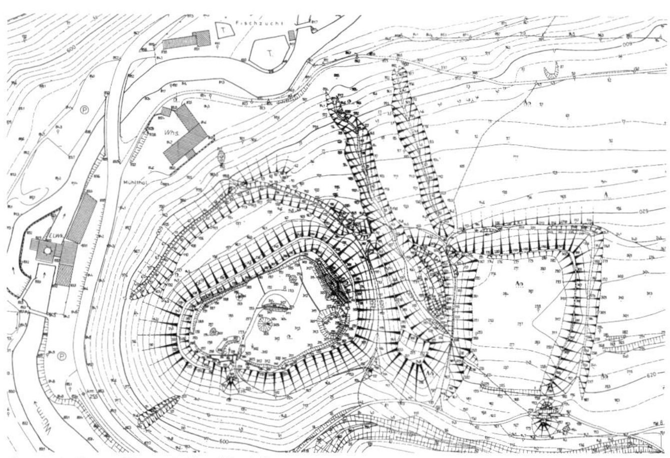

Leutstetten, Burgstall «Karlsburg»

Burgstall, «Schloßberg» ca. 1075 m sw Kirche Wangen, n an Straße Wangen-Percha. (Percha, Fl.-Nr. 378, SW 7-6)

Auf dem Rücken eines wö gerichteten Höhenzuges, der nach N kräftig, nach S und W mäßig einfällt. Gegen O ansteigendes Gelände. Eingliedrige Anlage mit etwa 50 m langer und 25 m breiter unruhiger Oberfläche, die ein Rechteck bildet, dessen Kurzseiten nach außen vorgewölbt sind. Etwa 1-1,5 m unterhalb der Ränder liegt eine streckenweise grabenartig aussehende Stufe, die im N fehlt. Weitere 1,5 m tiefer setzt am O-Fuß des Berghügels ein kurzer Graben an, der vom Bergscheitel nach N zieht. Ihm entspricht ein gewinkelter Grabenzug an der W- und S-Seite des Kernwerks, dessen nach N gerichteter Schenkel frei im Hang ausstreicht. Der nach O weisende endet kurz vor der O-Ecke der Anlage.

Gemeinde Tutzing

Baudenkmäler

Tutzing

Tutzing, das als eine der ältesten Siedlungen des Landkreises schon im frühen 8. Jh. zum Dotationsgut des Klosters Benediktbeuern gehörte, war bis über die Mitte des 19. Jh. hinaus ein Bauern- und Fischerdorf mittlerer Größe. 1519 erhielt der Starnberger Pfleger Bernhard Dichtl das Hofmarksprivileg für seine Besitzungen im Ort, der an die Rechtsform der geschlossenen Hofmark bis 1848 gebunden blieb. Die Landgerichtsconscription von 1752 nennt insgesamt 34 Anwesen, davon lediglich sechs Viertelhöfe und eine Achtel-Bausölde. Der Rest bestand aus kleinen $1/16$ bis $1/64$ -Häuseln, was die soziale Struktur des Dorfes klar zum Ausdruck bringt.

Das Dorf lag im wesentlichen beiderseits der Hauptstraße und nördlich des Bareislgrabens, im Bereich der heutigen Marienstraße. Ein paar Fischerhäuser, die heute fast alle noch erhalten sind, lagen südlich der Kirche. Diese historische Bebauung bildete einen zum See hin offenen Halbkreis um das Hofmarksschloß, das als umfassende Grund- und Gerichtsherrschaft über 450 Jahre die absolute Dominante im Leben des Dorfes wie im Ortsbild darstellte. Dieses Dorf, das durch kleine, eng beisammenstehende Häuser gekennzeichnet war, ist im wesentlichen nur noch in der Grundstruktur des Ortskerns abzulesen. So ist die kleinteilige Abfolge der alten Hofräume als Ursache für die heutige verhältnismäßig dichte Bebauung vor allem der Hauptstraße zu sehen. Hier läßt sich dann auch die städtebauliche Ordnung der ehemaligen Anwesen in den Nachfolgebauten relativ gut wiedererkennen.

Der Bau der Eisenbahnlinie Starnberg–Tutzing 1865 war auch hier der Auslöser für eine immer raschere Entwicklung, die bis auf den heutigen Tag anhält. Die Bautätigkeit begann unten am Ufer, vor allem auf den Seeäckern, also im Bereich zwischen dem alten Dorfkern und der Ebersvilla (Midgardhaus). Nach dem Bau der Bahnlinie entstanden auch auf der Anhöhe entlang der Bahnlinie die ersten Bauten, bildete sich um das Dorf ein lockerer Halbkreis von neuen Landhäusern. Auch das Seeufer südlich des Ortskerns wurde nun besetzt (Villen Neustätter, Schlösser, Kustermann u.a.). Dann entstanden die Straßenzüge zum Bahnhof hinauf (Bahnhofstraße und Hallberger Allee), wurde die Bebauung der Hauptstraße zunehmend erneuert und verdichtet. Bis zur Jahrhundertwende wurden langsam die Lücken um das Dorf geschlossen, erfaßte die Bebauung auch die weiten Hanglagen jenseits der Bahn, an der Höhenberg-, der Kustermann- und der Traubinger Straße etwa.

Parallel dazu wandelte sich Tutzing zum anfangs bedeutendsten Ausflugs- und Urlaubsort des Fünfseenlandes. 1925 verfügte es über 1065 Fremdenbetten; Starnberg hatte zum gleichen Zeitpunkt nur 342, Herrsching 461 Betten aufzuweisen. Gleichzeitig entwickelte sich die hierfür charakteristische Infrastruktur. 1885 schon besaß der Ort eine Brauerei, drei Gasthäuser, drei Hotels und zahlreiche kleinere Pensionen. Verschiedene Handwerksbetriebe, von der zunehmenden Bautätigkeit angezogen, siedelten sich an oder entwickelten sich aus den ehemaligen Bauern- und Fischeranwesen. Besonders die Hauptstraße erfuhr hier ihre durchgreifende Umgestaltung.

In Tutzing entstanden, im Vergleich zu den übrigen Uferorten, hauptsächlich kleinere, schlichtere Landhausbauten, zumeist in bodenständigen Formen. Große repräsentative Villen wie etwa in Starnberg oder Feldafing waren die Ausnahme. Entsprechend fehlen hier auch die bekannten Architekten, war das Feld fast ganz den einheimischen Baumeistern wie Xaver Knittl, Engelbert Schnell oder Johann Biersack überlassen. Das Ergebnis war dann auch ein sehr homogenes Siedlungsbild mit dem größten Schatz vom Bauernhaus abgeleiteter Landhausbauten unter allen Orten am Starnberger See. Dieses Siedlungsbild hat sich an vielen Stellen gut behaupten können, in anderen, gefährdeteren Bereichen aber auch schon deutliche Verluste hinnehmen müssen.

Michael Wening, Tutzing; Kupferstich 1701

Lorenz Quaglio, Tutzing; Aquarell über Bleistift, 1859

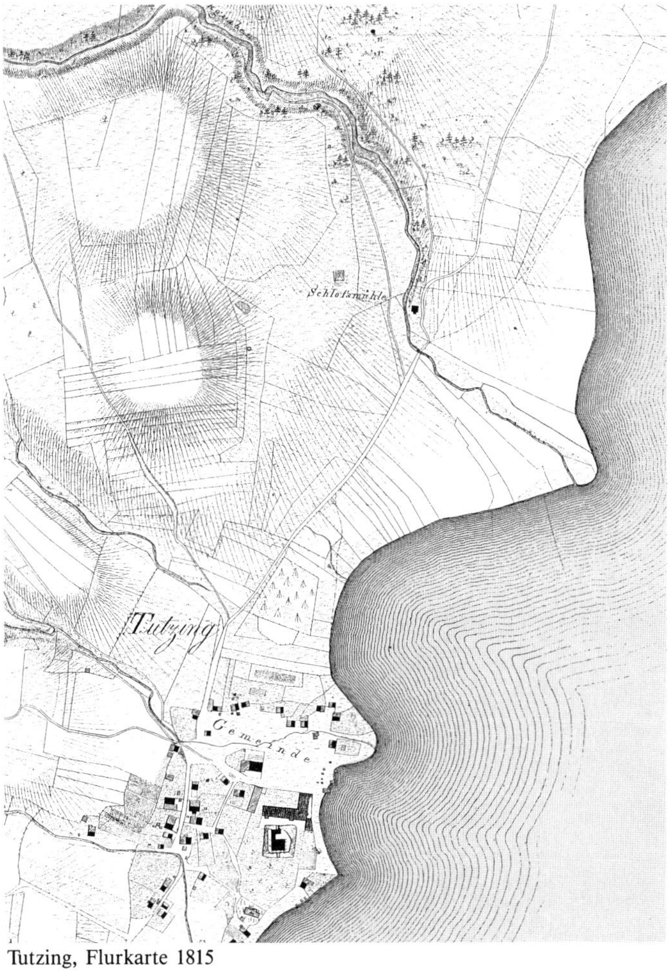

Tutzing, Flurkarte 1815

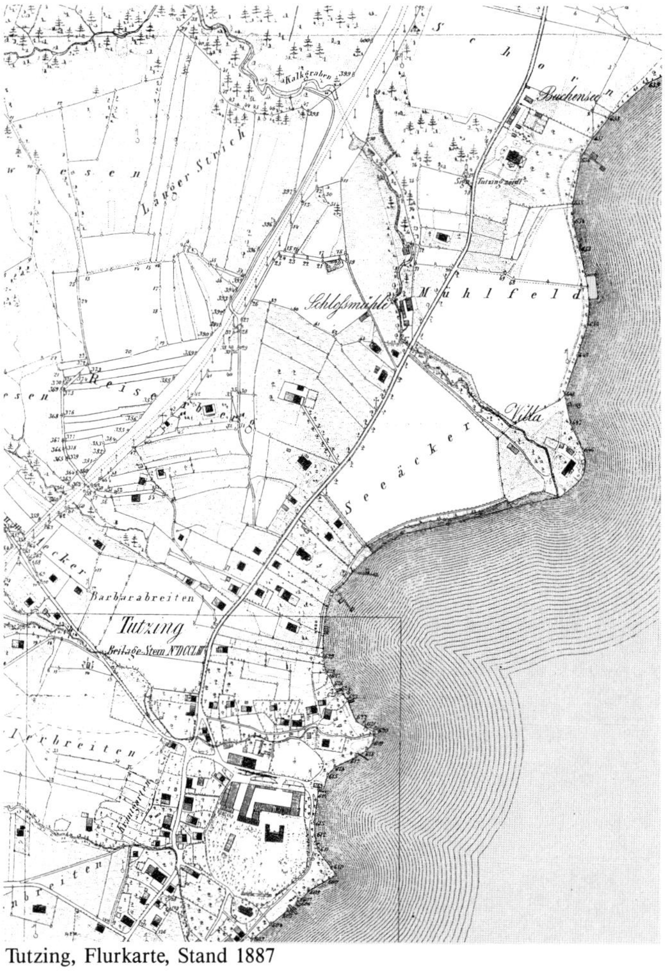

Tutzing, Flurkarte, Stand 1887

Bahnhofstraße 1. *Ringseis-Haus,* ehem. Landhaus des Arztes Johann Nepomuk Ringseis (1785–1880), im Stil eines oberbayerischen Bauernhauses 1857 errichtet; im Giebel Wandgemälde von Philipp Sporer, 1865, Hausfigur St. Florian, um 1700, Haustür biedermeierlich; seit etwa 1890 zum Kloster gehörig (siehe Bahnhofstraße 5).

Der kgl. bayer. Geheimrat Dr. Nepomuk Ringseis war seit 1826 Professor der Medizin an der Münchner Universität, seit 1824 Mitglied der Bayerischen Akademie der Wissenschaften und 1825–1871 Medizinalreferent im Innenministerium. Nach seinem Tode schenkten seine Töchter das Landhaus und den dazugehörigen Grundbesitz den Missionsbenediktinerinnen von St. Ottilien, um diese nach Tutzing zu holen. Der Bau zeigt die schlichten Formen des aus dem biedermeierlichen Bauernhaus entwickelten Landhauses. Im Giebelfresko, das ein charakteristisches Gestaltungselement des Hauses im oberbayerischen Alpenvorland für das bürgerliche Landhaus aufgreift, ist im linken Teil, neben dem oberen Balkon, Johann Nepomuk Ringseis zu sehen. Das Gebäude wurde vor einigen Jahren renoviert und dabei im Inneren den neuzeitlichen Wohnbedürfnissen entsprechend umgebaut.

Bahnhofstraße 5. *Kloster der Missionsbenediktinerinnen,* seit 1945 z.T. Krankenhaus: historischer Hauptbau, monumental, in reduziert historisierenden Formen, mit Ecktürmen, Flügelbauten, Kapelle, 1903/04 von Max Kurz; mit Ausstattung (siehe auch Bahnhofstraße 1 und Hauptstraße 17).

Da die kleineren Klosterbauten (Hauptstraße 17) für die wachsenden Aufgaben des Klosters bald nicht mehr ausreichten, wurde ein großer Neubau ins Werk gesetzt. Nach seiner Fertigstellung 1904 wurde das Mutterhaus der Benediktinerinnen, das sich in St. Ottilien befand, nach Tutzing verlegt. Nachdem der Bau schon während des Ersten Weltkrieges zum Lazarett umfunktioniert worden war, beschloß man, dieses nach dem Ende des Zweiten Weltkrieges als Krankenhaus Tutzing weiterzuführen.

Bahnhofstraße. *Kriegerdenkmal für 1870/71,* errichtet 1874, Marmorobelisk; an der Einmündung der Hallberger Allee.

Bahnhofstraße 12. *Villa Schnell,* mit vorkragenden Schopfwalm- und Satteldächern, Giebelfelder mit Backsteingliederungen, das südliche mit Hochlaube und Figurennische, 1895 von Ing. Engelbert Schnell.

Bahnhofstraße 14. *Villa,* neugotisch, mit Erkertürmen an der Südseite, dazwischen Veranda und Balkone eingepaßt, 1886 von Engelbert Schnell.

Das Haus des Architekten Engelbert Schnell (Bahnhofstraße 12) und das Haus das Privatgelehrten Dr. Thudichum (Bahnhofstraße 14) sind die beiden einzigen noch weitgehend unveränderten Häuser an der Bahnhofstraße. Diese wies vor dem Ersten Weltkrieg eine stattliche Reihe schöner Bauten auf, die vom Bahnhof her das repräsentative Entrée Tutzings bildeten, darunter das bekannte, mit einer großen Terrassen- und Gartenanlage ausgestattete Hotel Simson (heute Boehringer-Werk). Die Villa Thudichum gehört zu den wenigen Bürgerbauten am Starnberger See, bei denen die Neugotik so umfassend zur Anwendung kam. Die barockisierend-symmetrische Anlage der Straßenfront zeigt jedoch, daß das gotische Element im Grunde nur Dekoration blieb. Bei beiden Villen sind noch die originalen schmiedeeisernen Einfahrtstore erhalten.

Tutzing, Bahnhofstraße 1, «Ringseis-Haus»

Bahnhofstraße, Kriegerdenkmal für 1870/71

Tutzing, Bahnhofstraße 5

Tutzing, Bahnhofstraße 1, «Ringseis-Haus» mit Malereien von Ph. Sporer, 1865

Tutzing, Bahnhofstraße 12 (Villa Schnell, rechts) und 14 (Villa Thudichum)

Beringerweg 24. *Erholungsheim des Verkehrsbeamtenvereins,* beherrschender Zweiflügelbau, dreigeschossig, mit Walmdächern, Erkertürmen und Stehgauben, modern-historisierend, 1912.

Das mächtige Gebäude liegt auf der Anhöhe jenseits der Bahnlinie frei am oberen Ende eines weiten Wiesenplans. Der Blick geht von hier, über die unten stehenden Bäume hinweg, weit in die Landschaft mit See und Gebirgskette hinein. Die Auffahrtsallee umfährt den Wiesenhang in weitem Bogen und ermöglicht eine Sicht auf das Gebäude aus wechselnden Perspektiven. Der Bau, dessen repräsentative Erscheinung durch die streng geordnete Bepflanzung des Gartenparterres unterstrichen wird, hat seine äußere Form gut bewahrt.

Bernrieder Straße. *Bildstock,* gemauert, mit Figur des hl. Johann Nepomuk, 18. Jh.; am Johanneshügel.

Der Überlieferung nach sollen Fischer, die mit flachen Farmschiffen im Frachtverkehr Getreide, Holz, Vieh u.a. von Seeshaupt nach Starnberg transportierten, in Seenot geraten sein. Als Dank für die Rettung ließen sie auf dem südlich des Ortes gelegenen Höhenrücken eine weithin sichtbare Nepomuk-Figur aufstellen.

Boeckelerstraße. *Grabdenkmäler:* General Erich Ludendorff (1865–1937), mit Bronzebüste, 1938; Leo v. König, Maler (1871–1944); Ina Seidel, Dichterin (1885–1974); Heinrich Wolfgang Seidel, Pfarrer und Schriftsteller (1876–1945) – im Neuen Friedhof Tutzing.

Graf-Vieregg-Straße 3. *Alte Kath. Pfarrkirche St. Peter und Paul,* barocke Anlage 1738/39, Zwiebelturm 1901; mit Ausstattung; *Friedhofsanlage,* ummauert; Grabdenkmäler Heinrich u. Therese Vogl, Jugendstil, um 1900; Mayr, spätklassizistisch, um 1894; von Vieregg, Eisentafel, 1880; von Poschinger, neuklassizistisch, um 1910; Berchtold, Jugendstil, um 1923; von Landmann, neuklassizistisch, um 1925.

Tutzing war bis zur Säkularisation 1803 inkorporierte Filiale des Augustiner-Chorherrnstifts Bernried, dann Kuratie der Pfarrei Bernried (seit 1845 mit einem ständigen Priester in Tutzing) und wurde 1893 zur selbständigen Pfarrei erhoben. Die Alte Pfarrkirche steht in unmittelbarer Nachbarschaft zum Tutzinger Hofmarksschloß und bildet mit ihm eine historische und städtebauliche Einheit. Der noch in einer Ansicht von Wening dokumentierte spätgotische Bau, dessen Fundamentreste bei der Renovierung 1953 aufgedeckt wurden, ist 1738/39 durch einen Neubau, einen Saalbau mit halbrund geschlossenem Chor, ersetzt worden. Bei einer Neugestaltung Ende des 19. Jh. im Stil des Historismus ging leider der Großteil der Ausstattung aus dieser Zeit verloren. Der 1893 baufällige Turm wurde 1901 in alter Form wieder aufgebaut. Mit der Renovierung von 1953 wurde der Versuch unternommen, den alten Raumeindruck in etwa wiederzugewinnen. Die meisten Ausstattungsstücke wurden aus Privatbesitz und aus dem Kunsthandel erworben. Das Innere ist ein mit einem Muldengewölbe überdeckter Saalbau, der halbrund geschlossene Chor weist eine spärliche Gliederung durch flache Pilaster auf. Der Hochaltar (mittleres 18. Jh.) enthält eine Marienfigur aus der Tutzinger Schloßkapelle, als Nebenfiguren die Apostel Peter und Paul (aus Ebbs in Südtirol). In den Seitenaltären links eine hl. Barbara (aus Magnetsried), rechts ein hl. Stephanus (aus der alten Kirchenausstattung, 18. Jh.). Die Orgel, 1864 von Beer aus Er-

Tutzing, Beringerweg 24

Bernrieder Straße, Bildstock des hl. Nepomuk

Friedhof Boeckelerstraße, Grabmal Ludendorff

Friedhof Boeckelerstraße, Grabmal Ina Seidel

Tutzing, Alte Pfarrkirche St. Peter und Paul

Tutzing, Alte Kath. Pfarrkirche St. Peter und Paul (rechts Schloß Tutzing)

ling, befand sich ehemals in Oberzeismering. Von historischer Bedeutung sind die zahlreichen, in die Kirchenwände eingelassenen Grabplatten der Schloßherrschaft, der Dichtl, Götzengrien und der Grafen von Vieregg.

Der kleine *Friedhof* am See enthält neben schlichten Gräbern der alten Bauern- und Fischerfamilien (meist schmiedeeiserne Kreuze und einfache Grabsteine, z.T. noch des 19. Jh.) auch zahlreiche Grabstätten der ersten Villenbesitzer, mit aufwendigen Grabdenkmälern. Dieser Mischung entspricht, stilistisch und im Aufwand angemessen, die zugehörige Bepflanzung. Der sehr stimmungsvolle Friedhof, der noch kaum durch neuzeitliche Eingriffe gestört ist, spiegelt anschaulich den Wandel des Dorfes Tutzing zum vornehmen Villenort.

Alte Pfarrkirche St. Peter und Paul, Epitaph des Bernhard Dichtl

Lorenz Quaglio, Tutzing, Bleistiftzeichnung, 1859

Graf-Vieregg-Straße 16. *Fischerhaus Lettner,* Putzbau mit Flachsatteldach, wohl 18. Jh., mit Hochlaube; 1914 erneuert und nördlich erweitert.

Das Haus ist der noch am besten erhaltene Vertreter der kleinen Gruppe von Fischerhäusern südlich der Kirche.

Greinwaldstraße 14. Ehemaliges *Lehrerwohnhaus,* zweigeschossiger Bau mit Walmdach, Erkern und rückwärtiger Arkade, 1915 von den Architekten Simon und Kranebitter.

Der ganz aus dem Geist der Heimatschutzbewegung konzipierte Bau ist winkelförmig angeordnet und schließt sich damit straßenseitig dem Maßstab der umliegenden Bebauung an. An der Innenseite wirkt ein Treppenturm als Gelenk und gliedernder Akzent. Im Anschluß daran eine vierachsige Rundbogenarkade auf Steinsäulen als Verbindung zum angebauten Schulhaus.

Hallberger Allee 18. *Villa,* in historisierenden Formen, übereck Zwerchgiebel mit Schopfwalm und Zierfachwerk, Erkerturm, 1890 von Johann Biersack erbaut.

Die kleine Villa war ursprünglich mit einem kleinen Krämerladen im Erdgeschoß (mit dem Eingang im Erker) geplant. Sie gehörte dann dem bekannten Tutzinger Arzt Hofrat Dr. Beisele, der seit 1884 über drei Jahrzehnte im Ort gewirkt hat. Daß das Haus trotz der fehlenden Aussicht abseits vom See mit den entsprechenden architektonischen Elementen (Altanen, Balkon, Turm) ausgestaltet war, zeigt, wie sehr diese zum Erscheinungsbild einer repräsentativeren Villa wie zu den Stimmungswerten eines Landsitzes gehörten.

Tutzing, Alter Friedhof, Grabmal Heinrich und Therese Vogl

Tutzing, Alter Friedhof, Grabmal v. Poschinger

Graf-Vieregg-Straße 16, Fischerhaus Lettner

Hallberger Allee 18, ehemalige Villa Beisele

Tutzing, Alter Friedhof bei St. Peter und Paul

Greinwaldstraße 14

Greinwaldstraße 14

Hauptstraße 2. *Villa Kommerzienrat Max Kustermann,* vornehme reichgegliederte Neurenaissance-Anlage, freistehend in Park, 1865 ff.; *Kustermann-Park* (öffentlicher Teil), Landschaftspark am Seeufer, von Hofgartendirektor Karl Effner, um 1870.

Die Villa gehört zu den elegantesten Bauten am Starnberger See. Die regelmäßige, symmetrische Anlage in Kreuzform, das Flachdach und die stark an die Fläche gebundene Fassadengestaltung ergeben einen scharf und präzis geschnittenen Kubus, der noch ganz das klassizistische Villenideal repräsentiert. Er ist als freistehender Bau konzipiert und deshalb auf allen vier Fassaden in gleicher Qualität mit Stilelementen der italienischen Renaissance gestaltet; lediglich der Eingang und die seeseitige Fassade werden durch eine Verdichtung der Motive etwas hervorgehoben. In der Südostecke treten eine schöne Einheit von Loggia und geschlossener Veranda sowie eine größere Terrasse mit Sicht auf Park, See und Alpenkette aus dem strengen Baukörper heraus und geben ihm einen etwas privateren Akzent. Die der Ostfassade vorgelagerte Terrasse ist als größere aufgeschüttete Fläche (heute ohne Gestaltung) ausgebildet, um den starken Sockel des Hauses auszugleichen. Der Noblesse und dem hohen gesellschaftlichen Anspruch der Villa entsprach die Gestaltung des riesigen Parks, der mit allen damals zu einer repräsentativen Anlage gehörenden Elementen ausgestattet war, mit weitläufigen Wegen, Blumenrabatten, einem schattigen Laubengang, einem Alpinum, einem Tennisplatz, einem Bootshafen, einer eigenen Gärtnerei und einer Almhütte. Die Anlage selbst wurde nach englischem Vorbild mit Sichtschneisen auf See und Bergkette, mit Wasserläufen und weiten Wiesenflächen angelegt. Umgekehrt bestanden Sichtbeziehungen aus dem Park zur Villa, um diese eindrucksvoll zur Geltung bringen. Der Park gehört heute der Gemeinde Tutzing. – Die Villa hat im Inneren noch einen Teil der Ausstattung (Türen, Fenster) bewahrt. Bemerkenswert das großräumige Stiegenhaus mit doppelläufiger Treppe sowie der verglaste, von einer Säule gestützte Balkon auf der Südseite, mit floralen Deckenmalereien, wohl von Joseph Anton Schwarzmann.

Tutzing, Villa Kustermann, Eingangsseite

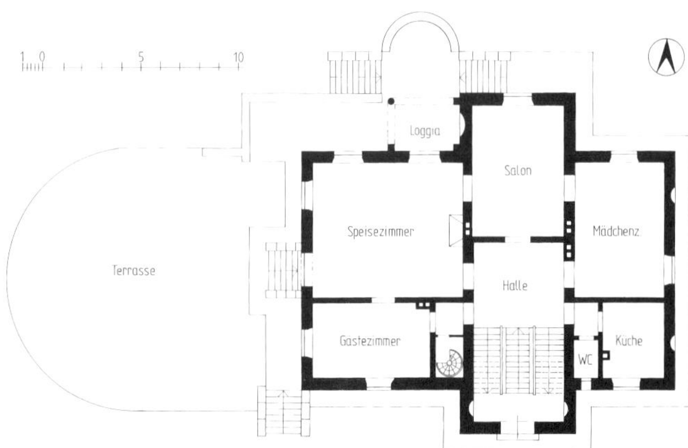

Tutzing, Villa Kustermann, Erdgeschoß

Villa Kustermann, verglaster Balkon

Villa Kustermann, Parkseite

Tutzing, Hauptstraße 2, Villa Kustermann, Tor

Villa Kustermann, Eingang

Villa Kustermann, Treppenhaus

Hauptstraße 4/6. *Wohnhaus,* villenartiger Bau im Stil des französischen Frühbarock, mit Mansarddach, 1873/74; an der Südfront Wandbild mit Darstellung des Prunkschiffes Bucentaur; ostseitig anschließender Remisenbau; zum See *«Landhaus Kustermann»,* malerischer villenartiger Trakt mit Schopfwalmdächern, Ziergiebel, Altane, Balkonen, Ende 19. Jh.; mit Eisenzauneinfriedung und Gartenanlage.

Das an der Hauptstraße stehende, ganz im Stil der Beaux arts gehaltene Haus wurde von einer Schwester von Kommerzienrat Franz Kustermann bewohnt. Der langgestreckte, zum Seeufer hin situierte Bau wurde aus einem landwirtschaftlichen Gebäude entwickelt und mehrfach um- und ausgebaut. Er war zunächst als Gästehaus geplant, wurde dann aber, wohl weil die Ausstattung moderner war als die der alten Villa, von Franz Kustermann selbst bewohnt. Der Bau liegt parallel zur Uferlinie und gewährt so von allen Zimmern aus eine vorzügliche Sicht über den See. Die Schauseite ist repräsentativ gestaltet und mit den wichtigsten Landhauselementen, mit Veranda, Loggia und Balkonen (z. T. mit schweren gußeisernen Brüstungen, z. T. in Holzkonstruktion) ausgestattet.

Tutzing, Hauptstraße 4

Hauptstraße 12. Ehem. *Villa von Prittwitz,* schloßhafter, elfachsiger Walmdachbau, verputzt über Hausteinsockel, mit klassizisierender Säulenvorhalle an der Eingangsseite und Portikus und vorgelegter Freitreppe an der Seeseite, modern-historisierend, 1912 von Hönig und Söldner, mit Parkanlage.

Die Villa steht an der Stelle der 1874/75 im spätklassizistischen Stil erbauten Villa Neustätter, die sich später im Besitz von Kommerzienrat Ritter von Poschinger befand. 1911 wurde dieser Bau abgebrochen und durch einen Neubau für Sara von Prittwitz-Gaffron ersetzt. Die sehr aufwendige Gestaltung des straßenseitigen Portals und die theatralische Freitreppenanlage zum Seeufer hinunter unterstreichen den gesteigerten Anspruch auf großbürgerliche Repräsentation. Hier war auch, als eine der wenigen Ausnahmen in Tutzing, ein bekanntes auswärtiges Architektenteam mit der Planung befaßt. Die Villa, die heute als Realschule der Tutzinger Benediktinerinnen genutzt wird, hat im Inneren neben vornehm gestalteten Räumen ein großes Treppenhaus bewahrt, das unten von einer weiten Eingangshalle ausgeht und im Obergeschoß in den Flur mündet, der sich wie eine Loggia über drei Bögen zum Treppenhaus öffnet.

Tutzing, Hauptstraße 16, Landhaus von Prittwitz

Hauptstraße 16. *Landhaus von Prittwitz,* bemerkenswerter Bau im Sinn der Architektur des Funktionalismus, nach Plan von Hugo Häring, 1938.

Hugo Häring war schon in den zwanziger Jahren einer der führenden Architekturtheoretiker und einer der Wegbereiter des «Neuen Bauens» gewesen. Im Entwurf des Landhauses Prittwitz wird sein Streben nach Einfachheit der Formen und nach funktionsgerechten Grundrissen erkennbar. Im Vergleich mit der benachbarten älteren Prittwitz-Villa werden die Entwicklung der Bauauffassung wie der Wandel des Lebensgefühls und der gesellschaftlichen Verhältnisse innerhalb weniger Jahrzehnte deutlich.

Hauptstraße 12, ehemalige Villa von Prittwitz

Hauptstraße 12, ehemalige Villa von Prittwitz

Tutzing, Hauptstraße 6, Landhaus Kustermann

Hauptstraße 12, ehemalige Villa von Prittwitz, Halle mit Treppenhaus

Hauptstraße 17. *Kloster der Missionsbenediktinerinnen,* Stammhaus, unverputzter Backsteinbau mit Rundbogenfenstern und neugotischem Fries, 1887ff.; Kapelle Maria Hilf, Backsteinbau, gleichzeitig, westlich angeschlossen; mit Ausstattung; siehe auch Bahnhofstraße 5.

Der Backsteinbau von Engelbert Schnell ist die Keimzelle des Tutzinger Klosters. Der kleinen Niederlassung, die anfangs nur mit sechs Schwestern besetzt war, waren eine ambulante Krankenhilfe und ein Kindergarten angeschlossen.

Hauptstraße 21. *Villa Gassner,* Giebelbau mit Veranda, Gliederungen im geometrisierenden Jugendstil, 1910 von Engelbert Schnell.

Der Bau gehört zu einer kleinen Gruppe von Landhäusern an der südlichen Hauptstraße, die ihr ursprüngliches Aussehen noch relativ gut bewahrt haben. Mit den beiden benachbarten Häusern, der Kalle-Villa gegenüber und dem an der Bahnhofstraße anschließenden Ringseis-Haus ergibt sich eine reizvolle Baugruppe.

Hauptstraße 22. Ehem. *Villa Kalle,* jetzt Teil des Gymnasiums, neuklassizistisch mit Walmdach, auf der Seeseite Terrasse, Balkon auf figürlichen Stützen (Koren) und seitliche Erkervorbauten, erbaut 1927; im Park hölzerner offener Pavillon auf toskanischen Säulen, wohl gleichzeitig.

Die Villa zeigt die versachlichte Formensprache des Bauens nach dem Ersten Weltkrieg. Die straßenseitige Portalanlage und die vornehm-elegante Terrassengestaltung mit den symmetrisch angeordneten Erkern und den beiden Koren zeigen dennoch den ungebrochenen Wunsch nach gesteigerter Repräsentation. Heute als Verwaltungsbau des Tutzinger Gymnasiums genutzt, ist die Villa durch die ohne ausreichenden Abstand herangerückten Schul- und Turnhallenbauten beeinträchtigt. Auch die zugeordnete Gartenanlage ist, mit Ausnahme des am Ufer plazierten Pavillons, weitgehend der Funktion als Schulgrundstück zum Opfer gefallen.

Hauptstraße 28. *Kleines Wohn- und Geschäftshaus,* Giebel mit reichem Fachwerk und Aussägearbeiten, 1894 von Architekt Engelbert Schnell.

Das Haus wurde für den approbierten Bader Georg Eckerl errichtet. Seine Praxisräume befanden sich im Erdgeschoß, die Wohnräume im Obergeschoß. Das Gebäude wirkt mit seiner individuellen Fassadengestaltung als Zielpunkt der hier abschwenkenden Hauptstraße. Die von Schnell mehrfach angewandte Gestaltung des Dachgeschosses mit Zierfachwerk (vgl. Bahnhofstr. 12) und die Giebelzier in Form dekorativer «Laubsägearbeiten» sind hier noch gut erhalten.

Hauptstraße 31. *Guggerhof,* stattliches Bauernhaus, Einfirstanlage, mit verbrettertem Oberstock und umlaufender Laube, im Heimatstil, 1911 von Engelbert Schnell.

Der Guggerhof ist ein bemerkenswertes Beispiel für die Erneuerung des Bauernhauses aus einer bodenständigen Formensprache heraus. Als Vorbild diente allerdings noch nicht das im Umkreis von Tutzing heimische Bauernhaus, sondern eine Hausform, wie sie von Bad Tölz und vom Isartal her bis in die Gegend um Berg hereinwirkte (vgl. Assenhausen, Gde. Berg). Schon die Baumasse übersteigt die hier übliche Größe des Bauernhauses erheblich. Auch der giebelseitige Eingang ist unüblich. Der Guggerhof stellt heute in der Häuserflucht der Hauptstraße einen kräftigen Akzent dar, wirkt aber als bäuerlich geprägtes Gebäude in der Flucht der bürgerlichen Wohn- und Geschäftshäuser schon reichlich fremd.

Hauptstraße 21

Hauptstraße 17, Kapelle

Hauptstraße 28, Wohn- und Geschäftshaus

Hauptstraße 22, ehemalige Villa Kalle

Hauptstraße 22, Gartenpavillon

Tutzing, Hauptstraße 17, Kloster der Missionsbenediktinerinnen

Tutzing, Hauptstraße 31 («Guggerhof») und 32 (Gasthaus Tutzinger Hof).

Hauptstraße 32. *Gasthaus Tutzinger Hof,* gegliederter Neurenaissance-Zweiflügelbau, Haupttrakt mit Giebelrisaliten, Erdgeschosse verputzt, Obergeschosse in unverputztem Backstein, eingefaßt von Putzrustika-Pilastern, 1895.

Der von Engelbert Schnell errichtete Gasthof zeigt eine Formensprache, die von ihm im älteren Klosterbau, aber auch im Geschäftshaus, Hauptstraße 37, bereits entwickelt wurde. Die kräftige Gliederung verleiht dem Baukörper eine malerische Gesamtwirkung, die durch die Farbigkeit des Materials noch gesteigert wird. Der städtebauliche Wert für das Ortsbild an dieser Stelle ist entsprechend hoch anzuschlagen.

Hauptstraße 32, Gasthaus Tutzinger Hof

Hauptstraße 37. *Wohn- und Geschäftshaus,* mit Backstein-Neurenaissance-Fassade und Flachdach, 1894.

Das Haus, dessen Entwurf ebenfalls von Engelbert Schnell stammen dürfte, beherrscht den ganzen Straßenabschnitt.

Hauptstraße 37, Wohn- und Geschäftshaus

Hauptstraße 63. Ehem. *Kutscherhaus und Remisen der Villa Trutz,* gegliederter Putzbau mit Flachsatteldach, um 1875 (siehe auch Hauptstraße 67).

Hauptstraße 66. *Wohn- und Geschäftshaus,* Eckbau, verputzt, mit Balusterbalkonen und profilierten Balkenvorköpfen, im Heimatstil 1911 von Hans Lettner erbaut.

Der Architekt ordnete den Neubau geschickt L-förmig an, so daß das Wohnhaus an die Straße zu stehen kam, der (landwirtschaftlich genutzte) Wirtschaftsteil, Rest eines älteren Bauernhauses, schloß sich unauffällig rückwärts an. Ursprünglich war eine Wiederholung des Wohnteils am südlichen Ende des Baukörpers vorgesehen. Die Ladeneinbauten an der Straßenfront sind später hinzugefügt. Der Bau greift die Grundform des Bauernhauses des Alpenvorlandes (Miesbach, Tölz) auf, weicht aber an einigen Stellen sowohl in der Form (starke Höhenentwicklung bei drei Fensterachsen) wie in den Details (z. B. die starken, abgetreppten Auflager für das Dachgeschoß im Schweizerhausstil) von dessen Formenkanon ab.

Hauptstraße 66, Wohn- und Geschäftshaus

Hauptstraße 67. Ehem. *Villa Trutz,* herrschaftliches Landhaus, rechteckiger Putzbau mit Säulenloggia und Hochbalkon an der Giebelfront, Flachsatteldach mit weitem Vorstand, 1872/73; 1981/82 umfassende Erneuerung; Parkanlage und hölzerner Gartenpavillon (siehe auch Hauptstraße 63).

Die Villa wurde für den kgl. Hauptmann und Kämmerer Max von Baligand erbaut, in Formen des für den Starnberger See charakteristischen Landhauses, das in der frühen Villenbebauung nördlich des Ortskerns besonders häufig vertreten war. Von der ursprünglichen, übereinandergestellten Anlage von Terrasse, Altane und Hochlaube ist nur der obere Teil noch original erhalten. Die Altane wurde (wohl unter dem Besitzer Karl Trutz nach 1925) beidseitig über die Front des Hauses hinausgezogen und auf eine monumentale Loggia gestellt.

Im Inneren sind noch verschiedene Details (aufwendige Türen, Wandverkleidungen, Böden) erhalten, bemerkenswert ein auf Papier gemalter Fries (Blumengirlanden, Früchtekörbe) im Treppenhaus und ein verglaster, außen auf Eisenstützen gestellter Balkon. Im inzwischen stark verkleinerten Park haben sich ein Teepavillon und an der südlichen Grundstücksgrenze das zugehörige Nebenhaus (Kutschenremise) erhalten. Auch die eiserne Garteneinfriedung (1910) ist noch vorhanden.

Hauptstraße 63

Villa Trutz, Ausstattungsdetail

Villa Trutz, verglaster Balkon

Hauptstraße 67, ehemalige Villa Trutz

Hauptstraße 74. Sog. *Brahms-Haus,* schlicht gegliederter Putzbau mit Flachsatteldach, 1871.

Das Haus, als Fremdenpension für Konrad Amtmann gebaut, zeigt die schlichten und charakteristischen Formen der in den sechziger und siebziger Jahren hier am Ufer entstandenen Landhäuser. 1873 weilte Johannes Brahms in diesem Haus zur Sommerfrische. Auf Einladung des Sänger-Ehepaares Vogl konnte er im nahegelegenen sog. Vogl-Pavillon am Seeufer ungestört arbeiten (s. Marienstr. 12).

Hauptstraße 82. *Fünf spätklassizistische Marmorstatuen auf Pfeilersockeln,* zwei davon bez. «P. (S?) Franchi, 1869»; Brunnen in Form eines antikisierenden Säulenkapitells, wohl gleichzeitig; im rückwärtigen Gartenteil.

Die Figuren gehören zur Parkanlage der 1872 gebauten und 1981 abgebrochenen Villa Lerchenfeld. Sie stehen an beiden Seiten eines vergleichsweise schmalen, langgezogenen Gartens (Parzelle der Seeäcker-Bebauung), der, wie eine Sichtschneise zwischen den benachbarten Parkanlagen, von der Villa axial auf das Seeufer gerichtet ist. Die Figuren stehen an schmalen Wegen und säumen nach barockem Vorbild das Gartenparterre, das ursprünglich, und heute an der terrassenförmigen Absenkung und einer Brunneneinfassung in der Mittelachse noch erkennbar, in besonderer Weise gestaltet war. Die Anlage dokumentiert eine bei den Villen am Starnberger See sehr häufig zu beobachtende Gartengestaltung im Nähebereich des Hauses, die allerdings nur mehr in wenigen Fällen in dieser Vollständigkeit erhalten ist.

Hauptstraße 86. Ehem. *Villa Graf Stolberg,* herrschaftlicher Bau in modern-historisierenden Formen, 1926/28 von Architekt Ludwig Bauer; im Südteil Kernbau der ehem. Villa des Staatsrates von Heintz erhalten, 1863; mit Parkanlage, Terrassen an der Seeseite und Einfriedung an der Hauptstraße.

Der langgestreckte Bau steht in einer Parkanlage, welche die Grundstücke zweier älterer Villen zusammenfaßt. Im südlichen Teil der Villa ist das Landhaus des Staatsrates Dr. Karl Friedrich von Heintz von 1863 integriert, nördlich davon stand das Landhaus von Medizinalrat Dr. Franz Riegel, gebaut 1866 und später abgebrochen. Die Villa steht firstparallel zum Seeufer, die Hauptwohnräume sind alle dorthin orientiert und haben über die Veranda und die Balkone freie Sicht auf den See. Die Raumfolge im Inneren ist noch weitgehend ursprünglich und verfügt über eine entsprechend qualitätvolle Ausstattung.

Hauptstraße 90. *Landhaus,* Putzbau mit giebelseitiger hölzerner Veranda und darüberliegendem Balkon, um 1870.

Das Landhaus wurde für Braumeister Kalb als zunächst letztes Haus auf den Seeäckern an der nördlichen Uferlinie errichtet. Es zeigt die Form eines schlichten Landhauses, dessen wichtigste Ausstattungelemente die zum See hin orientierten Balkone sind, bemerkenswert die als Wintergarten ausgebildete Veranda.

Hauptstraße 93. *Haus Knittl,* villenartiges Wohnhaus mit reichem Zierfach- und Bundwerk sowie vorkragenden Flachwalm- und Satteldächern, vor 1900 von Baumeister Xaver Knittl; Anbau von 1901.

Der Baukörper ist ganz im Sinn des Späthistorismus gestaltet. Das sehr aufwendige, ornamental über die obere Hälfte der Fassade gelegte Zierfachwerk, eine für Knittl charakteri-

Hauptstraße 74, sogenanntes «Brahms-Haus»

Hauptstraße 82

Hauptstraße 82

Hauptstraße 90

Hauptstraße 93, Landhaus Knittl

Hauptstraße 86, Treppenhaus

Hauptstraße 86, Eingangsseite

Tutzing, Hauptstraße 86, ehemalige Villa Graf Stolberg

stische Gestaltungsweise, war in keiner Weise konstruktiv notwendig, sondern allein als malerische Bereicherung gedacht.

Höhenbergstraße 2. *Villa Dahn,* kleines Landhaus mit hölzernem doppelgeschossigem Balkon und Zwerchgiebel, 1887.

Die filigrane Gestaltung der verglasten Veranda wie der Hochlaube mit den charakteristischen «Laubsägearbeiten» im Giebel und die kräftige Farbgebung wirken ungewöhnlich reizvoll. Rückwärts setzt auf halber Höhe des Hauses auf schrägen Stützen ein turmartiger Anbau an, der im unteren Teil vermutlich als kleines Atelier gestaltet und darüber als Belvedere-Turm (heute um ein Geschoß reduziert) ausgebildet war.

Höhenbergstraße 2, ehemalige Villa Dahn

Kirchenstraße 12. *Kath. Pfarrkirche St. Joseph,* barockisierender Saalbau mit Doppelturmanlage, 1926/28 von Joseph Steidle; mit Ausstattung.

Der schlichte Bau stand ursprünglich ziemlich frei auf der Anhöhe oberhalb des alten Ortskerns. Heute ist er durch die massive Bebauung des Umfeldes bereits teilweise verdeckt. Mit seinen beiden Türmen erreicht er jedoch eine bedeutende Fernwirkung über den See und bereichert damit das Ortsbild mit einem entscheidenden Akzent. Der von Pfeilern gegliederte Saalbau wird von einer weiten Tonne überspannt. Die Ausstattung, die im wesentlichen noch aus der Erbauungszeit stammt, beherrschen die von Ludwig Behr entworfenen Altäre: der mächtige Hochaltar mit einer «Anbetung der Hl. Drei Könige» von Emil Böhm nach dem Gemälde Giovanni Tiepolos in der Alten Pinakothek, eine Stiftung des berühmten Sammlers und Tutzinger Schloßherrn Marczell von Nemes, dazu Nebenfiguren der Apostel Petrus und Paulus in Porzellanfassung (aus Großhartpenning). Im linken Seitenaltar eine stehende Muttergottes, im rechten ein hl. Joseph von J. Baumgärtner. Das schmiedeeiserne Speisgitter ist eine Arbeit des Tutzinger Kunstschmiedes Wolfgang Bodemann, der auch eine Reihe der Gitter im Schloß Tutzing geschaffen hat. Die neue Orgel schafft ein optisches Gegengewicht zum Hochaltar.

Kirchenstraße 12, Kath. Pfarrkirche St. Joseph

Kustermannstraße 3. *Landhaus,* zweigeschossiger Satteldachbau, mit Quergiebel, entlang der Traufseite Veranda, darüber Balkon, im Giebel Hochlaube, um 1880; zwei eiserne Gartentore.

Ein sehr charakteristischer Vertreter des Starnbergersee-Landhauses. Auch hier ist die Balkonanlage, welche die gewünschte Fernsicht über die Landschaft ermöglichte, über die gesamte Schauseite des Hauses ausgedehnt.

Kath. Pfarrkirche St. Joseph

Tutzing, Kustermannstraße 3

Tutzing, Kath. Pfarrkirche St. Joseph

Marienstraße 12. Ehemaliges *Fischerhaus* (Erdgeschoß), 1902 von Max Ostenrieder aufgestockt und umgebaut, mit Innenausstattung; Bootshaus, wohl gleichzeitig und vermutlich auch von Ostenrieder; sog. Brahms-Pavillon, achteckiger spätklassizistischer Bau am See, 1871; eisengeschmiedeter Zaun mit großem Tor, neubarock.

Zwischen 1860 und 1870 erwarb das Sängerehepaar Heinrich und Therese Vogl das kleine «Fischkäufl»-Anwesen, um es in einen Sommersitz umzuwandeln. Gleichzeitig wurde an der vom Wasser des Bareisl-Grabens gebildeten kleinen Landzunge der Pavillon errichtet. 1901 ging der Besitz von Rentier Adolf Greding an den Wurstfabrikanten Andreas Sieber über, der das Haus 1902 von Max Ostenrieder umbauen ließ. Aus dieser Zeit stammt die Innenausstattung, die zum größten Teil noch erhalten ist: Das Treppenhaus und alle Türen sind im Sinn des Heimatstils farbig gefaßt. Besonders bemerkenswert ist die Wohnstube mit Wand- und Deckenverkleidung, Kachelofen und Mobiliar im Stil des oberbayerischen Bauernhauses mit Elementen der Renaissance. Das Haus war auch außen farbig gestaltet. Auf der Seeseite wird die Fassade von einer großen verglasten Loggia auf Steinpfeilern beherrscht. Erhalten ist auch noch das gleichzeitige Bootshaus im Heimatstil, das auf Grund verschiedener Details ebenfalls Max Ostenrieder zugeschrieben werden kann. Daran angebaut besteht noch die typische Badekabine der Zeit, aus der man sich durch eine kleine Öffnung unbemerkt ins Wasser begeben konnte. Die kleine darüberliegende, nicht einsehbare Sonnenterrasse ist heute durch das abgeschleppte Dach des Bootshauses überdeckt. Den Eingang zum Grundstück, das ursprünglich als reiche Gartenanlage gestaltet war, bildet noch das schmiedeeiserne Tor, das wohl ebenfalls von Andreas Sieber aufgestellt worden ist. Der in polygonaler Form gebaute Pavillon besticht durch seine Lage unmittelbar am Wasser, seine Wirkung auf das Bild des Uferabschnitts ist infolge des nahen Dampferstegs ganz bedeutend. Der Pavillon gehörte dem Ehepaar Heinrich und Therese Vogl, die später auf Gut Deixlfurt lebten (s. Deixlfurt und Alter Friedhof) und als Wagnersänger der Münchner Hofoper berühmt wurden. Sie stellten den Pavillon Johannes Brahms bei seinem Aufenthalt in Tutzing 1873 zu ungestörter Arbeit zur Verfügung. Teile der Haydn-Variationen sollen hier entstanden sein, auch verschiedene Lieder, die anschließend hier im Pavillon ihre private Uraufführung durch das Sänger-Ehepaar erlebten.

Tutzing, Marienstraße 12, Einfahrtstor

Marienstraße 12, sogenannter «Brahms-Pavillon»

Marienstraße 15. *Zweigeschossiges Wohnhaus,* verputzt, Satteldach, barockes Marienfresko an der Südseite, im Kern 18. Jh., sonst letztes Viertel 19. Jh.

Das Fischerhaus, das zur historischen Bebauung am nördlichen Rand des Ortskerns gehört, dürfte im 19. Jahrhundert aufgestockt worden sein. Es hat aber die Neigung des einstigen Legschindeldaches wieder übernommen. Das seitlich unter neueren Putzschichten aufgedeckte kleine Fresko ist bereits sehr verblaßt.

Marienstraße 15

Midgardstraße 3/5.. *Haus Midgard,* ehem. Prof. Georg Ebers, Villa im italianisierenden Landhausstil, mit Giebelrisalit und Turmpavillon, 1853 von Karl Theodor von Vieregg als Gästehaus von Schloß Tutzing erbaut, Südteil mit Loggien 1882; Parkanlage von Karl Effner, um 1870; Freitreppe mit flankierenden Löwen zum Seeufer; Bedienstetengebäude an der Westseite der Villa.

Midgardstraße 22, ursprüngliches Einfahrtstor zum Midgard-Haus

Marienstraße 12, Stube

Midgardstraße 3/5, sogenanntes «Midgard-Haus» (ehemalige Villa Ebers)

E. T. Compton, Villa Ebers; Aquarell, um 1920

Das «Midgard-Haus» war die erste Villa in Tutzing und wurde vom Schloßherrn Karl Graf von Vieregg als Gästehaus auf der vom Kalkgraben-Bach gebildeten Landzunge errichtet. Die Villa gehört zu den kulturhistorisch interessantesten Landhäusern Tutzings, ja des gesamten Starnberger Sees. Sie war lange Zeit ein Treffpunkt der Künstler und Gelehrten und ist vor allem mit dem Schriftsteller Maximilian Schmidt (gen. Waldschmidt), dem Gelehrten Prof. Georg Ebers und der Dichterin Ina Seidel verbunden. Georg Ebers war einer der bedeutendsten Ägyptologen seiner Zeit; dem breiten Publikum bekannt wurde er jedoch als Schriftsteller großer historischer Romane (vor allem mit Ägypten als Schauplatz).

Die Villa gehört in jene Gruppe von Landhäusern, bei denen der Bezug zu Italien in der Architektur wie in der Gestaltung des umgebenden Parks besonders stark zum Ausdruck kam.

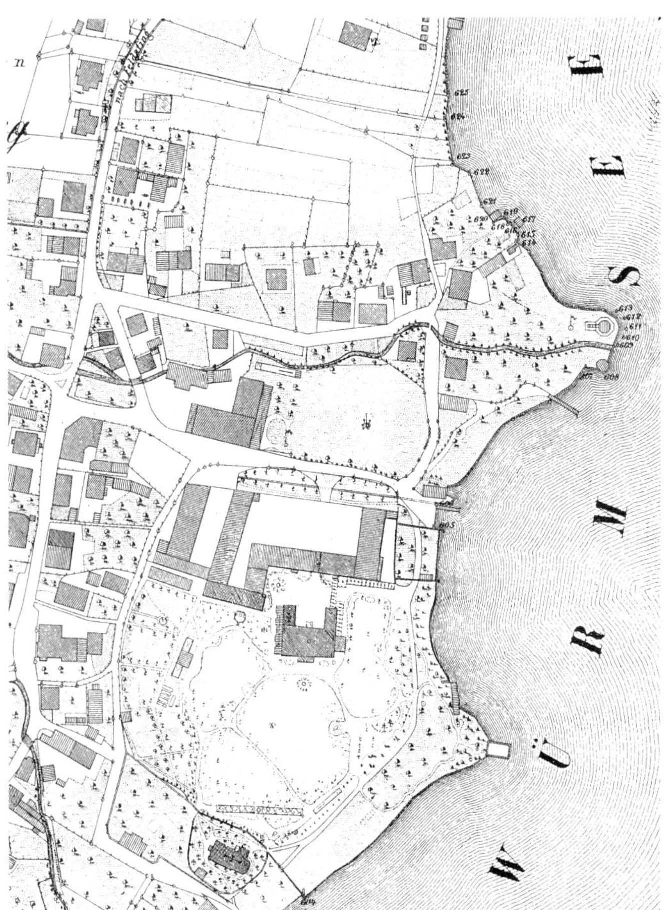

Tutzing, Flurkarte, Stand 1918

Noch heute bewahren die axialsymmetrisch vor der Villa stehenden hohen Tujen dieses Bild. Auch die Treppenanlage mit den beiden liegenden Löwen bezieht sich auf die Mitte der Fassade. Der südliche Anbau wurde unter Ebers hinzugefügt. Der erdgeschossige Teil war als offene Loggia, der darüberliegende als überdachte Altane ausgebildet. Die ursprüngliche Gliederung der Fassade mit Lisenen und Gesimsen (ähnlich der Knorr-Villa in Niederpöcking) wurde leider beseitigt.

Midgardstraße 22. Zugehörige große eiserne *Toreinfahrt,* Ende 19. Jh.; ehem. zur Villa Midgard gehörig.

Monsignore-Schmid-Straße 1/3. *Violaburg,* klassizistischer Pavillon, 1803/16 (Anbau 1974); ehemals zum Schloß gehörig; Parkanlage mit Gartenfiguren, u. a. zwei Karyatiden und zwei Atlanten von Kaspar von Zumbusch, 3. Viertel 19. Jh., und westlicher und südlicher Parkmauer des 17.–20. Jhs. (siehe auch Schloßstraße 2/4).

Nach dem Zweiten Weltkrieg richtete sich der Maler Anton Leidl hier ein Atelier ein, wenig später wurde das zugehörige Grundstück vom Schloßpark abgetrennt.

Die Karyatiden flankierten zur Zeit Eduard Hallbergers die beiden Eingänge eines längeren Laubenganges, der annähernd parallel zur südlichen Schloßmauer verlief.

Neustätterstraße 2. *Landhaus,* zweigeschossiger Putzbau mit Satteldach und befenstertem Kniestock, an der Ostseite dreistöckiger Balkon und Ziergiebel, um 1900.

Die Balkonanlage der Etagenvilla ist unter dem Zwerchgiebel zusammengefaßt; dekorative «Laubsägearbeiten» im Giebel.

Schloßstraße 1. *Mariensäule* mit vergoldeter Eisengußfigur der Mayer'schen Hofkunstanstalt, 1882; in den Anlagen vor Hotel Seehof.

Die Mariensäule war ursprünglich mit einem Eisengitter umgeben, dessen vier Ecken mit Laternen besetzt waren. Der Sockel wurde inzwischen ebenfalls stark vereinfacht.

Schloßstraße 2/4. *Schloß Tutzing,* jetzt Evangelische Akademie, klassizistisches dreiflügeliges Hauptgebäude, 1803–1816 von Thomas Ganseck für Friedrich Joseph Graf von Vieregg durch Umbau einer barocken Anlage vor 1662 errichtet, 1921/22 umgebaut; mit historischer Ausstattung; Kapelle mit Ausstattung; nördlich vorgelagert Festsaalbau, Kavalierbau und Wirtschaftsbau, 1803 ff., z. T. später verändert und mit modernen Anbauten versehen; im Schloßhof Brunnen von G. Bersch, 1874; südlich und östlich Parkanlage im englischen Gartenstil, 1803 ff., mit neubarocker See-Uferterrasse, Pergola am Ufer, aufgerichteten römischen und romanischen Fundstücken sowie Gartenfiguren des 18./19. Jh.; Parkmauer, im 19. Jh. erneuert; Absperrketten zwischen Eisenpfosten vor dem Haupteingang, klassizistisch; Schloßstraßen-Allee, 19. Jh.

Im 12. Jh. taucht mit den Herren von Tuzzingen, wohl Ministerialen im Gefolge der Andechser, erstmals ein Ortsadel in den Quellen auf. 1423 erhielt der herzogliche Kämmerer Paul Aresinger «die Behausung zu Tutzing» mit den entsprechenden Zugehörungen zu Lehen. 1480 sehen wir den Besitz in Händen der Münchner Patrizier Dichtl, die sich bald darauf «Dichtl von Tutzing» nennen. 1519 erhielt Bernhard Dichtl, Pfleger zu Starnberg, das Hofmarksrecht für Tutzing, 1527 kamen Ober- und Unterzeismering hinzu, 1567

Monsignore-Schmid-Straße 1/3, sogenannte «Violaburg» (Gartenpavillon des Schlosses)

Monsignore-Schmid-Straße 1/3, Karyatide

Neustätterstraße 2

Schloßstraße 1, Mariensäule

Tutzing, Schloßstraße 2/4, Schloß Tutzing (Gartenseite)

Diemendorf und 1597 Monatshausen. 1663 folgten die Herren von Götzengrien und 1732 die Grafen von Vieregg, die das Leben in Tutzing bis zum Ende der Hofmark maßgeblich bestimmen sollten.
Nach dem Tode des letzten Grafen (1866) übernahm dessen Schwester Ilka von Wrede Schloß und Grundbesitz, verkaufte aber beides bereits 1869 an den reichen Stuttgarter Verleger Eduard Hallberger. Damit wurde das alte Tutzinger Schloß zum bürgerlichen Villenbesitz. Hallberger gestaltete Schloß und Park um und machte sie zum Treffpunkt berühmter Künstler und Literaten. Nach seinem Tod übernahm seine Tochter Gabriele von Landberg-Hallberger den Besitz, den 1915 die Stadt Stuttgart erbte. Diese löste das Gut auf und verkaufte die verschiedenen Teile. Das Schloß erwarb der Arzt Dr. Schoen von Wildenegg. 1921 folgte ihm der berühmte Kunsthändler und Sammler Marczell von Nemes, dessen Zeit für das Schloß noch einmal einen Höhepunkt bedeutete. 1936 übernahm es der Industrielle und Zentrumspolitiker Albrecht Hackelsberger, und nach dem Krieg wurde hier die Evangelische Akademie Tutzing ins Leben gerufen.
Das Herrenhaus wird erstmals auf den Landtafeln Philipp Apians 1568 als dreigeschossiger, auf etwa quadratischem Grundriß errichteter Bau greifbar. Er wird von einer Mauer umgeben, deren vier Ecken mit runden Wehrtürmen besetzt sind. Die grundlegende Renovierung des Schlosses 1985/86 hat ergeben, daß dieser frühe Bau, entgegen bisheriger Meinung, nach dem Brand im Dreißigjährigen Krieg nicht abgebrochen, sondern wiederhergestellt wurde und im Kern des heutigen Schlosses noch enthalten ist. So fand sich im heutigen Mauerwerk der hofseitigen Fassade die offenbar zur besseren Durchfahrt auf ca. 3 m Höhe stark abgefaste Nordwestecke des ersten Baus; die alte Gebäudekante war sogar weiter bis unter die heutige Dachtraufe zu verfolgen. Die Mauerverhältnisse ermöglichten hier sogar die Lokalisierung der vermauerten ehemaligen Fenster, und hinter dem heutigen Portalgewände fand sich ein Teil der gotischen Eingangstüre in Rotmarmor. Der damit in bemerkenswertem Umfang gesicherte Bau der Spätgotik dürfte wohl den Typus des frühen, gemauerten Hofmarksitzes am Starnberger See darstellen, was durch verschiedene Hinweise aus den Umbaumaßnahmen von Berg und Possenhofen bestätigt wird.
Die nächste bekannte Darstellung bei Wening zeigt den Bau mit einem steilen Satteldach und einer nach Süden gerichteten Fassade. Bei der Wiederherstellung unter den Götzengrien wurde der Baukörper jedoch bis zur westlichen Wehrmauer unter Einschluß des südwestlichen Wehrturmes erweitert, eine Baumaßnahme, die sich noch heute im Mauerwerk rekonstruieren läßt. Bei Wening ist auch der nördlich vorgelagerte Kavaliersbau schon vorhanden, desgleichen die über ein Zwischenglied an der Nordwestecke angeschlossene Kapelle. Auf einem Bestandsplan von 1802, der den Bau noch mit einem breiten Wassergraben umgeben zeigt, und auf Darstellungen des frühen 19. Jh. erscheint das Schloß

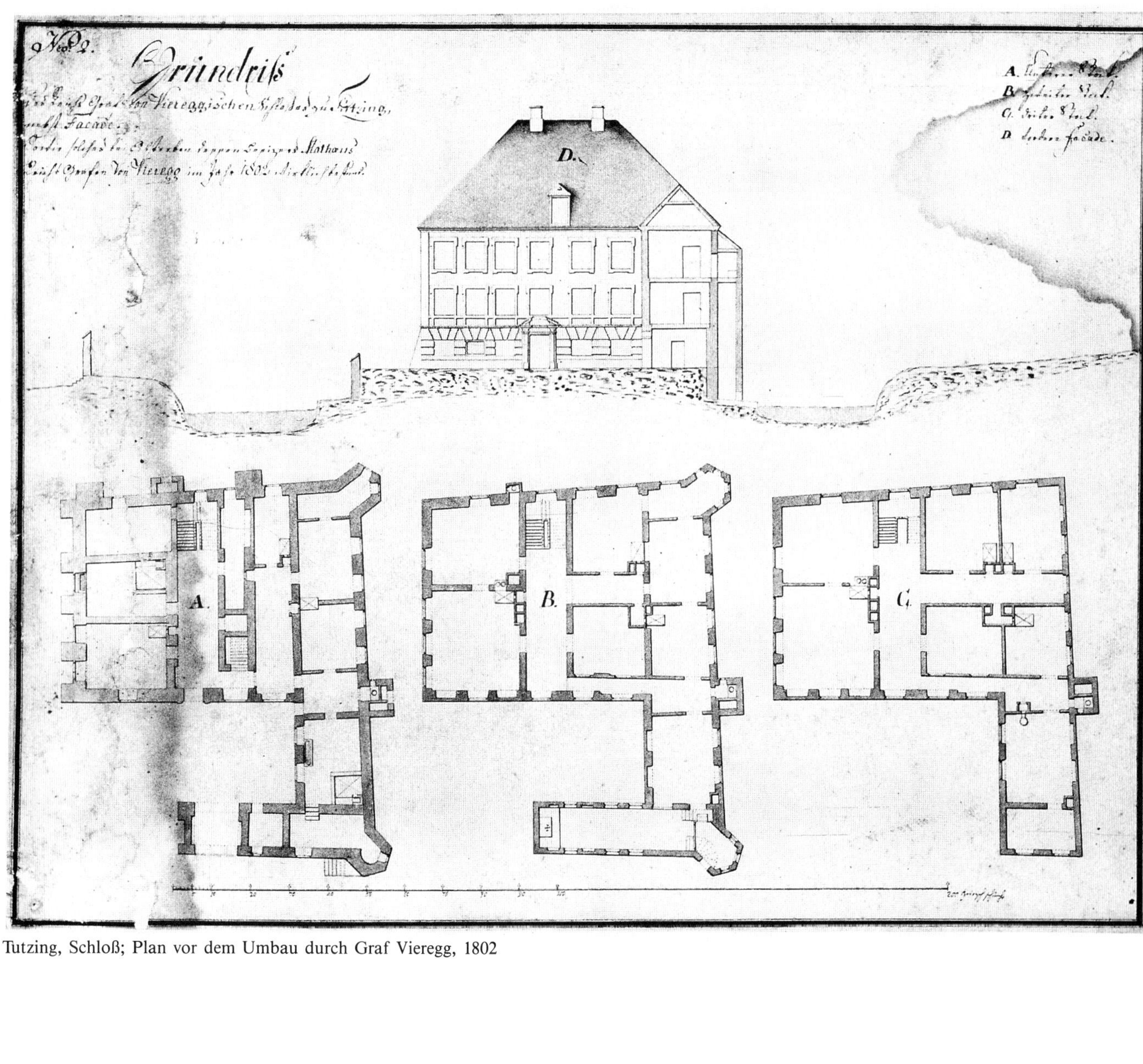

Tutzing, Schloß; Plan vor dem Umbau durch Graf Vieregg, 1802

Schloß Tutzing, Festsaal (Musiksaal)

Schloß Tutzing, Tor an der Durchfahrt durch den Kavaliersbau

Schloß Tutzing, Brunnen vor dem Festsaalbau

Schloß Tutzing, Holzstich von J. Lange, 1874

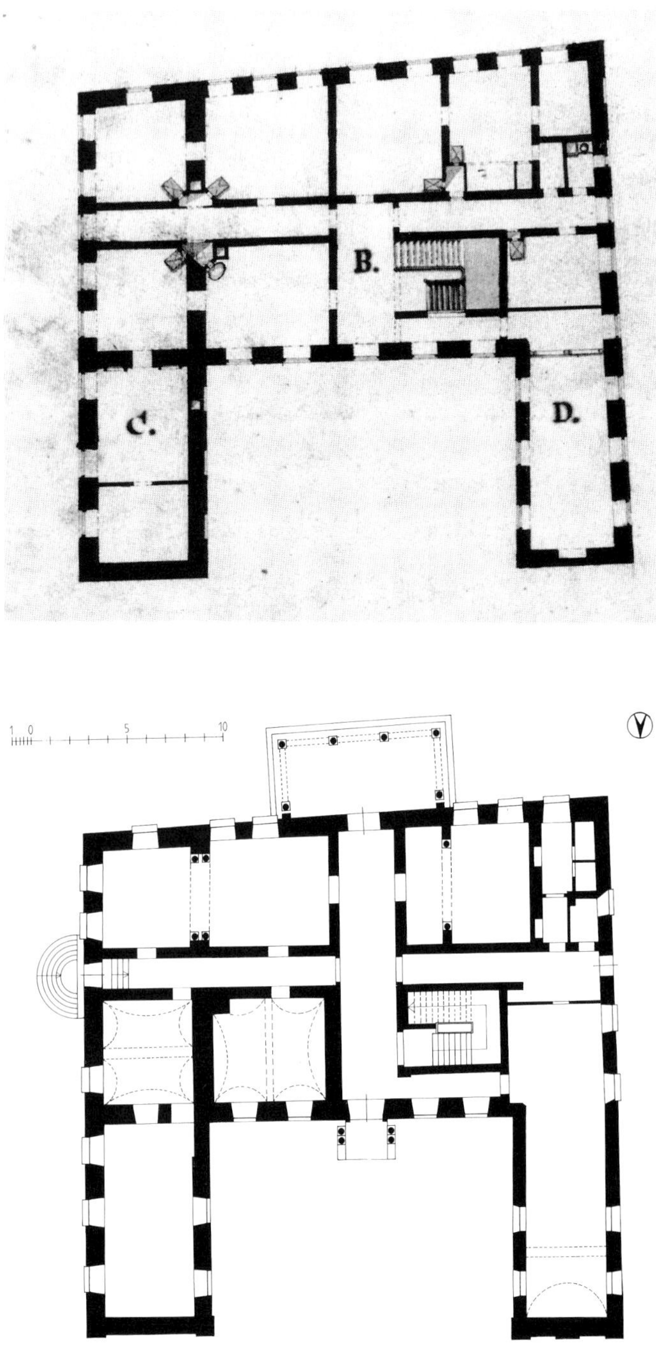

Schloß Tutzing, 1. Obergeschoß nach dem Umbau 1816 (oben) und Erdgeschoß 1985 (unten)

mit einem Walmdach, das allerdings wenig später, hinter einer Attika ansetzend, klassizistisch abgeflacht wurde. In einer erneuten Umbauphase unter Friedrich Graf Vieregg wurde der Bau bis zur östlichen Wehrmauer verlängert und in seiner Außenerscheinung überarbeitet. Dabei wurde der nördliche Flügel zur Kapelle ausgebaut (nach Teilabbruch der alten Kapelle) und als Pendant dazu ein östlicher Flügel errichtet, so daß das Schloß sich nunmehr als hufeisenförmige Anlage präsentierte. Später, vermutlich unter Eduard Hallberger, kam an der Südfassade ein dreiachsiger Mittelrisalit mit Dreiecksgiebel und Loggien hinzu, der aber später wieder abgebrochen wurde.

Noch unter den Grafen von Vieregg machte auch der Ausbau der Gartenanlage (mit dem Bau einer Menagerie, dem noch bestehenden Gartenpavillon und einem großen Brunnen) weitere Fortschritte. Eine erneute Umgestaltung brachte der Besitzwechsel 1869. Hallberger ließ den Garten von Hofgartendirektor Karl Effner zu einer prächtigen englischen Parkanlage umgestalten, nachdem es ihm gelungen war, 1870 den ganzen Uferstreifen, der bis dahin noch Besitz der Gemeinde gewesen war, zu erwerben. Damals kamen bedeutende, heute noch existierende Ausstattungsstücke hinzu, wie die in den See hinausgebaute Terrasse, die Säulenpergola oder der Laubengang, von dem noch die Karyatiden erhalten sind. Westlich des Schlosses errichtete er ein großes Palmenhaus mit Vogelvolière. Im Inneren gab es mit dem Einbau einer Bibliothek eine Veränderung. Auch ein Spielzimmer, ein Billardzimmer und ein Musiksalon wurden eingerichtet, um die Voraussetzung für den Empfang vieler Gäste zu schaffen.

Eine weitere Umbauphase kam unter Marczell von Nemes, der das Schloß zum Teil neu einrichtete: Erneuerung des Salons im Obergeschoß, Umbau (1922) des Palmenhauses zum Musiksaal mit französischem Barockkamin (Kalkstein, Anf. 17. Jh.) und italienischer Renaissancedecke, große Brunnen nach historischen Vorbildern, kunstvolle Fenster- und Türgitter von W. Bodemann, Neugestaltung der Kapelle. Zusätzlich stattete er das Schloß verschwenderisch mit Antiquitäten und Kunstgegenständen aus, die zum größten Teil nach seinem Tode versteigert wurden, von denen jedoch ein Teil wandfest im Schloß eingebaut oder im Park aufgestellt (Reliefs, Figuren, Säulen u.a., meist antik, italienisch aus Renaissance und Barock, z.T. in Kopie des 19. Jh.) erhalten geblieben ist. Auch der größte Teil der im Schloß überlieferten Stuckdekorationen und der Kachelöfen (im Blauen Salon, niederländ. 18. Jh.; im Grünen Salon ein französischer Kamin, 16. Jh.) stammt noch aus dieser Zeit.

Die Evangelische Akademie hat den Bau mit andersgeartetem, aber nicht minder bedeutungsvollem Leben erfüllt. Die hier entwickelten Gesprächs- und Diskussionsrunden und Vortragsreihen haben fast alle bedeutenden Politiker des Nachkriegsdeutschland und eine Reihe der namhaftesten Wissenschaftler, Schriftsteller und Theologen als Gäste gesehen. Trotz der veränderten Nutzung hat die Akademie es verstanden, die historisch gewachsene Bausubstanz und die aus verschiedenen Epochen angesammelte Ausstattung als Ensemble soweit wie möglich zu erhalten. Für die zahlreichen Tagungen wurde 1958/59 von Olaf A. Gulbransson ein großer Vortragssaal in Form einer Rotunde dem Schloß westlich beigefügt. Das Schloß Tutzing stellt damit auch heute noch ein einmaliges baugeschichtliches wie gesellschaftsgeschichtliches Dokument dar.

Schloß Tutzing, Gelber Salon

Schloß Tutzing, Treppenhaus

Schloß Tutzing, Nymphenbrunnen

Schloß Tutzing, Pergola am Seeufer

Thomaplatz. *Sitzbank mit Steinwangen* (geflügelte Löwen), Laterne auf Steinpfeiler, wohl 19. Jh.

Die Bank stand angeblich vordem im Park eines Tutzinger Landhauses, seit etwa 1925 hier an dieser Stelle. Die Laterne erinnert an die japanischen Toro-Leuchten, die in den Gärten als Zierleuchten aufgestellt werden.

Thomaplatz, Laterne

Thomaplatz, Sitzbank

Traubinger Straße 40. *Villa,* erdgeschossiger Bau auf hohem Sockelgeschoß mit mehreren Schopfwalmrisaliten und Treppenturm, mit Zierfachwerk, Spalieren, Balkonen und Terrasse, gemäßigter Jugendstil, 1908.

Die kleine Villa ist ein Umbau eines Landhauses von 1904 durch Emanuel Seidl, dessen Handschrift deutlich in den verschiedenen Gestaltungsdetails der Fassade zu erkennen ist. Der von ihm der Villa in sehr feinen, zurückhaltenden Formen angefügte Erweiterungsbau steht noch (vgl. Traubinger Str. 42), ist aber durch eine stark vereinfachende Modernisierung verdorben. Die ehemals zugehörige Parkanlage, die nach strengen Regeln angelegt – axialsymmetrische Anlage mit regelmäßigem Gartenparterre – und reich mit Springbrunnen, einem Laubengang, Gartenfiguren u. a. ausgestattet war, ist heute stark verkleinert und vereinfacht. Bei der Trennung der beiden Villenteile wurde auch der Garten entsprechend geteilt. Dabei verblieb der hölzerne Pavillon, der deutlich die Hand Bruno Pauls verrät, auf dem Nachbargrundstück.

Die Villa war einmal mit einer bemerkenswerten, sehr einheitlichen Einrichtung (von R. Riemerschmid, Bruno Paul, Bernhard Pankok) ausgestattet. Größere Teile dieser Einrichtung befinden sich heute im Besitz des Stadtmuseums München, einige feste Ausstattungsstücke (Treppenhaus, Türen, farbige Glasfenster, Kamin u. a.) sind noch im Haus verblieben. Der Umbau der Villa, die besondere Qualität der Gartenanlage und der Einrichtung gehen auf Walter Sack (der das Haus 1908 erworben hatte) zurück, der hier wohl eine künstlerische Einheit im Stil der Zeit zu schaffen suchte.

Traubinger Straße 42. *Hölzerner Pavillon* in Form eines Rundtempels, um 1906 von Bruno Paul; im Garten (siehe Traubinger Straße 40).

Waldschmidtstraße 8c, ehemalige Villa v. Kühlmann

Waldschmidtstraße 8c. Ehem. *Villa von Kühlmann,* im Landhausstil, mit weit ausgestelltem Flachsatteldach und hölzernen Giebelbalkonen, um 1885.

Das Landhaus wurde für Generaldirektor von Kühlmann inmitten eines umfangreichen Geländes auf dem Frauenberg errichtet. Von diesem Parkgelände, das bis zur Hauptstraße herabreichte, ist nicht mehr viel geblieben. Die Villa ist eine stark vergrößerte, herrschaftliche Ausgabe der frühen Tutzinger Landhäuser. Die beiden Balkone und die loggienartige Veranda bringen auch hier die charakteristischen Fassadenelemente des Tutzinger Landhauses zur Geltung. Die Villa zeigt, wie auch ohne historisierende Zutaten und mit den Mitteln bodenständiger Formen und Materialien ein vornehmes und charaktervolles Landhaus gebaut werden konnte, lange bevor um die Jahrhundertwende diese Baugesinnung zur Forderung erhoben wurde.

Waldschmidtstraße 13

Waldschmidtstraße 13. *Landhaus,* zweigeschossig, mit vorkragendem Satteldach, um 1902/03.

In diesem Haus sind noch einige Reminiszenzen an den Schweizerhausstil zu erkennen, vor allem die treppenförmig heraustretenden Balkenköpfe des Blockbau-Obergeschosses.

Traubinger Straße 40, Ausstattung

Traubinger Straße 42, Pavillon

Tutzing, Traubinger Straße 40

Weilheimer Straße. *Wegweiser «Oberzeismering»,* Gußeisen, nach 1862; an der Abzweigung Monatshausener Straße.

Weilheimer Straße. *Wegweiser «Ilkahöhe»,* Gußeisen, nach 1862; an der Abzweigung Oberzeismering.

Zweigstraße 1. Sog. *Hirtenhäusl oder Vetterlhaus,* gemauertes Erdgeschoß, Obergeschoß in Blockbauweise, 17. Jh.

Das ehemalige Hüthaus ist eines der letzten erhaltenen Überreste des alten Dorfes und vermittelt einen guten Eindruck von der Bauweise der einfachen Bauern- und Fischeranwesen. Selbst wenn es als Hüthaus nur die Hälfte oder ein Drittel der Größe eines Fischerhauses des 18. Jh. hat, ist die enorme Verschiebung des Maßstabes innerhalb des Ortsbildes beeindruckend. Sie entspricht dem Wandel vom bescheidenen, kleinbäuerlichen Dorf zum Villenort und zur Fremdenverkehrsgemeinde.

Weilheimer Straße, Wegweiser

Weilheimer Straße, Wegweiser

Deixlfurt

Haus Nr. 1. *Gutshof,* stattliches Herrenhaus in Formen des Historismus, 1880, Ausbauten 1921.

Das Gutshaus wurde 1880 von Xaver Knittl für das Sängerehepaar Heinrich und Therese Vogl an der Stelle eines älteren Bauernhauses errichtet. Die Doppelfassade wurde gegen den Deixlfurter Weiher gerichtet. Der östliche Teil war als Wohnhaus, der Mittelteil und der westliche Flügel waren erdgeschossig als Stall ausgebaut. Der Umbau 1921 für Major von Günther umfaßte größere Änderungen im Inneren, vor allem aber den Ausbau des ursprünglichen Stall- und Wirtschaftsteiles zu weiteren Wohnräumen. Im Äußeren beschränkte er sich auf entsprechende Korrekturen der Fassade sowie auf eine Vereinfachung der dekorativen Details. Beide Fassaden und der Mittelteil wurden mit Erker- und Balkonanbauten versehen.

Tutzing, Zweigstraße 1, sogenanntes «Vetterlhaus»

Deixlfurt, Haus Nr. 1, Gutshof

Diemendorf

Die kleine Ortschaft, die im 11. Jh. erstmals in den Quellen erscheint, umfaßte Mitte des 18. Jh. 12 Anwesen, darunter 8 Achtelhöfe und einen Halbhof. Das Ortsbild des Haufendorfes mit seiner lockeren Stellung der Anwesen, der geräumigen Hofstellen und der frei in die Landschaft auslaufenden Obst- und Grasgärten ist noch gut überliefert, die bäuerlich geprägte Sozialstruktur bestimmt noch weitgehend das Leben des Dorfes.

Kath. Filialkirche St. Margareth, spätgotische Anlage, Anfang 18. Jh., barockisiert; mit Ausstattung.

Die Kirche mit ihrem spätmittelalterlichen Satteldachturm liegt in dominierender Stellung auf einer kleinen Anhöhe am nordöstlichen Dorfrand. Das barocke Kirchenschiff mit halbrund geschlossenem Chor ist durch flache Pilaster gegliedert. Im Deckenspiegel befindet sich ein Fresko (sign. P. Wanner, um 1880) mit dem Martyrium der hl. Margarete. Auch der Hochaltar um 1700 zeigt ein Gemälde der Titelheiligen, als Nebenfiguren die hll. Sebastian und Jacobus d. Ä. Die schräg gestellten Seitenaltäre sind wohl gleichzeitig, die Kanzel um 1780. Die Orgel, in neugotischem Prospekt auf der Empore, wurde 1859 von Georg Beer, Erling, aufgestellt.

Haus Nr. 3. *Zugehöriger Getreidekasten,* zweigeschossiger Blockbau, um 1580 (zur Zeit abgebaut und gelagert).

Diemendorf, St. Margareth

Diemendorf, St. Margareth

Diemendorf, Kath. Filialkirche St. Margareth

Diemendorf, Kath. Filialkirche St. Margareth

Haus Nr. 11. *Bauernhaus,* Wohn- und Wirtschaftsteil firstparallel nebeneinander, Oberstock des Wirtschaftsteils verbrettert und mit Bundwerk, 18./frühes 19. Jh.

Die im Landkreis sonst unbekannte Längsteilung des Hauses in Wohn- und Stallteil ist durch eine Firstdrehung in der 1. Hälfte des 19. Jh. verursacht, die wohl durch die Nähe des Nachbargrundstücks bedingt war. Bemerkenswert ist auch die Anwendung von Bundwerk, das hier als letzter Ausläufer über das Bernrieder Gebiet im Bereich der Gemeinde Tutzing auftritt.

Ortsschild «Ortschaft Diemendorf», mit Wegweiser, Gußeisen, nach 1862; in der Ortsmitte.

Wegweiser, Gußeisen, nach 1862; in der Ortsmitte.

Brunnensäule, Gußeisen, wohl 3. Viertel 19. Jh.; in der Ortsmitte.

Gedenkkreuz, Gußeisenkreuz auf Sandsteinsockel, neugotisch, 1875, zugleich Kriegerdenkmal.

Das Denkmal wurde am 11. Juli 1875 zur Erinnerung an den 14. Juli 1848 aufgestellt, an dem ein Wolkenbruch das Dorf so stark überschwemmte, daß verschiedene Bewohner in Lebensgefahr gerieten.

Tuffsteinsäule, 15. Jh.; am Weg nach Pähl.

Die Tuffsteinsäule steht am alten, heute aufgelassenen und verfallenen Weg von Diemendorf nach Pähl. Sie ist stark verwittert und ohne sichtbare Spuren einer ehemaligen Beschriftung. Der Anlaß ihrer Aufstellung ist nicht überliefert.

Diemendorf, Ortsschild

Diemendorf, Wegweiser

Diemendorf, Steinsäule

Diemendorf, Dorfbrunnen

Monatshausen

Monatshausen, noch im frühen 19. Jh. Magnetshausen, ist eine Siedlung der Ausbauzeit des 8./9. Jh. Sie umfaßte neun Höfe, von denen 1752 einer als Halbhof, drei als Viertelhöfe und drei als Achtel-Bausölden gerechnet wurden. In Wirklichkeit dürften die Höfe etwas größer gewesen sein, da die Hofbesteuerung innerhalb der Hofmark Tutzing geringer als üblich angesetzt war. Einige Anwesen wurden von Eduard Hallberger, dem Besitzer des Tutzinger Schlosses, aufgekauft und zu einem Gut vereinigt.

Kath. Filialkirche St. Martin, kleine barocke Anlage mit Zwiebelturm, Ende 17. Jh., im Kern älter; mit Ausstattung.

Die kleine, inmitten eines ummauerten Friedhofs stehende Kirche bildet zusammen mit den beiden benachbarten Höfen eine stimmungsvolle Einheit. Sie war ursprünglich dem Kloster Ettal, später dem Stift Dießen inkorporiert. Den schlanken, auf halber Höhe polygonal weitergeführten Turm von 1692 hat vielleicht Kaspar Feichtmayr errichtet. Der Hochaltar (gegen 1700) im stark eingezogenen Chor enthält die Figuren des hl. Martin und der hll. Petrus und Paulus. Das Tonnengewölbe im Chor ist mit einem aufgemalten Gitter- und Bandelwerk (Neurokoko, 1946) dekoriert, im Kirchenschiff eine flache Kassettendecke.

Ortsschild «Monatshausen», Gußeisen, nach 1862; in der Ortsmitte.

Wegweiser «Starnberg/Weilheim», Gußeisen, nach 1862; in der Ortsmitte.

Diemendorf, Gedenkkreuz

Monatshausen, Wegweiser

Monatshausen, Ortsschild

Diemendorf, Haus Nr. 11

Monatshausen, St. Martin

Monatshausen, Kath. Filialkirche St. Martin

Monatshausen, St. Martin

Haus Nr. 4. *Gutshaus,* nach Art eines Miesbacher Einfirsthofes, 1908 von August Thiersch für Baron Cramer-Klett erbaut.

Eduard Hallberger, der Besitzer des Tutzinger Schlosses, kaufte um 1870 zwei Monatshausener Höfe auf und vereinigte sie zu einem Gut. 1901 erwarb Reichsrat Freiherr von Cramer-Klett noch ein weiteres Anwesen dazu. Im Zuge dieser Erweiterung des Betriebes wurde der neue Gutshof errichtet. Er greift die Grundform des bodenständigen Bauernhauses auf, geht aber in Größe und Gestaltung (bes. der Fenster) deutlich über das hier Übliche hinaus, um die Größe und Bedeutung des Gutshofes sichtbar zu machen. August Thiersch gehörte wie Gabriel von Seidl oder Franz Zell zu den Wegbereitern eines am Bodenständigen orientierten und mit traditionellen Materialien und Techniken arbeitenden Heimatstils.

Monatshausen, Haus Nr. 4

Hinweisschild «Einhemm-Stelle», Gußeisen, wohl 3. Viertel 19. Jh.; an der Straße nach Traubing.

Die Schilder «Einhemm-Stelle» standen früher an besonders abschüssigen Gefällstrecken. Da die Rösser und die Bremsen an solchen Stellen nicht mehr in der Lage waren, den Schub des Wagens zu beherrschen, mußten an den Vorder- oder Hinterrädern mit Ketten am Wagen verankerte Radschuhe untergelegt werden, so daß die Räder blockiert waren und wie auf Schlittenkufen schleifen konnten.

Monatshausen, Schild «Einhemmstelle»

Oberzeismering

Von den in der Landgerichtsconscription 1752 ausgewiesenen neun Anwesen sind nur noch der Popp-Hof und als Kern des Gutshauses der alte Vötterl-Hof erhalten. Der Rest des Dorfes wurde abgebrochen, nachdem Kommerzienrat Kustermann die Höfe Ende des 19. Jh. aufgekauft und zu einem Gutsbetrieb vereint hatte.

Kath. Filialkirche St. Nikolaus, im Kern spätmittelalterlich, 1723 barockisiert; mit Ausstattung; Friedhofsmauer mit Karner in der Nordostecke, 17./18. Jh.

Die kleine Kirche St. Nikolaus, vielleicht eine Gründung der Grafen von Andechs, steht inmitten eines ummauerten Friedhofs, auf dem sich noch ein kleines gemauertes Gebeinhaus befindet. Der mit einem Neubau von 1523 zu verbindende spätmittelalterliche Bau ist barock überformt: abgerundete Ecken, über Gesims ansetzendes flaches Muldengewölbe, halbrund geschlossener Chor. Der Hochaltar gegen 1800 enthält eine Figur des hl. Nikolaus (Mitte 17. Jh.) und die Assistenzfiguren des hl. Ulrich und der hl. Katharina. In den Seitenaltären des mittleren 18. Jh. die Figur des hl. Sebastian und eine bekleidete Muttergottes. Bemerkenswert eine Figur der hl. Kümmernis (hl. Wilgefortis) und eine Figur des hl. Florian (Ende 15. Jh.). Das Kirchengestühl stammt von 1766.

Haus Nr. 1. *Einfirsthof (Popphof),* Wohnteil verputzt mit Eisenbalkon, um 1860, im Kern 18. Jh., Wirtschaftsteil 1981/82 erneuert.

Der Hof wird derzeit noch renoviert. Bemerkenswert ist der gußeiserne, mit einem kleinen Dach versehene Balkon (Firma Kustermann, München), derzeit eingelagert.

Oberzeismering, Haus Nr. 1 «Popp-Hof»; hist. Aufnahme, um 1910

Blick auf Oberzeismering und den Karpfenwinkel

Oberzeismering, Kath. Filialkirche St. Nikolaus

Oberzeismering, St. Nikolaus

Filialkirche St. Nikolaus, Marienfigur auf dem linken Seitenaltar

Rößlberg

Haus Nr. 1. *Schloß Rößlsberg,* zweigeschossiger Putzbau mit Krüppelwalmdach, 17. Jh., im Kern älter; den Gutshof eingrenzende verputzte Mauer des 17. Jh.

Rößlberg oder Rößlsberg wird bereits Mitte des 12. Jh. als Sitz Andechser Ministerialen in den Quellen genannt. Im 13./14. Jh. war es möglicherweise in Händen der Herren von Seefeld, im 15. Jh. in Händen der Hesseloher, dann der Schellenberger. Anfangs des 16. Jh. wurde es zur Hofmark Pähl gerechnet und als Schwaige geführt. 1722 wurde es an das Augustinerchorherrnstift Dießen verpfändet und erst 1754 wieder ausgelöst und von Mathäus Graf Vieregg der Hofmark Tutzing einverleibt. Im 19. Jh. wurde das Gut durch Zukäufe bedeutend vergrößert. Nach dem Aussterben der Grafen von Vieregg verkaufte Fürstin Wrede den Besitz an Eduard Hallberger. 1910 kam er in Besitz des Reichsfreiherrn von Cramer-Klett, heute gehört er der Familie Schrenck-Notzing.

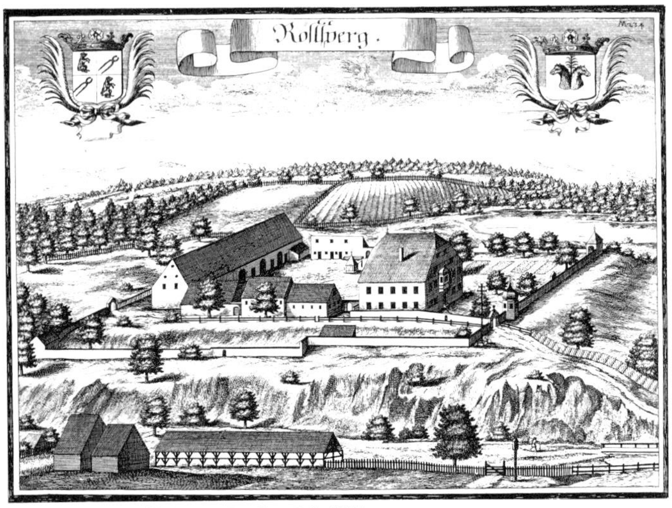

M. Wening, Rößlsberg; Kupferstich 1701

Die Lage auf dem beidseits abfallenden Höhenzug bot sich wohl für die Anlage einer Burg an. Das Herrenhaus, bereits auf dem Stich von Wening in dieser Form dokumentiert, entspricht mit seinem geschlossenen Baukörper und dem mächtigen Krüppelwalmdach dem Bild eines kleinen altbayerischen Adelssitzes, umgeben von einer alten Mauer, die im Osten an erdgeschossige, vorbildlich erneuerte Nebengebäude (Bedienstetenwohnhaus, Wagenremise, Wirtschaftsgebäude) anschließt. Diese Nebengebäude bilden eine Art Ehrenhof. Das Hauptgebäude erscheint ungegliedert, die Ostfassade wird jedoch durch ein Erdgeschoß und Obergeschoß trennendes schmales Gesims, die Westfassade durch einen kleinen Erker belebt. Das Erdgeschoß ist in der Mittelachse über einen schmalen, kreuzgratgewölbten Gang erschlossen, von dem in der Mitte die parallel zum Gang geführte Treppe abzweigt. Ein entsprechender Gang erschließt die Räume des Obergeschosses, die nach dem Brand von 1698 in einfacheren Formen erneuert wurden. Die Räume im Erdgeschoß sind alle noch in der ursprünglichen Form gewölbt (Kreuzgratgewölbe, Tonnengewölbe), bemerkenswert der große Wohnraum mit Mittelsäule.

Sog. «*Betsäule*», spätgotisch, bez. 1483, für den Sänger und Dichter Hans Hesseloher errichtet; 300 m westlich vom Schloß.

Rößlsberg, Betsäule für Hans Hesseloher, 1483

Rößlsberg, westl. Fassade (Gartenseite)

Schloß Rößlsberg, Wohnraum

Schloß Rößlsberg, Gang im Erdgeschoß

Schloß Rößlsberg, Hofseite

Hans Hesseloher, der 1453 in den Besitz des Sitzes Rößlsberg kam, bekleidete seit 1466 das Amt des Pflegers im Landgericht Weilheim auf Schloß Pähl. Nebenbei betätigte er sich als Dichter und später Minnesänger in der Art eines Neidhart von Reuental. Er soll an dieser Stelle verstorben sein, weshalb ihm 1483 dieser Gedenkstein gesetzt wurde. Er zeigt auf gedrehter Säule einen Aufsatz in Form einer Ewiglicht-Laterne mit der Jahreszahl, dem Wappen und zwei Darstellungen aus der Leidensgeschichte. Begraben ist Hesseloher in der Schmerzhaften Kapelle der Klosterkirche Andechs.

Traubing

Der Ort ist als Gründung der Landnahmezeit zu den ältesten Siedlungen des Landkreises zu rechnen. Zahlreiche Hügelgräber und Funde der Bronze- und Hallstattzeit auf der Traubinger Flur belegen ein weit höheres Alter des Siedlungsraumes. Der Ort präsentiert sich als größeres Haufenwegedorf, dessen Struktur sich an den verschiedenen Bachläufen orientierte. Der Ort blieb etwa bis zum Ersten Weltkrieg relativ unverändert, hatte dann aber eine stärkere Bautätigkeit zu verzeichnen. Heute ist zwar das bäuerlich geprägte Ortsbild noch relativ gut erhalten, doch haben fast alle Gebäude durch Modernisierungen an originaler Substanz verloren.

Kath. Pfarrkirche St. Mariä Geburt, barocke Anlage, 1742 ff. über älterer Grundlage errichtet; mit Ausstattung.

Die Kirche markiert die alte Mitte des Dorfes. Der Spitzhelm des Turmes, ein im Landkreis fremdes Element, ist bereits auf einer Votivtafel von 1822 nachgewiesen. Auf dem Hochaltar von 1758 befindet sich eine stehende Muttergottes (der 2. Hälfte des 15. Jh.), 1870 überarbeitet und neu gefaßt. Seitlich des Altars Figuren der hll. Joachim und Anna (frühes 18. Jh.). Über dem Altar in einer Flachkuppel ein kleines Fresko der Erbauungszeit, welches das Traubinger Gnadenbild, eine bekleidete Muttergottes zeigt. In den zugehörigen Kuppelfeldern reihen sich um dasselbe sechs Bilder, deren Themen der Lauretanischen Litanei entnommen sind. Das große barockisierende Fresko des Langhauses stammt von dem Maler Huwiler, 1916. Die Seitenaltäre von 1758 enthalten links eine Franz Xaver Schmädl zugeschriebene Figur des hl. Johannes Nepomuk, rechts ein Kruzifix. Bemerkenswert die Kanzel um 1700. An der nördlichen Langhauswand ein großes Kruzifix um 1400, das aus der 1817 abgebrochenen Kreuzkapelle stammt, die westlich des Dorfes gestanden hat und als Gnadenort frequentiert wurde.

Bildstock, Jugendstil, 1912; an der Garatshauser Straße.

Der Bildstock auf dem Auerbichl erinnert an den Tod des Traubinger Bürgermeisters Michael Günther am 9. Nov. 1909.

Unterzeismering

Der Ort gehörte mit 12 Anwesen in der Landgerichtsconscription von 1752 zu den kleineren Dörfern des Landkreises und wurde von mittleren bis kleineren Anwesen geprägt.

Kath. Kapelle St. Maria, mit spitzem Giebeldachreiter, um Mitte 19. Jh.; mit Ausstattung.

Die kleine Kapelle enthält eine Figurengruppe der Krönung Mariens um 1500, die aus der Schloßkapelle von Rößlsberg stammt. Das moderne Deckenfresko «Christus über der Zeismeringer Landschaft», ist von Karl Gries.

Diemendorfer Straße 1. Ehem. *Bauernhaus «Zum Weber»,* ehem. Mittertennanlage, große Teile in Blockbauweise, mehrfach erweitert, 16.–18. Jh.

Das Weberhaus gehört zu den letzten erhaltenen Blockbauten des Landkreises. Es dokumentiert anschaulich die baulichen Verhältnisse der ehemaligen kleinen Bauern- und Fischeranwesen. Die Konstruktion des einstigen Mittertennbaus ist allerdings nur noch schwer erkennbar; die Innenräume des Anwesens (ursprünglich ein Rauchhaus) wurden bei der letzten baulichen Erneuerung leider stark verändert.

Unteranger 4. Ehem. *Fischerhaus,* zweigeschossiger Blockbau mit Laube, 16./17. Jh.

Das kleine Fischerhaus, das im Äußeren noch recht ursprünglich wirkt, zeigt die charakteristische Giebelverschalung über der auf die Giebelseite beschränkten Laube, ein Bild, wie es noch im frühen 18. Jh. unsere Dörfer geprägt hat.

Archäologische Geländedenkmäler

Sieben vorgeschichtliche *Grabhügel,* «Buttlerbichel» ca. 925 m wnw Kirche Traubing. (Traubing, Fl.-Nr. 620, SW 10–11)

Auf der Kuppe und im oberen Osthang des Buttler-Bühls. Kleine bis mittelgroße Hügel, von denen 1887 vier mit hallstattzeitlichem Ergebnis geöffnet wurden.

44 vorgeschichtliche *Grabhügel,* «Auf der Wies» ca. 1250 m wnw Kirche Traubing. (Traubing, Fl.-Nr. 610a–b, 611, 613–614, 616, SW 10–11)

In flachhügeligem Gelände. Meist mittelgroße, einige große Hügel in lockerer Streuung, die 1896/97 von J. Naue mit bronze- und hallstattzeitlichem Ergebnis geöffnet wurden.

Fünf vorgeschichtliche *Grabhügel,* ca. 750–825 m nnö Kirche Wilzhofen. (Tutzing, Fl.-Nr. 2677, 2677/3, SW 12–13)

In flachhügeligem Gelände. Durch frühere Pflugeinwirkung stark verflachte Hügel ohne Spuren alter Ausgrabungen.

Ehemals zehn, jetzt noch fünf vorgeschichtliche *Grabhügel,* «Gasse», «Anger» ca. 600 m wsw Kapelle Monatshausen. (Tutzing, Fl.-Nr. 2272, SW 12–12)

Am Fuß eines nach SW einfallenden Hanges. Kleine bis mittelgroße Hügel, von denen zwei noch Spuren alter Ausgrabungen zeigen. Zehn Hügel 1883 von J. Naue mit hallstattzeitlichem und römerzeitlichem Ergebnis geöffnet.

Mindestens 27 vorgeschichtliche *Grabhügel,* ca. 1000 m sw Kapelle Monatshausen. (Tutzing, Fl.-Nr. 2270, 2697, SW 12–12)

Auf der Kuppe und in den Hängen einer flach gewölbten Anhöhe. Einige kleine, meist jedoch mittelgroße Hügel, von denen vier deutliche Spuren alter Ausgrabungen aufweisen. Drei Hügel 1883 von J. Naue mit hallstatt- und römerzeitlichem Ergebnis (Funde in der Prähistorischen Staatssammlung München) untersucht.

Traubing, Kath. Pfarrkirche St. Mariä Geburt

Unterzeismering, Unteranger 4, ehemaliges Fischerhaus

Unterzeismering, Diemendorfer Straße 1, «Weber-Haus»

Traubing, St. Mariä Geburt

Unterzeismering, Kapelle St. Maria

Traubing, Bildstock

Unterzeismering, Kapelle St. Maria

Monatshausen, Hügelgräber

Gemeinde Weßling

Baudenkmäler

Weßling

Vor wenigen Jahren konnte im nahen Mischenrieder Wald eine kleine spätrömische Siedlung aufgedeckt werden. Das läßt vermuten, daß sich ein bedeutender Teil des Weßlinger Ortsbannes auf altem Kulturboden befindet. Der Ort selbst, der zu den Ursiedlungen des 6. Jh. zählt, gehörte später in die Reihe der Dörfer mittlerer Größe. Um die Mitte des 18. Jh. hatte er 36 Anwesen, von denen jedoch nur vier die Größe eines Halbhofes erreichten; alle anderen waren deutlich kleiner. Die Höfe reihten sich fast ausschließlich entlang der Dorfstraße (heute Hauptstraße), die sich nördlich und westlich des Sees etwas bogenförmig am Verlauf des Ufers orientierte. In auffälliger Weise und wohl vom (seewärts abfallenden) Gelände verursacht, standen die meisten Höfe mit dem First parallel zur Straße. Im hohen Mittelalter dürfte Weßling zum großen Teil in Besitz der Grafen von Andechs gewesen sein, die in der Folge das meiste ihrem Hauskloster Dießen überließen. Im Urbar von 1242/47 besitzt das Kloster hier bereits drei ganze Höfe, eine Hube, die Kirchenstiftung und den Zehent. Das Urbar von 1362/63 verzeichnet weiter, daß auch die Kirche inzwischen inkorporiert worden ist. In den folgenden Jahrhunderten traten neben dem Kloster Dießen noch das Kastenamt Weilheim und die Herrschaft Seefeld mit je drei Anwesen auf. Seefeld hatte zudem Eigentum und Verfügungsrecht über den Weßlinger See.

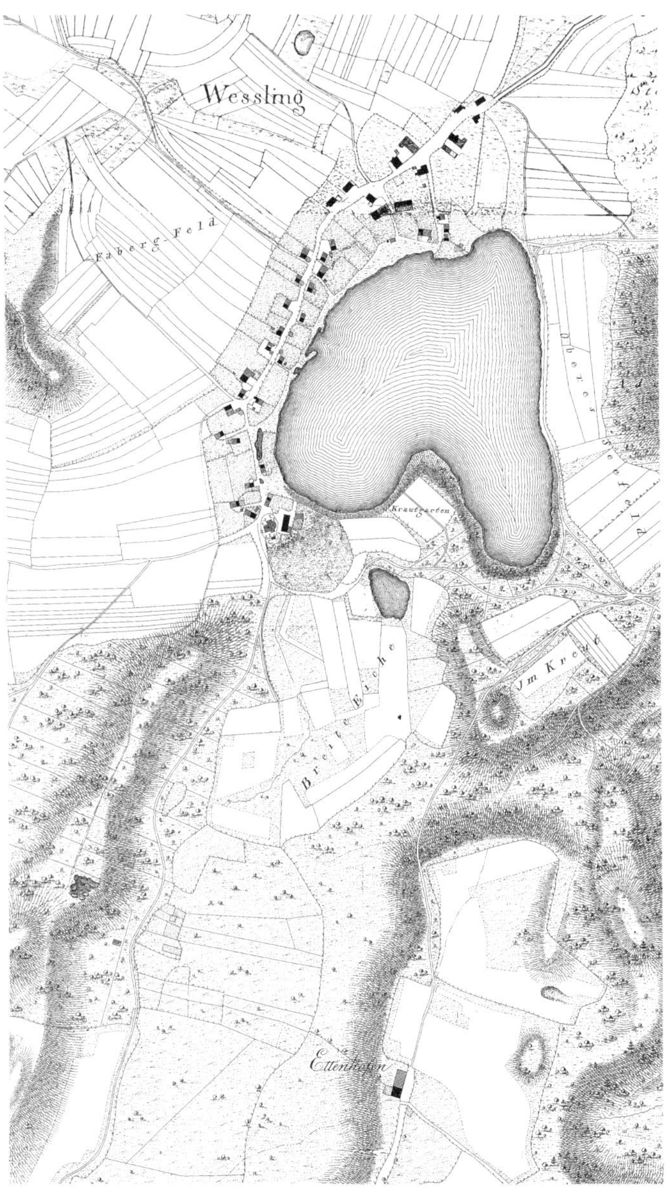

Weßling, Flurkarte 1815

Die Eröffnung der Bahnlinie München–Herrsching 1903 brachte für Weßling den Anstoß zu einer starken, wenn auch im Vergleich zu den Würmtalorten weniger spektakulären Entwicklung. Die Bautätigkeit richtete sich naturgemäß zuerst auf die noch zu mehr als die Hälfte freien Seeufer. Nur der steilere südöstliche Uferbereich blieb weiter ausgenommen. Gleichzeitig oder wenig später begann die Bebauung auch auf dem Uferstreifen im Dorfbereich, also zwischen den Anwesen an der Hauptstraße und dem See. Ein weiterer Schwerpunkt bildete sich östlich des Sees auf dem sogenannten Oberen Seefeld und an der Straße nach Oberpfaffenhofen. Heute hat die bauliche Entwicklung Weßlings alle Bereiche rund um den See erfaßt und inzwischen auch die Bahnlinie überschritten. Sie verlief bisher relativ organisch und hat die alte Struktur noch erkennbar gelassen, auch wenn im Detail bereits Verluste im Ortsbild zu verzeichnen sind. Es ist fraglich, ob die Tendenz zur Verdichtung und zum Ausbau der Infrastruktur im alten Ortskern der überlieferten Bausubstanz noch Überlebenschancen einräumen wird.

Gautinger Straße 9. *Villa Pachtner,* Fassade mit schräggestellten, von Dreiecksgiebeln bekrönten Eckerkern, klassizisierend, 1924 von Eduard Thom.

Das Haus wurde für Bankdirektor Herbst errichtet. Die Verschmelzung klassizisierender Elemente mit zurückhaltenden modernen Formen ergab einen ruhigen, aber doch repräsentativen Villenbau, der in seiner etwas erhöhten Stellung im rückwärtigen Teil des Gartens wirkungsvoll zur Geltung kommt. Im Erdgeschoß liegt hinter den vier Fensterachsen des Terrassenvorbaus ein großer Salon. Ihn flankieren zu beiden Seiten kleinere Räume mit Erkern, in dem einen die ehemalige Bibliothek. Über ein großzügiges Treppenhaus erreicht man das Obergeschoß. 1987/88 wurde die Villa in ein neues Rathaus für die Gemeinde Weßling umgebaut. Dabei konnte die Raumdisposition ohne wesentliche Änderungen übernommen werden, der große Sitzungssaal wurde rückwärts angebaut.

Gautinger Straße 12. *Villa,* im Landhausstil, mit originellem, über dem Südgiebel aufgesteiltem Krüppelwalmdach, hölzernen Balkonausbauten und Erker, 1906 von Valentin Wolff.

Das Haus, erbaut für den Münchner Arzt Dr. Thamisch, gehört zu einer Gruppe von Landhäusern, die sich zwischen 1900 und 1910 entlang der Gautinger Straße ansiedelten, und unter denen sich mehrere (leider stark veränderte) Bauten Max Ostenrieders befanden. Die Villa Thamisch zeigt charakteristische Elemente des Landhausstils der Zeit um die Jahrhundertwende wie die bogenförmige Giebelverschalung

Weßling, Blick auf den ehemaligen Pfarrhof und die Alte Pfarrkirche

Gautinger Straße 12

St. Mariä Himmelfahrt

Gautinger Straße 9, ehemalige Villa Pachtner

Alte Kath. Pfarrkirche St. Mariä Himmelfahrt

oder die nachträglich hinzugefügte, verglaste Veranda unterhalb des Balkons. Der originelle Schopf verleiht dem Haus eine individuelle Note. Mit Ausnahme der Haustür, der Treppen und der Raumdisposition ist nichts Wesentliches mehr von der originalen Ausstattung erhalten.

Hauptstraße. *Alte kath. Pfarrkirche St. Mariä Himmelfahrt,* Turm wohl Ende 15. Jh., Langhaus 1776; mit Ausstattung; alter Friedhof, mit Backstein- und Bruchsteinummauerung und Grabdenkmälern des späten 19. bis frühen 20. Jh.

Der äußerlich schlichte Bau wird von einem relativ aufwendig gegliederten und dekorierten Turm begleitet. Dieser stammt, wie auch noch der Chor, aus dem späten 15. Jh. und zeigt einen Treppengiebel und eine dreifache Gliederung durch Blendbögen. Die kräftige Farbgebung wurde bei der letzten Renovierung 1977 nach Befunden rekonstruiert. Die in Ufernähe gelegene Kirche hat eine starke Fernwirkung über den See hinweg.
Das Innere zeigt sich als schlichter Saalbau mit segmentförmig geschlossenem, stark eingezogenem Chor, das Schiff wird nur von einfachen marmorierten Lisenen gegliedert. Der zierliche Neurokokoaltar (um 1900) wurde 1937 aus Schwaben erworben. An der Nordseite des Chors eine Verkündigungsgruppe, um 1750. Die Stelle der Seitenaltäre nehmen Figuren der hll. Johannes d. T. und Apostel Johannes (wohl Anfang 18. Jh.) ein. Neben anderen Ausstattungsstücken ist das kleine geschnitzte Taufbecken (um 1660/70) mit einer Figurengruppe der Taufe Christi (18. Jh.) bemerkenswert. Beichtstühle um 1900 in Formen des Neurokoko. Die ehemalige Ausstattung aus der Zeit um 1766 mit Altären von Franz Xaver Feichtmayr und wohl auch einer gleichzeitigen Stuck- und Freskendekoration wurden 1865/69 Opfer einer Erneuerung der Ausstattung in neuromanisch-byzantinischen Formen.

Hauptstraße 24. Ehem. *Bauernhaus,* Mitterstalltyp mit korbbogigen Tennen- und Wagentoren, wohl um 1820/40.

Das ehemalige «Kaltschmiedanwesen» stellt in diesem Bereich des Ortsbildes die letzte unverfälschte Erinnerung an das Bauerndorf Weßling dar. Das Haus, das noch über ein paar charakteristische Details verfügt, steht seit einigen Jahren leer und verfällt zusehends.

Hauptstraße. *Mariensäule,* 1876; Ecke Mariengassl.

Hauptstraße 76. *Landhaus,* erdgeschossiger malerischer Satteldachbau mit Giebelerker und Eckerkerturm mit Zwiebelhaube, um 1900 von Max Ostenrieder über älterem Bauernhaus ausgebaut; Gartenumfriedung mit Salettl, gleichzeitig; zugehörig Kutscherhaus, erdgeschossiger Putzbau mit Krüppelwalmdach, um 1900; Garteneinfassung aus Tuffsteinmauerwerk mit Torbogen und Salettl.

Max Ostenrieder hatte 1890 das alte «Manhartanwesen» am westlichen Seeufer erworben, um sich hier ein Sommerhaus einzurichten. Das Ergebnis zeigt, wie man selbst aus einem sehr kleinen Bauernhaus mit Phantasie ein stimmungsvolles Landhaus entwickeln kann, ohne die bauliche Substanz mehr als nötig verändern zu müssen. Die ehemalige Bauernküche wurde in ein Musikzimmer umgewandelt, der Stall und die Scheune zu einem größeren Wohnraum ausgebaut. Daran anschließend wurde der Bau für eine neue Küche etwas verlängert. Der Dachraum wurde mit größeren Stehgauben für die Schlafräume ausgebaut.
Max Ostenrieder, der für seine gekonnten historisierenden Innenräume hohen Ruf genoß, hat hier fast alle Räume besonders gestaltet. Von dieser Ausstattung ist allerdings bereits einiges verlorengegangen. Gut erhalten sind noch das Treppenhaus in der Art der in dieser Gegend üblichen abgeschlossenen Kammerstiegen und die stimmungsvolle Bauernstube mit schön gearbeiteten Türen. Bemerkenswert ist auch noch das Erkerzimmer im Obergeschoß mit einer Dekoration in bäuerlicher Art und den Bildern der hll. Maximilian und Anastasia (der Namenspatrone), einem alten Kachelofen und einer 1898 bezeichneten Türe. Die Einrichtung eines im Erdgeschoß liegenden Gästezimmers und eines in der Art alpenländischer Bauernstuben ausgemalten Orgelzimmers (mit einer kleinen Orgel, vermutlich aus Tirol) existiert leider nicht mehr. Außen sind noch ein paar in das Mauerwerk eingelassene Reliefs des 16. und 17. Jh. erhalten. Verloren sind hier dagegen weitere, für Ostenrieder typische Dekorationselemente des Hauses (Lüftlmalerei, ein Ausleger mit vergoldetem Stern) und des Gartens (Gartenfiguren, ein Marienbrunnen mit barocker Madonna). Selten noch wird wie hier sichtbar, wie die Architektengeneration, der Max Ostenrieder angehörte, im Landhaus nicht nur den stilistischen Einklang der Details, sondern auch die Stimmungseinheit herzustellen suchte. Dabei wurden vielfach alte Stücke (gesammelt, aus dem Kunsthandel erworben) integriert, neue nach alten Vorbildern gearbeitet. Hier wird immer wieder auch das hohe Können der beteiligten Handwerker sichtbar.
Nach dem ersten Besitzwechsel wurden am Haus einige Veränderungen vorgenommen. So wurde das Gästezimmer mit dem Musikzimmer vereinigt. Durch Hinzufügen des großen polygonalen Erkers (1927) wurde ein großer Wohnraum geschaffen und mit einem offenen Kamin und einem Deckenbild neu ausgestattet. Das Haus bildet mit dem umgebenden, gut erhaltenen Garten eine besondere Stimmungseinheit. Von hohem Reiz ist die Gartenmauer mit dem originellen Eingangstor und dem Salettl in der Südostecke des Gartens. Von Ostenrieder stammt auch noch die rückwärtige Wagenremise in barockisierenden Formen.

Hauptstraße 83. Ehem. *Pfarrhof,* Satteldachbau nach Art eines Bauernhauses, mit Wohn- und Wirtschaftsteil, durch Putzbänder gegliedert, 1877, im Kern wohl älter.

Der Pfarrhof bildet mit der Alten Pfarrkirche eine Baugruppe, die vor allem aus der Sicht vom See und vom gegenüberliegenden Ufer her zur Wirkung kommt. Das Ensemble war ein beliebtes Motiv der Maler, die in Weßling für kurze oder längere Zeit gearbeitet haben (Max Josef Wagenbauer, Carl Ernst Morgenstern, Carl Schuch, Wilhelm Trübner, Max Doerner u.a.).

Hauptstraße. *Säule mit Figur des hl. Joseph mit Kind,* 1877; in den Seeanlagen, vor Haus Nr. 76.

Hauptstraße, Mariensäule

Weßling, Hauptstraße 24

Hauptstraße 76, Gartentor

Weßling, Hauptstraße 76, Erkerzimmer

Weßling, Hauptstraße 76

Weßling, Hauptstraße 83, ehemaliger Pfarrhof

Schulstraße. *Kath. Kirche Christkönig,* 1939 von Thomas Wechs; mit Ausstattung; südlich anschließender Trakt mit Pfarrhaus, nördlich anschließender Friedhof, gleichzeitig.

Die neue Pfarrkirche besitzt vor allem durch die voluminöse und in ungewöhnlicher Form hochgezogene Turmzwiebel eine ortsbildprägende Fernwirkung über den gesamten See hinweg. Der saalartige Innenraum enthält einige wenige Ausstattungsstücke, wie den Hochaltar, der von einem monumentalen Kruzifix (schwäbisch, um 1500) beherrscht und von Tafelbildern mit Szenen der Heilsgeschichte (1943/44, von L. M. Hotter) gerahmt wird. In den Seitenaltären befinden sich eine hl. Anna Selbdritt und eine sitzende Muttergottes (beide um 1500), an der Längswand des Kirchenschiffes ein hl. Michael (um 1680) und ein Kruzifix (um 1700) mit neubarocken Assistenzfiguren (um 1900). Bemerkenswert noch die farbigen Glasfenster im Chor, von Josef Oberberger (1939).

Seeweg 8. *Villa,* traufseitige Anlage mit Schopfwalmdach, Eckturm, Zwerchgiebel und Veranda, um 1900.

Ein weitgehend unversehrter Rest der um die Jahrhundertwende hier am dorfseitigen Ufer entstandenen Bebauung mit Landhäusern und Pensionen.

Uferweg 15. *Villa Bletschacher,* malerischer Walmdachbau mit rundem Erkerturm und Altane, 1898 von Max Ostenrieder, Ausbauten 1938; Tuffstein-Garteneinfriedung mit Eingangspavillon, gleichzeitig.

Villa wie Parkanlage waren ganz auf malerische Wirkung über den See hin angelegt. Die Bauform orientiert sich an dem an dieser Stelle fast rechtwinkeligen Uferverlauf, der sehr wirkungsvoll plazierte Turm bildet dabei das Scharnier zwischen den beiden Gebäudeflügeln.

Uferweg 16. *Villa Roiger,* malerische Anlage mit Walm- und Satteldächern, Erkerturm und Zwerchgiebeln, um 1903/05 von Max Ostenrieder; Garteneinfriedung Tuffstein, gleichzeitig; Gärtnerhaus, mit Krüppelwalmdach, gleichzeitig.

Diese in ihrer Form gut überlieferte Villa steht etwas weiter vom Ufer zurück und ist vom See aus heute kaum noch sichtbar. Im Vergleich zur benachbarten Villa Bletschacher wird an einigen Details die stilistische Entwicklung innerhalb weniger Jahre sichtbar. Zum Repertoire eines Landhauses der Jahrhundertwende gehören aber auch hier noch die Loggia, der Erker sowie der stark in den Baukörper integrierte Turm, der aber kein Treppenhaus, sondern Erker der verschiedenen Wohn- und Schlafräume aufnimmt. Der schön gestaltete Eingang liegt rückwärts. Über ihn betritt man einen Vorraum, an den seitlich das Treppenhaus anschließt. Die zugehörige, ehemals stark auf das Haus bezogene Gartenanlage ist in der ursprünglichen Form nicht mehr erhalten. Das stilistisch zugehörige Nebengebäude hat dagegen seine Form gut bewahrt.

Weßling, Kath. Pfarrkirche Christkönig

Weßling, Pfarrkirche Christkönig

Weßling, Seeweg 8

Blick über den See auf die Pfarrkirche Christkönig

Uferweg 15, Nebengebäude

Weßling, Uferweg 15, Villa Roiger

Weßling, Uferweg 15, Villa Bletschacher

Grünsink

Grünsinker Straße 1/2. *Wallfahrtskapelle St. Mariä Himmelfahrt,* mit angeschlossenem Eremitenhaus, barock, 1762; mit Ausstattung.

Die Entstehung des kleinen Kirchleins in der «grünen Senke» nordwestlich von Weßling ist wie die damit verbundene Wallfahrt von der Sage eines verirrten seefeldischen Jägers begleitet, der in seiner Not ein Marienbild in einen hohlen Baum gelobte. Mit zunehmender Verehrung wurde der Bau einer kleinen Kapelle beschlossen, die bereits 1763 eingeweiht werden konnte. Sie ist mit dem heute zwischen Altar und Abschlußgitter liegenden Raum identisch. Da sich bald ein reger Wallfahrtsbetrieb entwickelte, mußte die Kapelle 1774 durch den Anbau der quadratischen Vorhalle und eines kleinen Türmchens erweitert werden. Daran anschließend wurde ein kleines Wohnhaus für einen Eremiten errichtet, der hier bis 1802 auch den Schulunterricht für die Weßlinger Kinder erteilte. Mit der südöstlich angefügten Sakristei ergab sich die ungewöhnliche, langgestreckte Form, in der sich der Bau heute noch präsentiert.

Grünsink, Votivbild der Gemeinde Weßling, 1844

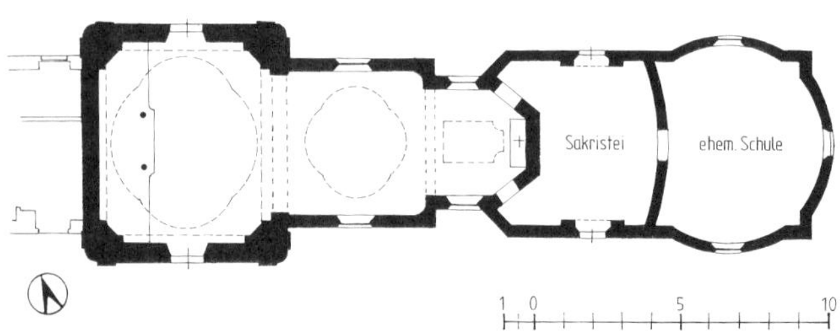

Grünsink, Wallfahrtskapelle

Grünsink, Wallfahrtskapelle

Das Innere vermittelt die reizvolle Stimmung einer kleinen stillen, aber heiteren altbayerischen Wallfahrt. Der Gnadenaltar in Stuckmarmor und mit einer als Blumenvorhang gestalteten Draperie enthält eine Kopie des Innsbrucker Mariahilf-Bildes von Lukas Cranach. Von der übrigen Ausstattung sind eine kleine Pietà (wohl 2. Viertel 16. Jh.) erwähnenswert, sowie eine kleine Terrakotta-Figur der Muttergottes (seitlich am Chorbogen), wohl das ursprüngliche Gnadenbild. Ein bedeutender Schatz sind die zahlreichen Votivbilder, die nicht nur von der ebenso herzlichen wie dauerhaften Verehrung des Ortes Zeugnis geben, sondern auch wertvolle Dokumente des religiösen Brauchtums und der Volkskunst (Bauernhaus, Trachten) darstellen. Das Fresko im Kapellenraum ist von Johann Kirzinger 1764 signiert, das in der Vorhalle (Mariä Himmelfahrt) von Joseph Ott 1776. Von besonderem historischem Wert ist das kleine einmanualige Orgelpositiv auf der Empore, um 1735 von dem Münchner Orgelbauer Joseph Gloner geschaffen und 1780 hier aufgestellt. Das Wappen der Toerring-Seefeld am Gurtbogen zum Kapellenraum verweist auch hier wieder auf die Hofmarksherrschaft, die wie schon in anderen Fällen (Perchting, Inning u. a.) maßgeblich zum Bau und zur Ausstattung beigetragen hat.

Das Kirchlein ist noch heute Anlaß und Ziel lebendigen Wallfahrtsbrauchtums. An den Grünsinker Festen Ende Juli und Mitte August wird, traditionell unter den Bäumen hinter der Kapelle, die Messe gehalten. Anschließend findet unter

Grünsink, Festgottesdienst anläßlich des Grünsinker Festes

Grünsink, Wallfahrtskapelle St. Mariä Himmelfahrt

Grünsink, Wallfahrtskapelle, Deckenfresko von Joseph Ott, 1776

den Bäumen des umliegenden Waldes der Wallfahrtsmarkt statt. Die Grünsinker Feste sind anschauliche Beispiele für die bei einer altbayerischen Wallfahrt gleichberechtigte Sorge für Leib und Seele.

Hochstadt

Kath. Filialkirche St. Jakob, spätgotisch, wohl 15. Jh., barockisiert im 18. Jh., Turm auf dem Chor aufsitzend 1752, Langhaus modern erweitert; mit Ausstattung.

Die kleine Filialkirche steht inmitten eines etwas erhöhten, ummauerten Friedhofes. Der schlichte Bau, dessen Turm die Mitte des Dorfes markiert, wurde im 19. Jh. nach Westen erweitert. Im Inneren eine Flachdecke, mit Stuckleisten dekoriert (vgl. Rausch, Breitbrunn). Der kleine Hochaltar (um 1680) im Turmuntergeschoß stammt wohl aus einer Weilheimer Werkstatt und wurde 1760 aus Drößling erworben. Eine Marienfigur wird von den Nebenfiguren der hll. Joachim und Anna (Heinrich Hagn, 1689) flankiert. Die beiden Seitenaltäre in Flachnischen in den Schrägseiten enthalten Altarblätter mit Darstellungen der hll. Silvester und Jakobus sowie Büsten der hll. Petrus und Paulus (H. Hagn?, um 1700).

Oberpfaffenhofen

Alte kath. Pfarrkirche St. Georg, achteckiger Chorturm, um 1455 oder 1467, Langhaus wohl 18. Jh., auf älterer Grundlage; mit Ausstattung; Friedhof mit Backsteinummauerung und Grabdenkmälern des späten 19. bis frühen 20. Jh.

Oberpfaffenhofen, ein Ausbauort des 7./8. Jh., war bis 1803 ein Besitzschwerpunkt des Klosters Benediktbeuern. Die Masse der Höfe lag an der sich durch den Ort windenden Straße von Unterbrunn nach Weßling. Die Alte Pfarrkirche im etwas erhöhten, ummauerten Friedhof bildet noch heute mit ihrem charakteristischen polygonalen Turm das Ortszentrum. Ihre Ausstattung ist einfach. Der kleine, stark eingezogene und mit einem Kreuzrippengewölbe versehene Chor wird vom Turmuntergeschoß gebildet. Er enthält einen Hochaltar um 1865/70 mit einer Marienfigur (vgl. die Altarausstattung der Oberbrunner Kirche). Die übrige Ausstattung ist aus Figuren verschiedener Herkunft zusammengestellt. Die meisten, in den Kirchenrechnungen verbürgten Ausstattungsstücke des 17./18. Jh. sind den verschiedenen Renovierungen der letzten hundert Jahre zum Opfer gefallen.

Hauptstraße 16. *Pfarrhaus,* Walmdachbau, neubarock, mit reicher Fassadengliederung, 1904.

Der aus einem einfachen, ungegliederten Kubus bestehende Bau wird durch verschiedene dekorative Details akzentuiert. Ein aufwendiger, exzentrisch angesetzter und oben mit einem Schweifgiebel abgeschlossener Risalit betont die Schauseite.

Hauptstraße 50. Sog. *Schwedenvilla,* erdgeschossiger Walmdachbau über hohem Sockelgeschoß, auf der Südseite großer Giebelrisalit, symmetrisch mit Balkon, Terrasse und doppelläufiger Freitreppe, klassizisierend, wohl um 1910; neubarockes Parktor.

Der breit gelagerte Bau, dessen Schauseite durch schwach ausgebildete Eckerker und einen starken Zwerchgiebel gebildet wird, war sehr repräsentativ gedacht und wohl auf eine freie Sicht auf die Alpenkette hin angelegt. Eine barockisierende, doppelläufige Treppenanlage von der Terrasse zum Garten und beidseitig symmetrisch angeordnete Thujen unterstreichen diese Gestaltungsidee. Von der ursprünglichen Parkanlage, die inzwischen zerstückelt und mit Neubauten besetzt wurde, ist, mit Ausnahme des prächtigen Einfahrtstores und der seitlichen Auffahrt, nichts mehr erhalten.

Neue kath. Pfarrkirche Hl. Kreuz, 1934 von Thomas Wechs; mit Ausstattung; Leichenhalle und Einfriedungsmauern gleichzeitig.

Hauptstraße. *Mariensäule,* Figur in Gußeisen, 1883.

Mischenried

Haus Nr. 1. *Gutshof,* ehem. Schwaige des Klosters Dießen, Herrenhaus mit Steilgiebel, wohl noch 16. Jh.; angeschlossene Kapelle, mit Verbindungsgang zum Haus, 18. Jh., profaniert.

Mischenried, dessen Flur sich auf altem historischem Boden befindet (s. Weßling), wird bereits 1242/47 mit zwei Höfen in Besitz des Klosters Dießen genannt. Später baute das Kloster das Gut zur Schwaige aus, die in der Folge auch als Sommersitz genutzt wurde. In der Säkularisation weit unter Wert verschleudert, ging der Besitz im Laufe des 19. Jh. durch mehrere Hände (u. a. kgl. Hofbildhauer Hypolit Hauttmann, Freiherr von Rechtal, Graf Toerring-Seefeld).

Das stattliche Herrenhaus bewahrt noch einigermaßen anschaulich die ursprünglichen baulichen Verhältnisse. Die Fassade zu fünf Achsen zeigt im Abschluß des steilen Satteldaches ohne Dachüberstand noch die im nördlichen und östlichen Landkreis wirksamen Einflüsse des schwäbischen und des Dachauer Bauernhauses (vgl. Ettenhofen, Gasthof Post in Herrsching, Inning). Die Fenster im Obergeschoß sind wohl nachträglich vergrößert worden. Der Bau wird giebelseitig betreten und durch einen durch das ganze Haus reichenden tonnengewölbten Gang erschlossen. Die Treppe zweigt im hinteren Teil des Ganges seitlich ab. Das Untergeschoß ist heute zu Gaststuben ausgebaut. Im Obergeschoß haben sich noch Decken mit stuckierten Kehlen erhalten. – Die seitlich angebaute Kapelle, die einst drei Altäre enthielt und dem hl. Rasso geweiht war, ist heute profaniert. Sie ist über ein zweigeschossiges Verbindungsstück an das Herrenhaus angebunden, was auf eine vom Obergeschoß aus erreichbare Herrschaftsempore schließen läßt. Im Nebengebäude ist im Keller noch ein Kreuzgratgewölbe erhalten.

Archäologische Geländedenkmäler

Zwei vorgeschichtliche *Grabhügel,* «Bei den Büheln» ca. 1075 m onö Kirche Oberpfaffenhofen, an s Flugplatzbegrenzung. (Oberpfaffenhofen, Fl.-Nr. 1042, 1048, SW 3/4–10)

In ebenem Gelände. S Hügel mittelgroß bis groß mit randlichen Abackerungen und einem deutlichen Trichter. Der n Hügel noch als niedrige Erhebung unter der Einzäunung des Flugplatzes Oberpfaffenhofen sichtbar. Näheres unbekannt.

Hochstadt, St. Jakob

Hochstadt, Filialkirche St. Jakob

Oberpfaffenhofen, Mariensäule

Oberpfaffenhofen, Alte Pfarrkirche St. Georg

Oberpfaffenhofen, St. Georg

Oberpfaffenhofen, Pfarrhof

Oberpfaffenhofen, Kath. Pfarrkirche Hl. Kreuz

Oberpfaffenhofen, Hauptstraße 50

Mischenried, Gutshof

Gemeinde Wörthsee

Baudenkmäler

Steinebach

Steinebach erscheint schon zu Beginn des 12. Jh. mit Edelfreien im Gefolge der Andechser. Ihr eventuell befestigter Sitz scheint sich auf dem nahen Burgselberg befunden zu haben, auf dem sich Reste eines Burgstalls nachweisen lassen. Kirchlich gehörte der Ort stets zur Pfarrei Oberalting, herrschaftlich zur Hofmark Seefeld.
Der kleine Ort, der um 1900 noch etwa 200 Einwohner hatte, ist nach dem Bau der Eisenbahnlinie Pasing–Herrsching 1903 bedeutend angewachsen und hat seine historische Struktur mehr und mehr verändert.

Burgselberg 3. *Wohnhaus* mit Walmdach, Erker, Altane und Veranda, Jugendstil, 1910.

Das Landhaus in harmonischen Formen, das vor der dunklen Kulisse des aufsteigenden Hanges steht, wird durch die unterhalb situierte Terrassenwohnanlage weitgehend um seine Wirkung gebracht.

Dorfstraße. *Kath. Kirche St. Martin,* Barockbau, um 1735 auf älterer Grundlage; mit Ausstattung.

Die Kirche steht auf der Anhöhe, unmittelbar unterhalb des Burgselberges. Vor allem in Verbindung mit dem gepflegten Gasthof jenseits der Straße ergibt sich ein dörfliches Bild, wie es heute bei uns selten geworden ist. Leider hat auch hier der Straßenbau die ursprüngliche Qualität der Platzbildung stark verdorben. – Die Kirche ist ein schlichter Bau mit Satteldachturm, der wie der gotische Chorbogen und das Chorgewölbe zum Teil auf das ausgehende Mittelalter zurückgeht. Im Langhaus ein großflächiges Fresko «Leben des hl. Martin», von Johann Georg Sang 1738, als Chorfresko die Muttergottes und verschiedene Heilige. Der Hochaltar um 1735 enthält ein Gemälde des Starnberger Malers Ignaz Bidermann mit der Aufnahme des hl. Martin in den Himmel (1786), im linken Seitenaltar eine stehende Muttergottes des frühen 15. Jh. Über der Sakristeitüre befindet sich eine Figur der hl. Elisabeth, Ende 17. Jh. Die einheitliche Ausstattung mit Bänken, Kanzel und Empore stammt aus der gleichen Zeit (17. Jh.), der Beichtstuhl aus dem 1. Drittel des 18. Jh.

Dorfstraße 7. *Stattliches Bauernhaus,* Einfirstanlage, mit Giebelbild und reicher Giebelzier, Ende 19. Jh.

Dorfstraße 14. *Bauernhaus,* Einfirstanlage mit verputztem Wohnteil, 2. Hälfte 19. Jh.

Etterschlager Straße 18. *Wohnhaus,* Steilgiebelbau mit Runderker, im Stil der Neuen Sachlichkeit um 1928/30 durch die Firma Leonhard Moll erbaut.

Ein charaktervolles Beispiel für die Reform des Landhausbaus, die sich bis in die Jahre nach dem Zweiten Weltkrieg positiv ausgewirkt hat. Leider hat die weit vorgeschobene Terrasse den kleinen Bau aus der Sicht von der Straße optisch stark verkürzt.

M. J. Wagenbauer, Steinebach am Wörthsee; Aquarellskizze, 1806

Steinebach, St. Martin

Steinebach, St. Martin

Steinebach, St. Martin

Steinebach, Burgselberg 3

Steinebach, Dorfstraße 7

Steinebach, Etterschlager Straße 18

Steinebach, Dorfstraße 14

Etterschlager Straße 39. *Landhaus,* erdgeschossiger Mansarddachbau mit Eckerker, um 1910.

Der auf Stützen auskragende Hocherker ist wohl nicht ursprünglich.

Hauptstraße 14. *Wohn- und Geschäftshaus,* kleiner Jugendstilbau mit Giebelrisalit über der Eingangsnische, um 1910.

Seestraße 11. *Künstlervilla,* vornehmer erdgeschossiger Mansarddachbau, Neuempire, mit geschnitztem Erker und Zwerchgiebel, um 1910.

Die Villa wurde für den Bildhauer Bader gebaut, was die aufwendige Gestaltung des Erkers erklärt. Im Erdgeschoß befand sich ursprünglich das kleine Atelier, im Obergeschoß die Wohnung.

Wörthseestraße 36. *Landhaus, sog. Sonnwendhaus,* Blockhaus auf massivem Unterbau im malerischen alpenländischen Heimatstil, um 1910.

Charakteristisch für diese Form des Heimatstils ist die ausgeprägte Farbigkeit der einzelnen Fassadenelemente, mit denen man eine gesteigerte malerische Wirkung zu erzielen suchte.

Etterschlag

Etterschlag wird zwischen 784 und 810 in den Freisinger Traditionen als Rodungsort «Etinsloh» erwähnt. 1242/48 erscheint es im Dießener Urbar mit zwei Höfen, einer Hofstatt, dem Kirchengut und dem Zehent, einem Besitz, der wohl von den Andechsern tradiert worden sein dürfte. Die Kirche war dem Kloster 1210 inkorporiert worden. Vermutlicht stammt auch das Nikolaus-Patrozinium von ihnen. Etterschlag war später Filiale der Pfarrei Weßling. Der Ort liegt auf einer kleiner Anhöhe. Er zählte zu den Ortschaften mittlerer Größe und war an der Fernstraße München-Landsberg-Bodensee als Straßendorf in Form eines Hakens angelegt. Der Ort ist in seiner historischen Struktur noch gut überliefert, wenn auch die Neubauten in den Freiräumen und an den Ortsrändern die ursprünglichen Verhältnisse verunklärt haben.

Am Mühlweg. *Steinerne Säule,* Grenzstein in Pyramidenform (Forstamt Fürstenfeldbruck/Gemeinde Etterschlag/ Forstamt Graf Toerring-Seefeld), Anfang 19. Jh.

Inninger Straße 1. *Kath. Filialkirche St. Nikolaus,* Barockbau, 1758 auf älterer Grundlage; mit Ausstattung; Friedhof mit Ummauerung des 18. Jh.

Der einfache Bau mit eingezogenem Chor und seinem charakteristischen schlanken Turm bildet das weithin sichtbare Zentrum des Dorfes. Er steht etwas erhöht in einem kleinen ummauerten Friedhof. Der Innenraum zu zwei Fensterachsen besitzt ein Muldengewölbe mit einfach gerahmtem bildlosem Deckenspiegel. Die neubarocken Altäre enthalten einige ältere Figuren und Altarblätter von Josef Schäfer, 1890. Kirchenbänke im Empirestil.

Steinebach, Etterschlager Straße 39

Steinebach, Hauptstraße 14

Steinebach, Wörthseestraße 36

Etterschlag, Am Mühlweg, «Steinerne Säule»

Etterschlag, St. Nikolaus

Steinebach, Seestraße 11

Etterschlag, Kath. Filialkirche St. Nikolaus

Steinebach, Seestraße 11

Walchstadt

Die Ortsflur von Walchstadt befindet sich auf altem Kulturboden. 1949 wurden auf der Anhöhe zwischen dem Wörthsee und dem Schluifelder See Reste einer Siedlung der Latènezeit (mit reichem Fundmaterial) aufgedeckt. Römische Terra-sigillata-Scherben, 1952 in einer Kiesgrube am Bullach gefunden, weisen auch auf eine römische Siedlungstätigkeit hin. Darüber hinaus läßt der Ortsname an Siedler der romanisch-keltischen Restbevölkerung denken, die bei der Landnahme im 6. Jh. hier vielleicht noch angetroffen wurden. Der Ort befand sich im frühen 14. Jh. zu wesentlichen Teilen in Händen der Greifenberger. Wenig später gelangten einzelne Höfe in den Besitz des Klosters Fürstenfeld. 1606 kaufte Eustach von Toerring den Edelsitz Walchstadt und vereinte ihn mit weiteren Gütern zur Hofmark Walchstadt. Der Ort, dessen Anwesen einem Straßenkreuz in T-Form zugeordnet waren, hat sich verhältnismäßig gut erhalten.

M. Wening, Walchstadt; Kupferstich 1701

Alte Hauptstraße 6. *Schloßbauernhof,* Vierseitanlage an Stelle des ehem. Schlosses Wachstadt, Wohnhaus, Putzbau mit Steilsatteldach und Aufzugsgiebel, 1688 durch Max Kajetan von Toerring-Seefeld neu erbaut.

Schon im 14. Jh. sind Güter in Walchstadt zu einem Gutsbesitz vereint, der durch die Hände verschiedener Adeliger und Münchner Patrizier (Greifenberger, Hübschwirth, Katzmair) ging, bevor er 1567 in den Besitz des Hans von Toerring kam. Das dazugehörige Herrenhaus, in den Quellen als gemauertes Schoß mit Kapelle bezeichnet, wurde 1687 abgebrochen. Unmittelbar neben dem Schloß befand sich die zugehörige Ökonomie, der heutige, als Schloßbauer bezeichnete Hof. Er ist seiner wirtschaftlichen und historischen Bedeutung entsprechend als Dreiseithof angeordnet und in dieser Form schon 1701 bei Wening abgebildet. Die vierte Seite wird von einer Mauer mit dem großen Hoftor geschlossen. Die bei Wening erkennbare Fassadengliederung durch Putzbänder in der Art des ostschwäbischen Bauernhauses ist längst beseitigt, die einstige charaktervolle Prägung der Fassaden der erfolgten Modernisierung zum Opfer gefallen.

Alte Hauptstraße 16. *Bauernhaus,* Wohnteil, Putzbau mit Steilsatteldach, Ende 19. Jh.

Der Wohnteil ist im Kern sicher älter, das Dach vermutlich im späten 19. Jh. aufgesteilt und der ursprünglich wohl bretterverschalte Giebel ausgemauert. Das Bauernhaus ist in seiner gut überlieferten Form unmittelbar an der Dorfstraße von ortsbildprägender Wirkung.

Alte Hauptstraße 20. *Landhaus,* im alpenländischen Heimatstil, mit weiten Vordächern, Balkonen, Bundwerk, Obergeschoß mit Schuppenschindeln verkleidet, um 1900; im Giebel zwei barocke Heiligenfiguren, angeblich aus der Etterschlager Kirche.

Die charakteristischen Bau- und Zierelemente des alpenländischen Bauernhauses sind hier mit Details des bürgerlichen Vorstadthauses zu einem sehr eigenwilligen Landhaus vereint.

Alte Hauptstraße 33. *Steinsäule* mit Inschrift «DA BLEIMAD A IS NEDO NE» 1901 (im Garten des ehem. Maureranwesens).

Die Herkunft der Säule ist unbekannt. Sie ist ein köstliches Beispiel für die Äußerung eines Landhausbesitzers über seine Freude am Leben auf dem Lande, eine Sonderform der heute noch häufigen, ähnlich gemeinten Hausinschriften. Die sichtlich auf «alt» stilisierte Form und die Verschlüsselung sollten dem Leser Rätsel aufgeben. Wenn man die Wortteile richtig verbindet, heißt es: «Da bleima da is ned one» (vgl. Wörthseestr. 8).

Am Pfeiffenberg 1. *Villa,* mit zwei Giebeln und Belvedere-Turm, mit Balkonen und Zierfachwerk, 1899.

Die Villa steht gut sichtbar und ortsbildprägend auf der Anhöhe. Die ursprüngliche Qualität des Baus hat durch die stark vereinfachenden Erneuerungen einiger Details (besonders der Fenster) etwas gelitten.

Wörthseestraße 1. Ehem. *Krameranwesen,* stattliches verputztes Doppelhaus, um 1865 neu erbaut.

Mit der benachbarten Villa Wörthseestraße 5 und der gegenüberliegenden Kirche bildet das langgestreckte Haus eine charakteristische Baugruppe. Leider hat der überdimensionierte Straßenausbau die Situation stark verdorben.

Walchstadt, Alte Hauptstraße 6

Walchstadt, Alte Hauptstraße 20

Walchstadt, Alte Hauptstraße 16

Alte Hauptstraße 33

Walchstadt, Wörthseestraße 1, ehemaliges «Krameranwesen»

Wörthseestraße 4. *Kath. Filialkirche St. Martin,* schlichter barocker Bau, um 1760 auf älterer Grundlage; mit Ausstattung; Friedhof mit teilweise historischer Mauer und einigen schmiedeeisernen Grabkreuzen.

Zu Beginn des 15. Jh. ist der Münchner Bürger Nikolaus Hübschwirth in Besitz von Kirche und Zehent. 1408 übergibt er beides dem Augustinerchorherrnstift Dießen. Der Ort gehörte zur Pfarrei Weßling, zuletzt (bis 1961) als Expositur. Der kleine Bau mit Dachreiter bewahrt zusammen mit den umliegenden Höfen ein noch ganz bäuerlich geprägtes Ortsbild.
Der Hochaltar des späten 17. Jh. enthält eine bäuerliche Figur des Titelheiligen, einen hl. Martin auf dem Pferd, die schräg gestellten Seitenaltäre um 1720/30 einen hl. Joseph und eine sitzende Muttergottes. An der Empore ein Gemälde mit dem Abendmahl (1. Hälfte 18. Jh.).

Wörthseestraße 5. *Burgartige Villa* mit Walmdach, Erkern, Balkonen und Loggia, 1901 von Ing. Max Kraus, München, für sich selbst erbaut; mit Parkanlage.

Die Attribute des Burgenstils wie Erker, Söller, Türmchen und Bergfried sind in dem von der Spätromantik und vom Historismus geprägten Landhausbau vor der Jahrhundertwende fast immer in Auswahl anzutreffen. Hier läßt die starke Häufung der Motive und die unbekümmerte Ausformung einiger Details den Bau schon als skurrilen Sonderfall erscheinen. Das Haus ist im Inneren zum Teil mit Balkendecken und Holzverkleidungen ausgestattet. Die erhöhte Lage gewährt einen weiten Blick über die Wörthseelandschaft.

Wörthseestraße 8. Ehem. *Kirchenschusterhaus,* altertümlicher verschalter Ständerbau auf gemauertem Unterbau, wohl 18. Jh., aufgemalte Inschrift an der Nordseite.

Der Text, in Vexierschrift abgefaßt und sicher gleichen Ursprungs wie die Säule (Alte Hauptstr. 33), lautet (ergänzt): «Allen denen, die uns kennen, wünschen wir, was sie uns gönnen.»

Archäologische Geländedenkmäler

Zwei vorgeschichtliche *Grabhügel,* «Holzgasse», «Tegerlaich» ca. 1250–1325 m nnö Kirche Walchstadt und ca. 1050 m wsw Kirche Etterschlag, beidseits B 12. (Etterschlag Bereich der Fl.-Nr. 1181, 1182 und 1290, 1309, SW 3–13)

In flachhügeligem Gelände. Der n Hügel durch Überackerung fast eingeebnet, der s noch ca. 1 m hoch, aber durch Pflugeinwirkung ebenfalls schon verflacht.

Burgstall, «Burgselberg» ca. 225 m nö Kirche Steinebach a. Wörthsee. (Steinebach a. Wörthsee, Fl.-Nr. 405/7, SW 4–12)

Auf einer von NO nach SW ansteigenden Moränenzunge am O-Rand des Wörthseebeckens, die an drei Seiten kräftig geböschte Hänge besitzt. Kernwerk mit gut 50 m langer, ovaler Oberfläche, die das Hinterland um rund 3 m überragt und beim Bau eines Wasserbehälters stark verändert wurde. Am sw, nö und sö Hügelfuß noch geringe Reste eines diese Seiten umlaufenden Grabens.

Gemeindefreies Gebiet Königswieser Forst

Archäologische Geländedenkmäler

Vorgeschichtlicher *Grabhügel,* ca. 1075 m nnw Kirche Leutstetten und ca. 125 m ö Bahnlinie Tutzing–München. Waldabt. III, 7 Weiherbuchet. (Fl.-Nr. 1539, SW 5–7)

In ebenem Gelände. Mittelgroßer Hügel, der wahrscheinlich im Zusammenhang mit den Grabungen in der nachfolgend beschriebenen Nekropole geöffnet wurde.

Mindestens 27 vorgeschichtliche *Grabhügel,* gegenüber Mühlthal auf der Würmterrasse. Waldabt. III, 10. 11 Forsterangerl, Herrgottsruh. (Fl.-Nr. 1514, 1530, SW 5–7/8)

Am Abbruch des w Würmtalhanges. In der Mehrzahl große Hügel, die 1885 durch F. Hasselmann (4) und 1891 durch J. Naue (25) mit bronze-, hallstatt- und frühlatènezeitlichem Ergebnis (Funde in der Prähistorischen Staatssammlung München) geöffnet wurden. Eine nicht benennbare Anzahl von Begräbnissen beim Bau eines Wasserreservoirs zerstört.

Burgstallvorwerk, ca. 1425 m n Kirche Leutstetten, am w Würmufer. Waldabt. III, 7 Weiherbuchet. (Fl.-Nr. 1539, SW 5–7)

In der Würmniederung, w des Gewässers. Isoliert stehender Erdhügel mit rautenförmiger Oberfläche, deren Seiten etwa 25 und 40 m lang sind. Auf den Rändern, mit Ausnahme der der Würm zugekehrten Seite, ein breitkroniger, bis zu 1 m hoher Wall, dem im n Teil der Anlage ein Hanggrabenstück vorgestaffelt ist.

Walchstadt, Am Pfeiffenberg 1

Walchstadt, Wörthseestraße 5

Walchstadt, St. Martin

Walchstadt, ehemaliges Kirchenschusterhaus und Filialkirche St. Martin

Kartenteil

Egling a.d. Paar
Steinbach
Grunertshofen
Adelshofen
Pfaffenhofen
Egg
Eitelsried
Puch
Purk
Langwied
Aich
Burgstall
Römertshofen
Bergkirchen
Hirschthürl
Zell
Sankt Willibald
Dünzelbach
Windach
Albertshofen
Jesenwang
Babenried
Landsberied
Schön
Luidenhofen
Weißenzell
(St. Margareth)
Eismerszell
Moorenweis
gdfr. Geb.
geisinger
Petzenhofen
Paar
Fürstenfelder Wald
Hausen b. Geltendorf
Forst
Forst Wildenroth
Forst
Schöngeising
Brandenberg
Reichertsried
Wildenroth
Hohenzell
Kaltenberg
Paarursprung
Klotzau
Moorenweis
Grafrath
Bf Kaltenberg
Geltendorf
Zigeuner
Grafrath
Dürnast
Kottgeisering
Unteralting
Pleitmannswang
Türkenfeld
Peutenmühle
Mauern
Machelberg
Sankt Ottilien
Zankenhausen
Amper
Seefelder
Kloster
Arzla
Hitlern
Wald
Burgholz
Garnbach
Eresing
Pflaumdorf
Beuern
Etterschlag
Riedhof
Pflaumdorf
Eching a. Ammersee
12 E 61
Schlagenhofen
St. Ulrich
Painhofen
Waldbrunn
Greifenberg
Stegen
Inning a. Ammersee
Walchstadt
Wörthsee
Neugreifenberg
Burgstall
Windach
Bad
Steinebach a. Wörthsee
12 E 61
Weghaus
Windach
Bachern a. Wörthsee
Wörth
Schondorf a. Ammersee
Buch a. Ammersee
Meiling
Steinebach
Hechenwang
gdfr. Geb.
See
Schlagen
Güntering
Oberalting
Achselschwang
Hechendorf a. Pilsensee
Keltenschanze
Breitbrunn a. Ammersee
Wasach
Finning
AMMER
Utting a. Ammersee
St. Leonhard
St. Willibald
Ellwang
Pilsen See
Widdersberg
Entraching
Holzhausen
Rausch
Hartmannshausen
Ried
Loch schwab
Friedin
Hängeberg
Keltenschanze
Herrsching a. Ammersee
Rieden a. Ammersee
Johannesbach
Mühlfeld
Unter
Ober
Riederau
533 Mittlerer Wasserspiegel
Hübschenried
Breitenberg
Obermühlhausen
Rothenfelder
Ummenhausen
SEE
gdfr. Geb.
Forst
Rainberg
Dettenhofen
Engenried
Bierdorf
Andechs
Ramsee-denkmal
Wartaweil
Lachen
Erling
Pitzeshofen
Sankt Alban
Mühltalb
Rothenfeld
Unterhausen
Romenthal
Klosberg
Dettenschwang
Dießen a. Ammersee
Markt
Stephanskp

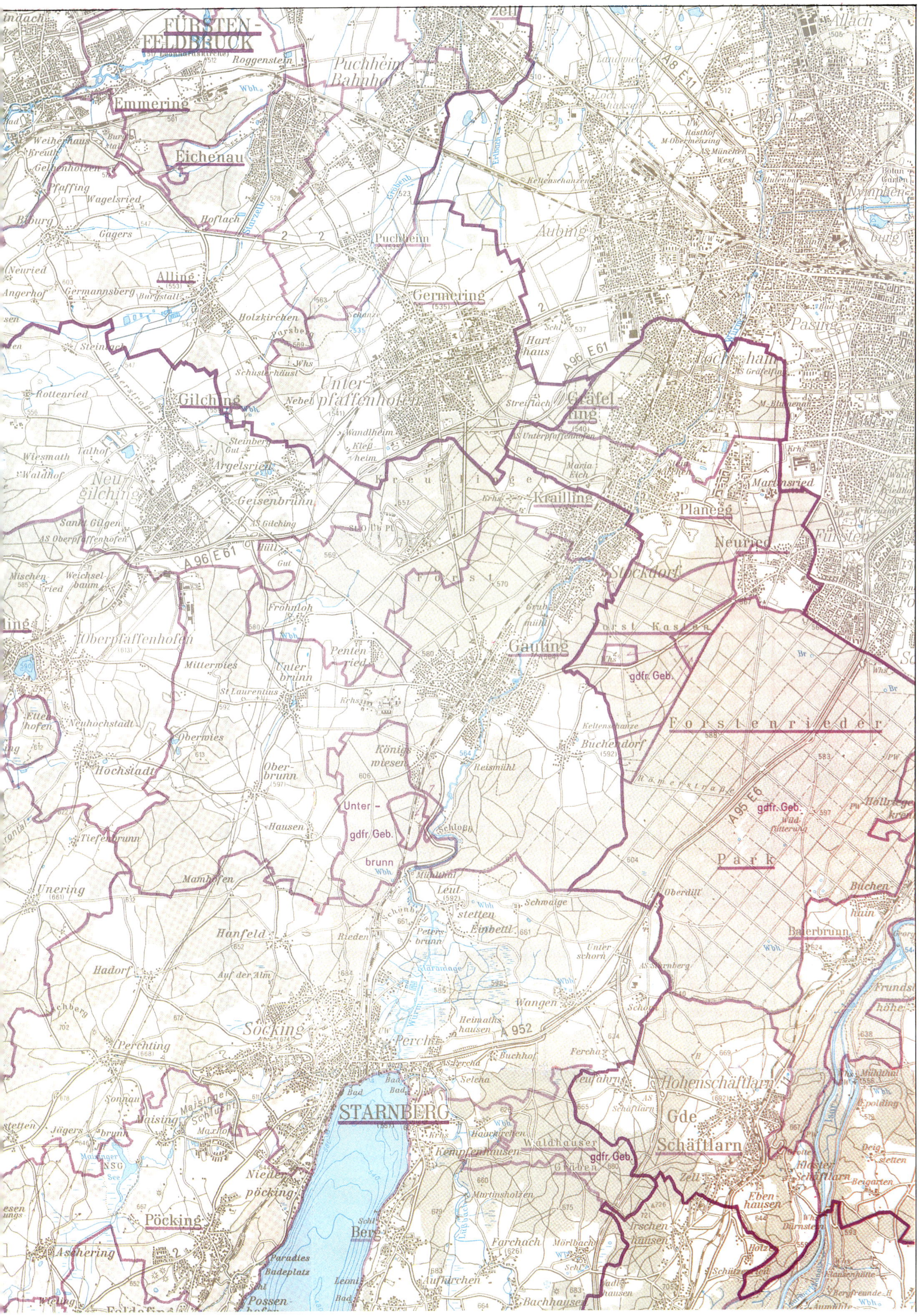

FÜRSTEN-
FELDBRUCK
Roggenstein
Puchheim Bahnhof
Zell
Allach
Emmering
Eichenau
Weiherhaus
Pfaffing
Wagelsried
Hoflach
Biburg
Gagers
Puchheim
Aubing
Neuried
Alling
Angerhof
Germannsberg
Germering
Holzkirchen
Pasing
Hart haus
A 96 E 61
Lochham
Gräfelfing
Unterpfaffenhofen
Gilching
Rottenried
Nebel
Wiesmath
Talhof
Waldhof
Neugilching
Argelsried
Steinberg
Geisenbrunn
Kreuzlinger
Krailling
Planegg
Martinsried
Sankt Gilgen
Neuried
Fürsten
Stockdorf
Mischenried
Weichselbaum
Forst
Oberpfaffenhofen
Fröhnloh
Pentenried
Gauting
Forst Kasten
gdfr. Geb.
Mitterwies
Unterbrunn
St Laurentius
Etterhofen
Neuhochstadt
Oberwies
Keltenschanze
Buchendorf
Forstenrieder
Hochstadt
Oberbrunn
Königswiesen
Reismühl
Unter-
gdfr. Geb.
brunn
A 95 E 6
gdfr. Geb.
Park
Tiefenbrunn
Hausen
Schloß
Mamhofen
Unering
Mühlthal
Leutstetten
Schmaige
Einbettl
Oberdill
Buchenhain
Baierbrunn
Hanfeld
Rieden
Hadorf
Auf der Alm
Petersbrunn
Unterschorn
Wangen
Söcking
Heimathshausen
A 952
Perchting
Percha
Buchhof
Fercha
Hohenschäftlarn
Frundsberg
Sonnau
STARNBERG
Maising
Maisinger Schlucht
Hanfeld
Jägersbrunn
Hauchkirchen
Kempfenhausen
Waldhauser Graben
gdfr. Geb.
Gde Schäftlarn
Zell
Kloster Schäftlarn
Deigstetten
Ebenhausen
Irschenhausen
Niederpöcking
Pöcking
Martinsholzen
Berg
Aschering
Farchach
Mörlbach
Paradies Badeplatz
Leoni
Aufkirchen
Bachhausen
Possenhofen
Feldafing

Hechenwang
Steinebach
Achselschwang
Keltenschanze
St. Leonhard
Finning
St. Willibald
Entraching
Hartmannhausen
Hängeberg
Holzhausen
Rieden a. Ammersee
Oberbeuern
Hübschenried
Riederau
Ummenhausen
Dettenhofen
Pitzeshofen
Engenried
Bierdorf
Lachen
Romenthal
Sankt Alban
Dettenschwang
Wolfgrub
Bischofsried
Wengen
Seehof
Ziegelstadl
Burgkp
Schatzberg
Vilgertshofener Forst
Absried
Forst
Bayerdießen
Lange Böden
Erlmühle
Hart
Raisting
Sölb
Ammerhof
Erdefunkstelle
Unterstillern
Stiller Wald
Schellschwang
Haid
Lichtenau
Wessobrunn
Kreuzberg
Stillerhof
Weghaus
Zellsee
Schönmag
Paterzell
Hahnbühel
Tankenrain
Wolfhof
Sankt Leonhard i. Forst
Bichl
Anger
Metzgergasse
Rechthal
Tempthof
Bayerstadl
Schmiegle
Feistenau
Gmain
Hagen
Lehen
Streberg
Schwelken
Moos
Buchschorn
Windkreut
Guselried
Hungerwies
Waitzacker
Kugelsbühl
Oderding
Polling
Weilheimer Moos
WEILHEIM i. OB
Deutenhausen
Marnbach
Gahler
Unterhausen
Ammer
Wielenbach
Wilzhofen
Rößlberg
Pähl
Hirschberg
Vord
Eichhof
Fischen
Kerschlach
Kerschlacher Forst
Aidenried
Hartschimmel
Schwedeninsel
Wartaweil
Dießen a. Ammersee
Markt
Herrsching a. Ammersee
Mühlfeld
Erling
Andechs
Rothenfelder Forst
Machtlfing
Widdersberg
Pilsensee
Seefeld
Breitbrunn a. Ammersee
Hechendorf a. Pilsensee
Güntering
Schlagenhofen
Ellwang
Rausch
Ried
Lochschwab
AMMER SEE
Utting a. Ammersee
533 Mittlerer Wasserspiegel
gdfr. Geb.
Weilheim-Schongau

Topographische Karte 1:100 000
1:100 000 (1 cm der Karte = 1 km in der Natur)
1 0 1 2 3 4 5 6 7 8 9 10 km
Herausgegeben vom Bayer. Landesvermessungsamt München
Ausgabe 1985
STARNBERGER
SEE
584 Mittlerer Wasserspiegel
STARNBERG
WOLFRATSHAUSEN
Söcking
Pöcking
Feldafing
Tutzing
Bernried
Seeshaupt
Possenhofen
Roseninsel
Garatshausen
Berg
Ammerland
Münsing
Icking
Schäftlarn
Hohenschäftlarn
Percha
Kempfenhausen
Leoni
Allmannshausen
Ambach
Holzhausen a. Starnberger See
Seeseiten
Geretsried
Isar

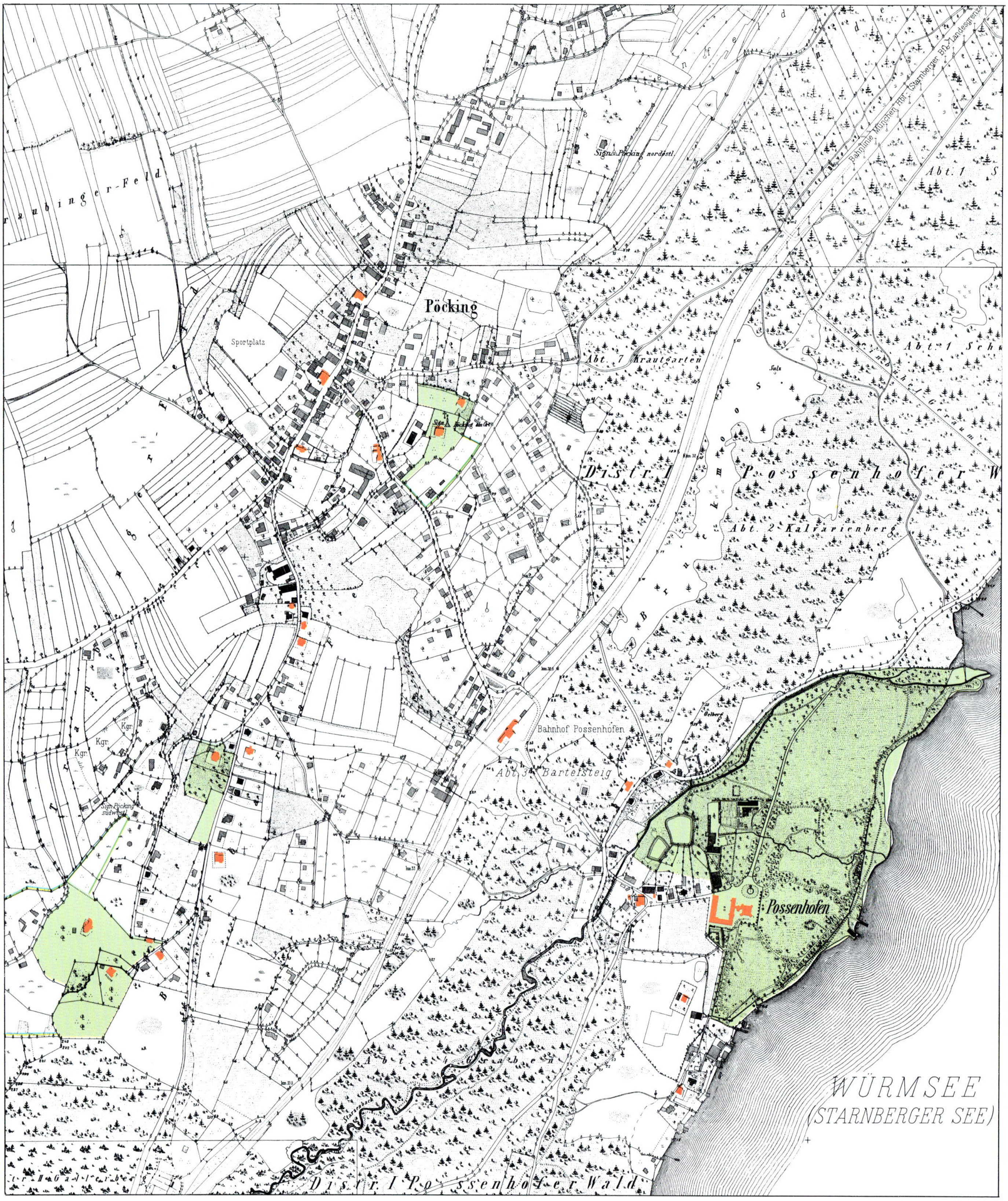

Gemeinde Pöcking

■ Denkmäler ■ Parkanlagen □ historisch zugehörige Parkteile

Die vorliegende Karte, die einen Überblick über die Denkmäler sowie die Park- und Gartenanlagen im Kartenausschnitt gibt, beinhaltet keine rechtsverbindliche Aussage zur topographischen Situation (bes. der Gebäudegrundrisse und der Grenzverläufe) und zur Denkmaleigenschaft der einzelnen Objekte. Bei den Parkanlagen wurden nur die größeren Objekte und diejenigen farblich hervorgehoben, die in ihrer Ausprägung besonders charakteristisch oder in besonderer Qualiltät überliefert sind. Grün umrandete Flurstücke sollen den ursprünglichen Umfang der zu einer Villa gehörigen Parkanlage und damit wichtige historische Zusammenhänge deutlich machen. Bei den übrigen Denkmälern (vor allem bei den Villen) ist der gärtnerische Umgriff als wesentliche Zugehörigkeit ebenfalls vom Denkmalschutz erfaßt, auch wenn das entsprechende Flurstück nicht eigens grün hervorgehoben ist. Der Schloßpark von Possenhofen ist in seinen historischen Grenzen, vor allem im nördlichen und nordwestlichen Bereich, nur bedingt genau dargestellt. Große, als englische Landschaftsparks konzipierte Anlagen wurden oft in entsprechender Entfernung von der Villa unmerklich in die freie Landschaft übergeführt. Vgl. dazu die Karten auf S. 212, 213, 232 u. 234.

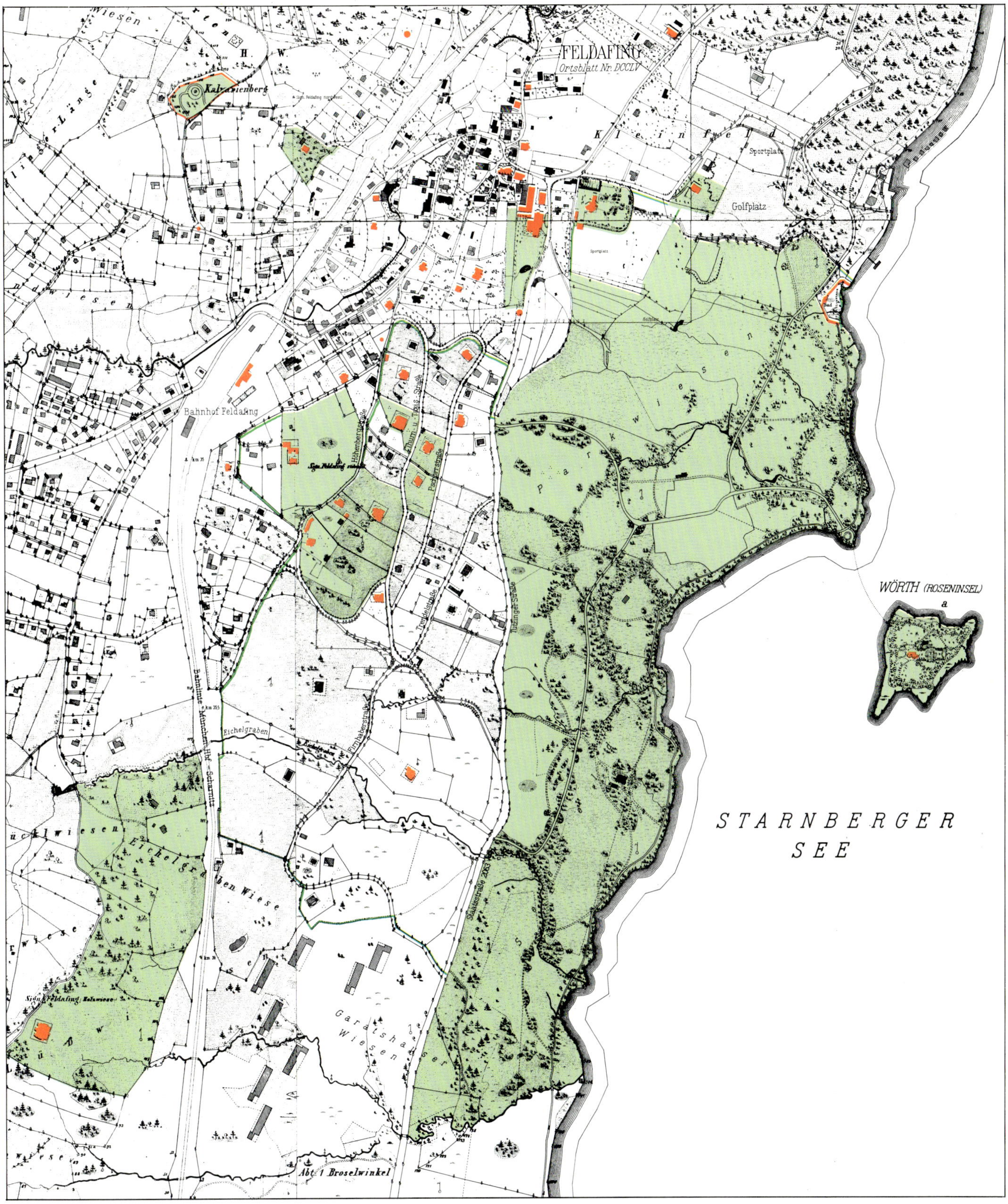

Gemeinde Feldafing

■ Denkmäler ■ Parkanlagen □ historisch zugehörige Parkteile

(Grundsätzliche Erläuterungen: Siehe Vorbemerkungen zur Karte Pöcking!)

Der Lenné-Park (Parkanlage zu einem geplanten Schloßbau für König Max II.) wird heute im Westen von der Staatsstraße 2063 begrenzt. Er erstreckte sich ursprünglich bis hinauf zur Höhenbergstraße. Dieser westlich der Staatsstraße liegende Teil (mit grüner Linie umrandet) wurde kurz vor 1900 an die Heilmann'sche Immobiliengesellschaft verkauft, die dort anschließend die Höhenbergkolonie gründete. Die meisten der in diesem Bereich liegenden Grundstücke besitzen noch wesentliche Teile bzw. Reste des für den Schloßpark gepflanzten Baumbestandes. Westlich der Bahn befindet sich die ausgedehnte Parkanlage der Villa Seewies. Vgl. dazu die Karten auf S. 94, 96 u. 128.

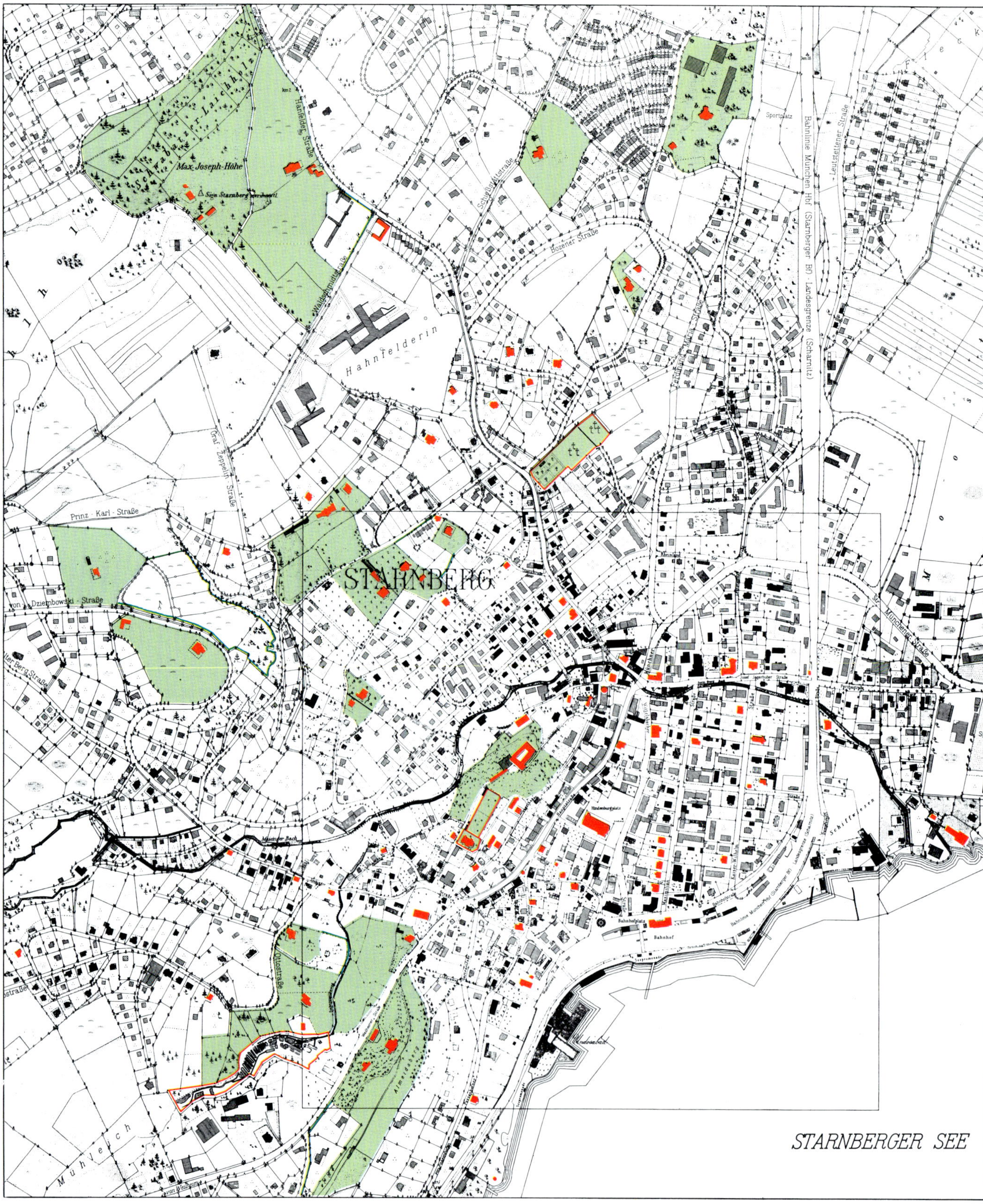

Stadt Starnberg

■ Denkmäler ■ Parkanlagen □ historisch zugehörige Parkteile

(Grundsätzliche Erläuterungen: Siehe Vorbemerkungen zur Karte Pöcking!)

Die Parkanlagen am Mühlberg (Mayer, Thiem, Böhler) finden in den nach Südosten angrenzenden Grundstücken entlang der Josef-Fischhaber-Straße sowie unterhalb entlang der Leopoldstraße eine Fortsetzung zu einer großen zusammenhängenden Parklandschaft. Ein Großteil der Parkanlage der Villa Kraus an der Maximilian-von-Dziembowski-Straße (Söcking) wurde vor Jahren abgetrennt, ist aber in seiner ursprünglichen Qualität noch erhalten, wodurch der ehemalige Zusammenhang gut ablesbar geblieben ist. Der Park der Villa Almeida wird in seinem östlichen Verlauf vom Almeidaweg begrenzt, der in der vorliegenden Karte noch nicht eingetragen ist. Die von diesem Park abgetrennten Teile lassen mit ihrem Baumbestand den ursprünglichen Zusammenhang noch sehr gut erkennen. Vgl. dazu die Karten auf S. 262 u. 263.

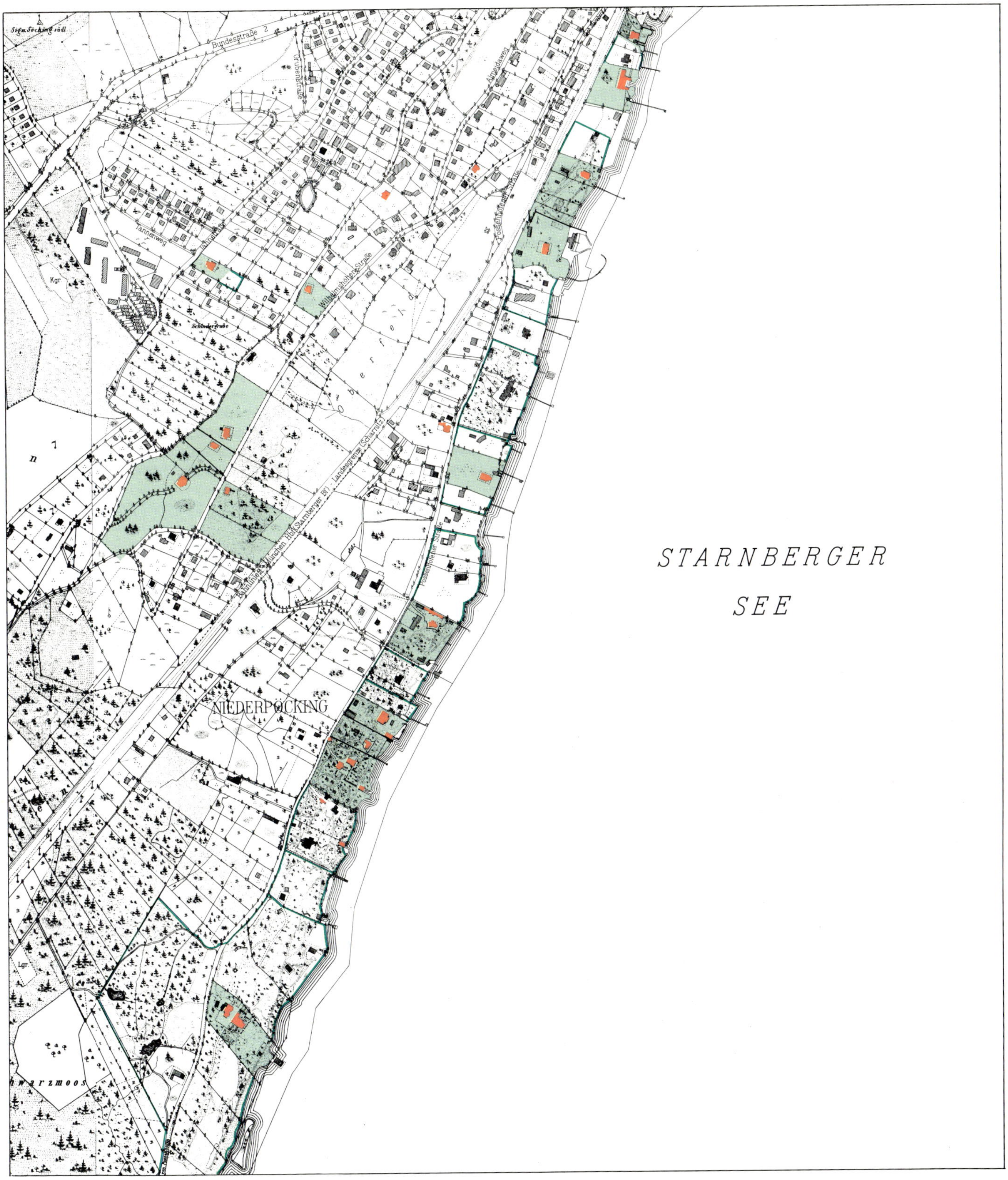

Seeufer Starnberg / Niederpöcking

■ Denkmäler ■ Parkanlagen □ historisch zugehörige Parkteile

(Grundsätzliche Erläuterungen: Siehe Vorbemerkungen zur Karte Pöcking!)

Die in der Beschreibung der verschiedenen Denkmäler angesprochenen Garten- und Parkanlagen sind grün hervorgehoben. Die grüne Umrandung benachbarter Flurstücke läßt zusätzlich ihre ursprüngliche Ausdehnung erkennen. In den abgetrennten Flurstücken haben sich zudem in vielen Fällen bedeutende Teile bzw. Reste der einstigen Bepflanzung erhalten, so daß das originale Konzept in seinen Zusammenhängen meist noch gut ablesbar ist. Zusätzlich wurden historische Garten- und Parkanlagen nicht unter Denkmalschutz gestellter Villen in grüner Umrandung dargestellt, um die Bedeutung der fast lückenlosen Parklandschaft aus der 2. Hälfte des 19. Jh. auf diesem Uferabschnitt deutlich zu machen. Vgl. dazu die Karten auf S. 126 u. 312.

Register

Ortsregister

Achheim, Stadt Starnberg 260
Allmannshausen, Gem. Berg XIV, 32, 46 f. 48
Ambach, Gem. Münsing XX
Ammerland, Gem. Münsing XX
Andechs XVI, 2 f. 8 f.
Argelsried, Gem. Gilching XIII, 168
Aschering, Gem. Pöcking XIV, 222
Assenbuch, Gem. Berg s. Leoni
Assenhausen, Gem. Berg XXV, 52
Aufhausen, Gem. Berg 56
Aufkirchen, Gem. Berg 56 f. 62

Bachern, Gem. Inning 200
Berg XIV, XXV, 32 f. 122, 306
Breitbrunn, Gem. Herrsching 180
Buch, Gem. Inning 202
Buchendorf, Gem. Gauting 148 f.
Buchhof, Stadt Starnberg 324

Delling, Gem. Seefeld XIV, 242, 250
Deixlfurt, Gem. Tutzing XIII, 384, 394
Diemendorf, Gem. Tutzing 394
Drößling, Gem. Seefeld 240, 244, 412

Erling, Gem. Andechs XIII, XIX, 2 f.
Ettenhofen, Gem. Seefeld 246
Etterschlag, Gem. Wörthsee 416

Farchach, Gem. Berg 62 f.
Feldafing XXII, XXV, XXXII, 94 f.
Fercha, Stadt Starnberg 324
Frieding, Gem. Andechs 22 f.
Frohnloh, Gem. Krailling XIV, 210
Fußberg, Gem. Gauting XIV, 130, 131, 134

Garatshausen, Gem. Feldafing XIV, XX, 122, 126
Gauting XIII, XVI, XX, 130 f. 332
Geisenbrunn, Gem. Gilching 168
Gilching XIII, XVI, 166 f.
Grünsink, Gem. Weßling XIII, 410
Güntering, Gem. Seefeld XVI, 246, 250

Haarkirchen, Gem. Berg 66
Hadorf, Stadt Starnberg 324
Hanfeld, Stadt Starnberg 326
Hausen, Gem. Gauting 152
Hechendorf, Gem. Seefeld 246, 250
Heimathshausen, Stadt Starnberg 326
Herrsching XIII, XX, XXXII, 172 f.
Hochstadt, Gem. Weßling 246, 412
Höhenrain, Gem. Berg 68

Inning XVI, 196f. 200, 242

Kempfenhausen, Gem. Berg XIV, 68
Königswiesen, Gem. Gauting XIV, 152 f.
Krailling XIV, 206 f.
Kreuzing, abgegangene Siedl. bei Gauting 152

Landstetten, Stadt Starnberg 328
Leoni, Gem. Berg XX, XXIV, XXXII, 78 f.
Leutstetten, Stadt Starnberg XIV, 306, 330 f.

Machtlfing, Gem. Andechs XIV, XIX, 24 f.
Mailling, Gem. Seefeld 248
Mamhofen, Stadt Starnberg 338
Manthal, Gem. Berg 66
Mischenried, Gem. Weßling 412
Mörlbach, Gem. Berg 90 f.
Monatshausen, Gem. Tutzing 396
Mühlfeld, Gem. Herrsching XIV, XV, 176, 184
Mühlthal, Stadt Starnberg 338

Niederpöcking, Gem. Pöcking XXV, 86, 212, 226 f.

Oberalting, Gem. Seefeld 240 f.
Oberbrunn, Gem. Gauting 154
Oberndorf, abgegangene Schwaige am Wörthsee 200
Oberpfaffenhofen, Gem. Weßling 246
Oberzeismering, Gem. Tutzing 370, 398

Percha, Stadt Starnberg 342
Perchting, Stadt Starnberg 242, 250, 344
Petersbrunn, Stadt Starnberg 346
Pöcking XVI, 212 f.
Possenhofen, Gem. Pöcking XIV, XX, XXI, XXV, 40, 122, 212, 232, 306

Ramsee, abgegangene Siedl. bei Erling 152, 190
Rausch, Gem. Herrsching 186
Rezensried, s. Ried
Ried (Rezensried), Gem. Herrsching 26, 188
Rieden, Stadt Starnberg 348
Rößlsberg, Gem. Tutzing 26, 400
Roseninsel, Gem. Feldafing XXII, XXVII, 126
Rothenfeld, Gem. Andechs 28
Rottmannshöhe, Gem. Berg 54

Schlagenhofen, Gem. Inning 204
Schorn, Stadt Starnberg 348
Seefeld 240 f., 250 f.
Sibichhausen, Gem. Berg 92
Söcking, Stadt Starnberg 348 f.
Starnberg XIII, XXII, XXX, XXXI, XXXII, XXXIII, 260 ff.
Steinebach, Gem. Wörthsee 250, 414
Steinlach, Gem. Gilching XIX
St. Gilgen, Gem. Gilching 168

Tiefenbrunn, Gem. Seefeld 250, 258
Traubing, Gem. Tutzing 402
Tutzing XVII, XX, XXX, XXXII, XXXIV, 260, 298, 264 f.

Unering, Gem. Seefeld 242, 250, 258
Unterbrunn, Gem. Gauting 158f. 338
Unterzeismering, Gem. Tutzing 402

Walchstadt, Gem. Wörthsee 250, 418
Wangen, Stadt Starnberg 360 f.
Wartaweil, Gem. Herrsching 190
Weßling XIII, XX, 404 f.
Widdersberg, Gem. Herrsching XIII, 192
Wieling, Gem. Feldafing 126
Wörth (Starnberger See) s. Roseninsel
Wörth (Wörthsee) s. Bachern
Wörthsee 414 f

Personen- und Sachregister

Ainmiller, Maximilian v., Maler u. kgl. Glasmalereiinspektor 314
Akerberg, Knut, Bildhauer 348
Albrecht III., Herzog von Bayern 10, 13
Albrecht IV., Herzog von Bayern 58, 122
Albrecht V., Herzog von Bayern 154, 184, 302, 306
Almeida, Grafen von 316, 350
Allee (Seefeld) 246, 248, 250
Amann, Dr. Friedrich 226
Ameismeier, Architekt 148
Amigoni, Jacopo, Maler 176
Amtsgerichtsgefängnis (Starnberg), s. Gerichtsbarkeit
Andechs, Benediktinerabtei XV, 8 f., 28, 131, 184
Andechs, Grafen von XIV, 2, 8, 126, 158, 174, 196, 200, 210, 242, 304, 386, 400, 404, 416
Angermair, Christoph, Bildhauer 60, 62, 63
Angermair, J., Architekt 78
Anwander, Franz Anton, Faßmaler 242
Apotheken 18, 282
Aresinger, Paul, herzogl. Kämmerer 386
Arnim, Baron von 98
Arnoldus von Gilching, Priester 166
Aufkirchen, Kloster der Augustiner-Eremiten 60
Aufkirchen, Kloster der Unbeschuhten Karmelitinnen 60
Avril, Philipp, Architekt 130, 136

Baader, Johann Baptist, Maler 222, 328, 344, 346
Backhäuschen, Backofen 246, 346, 352
Bad XXV, XXVIII, XXXII, XXXIV, 110, 346, 384
Bahnhof 98, 238, 268, 338
Baierle, G., Architekt 104, 112
Baligand, Max von 378
Bamberger, Fritz, Maler 348
Banzer, Sophie 336

Bariatinsky, Fürst Alexander 76
Bauer, Ludwig, Architekt 380
Bauer, Michael u. Erwin, Architekten 182
Bauernhaus XVII, 4, 6, 22, 26, 34, 50, 51, 52, 56, 64, 66, 72, 92, 112, 150, 152, 168, 222, 224, 242, 246, 296, 324, 326, 328, 336, 342, 346, 396, 398, 402, 406, 414, 418
Bauleitplanung XXI
Baur, Karl, Bildhauer 322
Baur, N., Maler 126
Bayrstorff, Sophie von 316, 350
Beer, Georg u. Joh. Georg, Orgelbaufirma Erling 2, 154, 198, 368, 394
Behles, Eugen, Architekt 236, 356
Beisele, Dr. Johann, Arzt 370
Benediktbeuern, ehem. Benediktinerabtei XIV, 142, 174, 210, 258, 330, 364, 412
Berchem, Frhr. von XV, 206
Berg (Hofmark) 32, 56
Berg (Schloß) 40
Bergmann, Sigmund 100
Beringerheim 368
Berndl, Richard, Architekt XXXI
Bernheimer, Otto, Kaufmann 98, 100
Bernried, ehem. Augustiner-Chorherrenstift 368
Bersch, G., Bildhauer 386
Berthold I., Architekt 300
Bertsch, Wilhelm, Architekt u. Stadtbaumeister 272
Beuerberg, ehem. Augustiner-Chorherrenstift 24
Bevölkerung / Bevölkerungsentwicklung XII, XVI, XX, 32, 130, 166, 174
Bidermann, Ignaz u. Ferdinand, Maler XVI, XVII, 33, 40, 60, 346, 424
Bieber, Oswald, Architekt XXXI, 202
Bildsäule / Bildstock 142, 242, 326, 346, 356, 368, 400, 402, 406, 418
Biersack, Hans, Baumeister XXII, XXXI, 96, 98, 112, 114, 118, 216, 364, 370
Bismarck, Otto von / Bismarckturm 54, 55
Bleeker, Bernhard, Bildhauer 174, 186
Bleibinhaus, Arnulf, Architekt 176
Blockbauweise, s. auch Bauernhaus 6, 34, 52, 56, 66, 72, 92, 112, 224, 246, 288, 296, 320, 324, 328, 342, 394
Blum, Karl, Architekt 210
Blumentritt, Günther, Architekt 216
Bodemann, Wolfgang, Kunstschmied 382, 390
Böhler, Julius, Kunsthändler XXVIII, 272, 280, 308, 310
Böhm, Emil, Maler 382
Böhringer, Chr., Fabrikbesitzer 50
Boos, Roman Anton, Bildhauer 14
Bootshäuser 38, 202, 226, 228, 288, 310, 384
Borst, Bernhard, Architekt 136
Bourbon, Ferdinand von, Herzog v. Calabrien 348
Brahms, Johannes, Komponist 380, 384
Bratananium (Römersiedlung, Gauting) XIII, 2, 130, 332
Brücken 256, 306
Brunnen 42, 98, 114, 242, 254, 266, 275, 336, 396
Bucentaur, s. Schiffahrt
Bucentaur-Stadel 288
Buchner, Georg, Architekt 142
Bürklein, Friedrich, Architekt 268, 338
Burger, Albert, Architekt 140
Burgselberg 414
Burgstall 30, 194, 238, 363, 414, 418
Bylandt, Graf Otto von 70

Cantacuzene, Fürst Theodor 266
Christensen, Dr., Zahnarzt 112
Clos, Dr. Eduard, Pfarrer u. Dekan 108
Compton, Edward Theodore, Maler 386
Conjola, Carl, Maler XIII, 173, 184
Correggio, Antonio, Maler 66
Courten, Carlo von 350
Courten, Fritz von, Architekt 350
Cramer-Klett, Reichsfrhr. von, Industrieller 398, 400
Cranach, Lucas, Maler 410

Dampfschiffahrt 84
Davis, George, Maler 190
Daxenberger, Sebastian, Parlamentarier 188
Degler, Hans, Bildhauer 12
Deiglmayr, Ludwig, Architekt 318, 350
Deininger, Franz, Architekt 284
Denzinger, Hans, Architekt 352
Dichtl, Patrizierfamilie XV, 131, 134, 364, 386
Dießen, ehem. Augustiner-Chorherrenstift XIV, 8, 24, 28, 126, 158, 204, 400, 404, 412, 416
Dillis, Georg von, Maler 260, 304
Dollmann, Georg von, Architekt 98, 238
Doppelmayr, Friedrich, Zeichner u. Lithograph 32
Dorf XII, XVI
Drollinger, Eugen, Architekt XXXI, 100, 106, 118, 212, 220
Dülfer, Martin, Architekt 208
Dürck, Friedrich, Maler 82

Ebers, Georg, Historiker u. Schriftsteller XXII, 384, 386
Effner, Karl von, Hofgartendirektor 42, 120, 372, 384, 390
Ehmke, Helmut, Graphiker 192
Eichheim, Franz Xaver, Architekt 316
Einbettl-Kapelle 332
Eisenbahn, s. auch Bahnhöfe XIII, XX, 32, 84, 94, 130, 154, 174, 206, 212, 238, 268, 284, 298, 340, 364, 414
Elektrizität 26, 140
Elisabeth, Kaiserin v. Österreich 98, 108, 114, 118, 234
Emminger, Eberhard, Zeichner u. Lithograph 79, 95
Epitaphe 14, 58, 110, 134, 218, 242
Eremit von Gauting 131
Ernst, Bartholomäus, Glockengießer 190
Ertl, Franz Michael von, Staatskassier XX, 316, 334
Eulenburg-Hertefeld, Philipp Graf zu, Botschafter 308
Evangelische Akademie Tutzing 386, 390
Exter, August, Architekt 130

Falkenberg, Otto, Regisseur 272
Feichtmayr, Franz Xaver, Stukkator 304, 406
Feichtmayr, Caspar, Maurermeister u. Stukkator 46, 48, 198, 204, 240
Feinhals, Fritz, Hofopernsänger 118
Fendt, Josef, Maler 154
Fenster, s. Glasmalereien
Ferdinand Maria, Kurfürst von Bayern XV, 32, 40, 56, 234, 288, 306
Fick, Roderich, Architekt XXXI, 18, 174, 176, 178, 186, 188, 190
Fischer, Johann Michael, Hofmaurermeister 242, 258
Fischer, Theodor, Architekt XXIX, XXXI, 54, 82, 130, 146
Fischhaber, Andreas, Baumeister XXXI, 96, 270, 272, 276, 282, 284, 286, 290, 292, 294, 308, 314, 320
Fischwarthaus 308
Fischzuchtanstalt Starnberg 308
Floßmann, Josef, Bildhauer 54
Fortner, Kunstschreiner 268
Franchi, P. (S)., Bildhauer 380
Franz II., König beider Sizilien 122
Frauenwiese, röm. Siedlung bei Weßling XIII
Freisinger Traditionen 32
Fresken (Wandmalereien)) an Gebäuden 4, 84, 96, 104, 126, 200, 214, 216, 228, 230, 254, 286, 310, 384, 406
Fresken (Wandmalereien) in Villen u. Schlössern 84, 126, 200, 214, 300, 336, 406
Freymann, Johann Wolfgang, Vizekanzler 184
Frick, Wilhelm, Reichsinnenminister 74
Friedhof, Friedhofsbauten 8, 60, 100, 160, 176, 178, 258, 272, 348, 350
Fritz, Reinhold, Bildhauer 142
Frommel, Hugo 84
Fürstenfeld, ehem. Zisterzienserabtei XIV, 188, 418

Ganseck, Thomas, Maurermeister 386
Ganser, Anton, Bildhauer 80
Gärtner, Friedrich von, Architekt 26
Garten, Gartenanlagen, s. Park
Gaßner, Otto, Baumeister 294
Gasthöfe 6, 7, 144, 158, 174, 200, 206, 216, 232, 310, 346, 378
Gaulrapp, Franz, Maler 324
Gautinger Immobiliengesellschaft 134, 144
Gedon, Lorenz, Bildhauer 308
Geer, Maximilian von, Maler 40
Gegenfurtner, Franz Xaver, Schriftsteller u. Redakteur 272
Georgii, Theodor, Bildhauer 334, 336
Gerichtsbarkeit XIV, 260, 314, 336
Getreidekasten 52, 68, 298, 394
Gewerkschaftsbund (DGB) 226
Geyr, Theo, Maler 322
Gießl, Leonhard Matthäus, Hofmaurermeister 198, 242, 256, 302, 328, 344
Glasmalereien 60, 90, 110, 131, 142, 188, 202, 230, 408
Glocken 8, 166, 190
Gloner, Joseph, Orgelbauer 410
Göpfert, Hans, Architekt 140
Göschel, Architekt 192
Götz, Ferdinand, Architekt 78
Götzengrien, Herren von 388
Grässel, Hans, Architekt 28
Graf, Andreas 80
Graf, Oskar Maria, Schriftsteller 80
Grafschaft XIV
Grasser, Erasmus, Bildhauer 14, 332
Graven, F., Bildhauer 20
Greddach XIX
Greding, Adolf, Rentier 384
Greif, Johann Georg, Bildhauer 258
Greite, Landschulheim 118
Greither, Elias, Maler 12
Gries, Karl, Maler 402
Gruber, Otto, Architekt 226
Günther, Ignaz, Hofbildhauer 304
Günther, Matthäus, Maler 20
Guggerhof 376
Gulbransson, Olaf Andreas, Architekt 390
Gundelfing, Frhr. von 20, 242, 250
Gunetzrhainer, Johann Baptist, Baumeister, Architekt 14
Gunetzrhainer, Martin, Baumeister 244
Gura, Eugen, Kammersänger 36
Gutmann, E. V., Architekt 226

Hackelsberger, Albrecht, Politiker 388
Hackländer, Friedrich, Schriftsteller 82
Häring, Hugo, Architekt 374
Haerlin, Julius, Fabrikant 40

Hagn, Heinrich, Bildhauer 160, 244, 412
Haiger, Ernst, Architekt 74
Halbig, Johann von, Bildhauer 310
Hallberg-Broich, Carl Theodor von 131
Hallberger, Eduard von, Kommerzienrat, Verleger 386, 388, 390, 398, 400
Hammerschmiede, s. Schmiede
Hartig, Erdmann, Architekt XXXI
Hastreiter, Dr. Michael, Arzt 266, 302
Hatzl, Anton jun., Architekt XXIX, 100, 218, 298
Hauberrisser, Georg von, Architekt 324
Hauschild, Wilhelm, Maler 42, 224, 304
Hausformen, s. Bauernhaus XVI
Hauttmann, Hippolyt, Bildhauer 412
Heigl, Johann Martin, Maler 160
Heilmann u. Littmann, Baufirma 100
Heilmann'sche Immobiliengesellschaft 96, 106, 120
Heimatmuseum 260, 296
Heinrich II., Deutscher König u. Kaiser 200
Heintz, Dr. Karl Friedrich von, Staatsrat 380
Heldmann Josef, Architekt XXXI, 276
Heringer, Johann Baptist, Stukkator 160
Herrgottsruh-Kapelle 152
Hesseloher, Hans (Pähl) 14, 400
Hildebrandt, Adolf von, Bildhauer 316, 336, 348
Himbsel, Ulrich, Baurat XX, XXV, 32, 57, 58, 61, 78, 84, 260
Himmelstoß, Karl, Bildhauer 134
Hirsch, Frhr. von 132, 242
Hirth, Adolf, Baumeister 270
Hochfreie XIV
Hochstift Freising 56
Höhenberg-Siedlung (Feldafing) 96f.
Hönig u. Söldner, Architekten XXXI, 354, 374
Hörauf, Josef, Architekt 190
Hörl, Johann, Münchner Patrizier 62
Hörmann, August, Baumeister 130, 154
Hörmann, Hans, Bildhauer XVI
Hoeßle, Heinrich von, Civilingenieur 296
Hörwarth, Grafen von XV, 32, 40, 48, 56, 154, 206, 218
Hofmann, Julius, Architekt 40
Hofmarken XIV
Hofmüller, Sebastian, Hofopernsänger 136
Hohrath, Alexander, Architekt XXXI, 146
Holbein, Hans d. Ä., Maler 254
Holz, Hermann, Hofphotograph 298
Hotels 78, 118, 264
Hotter, L. M., Maler 408
Hundtsberger, Adelsfamilie 174
Huosi XIV, 172, 346
Hutschenreuther, Victor, Kommerzienrat 112

Industriedenkmäler, s. Technik

Jahn, Rudolf, Baumeister 270
Jank, Angelo, Maler 214
Johann IV., Herzog von Bayern 10
Junkers, Hugo, Flugzeugbauer 136

Käb, W., Architekt 192, 276
Kalvarienberg 108, 238, 346
Kammerstiege, s. Bauernhaus
Kapellen 8, 20, 22, 36, 44, 50, 52, 60, 82, 86, 92, 124, 152, 160, 162, 180, 188, 200, 202, 224, 232, 242, 246, 250, 288, 306, 338, 346, 348, 366, 368, 388, 410
Kapeller (Mühlthal) 340
Karl Albrecht, Kurfürst von Bayern und Deutscher Kaiser XV, 42
Karl, Prinz von Bayern 316, 350
Karlsburg (Leutstetten) 306, 330, 334, 340, 363
Katzmair, Münchner Patrizier XV, 200
Kaulbach, Wilhelm von, Maler 82, 84
Keil, Leopold, Architekt XXIII, 300
Keil, Wilhelm, Kaufmann 300
Kessler, Christian, Architekt 130, 134, 136, 138, 144
Kirchen 2, 10, 22, 24, 34, 46, 58, 62, 66, 68, 72, 90, 98, 110, 126, 134, 142, 146, 148, 152, 154, 160, 166, 168, 174, 178, 182, 192, 204, 206, 210, 218, 222, 224, 240, 242, 246, 248, 258, 286, 302, 316, 322, 324, 328, 332, 338, 342, 348, 368, 369, 382, 394, 398, 402, 406, 408, 414
Kirchgrabner, Franz Anton, Baumeister 154
Kirzinger, Johann, Maler 410
Kistenfeger, Jakob, Glasmaler 142
Klenze, Leo von, Architekt XXII
Klenze, Paul von 66
Klumpp, Karl, Architekt 26, 286
Knappe, Karl, Bildhauer 142
Knorr, Angelo, Kaufmann 226, 228
Knittl, Xaver, Baumeister XXIII, XXXI, 112, 114, 364, 380, 394
Kobell, Wilhelm von, Maler 66
König, Leo von, Maler 368
Kraus, Georg, Architekt 136
Kraus, Gustav, Zeichner u. Lithograph 304
Kraus, Max, Ingenieur 420
Kreis, Hans, Architekt 136
Krenner, Franz von, Staatsrat XX, 78
Kreuter, Franz Jakob, Architekt 126, 330
Kreuzweg 8, 36, 60, 80, 346
Kriegerdenkmäler 136, 160, 174, 248, 366
Krinner, Joseph, Bildhauer 160
Kroher, Karl, Bildhauer 248
Krüzner, Victor, Direktor der Isartalbahn 88
Kube, Gustav von, Architekt 116
Kuhn, Max, Landschaftsmaler 261
Kunsthandwerk XI
Kunz, Hans, Architekt 322
Kurz, Max, Architekt 366
Kurz, Michael, Architekt 322
Kustermann, Franz, Kommerzienrat 374
Kustermann, Max, Kommerzienrat XXVIII, XXXII, 108, 372, 398
Kutschenremisen 112, 120, 274, 280, 352, 358, 378, 400
Kysila, fränkische Fürstin 142, 330

La Rosée, Grafen von XV, 110, 122, 128, 234
Landgericht XIV
Landhaus XIX, XXII f.
Landschaft XII, XV, XIX, XXI
Lang, Anton 296
Laube, s. Bauernhaus
Lebschée, Carl August, Maler u. Zeichner 86, 235, 331
Legschindeldach, s. Bauernhaus
Leidl, Anton, Maler 386
Lemmes, Carl, Architekt XXIII, XXXI, 280
Lenbach, Franz von, Maler XXIX, 356
Lenné, Joseph Peter, Gartenarchitekt 94, 120, 126
Lenné-Park 120
Leoni, Guiseppe, Hofopernsänger 78
Lettner, Georg, Maurermeister 360
Lettner, Hans, Architekt 378
Leuthner, Johann Georg, Kistler (Drößling) XVI, 242, 244, 258
Leutstetten, Schloß, Hofmark 334
Lex Bajuvariorum XIV
Leypold, sel. 182
Liebergesell u. Lehmann, Architekturbüro 348
Ligsalz, Münchner Patrizier XV, 56, 58, 61, 131, 142, 360
Lill, Hansjakob, Architekt 68
Linder, Joseph, Architekt 278
Lindner, Georg, Architekt 140
Linprun, Dr. Karl von, Arzt 316
Lipps, Richard, Maler 272
Littmann, Max, Architekt 220
Lochmannhaus, s. Heimatmuseum
Löfftz, Ludwig, Maler 244
Lommel, Friedrich, Bildhauer 146
Lossow, Heinrich, Maler 308
Ludendorff, Erich, General 368
Ludwig, Emil, Architekt XXXI, 130, 134, 136, 138, 144
Ludwig I., König von Bayern 10
Ludwig II., König von Bayern 40, 76, 120, 128
Ludwig III., König von Bayern 334, 336, 348
Ludwigshöhe (Starnberg) 296, 302
Luidl, Franz, Pfarrer 240
Luidl, Lorenz, Bildhauer 26, 240, 244, 248
Lutz, Johann von, Minister u. Vorsitzender im Ministerrat 222

Maffei, Ritter von, Münchner Fabrikantenfamilie XXV, 4, 108, 114, 324
Maleskircher, Gabriel, Maler 68
Manninger, Karl, Maler 154
Marggraff, Johann, Architekt 8, 108
Mariensäulen 4, 5, 150, 200, 386, 406, 412
Markt, Märkte XV, XVI
Mathilde, Prinzessin von Sachsen-Coburg-Gotha 348
Mausoleum 82, 350
Max Emanuel, Kurfürst von Bayern XV, 40, 288
Maximilian, Herzog in Bayern XX, 122, 232, 234
Max I., König von Bayern 42, 288
Max II., König von Bayern XX, XXII, 40, 94, 120, 126, 128
Max-Josephs-Höhe 356
Maximilianstil XXII, XXV, 34, 94, 98, 126, 226, 228, 234, 238, 268, 300
Mayer von Mayerfels, Kaufmann 226, 228
Mayr, Michael, Baumeister 292
Meister, Georg, Architekt 266
Merani, Ignaz, Baumeister 12
Merk, Thomas, Stukkator 160
Merk, Ulrich, Architekt XXVIII, XXXI, 280
Merkl, Georg, Architekt 206
Mesch, Lorenz, Architekt 144
Metivier, Johann Baptist, Architekt u. Innenarchitekt 306
Metz, Dr., Rentier 286
Meyrink, Gustav, Schriftsteller 272, 312
Miller, Ferdinand von, Erzgießer 226, 228
Miller, Hermann von 228
Miller, Oskar von, Ingenieur 228
Miller'sche Erzgießerei München 248
Mittertennhaus, s. Bauernhaus
Moll, Leonhard, Bauunternehmer 414
Münchner Yacht-Club 298
Muggenthal, Erhard von 206
Mühlen 66, 122, 186, 240, 338, 340
Mund, Johann, Architekt XXXI

Natter, Michael, Stukkator 244
Neher, Michael, Maler u. Zeichner 213
Nemes, Marczell von 382, 388
Neubarock, Neurokoko 28, 50, 74, 76, 158, 250, 278, 406
Neue Sachlichkeit 26, 140, 144, 148, 374, 414
Neugotik XXV, 6, 20, 24, 42, 60, 62, 86, 230, 234
Neurenaissance 50, 270, 372
Neureuther, Eugen Napoleon, Maler 298

Neureuther, Gottfried von, Architekt 94, 268
Neureuther, Ludwig, Maler 304
Neuromanik 24, 44, 110, 154, 350, 412
Noe, Hans, Architekt 136
Noris, Hans, Architekt XXIX, XXXI, 66, 272, 312
Nungesser, Karl, Architekt 290
Nursch, Hans, Bildhauer XVI, 332

Obelisk 256
Oberalting, Pfarrei 174, 240, 414
Oberberger Josef, Maler 408
Obermayer, Clement, Gastwirt 266, 310
Öttingen-Wallerstein, Fürst von 334
Ohlmüller, Daniel, Architekt 234, 350
Orff, Carl, Komponist 14
Ortskrankenkasse, Allgemeine 322
Ortsschilder 396
Osa, Augusta de 74
Osa, Federico de 76
Ostenrieder, Max, Architekt XXXI, 134, 384, 404, 406, 408
Oßwald, Fritz, Maler 268
Ott, Josef Mathias, Maler 18, 254, 410
Ott, Max, Architekt 254

Pankok, Bernhard, Innenarchitekt 392
Parkanlagen XV, XXXI, 32, 48, 50, 80, 82, 84, 88, 94, 100, 102, 104, 114, 116, 118, 120, 126, 136, 180, 184, 218, 230, 234, 256, 274, 278, 286, 292, 296, 300, 310, 314, 316, 318, 320, 322, 336, 354, 356, 370, 372, 384, 386, 390
Patrizier XV
Paul, Bruno, Maler, Graphiker u. Innenarchitekt 392
Paumgarten, Frhr. von 48
Pavillons 38, 226, 228, 318, 356, 378, 386, 390, 392, 408
Peins, Feye, Architektin 140
Pellet, Gastwirt 264
Pembler, Frhr. von XV, 334
Perfall von, Hofopernintendant 226, 228
Pfann, Paul, Architekt 216
Pfarrhäuser 26, 56, 150, 158, 240, 314, 406, 412
Pfetten, Frhr. von 154
Pfister, Otto von 106
Pirchinger, Johann Baptist von 72
Pittino, August, Baumeister 190
Plaß, Ernst Ludwig, Maler 78
Ploetz, Alfred, Vererbungsforscher 188
Pocci, Franz von XVIII
Pössenbacher, Heinrich, Architekt XXXI, 76
Polling, ehem. Augustiner-Chorherrenstift 222, 328, 344
Poschinger, Frhr. von 36, 60, 368, 374
Post, Gasthof zur Post 6, 7, 174, 200, 216
Poststraße 260
Prechel, Bildhauer 108
Prestele, Kaufmann 312
Preysing, Herren von 250
Probst, Hans, Kistler 150
Pronner, Wolfgang, Patrizier 184
Pschorr, Bierbrauerfamilie 96, 114, 118
Püttrich, Münchner Patrizier XV, 131, 142
Putz, Leo, Maler 140

Quaglio, Lorenz, Maler u. Zeichner XVIII, 33, 41, 110, 365
Queri, Georg, Schriftsteller 22, 272

Rabenden, Meister von, Bildhauer 66, 90
Rainer, Hermann 174
Rambaldi, Grafen von XXV, 50, 60, 61
Ramsee-Denkmal 190
Rank, Gebrüder, Baufirma 118
Rauchhaus, s. Bauernhaus
Rauscher, Georg von 248
Rauscherstein 248
Reber, Franz, Prof. u. Kunsthistoriker XXII, 214
Rehm, Max, Baumeister 174, 178
Rentamt der Grafen Toerring 250
Riedel, Eduard von, Architekt 42, 128
Riedesel, Baron von 356
Riegel, Dr. Franz, Medizinalrat 380
Riemerschmid, Richard, Architekt u. Innenarchitekt XXIX, 106, 220, 392
Ringseis, Johann Nepomuk, Arzt u. Prof. 366
Ritzhaupt, Ludwig, Architekt XXIII, 300
Röhr, Hugo, Hofkapellmeister 220
Romeis, Leonhard, Architekt 216
Römer 8, 130, 166, 404, 418
Römerstraßen 2, 8, 30, 130, 148, 164, 166, 168, 170, 362, 363
Rosenbusch, Jakob, bayer. Kanzler 234
Roseninsel XXII, XXVII 126
Rotenhan, Frhr. von 142
Rottmann, Karl, Maler 54, 86
Ruffin, Frhr. von XV, 206
Rupprecht, Kronprinz von Bayern 336

Säkularisation 10, 20, 60, 188
Salzfaktorei (Inning) 200
Sandrart, Joachim von, Maler 242
Sang, Johann Georg, Maler 258, 414
Sappel, Lorenz, Baumeister 12
Sartorius, Walter, Architekt XXXI, 130, 134, 144, 206
Sattler, Carl, Architekt XXXI, 74, 334
Schäfer, Josef, Maler 416
Schäftlarn, ehem. Prämonstratenserabtei 342, 348
Schaumburg, Grafen von 350
Schauß, Dr. Anton von, Münzdirektor 70
Schellinger, Hans, Maler 142
Schertel, Josef, Maler XXI
Scheuermann, Ludwig, Maler XXXII, 178
Schieferverkleidung 288
Schießl, Bernhard, Baumeister 130, 136, 146, 154, 156
Schiffe, Schiffahrt XXXII, 234, 260, 288, 306
Schiffsmeisterhaus 288
Schinnagl, Marx, Baumeister 12
Schlehdorf, ehem. Augustiner-Chorherrenstift 330
Schleich, Dr. Martin, Literat 264, 278
Schlösser XV, 40, 48, 66, 68, 122, 132, 184, 188, 200, 234, 250, 304, 334, 386, 400
Schmädl, Franz Xaver, Bildhauer 4, 12, 14, 198, 242, 344, 402
Schmid, Josef, Architekt 130
Schmid-Kochheim, Karl von, Privatier 264
Schmidt, Maximilian, gen. Waldschmidt, Schriftsteller 386
Schmiede 6, 66, 342
Schmuzer, Matthäus, Stukkator 34
Schnabl, Andreas, Maler XVI, 242, 344
Schneider, Baumeister 158
Schnell, Engelbert, Baumeister XXXI, 364, 366, 376
Schöttl, Jakob, Münchner Patrizier 242
Schöttl, Mathias, Münchner Patrizier 242
Schorn, A., Architekt 154
Schrenck, Münchner Patrizier 122
Schrenck-Notzing, Frhr. von 400
Schulhäuser 26, 162, 242
Schwanthaler, Franz Xaver, Bildhauer 128, 131
Schwanthaler, Ludwig, Bildhauer 131, 228
Schwanthaler, Rudolf, Bildhauer 131
Schwarzmann, Josef Anton, Dekorationsmaler 372
Schwind, Moritz von, Maler XXV, 86, 226, 228, 336
Schwink, Lothar, Maler u. Innenarchitekt 16
Schweiker von Gundelfingen 200
Schwoiser, Eduard, Maler 304
Sckell, Friedrich von, Gartenarchitekt 40
Sckell, Ludwig, Landschaftsmaler 96
Sedlmayr, Gabriel, Bierbrauer 108
Seibt, Dr., Schriftsteller 290
Seefeld, Herrschaft XIV, 196, 200, 202, 204, 240, 250, 400, 404, 410, 412, 416, 418
Seidel, Ina, Dichterin 368, 386
Seidel, Heinrich Wolfgang, Pfarrer u. Schriftsteller 368
Seidl, Emanuel von, Architekt XXV, XXIX, XXXI, 88, 114, 278, 336, 392
Seidl, Gabriel von, Architekt XXV, XXIX, XXXI, 176, 250, 356
Sepp, Franz Xaver, Architekt 144
Sigismund, Herzog von Bayern 58, 154
Simon u. Kranebitter, Architektenbüro 370
Soxhlet, Franz von, Chemiker 216
Spiess, August, Maler 44
Spitzeder, Adele 114
Sporer, Philipp, Maler 366
Stadler, Hans, Architekt 218
Stadler u. Necker, Architektenbüro 136, 206, 276
Steidele, Johann, Architekt 104, 112
Steidle, Richard, Architekt 160, 382
Steinmetz, Georg, Architekt 74
Stolberg, Graf von 380
Straub, Johann Baptist, Hofbildhauer 12, 134, 150, 208
Streckenwärterhaus, s. Eisenbahn
Sturm, Adolf, Kommerzienrat 188, 190
Sühnekreuz 8
Sythoff, A. W., Verleger 104

Taschner, Ignaz, Maler, Graphiker u. Bildhauer 332
Technikdenkmäler 26, 140, 340, 352
Teck, Ludwig von der, kaiserl. Richter 131
Teepavillons, s. Pavillons
Thiem, Paul, Maler 272, 280
Thiersch, August, Architekt XXXI, 320, 398
Thiersch, Friedrich, Architekt XXXI, 320
Thom, Eduard, Architekt 404
Thorer von Eurasburg 90, 342
Thorwaldsen, Bertel, Bildhauer 214
Thunig, A., Architekt 104
Thurn u. Taxis, Fürsten von 108, 122, 124, 200, 216, 310
Toerring-Seefeld, Grafen von 14, 174, 200, 240, 242, 244, 258, 328, 344, 400, 410, 412, 416, 418
Toerring, Adelheid von 242, 246
Toerring, Anton von 250
Toerring, Georg von 258
Toerring, Hans von 242
Toerring, Max Cajetan von 256
Trischberger, Balthasar, Baumeister 198, 242, 344
Triva, Antonio, Maler 16
Tschernikow, Gustav 116
Tutzing, Kloster der Missionsbenediktinerinnen 366, 376
Tutzing, Krankenhaus 366
Tutzing, Schloß, Herrschaft 40, 122, 264, 384, 386f.

Uhde, Fritz von, Maler 264
Undosa-Bad 265

Unold, Max, Maler 146
Urmiller, Hans, herzogl. Rat 334

Vendt, Münchner Patrizier 298
Vent, Carl, Architekt 350
Vieregg, Grafen von XV, XX, 110, 122, 310, 368, 384, 386, 388, 390, 400
Villen XV, XIX, XXII f.
Villa (Landhaus)
Ainmiller (Sta) 314
Almeida (Sta) XX, XXII, 260, 316
Aurora (Sta) 302
Austria (Pöcking) 220, 221
Bäumler, s. Heidinger
Beisele (Tutzing) 370, 371
Bernheimer (Feldafing) 100, 101
Bernstorff, s. Sonnenhof
Bischoff (Berg) 88, 89
Bletschacher (Weßling) 408, 409
Böhler - Seehaus (Sta) 312, 313
Böhler (Sta), s. Sonnenhof
Böhler (Sta) XXVIII, 280, 281
Bonn (Feldafing) 112, 113
v. Boyen (Pöcking) 227
Brahms-Haus (Tutzing) 380
Buchsbaum (Sta) 296
Carl (Feldafing) 106, 107
Casino (Roseninsel) XXVII, 126, 127, 128
Dahn (Tutzing) 382
Dallmayr (Pöcking) 222
Defregger (Pöcking) XXX, 214, 215
Dülfer (Krailling) 208
Dürr (Sta) 271
Dziembowsky (Sta) 352, 354, 355
Ebers (Tutzing) s. Midgard
Eichthal (Sta) XXIX, XXX, 294, 295
Ehmke (Herrsching) 192, 193
Ende (Sta) 302
Engelhorn (Feldafing) 102, 103
Feinhals (Feldafing) 118, 119
Fleischmann (Feldafing) 100
Förster (Sta) 320
Frommel s. Himbsel
Gassner (Tutzing) 376
Grad (Sta) 286
Gura (Berg) 36, 37
Haus (Pöcking) XXIX, 220, 221
Hackländer (Berg) 82, 83
Hartlieb (Sta) 286, 287
Halbig (Sta) 310
Harffen (Sta) 308, 309
Hörner (Sta) 284, 285
Hornig (Berg) 48, 49
Hilger (Pöcking) 236, 237
Himbsel (Berg) XX, XXIX, XXXII, 84 f.
Hirschfeld (Berg) 48
Holz - Göß (Sta) XXII, 264, 298, 299
Hussel (Berg) 80, 81
Hutschenreuther (Feldafing) 112, 113
Jordan (Feldafing) 108, 109
Junkers (Gauting) 136, 137
Kalle (Tutzing) 376
Kastrup (Sta) 276
Kegel (Sta) 286
Keil, s. Kornmann
Kirschner (Sta) 272
Klenze (Tutzing) XXII
Knittl (Tutzing) XXIII, 380, 381
Knorr (Pöcking) XXII, XXVIII, XXXII, 230, 231
Korff-Schmising (Sta) 290
Kornmann (Sta) 300, 301
Krenner (Berg) XX, XXII
Krüzner (Berg) 88, 89
v. Kühlmann (Tutzing) XXXII, 392
Kühnrich (Inning) XXXII, 202, 204, 205
Kustermann (Tutzing) XXV, XXVIII, XXX, XXXII, 372, 373
Landrichterhaus (Sta) 304
Lenbach (Sta) XXIX, 356 f.
Linprun (Sta) XXXII, 260, 316, 317
Lossow (Pöcking) XXX, 216, 217
Lüderitz (Berg) 78, 79
Maffei (Feldafing) XXXII, 114, 115
Maffei (Sta) 324, 325
Maria (Sta) 352
Max-Josephs-Höhe (Sta) 356
Mayer (Sta) 278, 279
Midgard (Tutzing) XXII, 128, 364, 384, 385
v. Miller (Pöcking) XXVI, 227, 228, 229
Mussinan (Sta) 398
Neustätter (Tutzing) XXV
Niggl (Feldafing) 108, 109
Obermayer (Sta) 266, 267
Opitz (Berg) 80, 81
de Osa (Berg) 74, 75
Pachtner (Weßling) 404, 405
Parkvilla (Feldafing) 100, 101, 103
Passow (Herrsching) 190, 191
Patzig (Sta) 298
Pemsel (Feldafing) 118
Pellet (Berg) XXXII, 76, 77
v. Perfall (Pöcking) XXVI, 228
Peuker, s. von der Tann
Pfister (Feldafing) 106
Pössenbacher (Berg) 76, 77
Pompejanische Villa, s. Casino (Roseninsel)
v. Poschinger (Berg) 36, 37
Prange (Feldafing) XXII, 112, 113
du Pré (Sta) XXXII
Prestele (Sta) 264, 312
Prittwitz (Tutzing) 374, 375
Pschorr (Feldafing) 96, 97, 118
Putz (Gauting) 140, 141
Raabe (Sta) 322
Rambaldi (Berg) 50, 51
Ranke (Pöcking) 216, 217
Reber (Pöcking) XXII, 214
Reichert (Gauting) 136, 137
Rettenberger (Sta) XXX, 294, 295
Riccius (Pöcking) XXVIII, XXX, 216, 217
Riedesel (Sta) 356, 357
Riemerschmid (Sta) XXIX, XXX, 260
Roiger (Weßling) 408, 409
Rosa (Feldafing) XXII, 114, 115
Rosenburg (Gilching) 166, 167
Rosenthal (Berg) 38, 39
Ruoff (Herrsching) 180, 181
Sandner (Berg) 82, 83
Schaumburg (Sta) 350, 351
Scheuermann (Herrsching) XXII, XXVI, XXVIII, 178, 179
Schnell (Tutzing) 366, 367
Schreiber (Sta) XXIII, 300, 301
Schwedenvilla (Weßling) 412
Schwind (Pöcking) XXV
Seeblick (Feldafing) 92, 96
Seehaus, s. Böhler
Seehaus (Berg), s. de Osa 76, 77
Seewies (Feldafing) 116, 117
Seibt (Sta) 290, 291
Sicherer (Sta) XXIII, 300, 301
Sieber (Tutzing) 384
Siedhoff, s. Villa Rosa
Simmerl (Sta) 300, 301
Sonnenhof (Sta) XXIX, XXXII, 272 f.
Steidele (Feldafing) 112, 113
Steininger (Sta) 314
Stolberg (Tutzing) 380, 381
Ströll (Feldafing) XXV
von der Tann (Sta) 312, 313
Thamisch (Weßling) 404
Thiem (Sta) 280
Thieme (Sta) 320, 321
Thudichum (Tutzing) 366, 367
Trutz (Tutzing) 378, 379
Ultsch (Sta) 320
Uhlenried (Herrsching) 188, 189
Vetter (Sta) 278, 279
Volkardt (Sta) 296
Waldbertha (Feldafing) 104, 105
Wartaweil (Herrsching) 190, 191
Weise (Sta) 308
Werle (Sta) XXIII
Wernberg (Sta) 284, 285
Wilisch (Feldafing) 108, 109
Zerboni (Gauting) 146, 147
Zimmermann (Sta) XX
Zitzmann (Pöcking) XXVI, 226, 227
Zobeltitz (Herrsching) 192, 193
Villen u. Landhäuser, übrige 38, 74, 78, 80, 108, 134, 136, 138, 140, 144, 146, 148, 156, 176, 182, 188, 189, 202, 206, 220, 232, 236, 266, 276, 294, 308, 350, 356, 358, 408
Villen im Burgenstil XXVIII, 178, 216, 418
Villen im Landhausstil XXII f., 48, 82, 84, 100, 108, 114, 136, 264, 266, 300, 320, 364, 366, 378, 416
Villen im Maximilianstil XXII, XXV, 34, 80, 228, 300
Villen, italianisierend XXII, XXV, 38, 126, 220, 384
Villenkolonie Feldafing XXI, 96 f., 106, 120
Villenkolonie Gauting XXI, XXXII, XXXIII, 130 f., 140, 146
Violaburg (Tutzing) 386
Viscardi, Giovanni Antonio, Architekt 188
Vitzthum, Andreas, Baumeister 278, 296, 304
Vogl, Heinrich u. Therese, Hofopernsänger 368, 384, 394
Vogl, Wolfgang, Architekt 26
Voit, August von, Architekt 94
Volbehr, Heinrich, Architekt 352
Votivbilder 14, 26, 60, 162, 332, 338
Votivfiguren 152, 162
Votivkapelle (Berg) XXV, 40, 44, 45
Votivkerzen 14

Wackerle, Joseph, Bildhauer 204
Wagenbauer, Max Joseph, Landschaftsmaler u. Zeichner XX, 304
Wagenremise, s. Kutschenremise
Wagner, Richard, Komponist 76, 310
Waldbott-Bassenheim, Graf von 132, 334
Walden, Graf von 334
Waldschmidt, s. Maximilian Schmidt
Wallfahrt 8, 10, 12, 26, 36, 58, 134, 152, 162, 182, 206, 244, 344, 402, 408
Wallfahrerinschriften 162
Waltershausen, Frhr. von 70
Wampl, Frhr. von 234
Wandmalereien, s. Fresken
Wanner, P., Maler 394
Wannerstorfer, Mathias, Baumeister XXII, XXXI, 80, 96, 154, 270, 296, 298
Wasserwerk 340, 352
Watter, Joseph, Maler u. Zeichner 41
Wegkreuze 142, 186, 206, 236, 270, 336, 396
Wechs, Thomas, Architekt 408
Weger, Jakob, Hoftapezierer 268
Wegweiser 394, 396, 398
Weiler, Münchner Patrizier XV, 110, 122, 126, 131, 142, 154
Weingartner, Michael, Kirchenmaler 4
Weinhart, Caspar, Bildhauer u. Steinmetz 242
Weise, Robert, Maler 308
Weiße Säule (Wartaweil) 190

Wening, Michael, Kupferstecher XV, 58, 62, 122, 132, 152, 154, 200, 206, 234, 242, 250, 258, 260, 298, 306, 336, 364, 368, 400, 418
Wessobrunn, ehem. Benediktinerabtei XIV
Widnmann, Max von, Bildhauer 228
Widtmann, I., Maler 214
Wieland, Manuel, Maler 186
Wilfert, Karl, Bildhauer 118
Wilhelm IV., Herzog von Bayern XV, 154, 306, 346
Wilhelm V., Herzog von Bayern XV, 184, 232
Wink, Christian, Maler u. Freskant 72, 73, 198, 304
Winther, Friedrich von, General 184
Wirtschaft XV, 250
Wittelsbacher 242, 306, 348
Wittmann, Bildhauer 142
Wölfle, Johann, Zeichner u. Lithograph 262
Wörth (Wörthsee), Hofmark 250
Wörth (Starnberger See), s. Roseninsel
Wolf, Franz Ignaz, Maurermeister 242
Wolff, Johann Andreas, Maler 12
Wolff, Valentin, Architekt 298, 404
Wolfgang, Herzog von Bayern 10, 152
Wollmann, Stefan, Architekt 310
Wrba, Georg, Bildhauer 54
Wrede, Ilka Fürstin von 388, 400
Würmtal XXf., 130
Wunderl, Georg, Bildhauer 348

Yrsch, Graf von 154

Zech, Grafen von 154
Zeh, Ernst, Architekt 302
Zehentstadel 64, 160
Zell, Franz, Architekt XXIX, XXXI, 294
Zenetti, Arnold von, Architekt, Baurat XXII, XXV, XXVIII, 228, 230
Zimmermann, Clemens, Maler 82
Zimmermann, Heinrich, Leibschiffsmeister XX, 260
Zimmermann, Johann Baptist, Maler u. Stukkator 12, 13f., 258
Zitzmann, Dr. Karl 226
Zöpf, Tassilo, Stukkator 192, 198, 254, 344
Zumbusch, Kaspar von, Bildhauer 244, 386
Zwerger, Jörg, Maurermeister 314
Zwerger, Philipp, Maurermeister 244
Zwiesler, Joseph 54
Zwink, Balthasar, Kistler u. Bildschnitzer 244

Anhang

Literaturverzeichnis

Albrecht, Dieter: Die Gerichts- und Grundherrschaftsverhältnisse im Raum der ehem. Grafschaft Andechs, Diss. München 1951
-: Historischer Atlas, Das Landgericht Starnberg, München 1951
-: Historischer Atlas, Das Landgericht Weilheim, München 1952
Altmann, Lothar: Der Heilige Berg Andechs, Gr. Kunstführer Nr. 19, München - Zürich 1986
- Kirchen entlang der Würm, Gr. Kunstführer Nr. 77, München - Zürich 3. Aufl. 1989
- Katholische Kirchen in Starnberg, Schnell-Kunstführer Nr. 168, München - Zürich 1983
-/*Füßl, Wilhelm:* Aufkirchen, Schnell-Kunstführer Nr. 1711, München - Zürich 1988
Ausstellungskataloge
- Gottfried von Neureuther, Architekt der Neorenaissance in Bayern, München 1978
- Richard Riemerschmid, Vom Jugendstil zum Werkbund, München 1982
- Süddeutsche Bautradition im 20. Jahrhundert, München 1985
- Romantik und Restauration, Architektur in Bayern zur Zeit Ludwigs I, München 1987
- Theodor Fischer, Architekt und Städtebauer, München 1988
Bauer, Hermann/Rupprecht, Bernhard: Corpus der barocken Deckenmalerei in Deutschland I, München 1976
Bauerreiß, Romuald: Der Schatz vom Hl. Berg Andechs, München 1967
Bavaria, Landes- und Volkskunde des Königreiches Bayern, München 1860
Bößl, Hans: Gabriel von Seidl, Obb. Archiv 88, München 1966
Borcherdt, Christoph: Der Landkreis Starnberg, Kallmünz 1955
Bosl, Karl: Bayerische Biographie, Regensburg 1983
Bülow, Werner: Der Wörthsee und seine Umgebung, Schaftlach 1988
Daiser, Georg u.a.: Traubinger Heimatbuch, Tutzing 1981
Dehio, Georg: Handbuch der Kunstdenkmäler, Oberbayern, München 1964
Dillitzer, Joseph: Das Fünfseenland bis zum Jahre 1800. Althist. Nachrichten, hrsg. von Jos. Spindler, Ensdorf 1987
Drummer, Josefranz: Tutzing und sein Schloß, München 1953
Eberl, Barthel: Die bayerischen Ortsnamen als Grundlage der Siedlungsgeschichte, München 1925
Echter, Claus-Peter: Zur Baugeschichte von Schloß Berg, in: Obb. Archiv 106, München 1981
-: Beiträge zur Geschichte des Schlosses Possenhofen, in: Obb. Archiv 105, München 1980
Empfenzeder, Gustl: Geschichte der Ammersee-Heimat, Herrsching 1978
-: Herrschinger Hefte 8 (Mühlfeld) u. 10 (Ried), Herrsching o.J.
Ettmayr, Corbinian: Die Gedächtniskapelle für Ludwig II., München 1901
Föringer, H. K.: Der Würmsee und seine Uferorte, München 1845
Gantner, Benno C.: Die Werkstätten der Wolfratshauser Altarkistler und Bildhauer im 17. Jh., München 1984
- 1200 Jahre Percha 785 - 1985, Donauwörth 1985
Gegenfurtner, Franz Xaver: Illustrierter Reiseführer für Starnberg und Umgebung, Starnberg 1883 u. 1896
Geiger, Ferdinand: Illustrierter Reiseführer für Starnberg, Starnberg 1903
Graf, Matthias: Geschichte der Pfarrei Oberalting, München 1902
Gröber, Roland: Grüße vom Starnberger See, Buchendorf 1988
Gründl, Petra: Hofmark Tutzing, St. Ottilien o.J.
Grünwald, Michael: Christoph Angermair, München - Zürich 1975
Hahn, August: Der Maximilianstil in München, München 1982
Heindl, Emmeram: Der Heilige Berg Andechs, München 1895
-: Das Pfarrdorf Erling bei Andechs, München 1899
Hornung, Norberg: Die Roseninsel im Starnberger See, München 1975
Huber, Andreas: Franz Xaver Schwanthaler, seine figürlichen Arbeiten für das Casino auf der Roseninsel im Starnberger See, in: Obb. Archiv 107, München 1982
- Der Bildhauer Rudolf Schwanthaler und seine Beziehungen zu Schloß Fußberg bei Gauting, in: Ars Bavarica 47/48, München 1987
John, Peter: Kiltroahing (Gilching) und Arnisesriet, München 1975
Kohler, Leonhard: Chronik der Gemeinde Etterschlag, München 1967
Krämer, Wolfgang: Geschichte der Gemeinde Gauting, Gauting 1949
-: Zur Frühgeschichte Gautings, Gauting 1967
Kraft, Benedikt: Andechser Studien, Obb. Archiv 73/74, München 1937/40
Kraft, Klaus: Wallfahrtskirche Grünsink, Schnell-Kunstführer Nr. 1352, München - Zürich 1982
-: Die Kirchen der Pfarrei Inning, Schnell-Kunstführer Nr. 1396, München - Zürich 1983
Kratzsch, Klaus: Ulrich Himbsel und seine Villa am Starnberger See, in: Festschrift für Wolfgang Braunfels, Tübingen 1977
Kriß, Rudolf: Die Volkskunde der altbayerischen Gnadenstätten I, Oberbayern, München 1953
Kunstmann, Friedrich: Neue Beiträge zur Geschichte des Würmtals, München 1867
Lambert, Friedrich: Der Würmsee, München 1883
Langheinrich, Franz: Im Herzen des Würmtals, Gauting 1930
Leoprechting, Karl: Stammbuch von Possenhofen, der Insel Wörth und Garatshausen, München 1854
Ley, Andreas: Die Villa als Burg, München 1981
Lidl, M.: Wanderungen durch die Starnberger- u. Ammerseeregion, München 1876
Lieb, Norbert: Münchner Barockbaumeister, München 1941
Lieb, Norbert/von der Mülbe, Wolf-Christian: Johann Michael Fischer, Regensburg 1982
Meier, Michael (Hrsg.): Die Kunst- und Kulturdenkmäler in der Region München (West), München - Berlin 1977
Oefele, E.: Geschichte der Grafen von Andechs, München 1877
Ow, Meinrad v.: Schloß Tutzing und seine Besitzer, Obb. Archiv 107, München 1982
Paulus, Herbert: Zur Datierung der Pfalz auf dem Karlsberg bei Mühlthal, Erlangen 1952
Paulus, Richard: Starnberger See und Würmtal, Reiseführer, München 1926
Porkert, Hans: Am Weßlinger See, Weßling 1986
Pusch, Wolfgang/Dix, Gerhard: Starnberg. Eine Stadt wird 75 Jahre. Buchendorf 1987
Pusch, Wolfgang/Spiegel, Beate: Heimatmuseum Starnberg, Bayerische Museen 10, München - Zürich 1988
Radl, Hans: Herrsching im Wandel der Zeit, Herrsching 1983
-: Herrsching. Erinnerungen aus vergangenen Tagen, Herrsching 1986
Rall, Hans: Zeittafeln zur Geschichte Bayerns, München 1974
Rambaldi, Karl: Geschichte der Pfarrei Aufkirchen am Würmsee, Starnberg 1900
Reindl, Joseph: Der Starnberger See, München 1920
Reitzenstein, Alexander v.: Frühgeschichte rund um München, München 1956
Riezler, Siegmund: Die Ortsnamen der Münchner Gegend, Obb. Archiv 45, München 1887
Roepke, Klaus Jürgen: Schloß und Akademie Tutzing, Tutzing 1986
Sattler, Magnus: Chronik von Andechs, Donauwörth 1877
Schaden, Adolph v.: Neueste topogr.-stat.-humor. Beschreibung des Starnberger Sees, München 1832
Schillinger, Alfred: Die Fischzuchtanstalt des Bayer. Landesfischereivereins in Starnberg, Starnberg 1900
Schirmer, Egbert: Chronik der Orte Kempfenhausen-Haarkirchen, Starnberg 1985
Schlögl, Waldemar: Die älteste Besitzliste und das Urbar des Klosters Dießen von 1362/63, München 1970
Schober, Gerhard: Geschichte der Gemeinde Unterbrunn, unter besonderer Berücksichtigung der Gemeinde Oberbrunn sowie der Weiler Fronloh und Hausen, Unterbrunn 1971
-: Die Votiv- und Graffitifunde in der Laurentiuskapelle Unterbrunn, in: Bayer. Jahrb. f. Volkskunde 1976/77
-: Bilder aus dem Fünfseenland, Starnberg 1979
-: Prunkschiffe auf dem Starnberger See, München 1982
- (Hrsg.): A. Link, Der Starnberger See, Buchendorf 1984
-, u.a.: Führer durch Gauting und seine Umgebung, Gauting 1985
Spindler, Max: Handbuch der Bayerischen Geschichte, 4 Bde., München 1967f.
Steiner, Peter: Johann Baptist Straub, München - Zürich 1974
Sturm, Josef: Rodungen in den Forsten um München, Frankfurt a.M. 1941
Thon, Christina: Johann Baptist Zimmermann als Stukkator, München - Zürich 1977

Töpfer, Friedrich: Geschichte des Schlosses Seefeld, München 1847
Volk, Peter: Johann Baptist Straub, München 1984
Waller, Hans: Oberalting Seefeld (Pfarrei Oberalting), Ensdorf 1978
Weißthanner, Alois: Die Urkunden und Urbare des Klosters Schäftlarn, Quellen u. Erörterungen NF 10, München 1953/57
Westenrieder, Lorenz v.: Der Starnberger See, München 1784
Wittmann, L.: Geschichte der Pfarrei Drößling, Meiling, Delling, München 1902
Wünnenberg, Rolf: Andechser Votivkerzen, Augsburg 1966
-: Fünfseenland, Gauting 1977
Zellner, Hans, u. a.: Heimatbuch der Stadt Starnberg, Starnberg 1972

Abbildungsnachweis

Für einzelne Abbildungen wurden von nachfolgenden Institutionen und Personen Vorlagen zur Verfügung gestellt:

Bayerische Verwaltung der Staatlichen Schlösser, Gärten und Seen, München VI
Bayerischer Landesverein für Heimatpflege, München 173
Bayerisches Nationalmuseum, München XIX
Enno Burmeister, München 254, 255
Catharina Fick-Büscher, Herrsching 186
Heimatmuseum Starnberg 265
Kurpfälzisches Museum, Heidelberg 33
Wolf-Christian v. d. Mülbe, München / Dachau, Umschlag-Rückseite
Hans Radl, Herrsching 173
Staatliche Graphische Sammlung, München 33, 41, 213, 307, 348, 365, 370, 414
Wittelsbacher Ausgleichsfond, München XVII, 44

Alle übrigen historischen Aufnahmen stammen aus dem Archiv des Verfassers bzw. wurden dem Bildband „Bilder aus dem Fünfseenland" (Starnberg, 1979) entnommen.

Luftbildaufnahmen

Bayerisches Landesamt für Denkmalpflege, München. Aufnahmen von Otto Braasch, freigegeben durch die Regierung von Oberbayern

S. IX	Obj.-Nr. 3132/002b, Freigabe-Nr. GS 9119-82
S. XXV	Obj.-Nr. 8132/001, Freigabe-Nr. GS 9119-82
S. 2	Obj.-Nr. 8132/002, Freigabe-Nr. GS 300/0111-86
S. 97	Obj.-Nr. 8132/096, Freigabe-Nr. GS 300/0111-86
S. 101	Obj.-Nr. 8132/096, Freigabe-Nr. GS 300/0111-86
S. 127	Obj.-Nr. 8132/001, Freigabe-Nr. GS 300/9119-82
S. 171	Obj.-Nr. 7932/024, Freigabe-Nr. GS 300/0379-87
S. 195	Obj.-Nr. 7932/013, Freigabe-Nr. GS 300/9064-82
S. 253	Obj.-Nr. 7932/132, Freigabe-Nr. GS 300/0340-85
S. 267	Obj.-Nr. 8134/036, Freigabe-Nr. GS 300/0388-85
S. 313	Obj.-Nr. 8134/059, Freigabe-Nr. GS 300/0111-86
S. 316	Obj.-Nr. 8134/059, Freigabe-Nr. GS 300/0111-86

Karten und Pläne

Bayerisches Landesamt für Denkmalpflege, München 31, 165, 363
Bayerisches Landesvermessungsamt, München,
- Vorsatz, hinten, Verwaltungskarten von Bayern
- Topographische Übersichtskarten im Anhang (Bearbeitung hinsichtl. denkmaltopographischer Aussagen Gerhard Schober, graphische Ausführung Albrecht Schober)
- S. 330

Bayerisches Staatsarchiv, München (Flurkarten 1815) 32, 40, 56, 78, 96, 131, 150, 172, 196, 202, 206, 212, 252, 330, 365
Staatliches Vermessungsamt Starnberg 74
Baupläne zu Einzelbaudenkmälern: Regine Biebl und Albrecht Schober (Kartengrundlagen: Planarchiv des Bayer. Landesamtes für Denkmalpflege, Planarchiv des Wittelsbacher Ausgleichfonds, Planarchiv des Landratsamtes Starnberg, Planmaterial der Denkmaleigentümer) 10, 43, 58, 70, 76, 80, 88, 104, 106, 116, 132, 144, 158, 180, 198, 200, 216, 228, 268, 276, 278, 280, 284, 290, 302, 304, 316, 328, 334, 352, 354, 358, 372, 390, 410

Alle übrigen Karten und Pläne stammen aus dem Archiv des Verfassers.

Berichtigung: Die auf S. 34 gemachte Mitteilung, der Dachreiter der Filialkirche St. Johann Baptist in Berg habe wieder seinen ehemaligen Zwiebelabschluß erhalten, ist nicht richtig. Die Rekonstruktion war geplant, wurde jedoch bei der 1989 abgeschlossenen Renovierung nicht verwirklicht. Wir bitten, den Fehler, der im Druck nicht mehr berichtigt werden konnte, zu entschuldigen.

Verwaltungsbezirksgliederung Bayerns